工商管理经典译丛　BUSINESS ADMINISTRATION C

OPERATIONS MANAGEMENT
TWELFTH EDITION

运作管理

第12版

杰伊·海泽 (Jay Heizer)

［美］ 巴里·伦德尔 (Barry Render)　著

查克·蒙森 (Chuck Munson)

李果　张祥　等 译

中国人民大学出版社

·北京·

出 版 说 明

随着中国改革开放的深入发展，中国经济高速增长，为中国企业带来了勃勃生机，也为中国管理人才提供了成长和一显身手的广阔天地。时代呼唤能够在国际市场上搏击的中国企业家，时代呼唤谙熟国际市场规则的职业经理人。中国的工商管理教育事业也迎来了快速发展的良机。中国人民大学出版社正是为了适应这样一种时代的需要，从 1997 年开始就组织策划"工商管理经典译丛"，这是国内第一套与国际管理教育全面接轨的引进版工商管理类丛书，该套丛书凝聚着 100 多位管理学专家学者的心血，一经推出，立即受到了国内管理学界和企业界读者们的一致好评和普遍欢迎，并持续畅销数年。全国人民代表大会常务委员会副委员长、国家自然科学基金会管理科学部主任成思危先生，以及全国 MBA 教育指导委员会的专家们，都对这套丛书给予了很高的评价，认为这套译丛为中国工商管理教育事业做了开创性的工作，为国内管理专业教学首次系统地引进了优秀的范本，并为广大管理专业教师提高教材甄选和编写水平发挥了很大的作用。据统计，本丛书现已成为目前国内管理院校和企业培训中采用率最高、影响最大的引进版教材。其中《人力资源管理》（第六版）获第十二届"中国图书奖"；《管理学》（第四版）获全国优秀畅销书奖。

进入 21 世纪后，随着经济全球化和信息化的发展，国际 MBA 教育在课程体系上进行了重大的改革，从 20 世纪 80 年代以行为科学为基础，注重营销管理、运营管理、财务管理到战略管理等方面的研究，到开始重视沟通、创业、公共关系和商业伦理等人文类内容，并且增加了基于网络的电子商务、技术管理、业务流程重组和统计学等技术类内容。另外，管理教育的国际化趋势也越来越明显，主要表现在师资的国际化、生源的国际化和教材的国际化方面。近年来，随着我国 MBA 和工商管理教育事业的快速发展，国内管理类引进版教材的品种越来越多，出版和更新的周期也在明显加快。为此，我们这套"工商管理经典译丛"也适时更新版本，增加新的内容，同时还将陆续推出新的系列和配套的案例教材、教学参考书，以顺应国际管理教育发展的大趋势。

本译丛选入的书目，都是世界著名的权威出版机构畅销全球的工商管理教材，被世界各国和地区的著名大学商学院和管理学院所普遍选用，是国际工商管理教育界最具影响力的教科书。本丛书的作者，皆为管理学界享有盛誉的著名教授，他们的这些教材，经过了世界各地数千所大学和管理学院教学实践的检验，被证明是论述精辟、视野开阔、资料丰富、通俗易懂，又具有生动性、启发性和可操作性的经典之作。本译丛的译者，大多是国内各著名大学的优秀中青年学术骨干，他们不仅在长期的教学研究和社会实践中积累了丰富的经验，而且具有较高的翻译水平。

　　本丛书的引进和运作过程，从市场调研与选题策划、每本书的推荐与论证、对译者翻译水平的考察与甄选、翻译规程与交稿要求的制定、对译者质量的严格把关和控制，到版式、封面和插图的设计等各方面，都坚持高水平和高标准的原则，力图奉献给读者一套译文准确、文字流畅、从内容到形式都保持原著风格的工商管理精品图书。

　　本丛书参考了国际上通行的 MBA 和工商管理专业核心课程的设置，充分兼顾了我国管理各专业现行通开课与专业课程设置，以及企业管理培训的要求，故适应面较广，既可用于管理各专业不同层次的教学，又可供各类管理人员培训和自学使用。

　　为了本丛书的出版，我们成立了由中国人民大学、北京大学、中国社会科学院等单位专家学者组成的编辑委员会，德高望重的袁宝华同志、黄达教授和中国人民大学校长纪宝成教授，都给了我们强有力的支持，使本丛书得以在管理学界和企业界产生较大的影响。许多我国留美学者和国内管理学界著名专家教授，参与了原著的推荐、论证和翻译工作，原我社编辑闻洁女士在这套书的总体策划中付出了很多心血。在此，谨向他们致以崇高的敬意并表示衷心的感谢。

　　愿这套丛书为我国 MBA 和工商管理教育事业的发展，为中国企业管理水平的不断提升继续做出应有的贡献。

中国人民大学出版社

译 者 序

由美国学者杰伊·海泽、巴里·伦德尔和查克·蒙森合著的《运作管理》是一本很有特色的教材。

第12版的具体特色如下：

1. 体系完整、合理。全书共分三篇。第Ⅰ篇为运作管理导论，包括运作和生产率、全球运作战略和预测等。第Ⅱ篇阐述运作设计方面的内容，包括产品和服务的设计、质量管理、流程策略、选址策略和设备布置策略等。第Ⅲ篇介绍运作管理方面的内容，包括供应链管理、库存管理、综合计划、物料需求计划和企业资源计划、短期作业计划、精细运作以及设备维护和可靠性等。

2. 从运作管理人员的工作内容出发，紧密结合运作管理的决策领域来组织全文的内容，使本书的实用性大大增强。增加了运作管理各领域的最新研究成果和发展动态，更新了案例。本书适用于高等学校本科生和MBA学员的教学，也适合从事生产运作管理工作的人员参考。

3. 内容丰富，体例规范。每一章有简明的概念阐述，也提供了丰富的例题解答、练习题、案例分析、自测题及其答案以及快速复习材料，便于读者掌握运作管理的基本内容，加深对基本概念的理解。

4. 强调伦理与社会责任。这些内容是每个运作管理人员都必须熟悉和领会的，特别适用于我国企业当前运作管理的实践。

本书由北京理工大学李果教授、张祥教授，研究生许舟舻、李晋超、徐丹阳和齐庆武翻译，具体分工如下：徐丹阳，第1、3、11章；许舟舻，第2、9、10、15章和第9章补充材料；李晋超，第4章和第4章补充材料、第5章和第5章补充材料及第13、14章；齐庆武，第6、7、8、12章。全书由北京理工大学李果教授和张祥教授统校与修订。

书中翻译错误或不当的地方，敬请读者批评指正。

感谢中国人民出版社对本书出版的大力支持。

目　录

第Ⅰ篇
运作管理导论
Introduction to Operations Management

第1章
运作和生产率

学习目标

1. 定义运作管理。
2. 解释产品和服务的不同。
3. 解释生产和生产率的不同。
4. 计算单因素生产率。
5. 计算多因素生产率。
6. 识别提高生产率的关键变量。

跨国公司介绍：硬石餐厅

硬石餐厅的运作管理

为了丰富社会的物质生活，世界各地的运作经理每天都忙着生产各种产品。这些产品表现形式各异，如惠而浦的洗衣机、梦工厂的影片、迪士尼乐园的骑术表演或者硬石餐厅（Hard Rock Cafe）的食品。这些公司每天生产数以千计的精致产品，并按顾客的要求在规定的时间和地点交货。仅硬石餐厅每年就要为全球3 500万名顾客提供食品服务。无论是在惠而浦、梦工厂、迪士尼乐园，还是在硬石餐厅，运作管理都是一项富有挑战性的工作，它对运作经理提出了很高的要求。

1971年，第一家硬石餐厅在英国伦敦开业。硬石餐厅是主题餐厅的先驱之一，到现在已有超过45年的历史。尽管其他主题餐厅盛衰无常，硬石餐厅却在不断成长——在53个国家开设了150家餐厅，几乎每年都有新餐厅开业。起初，伦敦的硬石餐厅有一位名叫埃里克·克莱普顿（Eric Clapton）的常客，为了给自己喜欢的座位作标记，他将吉他挂在自己喜欢的座位边的墙上。从那时开始，硬石餐厅便将其店名和摇滚乐坛的各种纪念品联系在一起。现在硬石餐厅在纪念品上已经投资了数百万美元，它通过提供优质的食品和娱乐服务来为顾客创造价值，目的是吸引顾客经常光顾。

在位于佛罗里达州奥兰多市环球影城（Universal Studio）的硬石餐厅，运作经理每天为超过 3 500 名顾客提供产品，即饭菜。这些产品都围绕着成本、对员工的要求和顾客满意程度来设计、品尝和分析。经过认可，菜单产品进入生产过程，所有的原料都由合格的供应商提供。整个生产过程，从接收订单到冷藏、烘烤或煎炸等多个步骤，都精心设计和维护，以制作出可口的饭菜。运作经理还要进行有效的设备布置，制订有效的用人计划，招聘和培训最好的员工。

全世界成功的运作经理都精通运作管理。在本书中，我们不仅要分析硬石餐厅的经理如何创造价值，而且要考察其他行业如何运作。运作管理虽然要求严格，富有挑战性，但同时也激动人心，它影响着我们的日常生活。最终，运作经理决定了我们生活的质量。

1.1　什么是运作管理

运作管理是一门学科，广泛地应用于像硬石餐厅以及福特和惠而浦这样的公司。实际上，运作管理技术适用于全球所有企业。无论是办公室、医院、饭店、百货商场还是工厂，生产产品和提供服务都需要运作管理。而且，要想高效地生产产品或提供服务，就必须充分理解和应用本书所介绍的概念、工具和技术。

随着本书内容的展开，我们将探索在顾客和供应商遍布全球的经济体中如何进行运作管理。本书包含许多案例、图表和讨论，这有助于对概念的理解，并能提供进一步的信息。在本书中，我们将看到运作经理是如何为丰富物质生活而生产产品和提供服务的。

本章首先对运作管理下定义，简要讲述其发展历史，并探讨在各种不同的商业环境中，运作经理所发挥的重要作用。然后针对生产产品和提供服务两种不同情况，讨论生产和生产率的概念。最后介绍服务业的运作管理，以及有效管理生产系统所面临的挑战。

生产（production）就是创造产品和提供服务。**运作管理**（operations management，OM）就是将输入转化为输出的一系列创造价值的活动，并以产品和服务的形式来体现。所有公司都有创造产品和提供服务的活动。在制造业中，产品生产活动通常十分明显，我们可以看到有形的产品，例如一台索尼（Sony）电视机，或者一辆哈雷-戴维森（Harley-Davidson）摩托车。

在不提供有形产品的公司里，其生产职能的表现形式也许不那么明显，从公众和客户角度来看，这种形式可能就"隐藏"起来了。产品可采取的形式是多种多样的，例如资金转账服务、肝脏移植手术或是机票预订服务和教育服务等。无论最终形式是有形产品还是服务，这些企业中的生产活动通常都是指运作或运作管理。

1.2　组织生产产品和提供服务

　　为了创造产品和服务，所有组织都必须具备三种基本职能（见图 1-1）。这些职能不仅是生产的基本组成部分，也是组织生存的基础，包括：

　　1. 营销，即创造需求，或者至少为产品或服务承接订单（没有销售便没有一切）。

　　2. 生产/运作，即制造产品。

　　3. 财务/会计，即记录组织运作情况、支付账单和筹集资金。

　　高校、教会或教堂、公司都具有这些职能。即使是志愿者组织，也是按照这三种基本职能来组织和运作的。图 1-1 描绘了商业银行、航空公司和制造企业是如何围绕这些职能来运作的。图中的灰底部分表示这些企业中的运作职能部分。

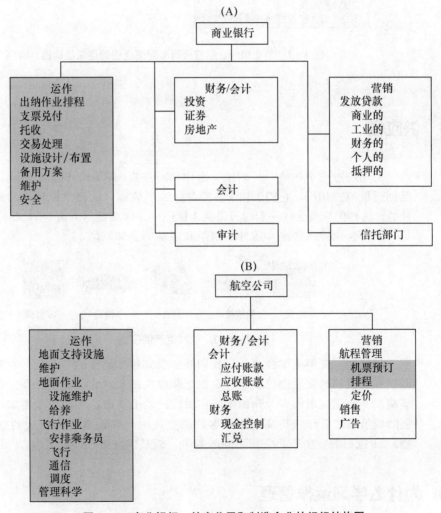

图 1-1　商业银行、航空公司和制造企业的组织结构图

说明：（A）商业银行；（B）航空公司；（C）制造企业。灰底部分表示运作职能。

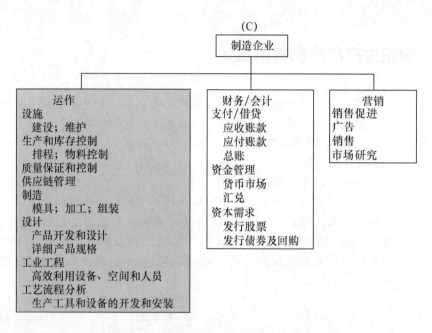

图 1 - 1　商业银行、航空公司和制造企业的组织结构图（续）

1.3　供应链

公司通过三个职能——营销、运作和财务为顾客创造价值。但是，公司很少自己创造价值。相反，它们依赖于各种各样的供应商，从提供原材料的到提供会计服务的。这些供应商合在一起时可以视为供应链。**供应链**（supply chain）（见图 1 - 2）是一个由企业提供产品和服务的组织和活动的全球网络。

农民　　糖浆生产　　装瓶　　分销商　　零售商

图 1 - 2　饮料生产供应链

随着社会变得更加技术化，我们能感受到越来越深的专业化。专业知识、即时通信和更便利的交通也可以促进专业化和供应链全球化。它不需要公司自己做所有事情。专业化带来的专业知识围绕在供应链的上下游，为每一步增加价值。当供应链的成员通过合作获得高水平的客户满意度时，我们就拥有巨大的效率和竞争优势。21 世纪的竞争不是公司之间的竞争，而是供应链之间的竞争。

1.4　为什么学习运作管理

学习运作管理主要有四个原因：

1. 运作管理是组织的三种基本职能之一，并和其他组织职能有机地联系在一起。所有组织都必须进行营销（销售）、财务（会计）和生产（运作），掌握运作管理职能如何发挥作用相当重要，因此需要学习如何进行运作管理。

2. 企业管理人员有必要知道产品和服务是如何生产的。生产职能是社会职能的一部分，它创造人们所需要的产品。

3. 学习运作管理是为了理解运作经理的工作职责。不管你在组织中的职责是什么，理解运作经理的职责都能够使你更好地工作。此外，还将有助于你在运作管理领域把握更多有利的职业机会。

4. 运作管理是组织职能中成本最高昂的部分，所以必须学习。大部分公司的年收入中有很大一部分都用在运作管理上。运作管理为组织提供了提高利润率和服务水平的机会。例1描述了一家公司如何通过生产职能来提高利润率。

例1

如何提高利润率

渔人技术公司（Fisher Technologies）是一家小公司。该公司必须将投入到固定成本的资金贡献增加一倍，才能产生足够的利润来更新生产设备。公司管理层知道，如果不能提高投资回报率，那么将无法获得银行贷款，因而也就不能购买新设备。如果买不到新设备，使用旧设备造成的不利因素会使公司逐渐被市场淘汰，员工失去工作，公司丧失不断向顾客提供产品和服务的能力。

方法

表1-1列出了一份简单的利润表和公司的三种策略选择（营销方案、财务/会计方案、运作管理方案）。第一种选择是营销。如果情况良好，营销可以使销售增加50%，而销售增加50%会使利润增加71%，但销售增加50%通常很困难，甚至是不可能的。

第二种选择是从财务/会计方面来考虑。如果实现良好的财务管理，该公司可以削减一半的财务费用。但即使降低一半的财务费用也不能产生足够的利润，这种情况下利润只增加21%。

第三种选择是运作管理。管理层只需减少20%的生产成本，就可以增加114%的利润。

表1-1 增加利润的几种途径　　　　　　　　　　　　　　　　　　　　　　　　单位：美元

	目前	营销方案[a] 增加50%的销售	财务/会计方案[b] 减少50%的财务费用	运作管理方案[c] 减少20%的生产成本
销售	100 000	150 000	100 000	100 000
产品成本	−80 000	−120 000	−80 000	−64 000
毛利润	20 000	30 000	20 000	36 000
财务费用	−6 000	−6 000	−3 000	−6 000
小计	14 000	24 000	17 000	30 000
税率25%	−3 500	−6 000	−4 250	−7 500
利润[d]	10 500	18 000	12 750	22 500

注：a. 销售增加50%可以增加7 500美元的利润，或者说利润增加71%（7 500/10 500）。
b. 减少财务费用50%可以增加利润2 250美元，或者说利润增加21%（2 250/10 500）。
c. 降低生产成本20%可以增加利润12 000美元，或者说利润增加114%（12 000/10 500）。
d. 投资回报和利润（除去财务费用）。

解答

在这个简单的例子中，该公司的利润从 10 500 美元增加到 22 500 美元，银行也表示愿意向该公司发放贷款。

启示

选择运作管理方案，不仅能最大限度地提高利润，而且可能是唯一可行的选择。增加 50%的销售和减少 50%的财务费用实际上是不可能的。减少 20%的生产成本可能很困难，却是可行的。

练习

如果运作管理方案降低的成本只有 15%，结果如何？［答案：利润为 19 500 美元，利润增加 86%。］

例 1 强调的是公司进行有效运作管理的重要性。不断提高运作效率是很多公司在面对日益激烈的全球竞争时所采用的方法。

1.5　运作经理的职责

任何管理者都会运用一些基本的管理原则。**管理过程**（management process）包括计划、组织、人员配置、领导和控制。运作经理在运作管理的决策中也运用这些原则。运作管理的十个决策领域如表 1-2 所示。成功实施每项决策都需要有计划、组织、人员配置、领导和控制的过程。

表 1-2　运作管理的十个决策领域

决策
产品设计和服务：定义其他每个运作管理决策中需要的大部分内容。例如，产品设计通常决定成本的下限和质量的上限，以及对可持续性和所需人力资源的重大影响。
管理质量：确定客户的质量期望，并制定鉴定和实现该质量的政策和程序。
流程和能力战略：确定如何生产产品或服务（生产过程）并管理决定公司基本成本结构的特定的技术、质量、人力资源和资本投资。
选址：需要判断是否接近客户、供应商和人才，同时考虑成本、基础设施、物流和政府。
设备布置：需要整合能力需求、人员层次、技术和库存要求，以确保原材料、人员和信息。
人力资源和工作设计：确定如何招聘、激励和留住所需人才和技术人员。人是整个系统设计不可或缺的昂贵部分。
供应链管理：决定如何将供应链整合到公司的战略中，包括决定购买什么、从哪里购买、在什么条件下购买的决策。
库存管理：考虑库存订购和持有决策，并在考虑到客户满意度、供应商能力和生产计划的情况下使其最优化。
作业计划：确定并实施中期和短期计划，以有效和高效地利用人员和设施，同时满足客户需求。
设备维护：需要考虑设施容量、生产需求和维持可靠与稳定流程所需人员的决策。

运作管理的职业机会在哪里？如何成功走上运作管理的职业道路呢？表 1-2 所列的 10 个方面的工作分别由来自不同部门的运作管理人员承担，这些职能部门如图 1-1 中灰底部分所示。管理专业的学生掌握着会计、统计、财务和运作管理的知识，这些学生有机会从事所有这些方面的具体工作。在阅读本书时，应注意根据不同部门的要求而有所侧重。运作管理专业的学生对会计、统计、信息系统和数

学等方面的知识掌握得越多，他们的就业机会就越多。在各类职业中，约有40%属于运作管理。

下列专业组织提供各种认证，它们会对你的学习和工作有所帮助：

- 美国运营管理协会（APICS，www.apics.org）
- 美国质量学会（ASQ，www.asq.org）
- 美国供应管理协会（ISM，www.ism.ws）
- 美国项目管理协会（PMI，www.pmi.org）
- 美国供应链管理专业协会（CSCMP，www.cscmp.org）

近年来的一些就业机会如图1-3所示。

运作管理职位	
岗位搜索	

▼日期	▼岗位
1月15日	**工厂厂长** 《财富》1 000强公司招聘下属工厂的厂长，该工厂位于上哈德逊谷区域，生产民用码头装卸设备。应聘者需有工厂管理经验，包括生产计划、采购和库存管理经验。除了具有优秀的人事管理技能外，还需要具备良好的口头和书面沟通能力。
2月23日	**运作分析师** 咖啡店扩充：一名列十佳"最适宜工作地"的公司现招聘初级系统分析师，以改进团队效率。应聘者需具有企业管理或工业工程学位，熟悉工作测量、岗位标准、工效学、成本核算知识者优先。这是一项实践性工作，对有管理团队工作经验的人是一个好机会。公司位于西海岸。需出差。
3月18日	**质量经理** 位于佛罗里达州东北部和加利福尼亚州南部的几家小型包装加工厂招聘数名质量经理。应聘者应能熟练使用统计方法来监测整个生产过程并测量工作量。工作内容包括：(1) 使用数据库和电子表格综合细致地分析实际问题；(2) 通过流程监测来识别改进的途径；(3) 实施变革管理。该岗位需要上夜班和周末工作。有意者请投递简历。
4月6日	**供应链经理和计划员** 岗位职责包括合同谈判、与供应商建立长期关系。被录用者应能确保采购、发票和退货管理的准确无误。应聘者需学士学位和两年相关工作经验，需具备物料需求计划（MRP）知识，有能力处理综合计划和供应商的反馈，能优化订单以争取最好的价格和交货时间。熟练应用各种 Windows 操作，特别是 Excel 和 Word。掌握甲骨文（Oracle）商业系统Ⅰ级者优先。能有效地进行书面和口头沟通。
5月14日	**流程改进咨询师** 因业务扩大，咨询公司现寻求擅长设计和实施制造和服务流程中精细生产及节拍压缩的咨询人员。我公司目前正与一家跨国银行就后台运作进行咨询合作，此外还为几家制造企业提供服务。应聘者需具备商业学位，通过美国运营管理协会认证者优先。

图1-3　招聘运作管理者的众多职业机会

1.6　运作管理的历史

　　相对来说，运作管理发展的历史比较短，内容却丰富有趣。无数人的创新和贡献丰富了社会生活，推动了运作管理的发展。本书在此介绍一些代表人物以及运作管理领域中的一些重要阶段，如图 1-4 所示。

基于成本		基于质量	基于定制化	基于全球化
早期概念时期（1776—1880年） 劳动专业化（斯密（Smith）， 巴贝奇（Babbage）），零部件 标准化（惠特尼） 科学管理时期（1880—1910年） 甘特图（甘特），动作和时间 研究（吉尔布雷斯），过程分 析（泰勒），排队理论（爱尔 朗（Erlang））	大量生产时期（1910—1980年） 移动流水线（福特/索伦森）， 统计抽样（休哈特），经济订货 批量（哈里斯（Harris）），线性规 划，计划评审技术（PERT）/关键 路径分析（杜邦公司），物料需 求计划（MRP）	精细生产时期（1980—1995年） 准时生产（JIT），计算机辅助设计 （CAD），电子数据交换（EDI）， 全面质量管理（TQM），鲍德里 奇奖（Baldridge Award），授权， 看板	大量定制时期（1995—2005年） 互联网/电子商务，企业资源计 划(ERP)，国际质量标准（ISO)， 有限能力排程，供应链管理，大 量定制，按订单生产，射频识别 （RFID）	全球化时期（2005—2020年） 全球供应链，跨国组织增长， 即时通信，可持续发展，全球 工作中的道德规范力量，物流

图 1-4　运作管理大事记

　　伊莱·惠特尼（Eli Whitney，1800）被认为是较早采用标准化和质量控制来推广零部件互换性的人。他在为美国政府生产 10 000 支步枪的合同中，通过提供可互换的枪械零部件获得了额外的利润。

　　弗雷德里克·泰勒（Frederick W. Taylor，1881）被誉为"科学管理之父"。他在员工选择、生产计划和作业计划、动作研究以及现在流行的工效学领域做出了巨大贡献。他的一个主要贡献是提出管理对改进工作方法能起到非常积极的作用。泰勒及其同事亨利·甘特（Henry L. Gantt），以及吉尔布雷斯夫妇（Frank and Lillian Gilbreth）是最早系统地探索最佳生产方法的先驱。

　　泰勒的另一个主要贡献是鼓励管理者更多地关注下列活动：

1. 将员工置于他能够胜任的岗位。
2. 提供恰当的培训。
3. 提供恰当的工作方法和工具。
4. 对需要完成的任务制定合理的激励措施。

1913 年，亨利·福特（Henry Ford）和查尔斯·索伦森（Charles Sorensen）将零部件标准化和肉品包装与邮件分拣行业的准装配线相结合，提出了工人站立不动而物料移动的装配线这一革命性概念。

质量控制是另一个对运作管理做出历史性贡献的领域。沃尔特·休哈特（Walter Shewhart，1924）将统计知识和质量控制相结合，为质量控制中的统计抽样奠定了基础。爱德华兹·戴明（W. Edwards Deming，1950）提出，正如泰勒所奉行的，管理者应在工作环境和流程方面做出更多改进，以便改进质量。

运作管理将继续结合其他学科的发展来丰富自身的内容，包括工业工程、统计学、管理学和经济学等，为提高生产率水平做出贡献。

自然科学（如生物学、解剖学、化学和物理学）的创新也促进了运作管理的发展。这些创新包括新型黏合剂、印刷电路板的新化学处理方法和应用在食品检验中的伽马射线，以及制造高品质玻璃的工艺等。产品和工艺的设计常常依赖于生物学和物理学的发展。

信息科学通过对资料进行系统处理来获取所需信息，其发展对运作管理做出了特别重要的贡献。信息科学、互联网和电子商务正不断促进生产率的提高并促进交流。

制定运作管理决策的人需要精通管理科学和信息科学，通常还需要掌握生物学或物理学中的一种或多种知识。本书介绍了多种获取知识的途径，以便学习者为将来从事运作管理工作做好准备。

1.7　服务业中的运作管理

制造业的产品是有形的，而服务业的产品通常是无形的。现在很多产品则是有形和无形的结合形式，这使服务一词的定义变得非常复杂。即使是美国政府也很难对服务的定义始终保持一致。定义的不同使得服务业的很多资料和统计口径不一致。本书定义的服务（services）包括设备维护、政府行为、住宿、交通、保险、贸易、金融、房地产、教育、法律、医药、娱乐和其他专门活动。

产品和服务的运作职能活动通常非常相似。例如，产品和服务都需要建立质量标准，都需要按照计划来设计和交付，都需要对人力资源进行配置。但是，产品和服务之间确实存在一些差异。这些差异列于表 1-3 中。

表 1-3　产品和服务的差异

服务的特点	产品的特点
无形的：享受航空服务	有形的：座位本身
生产和消费同时进行：美发店提供发型设计服务的同时，也就是顾客在消费其服务产品	产品通常形成库存（美容保养产品）
独一无二的：你的投资和医保	相同产品的生产（iPod）
顾客参与程度很高：顾客愿意支付的（咨询、教育）	有限的顾客参与
不一致的产品定义：汽车保险随着车龄和汽车类型而变化	产品标准（iPhone）

续表

服务的特点	产品的特点
基于知识：教育、医疗和法律服务很难自动化	标准的有形产品使得自动化成为可能
服务是分散的：服务常常通过当地机构、零售渠道、电话甚至是网络进行	产品通常在固定设备上生产
质量很难评估：咨询、教育和医疗服务	许多有形产品的质量可以评估（螺栓的强度）
转售是不常见的：音乐会或医疗保健	产品通常有残值

有必要指出，在很多情况下产品和服务的界限并不是很清晰。现实世界中几乎所有的服务都是有形与无形两者的结合。即使咨询类服务也可能需要书面报告。同样，对有形产品的销售通常还包括或需要提供售后服务。例如，很多产品的销售都包括提供融资和运输的内容（如轿车），还有很多则要求提供售后培训或维护（如办公复印机和机械）。很多服务活动是在产品制造过程中实现的。例如，人力资源管理、物流、会计、培训、现场服务和设备维修都是服务活动，但这些服务都是在制造业组织中出现的。当服务不包含有形产品时，称为纯服务。纯服务并不多，咨询是其中之一。

1.7.1 服务业的增长

服务业构成了后工业社会最大的经济组成部分。一直到 1900 年左右，大部分美国人仍从事农业生产。随着农业生产率水平的提高，人们可以离开农田到城市中寻找工作。同样，制造业的就业人数在过去 60 年有所减少。美国农业、制造业和服务业就业人数所占劳动力市场百分比的变化如图 1-5 所示。虽然美国自 1950 年以来从事制造业的人数下降了，但是现在的生产率是 1950 年的 20 倍。到 20 世纪 20 年代早期，美国服务业的雇主占了大多数，而制造业的就业人数在 20 世纪 50 年代达到了 32% 的高峰。制造业生产率水平的提高使越来越多的经济资源投入服务业中，因此现在的美国社会能享受到教育、医疗、娱乐以及无数称之为"服务"的东西。表 1-4 提供了美国**服务业**（service sector）的公司及其就业比例的数据。表 1-4 中的下面四行提供了非服务业的就业比例，包括制造业、建筑业、农业和采掘业。

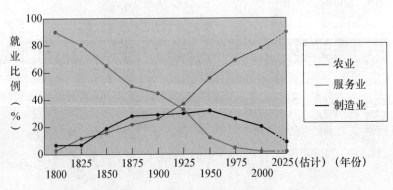

图 1-5　美国农业、制造业和服务业就业情况

表 1-4 各行业组织示例

行业	例子	就业比例(%)
服务业		
教育，医疗，其他	圣迭戈州立大学，阿诺德·帕尔默医院（Arnold Palmer Hospital）	15.3
贸易（零售，批发），运输	沃尔格林，沃尔玛，诺德斯特龙百货（Nordstrom），阿拉斯加航空公司	15.8
信息，出版，广播	IBM，彭博（Bloomberg），皮尔逊，ESPN	1.9
专业，法律，商业服务	斯奈林公司（Snelling and Snelling），美国废弃物管理公司（Waste Management, Inc.），美国医学协会，安永会计师事务所	13.6
金融，保险，房地产	花旗银行，美国运通，保诚保险（Prudential），安泰保险（Aetna）	9.6
休闲，住宿，娱乐	橄榄园餐厅，6 号汽车旅馆，迪士尼	10.4
政府（联邦，州，地方）	美国政府，亚拉巴马州政府，库克县政府	15.6
制造业	通用电气，福特，美国钢铁，英特尔	8.6
建筑业	柏克德集团（Bechtel），McDermott 公司	4.3
农业	King Ranch 农场	1.4
采掘业	Homestake 矿业公司	0.5

服务业一栏的 15.3、15.8、1.9、13.6、9.6、10.4、15.6 合计为 82.2。

资料来源：Bureau of Labor Statistics，2015.

1.7.2 服务薪酬

尽管普遍认为服务业薪酬较低，但实际上很多服务性质的岗位都有很好的待遇。负责航空公司设备维护的运作经理薪酬水平很高，与向金融机构提供计算机监管服务的运作经理差不多。服务业大约 42％的员工，其薪酬水平在全国平均数以上。然而服务行业的平均薪酬的确较低，在 33 个服务业子行业中，有 14 个子行业的平均薪酬水平低于私有企业的平均数。其中，零售业所占的比例较大，该行业的薪酬水平只有私有企业平均薪酬的 61％，但即使将零售业考虑进来，所有服务行业的平均薪酬水平仍可以达到私有企业平均薪酬96％的水平。

1.8 生产率挑战

产品和服务的提供是由各种资源转化而来的。这种转化的效率越高，产出就越多，也就能提供越多的产品或服务价值。**生产率**（productivity）是投入（资源，如劳动力和资本）和产出（产品和服务）的比率（见图 1-6）。运作经理的职责是提高投入产出比。提高生产率意味着提高效率。[1]

提高生产率有两种途径：减少投入的同时保持产出不减少，或增加产出的同时保持投入不变。这两种都代表生产率水平的提高。从经济意义上讲，投入包括劳动力、资本和管理，是生产系统的组成部分。管理是整个系统的关键，即投入通过管理转化为产出。产出就是产品和服务，包括各种各样的内容，例如枪支、黄油、教

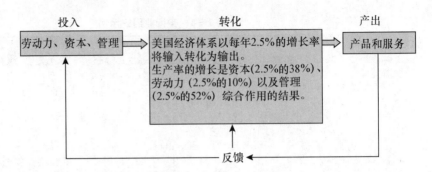

图1-6 通过将投入转化为产出来增加价值

说明：有效的反馈环节不仅能够根据既定战略或标准来评价绩效，而且能评价顾客满意度，并将有关信息传递给管理层，以便调控投入和转化过程。

育、先进的司法体系以及滑雪胜地等。生产就是制造产品或提供服务。高产量可能只意味着更多的人在工作，也可能是就业率高（失业率低），但并不一定意味着生产率也高。

通过测量生产率来评价一国改善其国民生活水平的能力是一个很好的方法。只有提高生产率，才能提高人民的生活质量。只有提高生产率，才能使劳动力、资本和管理创造出更多的财富。如果仅仅是劳动力、资本和管理的回报数量增加，而生产率没有提高，物价便会上涨。当提高生产率时，物价会趋于下降，这是因为利用相同的资源可以生产出更多的产品。

运作管理实践专栏中介绍的"提高星巴克的生产率"，描述了提高生产率所带来的好处。

运作管理实践

提高星巴克的生产率

"这只是几秒钟的问题……"希尔瓦·彼得森（Silva Peterson）说，她正在星巴克致力于节约以秒来计的时间。她带领的由十个分析师组成的团队经常这样自问："如何才能节省一些时间？"

彼得森的研究表明有很多显而易见的机会可节约时间。第一，信用卡支付金额在25美元以下的可无须签字。这可为收银员减少8秒的交易时间。

第二，分析师发现星巴克销售的特大杯冷饮需要两次添加冰块的动作，因为勺子太小。对勺子进行重新设计，只需一次便可将足量冰块放入杯中，这可在原来平均用时1分钟的基础上节省14秒。

第三，使用新的咖啡机。只需按一个按钮，机器便可磨制咖啡豆并制成一杯饮料。这可让服务员（在星巴克称之为"咖啡师"）做点其他事情。每磨一杯咖啡可以节约大概12秒。

因此，星巴克在过去6年的运作持续改进中，年均销售额从20万美元增长到约94万美元，生产率提高了27%，大约每年提高4.5%。在服务业，每年4.5%的增长率是非常诱人的。

资料来源：*BusinessWeek*（August 23-30，2012）and *The Wall Street Journal*（October 13，2010 and August 4，2009）。

一个多世纪以来（从大约1869年起），美国生产率平均每年增长2.5%，这使得美国的社会财富每30年就翻一番。尽管制造业占美国经济的比重在下降，但是制造业每年的增长速度超过 4%，服务业每年的增长速度为 1%，并显示出进一步改进的迹象。然而，跨入 21 世纪，美国年均生产率的增长幅度又恢复到了 2.5% 的水平。[2]

在本书中，我们将介绍如何通过运作管理来提高生产率。提高生产率对全世界而言都是一件重要的事情。

1.8.1　生产率测量

生产率可以直接测量。例如，对某种特殊钢材而言，可以通过生产每吨钢材所需的工时数来计算。尽管工时是测量生产率的常用方法，但其他如用资本（投资额）、材料（如矿石吨数）、能源（如电能千瓦数）等也可测量生产率。[3] 上面的例子可以归纳为下列公式：

$$生产率 = \frac{产出的数量}{投入的数量} \tag{1-1}$$

例如，如果产出的数量为 1 000 单位，而工时是 250 小时，那么：

$$生产率 = \frac{产出的数量}{投入的数量} = \frac{1\,000\ 单位}{250\ 小时} = 4\ 单位/小时$$

如果只使用一种投入资源来衡量生产率，如上所示，称为**单因素生产率**（single-factor productivity）。从广义上讲，生产率是通过所有投入资源（例如资本、劳动力、能源、原材料）来衡量的，这时的生产率称为**多因素生产率**（multifactor productivity）。多因素生产率又称为**全要素生产率**（total factor productivity）。多因素生产率是通过各投入因素汇总来计算的，如下所示：

$$多因素生产率 = \frac{产出的数量}{劳动力 + 原材料 + 能源 + 资本 + 其他} \tag{1-2}$$

为便于计算多因素生产率，单因素的投入量（分母）可以用美元表示，如例 2 所示。

例 2

计算单因素生产率和多因素生产率

由于采用了新的电脑处理系统，柯林斯产权保险公司（Collins Title Insurance Ltd.）需对员工和多因素生产率进行测量。该公司 4 名员工每人每天需工作 8 小时（工资成本 640 美元/天），管理费用 400 美元/天。公司每天完成 8 份保险。新的电脑处理系统使每天的处理能力提高到 14 份保险。员工数量、工作时间和工资均保持不变，管理费用现在变成 800 美元/天。

方法

用式（1-1）计算劳动生产率，用式（1-2）计算多因素生产率。

解答

原来的生产率：$\dfrac{8\ 份}{32\ 小时} = 0.25\ 份/小时$

现在的生产率：$\dfrac{14\ 份}{32\ 小时} = 0.437\,5\ 份/小时$

原来的多因素生产率：

$$\frac{8\ 份}{640\ 美元 + 400\ 美元} = 0.007\,7\ 份/美元$$

现在的多因素生产率：

$$\frac{14\ 份}{640\ 美元 + 800\ 美元} = 0.009\,7\ 份/美元$$

劳动生产率从 0.25 上升到 0.437 5 的水平。改变的幅度达到：（0.437 5 － 0.25)/0.25＝0.75，或者说生产率提高了 75%。多因素生产率从 0.007 7 上升到 0.009 7 的水平。改变幅度达到（0.009 7 － 0.007 7)/0.007 7＝0.26，或者说多因素生产率提高了 26%。

启示

劳动生产率（单因素）和多因素生产率都有所提高。多因素生产率的测量更能反映生产率的提高，因为它包含了与增加产出相关的所有成本。

练习

如果管理费用变成每天 960 美元（而不是 800 美元），计算多因素生产率。［答案：0.008 75 份/美元。］

相关课后练习题

1.1，1.2，1.4，1.5，1.6，1.7，1.8，1.9，1.10，1.11，1.13，1.14，1.17

测量生产率有助于运作经理了解工作成效。但是两种测量结果可能会不同，如果生产率的提高完全来自资本投入，那么只测量劳动生产率就会歪曲结果。这时，多因素生产率会更恰当，但比较复杂。劳动生产率相对更常用，而多因素生产率则提供了更多的各种投入因素之间的权衡信息。但也有一些问题值得注意，包括：

1. 投入和产出的数量可能没有变化，但质量已改变。例如现在的高清晰度电视机和 20 世纪 50 年代的电视机相比，同样都是电视机，但没有人否认质量已经极大地提高了。测量的对象——电视机——还是一样，但质量改变了。

2. 系统外部因素可能会使生产率上下波动。例如，一个稳定可靠的供电系统可能会非常有利于生产，从而使生产率提高，但这种生产率的提高并非公司内部加强管理的结果。

3. 缺少精确测量单位。例如同样是以辆为单位的轿车，但投入的资源不同，有些轿车属于微型车，而有些轿车则是像保时捷 911 Turbo 那样的高档车。

测量服务行业的生产率尤其困难，因为其最终产品很难定义。例如，所有经济数据中都不包括理发的质量、法庭审理的结果或者零售店的服务等。在有些情况下产品质量有所反映，但并不包括对销售行为的质量或更大产品选择范围的反映。测量生产率需要具体的投入和产出，而市场经济围绕的是价值——人们的需求。人们需要方便、快捷和安全的个性化产品。从传统意义上来衡量投入和产出，并不能适应这些新的变化。例如，测量一家律师事务所的服务质量时，因为每件案子各不相同，如果分别使用"单位时间的案子处理数量"和"每人处理的案子数量"来测量，会得到不同的结果。

1.8.2　生产率变量

正如图 1－6 所示，提高生产率依赖于三个**生产率变量**（productivity variables）：

1. 劳动力，对年增长率的贡献程度大约在 10%。

2. 资本，对年增长率的贡献程度大约在 38%。

3. 管理，对年增长率的贡献程度大约在 52%。

这三个因素是改进生产率的关键因素。它们代表了广泛的领域，管理者可以从中采取措施来提高生产率水平。

劳动力 劳动力能提高生产率，主要是劳动力更为健壮、受过更好教育的结果。还有部分原因与劳动时间的缩短有关。从历史数据来看，生产率年增幅中大约有 10% 得益于劳动力素质的提高。提高劳动力素质的三个关键措施是：

1. 合适的基础教育。
2. 员工饮食结构。
3. 保障提供劳动力的社会投入，例如交通和卫生设施。

文盲和不良饮食是生产力素质提高的主要障碍，消耗了各国 20% 的生产力。提供清洁饮用水和卫生设施等基础设施是提高劳动力素质的关键，也是改善全球健康的契机。

发达国家面临如何在快速发展的科技时代保持和提高劳动力技能的挑战。近来的资料显示，17 岁的美国人平均数学能力要远低于日本的平均水平，其中约有一半人回答不出图 1-7 中的问题。美国企业在招聘中的能力测试显示，缺乏阅读、写作和数学基本能力的人所占比例达到 1/3。

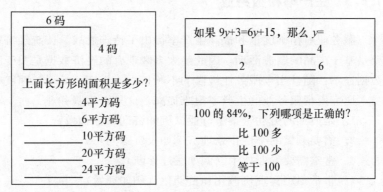

图 1-7 大约半数的 17 岁美国人不能正确回答图中的问题

当其他国家的劳动力素质更高时，解决劳动力素质低下的问题便成为一个主要挑战。提高劳动力素质不仅仅是通过提高劳动者的技能，还可以通过赋予员工更多的责任以便更好地发挥员工能力。培训、激励、团队建设和人力资源策略以及提高受教育程度，是提高劳动力素质的众多方法中的一部分。提高生产率是可能的，但也可能会带来困难和费用的增加。

资本 人类是能够使用工具的动物。资本投资提供了这些工具。除了大萧条时期，美国的资本投资几乎每年都保持增长。实行折旧制度以来，美国资本投资的年均增长幅度是 1.5%。

通货膨胀和纳税使资本成本上升，投资成本越来越高。当人均投入资本下降的时候，生产率也会下降。以劳动力投入代替资本投入，在短期内能够减少失业率，但也会降低社会生产率水平，从而在长期降低劳动报酬。资本投入通常是一种必要条件，但很少是提高生产率的充分条件。

资本和劳动力之间需要不断权衡。利率越高，越可能"排挤"需要大量资本投入的项目。这是因为相对于一定风险而言，投资回报率降低了。管理者根据资本成本来调整其投资计划。

管理 管理是一种生产要素，是一种经济资源。管理能确保有效使用劳动力和资本来提高生产率。生产率的提高有一大半来自管理，其中包括对技术和知识的应用。

在后工业化时代，应用知识和技术具有绝对重要性，因此后工业化社会也叫知识社会。**知识社会**（knowledge society）就是大多数劳动者从手工劳动转变为从事技术和信息处理工作，这种工作需要教育和知识。成功的管理者在组建团队和员工队伍时，已经认识到对教育和知识的持续需要。当代不断扩大的知识基础需要管理者确保技术和知识得到有效利用。

提高资本利用效率非常重要，而并非增加资本投入。企业管理人员是提高生产率的催化剂，其职责是选择最好的资本投入和提高现有资本效率。

生产率的挑战是严峻的。一个只投入二流生产要素的国家不可能成为世界级的竞争者。缺乏良好教育的劳动力、短缺的资本、过时的技术，这些都是二流的投入。要获得高生产率和高质量的产出，就要有高质量的投入。

1.8.3 生产率和服务业

服务业对精确度量和提高生产率提出了特殊挑战。传统经济理论的分析框架主要是基于产品的制造活动，因此绝大多数现有的经济数据是关于产品制造的。这些数据显示，随着当今服务业规模的不断扩大，生产率的增长速度减慢了。

研究发现服务业的生产率很难提高，这是因为服务业：

1. 是典型的劳动密集型行业（例如咨询服务和教育）。
2. 需要频繁的个性化处理（例如投资顾问）。
3. 常常需要专业技术（例如医疗诊断）。
4. 常常很难实现机械化和自动化（例如理发）。
5. 常常很难评价质量（例如律师事务所的服务质量）。

越需要专业技术和个性化的工作就越难提高生产率。服务业生产率之所以提高得很慢，也有生产率较低的活动在不断增加的原因。这包括在以前经济测量体系中没有的一些活动，例如幼儿保育、食品烹调、房屋保洁和洗衣服务。随着越来越多的女性走出家门加入社会劳动大军，这些活动也走出家庭，进入经济体系中。事实上生产率可能是在提高，因为这些活动比以前更有效率，但增加这些活动却可能降低服务业的生产率。

虽然提高服务业生产率很困难，但还是可以努力去争取。本书介绍了多种提高生产率的途径。当管理层真正注意到工作本身时，人们常常会惊讶于有那么多的地方值得改进。

资料显示，尽管所有发达国家的服务业都存在相同的问题，美国仍然在整个制造业以及服务业生产率方面保持着世界领先地位。美国零售业的生产率是日本的两倍，电信业的生产率是德国的至少两倍，银行业生产率比德国银行业高出 33%。而运作经理的核心工作就是提高生产率。鉴于服务业规模相当大，本书各章设有专门内容介绍如何提高服务业的生产率（例如，运作管理实践专栏中的"塔可钟快餐公司提高生产率，降低成本"）。

塔可钟快餐公司提高生产率，降低成本

格伦·贝尔（Glen Bell）于 1962 年建立了塔可钟快餐公司（Taco Bell），公司凭借低成本取得了竞争优势。和其他服务业公司一样，塔可钟越来越依靠通过加强运作管理来提高生产率，降低运作成本。

首先，该公司调整了菜单，使食品准备过程更容易。然后该公司将一大部分食品准备工作转移到供应商那里，由供应商处理比由单个餐厅自己处理效率更高。碎牛肉到货前就已经煮熟，上菜前只需再加热一会儿；很多盘子覆盖着保鲜膜，可以方便卫生地高温消毒。类似地，玉米饼在到货时就已经炸过了，洋葱也已经切好了块。餐厅高效的设备布置和较高的自动化程度，使制作玉米饼的准备时间缩短到 8 秒。这些优势再加上培训和授权员工，使该公司的管理幅度从一个人管理 5 家餐厅扩展到一个人管理 30 家甚至更多的餐厅。

塔可钟的运作经理将每天的工作时间总数减少了 15 小时，作业面积减少了一半以上。其结果是以半数的员工提供了原来两倍数量的食品。

2010 年，塔可钟安装了节水节能烤架，布置了新的烧烤厨房，这使公司每年可节省 3 亿加仑的水和 2 亿千瓦时的电能。这种"绿色"烹饪方法可使公司 5 600 家餐厅每年节省 1 700 万美元。

有效的运作管理提高了生产率，有力支持了塔可钟降低成本的战略。现在在快餐食品行业中，塔可钟保持着低成本的领先地位，并占据了墨西哥快餐 73% 的市场份额。

资料来源：*Business Week*（May 5，2011）；*Harvard Business Review*（July/August 2008）；and J. Hueter and W. Swart，*Interfaces*（Vol. 28；issue 1）.

1.9　运作管理目前的挑战

从事运作管理工作的人正面临着日新月异的环境。这些变化是多种因素综合作用的结果，从贸易全球化，到信息、产品和资金以电子速度转移。让我们来看一看这些变化。

● 全球化：通信和运输费用的快速下降使各区域市场走向全球化。与此同时，以物资、人才和劳动力形式存在的资源也在全球化。这种快速的全球化进程使得世界各国竞相提高经济增长率和工业化程度。运作经理需要不断创新，以便能随时随地迅速找到新方法来生产和运输零部件和产成品。

● 供应链合作：产品生命周期不断缩短，满足顾客需求，以及技术、材料和工艺技术快速变化，都需要供应商的更多参与。由于供应商具有独特技能，运作经理有必要与关键供应商建立长期的合作关系。

● 环保生产：运作管理人员将对生产率水平进行持续改进的注意力越来越多地放在环保型的产品设计和流程设计上。这意味着产品可以生物降解，汽车零部件可以重复使用或循环使用，抑或生产出更为环保的包装。

● 快速产品开发：信息、娱乐和生活方式在全球范围内快速地传播，这缩短了产品生命周期。面对新型的管理结构、增强的协作、数字技术以及更快速响应且有效率的创意联盟，运作经理必须作出响应。

● 大量定制：一旦我们站在全球角度来考虑市场需求，那么个体的差异就会十

分明显。在这个大市场中，顾客拥有越来越多的选择并重视创新，潜在的压力对公司的响应能力提出了更高的要求。从事运作管理的人员必须使生产流程具有足够的柔性，以满足每个顾客与众不同的需求。企业追求的目标是随时随地为顾客提供满足个性化需求的产品。

● 精细管理：精细是一种管理模式，它席卷全球并提供运作经理必须参与竞争的标准。精细可以被认为是良好运营中的驱动力量，包括客户满意、员工受到尊重、消除浪费。主题是建立更有效率的组织，且管理层创造丰富的工作，帮助员工进行持续改进，以及在客户希望的时间和地点生产和交付产品和服务。这些都包含在精细这个词中。

上述内容以及本书前面提到的相关内容，就是运作经理所面临的主要挑战，也是本书要着重介绍的内容。

1.10 伦理和社会责任

运作管理人员在一个持续变化和充满挑战的环境中工作。将资源转化为产品和服务的运作系统非常复杂，而且现实条件和社会环境不断变化，如法律和价值观，这些变化实际上代表了来自不同利益相关者相互冲突的观点所产生的挑战，这些**利益相关者**（stakeholders）包括顾客、经销商、供应商、所有者、贷款方以及员工。这些利益相关者以及各级政府机构都需要企业持续关注并作出恰当的响应。

在发展有效率且有效果的可持续流程时，伦理和社会责任问题并非总是能识别得很清楚。运作经理所面临的伦理挑战有：

● 开发和生产安全、高质量的绿色产品。

● 培训、保持和激励员工。

● 实现对利益相关者的承诺。

运作经理需要在满足市场需求的同时完全履行以上各方面的职责。如果所有利益相关者均能清晰地表达自己的意见，并且运作经理能够在提高生产率的同时具备道德意识，那么很多伦理问题将得以顺利解决。企业可以耗费更少的资源，员工更投入，市场满意度更高，良好的伦理氛围进一步巩固。在本书中，我们将介绍运作经理用以成功处理伦理和社会责任问题的方法，并以一个伦理问题来结束每一章。

小　结

运作、营销和财务/会计是所有组织的基本职能，组织通过运作职能来生产产品和提供服务。20世纪，运作管理取得了很大进展。实际上人类社会一直在致力于提高物质需求的满足程度。运作管理人员是提高生产率的关键所在。

随着社会日益富裕，越来越多的资源将会投入服务业。美国85%的就业者从事服务业。尽管服务业提高生产率比较困难，但运作管理仍是不断取得进展的一个基本途径。

伦理问题

美国的汽车电池行业宣称其电池回收率超过了95％，比任何商品的回收率都高。然而，随着专业化和全球化带来的变化，部分回收系统设在国外，特别是手机电池。美国环境保护署（EPA）设定了使得美国国内电池回收困难且成本高的标准来应对这种现象，结果导致环境标准不如美国严格的墨西哥的旧电池增加。寻找买家并不难，因为铅很贵并且是全球需求的。美国回收者在密闭的、机械化的工厂中操作，工厂配备装有洗涤器的烟囱，并设有工厂环境监测系统来监测铅，而在墨西哥工厂中很少做到这样。铅所带来的危害是长久的，因为铅能够长期残留。其带来的健康问题包括高血压、肾脏受损、对胎儿的不利影响，以及儿童的神经系统发育迟缓。

对于以下两种情况，你将采取什么措施？

a. 你拥有一家独立的汽车维修店并且试着每周安全处理少许旧电池。（你的电池供应商拒绝回收你的旧电池。）

b. 你管理一家每天要处理成千上万个旧电池的零售商。

讨论题

1. 为什么需要学习运作管理？

2. 列举为运作管理的理论和方法做出过贡献的四位人物。

3. 请简要陈述第2题中各人物的主要贡献。

4. 图1-1列举了三种企业的运作管理、财务/会计和营销职能。参照图1-1，从下列各项中选择一项，绘制简要的组织结构图，并标明三大职能。

a. 一家报社。

b. 一家药店。

c. 一座大学图书馆。

d. 一个夏令营组织。

e. 一家小型人造珠宝工厂。

5. 请根据第4题的要求，对其他组织的结构进行描绘，也可以是你曾经工作过的单位。

6. 企业的三大基本职能是什么？

7. 请列举运作管理的十大决策领域。

8. 请列举提高生产率的四种重要途径。

9. 美国以及世界上很多地方被描述为"知识社会"，这对生产率的测量有何影响？对美国和其他国家进行生产率的比较有何影响？

10. 测量生产率时应注意哪些问题？

11. 现代制造业的发展趋势是大量定制和快速产品开发。这些趋势之间有何联系？你可以举出哪些例子？

12. 服务业生产率较难测量的五种原因是什么？

13. 塔可钟快餐公司"以半数的员工提供了原来两倍数量的食品"，请列举该公司提高生产率的一些活动。

14. 通过图书馆或互联网，找到以下领域去年的生产率：（a）国民经济；（b）制造业；（c）服务业。

例题解答

▰▰▰▰▰▰ 例题解答1.1 ▰▰▰▰▰▰

生产率有多种测量方式，例如劳动力、资本、能源、原材料的利用等。阿特·宾雷（Art Binley）是现代木材公司（Modern Lumber, Inc.）的总裁。公司利用现有设备，每 100 根圆木可以制作 240 个装苹果的板条箱，出售给果农。目前，宾雷每天采购 100 根圆木，每根圆木需要 3 小时的加工时间。他认为应该找一个专业采购人员，以便以相同的成本采购到更好的圆木。在这种情况下，每 100 根圆木可以生产 260 个板条箱，每天需要增加 8 小时的工作时间。

使用专业采购人员对生产率（以单位工时生产的板条箱数量来表示）的影响是多少？

解答

a. 目前的生产率

$$= \frac{240 \text{ 个板条箱}}{100 \text{ 根圆木} \times 3 \text{ 小时/根圆木}}$$

$$= 0.8 \text{ 个板条箱/小时}$$

b. 使用专业采购人员后的生产率

$$= \frac{260 \text{ 个板条箱}}{100 \text{ 根圆木} \times 3 \text{ 小时/根圆木} + 8 \text{ 小时}}$$

$$= 0.844 \text{ 个板条箱/小时}$$

以目前的生产率为基础，提高的幅度为：5.5%（0.844/0.8 = 1.055，或者说提高 5.5%）。

――――― ■■■ ■ ■ ■ ■ **例题解答 1.2** ■ ■ ■ ■ ■ ―――――

宾雷考虑从多因素（全要素生产率）的角度来测量生产率（有关信息参见例题解答 1.1）。他计算了劳动力、资本、能源和原材料利用等要素，并全部以美元表示。目前每天的总工时是 300 小时，但会增加到 308 小时。资本和能源的每天开销分别保持 350 美元和 150 美元不变，每天 100 根圆木的原材料成本也保持 1 000 美元不变。宾雷平均每小时支付 10 美元，生产率的计算如下：

目前	采用专业采购人员后
劳动力：300 小时 × 10 美元/小时 = 3 000 美元	劳动力：308 小时 × 10 美元/小时 = 3 080 美元
原材料：100 根圆木/天，总计 1 000 美元	原材料：100 根圆木/天，总计 1 000 美元
资本：350 美元	资本：350 美元
能源：150 美元	能源：150 美元
成本合计：4 500 美元	成本合计：4 580 美元
目前的多因素生产率：	采用专业采购人员后的多因素生产率：
240 个板条箱/4 500 美元 = 0.053 3 个板条箱/美元	260 个板条箱/4 580 美元 = 0.056 8 个板条箱/美元

解答

以目前的生产率（0.053 3）为基础，提高的幅度可以达到 0.066，即 0.056 8/0.053 3 = 1.066，或者说提高了 6.6%。

练习题*

1.1 查克·索克斯（Chuck Sox）负责制作运输摩托车的包装木箱。他和他的 3 名员工每天共计工作 40 小时，可以制作 120 个箱子。

a. 他们的生产率是多少？

b. 查克·索克斯和他的员工讨论了如何重新设计工作流程，以便提高生产率。如果他们每天可以制作 125 个木箱，那么新的生产率是多少？

c. 生产率提高了多少？

d. 生产率变化的百分比是多少？ **Px**

1.2 Carbondale Casting 公司生产铸铜

―――――――――――

* **Px** 表示可以用 POM for Windows 和（或）Excel OM 软件解答该题。

阀的流水线上安排有 10 名工人，最近一天 8 小时内生产了 160 只阀。

　　a. 试计算该流水线的生产率。

　　b. 管理层改变了布局，使一天 8 小时可以生产 180 只阀，计算新的生产率。

　　c. 计算生产率提高的百分比。 **Px**

　　1.3　Druehl 公司为了满足市场需求，打算在位于佛罗里达州的工厂生产 57 600 台热水器。为了完成这项目标，工厂的每个工人需要每月工作 160 小时。如果工厂工人的生产率是每小时生产 0.15 台热水器，计算需雇用多少工人。

　　1.4　洛丽（Lori）通过女生联谊会销售期末考试综合用品包。她每天工作 5 小时，可制作 100 个综合用品包。

　　a. 洛丽的生产率是多少？

　　b. 洛丽认为，如果重新设计综合用品包，她可以将全要素生产率提高到每天 133 个。那么新的生产率是多少？

　　c. 洛丽重新设计后生产率提高了多少？ **Px**

　　1.5　乔治·凯帕里西斯（George Kyparisis）在迈阿密开了一家工厂，专门生产台球。由于近来成本不断增加，他开始关注生产率。他想知道工厂生产率的提高幅度是否保持在平均 3% 的水平。下表列出了今年某月的数据，同时也列出了去年同期的数据：

	去年	今年
生产数量	1 000	1 000
劳动力（小时）	300	275
树脂（磅）	50	45
投入资本（美元）	10 000	11 000
能源（BTU*）	3 000	2 850

　　试计算每个要素的变化幅度，然后针对常用的生产率（工时）指标，指出其提高的幅度。 **Px**

　　1.6　乔治·凯帕里西斯的成本如下（参见上题有关数据）：

　　● 劳动力成本：10 美元/小时。

　　● 树脂成本：5 美元/磅。

　　● 投入资本的利息：每月 1%。

　　● 能源：0.5 美元/BTU。

　　请根据今年的数据和去年同期的数据，以美元为单位，计算多因素生产率的变化幅度。 **Px**

　　1.7　霍基·米恩（Hokey Min）的 Kleen 地毯公司在 10 月份清洗了 65 张地毯，消耗的资源如下表所示：

劳动力	520 小时，每小时 13 美元
洗涤剂	100 加仑，每加仑 5 美元
租赁机器	20 天，每天 50 美元

　　a. 生产率是多少？

　　b. 多因素生产率是多少？ **Px**

　　1.8　丽莲·福克（Lillian Fok）是 Lakefront 工厂的老板。该工厂生产卡丁车的轮胎，每天生产 1 000 个轮胎，消耗的资源如下表所示：

劳动力	每天 400 小时，每小时 12.5 美元
原材料	每天 20 000 磅，每磅 1 美元
能源	每天 5 000 美元
资本	每天 10 000 美元

　　a. 工厂的生产率是多少？

　　b. 工厂的多因素生产率是多少？

　　c. 如果工厂在不改变其他投入要素的情况下，将能源消耗减少 1 000 美元，那么多因素生产率会改变多少？ **Px**

　　1.9　温迪·布朗（Wende Brown）开了一家面包店，她对成本的上升感到担忧，尤其在能源方面。一般情况下，用去年的相关数据就能够很好地估计今年的情况。温迪·布朗额外追加了 3 000 美元的投资，用于降低烤炉的耗电量，但她并不认为会有多大改变。改造烤炉预计会降低 15% 的耗电量。温迪·布朗希望你能帮她计算新烤炉所节省的耗电量比例，同时也看看其他要素是否发生变化，以便确定改造烤炉能带来多大效益。相关的数据如下表所示：

---

　　* BTU 为英制热量单位。——译者

	去年	今年
生产数量（打）	1 500	1 500
劳动力（小时）	350	325
投入资本（美元）	15 000	18 000
能源（BTU）	3 000	2 750

PX

1.10 芒森汽车改装厂（Munson Performance Auto，Inc.）每年改装 375 辆车。经理亚当·芒森（Adam Munson）对综合绩效测量产生了兴趣。他要求以去年的业绩作为今后比较的基础，并计算多因素生产率。目前收集到下列数据：劳动工时 10 000 小时，500 套悬挂和发动机改装工具，能源消耗 100 000 千瓦时。上一年的平均工时成本为 20 美元/小时，工具每套 1 000 美元，能源消耗 3 美元/千瓦时。你能告诉经理什么信息呢？**PX**

1.11 莱克·查尔斯海鲜食品工厂（Lake Charles Seafood）每天生产 500 个包装新鲜海鲜的木质包装盒，每天安排两班，每班 10 小时。由于需求旺盛，工厂经理决定实施三班连续工作，每班 8 小时。工厂目前每天可以生产 650 个包装盒。

a. 计算改变排班前后的工厂生产率。

b. 生产率改变的幅度是多少？

c. 如果每天可以生产 700 个包装盒，生产率是多少？**PX**

1.12 查尔斯·拉基（Charles Lackey）在爱达荷州的爱达荷瀑布旁开了一家面包店。由于产品质量上乘，地理位置优越，上一年需求增加了 25%，但顾客经常买不到他们所需要的面包。由于面积有限，不可能再增加烤炉。在一次会议上，一名员工建议改变现有的烘烤方式，这样就可以制作更多的面包。这种新的方法需要人工放置面包坯，并需要增加人手，这也是唯一需要增加的要素。每名工人的工资是 8 美元/小时。如果上一年同期烘烤了 1 500 份面包，每人每小时生产 2.344 份面包，拉基今年还需要增加多少工人？（提示：每名工人每月工作 160 小时。）

1.13 在练习题 1.12 中，每名工人的工资是 8 美元/小时。查尔斯·拉基也可以通过新购一台更好的搅拌机来提高产量。采购新的搅拌机意味着增加投资。新增的投资每月大约是 100 美元，但增加产量和增加人手的效果相同（产量增到 1 875 份面包）。哪一种方案更好？

a. 计算工时增加后生产率的变动幅度（从 640 小时增加到 800 小时）。

b. 计算投资增加后生产率的变动幅度（每月增加 100 美元）。

c. 计算工时和投资的生产率变化百分比。

1.14 根据练习题 1.12 和练习题 1.13，如果查尔斯·拉基的面包店设备成本保持每月 500 美元不变，单位工时成本为 8 美元，原料为 0.35 美元/磅，但并不购买练习题 1.13 中所述的新搅拌机，那么生产率是多少？变化的幅度有多大？

1.15 通用汽车公司在底特律的工厂 12 月份生产了 6 600 辆定制货车，生产率是每小时生产 0.1 辆货车，有 300 名工人。

a. 计算每名工人当月需要工作多少小时。

b. 如果生产率是每小时生产 0.11 辆货车，试计算每个工人当月的工时数。

1.16 苏珊·威廉斯（Susan Williams）在弗拉格斯塔夫开了一家小型服装店，专门生产服装。服装店有 8 名工人，每小时的工资是 10 美元。3 月份的第一周，每个工人工作 45 小时，一共制作了 132 件服装，其中有 52 件是次品，每件次品能够卖 90 美元，其余的 80 件每件能够卖 198 美元。以每小时的美元数为单位计算生产率。

1.17 作为劳动力统计部门的一员，你被分配了评估小企业生产率提高的任务，其中一个小型企业的数据如下表所示：

	去年	今年
产量（打）	1 500	1 500
劳动力（小时）	350	325
投资（美元）	15 000	18 000
能源（BTU）	3 000	2 700

表中数据是去年的月平均值和今年的月平均值，以美元为单位来确定下列情况的多

因素生产率。

 a. 去年。

 b. 今年。

 c. 确定去年月平均值相比于今年月平均

值产量改变的百分比。

 劳动力：8 美元/小时

 资金：0.83%/月

 能源：0.6 美元/BTU

案例分析 ▪

▬▰▰▰▰ 优步公司 ▰▰▰▬

市值 410 亿美元的优步公司（Uber Technologies Inc.）正在打破传统的出租车业务。在全球 40 多个国家，优步和与其类似的公司正挑战现有的出租车业务模式。优步和其在美国不断壮大的竞争对手 Lyft、Sidecar 和 Flywheel，以及在欧洲、亚洲和印度的新兴竞争对手都认为，智能手机的应用程序可以提供一种新的打车方式。这种颠覆性的商业模式用一个应用程序来安排打车者和汽车，理论上是该应用程序能够跟踪附近的汽车。优步系统提供行程、路线和费用以及自动计费的历史记录。另外，还允许司机和打车者互评。这些服务越来越受欢迎，从而引发纽约到柏林以及里约热内卢到曼谷人们对出租车服务的担忧。在许多市场中，优步已被证明是最好、最快、最可靠的出行方式。全世界的消费者都认为该系统能够代替通常的出租车。作为该领域最有名的竞争者，优步将投放更多的汽车，这意味着打到车的用时更短，能吸引更多的打车者，进而吸引更多的司机。这一增长周期可能会加速现有出租车业务的衰败，并向像优步一样的技术导向公司提供有力的竞争。

优步商业模式最初尝试绕过许多法规，同时提供比传统出租车更好的服务和收取更低的费用。但是传统的出租车行业正在反击，法规也在不断更新。法规因国家和城市而异，但是特殊的许可、测试和检查越来越多。打

车者付的部分费用不是给司机，而是给优步，因为存在间接费用。优步收取的费用视地区而定，可能包括保险费、司机背景调查费、车辆审查费、软件开发和维护费以及集中计费。这些间接费用与传统出租车费用的比较方式尚待确定，因此，效率提高可能不会立即显现，合同条款也很重要（请参考 www.uber.com/legal/usa/terms）。

除了日益严格的法规外，该模式中的一个复杂因素是在不合时宜的时间寻找司机。新年前夜，清醒的司机和干净的汽车确实要花更多的钱。因此，优步引入了"峰时定价"。峰时定价意味着价格比正常价格高，有时甚至高很多。事实证明，峰时定价是确保汽车和司机在非常时期可用的必要条件，但这些高价可能会令打车者震惊，从而使"高价"成为一个有争议的问题。

【讨论题】

1. 市场已经证明了优步及其直接竞争对手能帮助我们的社会提高效率，那么优步如何提高效率？

2. 你认为优步模式可以在货车运输中使用吗？

3. 优步模式还可以在其他哪些领域/行业使用？

资料来源：*Wall Street Journal*（January 2, 2015），B3, and（Dec. 18, 2014），D1；and www. bloombergview. com/articles/2014-12-11/can-uber-rule-the-world.

注 释 ▪

[1] 效率意味着以最少的资源和浪费做好工作。请注意，有效（意味着做正确的工作）与有效率（意味着做好工作）之间的区别。做好工作——例如，通过运用运作管理的 10 个战略决策——可以帮助我们提高效率；制定和使用正确的策

略可以帮助我们有效完成工作。

[2] U. S. Dept. of Labor, 2015：www.bls.gov/lpc/.

[3] 假定质量和时间段保持不变。

快速复习 ——■

主要标题	复习内容
什么是运作管理	■ 生产：创造产品和提供服务。 ■ 运作管理（OM）：将投入转化为产出的一系列创造价值的活动，并以产品和服务的形式来体现。
组织生产产品和提供服务	为了创造产品和服务，所有组织都必须具备三种基本职能： 1. 营销，即创造需求。 2. 生产/运作，即制造产品。 3. 财务/会计，即记录组织运作情况、支付账单和筹集资金。
供应链	■ 供应链：一个由企业提供产品和服务的组织和活动的全球化网络。
为什么学习运作管理	我们学习运作管理的原因有四个： 1. 学习人们在效率型企业里如何组织运作。 2. 了解产品和服务如何生产出来。 3. 理解运作经理做什么。 4. 运作管理是组织中成本高昂的部分。
运作经理的职责	运作管理的主要决策领域： 1. 产品设计和服务。 2. 管理质量。 3. 流程和能力战略。 4. 选址。 5. 设备布置。 6. 人力资源和工作设计。 7. 供应链管理。 8. 库存管理。 9. 计划。 10. 维护。 约 40% 的就业岗位可划入运作管理岗位。运作管理者的头衔各式各样，如工厂厂长、质量经理、流程改进咨询师、运作分析师等。
运作管理的历史	现代运作管理可以划分为五个阶段： 1. 早期概念时期（1776—1880 年）——劳动专业化（斯密，巴贝奇），零部件标准化（惠特尼）。 2. 科学管理时期（1880—1910 年）——甘特图（甘特），动作和时间研究（吉尔布雷斯），过程分析（泰勒），排队理论（爱尔朗）。 3. 大量生产时期（1910—1980 年）——移动流水线（福特/索伦森），统计抽样（休哈特），经济订货批量（哈里斯），线性规划，计划评审技术（PERT）/关键路径分析（杜邦公司），物料需求计划（MRP）。 4. 精细生产时期（1980—1995 年）——准时生产（JIT），计算机辅助设计（CAD），电子数据交换（EDI），全面质量管理（TQM），鲍德里奇奖，授权，看板。 5. 大量定制（1995—2005 年）——互联网/电子商务，企业资源计划，国际质量标准，有限能力排程，供应链管理，大量定制，按订单生产，射频识别（RFID）。 6. 全球化时期（2005—2020 年）——全球供应链，跨国组织增长，即时通信，可持续发展，全球工作中的道德规范力量，物流。

续表

主要标题	复习内容
服务业中的运作管理	■ 服务：生产无形产品的经济活动（例如教育、娱乐、住宿、政府、金融、医疗等）。几乎所有服务和产品都是不同程度的有形产品与无形产品的组合。 ■ 服务业：包括贸易、金融、住宿、教育、法律、医疗以及其他专业活动的经济部类。服务业是后工业化时代最大的经济部类。农业和制造业生产率的提高使更多的资源可以用于服务业。大部分服务性工作待遇良好。
生产率挑战	■ 生产率：一种或多种投入（例如劳动力、资本和管理）和产出（产品和服务）的比率。 高产量意味着生产更多的产品，提高生产率意味着提高生产产品的效率。 只有提高生产率，才能提高一国的生活质量。在过去一个多世纪里美国生产率平均每年增长 2.5%。 $$生产率 = \frac{产出的数量}{投入的数量}$$ ■ 单因素生产率：只使用一种投入资源（投入）来衡量所提供的产品和服务（产出）。 ■ 多因素生产率：通过所有投入资源（例如资本、劳动力、能源、物资）来测量所提供的产品和服务（产出）。 $$多因素生产率 = \frac{产出的数量}{劳动力 + 原材料 + 能源 + 资本 + 其他}$$ 测量生产率存在的问题：（1）质量可能已改变；（2）系统外部因素的干扰；（3）缺少精确的测量工具。 ■ 生产率变量：提高生产率涉及三种关键变量：资本（10%）、劳动力（38%）、管理（52%）。 ■ 知识社会：大多数劳动者从手工劳动转变为从事技术和信息处理工作，这种工作需要教育和知识。
运作管理目前的挑战	● 全球市场；国际协作。 ● 快速产品开发；联合设计。 ● 环保生产；绿色制造；可持续性。 ● 大量定制。 ● 供应链合作；合资；联盟。 ● 精细管理；持续改进和消除浪费。
伦理和社会责任	运作经理所面临的伦理挑战有：（1）开发品质安全的产品；（2）保持清洁的环境；（3）提供安全的工作场所；（4）实现对利益相关者的承诺。 ■ 利益相关者：在组织中拥有既得利益的人。

自测题

在自我测试前，请参考本章开头的学习目标和本章的关键术语。

1. 下列哪种情况会提高生产率？（　　）
a. 投入增加而产出不变
b. 投入减少而产出不变
c. 产出减少而投入不变
d. 投入和产出同比例减少
e. 投入和产出同比例增加
2. 服务通常（　　）。

a. 是有形的
b. 是标准化的
c. 是基于知识的
d. 顾客参与程度低
e. 有一致的定义
3. 生产率（　　）。
a. 可以用很多因素做分子
b. 和生产一样
c. 每年大约增长 0.5%

d. 取决于劳动力、管理和资本

e. 和效果一样

4. 单因素生产率（　　）。

a. 保持不变

b. 一直在变

c. 通常用劳动力作为测量因素

d. 很少用劳动力作为测量因素

e. 用管理作为测量因素

5. 多因素生产率（　　）。

a. 保持不变

b. 一直在变

c. 通常作为生产要素的替代变量

d. 很少用劳动作为测量要素

e. 常将管理作为测量要素

6. 美国每年生产率的提高是基于下列哪三种因素？（　　）

a. 劳动力、资本、管理

b. 工程、劳动力、资本

c. 工程、资本、质量管理

d. 工程、劳动力、数据处理

e. 工程、资本、数据处理

自测题答案：1. b；2. c；3. d；4. c；5. c；6. a。

第2章
全球运作战略

学习目标

1. 定义使命和战略。
2. 识别并解释获得竞争优势的三种战略。
3. 理解关键成功因素和核心能力的重要性。
4. 使用因素比重法评估国家和外包供应商。
5. 识别并解释四种全球运作战略。

跨国公司介绍：波音公司

波音公司的全球供应链战略产生竞争优势

波音公司针对787梦想客机（Dreamliner）的战略因其技术先进的产品设计和庞大的全球供应链而显得很独特。

波音787应用了大量最新的航空技术，从机舱分段和发动机设计到超轻型钛和石墨压层、碳纤维、环氧树脂以及合成物质等。另一个产品创新是电子监控系统，该系统可以向地面计算机系统提出维护请求。波音与通用电气以及罗尔斯-罗伊斯公司合作开发了更加高效的航空发动机，使排放量减少了20%。应用新的发动机技术预计可使新客机的燃料/有效载荷的效率提高8%，几乎跨越了两代技术。

波音公司位于华盛顿州埃弗雷特的设计小组领导一支国际团队开发了这种最先进的客机。先进的技术设计、全新的制造工艺和坚实的国际供应链使波音公司及其合作伙伴在设计和制造方面取得了空前的好成绩。

波音787之所以是全球化的，是因为其制造业务范围跨越8 300英里，有全球多个国家的参与。面对50多亿美元的财务承诺，波音公司需要合作伙伴。技术和航空市场的全球化意味着发现那些位于世界各地的优秀开发者和供应商。这也意味着发展一种协作和整合的文化，和那些愿意分担开发昂贵新产品的相关风险的公司合作。

最先进的技术、跨国适航认证、跨文化交流以及物流挑战都增加了供应链风险。最终，波音公司接受了与十几个国家的300多家供应商合作的挑战。其中20多家供应商共同开发波音787的技术、设计概念和主系统。下表中列出了波音787零部件的部分国际供应商。可以预见，参与波音787开发的

国家更愿意从波音公司购买飞机，而不是它的竞争对手空中客车公司（Airbus）。

日本的供应商在该项目中占比超过35%，意大利的阿莱尼亚航空公司占到该项目的10%。

创新的梦想客机和它全球范围的供应链一起，建立起新的运作效率水平。因此，它是历史上最快售出超过1 100架的商业飞机。波音公司的梦想客机反映出了21世纪全球化经营的本质。

波音787零部件的部分国际供应商

公司	国家	零部件
拉泰科埃尔公司（Latecoere）	法国	机舱门
纳宾耐尔（Labinel）	法国	线路
达索公司（Dassault）	法国	设计和产品生命周期管理软件
梅西埃-布加迪（Messier-Bugatti）	法国	电动刹车系统
泰雷兹（Thales）	法国	电源转换系统和综合备用飞行显示
梅西埃（Messier-Dowty）	法国	起落架结构
迪赫（Diehl）	德国	内部照明
卡波翰（Cobham）	英国	燃油泵和阀件
罗尔斯-罗伊斯（Rolls-Royce）	英国	发动机
史密斯航空（Smiths Aerospace）	英国	中央计算机系统
比尔亚系统（BAE Systems）	英国	电子元件
阿莱尼亚航空公司（Alenia Aeronautica）	意大利	上中部机身分段和水平尾翼
东丽株式会社（Toray Industries）	日本	机翼和尾翼的碳素纤维
富士重工（Fuji Heavy Industries）	日本	中部机翼分段
川崎重工（Kawasaki Heavy Industries）	日本	前部机身分段、机翼固定结构
帝人制机株式会社（Teijin Seiki）	日本	液压驱动器
三菱重工（Mitsubishi Heavy Industries）	日本	机翼
成都飞机工业（集团）	中国	方向舵
哈飞航空工业公司	中国	零部件
大韩航空（Korean Airlines）	韩国	翼尖
萨博公司（Saab）	瑞典	货舱门和入口

2.1 运作管理和供应链的全球视野

如今成功的运作经理必须在运作战略方面具备全球视野。从20世纪90年代初

开始，发展中国家的近 30 亿人克服了束缚生产力发展的文化、宗教、伦理和政治障碍，这些人活跃在全球经济舞台上。在消除这些障碍的同时，科技、可靠的运输和廉价通信等也在不断发展。这些变化意味着企业发现它们的顾客和供应商在全球范围内增长。毫不奇怪，世界贸易（见图 2-1）、全球资本市场和国际人员流动得以增长。这意味着经济一体化的加强和国家间的相互依赖。简言之，就是全球化。为此，各种组织正利用创新战略快速使其分销渠道和供应链全球化。这种创新战略不仅使得企业与本国的专家竞争，还与全球供应链中的人才竞争。例如：

- 波音公司的竞争优势来自其全球销售和供应链。
- 意大利贝纳通公司（Benetton）通过提高设计、生产和分销环节的柔性，使其产品以更快的速度配送到世界各地的商店。
- 索尼公司从泰国和马来西亚的供应商那里采购零部件，并在全球各地组装电子产品。
- 瑞典的沃尔沃轿车业务被中国吉利控股集团（Geely）收购。但目前 Volvo S40 车是在比利时、南非、马来西亚和中国组装，与马自达 3（日本制造）和福特福克斯（欧洲制造）共享平台。
- 中国的海尔目前在美国的南卡罗来纳州生产迷你冰箱（占美国 1/3 的市场份额）以及冷藏酒柜（占美国一半的市场份额）。

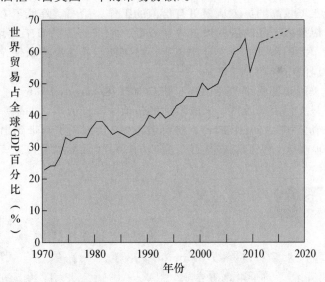

图 2-1　世界贸易的增长（世界贸易占全球 GDP 百分比）

资料来源：World Bank；World Trade Organization；and IMF.

全球化意味着顾客、人才和供应商都是全球范围的。全球竞争的新标准影响着质量、品种、定制、便利性、及时性以及成本。全球化战略提高了效率，增加了产品和服务的价值，但也使运作管理变得更为复杂。复杂性、风险性和竞争强度日益加大，企业必须谨慎对待。

有六大原因使得国内经营模式需向一定形式的国际运作转变。这些原因包括：

1. 改进供应链。
2. 降低成本和汇率风险。
3. 改进运作。

4. 了解市场。

5. 改进产品。

6. 吸引和留住国际化人才。

让我们依次阐述这六大原因。

改进供应链　在拥有特定资源的国家设立合资合作企业，通常可以改进供应链。这些资源包括专业技术人才、廉价劳动力或者原材料。例如，轿车设计人员喜欢从世界各地聚集到南加利福尼亚，为的是紧跟汽车设计潮流。与此类似，全球运动鞋的生产中心从韩国转移到中国广州，广州的优势在于低工资的劳动力和熟练的生产技术，广州的 40 000 名制鞋工人为全世界生产运动鞋。而香水生产商则通常希望在法国的格拉斯设厂，因为世界上大多数天然香料都是从生长于地中海沿岸的鲜花中提取的。

降低成本和汇率风险　很多国际化运作企业力图降低与货币兑换（汇率）有关的风险，并且利用看得见的机会来降低直接成本。（参见运作管理实践专栏中的"美国动画片的生产基地在马尼拉"。）对各种经营方式制定宽松的政策（如环境保护、卫生和安全等）能降低间接成本。

将技术含量较低的工作转移到其他国家会带来一些潜在优势。第一，很明显，企业可以降低成本。第二，将技术含量较低的工作转移到人工费用较低的地区，可以让工资较高的员工从事更有价值的工作。第三，降低了人工费用，节省下来的资金可以投入产品改进和设备改造方面（以及必要的员工再培训）。第四，在使用不同货币的国家设立合资合作企业，可以使企业在经济条件允许的情况下承担有限的货币风险（和相关成本）。

美国和墨西哥已经创建了**出口加工区**（maquiladora）（自由贸易区），允许制造商只支付由墨西哥工人所增加的价值来降低成本。如果一家美国制造商，比如卡特彼勒公司（Caterpillar），将价值 1 000 美元的引擎带到出口加工区组装，其成本为 200 美元，仅需对在墨西哥完成的 200 美元缴纳关税。

运作管理实践

美国动画片的生产基地在马尼拉

摩登原始人弗雷德（Fred Flintstone）实际上来自马尼拉——菲律宾的首都。情况类似的还有《猫和老鼠》、《阿拉丁》以及《唐老鸭》。美国 90% 以上的电视动画片产自亚洲，其中产自菲律宾的数量最多。在菲律宾，英语作为官方语言的天然优势以及人们对美国文化的熟悉，使得马尼拉的多家动画制作公司能雇用到 1 700 多名专业人员。菲律宾人有西方思维。Hanna-Barbera 动画公司的高级管理人员比尔·丹尼斯（Bill Dennis）说："你必须使这个艺术团队能够理解动画的幽默。"

主流公司，如迪士尼、Marvel、华纳兄弟以及 Hanna-Barbera，都将它们的故事板——动画情节概要和配音工作送到菲律宾。那里的艺术家们进行绘画、上色，并制作成包含 20 000 幅图画、约 30 分钟一集的动画片。菲律宾制作一集动画片的成本为 130 000 美元，而韩国是 160 000 美元，美国是 500 000 美元。

资料来源：*Animation Insider*（March 30, 2011）；*The New York Times*（February 26, 2004）；and *The Wall Street Journal*（August 9, 2005）。

贸易协定有助于降低关税，因此降低了企业在其他国家经营的成本。**世界贸易组织**（World Trade Organization，WTO）的相关协议已经将关税从 1940 年的 40％降为 1995 年的 3％。另外一个重要的贸易协定是《**北美自由贸易协定**》（North American Free Trade Agreement，NAFTA）。《北美自由贸易协定》分阶段取消在加拿大、墨西哥和美国之间的贸易和关税壁垒。其他一些贸易组织或协定也促进了世界贸易，如亚太经合组织（APEC）、东南亚公约组织（SEATO）、南方共同市场（MERCOSUR）以及中美洲自由贸易协定（CAFTA）。

另一个贸易组织是**欧盟**（European Union，EU）。[1]欧盟通过标准化和统一货币——欧元，降低了各成员国间的贸易壁垒。然而，作为美国主要的贸易伙伴，拥有 5 亿人口的欧盟针对在欧洲出售的产品制定了某些最严苛的条款。每一项内容，从回收标准到汽车保险杠再到无激素农产品，都必须符合欧盟标准，这也使得国际贸易复杂化。

改进运作　国际化运作的一个原因是可以从对不同国家管理创新的更好理解中学习运作。例如，日本人改进了库存管理，德国人积极地使用机器人，斯堪的纳维亚人则为整个世界改进了人类工效学。

国际化运作的另一个原因是缩短对产品和服务需求变化的响应时间。越来越多的美国顾客可以在美国本土以外购买美国的产品。在当地建立企业可以更快更充分地满足顾客对产品和服务的需求。

了解市场　国际化运作需要不断应对国外客户、供应商以及其他竞争对手，因此跨国公司需要不断抓住机会来提供新产品和新服务。欧洲曾是手机创新之源，现在则是日本和印度引领着手机潮流。对市场的了解不仅有助于公司了解市场走向，而且有助于公司拓展顾客群体，提高生产柔性，平抑市场波动。

有必要进入国外市场的又一个原因是可延长现有产品的生命周期（见第 4 章）。一些产品在美国可能正处于产品生命周期的成熟阶段，在发展中国家却可能代表着最先进的技术。

改进产品　学习并非闭门造车。如果企业有一个开放的环境使人们畅所欲言，那么企业就能更好地服务顾客和自身。例如，日本丰田汽车公司和德国宝马汽车公司将开展联合研究，共同承担下一代新能源汽车电池的研究和开发成本。在这种合作关系下，丰田会在柴油动力车占有率超过一半的欧洲市场中使用备受推崇的宝马柴油发动机。结果是既能降低两家公司的电池研发风险，为丰田在欧洲市场提供最先进的柴油发动机，也能降低宝马每台柴油发动机的成本。与之类似，韩国三星公司和德国罗伯特·博世公司（Robert Bosch）共同生产有利于两家公司的锂离子电池。

吸引和留住国际化人才　跨国公司通过提供更好的工作机会来吸引和留住更好的人才。这些跨国公司在各职能领域和专业领域均需要各种人才。跨国公司之所以能够招聘和留住优秀的员工，是因为它们不仅能够提供更大的发展空间，而且能够减少经济萧条所伴随的失业。当一个国家或地区经济低迷时，跨国公司可将富余员工调配到其他经济较繁荣的地区。

综上所述，要想在世界变得越来越小的过程中获得竞争优势，就需要尽量抓住各种国际化经营的机会，包括可见的机会和不可见的机会。

文化和伦理问题

尽管有强大的力量推动企业走向全球化，但也存在众多挑战。其中一个很大的挑战是调和社会与文化的差异。管理层面对不同的文化，有时对于某些问题会不知所措，从行贿受贿问题、童工问题到环境保护问题。另外，在一个国家得到广泛认同的文化，在另一个国家可能不仅不被接受，甚至还会违法。中东地区的女性管理者比例比印度的更低绝非偶然。

过去 10 年中，很多国际法、国际协定和公约不断修改，它们对全世界的商业伦理行为进行规范。例如，世界贸易组织制定了一些措施以保护政府和产业免遭外国企业实施不道德的商业行为。在行贿受贿或知识产权保护这些问题上，即使存在显著的文化差异，全世界大多数国家还是逐步接受并采取了相关措施。

虽然存在文化或伦理差异，但我们生活在一个资本、信息、商品和劳动力都可快速流动的时代。可以预见这种变化将持续下去。金融业、电信业以及全球物流基础设施都处于健康发展状态，这使资本、信息以及商品得到更充分有效的利用。全球化伴随的各种机遇和风险就在我们身边，并将持续存在。管理者在制定使命和战略时务必要考虑这些方面。

2.2　制定使命和战略

有效的运作管理离不开使命和战略，使命确定努力的方向，战略提供实现目标的途径。无论是小型国内企业还是大型跨国公司，无一例外。

2.2.1　使命

经济上的成功，实际上就是生存，是认识到使命是满足客户需求和需要的结果。企业的**使命**（mission）就是企业存在的目的——企业对于这个社会的贡献。使命陈述为企业划出了活动范围和重点，使企业能将主要精力集中在主营业务上。企业使命表明了企业存在的原因和理由。要制定出卓越的战略比较困难，但如果事先制定好企业的使命，则所有工作会容易得多。图 2-2 列举了使命陈述的例子。

默克公司
默克公司的使命是为社会提供优质的产品和服务——提高生活质量、满足客户需求的创新和解决方案，为每位员工提供有意义的工作和发展机会，为投资人提供高额回报。
百事公司
我们的使命是成为世界一流的快餐和饮料消费品公司。我们力图为投资者带来经济效益，也为我们的雇员、商业合作伙伴和运营机构提供成长和致富的机会。我们所做的一切，都是为了忠诚、公平和诚信。
阿诺德 · 帕尔默医院
阿诺德 · 帕尔默医院在热情、治愈和充满希望的环境中为孩子提供最先进的、家庭式的康复治疗，使孩子们重享童年的欢乐。

图 2-2　使命陈述示例

资料来源：Mission statement from Merck. Copyright @ by Merck & Co., Inc. Reprinted with permission.

确定企业使命后还需要确定各相关职能领域的辅助使命。这里的职能领域是指公司的主要职能，比如营销职能、财务/会计职能以及生产/运作职能。每个职能领域的使命用来支撑整个企业的使命。在各职能领域中可以进一步制定更具体的运作管理策略。图 2-3 给出了不同层次使命的例子。

公司使命
为不断成长且收益良好的全球微波通信市场生产产品和提供服务，超越顾客的期望。

运作职能领域的使命
根据公司使命制造产品，成为世界低成本的制造商。

运作管理各部门的使命	
产品设计部门	设计和生产质量卓越且蕴含很高顾客价值的产品和服务。
质量管理部门	根据公司使命和销售目标，紧紧把握设计、采购、生产和现场服务的机会，获得额外的价值。
流程设计部门	确定和设计生产流程和设备，以满足低成本、高质量和良好工作环境的要求。
选址部门	选择、设计和建设高效的工厂，使之能为企业、员工和社会带来较高的价值。
设备布置部门	通过运用设备布置和生产方法的各种技巧、想象力和智慧，来提高生产效率，同时支持高质量的工作生活。
人力资源部门	为员工创建一个良好的工作环境，包括内容明确、安全和奖罚分明的工作，稳定的就业机会，公平的薪酬，以使每一个员工都能为公司做出杰出贡献。
供应链管理部门	与供应商一起建立稳定、高效的供应源，实现新产品的共同开发。
库存管理部门	在提高顾客服务水平和设备使用率的前提下，尽可能降低库存水平。
作业计划部门	通过制定有效的计划，提高产出水平和快速交货的响应能力。
设备维护部门	通过有效的预防维护和及时维修，提高设备使用率。

图 2-3　公司、运作职能领域及运作管理各部门等各层次使命举例

2.2.2　战略

制定企业使命之后，便可以着手制定和实施战略。**战略**（strategy）是企业完成使命的行动计划。每个职能领域都应当为完成自身使命而制定战略，这样才能共同完成企业使命。制定和实施战略需要识别机会和优势，应对威胁和劣势。接下来，我们将介绍如何制定和实施战略。

理论上有三种途径完成使命：（1）差异化战略；（2）成本领先战略；（3）快速响应战略。这就意味着需要运作管理人员：（1）提供更好的产品和服务，或者至少要有所不同；（2）提供价格更低的产品和服务；（3）更快捷地提供产品和服务。运作管理者需要将这些战略理念转化为具体的可以执行的工作。这三种战略中的任何一种，或任何组合都能产生独特的竞争优势。

2.3　通过运作管理取得竞争优势

上述三种战略中的任何一种都为管理者提供了取得竞争优势的机会。所谓**竞争优势**（competitive advantage），是指相对竞争对手而言的某种独特的优势。其意义在于以一种有效的、可持续的方式为顾客创造价值。除了纯粹的单一战略，多数情况下还需要管理者综合运用不同的战略。让我们来看看管理者如何通过差异化、成本领先和快速响应这三种战略来取得竞争优势。

2.3.1　差异化竞争

美国安肤公司（Safeskin Corporation）通过对公司自身及其产品实施差异化战略成长为提供乳胶手套的第一大厂商。该公司生产防止过敏的医用手套。当其他厂家也相继生产这种手套时，安肤公司开发了低敏感性乳胶手套，接着改善了手套的质地，然后又针对乳胶过敏的人开发了合成手套。总之，该公司一直处于竞争中的领先地位。安肤公司的战略是以生产高可靠性且含有最新技术的手套而闻名，从而使自己与众不同。

差异化战略需要具有独特性。独特性并非只来自某个特殊的职能部门或行为，实际上所有方面均可能产生独特性。而且，由于绝大多数产品都包含某些服务，绝大多数服务也包含某些产品，因此独特性只能通过充分发挥想象力来实现。事实上，**差异化**（differentiation）不仅体现在物理特征上，也体现在影响产品和顾客价值的所有服务上。因此，管理者应该明确每一项可能影响潜在客户价值的产品和服务，包括生产线、产品特性或与产品有关的服务等方面所具有的方便性。这些服务可以通过便利性（分销中心或分店）、培训、产品配送、安装或者设备维护等来体现独特性。

在服务业中，体验是扩大差异化的一种途径。服务业中的差异化体验也是不断增长的"体验经济"的表现。**差异体验**（experience differentiation）的想法是为了吸引顾客，让顾客凭借感官体验服务，甚至直接参与服务活动。迪士尼乐园就是这么做的。人们不再是仅仅坐在车上，而是逐渐沉浸于魔法王国的环境中，不断变化的场景和音响效果丰富了人们的体验。有些游乐设施通过改变空气流动和气味进一步吸引顾客，让他们自己掌握方向，瞄准游戏目标或坏人射击。例如，电影院也在朝环绕立体声、移动座椅、改变气味、制造雨雾以及利用多媒体技术的方向发展。

像硬石餐厅这样的主题餐厅，同样是通过提供"体验"来实现差异化。硬石餐厅吸引顾客的方法包括播放经典摇滚乐和安排会讲故事的员工等。在大多数时候，会有一名专职人员负责解释所播放的内容，并在餐厅设立一个小零售柜台，方便顾客将部分有形体验带回家。于是这样的进餐体验就绝不仅仅是吃一顿饭。通常，星巴克和当地的超市也提供某些体验，例如播放的背景音乐、香气四溢的咖啡或新鲜出炉的面包。

2.3.2　成本领先竞争

在其他美国航空公司发生巨额亏损的时候，西南航空公司（Southwest Air-lines）却一直在盈利。西南航空公司通过提供低成本、短航程的飞行满足了顾客需求，取得了成功。该公司的运作战略包括：利用二级机场和登机口；先到先得的座位安排；较少的票价选择；以更少的机组成员进行更长时间的飞行；仅供给零食，不提供飞行用餐；不设立市内售票窗口。

还有一个不太引人注意的方面是，西南航空公司的运营能力正好满足市场需求，而且它非常有效地利用了这种能力。第一，它为波音 737 设计了符合飞机运力的航线，该航线只有波音 737 一种机型。第二，以更快的周转率获得比其他航空公司更多的飞行里程，飞机在地面停留的时间更短。

采用成本领先战略的一个条件是提高设备利用率。西南航空公司和其他采用低成本战略的公司都清楚这一点，它们非常有效地利用了各种资源。确定最佳规模可以使公司的管理费用分摊到足够多的业务活动中去，从而降低单位成本，产生成本优势。例如，沃尔玛一直在 24 小时开放的超市中贯彻低成本战略。20 年来，沃尔玛成功地获取了市场份额。它降低了超市的管理费用和分销费用。快捷的商品运输降低了库存成本，厂家直接供货提高了库存周转率，并为沃尔玛创造了低成本优势。

同样，比利时食品折扣连锁店 Franz Colruyt 也在成本削减方面下了大功夫。该公司为了削减成本，分店都是由工厂仓库、电影院和车库改装的。店里没有背景音乐、购物袋和明亮的光源，这一切都是为了降低成本。沃尔玛和 Franz Colruyt 都成功地运用了低成本战略。

成本领先（low-cost leadership）意味着实现最大的顾客价值。这需要在运作管理的十大决策领域不断努力来降低成本，并满足顾客的价值期望。低成本战略并不是低价值或低质量战略。

2.3.3　响应性竞争

第三种战略是提高响应速度。响应通常是指柔性响应，但也是指可靠的快速响应。我们认为，**响应**（response）包括的内容涉及所有与及时开发新产品和快速交货相关的价值方面，还包括制定可靠的计划以及灵活的经营。

响应的第一个方面是响应的柔性。柔性响应是指应对市场上产品设计和需求数量的经常性变化的能力。

惠普公司在竞争激烈的个人电脑市场中既做到了设计柔性，又做到了数量柔性。惠普公司的产品生命周期通常只有数月，而在这短暂的产品生命周期中，需求数量和成本因素又经常会发生急剧变化。但是惠普公司成功地通过快速更新产品设计和生产数量，来应对设计和需求数量频繁变化的市场，从而获得持续竞争优势。

响应的第二个方面是计划的可靠性。尽管德国的劳动力成本全世界最高，但德国机械行业通过可靠的响应保持了竞争优势。这种响应体现在可靠的计划方面。德国机械行业的公司制定了翔实的计划并认真执行这些计划。此外，它们就这些计划事先和顾客进行沟通，于是顾客也信赖这些计划。因此，可靠的响应所产生的竞争优势增加了最终顾客的价值。

响应的第三个方面是速度。德昌电机公司（Johnson Electric）位于中国香港的总部每个月制造 8 300 万台微型电机。这种微型电机专门为便携式工具、家用电器以及美容美发用品如吹风机提供动力；每辆汽车上有十几台微型电机。德昌电机公司最具竞争力的优势是速度快：该公司新产品开发速度快、生产节奏快、交货速度也快。

无论是德昌电机公司的生产系统，还是必胜客的 5 分钟内提供餐食，抑或是摩托罗拉公司 3 天就交付定制传呼机，采用快速响应战略的企业都能获得竞争优势。

在实践中，差异化、低成本和快速响应可以提高生产能力、获得持续竞争优势（见图 2-4）。如果运作管理人员能恰当地制定十个方面的决策，便可以获得这些竞争优势。

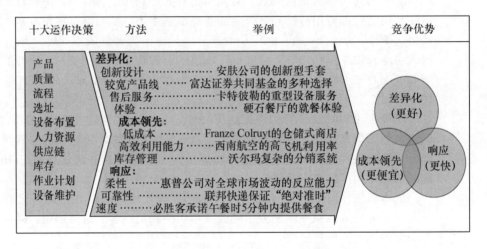

图 2-4　通过运作管理获得竞争优势

2.4　运作战略需要考虑的问题

不论运作战略是差异化、成本领先还是响应（见图 2-4），运作管理都很关键。因此，在制定和实施战略方面，考虑不同观点会有所裨益。一种观点是**资源观**（resources view），即从可支配的财力、物力、人力和技术资源方面考虑，并确保未来战略与这些资源相匹配。另一种观点是波特的价值链分析。[2]**价值链分析**（value-chain analysis）用于识别优势活动或具有潜在优势的活动，即识别提升竞争优势的机会。企业可提供独特价值的增值领域包括：产品研发、设计、人力资源、供应链管理、流程创新或者质量管理。波特还建议利用他提出的**五力模型**（five forces model）来分析竞争对手。[3]这五种力量包括直接竞争对手、潜在进入者、顾客、供应商和替代品。

除了竞争环境，运作经理还需理解公司运作是一个系统，存在多种外部因素。这些外部因素包括政治、法律、文化等，它们影响着战略的制定和实施，并需持续评估。

企业本身也在不断变化，从资源到技术再到产品生命周期的一切事物都是如此。伴随着产品从导入期到成长期、成熟期，再到衰退期的过程（见图 2-5），需考虑企业内部的重要变化。这些内部变化及外部变化需要战略具有动态性。

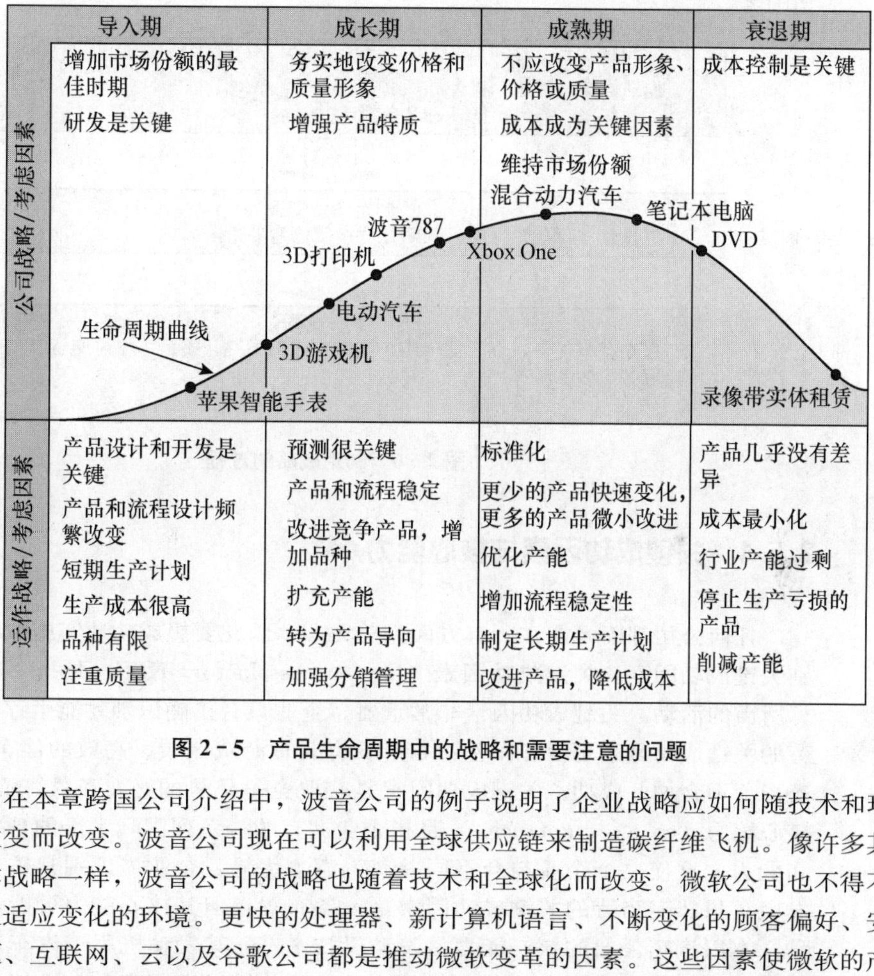

	导入期	成长期	成熟期	衰退期
公司战略/考虑因素	增加市场份额的最佳时期 研发是关键	务实地改变价格和质量形象 增强产品特质	不应改变产品形象、价格或质量 成本成为关键因素	成本控制是关键
运作战略/考虑因素	产品设计和开发是关键 产品和流程设计频繁改变 短期生产计划 生产成本很高 品种有限 注重质量	预测很关键 产品和流程稳定 改进竞争产品，增加品种 扩充产能 转为产品导向 加强分销管理	标准化 更少的产品快速变化，更多的产品微小改进 优化产能 增加流程稳定性 制定长期生产计划 改进产品，降低成本	产品几乎没有差异 成本最小化 行业产能过剩 停止生产亏损的产品 削减产能

（图中曲线标注：维持市场份额、混合动力汽车、波音787、笔记本电脑、DVD、Xbox One、3D打印机、电动汽车、生命周期曲线、3D游戏机、苹果智能手表、录像带实体租赁）

图 2-5　产品生命周期中的战略和需要注意的问题

在本章跨国公司介绍中，波音公司的例子说明了企业战略应如何随技术和环境的改变而改变。波音公司现在可以利用全球供应链来制造碳纤维飞机。像许多其他运作战略一样，波音公司的战略也随着技术和全球化而改变。微软公司也不得不去快速适应变化的环境。更快的处理器、新计算机语言、不断变化的顾客偏好、安全问题、互联网、云以及谷歌公司都是推动微软变革的因素。这些因素使微软的产品战略从操作系统转移到办公软件、互联网应用软件，再到由云集成的电脑、手机、游戏和电视产品。

对内外部因素分析和理解得越透彻，企业就越可能获得资源的最佳配置方案。一旦企业理解了自身和环境因素，就可以采用接下来讨论的 SWOT 分析方法。

2.5　制定和实施战略

SWOT 分析（SWOT analysis）是对内部具有的优势和劣势以及外部面临的机会和威胁进行的评估。通过 SWOT 分析，企业可以明确自己的市场定位，然后运用各种战略获得竞争优势。例如，企业可能有很高的设计水平和优秀的人才，并且处于有利的地理位置，但可能在生产流程或采购方面存在不足。SWOT分析是尽量使获得机会的可能性最大，同时使面临威胁的可能性最小，以最大限度发挥自身优势，避免和克服自身的不足。根据SWOT分析的结果，对预先制定的使命进行相应的调整，再根据这个使命制定相应的战略。战略需要不断根据竞争环境和所提供的顾客价值进行评价。这个过程如图2-6所示。通过这个过程可以识别关键成功因素。

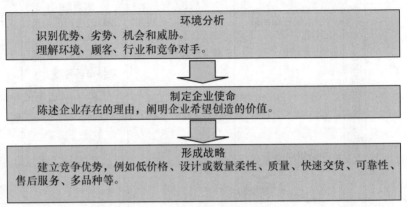

图2-6　制定战略的过程

2.5.1　关键成功因素与核心能力

任何公司都不可能在所有方面完美无瑕，因此要想成功地实施战略，就必须识别关键成功因素。**关键成功因素**（key success factor，KSF）是指一个公司实现目标所需的活动。关键成功因素非常重要，企业只有正确识别才能生存。例如，麦当劳的关键成功因素是设备布置：如果没有儿童游戏区域、高效的停车通道及厨房，麦当劳不会如此成功。关键成功因素是获取竞争优势的必要条件，而非充分条件。**核心能力**（core competencies）是指企业拥有的一系列国际水准的独特技能、人才和能力，这使一个企业与众不同并获得竞争优势。企业需识别其核心能力并大力发展。虽然麦当劳的关键成功因素是设备布置，但其核心能力可能是一致性和质量。本田汽车公司的核心能力是发动机技术——其发动机用于汽车、摩托车、割草机、发电机、除雪机等。这里的关键是让关键成功因素和核心能力产生竞争优势，并成功地支持战略和使命。核心能力可以是关键成功因素的一部分，也可以是关键成功因素的各种组合。对此，运作经理通常需要考虑下列问题：

● 为取得运作战略的成功，哪些工作需要做得特别好？
● 哪些活动有助于取得竞争优势？
● 哪些因素最可能导致失败？哪些工作需要增加管理、资金、技术和人员？

一个组织只有识别和加强关键成功因素和核心能力，才能获得持续的竞争优势。在本书中，我们集中论述运作管理的主要决策领域，这些领域常常包括关键成功因素。营销和财务的决策及运作的主要决策领域与示例如图2-7所示。

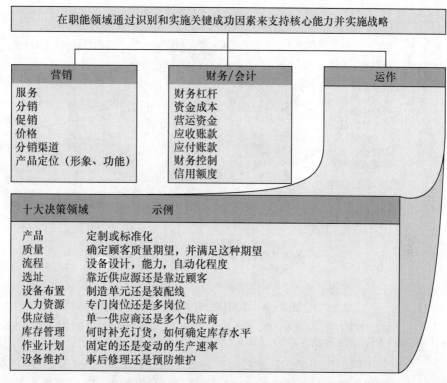

図 2-7　通过识别和实施支持核心能力的关键成功因素来实施战略

2.5.2　将运作管理和其他活动相结合

无论关键成功因素和核心能力的具体内容是什么，它们都必须和相应的辅助活动相联系。识别这些活动的一种方法是**活动图**（activity map），即将竞争优势、关键成功因素和辅助活动联系在一起。例如，在图 2-8 中，以运作为核心能力的西南航空公司开展了一系列活动来支持低成本竞争优势。值得注意的是，图中的关键成功因素如何支持运作同时又被其他辅助活动支持。这些活动相互配合、相互促进，使公司的各个领域朝着一个目标努力。例如，航空业的短期计划受顾客出行方式的影响很大。顾客每周出行时间的偏好、假期、季节原因、学校安排等，都会对航班计划产生影响。因此，航班计划不仅是运作管理的活动之一，也是营销的一部分。卡车货运行业的效率是通过一定时间内的卡车装载率来反映的，但是最大化利用货运装载时间需要考虑其他很多信息，如交货完成情况、待装车情况、可用司机情况、卡车维护情况以及顾客优先级情况等，需要将所有这些活动结合起来。

这些活动配合得越好，竞争优势持续得越久。通过识别竞争优势，集中精力于关键成功因素及其辅助活动，西南航空公司创造了航空业中巨大成功的传奇。

2.5.3　建立组织和配备人员

在制定战略、识别关键成功因素并进行必要的整合后，下一步便是将各种活动

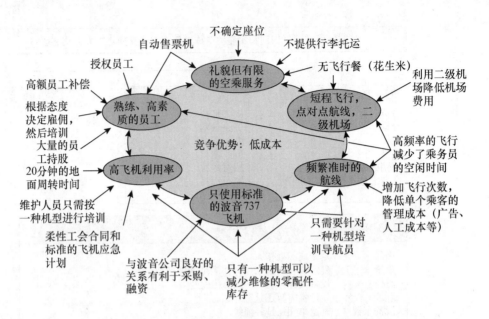

图 2-8 西南航空公司低成本竞争优势的活动图

说明：为取得低成本竞争优势，西南航空公司识别出众多关键成功因素（弧形箭线所连）及相应的辅助活动（直箭线所连）。在本图中，低成本优势高度依赖于良好的运作职能。

分配到不同的组织部门。然后，管理人员挑选合适的人来完成工作。高层管理人员应和下属管理人员一起制定计划、预算和行动纲领，以成功地实施战略、完成使命。不同的公司处理运作职能的组织方式各不相同。第 1 章中的组织结构图（见图1-1）显示了不同类型的公司如何根据所需完成的活动来设置不同的组织结构。运作经理的工作就是制定和实施运作战略、创造竞争优势和提高生产率。

2.5.4 实施运作管理的十大战略决策

正如前文提到的，运作管理的十大战略决策的实施受到一系列问题的影响——使命和战略、关键成功因素与核心能力——同时也会影响产品组合、产品生命周期以及竞争环境等问题的处理。每个产品都有自己的属性组合，因此实施运作管理十大战略决策的重要性和方式各不相同。本部分讨论怎样实施这些战略来取得竞争优势。表 2-1 给出了两家制药公司运用不同战略取得竞争优势的例子，这两种战略分别是差异化战略和成本领先战略。

表 2-1 两家医药公司的运作战略

竞争优势	品牌医药公司	普通医药公司
	差异化战略	成本领先战略
产品选择和设计	研发投入大；大量的实验室；专注于多种药物的开发	研发投入少；专注于普通药物的开发
质量	质量是重中之重，其标准高于规范	根据需要满足各国家/地区的规范
流程	产品和模块化生产流程；尝试在专门的设备中长期生产产品；在有需求之前建立产能	以流程为主；一般生产流程；车间及短期生产；关注高利用率

续表

竞争优势	品牌医药公司 差异化战略	普通医药公司 成本领先战略
选址	一直位于公司建立时所在的城市	最近搬到低税负、低劳动力成本的地方
设备布置	设备支持以产品为中心的自动化生产	设备支持以流程为中心的车间生产
人力资源	聘请最优秀的人才；全国范围内招聘	聘请经验丰富的高级管理人员来指导方向；其他人员的薪酬低于行业平均水平
供应链	长期供应链关系	倾向于寻求便宜的供应链
库存	为了确保满足所有需求而维持高制成品库存	以流程为中心来推动在制品库存；制成品库存往往较低
作业计划	集中的生产计划	许多短期产品使作业计划复杂化
设备维护	训练有素的员工；大量的零件库存	拥有训练有素的员工以满足不断变化的需求

2.6 战略计划、核心能力和外包

当组织制定使命、目标和战略的时候，也能识别出自己的优势——自己做得和竞争对手一样好甚至更好的方面，即核心能力。与之相反，非核心活动占了组织整体业务的很大部分，成为外包的备选项。**外包**（outsourcing）就是将本来在内部的活动转移到外部的供应商那里。

外包不是新概念，但它的确增加了供应链的复杂性和风险。因为其潜能，外包在持续扩张。扩张的加速得益于三个全球化趋势：（1）技术人才的增长；（2）更可靠、更便宜的运输；（3）电信和计算机行业的快速发展。经济发展下的各种组合促进了更低的成本和更深的专业化。因此，更多企业成为非核心活动的外包候选者。

外包意味着和外部组织达成协议（通常是具有法律约束力的合同）。经典的自制或外购战略是外包的基础，该战略考虑哪种产品应该自制，哪种产品又该外购。当公司，比如苹果公司，发现它在创造、创新和产品设计方面的核心能力时，可能会考虑将制造外包出去。

外包制造是分包生产活动长期实践的结果。当这些活动被持续分包的时候，就称作合同制造。合同制造在很多行业正成为通常的做法，比如电脑和手机制造业。例如，强生公司就像许多大公司一样，核心能力是研究和开发，通常将制造外包给承包商。索尼的核心能力是电子芯片设计，在芯片的快速响应和专门化生产方面，索尼是世界上最好的公司之一。因此，索尼发现自己想成为自己的制造商，而专业供应商则会在软件、人力资源和分销领域进行创新。这些领域是供应商的业务，不是索尼的，并且供应商在这些领域做得比索尼好。

其他外包非核心活动的例子如下：

- 杜邦公司将法律服务转移到菲律宾。
- IBM 为宝洁提供旅游服务和薪资处理服务，惠普为宝洁提供 IT 服务。
- 奥迪 A4 和梅赛德斯 CLK 敞篷车都由 Wilheim Karmann 公司生产。
- 蓝十字医疗保险公司（Blue Cross）将需要进行髋关节置换手术的患者送往印度。

经理评估企业的战略和核心能力，并自问如何利用这些优势。是想成为只有 3%～4% 低利润率的公司还是能创造 30%～40% 利润率的创新型企业？中国的电脑和平板合约制造商能赚取 3%～4% 的利润率，而苹果公司在创新、设计和销售方面的利润率是它们的 10 倍之多。

2.6.1　比较优势论

国际外包的动因来自**比较优势论**（theory of comparative advantage），该理论关注相对优势的经济概念。根据该理论，在不考虑地理位置的条件下，如果一家国外供应商的业绩比采购公司更有成效，那么应该让该供应商做这项工作。这就使得采购公司更专注于擅长的领域——核心能力。与比较优势论一致，外包业务持续增长。但把错误的活动外包出去将是一场灾难，并且即使外包非核心活动也是有风险的。

2.6.2　外包风险

风险管理源自对一项战略的不确定性和结果的实际分析，它能使不确定性对该战略的影响最小。事实上，外包是有风险的，大多数外包协议失败的原因是缺少计划和分析。交货及时和质量标准是最大的问题，同样，低位库存增加和物流成本的增加也是问题。表 2-2 展示了外包潜在的部分利弊。北美公司的一项调查报告发现，总体而言，外包的顾客服务的美国消费者满意度指数评分有所下降，这种下降不管是外包给国内公司还是国外公司都同样明显。[4]

表 2-2　外包潜在的利弊

优点	缺点
节约成本	增加物流和库存成本
获取专业化带来的外部专业知识	失去控制（对质量、交货等）
改进运作和服务	创造潜在的未来竞争
得以致力于核心能力	对雇员的消极影响
使用外部技术	风险可能好几年后才显露出来

然而，当外包给国外时，必须考虑一些其他问题。这些问题包括金融吸引力、劳动力技能和可用性以及整体商业环境。还有一个海外外包风险是将就业转移到国外所带来的政治阻碍。本国就业的减少激起了反外包的言论。这种言论促成了一个被称作再外包的过程，使得商业活动重回本国。（参见运作管理实践"重回美国小镇"。）

除了外部风险，运作管理人员还必须处理外包带来的其他问题，包括：（1）减少就业；（2）改变设备要求；（3）对质量控制系统和制造工艺的潜在调整；（4）增加的物流问题，包括保险、关税、海关和时间。

总之，运作管理人员可以在外包非核心活动中发现许多好处，但他们在外包那些能提供竞争优势的产品和服务时必须小心谨慎。接下来的内容提供了数学方法来分析外包决策过程。

运作管理实践

重回美国小镇

美国公司通过外包呼叫中心和后台运营业务提高效率，但是许多公司发现它们只需要一个像艾奥瓦州迪比克这样的地方。

对于那些正面临海外外包质量问题而国内又有不良形象的美国公司而言，美国的小镇是令人愉悦的替代地。迪比克（人口有57 313 人）、得克萨斯州的纳科多奇斯（人口有29 914 人）、爱达荷州特温福尔斯（人口有34 469 人）可能是呼叫中心的最佳位置。虽然工资低，但对小镇居民来说能就业就是最好的了。

通过从大城市向有廉价劳动力和房地产的小镇转移，公司可以节约上百万美元的成本，还能提高生产率。呼叫中心可以很容易满足刚从城里主要工厂失业的人的就业要求。

IBM 过去因将就业机会转移到印度等地而受到批评，现在它选择迪比克作为它的远程计算机服务中心，该中心提供了 1 300 个就业岗位。

然而，利用他国更低廉的劳动力的战略短期内不会停止。那么，印度是人们认为的不可阻挡的海外呼叫中心的首选之地吗？并不是。尽管印度有 13 亿人口，但只有很小部分的劳动力有语言能力和技术来为西方企业工作。而且印度已经被警告，如果呼叫中心不能以合理的工资招聘，那么公司将把工作转移到菲律宾、南非和加纳。事实上，戴尔公司、苹果公司和英国电力公司正从印度呼叫中心重新外包，它们称印度的成本已经太高。

资料来源：*Industry Week*（August 5，2014）and *The Wall Street Journal*（November 27，2013）.

2.6.3　外包供应商评级

研究表明外包协议失败最常见的原因在于决策没有经过充分的分析。因素比重法为评估外包供应商提供了一种客观的方法。我们给每个因素赋值并分配权重。现在，将这项技术应用到例 1，来比较一家企业所考虑的供应商。

例 1

评级供应商选择准则

总部位于旧金山的国家建筑师公司（National Architects，Inc.）决定将其 IT 业务外包出去。目前有三家外包供应商被纳入考虑范围：一家位于美国，一家位于印度，还有一家位于以色列。

方法

公司的运营总监苏珊 · 乔利特（Susan Cholette）列出了自己认真思考过的七大准则。在和委员会的其他四位总监会面以后，她给每家公司打了分（见表 2－3，用黑体标出，范围1～5分，5分最高），并为每个因 素标注了重要性权重。

表 2-3 国家建筑师公司潜在 IT 外包供应商的评级因素

因素（准则）*	重要性权重	外包供应商		
		BIM（美国）	S.P.C（印度）	Telco（以色列）
1. 能降低运营成本	0.2	0.2×3=0.6	0.2×3=0.6	0.2×5=1.0
2. 能减少投资	0.2	0.2×4=0.8	0.2×3=0.6	0.2×3=0.6
3. 技术人员	0.2	0.2×5=1.0	0.2×4=0.8	0.2×3=0.6
4. 能提高质量	0.1	0.1×4=0.4	0.1×5=0.5	0.1×2=0.2
5. 能在公司之外获得技术	0.1	0.1×5=0.5	0.1×5=0.5	0.1×5=0.5
6. 能创造额外的生产力	0.1	0.1×4=0.4	0.1×2=0.2	0.1×4=0.4
7. 与公司的政策/理念/文化一致	0.1	0.1×2=0.2	0.1×3=0.3	0.1×5=0.5
总分		3.9	3.3	3.8

* These seven major criteria are based on a survey of 165 procurement executives, as reported in J. Schildhouse, *Inside Supply Management*（December 2005）：22-29.

解答

苏珊将权重和每一评分相乘，再将每一列相加，据此计算每个外包供应商的总分数。最后她选择了最高得分的 BIM。

启示

当总分相近的时候（3.9分对3.8分），检查结果对输入的敏感性就很重要了。例如，只要一项权重或者因素的分数稍微改变一点，最后的选择就可能改变。管理偏好也会产生影响。

练习

苏珊把"技术人员"的权重改为0.1，而将"与公司的政策/理念/文化一致"的权重增加到0.2。总分变为多少？【答案：BIM 为3.6，S.P.C 为3.2，Telco 为4.0，应该选择 Telco。】

相关课后练习题

2.6～2.10

2.7 全球运作战略的选择

正如本章前面提到的，越来越多的运作战略需要树立全球观念。**国际企业**（international business）是指任何从事国际贸易和投资的企业。**跨国公司**（multi-national corporation，MNC）是指频繁从事国际业务的公司。跨国公司在不同的国家采购资源，生产产品和服务，并在多个国家销售产品或服务。跨国公司一词适用于绝大多数大型的世界知名企业。IBM 就是跨国公司的一个很好的例子。该公司从全球50多个国家进口电子元件，其计算机产品出口到全球130多个国家，并在45个国家设有工厂，一半以上的销售额和利润来自海外。

国际企业和跨国公司的运作经理可以通过四种运作战略来抓住全球机会。这四种战略包括国际化战略、多种本地化战略、全球化战略和跨国战略（见图2-9）。图2-9中的纵轴是降低成本，横轴是当地响应。当地响应意味着在当地实施快速响应和/或必要的差异化。运作经理有必要知道本企业在图中所处的位置。下面分别简要阐释每种战略。

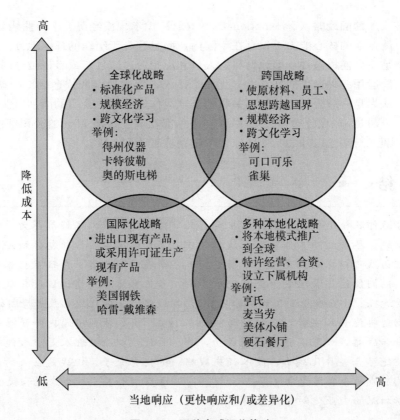

图 2-9　四种全球运作战略

资料来源：See a similar presentation in M. Hitt，R. D. Ireland，and R. E. Hoskisson，*Strategic Management*：*Concepts*，*Competitiveness and Globalization*，8th ed.（Cincinnati：Southwestern College Publishing）.

　　国际化战略（international strategy）是指采用出口或生产许可证方式进入全球市场的战略。国际化战略的优势最小，因为这种战略几乎无法及时响应当地市场，也没有成本优势。但是国际化战略的实施却常常是最容易的，因为产品的出口对于现有运作来说几乎不需要进行变革，而生产许可证协议则通常将风险留给被许可方。

　　多种本地化战略（multidomestic strategy）实行分权管理，使每个下属机构独立决策。从组织角度说，这些下属机构就是那些拥有独立权力的子公司、特许经营机构或者合资单位。这种战略的优势是对当地市场的响应很快，但这种战略很少有或者根本没有成本优势。很多食品行业的企业采用多种本地化战略来适应当地的口味，如亨氏集团，因为进行全球统一的生产并不重要。这种理念认为，"我们已在本土取得了成功，让我们将管理才能和流程而不一定是产品出口到其他国家，去打开那里的市场"。

　　全球化战略（global strategy）具有较高的集中程度，由总部协调各下属机构，寻求各下属机构间的标准化、组织下属机构间的相互学习，以产生规模经济效应。这种战略有利于降低成本，但不适用于需要快速响应当地市场的情况。卡特彼勒（全球领先的挖掘设备生产商）和得州仪器（全球领先的半导体生产商）就运用了全球化战略。卡特彼勒和得州仪器能够发挥这种战略的优势，是因为它们的最终产品在全球范围内大同小异。艾奥瓦州的推土机可能和尼日利亚的完全一样。

　　跨国战略（transnational strategy）追求规模经济、学习曲线效应和快速响应，使企业的核心能力不仅存在于国内，而且存在于组织的任何地方。跨国战略的跨国是一个前提条件，即原材料、人员和思想跨过国界，或者说越过国界。这些公司可能运用三种运作战略（差异化战略、成本领先战略和快速响应战略）。这些公司被认为是全球公司，其相互关联的全球运作网络要比公司的国别属性更为重要。雀巢公司是一个很好的例子。尽管公司总部在瑞士，但 95% 的公司资产和 98% 的销售额来自瑞士以外的其他国家，瑞士籍员工不到 10%。

小　结

　　全球运作既给运作经理创造了机会，又提出了挑战。尽管这项工作富有挑战性，但运作经理仍然可以在剧烈变化的市场中提高生产率。他们使运作管理成为提高竞争力的一条重要途径。企业在识别了优势和劣势后，可以根据这些优势和劣势以及机会与威胁来制定使命和战略，如果实施得比较成功，那么企业便能结合差异化战略、成本领先战略和快速响应战略来取得竞争优势。

　　不断加深的专业化对专注于建立核心能力的组织带来了经济压力，对其他组织带来了外包压力。但外包计划是必要的，有利于所有的参与者。在日益全球化的条件下，竞争优势通常是通过国际化战略、多种本地化战略、全球化战略或者跨国战略获得的。

　　有效地利用国内外资源是职业经理人的责任，职业经理人是少数能够取得这些业绩的优秀分子。挑战是巨大的，而赢得挑战对管理者和整个社会来说收获也是可观的。

伦理问题

　　假设你经营一家运动鞋公司，公司形象——更确切地说是业绩——得到了社会的广泛认同，公司成本却在不断上升。以前，公司的运动鞋都在印度尼西亚和韩国生产，尽管这些国家的经营环境不断改善，但工资水平也在不断提高。目前公司的供应商和某国供应商之间的劳动力成本差距已经超过 1 美元/双。公司下年度的销售目标是 1 000 万双鞋，而且通过分析，你发现降低其他方面的成本不可能弥补这种成本差距。如果能够应对潜在供应商所在国家的政治风险，那么每双鞋节省 1 美元将直接提高公司利润。毫无疑问，潜在供应商所在国家会保持现有体制。而且你几乎无法控制工作条件、性别歧视和环境污染问题。你会怎么做呢？制定决策的依据是什么呢？

讨论题

　　1. 根据本章内容，你认为是否最好将波音公司称为全球公司或跨国公司？试讨论。

　　2. 试列出六条国际化运作的原因。

　　3. 可口可乐被称为国际产品，这是否意味着可口可乐的口味配方全球相同？试讨论。

　　4. 给出使命的定义。

　　5. 给出战略的定义。

　　6. 讨论使命和战略之间的区别。

　　7. 描述你附近的汽车修理厂的使命和战略。运作管理的十个战略决策是如何体现的？或者说，这十个决策是如何实现的？

　　8. 利用图书馆和互联网查阅一家公司的使命，并说明公司战略如何支持公司使命。

9. 根据产品生命周期的不同，应如何相应调整运作战略？

10. 有三种取得竞争优势的基本途径，为每种途径各举一个例子（不要使用本书中已有的例子），并进行简要说明。

11. 根据文中对西南航空公司的讨论，在其收购了穿越航空公司（AirTran）之后，为该公司制定运作战略。

12. 运作战略如何与营销战略以及财务战略结合起来？

13. 如何总结外包趋势？

14. 企业通过外包可以获得哪些潜在的成本节约优势？

15. 管理人员在外包时必须解决哪些内部问题？

16. 公司应该如何选择一家外包供应商？

17. 外包不良可能带来哪些后果？

18. 哪种全球运作战略最能描述麦当劳？

使用软件解决外包问题

可以用 Excel、Excel OM 和 POM for Windows 软件解决本章的许多问题。

创建你自己的 Excel 工作表

程序 2-1 解释了如何基于例 1 的数据建立 Excel 工作表。在该例中，因素比重法被用于比较国家建筑师公司的三个潜在外包供应商。

该程序输入了七个重要因素的数据，包括每个因素的权重（0.0～1.0）和评分（1～5 分，5 分是最高分）。如我们所见，BIM 得分最高，为 3.9 分，而 S.P.C 为 3.3 分，Telco 为 3.8 分。

使用 Excel OM

Excel OM 也可用于解决例 1（使用因素比重模块）的问题。

使用 POM for Windows

POM for Windows 也包含一个因素比重模块。详细信息请参阅附录 IV。

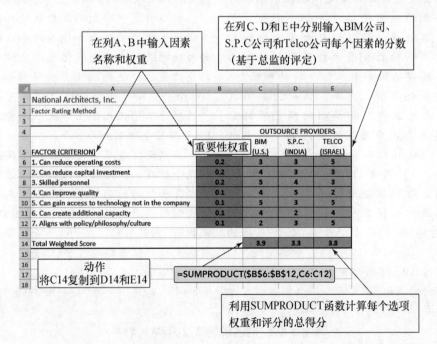

程序 2-1 利用 Excel 进行因素比重分析，数据来源于例 1

例题解答 ■

■■■■■■■ 例题解答 2.1 ■■■■■■■

全球轮胎行业的集中度在不断提高。米其林公司（Michelin）收购了古德里奇公司（Goodrich）和尤尼罗伊尔公司（Uniroyal），并在世界各地设立了合资工厂；日本普利司通公司（Bridgestone）收购了凡士通公司（Firestone），提高了研发预算，并在全球市场展开竞争；固特异公司（Goodyear）的研发费用几乎占到其销售额的 4%。这三家公司共同主宰着世界轮胎市场，总市场占有率接近 60%。世界第四大轮胎制造商德国大陆集团（Continental AG）也加强了其市场地位，在德国仍然是主导。面对如此强大的对手，老牌的意大利轮胎公司倍耐力（Pirelli SpA）发现自己很难做出有效响应。虽然倍耐力公司占 5% 的市场份额，但在竞争激烈的业务方面，它依然是一个弱小的参与者。

由于驾驶者日常需要更换轮胎，所以即使在经济衰退期间轮胎业务仍然稳定，但竞争越来越激烈。那些拥有大量市场份额和长期生产轮胎的公司总能获利。倍耐力只有较小的市场份额和 1 200 种特制轮胎，显然没有上述优势。然而，倍耐力拥有其他优势：在轮胎研发和卓越的高性能轮胎方面享有盛誉，并为高性能汽车、杜卡迪摩托车（Ducati）和一级方程式赛车队（Formula 1）提供专门设计的轮胎。此外，倍耐力的运作经理还通过世界一流的制造流程为创新工程提供补充，这种制造流程可以快速转换到不同型号和尺寸轮胎的生产。

请利用 SWOT 分析法帮助倍耐力公司制定一项可行的战略。

解答

首先，在全球市场中寻找机会，避免和三家巨头在普通产品上拼杀。其次，可以利用倍耐力的内在品牌优势以及赢得世界拉力锦标赛冠军的历史。最后，将运作职能的内部创新能力发挥到最佳。这是一项经典的差异化战略，通过把倍耐力的市场营销实力与研究及创新运营功能相结合来给予支持。

为了实现这些目标，倍耐力公司作了战略转变，从经营低效益的标准轮胎转向较高利润的高性能轮胎。倍耐力公司和一些豪华车品牌签订了协议，包括英国美洲虎（Jaguar）、宝马、玛莎拉蒂（Maserati）、法拉利、宾利和路特斯艾丽斯（Lotus Elise），并为新款保时捷、奔驰 S 级提供大部分轮胎。倍耐力还作出了剥离其他业务的战略决策。结果，公司现在生产的绝大多数是高性能轮胎，人们也愿意向倍耐力公司支付较高的价格。

该公司集中研发高品质的轮胎，并开发了模块化生产系统来加快不同车型轮胎之间的转换时间。这种模块化生产系统结合提升的生产柔性，使轮胎生产批量降低到 150～200 个，从而使小批量生产经济可行。倍耐力的制造工艺优化了生产流程，将其原有的 14 个工艺步骤缩减为 3 个。

虽然面临着三家轮胎巨头对高品质轮胎的竞争挑战，但是倍耐力公司通过庞大的研发预算和创新的运作职能，已经成功规避了市场份额较小的劣势。该公司目前在 13 个国家拥有 19 家工厂，在 160 多个国家和地区设有代表处，销售额超过 80 亿美元。

资料来源：Based on *The Economist*（January 8, 2011）：65；www.pirelli.com；and RubberNews.com.

■■■■■■■ 例题解答 2.2 ■■■■■■■

DeHoratius Electronics 公司正在评估几家为其新调制解调器寻找关键处理器的公司：加拿大的 Hi-Tech 科技公司、中国的 Zia 公司和西班牙的 Zaragoza 公司。公司老板妮科尔（Nicole）确定了三个关键标准。她给每家公司按 1～5 分（5 分最高）评分，并且列出了每个因素的权重，如下所示：

因素（准则）	权重	外包供应商					
		Hi-Tech（加拿大）		Zia（中国）		Zaragoza（西班牙）	
		评分	得分	评分	得分	评分	得分
1. 成本	0.5	3	1.5	3	1.5	5	2.5
2. 可靠性	0.2	4	0.8	3	0.6	3	0.6
3. 竞争力	0.3	5	1.5	4	1.2	3	0.9
总分	1.0		3.8		3.3		4.0

妮科尔将每个评分乘以权重，并将每列得分相加，得到每个外包供应商的总分。比如 Hi-Tech 公司的总分等于 $0.5 \times 3 + 0.2 \times 4 + 0.3 \times 5 = 3.8$。最终她选择了 Zaragoza 公司，因为该公司总分最高。

练习题

2.1　将下列产品与其公司以及公司国别相匹配。

产品	公司	国别
箭牌衬衫（Arrow Shirts）	a. 大众汽车	1. 法国
Braun 家用电器	b. Bidermann International	2. 英国
路特斯汽车	c. 普利司通	3. 德国
凡士通轮胎	d. 金宝汤（Campbell Soup）	4. 日本
Godiva 巧克力	e. 法国里昂信贷银行	5. 美国
哈根达斯冰淇淋	f. 塔塔（Tata）	6. 瑞士
捷豹汽车	g. 宝洁	7. 中国
米高梅（MGM）电影	h. 米其林轮胎	8. 印度
兰博基尼汽车	i. 雀巢	
古德里奇轮胎	j. 吉利	
Alpo 宠物食品		

2.2　本书列举了三种取得竞争优势的基本战略（差异化、成本领先和快速响应）。请你为每种战略各举一个例子，但不要使用本书中的例子。（提示：请注意分析本书中所举的例子。）

2.3　在食品服务行业（提供餐饮服务的餐馆，而不仅仅是快餐店），根据下列要求寻找具有持续竞争力的公司：（1）成本领先；（2）快速响应；（3）差异化。请为每种战略各举一个公司的例子，并用一两句话简要说明理由。不要使用连锁快餐店的例子。（提示："99 美分店"很容易模仿，但不具有持续竞争力。）

2.4　公司内部环境的改变会对运作战略造成影响。讨论下列内部因素对公司运作战略的影响：

a. 产品成熟度。

b. 制造工艺的技术创新程度。

c. 基于无线技术的笔记本电脑设计方面的变化。

2.5 外部环境的改变对公司的运作战略也会造成影响。讨论下列外部因素对公司运作战略的影响：

a. 原油价格上涨。

b. 水和空气质量监测法规。

c. 劳务市场上越来越难找到高素质的年轻劳动力。

d. 通货膨胀和物价稳定。

e. 将健康保险从福利转入纳税的范围。

2.6 Claudia Pragram Technologies 公司已将其外包供应商的选择范围缩小到位于不同国家的两家公司。该公司想根据风险规避准则决定两个国家中哪一个是更好的选择。公司总经理对下属的高管进行了调查，并制定了四个准则。两个国家的最终评分如下表所示，其中 1 分表示风险较低，3 分表示风险较高。

准则	英国	加拿大
外包服务费	2	3
靠近客户的设施	3	1
技术水平	1	3
成功的外包历史	1	2

高管确定了四个标准的权重：外包服务费的权重为 0.1；靠近客户的设施为 0.6；技术水平为 0.2；成功的外包历史为 0.1。

a. 使用因素比重法，你会选择哪个国家？

b. 将 a 中的每个权重加倍（分别为 0.2、1.2、0.4 和 0.2）。这对你的回答有什么影响？为什么？

2.7 兰加（Ranga）是一家公司的运作经理，该公司正在选择四个国家中的一个作为可能的外包供应商。第一步是根据文化风险因素选择一个国家，这对供应商最终的商业成功至关重要。兰加审查了外包供应商名录，发现下表中的四个国家拥有足够数量的供应商，可以从中选择。为了帮助选择国家，他征求了文化专家约翰（John）的意见，为此约翰提供了表中各项准则的评分。分数为 1~10，其中 1 分表示低风险，10 分表示高风险。

约翰还确定了六项准则的权重：信任为 0.4；质量工作的社会价值为 0.2；宗教态度为 0.1；个体态度为 0.1；时间取向的态度为 0.1；不确定性规避态度为 0.1。利用因素比重法，兰加应该选择哪个国家？

准则	墨西哥	巴拿马	哥斯达黎加	秘鲁
信任	1	2	2	1
质量工作的社会价值	7	10	9	10
宗教态度	3	3	3	5
个体态度	5	2	4	8
时间取向的态度	4	6	7	3
不确定性规避态度	3	2	4	2

2.8 费尔南多·加尔扎（Fernando Garza）的公司希望使用因素比重法来选择物流服务的外包供应商。

a. 权重为 1~5（5 为最高），评分为 1~100（100 为最高），使用下表帮助加尔扎作出决定。

准则	权重	物流供应商评级		
		次日达	全球交付	联合运费
质量	5	90	80	75
交货	3	70	85	70
成本	2	70	80	95

b. 加尔扎决定分别增加质量、交货和成本权重至 10、6 和 4。这会如何改变你的结论？为什么？

c. 如果次日达对每个准则的评分都增加

10%，那么新的结论是什么？

2.9　沃克会计软件公司（Walker Accounting Software）以美国和加拿大的小型会计师事务所为客户。公司所有者乔治·沃克（George Walker）决定外包该公司的服务中心，并正在考虑三家供应商：马尼拉呼叫中心（菲律宾）、德里服务（印度）和莫斯科贝尔（俄罗斯）。下表总结了沃克汇编的数据。哪家外包公司评级最高？（较高的权重意味着更高的重要性，更高的评级意味着更理想的提供者。）

准则	权重	供应商评级		
		马尼拉呼叫中心	德里服务	莫斯科贝尔
灵活性	0.5	5	1	9
可靠性	0.1	5	5	2
价格	0.2	4	3	6
交货	0.2	5	6	6

2.10　拉奥科技公司（Rao Technologies）是一家位于加利福尼亚的高科技制造商，正在考虑将其部分电子产品外包。有四家公司对其招标请求作出回应，首席执行官莫汉·拉奥（Mohan Rao）已经开始对其运作团队提供的如下数据进行分析：

准则	权重	外包供应商的评级			
		A	B	C	D
劳动力	w	5	4	3	5
质量程序	30	2	3	5	1
物流系统	5	3	4	3	5
价格	25	5	3	4	4
可靠性	5	3	2	3	5
技术到位	15	2	5	4	4
管理团队	15	5	4	2	1

权重的范围是1~30，外包供应商的得分在1~5。劳动力的权重显示为w，是因为拉奥的运作团队无法就此权重的值达成一致。根据因素比重法，如果选择公司C为外包供应商，w的取值范围（如果有的话）是什么？

2.11　波音公司是否实施了国际化战略、全球化战略或跨国战略？具体参考波音公司的运作和每种组织的特点来论证你的答案。

案例分析 ■

■■■ Rapid-Lube 公司 ■■■

美国存在一个庞大的汽车市场，有超过2.5亿辆使用中的汽车需要调试、更换机油和润滑服务。有些需求由提供全面服务的汽车经销商满足，有些被沃尔玛和凡士通公司满足，还有一些被其他服务经销商满足。Rapid-Lube公司、Mobile-Lube公司、Jiffy-Lube公司以及其他公司也制定了相应战略来抓住这个机会。

Rapid-Lube的服务站环境整洁，由服务人员为车主提供换油、润滑和车体内部清洁服务。服务站将房屋漆成白色，非常干净，周围环绕着修剪得整整齐齐的花坛。为了加快服务速度，服务站建有三个可以并行工作的作业间。在Rapid-Lube服务站，服务代表负责接待顾客，这些服务代表都接受过盐湖城 Rapid-Lube 学校的专业培训。Rapid-Lube 学校的培训形式和芝加哥的麦当劳汉堡包大学（Mc Donald's Hamburger University）以及孟菲斯的假日酒店（Holiday Inn）培训学校大同小异。服务代表承接任务，服务内容主要是检查汽车液体（油、水、制动液、传动液、各种润滑油）的使用情况，进行必要的润滑，更换汽油滤清器和空气滤清器等。服务人员穿着统一的工作服上岗操作。三个人组成一个标准的工作小组，一个人负责检查引擎盖下的液位，一个人负责车体内部除尘、擦拭车窗，第三个人则在作业间里，更换汽油滤清器、放油、检查差速器和变速器，并按需要进行润滑。精确的分工和良好的培训使汽车在作业间只需要停留 10 分钟。这种服务的收费不会高于加油站、汽车维修连锁店和经销商的维修站，可能还会比那些地方低，提供的服务却更好。

【讨论题】

1. Rapid-Lube 的使命由哪些内容构成？

2. Rapid-Lube 的运作战略如何产生竞争优势？（提示：根据运作管理的十个决策领域，将 Rapid-Lube 现在的经营方式和其传统竞争对手的做法相比较。）

3. Rapid-Lube 可能拥有比其传统竞争对手更高的生产率吗？为什么？如何衡量这个行业的生产率？

注　释

[1] 截至 2015 年，欧盟的 28 个成员国是奥地利、比利时、保加利亚、塞浦路斯、克罗地亚、捷克共和国、丹麦、爱沙尼亚、芬兰、法国、德国、希腊、匈牙利、爱尔兰、意大利、拉脱维亚、立陶宛、卢森堡、马耳他、荷兰、波兰、葡萄牙、罗马尼亚、斯洛伐克、斯洛文尼亚、西班牙、瑞典和英国。并非所有国家都接受了欧元。此外，冰岛、马其顿、黑山和土耳其，都是加入欧盟的候选国。

[2] M. E. Porter. *Competitive Advantage*：*Creating and Sustaining Superior Performance*. New York：The Free Press，1985.

[3] M. E. Porter. *Competitive Strategy*：*Techniques for Analyzing Industries and Competitors*. New York：The Free Press，1980，1998.

[4] J. Whitaker，M. S. Krishnan，and C. Fornell. "How Offshore Outsourcing Affects Customer Satisfaction." *The Wall Street Journal*（July 7，2008）：R4.

快速复习

主要标题	复习内容
运作管理和供应链的全球视野	国内企业运营向国际运作转变的六个原因： 1. 改进供应链。 2. 降低成本和汇率风险。 3. 改进运作。 4. 了解市场。 5. 改进产品。 6. 吸引并留住国际化人才。 ■ 墨西哥出口加工区：位于美国与墨西哥边界的墨西哥工厂能获得特惠关税待遇。 ■ 世界贸易组织（WTO）：通过降低关税壁垒促进国际商品自由流动来达到实现国际贸易目的的国际组织。 ■《北美自由贸易协定》（NAFTA）：加拿大、墨西哥和美国之间签订的自由贸易协定。 ■ 欧盟（EU）：一个拥有 28 个成员国的欧洲贸易集团。*

＊ 2020 年，英国正式退出欧盟。——译者

续表

主要标题	复习内容
制定使命和战略	有效的运作管理离不开使命和战略，使命确定努力的方向，战略提供实现目标的途径。 ■ 使命：企业存在的目的或理由。 ■ 战略：企业怎样实现自己的使命和目标。 取得竞争优势的三种战略是： 1. 差异化。 2. 成本领先。 3. 快速响应。
通过运作管理取得竞争优势	■ 竞争优势：相对竞争对手而言的独特优势。 ■ 差异化：将公司的产品或服务以不同的方式提供给顾客，目的是让顾客感知到顾客价值的增加。 ■ 差异体验：以产品为载体满足顾客的感官感受，达到让顾客"体验"产品的目的。 ■ 成本领先：让顾客感知到最大价值的获取。 ■ 快速响应：与速度、柔性以及可靠性相关的一系列价值。
运作战略需要考虑的问题	■ 资源观：管理者对可支配的资源进行评估、管理或改变以获得竞争优势的一种观点。 ■ 价值链分析：识别产品/服务链中增加独特价值的因素。 ■ 五力分析：分析竞争环境中的五种力量。 波特五力模型中的潜在竞争力量是：(1) 直接竞争对手；(2) 潜在进入者；(3) 顾客；(4) 供应商；(5) 替代品。 产品生命周期的不同阶段强调不同的问题： ■ 导入期——公司战略：增加市场份额的最佳时期；研发是关键。运作战略：产品设计和开发是关键；产品和流程设计频繁更改；短期生产计划；生产成本很高；品种有限；注重质量。 ■ 成长期——公司战略：务实地改变价格和质量形象；增强产品特质。运作战略：预测很关键；产品和流程稳定；改进竞争产品；增加品种；扩充产能；转为产品导向；加强分销管理。 ■ 成熟期——公司战略：不应改变产品形象、价格或质量；成本成为关键因素；维持市场份额。运作战略：标准化；更少的产品快速变化，更多的产品微小改进；优化产能；增加流程稳定性；制定长期生产计划；改进产品，降低成本。 ■ 衰退期——公司战略：控制成本是关键。运作战略：产品几乎没有差异；成本最小化；行业产能过剩；停止生产亏损的产品；削减产能。
制定和实施战略	■ SWOT 分析：分析企业内部的优势和劣势以及外部的机会和威胁。 战略制定过程首先需要分析环境，然后确定企业使命，最后形成战略。 ■ 关键成功因素 (KSF)：创造竞争优势的关键活动或者因素。 ■ 核心能力：企业拥有的一系列国际水准的独特技能、人才和能力。 核心能力可以是关键成功因素的一部分，也可以是关键成功因素的各种组合。 ■ 活动图：竞争优势、关键成功因素及辅助活动的图形联结。
战略计划、核心能力和外包	■ 外包：从外部来源采购服务或产品，这些服务或产品是组织的一部分。 ■ 比较优势论：各国从专门生产（和出口）它们具有相对优势的产品和服务、进口具有相对劣势的产品和服务中获益。 大多数失败的外包协议是计划和分析不当所致。 外包的潜在风险包括： ■ 产品质量下降或客户服务质量下降。 ■ 外包给国外供应商造成的政治阻碍。 ■ 对就业的负面影响。 ■ 潜在的未来竞争。 ■ 增加物流和库存成本。 外包失败的最常见原因是，在没有充分理解和分析的情况下作出决定。 因素比重法是处理国家风险评估和供应商选择问题的极好工具。

续表

主要标题	复习内容
全球运作战略的选择	■ 国际企业：任何从事国际贸易和投资的企业。 ■ 跨国公司：在多个国家频繁从事国际业务的公司。 可以根据当地的响应能力和成本降低情况对全球运作战略进行分类。 ■ 国际化战略：利用出口或生产许可证方式进入全球市场的战略，几乎没有当地响应能力。 ■ 多种本地化战略：在不同国家和地区分别下放运作决策权，以加强对当地市场响应的战略。 ■ 全球化战略：总部集中决策运作策略，并协调各分支机构的标准化和相互学习的一种战略。 ■ 跨国战略：将全球规模效益和当地响应优势相结合的战略。实施跨国战略的公司打破了国界。

自测题

在自我测试前，请参考本章开头的学习目标和本章的关键术语。

1. 使命陈述有益于组织，是因为它（　　）。

a. 是组织存在目的的陈述

b. 提供了一个组织文化的基础

c. 识别出了重要界限

d. 细化了特定的收入目标

e. 确保了利润

2. 提升竞争优势的三种战略是＿＿＿、＿＿＿和＿＿＿。

3. 公司核心竞争力的优势包括（　　）。

a. 专业技能

b. 独特的生产方法

c. 专有信息/知识

d. 比其他公司做得好的事情

e. 以上所有内容

4. 通过比较其加权平均得分来评估外包供应商的方法是（　　）。

a. 因素比重分析

b. 成本-数量分析

c. 运输模型分析

d. 线性回归分析

e. 交叉分析

5. 某企业的经营涉及多个国家，下属机构分散决策，并采取子公司、特许经营或合资等形式自主经营，该公司实施了（　　）。

a. 全球化战略

b. 跨国战略

c. 国际化战略

d. 多种本地化战略

e. 区域战略

自测题答案：1. a；2. 差异化，成本领先，快速响应；3. e；4. a；5. c。

第 3 章
预 测

 学习目标

1. 理解预测的三种时间范围及其适用的预测模型。
2. 解释四种定量预测法的适用情况。
3. 应用简单预测法、移动平均法、指数平滑法和趋势外推法进行预测。
4. 计算预测精确度的三种指标。
5. 确定季节指数。
6. 进行回归和相关分析。
7. 学会使用跟踪信号。

跨国公司介绍：迪士尼

预测为迪士尼赢得竞争优势

谈到世界上最受尊敬的全球品牌，迪士尼乐园及度假区是领导者之一。这个魔幻世界的主人是米老鼠，迪士尼的首席执行官罗伯特·伊格（Robert Iger）每天管理这个娱乐巨头。

迪士尼的全球业务有中国上海迪士尼乐园（2016 年），中国香港迪士尼乐园（2005 年），法国巴黎迪士尼乐园（1992 年），日本东京迪士尼乐园（1983 年）。沃尔特迪

士尼世界度假区（佛罗里达州）和迪士尼乐园度假区（加利福尼亚州）带动着这家市值 500 亿美元的公司盈利，迪士尼在《财富》500 强和《金融时报》全球 500 强中均排名前 100。

迪士尼的收入取决于接待的游客人数和这些游客在迪士尼的消费金额。每天伊格收到的奥兰多附近四个主题公园和两个水上乐园（神奇王国（Magic Kingdom）、未来世

界（Epcot）、迪士尼动物王国（Disney's Animal Kingdom）、迪士尼－好莱坞影城（Disney-Hollywood Studio）、迪士尼暴风滩（Blizzard Beach）和迪士尼台风湖（Typhoon Lagoon））的每日报表中只包括两个数据：前一天的预测游客人数和实际游客人数。伊格非常认真地进行预测，他希望每天的预测误差接近零。

迪士尼世界度假区的预测团队不仅为伊格提供每天游客人数的预测，还利用判断模型、经济计量模型、移动平均模型和回归分析为员工管理、维修、运营、金融和园区调度管理部门提供日、周、月、年和 5 年期预测。

由于迪士尼世界度假区 20% 的游客是外国游客，因此在经济学模型中应该考虑相关变量，如国内生产总值、交叉汇率和美国迪士尼的来园游客人数等。他们每年委派 35 名分析师和 70 名现场工作人员对 100 万人进行调查以了解游客未来的旅游计划以及游客在园区的体验。其调查对象包括在园区游玩的游客、在度假区内 20 家旅馆住宿的客人、员工、导游人员。这些信息不仅可以帮助预测游客的人数，还有助于了解游客在

园区的行为（比如，游客对某一游乐项目愿意排队等候的时间和准备乘坐的次数）。月预测模型中则要考虑航空票价、美联储（Federal Reserve）主席的发言和华尔街的经济走势等因素。迪士尼甚至还会对美国国内和国外的 3000 个学区进行跟踪调查，了解相关的假期日程安排。利用这种方法，迪士尼的 5 年期游客人数预测的平均误差为 5%，而其 1 年期的预测误差不超过 3%。

来园游客预测是进行许多管理决策的基本信息。例如，一般情况下，早上 9 点迪士尼乐园的来客数会明显增加。但有些时候，在早上 8 点开园时就需要提高接待游客的能力，比如开放更多的表演或搭乘类游玩项目、增加食品/饮料销售车（每年可以销售 900 万个汉堡包和 5000 万杯可乐）、雇用更多的员工（也称为角色演员）。园区各处的角色演员每隔 15 分钟就重新安排一次。迪士尼还通过"FAST PASS"预订系统限制来园游客人数、举办更多的街头花车巡游以缓解搭乘项目的压力等方式对游客的需求进行管理。

在迪士尼，预测是公司成功和赢得竞争优势的关键驱动因素。

3.1 什么是预测

每天迪士尼的管理者在不知道未来将发生什么的情况下作出决策。管理人员在不知道未来销售量的情况下进行订货；在不确定未来产品需求的情况下采购新设备；在不了解未来利润的情况下进行投资。面对不确定性，经理们总想更准确地估计未来将发生什么。预测的主要目的就是作出准确的估计。

在本章中，我们将研究不同的预测方法并介绍各种预测模型。我们的目的就是说明管理者有多种方法进行预测。我们还将概述如何进行销售预测，描述如何准备、监控和判断预测的准确性。准确的预测是有效服务和生产运作的基础。

预测（forecasting）是预测未来事件的艺术和科学。预测可能涉及历史数据（如历史销售额）并使用数学模型预测未来。这可能是一个主观或直观的预测（例如，这是一个很好的新产品，将比旧产品多销售 20%）。它可能基于数据需求驱动，比如客户的购买计划，并将其考虑进未来的销售。有时候，预测可能包含这些因素的组合，也就是说，一个由管理人员良好判断调整的数学模型。

在本章所介绍的预测方法中，你会发现没有最好的方法。预测可能受产品所处

生命周期阶段影响——无论销售处于导入、成长、成熟还是衰退阶段。其他产品也会受到相关产品需求的影响，例如，导航系统可能会追踪新车销售情况。此外，我们从预测中所能期望得到的内容也是非常有限的。预测几乎不可能做到完美，预测的准备和监控是耗时费钱的。

但是，很少有公司不作预测而坐等事情发生然后抓住机会。短期和长期的有效规划取决于对公司产品需求的预测。

3.1.1 预测的时间范围

预测通常按时间范围来分类。预测的时间范围可以分为三种：

1. 短期预测。这种预测可以长达 1 年，但通常少于 3 个月。短期预测通常用于采购计划、工作进度安排、劳动力需求水平预测、工作分配和生产水平预测等方面。

2. 中期预测。中期预测的时间范围一般是 3 个月到 3 年。通常用于销售计划、生产计划和预算、资金预算和各种运作计划的分析。

3. 长期预测。通常是指对 3 年或更长时期的预测分析，长期预测一般用于新产品、资本支出、选址和产能扩充、研发等方面的规划。

中长期预测与短期预测的不同体现在三个方面：

首先，中长期预测用来解决全局性的问题，用于支持管理者在产品、工厂设施和流程方面的规划决策。一些生产设施的选址决策（如通用汽车公司决定在巴西设立新工厂），可能花费 5～8 年的时间才能完成。

其次，短期预测用到的方法通常与长期预测不同。移动平均法、指数平滑法和趋势外推法（本章将会简要地介绍）等数学方法都是常见的短期预测方法。另外，很少有企业用定量的方法来预测新产品，如光盘刻录机，是否应该投入生产之类的问题。

最后，短期预测比长期预测更准确。影响需求的因素每天都在发生变化。所以，时间范围越长，预测的准确性就越低。因此，销售预测必须定期更新以保持它的价值和准确性。在每个销售周期过后，要对预测进行审视和修正。

3.1.2 预测的类型

在对未来的生产运作进行规划时，主要用到三种预测：

1. **经济预测**（economic forecasts）通过预测通货膨胀率、货币供给、新房开工率以及其他计划指标来分析经济周期。

2. **技术预测**（technological forecasts）预测技术进步速度。这些技术进步会催生令人兴奋的新产品，并且需要新的工厂设施和设备投资。

3. **需求预测**（demand forecasts）是对公司产品或服务的需求进行预测。预测带动决策，因此管理人员需要的是即时、准确的与实际需求有关的信息。他们需要以需求为导向的预测，重点是快速识别和追踪客户需求。这些预测可能使用最新的销售点（POS）数据，零售商生成的客户偏好报告以及其他任何有助于使用最新数据进行预测的信息。以需求为导向的预测可驱动公司的生产、产能和调度系统，并影响财务、营销和人员规划。此外，减少库存和过时产品会带来巨大的回报。

经济预测和技术预测涉及专门的技术，这不在运作管理者的职责范畴之内。本书将重点介绍需求预测。

3.2 预测的战略重要性

良好的供应商关系和随之而来的产品创新、成本、市场速度优势都依靠准确的预测。所以，需求预测影响多方面的决策。让我们看一下产品需求预测对以下三个方面的影响：（1）供应链管理；（2）人力资源；（3）生产能力。

3.2.1 供应链管理

准确的预测有利于形成良好的供应商关系，确保原材料和零件采购的价格优势。接下来有三个例子：

苹果公司建立了一个有效的全球体系，从产品设计到零售店，几乎控制了供应链的每一个环节。通过供应链上下的快速沟通和准确的数据共享，提高了创新能力，降低了库存成本，提高了上市速度。一旦一款产品上市销售，苹果就会按小时追踪每家商店的需求，并每天调整生产预测。在苹果，对供应链的预测是一种战略武器。

丰田根据包括经销商在内的各种渠道的信息，制定了复杂的汽车预测。但预测导航系统、定制车轮、扰流片等配件的需求尤其困难。有超过 1 000 种不同型号和颜色的产品。因此，丰田在对未来的配件需求作出判断之前，不仅要对已生产和批发的大量汽车数据进行评估，还要详细研究汽车预测。如果做得好，将会得到一个高效的供应链并且使客户满意。

沃尔玛与莎莉（Sara Lee）和宝洁等供应商合作，确保在正确的时间、正确的地点以正确的价格提供正确的商品。在飓风季节，沃尔玛可分析 7 亿件商品的能力意味着它不仅能预测手电筒的销量，还能预测出馅饼和啤酒的销量是正常需求的 7 倍。这些预测系统称为协作规划、预测和补充（CPFR）。它们结合了多个供应链合作伙伴的智慧。CPFR 的目标是生成更精确的信息，为供应链带来更大的销量和利润。

3.2.2 人力资源

员工的招聘、培训和解雇都有赖于对需求的预测。如果人力资源部门在没有预先准备的情况下招聘过多的员工，对员工的培训就会减少，劳动力素质就会下降。路易斯安那一家大型化学品公司过快地扩展到昼夜轮班制，导致第二班和第三班的质量控制出现问题，这使公司差点失去其最大的客户。

3.2.3 生产能力

生产能力不足会导致产品缺货，从而失去顾客、丧失市场份额。这种情况曾经发生在纳贝斯克公司（Nabisco），它没有预计到市场对新推出的低脂 Snackwell Devil's 饼干的需求如此巨大。尽管生产线超负荷运转，纳贝斯克也无法满足需求，只能任顾客流失。亚马逊在销售 Kindle 电子阅读器时也曾犯过同样的错误。此外，当生产能力过剩时，成本会猛增。

3.3 预测的七个步骤

预测有七个步骤，我们以迪士尼为例逐步介绍。

1. 确定预测的用途。迪士尼把来园游客预测作为人员配备、开园时间、搭乘游戏项目的可用性以及食品供应的决策依据。

2. 确定预测对象。迪士尼有六个主题公园，每个主题公园的每日游客人数的预测数据是确定人员、维修和日程安排的基础。

3. 决定预测的时间范围。是短期、中期还是长期预测？迪士尼进行日、周、月、年以及 5 年期的预测。

4. 选择预测模型。迪士尼使用多种统计模型，如移动平均法、计量经济学方法、回归分析法，这些我们都将介绍。另外，迪士尼也会用到主观判断或非定量模型。

5. 收集预测所需的信息。每年，迪士尼的预测团队都会委派 35 名分析师和 70 名园区现场工作人员对 100 万人进行调查。另外，迪士尼还委托 Global Insight 公司对旅游行业进行预测，收集汇率、进入美国的游客人数、机票价格、华尔街走势、学校假期安排等信息。

6. 作出预测。

7. 验证和执行预测结果。在迪士尼，工作人员每天都会对预测进行审查以确保所使用的模型、假设以及数据的有效性。另外，还需对误差进行衡量。比如迪士尼利用预测数据对角色演员的工作进行安排，要求每隔 15 分钟进行一次工作安排。

这七个步骤显示了开始、设计和执行预测的一套系统方法。当按部就班进行预测时，必须定期收集数据。实际计算工作通常由电脑完成。

不管企业采用何种预测系统，都必须面对以下事实：

● 一些我们无法预知、控制的外在因素影响着预测。

● 大部分预测技术都假设组织有隐含的稳定性。所以，一些公司利用计算机预测软件来自动预测，同时密切监控那些需求不稳定的产品。

● 产品系列的预测和总体预测要比单个产品的预测准确得多。例如，迪士尼是对整个园区每天的总游客人数进行预测，这可以有效地平衡对六个主题公园的过高或过低的预测。

3.4 预测方法

就像决策可分为定量决策和定性决策一样，预测也有两种方法：定量预测和定性预测。**定量预测**（quantitative forecasts）利用基于历史数据和/或关联变量的多种数学模型来预测需求。**定性预测**（qualitative forecasts）则综合运用决策者的直觉、情感、个人经验、价值体系等因素进行预测。有些公司使用定量预测，有些则使用定性预测。在实际应用中，定性预测和定量预测相结合通常更有效。

3.4.1　定性预测法概述

下面介绍四种不同的定性预测法。

1. **部门主管集体讨论法**（jury of executive opinion）。这种方法是指高级专家或高层主管针对某一需要预测的问题进行集体讨论，通常结合统计模型，最后形成一组需求估计值。例如，百时美施贵宝公司（Bristol-Myers Squibb Company）聚集 220 位知名科学家进行讨论，来预测未来世界医药研究的趋势。

2. **德尔菲法**（Delphi method）。德尔菲法涉及三种不同类型的参与者：决策者、工作人员、被调查者。决策者通常由 5～10 个专家组成，他们作出最终的实际预测。工作人员负责协助决策者进行一系列问卷和调查结果的准备、分发、收集和总结工作。被调查者是分散在各地的专家，他们的判断和分析十分有价值。在作出预测前，这些专家为决策者提供了大量建议和意见。

比如，阿拉斯加州运用德尔菲法对其长期经济发展进行预测。该州高达 90% 的预算来源于每天从普拉德霍湾输油管道输出的 150 万桶原油。德尔菲法中的专家组必须能够代表州内所有地区和团体的意见。德尔菲法是一个理想的预测工具，因为它可以避免专家组成员的旅途奔波。这也意味着阿拉斯加州的领导者可以参加，他们的日程安排不会受到会议和路途的影响。

3. **销售人员意见综合法**（sales force composite method）。在这种方法中，每个销售人员对其所在地区的销售作出预测。然后对这些预测进行评估，确保其可行性，并将这些预测汇总形成各地区或全国的总体预测。雷克萨斯（Lexus）对这种方法做了一些调整。每个季度，雷克萨斯的经销商都会碰头，讨论什么颜色、什么配置的车型更畅销。这样，工厂就知道应该生产哪款汽车。

4. **消费者市场调查法**（consumer market survey）。这种方法是指在了解顾客和潜在顾客的未来购买计划后进行预测的方法。它不仅有助于预测，还可以帮助改进产品设计和新产品规划。但是，销售人员意见综合法和消费者市场调查法依赖于顾客提供的输入信息，因此可能会导致预测过于乐观。

3.4.2　定量预测法概述

本章我们将介绍五种定量预测方法，它们都基于历史数据来进行预测。总的来说，定量预测方法可以分为时间序列模型和相关模型两类：

1. 简单预测法 ⎫
2. 移动平均法 ⎪
3. 指数平滑法 ⎬ 时间序列模型
4. 趋势外推法 ⎭
5. 线性回归法 ⎰相关模型

时间序列模型　时间序列（time series）模型是在假定未来情况是过去情况的函数的基础上进行预测的。换句话说，通过分析过去一段时间发生的事件，利用历史数据来预测。如果我们要预测割草机的销售量，就需要知道割草机过去的销售数据。

相关模型　在像线性回归这样的相关模型中，会考虑可能对所预测的数值产生影响的多种变量或因素。如果使用相关模型来预测割草机的销售量，可能要考虑新房开工率、广告预算和竞争者的产品价格等因素。

3.5 时间序列预测

时间序列是一系列按均匀时间间隔（周、月和季度等）排列的数据点，例如，耐克飞人乔丹运动鞋（Nike Air Jordans）的每周销售额，微软股票的每季收益，库尔斯（Coors）啤酒每天的发货量，以及年消费者价格指数。根据时间序列数据预测意味着未来数值仅仅是从历史数据预测得来，而其他变量无论有多高的潜在价值，都可能被忽略掉了。

3.5.1 时间序列的分解

分析时间序列意味着需要将历史数据分成若干部分，然后进行外推预测。一个典型的时间序列包含四部分内容。

1. 趋势，指数据在一段时间内逐渐上升或下降。如收入、人口、年龄分布或文化观点等的变化都可以形成趋势。

2. 季节，指数据经过一定周期的天数、周数、月数或季度数后重复出现。下面列出了六种常见的季节模式：

模式周期	"季节"长度	该模式下的"季节"数
周	天	7
月	周	4～4.5
月	天	28～31
年	季	4
年	月	12
年	周	52

例如，餐馆和理发店受到以周为周期的季节因素影响，星期六是营业高峰。请参阅运作管理实践专栏中"橄榄园餐厅的预测"。啤酒经销商按年进行预测，以月作为"季节"。在 5 月、7 月和 9 月这三个"季节"中各有一个大型的啤酒节。

3. 周期，指数据每隔几年重复出现的时间序列形式。常见的如经济周期，它是短期经济分析和计划中需要考虑的重要因素。预测经济周期是十分困难的，因为它会受到政治事件和国际局势的影响。

4. 随机波动，指由偶然、非经常性原因引起的数据异常变动。随机波动反复无常、没有一定的规律可循，因此无法进行预测。

运作管理实践

橄榄园餐厅的预测

这是一个星期五的晚上，佛罗里达州盖恩斯维尔大学城的橄榄园餐厅（Olive Garden）的工作人员正在忙碌地工作。虽然顾客可能平均需要等候 30 分钟才能用餐，但顾客在等待时可以品尝新酒和奶酪，可以欣赏托斯卡纳风格的餐厅墙壁上的意大利乡村风景画。餐厅提供的晚餐分量十足，许多顾客都要打包食物。该餐厅的人均消费一般不超过 15 美元。人们蜂拥至达登（Darden）旗下的各休闲连锁餐厅，如橄榄园餐厅、微风巴哈马餐厅（Bahama Breeze）、52 季餐厅（Season 52），享受质量始终如一的美食和服务。

每天晚上，达登公司的计算机会生成预测信息，为达登公司供货的零售店管理者就可以据此预计第二天的需求。这个预测软件在对每天套餐的总需求进行预测后，再根据特定菜单的要求对所需的具体食材进行预测。例如，如果第二天需要提供 625 份套餐，这个系统就告诉管理者："你必须按规定数量提供以下所需食材：25 磅河虾、30 磅蟹肉、42 份定量包装的鸡肉、75 只大虾、8 条比目鱼。"零售店管理者通常会根据当地的实际情况，如天气或会议，来对所需食材的数量进行适当调整。但是零售店的管理者明确知道他们的顾客将会订购什么。

该预测系统利用需求的历史数据对未来需求进行预测，为公司避免了数百万美元的浪费。而且需求预测还为员工的有效配置提供了必要信息，从而降低了劳动力成本。在该系统投入使用的第一年，劳动力成本大约降低了一个百分点，为达登供应链节省了数百万美元。在低利润率的餐饮业中，每一美元的节约都是非常重要的。

资料来源：*InformationWeek*（April 1, 2014）；*USA Today*（Oct. 13, 2014）；and *FastCompany*（July-August 2009）.

图 3-1 是一张 4 年期的需求变化图。需求曲线上还标明了均值、趋势、季节因素、随机波动。平均需求是对 4 年的需求值求平均所得。

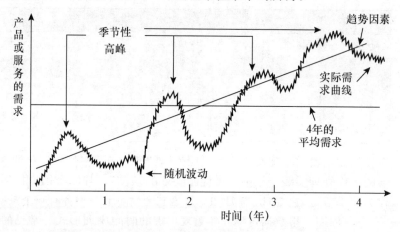

图 3-1 显示了增长趋势和季节因素的 4 年期需求图

3.5.2　简单预测法

最简单的预测方法就是假定下一个周期的需求和刚刚过去的一个周期的需求相同。换句话说，如果一种产品（假定是摩托罗拉手机）的销量，1 月份是 68 部，那么我们就预测 2 月份的销量也是 68 部。这样有什么意义呢？对于某些产品系列来讲，**简单预测法**（naive approach）是最节省成本和最有效的、客观的预测模型，至少它提供了一个可与那些复杂模型进行比较的起点。

3.5.3　移动平均法

移动平均法（moving average）利用一组实际历史数据来进行预测。如果我们假定市场需求在一段时期内保持相对稳定，那么移动平均法是非常有用的。4 个月的移动平均值就是将过去 4 个月的需求量简单相加再除以 4。每向后移动一个月，就舍弃最前面一个月的数值，然后加上最近一个月的数值。这样做可以平滑数据中短期的不规则因素。

数学上，简单移动平均法（用来估计下一周期的需求）的公式如下：

$$移动平均值 = \frac{\sum 前\,n\,个周期的需求}{n} \tag{3-1}$$

式中，n 表示周期的个数，如 4、5 或 6 个月，分别对应 4、5 或 6 个周期的移动平均值。

例 1 讲解了移动平均值的计算方法。

例 1

计算移动平均值

唐纳园艺品供应公司（Donna's Garden Supply）希望作出 3 个月的移动平均预测，包括储物棚来年 1 月份的销量预测。

方法

储物棚的销量请见下表。3 个月的移动平均值计算如表中最右边一列所示。

月份	实际销售量	3个月移动平均值
1	10	
2	12	
3	13	
4	16	$(10 + 12 + 13)/3 = 11\frac{2}{3}$
5	19	$(12 + 13 + 16)/3 = 13\frac{2}{3}$
6	23	$(13 + 16 + 19)/3 = 16$
7	26	$(16 + 19 + 23)/3 = 19\frac{1}{3}$
8	30	$(19 + 23 + 26)/3 = 22\frac{2}{3}$
9	28	$(23 + 26 + 30)/3 = 26\frac{1}{3}$
10	18	$(26 + 30 + 28)/3 = 28$
11	16	$(30 + 28 + 18)/3 = 25\frac{1}{3}$
12	14	$(28 + 18 + 16)/3 = 20\frac{2}{3}$

解答

12 月份的预测销量为 $20\frac{2}{3}$。为了预测来年 1 月份储物棚的销量，我们将 10 月、11 月和 12 月的销量相加再除以 3，得到 1 月份的预测值 $=(18+16+14)/3=16$。

启示

现在我们知道某个月的预测销量为前 3 个月实际销量的算术平均值。这很容易理解和运用。

练习

如果 12 月份的实际销量为 18（而不是 14），那么来年 1 月份的销售预测为多少？

[答案：$17\frac{1}{3}$。]

相关课后练习题

3.1a，3.2b，3.5a，3.6，3.8a，3.8b，3.10a，3.13b，3.15，3.33

当趋势或模式比较明显时，可以通过权重来强调近期数值。这样做可以使预测技术更好地响应变化，因为越是近期的数值，赋予的权重就越大。因为没有固定的公式来确定权重，所以权重的选择有一定随意性。因此，决定权重需要一定的经验。例如，假定上个月或最近一个周期的权重太大了，预测值会对需求或销售中的不寻常变化反应过快。

加权移动平均值的计算公式如下：

$$加权移动平均值 = \frac{\sum(周期\,n\,的权重\times周期\,n\,的需求)}{\sum 权重} \tag{3-2}$$

例 2 讲解了如何计算加权移动平均值。

例2

计算加权移动平均值

唐纳园艺品供应公司（见例 1）希望根据过去 3 个月的销量，利用加权移动平均法进行储物棚的销量预测。其中，越近期的数据越重要，赋予的权重也越大。

方法

为近期的数据分配权重，如下表所示。

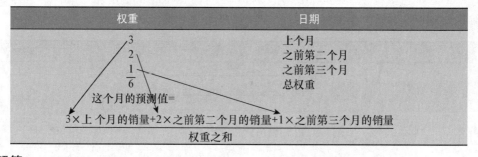

解答

利用加权移动平均法预测结果如下表所示。1 月份的预测销量是 $15\frac{1}{3}$。你认为这个数字是如何计算的？

月份	储物棚实际销量	3个月加权移动平均值
1	10	
2	12	
3	13	
4	16	$[(3 \times 13) + (2 \times 12) + (10)]/6 = 12\frac{1}{6}$
5	19	$[(3 \times 16) + (2 \times 13) + (12)]/6 = 14\frac{1}{3}$
6	23	$[(3 \times 19) + (2 \times 16) + (13)]/6 = 17$
7	26	$[(3 \times 23) + (2 \times 19) + (16)]/6 = 20\frac{1}{2}$
8	30	$[(3 \times 26) + (2 \times 23) + (19)]/6 = 23\frac{5}{6}$
9	28	$[(3 \times 30) + (2 \times 26) + (23)]/6 = 27\frac{1}{2}$
10	18	$[(3 \times 28) + (2 \times 30) + (26)]/6 = 28\frac{1}{3}$
11	16	$[(3 \times 18) + (2 \times 28) + (30)]/6 = 23\frac{1}{3}$
12	14	$[(3 \times 16) + (2 \times 18) + (28)]/6 = 18\frac{2}{3}$

启示

在这个预测中，我们可以看到给近期数值赋予较大的权重提高了预测的准确度。

练习

如果分配的权重是 0.5、0.33 和 0.17（而不是 3、2、1），那么利用加权移动平均法作出的来年 1 月份的销量预测为多少？为

什么？［答案：没有变化。因为相对权重没有变化。请注意现在总权重为 1，所以加权移动平均值的计算公式中分母为 1，可略去。可见，当总权重为 1 时，计算变得更简单。］

相关课后练习题

3.1b，3.2c，3.5c，3.6，3.7，3.10b

简单移动平均法和加权移动平均法都能有效地平滑需求中偶然的波动，实现稳定的预测。但是，移动平均法有三个缺点：

1. 加大 n 的值（周期的个数）可以较好地平滑波动，但也使模型对于数据的实际变化缺乏敏感性。

2. 移动平均值不能很好地反映趋势。由于是平均数，预测值总是停留在过去的水平上，而无法预测可能导致将来更高或更低水平波动的情况。也就是说，它滞后于实际值。

3. 移动平均法需要大量的历史数据。

我们用图形表示例 1 和例 2 中的数据，如图 3-2 所示。图 3-2 中显示了移动平均模型的滞后现象。我们注意到，不管是简单移动平均法还是加权移动平均法，预测值都滞后于实际需求值。尽管如此，加权移动平均法通常能更快地反映需求的变化。就算是在低迷时期（11 月份和 12 月份），它也能较好地预测需求。

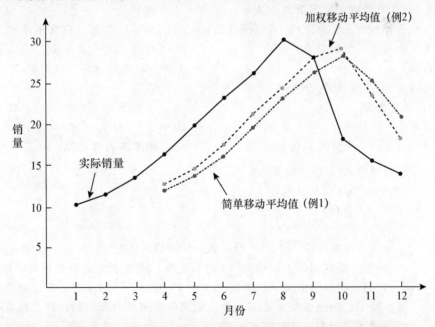

图 3-2　唐纳园艺品供应公司的实际销量、简单移动平均值和加权移动平均值

3.5.4　指数平滑法

指数平滑法（exponential smoothing）是一种复杂的加权移动平均法，但应用

起来比较简单。它只需要较少的历史数据。指数平滑法的基本公式如下：

$$\text{新的} \atop \text{预测值} = {\text{上一个周期的} \atop \text{预测值}} + \alpha \left({\text{上一个周期的} \atop \text{实际需求值}} - {\text{上一个周期的} \atop \text{预测值}} \right) \qquad (3-3)$$

式中，α 是权重，或称**平滑系数**（smoothing constant）。平滑系数由预测者决定，取值在 0~1 之间。式（3-3）也可以用如下公式表示：

$$F_t = F_{t-1} + \alpha(A_{t-1} - F_{t-1}) \qquad (3-4)$$

式中：F_t——新的预测值；

　　　F_{t-1}——上一个周期的预测值；

　　　α——平滑系数（或权重）（$0 \leqslant \alpha \leqslant 1$）；

　　　A_{t-1}——上一个周期的实际需求值。

　　这个概念并不复杂。新预测值是上一个周期预测值与以 α 为平滑系数的上一个周期实际需求值与预测值误差之和。例 3 介绍了如何利用指数平滑法进行预测。

例 3

利用指数平滑法进行预测

　　在 1 月份，一个汽车销售商预测 2 月份福特野马（Ford Mustang）汽车的需求量为 142 辆。2 月份的实际需求量为 153 辆。管理者选定的平滑系数 $\alpha=0.2$，销售商希望用指数平滑法预测 3 月份的需求。

方法

可以应用指数平滑公式（3-3）和式（3-4）进行预测。

解答

将数据代入公式，可以得到：

新的预测值（3 月份的需求）

$=142+0.2\times(153-142)$

$=142+2.2=144.2$

所以，预计 3 月份的福特野马汽车的需求为 144 辆左右。

启示

只要知道上一期的预测值和实际需求值两个数据以及平滑系数，我们就可以预测出 3 月份的福特野马汽车的需求为 144 辆。

练习

如果平滑系数取 0.3，那么新的预测值为多少？[答案：145.3。]

相关课后练习题

3.1c，3.3，3.4，3.5d，3.6，3.9d，3.11，3.12，3.13a，3.17，3.18，3.31，3.33，3.34

　　在企业实际应用中，平滑系数 α 的取值范围是 0.05~0.5。我们可以通过改变 α，给予近期数据更大的权重（α 的值更大）或给予历史数据更大的权重（α 的值更小）。当 α 取极限值 1.0，那么式（3-4）中 $F_t = 1.0 A_{t-1}$。所有较早的历史数据都被舍弃了，预测值与本章前面介绍的简单预测法中预测的一样。也就是说，某期的预测值正好和上一期的需求相同。

　　下面的表格可以帮助说明这个概念。例如，当 $\alpha=0.5$ 时，我们可以看到新的预测值完全基于最近 3 个或 4 个周期的需求。当 $\alpha=0.1$ 时，近期需求的权重变小，更多周期（近 19 个）的历史数据值被考虑进来。

平滑系数	权重				
	前 1 个周期 α	前 2 个周期 $\alpha(1-\alpha)$	前 3 个周期 $\alpha(1-\alpha)^2$	前 4 个周期 $\alpha(1-\alpha)^3$	前 5 个周期 $\alpha(1-\alpha)^4$
$\alpha=0.1$	0.1	0.09	0.081	0.073	0.066
$\alpha=0.5$	0.5	0.25	0.125	0.063	0.031

选择平滑系数 指数平滑法使用简单，广泛应用于各种商业领域。但是，预测结果的准确性取决于平滑系数 α 的取值是否合理。当实际数据的波动较大、具有快速明显的变化倾向时，α 的取值应该大些；当实际数据趋于平稳时，α 的取值应该小些。选取平滑系数 α 的目标就是使预测值更加准确。

3.5.5 衡量预测误差

所有预测模型的准确度，包括移动平均法、指数平滑法或其他方法，都可以通过比较预测值与实际值或观测值而确定。如果 F_t 代表周期 t 的预测值，A_t 为周期 t 的实际需求，那么预测误差（偏差）为：

$$预测误差＝实际需求－预测值＝A_t－F_t$$

在实际管理中有几个常用的衡量预测误差的方法。这些方法可以用来比较不同的预测模型，也可以用来对预测情况进行监控以确保预测过程正常。平均绝对误差（MAD）、均方误差（MSE）、平均绝对百分误差（MAPE）是最常见的三种测量误差的方法。下面我们将逐个说明。

平均绝对误差 衡量模型总预测误差的第一种方法是**平均绝对误差**（mean absolute deviation，MAD）。平均绝对误差是单个预测误差的绝对值之和除以周期数 (n)：

$$MAD＝\frac{\sum|实际值－预测值|}{n} \tag{3-5}$$

例 4 是平均绝对误差（MAD）的应用举例。这里，我们取两个不同的 α 值进行预测，并计算误差。

例 4

平均绝对误差的计算

在过去的 8 个季度，巴尔的摩港口从货船上卸载了大量谷物。港口运作经理希望验证用指数平滑法预测卸载吨位的效果。他预测第一季度的谷物卸载量为 175 吨。α 取值分别为 0.10 和 0.50。

方法

把不同 α 取值下的预测值和实际值进行比较，然后计算绝对误差和平均绝对误差。

解答

下表只列出了 $\alpha=0.10$ 时的计算细节。

季度	实际卸载吨位	$\alpha=0.10$ 时的预测值	$\alpha=0.50$ 时的预测值
1	180	175.00	175.00
2	168	$175.50＝175.00＋0.10×(180－175.00)$	177.50

续表

季度	实际卸载吨位	$\alpha=0.10$ 时的预测值	$\alpha=0.50$ 时的预测值
3	159	$174.75=175.50+0.10\times(168-175.50)$	172.75
4	175	$173.18=174.75+0.10\times(159-174.75)$	165.88
5	190	$173.36=173.18+0.10\times(175-173.18)$	170.44
6	205	$175.02=173.36+0.10\times(190-173.36)$	180.22
7	180	$178.02=175.02+0.10\times(205-175.02)$	192.61
8	182	$178.22=178.02+0.10\times(180-178.02)$	186.30
9	?	$178.59=178.22+0.10\times(182-178.22)$	184.15

为了评估每个平滑系数的精确性，我们可以计算出不同 α 取值下的平均绝对误差。

季度	实际卸载吨位	$\alpha=0.10$ 时的预测值	$\alpha=0.10$ 时误差的绝对值	$\alpha=0.50$ 时的预测值	$\alpha=0.50$ 时误差的绝对值
1	180	175.00	5.00	175.00	5.00
2	168	175.50	7.50	177.50	9.50
3	159	174.75	15.75	172.75	13.75
4	175	173.18	1.82	165.88	9.12
5	190	173.36	16.64	170.44	19.56
6	205	175.02	29.98	180.22	24.78
7	180	178.02	1.98	192.61	12.61
8	182	178.22	3.78	186.30	4.30
误差的绝对值之和			82.45		98.62
$\text{MAD}=\dfrac{\sum |误差|}{n}$			10.31		12.33

启示

通过分析，可以看出平滑系数 $\alpha=0.10$ 时的平均绝对误差比 $\alpha=0.50$ 时要小。所以，α 取值 0.10 更合适。

练习

如果平滑系数从 0.10 变为 0.20，那么新的平均绝对误差为多少？［答案：10.21。］

相关课后练习题

3.5b，3.8c，3.9c，3.14，3.23，3.47b

大部分计算机预测软件都有自动找出误差值最小的平滑系数的功能。如果误差大于可接受值，一些软件还可以对 α 值进行修改。

均方误差　均方误差 (mean squared error，MSE) 是衡量模型总预测误差的第二种方法。均方误差是预测值和实际值之差的平方的平均值。公式如下：

$$均方误差 = \frac{\sum 预测误差^2}{n} \tag{3-6}$$

例 5 计算了例 4 中巴尔的摩港卸货吨位预测的均方误差。

例 5

均方误差的计算

巴尔的摩港的运作经理希望计算 α 取值 0.10 时的均方误差 MSE。

方法

使用例 4 中 α 取值 0.10 时的预测数据，运用式（3-6）进行计算。

解答

$$MSE = \frac{\sum 预测误差^2}{n}$$

$$= 1\,526.52/8$$

$$= 190.8$$

季度	实际卸载吨位	$\alpha = 0.10$ 时的预测值	预测误差^2
1	180	175.00	$5^2 = 25$
2	168	175.50	$(-7.5)^2 = 56.25$
3	159	174.75	$(-15.75)^2 = 248.06$
4	175	173.18	$(1.82)^2 = 3.31$
5	190	173.36	$(16.64)^2 = 276.89$
6	205	175.02	$(29.98)^2 = 898.80$
7	180	178.02	$(1.98)^2 = 3.92$
8	182	178.22	$(3.78)^2 = 14.29$
			误差平方和 $= 1\,526.52$

启示

均方误差为 190.8 是好还是差呢？这取决于其他预测方式下得出的均方误差有多大。我们希望均方误差尽量小，所以小的均方误差值较好。由于在均方误差的求解过程中，对误差进行了平方的缘故，误差会被夸大。

练习

请求解 $\alpha = 0.50$ 时的均方误差。[答案：

195.24。这个结果显示 α 取值 0.10 时均方误差较小，因此预测精确度较好。我们看到，这个结论与例 4 中用平均绝对误差（MAD）进行分析的结论是一致的。]

相关课后练习题

3.8d，3.11c，3.14，3.15c，3.16c，3.20

使用均方误差进行分析的一个缺点是，由于进行了平方，大的预测误差值被进一步夸大。如果周期 1 的预测误差是周期 2 的预测误差的 2 倍，那么平方后周期 1 的误差是周期 2 的 4 倍。因此，如果使用均方误差方法对预测误差进行衡量，通常表示你更希望各周期预测误差都较小，不希望出现某次预测误差极大的情况。

平均绝对百分误差 平均绝对误差和均方误差的一个共性问题是它们的值都取决于预测项数值的大小。如果预测项的数值单位为千，那么平均绝对误差和均方误差的值将非常大。使用**平均绝对百分误差**（mean absolute percent error，MAPE）可避免这个问题。它是预测值和实际值之差的绝对值的平均数，并表示为实际值的百分比形式。也就是说，如果我们有了 n 个周期的预测数据和实际数据，那么平均绝对百分误差就是：

$$平均绝对百分误差 = \frac{\sum\limits_{i=1}^{n}\left(100 \times \dfrac{\left|实际值_i - 预测值_i\right|}{实际值_i}\right)}{n} \qquad (3-7)$$

例 6 使用例 4 和例 5 的数据讲解了平均绝对百分误差的计算过程。

例 6

平均绝对百分误差的计算

巴尔的摩港的运作经理希望计算 α 取值 0.10 时的平均绝对百分误差（MAPE）。

方法

把例 4 中计算出的相关数据代入式（3-7）就可以计算出平均绝对百分误差。

解答

计算得出下表中的相关数据。

季度	实际卸载吨位	$\alpha=0.10$ 时的预测值	平均绝对百分误差 $100 \times (\|误差\| /实际值)$
1	180	175.00	$100 \times (5/180) = 2.78$
2	168	175.50	$100 \times (7.5/168) = 4.46$
3	159	174.75	$100 \times (15.75/159) = 9.90$
4	175	173.18	$100 \times (1.82/175) = 1.05$
5	190	173.36	$100 \times (16.64/190) = 8.76$
6	205	175.02	$100 \times (29.98/205) = 14.62$
7	180	178.02	$100 \times (1.98/180) = 1.10$
8	182	178.22	$100 \times (3.78/182) = 2.08$
			百分误差之和＝44.75

$$平均绝对百分误差 = \frac{\sum 绝对百分误差}{n} = \frac{44.75}{8} = 5.59$$

启示

平均绝对百分误差（MAPE）表示误差为实际值的百分比。它避免了某一预测误差过大而引起的失真。

练习

请求解 $\alpha=0.50$ 时的平均绝对百分误差

（MAPE）。〔答案：MAPE＝6.75。与使用平均绝对误差（MAD）、均方误差（MSE）进行分析的结论一致，α 取值为 0.10 时预测精确度较好。〕

相关课后练习题

3.8e，3.29c

平均绝对百分误差（MAPE）简单易懂。例如，平均绝对百分误差为 6，清楚地说明了误差，而不用考虑输入数值的大小问题。表 3-1 总结了平均绝对误差（MAD）、均方误差（MSE）和平均绝对百分误差（MAPE）的区别。

表 3-1　平均绝对误差、均方误差和平均绝对百分误差的区别

方法	含义	等式		适用的本章示例
平均绝对误差（MAD）	预测未达到目标的数量	$MAD = \dfrac{\sum\|实际值-预测值\|}{n}$	（3-5）	在例 4 中，当 $\alpha=0.10$ 时，对谷物卸载的预测平均减少了 10.31 吨

续表

方法	含义	等式	适用的本章示例
均方误差 (MSE)	预测未达到目标的数量的平方	$MSE = \dfrac{\sum 预测误差^2}{n}$ (3-6)	在例5中，当 $\alpha=0.10$ 时，预测误差的平方为190.8。该数字没有实际意义，但用于与其他预测方式得出的均方误差进行比较时非常有用
平均绝对百分误差 (MAPE)	平均误差百分比	$MAPE = \dfrac{\sum\limits_{i=1}^{n}\left(100\times\dfrac{\mid 实际值 - 预测值\mid}{实际值}\right)}{n}$ (3-7)	在例6中，当 $\alpha=0.10$ 时，平均绝对百分误差为5.59。与例4和例5一样，一些预测值太高了，一些太低了

3.5.6 二次指数平滑法

和其他移动平均预测方法一样，例3到例6中介绍的简单指数平滑法也不能及时响应数据呈现的趋势。有些预测方法可以解决这个问题，而指数平滑法是其中最常用的商业预测方法。下面我们将对指数平滑法作更详细的介绍。

这里我们将说明，为什么当存在趋势时必须对指数平滑法作出修正。假定产品和服务的需求以每月100单位的趋势增长，并且利用指数平滑法进行预测，其中 α 取值0.4。下表显示，虽然第1个月的预测非常准确，但第2、3、4、5个月的预测值严重滞后。

月份	实际需求	t 月份的预测值（F_t）
1	100	$F_1=100$（给定）
2	200	$F_2=F_1+\alpha(A_1-F_1)=100+0.4\times(100-100)=100$
3	300	$F_3=F_2+\alpha(A_2-F_2)=100+0.4\times(200-100)=140$
4	400	$F_4=F_3+\alpha(A_3-F_3)=140+0.4\times(300-140)=204$
5	500	$F_5=F_4+\alpha(A_4-F_4)=204+0.4\times(400-204)=282$

为了提高预测精度，我们来介绍一种更复杂的能解决趋势问题的二次指数平滑模型。它的基本思想是，计算指数平滑平均数，然后添加正或负的趋势修正值进行趋势调整。新的公式如下：

$$二次指数平滑值(FIT_t)=指数平滑预测值(F_t)+指数平滑趋势值(T_t)$$

$$(3-8)$$

在二次指数平滑法中，平均数和趋势都被平滑掉了。其中需要两个平滑系数：平均数的平滑系数 α，趋势的平滑系数 β。下面计算每个周期的平均数和趋势：

$$F_t=\alpha\left(\begin{array}{c}上一个周期的\\实际需求\end{array}\right)-(1-\alpha)\left(\begin{array}{c}上一个周期的\\预测值\end{array}+\begin{array}{c}上一个周期的\\趋势值\end{array}\right)$$

或

$$F_t = \alpha A_{t-1} + (1-\alpha)(F_{t-1} + T_{t-1}) \qquad (3-9)$$

式中：$T_t = \beta \left(\begin{array}{c}\text{本周期的} \\ \text{预测值}\end{array} - \begin{array}{c}\text{上一个周期的} \\ \text{预测值}\end{array}\right) + (1-\beta)\left(\begin{array}{c}\text{上一个周期的} \\ \text{趋势值}\end{array}\right)$

或

$$T_t = \beta(F_t - F_{t-1}) + (1-\beta)T_{t-1} \qquad (3-10)$$

式中：F_t——周期 t 的指数平滑预测值；

T_t——周期 t 的指数平滑趋势值；

A_t——周期 t 的实际需求；

α——平均数的平滑系数（$0 \leqslant \alpha \leqslant 1$）；

β——趋势的平滑系数（$0 \leqslant \beta \leqslant 1$）。

二次指数平滑法的三个计算步骤如下：

第一步：利用式（3-9）计算周期 t 的指数平滑预测值 F_t。

第二步：利用式（3-10）计算指数平滑趋势值 T_t。

第三步：根据式（3-8）$FIT_t = F_t + T_t$，计算二次指数平滑值 FIT_t。

例7讲解了二次指数平滑法的使用方法。

例7   **利用二次指数平滑法进行预测**

一家位于波特兰的大型制造商希望对污染控制设备的需求进行预测。过去的销售数据如下表所示。数据显示，目前需求呈现出增长的趋势。

月份（t）	实际需求（A_t）	月份（t）	实际需求（A_t）
1	12	6	21
2	17	7	31
3	20	8	28
4	19	9	36
5	24	10	?

指定平滑系数 $\alpha = 0.2$，$\beta = 0.4$。假设第 1 个月的初始预测值（F_1）为 11 台，趋势值（T_1）为 2 台。

方法

利用式（3-9）、式（3-10）、式（3-8）和上面所讲的三个步骤进行二次指数平滑预测。

解答

第一步：计算第 2 个月的预测值。

$$F_2 = \alpha A_1 + (1-\alpha)(F_1 + T_1)$$

$$= 0.2 \times 12 + (1-0.2) \times (11+2)$$

$$= 12.8（台）$$

第二步：计算第 2 个月的趋势值。

$$T_2 = \beta(F_2 - F_1) + (1-\beta)T_1$$

$$= 0.4 \times (12.8-11) + (1-0.4) \times 2$$

$$= 1.92$$

第三步：计算二次指数平滑值（FIT_t）。

$$FIT_2 = F_2 + T_2$$

$$= 12.8 + 1.92$$

$$= 14.72（台）$$

同理计算第 3 个月的相关数据。

第一步：

$$F_3 = \alpha A_2 + (1-\alpha)(F_2 + T_2)$$

$$= 0.2 \times 17 + (1-0.2) \times (12.8+1.92)$$

$$= 15.18$$

第二步：

$$T_3 = \beta(F_3 - F_2) + (1-\beta)T_2$$

$$= 0.4 \times (15.18-12.8)$$

$$\qquad + (1-0.4) \times (1.92)$$

$$= 2.10$$

第三步：
$$FIT_3 = F_3 + T_3$$
$$= 15.18 + 2.10$$
$$= 17.28$$

表 3-2 给出了 10 个月的预测值。

表 3-2　$\alpha = 0.2$，$\beta = 0.4$ 时的预测值

月份	实际需求	平滑预测值 F_t	平滑趋势值 T_t	二次指数平滑值 FIT_t
1	12	11.00	2.00	13.00
2	17	12.80	1.92	14.72
3	20	15.18	2.10	17.28
4	19	17.82	2.32	20.14
5	24	19.91	2.23	22.14
6	21	22.51	2.38	24.89
7	31	24.11	2.07	26.18
8	28	27.14	2.45	29.59
9	36	29.28	2.32	31.60
10	—	32.48	2.68	35.16

启示

图 3-3 是实际需求（A_t）和经过趋势调整后的二次指数平滑值（FIT_t）的比较。FIT_t 考虑了实际需求的趋势因素，而简单指数平滑（如例 3 和例 4 所示）的预测值明显滞后于实际值。

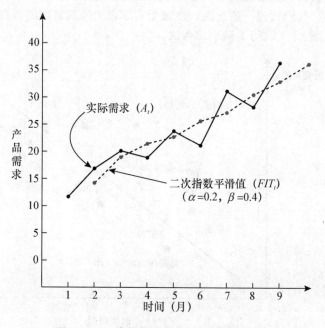

图 3-3　二次指数平滑值和实际值的比较

练习

仍然使用表3-2中9个月的实际需求数据，进行简单指数平滑预测（同例3和例4一样，利用式（3-4）进行计算）。α取值0.2，假定1月份的初始预测值为11台。然后，在图3-3中标出2～10月的需求预测值。这时，你有什么发现？〔答案：10月份的预测值为24.65。所有的点都低于和滞后于趋势调整后的预测值。〕

相关课后练习题

3.19，3.20，3.21，3.22，3.32

与平滑系数 α 类似，趋势平滑系数 β 值越大，预测值对最近的趋势变化就越敏感。β 值越小，表示给予近期数据的权重越低，最近的趋势就被平滑掉了。β 值可通过把平均绝对误差作为一个比较标准，利用复杂的商业软件或进行反复试算获得。

相对于二次指数平滑法而言，简单指数平滑法也叫一次指数平滑法，还有更高次的指数平滑法，如季节指数平滑和三次指数平滑，但是这些超出了本书的范围。

3.5.7 趋势外推法

趋势外推法（trend projection）是我们介绍的最后一个时间序列预测法。该方法就是当历史数据呈现某种发展趋势时，画出趋势线并延长该趋势线以进行未来中长期预测。我们可以建立多种趋势预测模型（如指数方程和二次方程），但此处我们只介绍线性（直线）模型。

假如我们决定通过准确的统计来绘制线性趋势线，可以用最小二乘法。运用最小二乘法，我们找到一条直线，使每个实际观测值到该线的垂直距离或偏差的平方和最小。图3-4说明了最小二乘法。

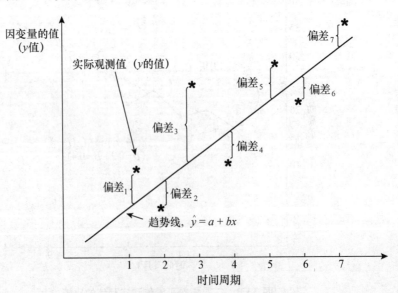

图3-4 利用最小二乘法找出的最佳拟合直线
（★代表7个实际观测值或数据点的位置）

利用最小二乘法得出的直线可以由 y 轴截距（与 y 轴的交点的高度）和对应的斜率（直线的倾角）来描述。如果我们计算出 y 轴截距和斜率，则可以用下面的公式来表示这条直线：

$$\hat{y} = a + bx \tag{3-11}$$

式中：$\hat{y}$——预测值（因变量）；

a——y 轴截距；

b——回归线的斜率（y 的变化量与 x 的变化量的比）；

x——自变量（这里表示时间）。

统计学家已经研究出求解任何回归线 a 和 b 值的计算公式。斜率 b 的计算公式如下：

$$b = \frac{\sum xy - n\bar{x}\bar{y}}{\sum x^2 - n\bar{x}^2} \tag{3-12}$$

式中：b——回归线的斜率；

$\sum$—— 求和符号；

x——自变量的已知值；

y——因变量的已知值；

$\bar{x}$——x 的平均值；

$\bar{y}$——y 的平均值；

n——数据点或观测值的个数。

y 轴截距 a 的计算公式如下：

$$a = \bar{y} - b\bar{x} \tag{3-13}$$

例 8 具体说明了如何计算斜率和截距。

例 8

利用最小二乘法进行预测

纽约爱迪生电力公司（N. Y. Edison）过去 7 年的电力需求如下表所示，单位为兆瓦。该公司希望利用回归直线来预测第 8 年的需求。

年份	电力需求	年份	电力需求
1	74	5	105
2	79	6	142
3	80	7	122
4	90		

方法

利用式（3-12）和式（3-13）求解回归方程。

解答

年	电力需求 y	x^2	xy
1	74	1	74
2	79	4	158
3	80	9	240
4	90	16	360
5	105	25	525
6	142	36	852
7	122	49	854
$\sum x = 28$	$\sum y = 692$	$\sum x^2 = 140$	$\sum xy = 3\,063$

$$\bar{x} = \frac{\sum x}{n} = \frac{28}{7} = 4$$

$$\bar{y} = \frac{\sum y}{n} = \frac{692}{7} = 98.68$$

$$b = \frac{\sum xy - n\overline{x}\,\overline{y}}{\sum x^2 - n\overline{x}^2}$$

$$= \frac{3\,063 - 7 \times 4 \times 98.86}{140 - 7 \times 4^2}$$

$$= 10.54$$

$$a = \overline{y} - b\overline{x} = 98.86 - 10.54 \times 4$$

$$= 56.70$$

由此，用最小二乘法求得的回归方程为 $\hat{y} = 56.70 + 10.54x$。为了预测第 8 年的需求，我们首先对第 8 年进行新的时间编号，也就是 $x = 8$：

第 8 年的需求 = 56.70 + 10.54 × 8

= 141.02（兆瓦）

启示

为了评价模型，我们绘出了历史需求和趋势线，如图 3-5 所示。在本例中，我们可能希望密切关注并了解第 6 年到第 7 年的需求波动。

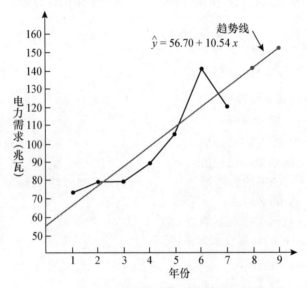

图 3-5 实际电力需求和计算出的趋势线

练习

请预测第 9 年的电力需求。[答案：151.56 兆瓦。]

相关课后练习题

3.6，3.13c，3.16，3.24，3.30，3.34

使用最小二乘法的注意事项　使用最小二乘法有以下三个条件：

1. 根据数据绘制图表，因为最小二乘法假设数据间存在线性关系。如果连成的是曲线，就可能需要曲线分析。

2. 不能预测离给定数据时间很远的周期。例如，如果知道 20 个月的微软股价的平均值，就仅可以对未来 3 或 4 个月的数据进行预测。超过这个期限，预测的准确性就会很低。所以，我们不能用 5 年的销售数据来预测未来 10 年的销售。这个世界充满了不确定性。

3. 数据点到最小二乘回归线（见图 3-4）的偏差是随机的，往往呈正态分布。正常情况下多数观测点在回归线附近，只有少数点远离回归线。

3.5.8　数据的季节性波动

季节性波动（seasonal variations）是指时间序列中，由重复出现的事件（如天气或假期）引起的数据周期性的上升和下降。例如，煤和燃油的需求高峰是较冷的冬季月份，高尔夫球杆和防晒霜的需求在夏季将达到最高。

季节性波动的周期可以是小时、天、周、月等。快餐店每天在中午和下午 5 点出现高峰；电影院的高峰期是在星期五晚上和星期六晚上；邮局、玩具反斗城、圣诞礼品商店（Christmas Store）和贺曼贺卡商店（Hallmark Card Shops）在进店顾客人数和销售量方面也存在季节性波动。

简单地说，了解季节性波动能够使组织合理进行产能规划以应对需求高峰。例如，发电厂的高峰在天气最冷和最热的时期，银行在星期五下午，公交车和地铁在早晨和晚上的高峰时间。

例 8 中的时间序列预测已经涉及一系列时间周期的数据趋势。季节性波动的存在使得预测时必须对趋势线有所调整。通常用时间序列中实际值与平均值的差值来描述季节性波动。一般地，通过分析每月、每季的数据可以使统计工作者更易于确定季节性波动的模式。有一些常见的方法来确定季节性指数。

在乘积季节模型中，用平均需求的估计值乘以季节指数就得到季节性预测。在这一部分，我们假设数据中已经剔除了趋势因素。否则，季节性数据将被趋势因素干扰。

对于存在以月为周期的季节性波动的公司，我们将采取以下步骤进行预测：

1. 把每年这个月的需求加起来除以年数，得到每个季节（本例中就是每月）平均历史需求。例如，过去 3 年 1 月份的销售量分别为 8、6 和 10，那么 1 月份平均需求为（8+6+10）/3＝8。

2. 把每年的总平均需求除以所含季节的个数，就得到所有月份的平均需求。例如，一年的总平均需求为 120，并且一年有 12 个季节（每月），平均每月需求为 120/12＝10。

3. 把每个月的实际历史需求（第 1 步中计算出的）除以所有月份的平均需求（第 2 步中计算出的），得到季节指数。例如，过去 3 年 1 月份的平均需求是 8，所有月份的平均需求是 10，那么 1 月份的季节指数就是 8/10＝0.80。同理，得出 2 月份的季节指数是 1.20，也就是说，2 月份的需求比所有月份的平均需求高 20%。

4. 估计下一年的总需求。

5. 将下一年的总需求估计值除以季节数，再乘以该月份的季节指数，从而计算出季节预测值。

例 9 讲解了如何根据历史数据计算季节指数。

例 9

确定季节指数

索尼手提电脑的分销商得梅因（Des Moines）希望确定每月的销售指数。我们可以获得 2 007—2009 年每月的需求数据。

方法

按照前面介绍的 5 个步骤进行计算。

月份	需求			2007—2009 年每月平均需求	平均每月需求[a]	季节指数[b]
	2007 年	2008 年	2009 年			
1	80	85	105	90	94	0.957（＝90/94）
2	70	85	85	80	94	0.851（＝80/94）
3	80	93	82	85	94	0.904（＝85/94）
4	90	95	115	100	94	1.064（＝100/94）
5	113	125	131	123	94	1.309（＝123/94）
6	110	115	120	115	94	1.223（＝115/94）
7	100	102	113	105	94	1.117（＝105/94）
8	88	102	110	100	94	1.064（＝100/94）
9	85	90	95	90	94	0.957（＝90/94）
10	77	78	85	80	94	0.851（＝80/94）
11	75	82	83	80	94	0.851（＝80/94）
12	82	78	80	80	94	0.851（＝80/94）
总平均年度需求＝1 128						

注：a. 平均每月需求 $=\dfrac{1\,128}{12}=94$

b. 季节指数 $=\dfrac{2007\text{—}2009\ 年每月的平均需求}{平均每月需求}$

解答

如果 2010 年的年需求为 1 200 台，可以利用季节指数预测每月需求，如下表所示。

月份	需求	月份	需求
1	$\dfrac{1\,200}{12}\times0.957=96$	7	$\dfrac{1\,200}{12}\times1.117=112$
2	$\dfrac{1\,200}{12}\times0.851=85$	8	$\dfrac{1\,200}{12}\times1.064=106$
3	$\dfrac{1\,200}{12}\times0.904=90$	9	$\dfrac{1\,200}{12}\times0.957=96$
4	$\dfrac{1\,200}{12}\times1.064=106$	10	$\dfrac{1\,200}{12}\times0.851=85$
5	$\dfrac{1\,200}{12}\times1.309=131$	11	$\dfrac{1\,200}{12}\times0.851=85$
6	$\dfrac{1\,200}{12}\times1.223=122$	12	$\dfrac{1\,200}{12}\times0.851=85$

启示

把这些季节指数看作平均销量的百分比。

没有考虑季节性波动的平均销量为 94。如果考虑季节性波动，那么销量将在平均值的 85%～131% 之间波动。

练习

如果 2010 年的年需求为 1 150 台（而不是 1 200 台），那么 1 月、2 月、3 月的预测值分别为多少？［答案：91.7、81.5 和 86.6，四舍五入后分别为 92、82 和 87。］

相关课后练习题

3.26，3.27

为了简单起见，在上面例题中计算每月的季节指数时只用了 3 个周期的数据。例 10 将介绍如何运用季节指数对趋势线进行季节性调整从而进行预测。

例 10

趋势分析和季节指数的应用

为了提高预测水平，圣迭戈医院（San Diego Hospital）希望应用趋势分析和季节指数对已收集的 66 个月的数据进行分析。医院希望预测来年的"病者日"。（"病者日"为医疗机构的成本计算单位，即每天为每个病人提供治疗和设备所用的费用。）

方法

首先找出趋势线，然后计算每月的季节指数。最后，运用乘积季节模型预测第 67～78 个月的病者日。

解答

通过分析 66 个月的成人住院病者日，得到以下等式：

$$\hat{y}=8\,090+21.5x$$

式中：$\hat{y}$——病者日；

x——月。

根据这个只反映趋势的模型，医院可预测出下个月（第67个月）的"病者日"。

病者日＝8 090＋21.5×67

＝9 530（只考虑了趋势）

利用以上模型，可以绘出图3-6。图3-6说明住院病人服务的需求呈增长趋势。这里没有考虑季节性波动，尽管季节性波动确实存在。

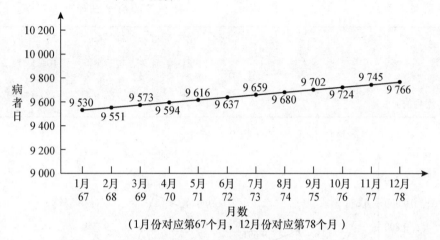

（1月份对应第67个月，12月份对应第78个月）

图3-6 圣迭戈医院的趋势图

资料来源：From "Modern Methods Improve Hospital Forecasting" by W. E. Sterk and E. G. Shryock from Healthcare Financial Management 41，no. 3，p. 97. Reprinted by permission of Healthcare Financial Management Association.

下面的表格给出了根据66个月数据计算出的季节指数。顺便提一下，这个季节指数在美国的医院中具有普遍性。

圣迭戈医院成人住院"病者日"的季节指数

月份	季节指数	月份	季节指数
1	1.04	4	1.01
2	0.97	5	0.99
3	1.02	6	0.99

续表

月份	季节指数	月份	季节指数
7	1.03	10	1.00
8	1.04	11	0.96
9	0.97	12	0.98

图3-7标出了季节指数。可以注意到，1、3、7和8月份的病者日比平均值高很多，相反，2、9、11和12月份的病者日却较低。

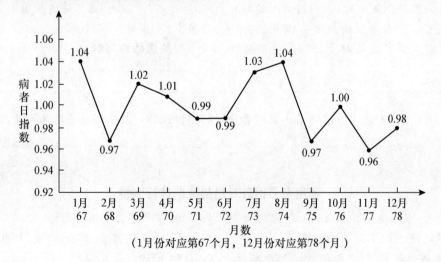

（1月份对应第67个月，12月份对应第78个月）

图3-7 圣迭戈医院的季节指数

只考虑趋势因素或季节因素都不能为医院提供合理的预测。只有将经过趋势调整的预测数据乘以合适的季节指数才能获得较为准确的预测值。因此，第 67 个月（1 月份）的病者日预测值为：

$$病者日 = \frac{经过趋势调整的预测值}{} \times 月季节指数$$
$$= 9\,530 \times 1.04$$
$$= 9\,911$$

每个月的病者日如下表所示。

月数	67	68	69	70	71	72	73	74	75	76	77	78
月份	1	2	3	4	5	6	7	8	9	10	11	12
考虑了趋势和季节因素的预测值	9 911	9 265	9 764	9 691	9 520	9 542	9 949	10 068	9 411	9 724	9 355	9 572

图 3-8 标明了包含趋势和季节因素的预测值。

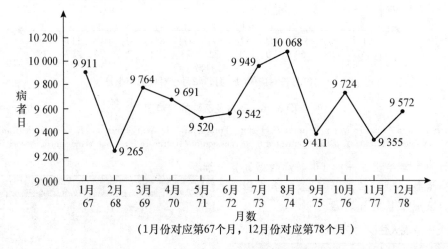

（1月份对应第67个月，12月份对应第78个月）

图 3-8　考虑了趋势和季节因素的预测值

启示

我们注意到，当只考虑趋势因素时，9 月份的预测值是 9 702，当同时考虑趋势和季节因素时，预测值是 9 411。同时考虑趋势和季节因素可以更好地预测病者日以及相关的人员配置和预算，这些对于医院有效的运作非常关键。

练习

如果病者日的趋势线的斜率为 22.0（而不是 21.5），12 月份的季节指数为 0.99（而不是 0.98），那么 12 月份的病者日的预测值为多少？〔答案：9 708。〕

相关课后练习题

3.25，3.28

例 11 进一步讲解了一家百货公司的销售预测，其中每一季度为一个波动季节。

例 11

利用季节指数对趋势数据进行调整

加拿大 Jagoda Wholesalers 公司的管理者利用时间序列的回归分析预测了下 4 个季度的零售额。预测值分别是 100 000 美元、120 000 美元、140 000 美元和 160 000 美元。4 个季度的季节指数分别是 1.30、0.90、0.70 和 1.10。

方法

为了计算季节性预测值或调整后的零售额预测值，我们只要把季节指数乘以趋势预测值就可以了。

$$\hat{y}_{季节}=季节指数\times\hat{y}_{趋势预测值}$$

解答

季度 Ⅰ：

$$\hat{y}_{Ⅰ}=1.03\times100\,000=130\,000（美元）$$

季度 Ⅱ：

$$\hat{y}_{Ⅱ}=0.90\times120\,000=108\,000（美元）$$

季度 Ⅲ：

$$\hat{y}_{Ⅲ}=0.70\times140\,000=98\,000（美元）$$

季度 Ⅳ：

$$\hat{y}_{Ⅳ}=1.10\times160\,000=176\,000（美元）$$

启示

为了反映季节性波动，我们对线性趋势预测值进行了调整。

练习

如果季度 Ⅳ 的零售额预测值为 180 000 美元（而不是 160 000 美元），那么季节性调整后的预测值为多少？［答案：198 000 美元。］

相关课后练习题

3.25，3.28

3.5.9 数据的循环波动

循环波动（cycles）和季节性波动相似，但是它每隔几年才出现循环，而不是几周、几个月或几个季度。在时间序列数据中预测循环波动是十分困难的，因为很多因素会影响经济周期，使经济运行周期性地出现从衰退到繁荣，再从繁荣到衰退的交替更迭、循环往复。这些因素包括国家经济或产业的扩张和收缩。另外，某项产品的需求预测还会受到产品生命周期的影响。事实上，所有的产品都有生命周期，典型的例子如软盘驱动器、录像机和任天堂的老式 Game Boy 游戏机。关于循环波动的详细内容可以参阅专门讲解预测技术和方法的书籍。

下一节我们将介绍相关（因果）预测方法。

3.6 相关预测方法： 回归和相关分析

与时间序列预测不同，在相关预测模型中通常确定出几个与预测值相关联的变量。一旦找到这些变量，就可以建立统计模型进行预测了。这种方法与仅仅利用历史数据来预测的时间序列法相比更加实用。

在相关分析中，我们可以同时考虑许多可能对预测值产生影响的因素。例如，戴尔个人电脑的销售量可能与戴尔的广告预算、产品价格、竞争者产品的价格、促销策略，甚至国家经济和失业率相关。在这种情况下，个人电脑的销售量称作因变量，其他变量称为自变量。管理者的工作是建立个人电脑销售量与自变量之间最佳的数学关联模型。最常见的定量相关预测模型是**线性回归分析**（linear-regression analysis）。

3.6.1 使用回归分析预测

我们可以使用在趋势预测中用到的根据最小二乘法推导出的数学模型进行线性回归分析。我们希望预测的因变量仍然是 $\hat{y}$，但现在自变量 x 可能不再是时间了。公式如下：

$$\hat{y} = a + bx$$

式中：$\hat{y}$——预测值（因变量）；

$\quad\quad a$——y 轴截距；

$\quad\quad b$——回归线的斜率；

$\quad\quad x$——自变量。

例 12 介绍了如何进行线性回归分析。

例 12

计算线性回归方程

位于密歇根州西布卢姆菲尔德的 Nodel 建筑公司专门负责旧房翻修工作。经过一段时间，公司发现翻修工作的营业额受西布卢姆菲尔德当地工资水平的影响。该公司管理人员希望建立公司销售额与当地工资水平之间的数学模型，来帮助预测销售收入。

方法

Nodel 公司的运作副总裁准备了下面的表格，表格中列出了过去 6 年 Nodel 公司的销售额与西布卢姆菲尔德工薪阶层的地区工薪总额。

Nodel 的销售额 y （百万美元）	地区工薪总额 x （10 亿美元）
2.0	1
3.0	3
2.5	4
2.0	2
2.0	1
3.5	7

副总裁需要确定地区工薪总额同销售额之间是否存在线性相关，所以他首先标出了数据的散点图，如下图所示。

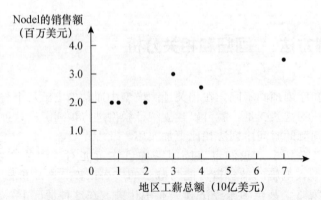

从这 6 个数据点可以看出，自变量（工薪总额）与因变量（销售额）之间呈现出弱的正相关关系：随着工薪总额的增加，Nodel 公司的销售额也有增加的趋势。

解答

利用最小二乘法，我们可以得到数学解答，如下表所示。

销售额 y	工薪总额 x	x^2	xy
2.0	1	1	2.0
3.0	3	9	9.0
2.5	4	16	10.0
2.0	2	4	4.0
2.0	1	1	2.0
3.5	7	49	24.5
$\sum y = 15.0$	$\sum x = 18$	$\sum x^2 = 80$	$\sum xy = 51.5$

$$\bar{x} = \frac{\sum x}{6} = \frac{18}{6} = 3$$

$$\bar{y} = \frac{\sum y}{6} = \frac{15}{6} = 2.5$$

$$b = \frac{\sum xy - n\bar{x}\bar{y}}{\sum x^2 - n\bar{x}^2} = \frac{51.5 - 6 \times 3 \times 2.5}{80 - 6 \times 3^2}$$

$$= 0.25$$

$$a = \bar{y} - b\bar{x} = 2.5 - 0.25 \times 3 = 1.75$$

因此，回归方程是

$$\hat{y} = 1.75 + 0.25x$$

或　　销售额 $= 1.75 + 0.25 \times$ 工薪总额

如果当地的商业协会预测明年西布卢姆菲尔德的工薪总额为 60 亿美元，我们可以利用回归方程预测出销售额：

销售额 $= 1.75 + 0.25 \times 6$

$= 1.75 + 1.50$

$= 3.25$（百万美元）

或　　销售额 $= 3\,250\,000$（美元）

启示

假定地区工薪总额和销售额之间存在线性关系，那么推导出的直线的斜率就表示：地区工薪总额每上升 10 亿美元，销售额就增加 25 万美元。这是因为 $b = 0.25$。

练习

当地区工薪总额为 80 亿美元时，Nodel 公司的销售额预计为多少？〔答案：375 万美元。〕

相关课后练习题

3.34，3.35～3.40，3.42～3.46

例 12 的最后部分说明了像回归分析这样的相关预测模型的主要缺点。就算我们已经计算出了回归方程，但是在预测下一个时间周期的因变量 y 之前还必须先对自变量 x（在本例中是工薪总额）作出预测。虽然这个问题并非存在于所有预测模型中，但是可以想象，有些常见的自变量的未来值的预测（如失业率、国民生产总值和价格指数等）是非常困难的。

3.6.2　估计的标准误差

例 12 中 Nodel 建筑公司的销售额的预测值 3.25 百万美元称为预测值 y 的点估计值。这个点估计值实际上是销售额概率分布中的均值或期望值，图 3-9 说明了这个问题。

为了衡量回归估计的准确度，我们必须计算出**估计的标准误差**（standard error of the estimate）$S_{y,x}$。它是回归分析的标准误差，表示因变量 y 与回归线而不是均值之间的偏差。式（3-14）是统计学教材中给出的计算算术平均值的标准误

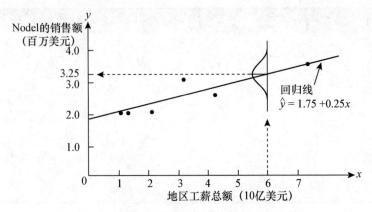

图 3-9 3.25 百万美元销售额的点估计值的分布

差的简单公式：

$$S_{y,x} = \sqrt{\frac{\sum (y - y_c)^2}{n - 2}} \qquad (3-14)$$

式中：y——每个数据点的 y 值；

$\quad\quad y_c$——根据回归方程计算的因变量的值；

$\quad\quad n$——数据点的个数。

式（3-15）是式（3-14）的变形。虽然式（3-15）看上去复杂一些，但实际上比式（3-14）更容易使用。这两个公式得出的结果一样，都可以用来确定点估计的预测区间。[1]

$$S_{y,x} = \sqrt{\frac{\sum y^2 - a\sum y - b\sum xy}{n - 2}} \qquad (3-15)$$

例 13 讲解了如何计算例 12 中预测的标准误差。

例 13

计算估计的标准误差

Nodel 建筑公司的运作副总裁希望了解例 12 中利用回归分析预测的标准误差。

方法

利用式（3-15），计算估计的标准误差。

解答

计算 $S_{y,x}$ 所缺的唯一数据是 $\sum y^2$。通过简单相加得到 $\sum y^2 = 39.5$。所以

$$S_{y,x} = \sqrt{\frac{\sum y^2 - a\sum y - b\sum xy}{n - 2}}$$

$$= \sqrt{\frac{39.5 - 1.75 \times 15.0 - 0.25 \times 51.5}{6 - 2}}$$

$$= \sqrt{0.09375} = 0.306（百万美元）$$

销售额的预测值的标准误差是 306 000 美元。

启示

对估计的标准误差的解释和标准差相似。也就是，± 1 个标准差的概率为 0.682 7，销售额在点估计值 $3\,250\,000 \pm 306\,000$ 美元区间的概率为 68.27%。

练习

销售额超过 3 556 000 美元的概率为多少？［答案：大约 16%。］

相关课后练习题

3.44e，3.46b

3.6.3 回归线的相关系数

回归方程是描述两个变量之间关系的一种方法。但是回归线反映的不是"原因-结果"关系，它只描述变量之间的相关关系。回归方程描述了一个变量是如何与另一个变量的变化相关的。

描述两个变量之间关系的另一种方法就是计算**相关系数**（coefficient of correlation）。它描述了线性关系的程度或强度（注意，相关性并不意味着因果关系）。通常相关系数用 r 表示，相关系数可以是 $-1 \sim 1$ 之间的任何值。图 3-10 给出了不同 r 值对应的变量关系。

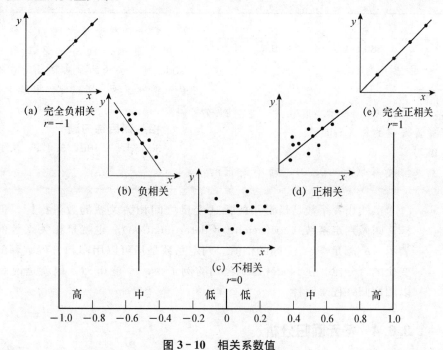

图 3-10 相关系数值

为了计算 r，我们会用到许多前面计算 a 和 b 时用到的数据。r 的计算公式如下：

$$r = \frac{n\sum xy - \sum x \sum y}{\sqrt{\left[n\sum x^2 - \left(\sum x\right)^2\right]\left[n\sum y^2 - \left(\sum y\right)^2\right]}} \tag{3-16}$$

例 14 讲解了如何利用例 12 和例 13 中的数据计算相关系数。

例 14

确定相关系数

例 12 分析了 Nodel 建筑公司销售额与地区工薪总额的关系。公司副总裁想了解两个变量间的关系强度。

方法

用式（3-16）计算 r 值。首先我们需要

在表格中加上一栏，计算 y^2。

解答

包括 y^2 的计算在内的所有数据如下表所示。

y	x	x^2	xy	y^2
2.0	1	1	2.0	4.0
3.0	3	9	9.0	9.0
2.5	4	16	10.0	6.25
2.0	2	4	4.0	4.0
2.0	1	1	2.0	4.0
3.5	7	49	24.5	12.25
$\sum y = 15.0$	$\sum x = 18$	$\sum x^2 = 80$	$\sum xy = 51.5$	$\sum y^2 = 39.5$

$$r = \frac{6 \times 51.5 - 18 \times 15.0}{\sqrt{(6 \times 80 - 18^2) \times (6 \times 39.5 - 15.0^2)}}$$
$$= 0.901$$

启示

r 值为 0.901，表示显著相关，它帮助确定了变量之间的相关程度。

练习

如果相关系数为 -0.901，而不是正的，那么意味着两变量之间的关系如何？〔答案：负相关意味着随着地区工薪总额的提高，Nodel 建筑公司的销售额反而在减少。这不符合正常的逻辑，所以建议重新审查建立的数学函数。〕

相关课后练习题

3.35d，3.40d，3.42c，3.44f，3.46b

虽然相关系数是最常用的描述变量之间相关关系的数量指标，但还有一个指标，叫做**判定系数**（coefficient of determination），也就是相关系数的平方，用 r^2 表示。r^2 总是 0～1 之间的正值。判定系数是指可以用回归方程解释的因变量 y 的变化的百分比。在 Nodel 建筑公司的例子中，r^2 是 0.81，也就是说 81% 的变化可以用回归方程来解释。

3.6.4 多元回归分析

多元回归（multiple regression）是前面所介绍的简单回归模型的扩展。在多元回归模型中可以有多个自变量，而不是一个。例如，假如 Nodel 建筑公司希望在预测房屋翻修销售额模型中加入年平均利率这个变量，那么公式就变成

$$\hat{y} = a + b_1 x_1 + b_2 x_2 \qquad (3-17)$$

式中：$\hat{y}$——因变量，销售额；

a——常量，与 y 轴的截距；

x_1 和 x_2——两个自变量的值，分别是工薪总额和利率；

b_1 和 b_2——两个自变量的系数。

多元回归的数学计算十分复杂（通常由计算机完成），如果需要详细了解 a、b_1 和 b_2 的计算公式，请查阅专门的统计学教材。例 15 将以 Nodel 建筑公司销售额的预测为例来说明式（3-17）的应用。

例15

多元回归模型的应用

Nodel 建筑公司希望了解另一自变量利率对销售额的影响。

方法

利用计算机软件得出 Nodel 建筑公司的多元回归方程如下:

$$\hat{y} = 1.80 + 0.30x_1 - 5.0x_2$$

我们还计算出新的相关系数为 0.96,这说明变量 x_2（利率）的加入使得线性相关更显著。

解答

如果把来年地区工薪总额和利率值代入公式,就可以预测 Nodel 建筑公司的销售额了。假如西布卢姆菲尔德地区的工薪总额是 60 亿美元,利率是 0.12（12%）,销售额的预测值计算如下:

销售额 $= 1.80 + 0.30 \times 6 - 5.0 \times 0.12$
$= 3.00$（百万美元）

或　　销售额 $= 3\,000\,000$（美元）

启示

使用地区工薪总额和利率这两个自变量进行预测,求出 Nodel 公司下一年度的销售额预测值为 300 万美元,并且销售额与这两个自变量高度相关。

练习

如果利率仅为 6%,那么销售额的预测值为多少?［答案:$1.8 + 1.8 - 5.0 \times 0.06 = 3.3$ 百万美元或 $3\,300\,000$ 美元。］

相关课后练习题

3.39,3.41

运作管理实践

纽约市的困境与回归分析

纽约市以许多事物闻名,但它不想被人们知道的是其众多的坑洞。大卫·莱特曼（David Letterman）曾经开玩笑说:"第 8 大街有一个坑很大,里面能装下一个星巴克。"关于坑洞,有些年份似乎比其他年份情况更糟。2014 年的冬天就非常糟糕。在 2014 年的前 4 个月中,城市工人创纪录地填补了 300 000 个坑洞。这是一项了不起的成绩。

但是坑洞在某种程度上是市政能力的衡量标准,而且成本很高。由于纽约市凹凸不平的道路,驾驶员平均每年花费 800 美元用于维修和更换轮胎。坑洞数量从 1990 年代的 70 000～80 000 个急剧增加到最近几年的 200 000～300 000 个。有理论认为恶劣的天气会导致坑洞。把降雪量作为衡量冬季严寒程度的变量,下图显示了每年冬季的坑洞数量与降雪量的关系图。

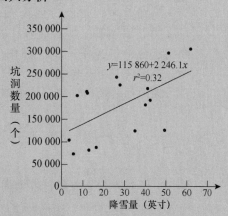

研究表明,纽约市每年至少需要翻修 1000 英里的道路,才能阻止道路状况进一步恶化。如果低于该水平,将导致"缺口"或积压需要修缮的道路。下图显示了坑洞数量与缺口的关系。当 r^2 为 0.81 时,缺口的增加与坑洞数量之间有非常密切的关系。显而易见,坑洞数量大量增加的真正原因是缺口的增加。

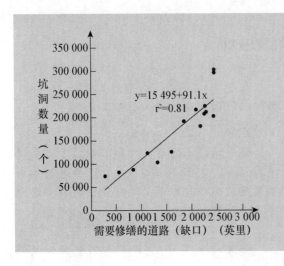

第三个模型把缺口和降雪量作为两个自变量，坑洞数量作为因变量进行回归分析。该回归模型的 r^2 为 0.91。

$$坑洞数量 = 7\,801.5 + 80.6 \times 缺口 + 930.1 \times 降雪量$$

资料来源：*OR/MS Today*（June，2014）and *New York Daily News*（March 5，2014）.

3.7 预测的监控

预测的完成并不意味着工作的结束。任何管理者都不希望被提及自己的预测产生了极大偏差。但是企业需要了解为什么实际需求（或任何其他被调查的变量）和预测值有如此大的差异。一旦预测结果准确，预测者会让所有人知道他的才能。但是，很少有人关注《财富》、《福布斯》或《华尔街日报》上关于财务经理对股票市场的预测误差通常高达 25％的报道。

对预测进行监控以确保预测系统运转良好的方法之一就是使用**跟踪信号**（tracking signal）。跟踪信号是衡量预测准确程度的指标。由于预测值会每周（或每月、每季）更新，那么我们把最新的实际需求数据与预测值进行比较，就可以了解预测系统是否运转良好，并及时进行修正。

跟踪信号值的计算公式为累积误差除以平均绝对误差（MAD）：

$$\frac{跟踪}{信号值} = \frac{累积误差}{平均绝对误差} = \frac{\sum（周期\ i\ 的实际需求 — 周期\ i\ 的预测需求）}{平均绝对误差}$$

$$(3-18)$$

式中，平均绝对误差的计算前面已介绍过，如式（3-5）所示：

$$平均绝对误差 = \frac{\sum |实际值 — 预测值|}{n}$$

正跟踪信号值意味着需求值大于预测值，负跟踪信号值意味着需求值小于预测值。跟踪信号良好，表示预测的累积误差较低，也就是正误差值和负误差值相近。换句话说，误差越小越好，同时正负误差要平衡，这样跟踪信号才会在零附近波动。预测值持续高于或低于实际值（也就是，预测累积误差较高）叫做**偏移误差**（bias）。偏移的产生可能是由于采用错误的变量和趋势线，或者错误地使用季节指数。

计算出跟踪信号值后，我们就要把它与预先设定的控制界限相比较。如果跟踪信号值超过了上限或下限，就说明预测方法存在问题，管理者需要重新对预测需求的方法进行评估。图 3-11 举出了跟踪信号值超出允许范围的例子。如果是用指数平滑法建立的模型，那么需要重新调整平滑系数的取值。

公司该如何决定跟踪信号值的控制界限呢？没有唯一的答案，管理者需要反复尝试以找到合适的值——换句话说，控制界限不能太窄使所有小的预测误差都超出界限，也不能太宽而忽视大量不良的预测值。1 个平均绝对误差（MAD）相当于大约 0.8 个标准差，±2MAD＝±1.6 个标准差，±3MAD＝±2.4 个标准差，±4MAD＝±3.2 个标准差。这意味着监控良好的预测，其 89% 的误差应该落在 ±2MAD 范围内，98% 的误差落在 ±3MAD 范围内，99.9% 的误差落在 ±4MAD 范围内。[2]

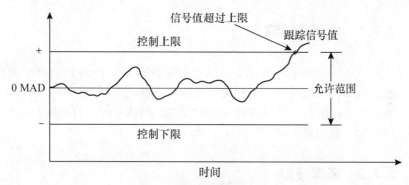

图 3-11 跟踪信号图

例 16 讲解了跟踪信号值和累积误差的计算。

例 16

Carlson 面包店的跟踪信号值的计算

Carlson 面包店希望对牛角面包的预测进行评估。

方法

建立一个跟踪信号，看看跟踪信号值是否落在允许范围内。这里的允许范围为 ±4MAD。

解答

利用牛角面包过去 6 个季度的预测数据和实际数据（如下表所示），我们可以计算出跟踪信号值。

季度	实际需求	预测需求	误差	累积误差	预测误差绝对值	预测误差绝对值的和	MAD	跟踪信号（累积误差/MAD）
1	90	100	−10	−10	10	10	10.0	−10/10＝−1
2	95	100	−5	−15	5	15	7.5	−15/7.5＝−2
3	115	100	+15	0	15	30	10.0	0/10＝0
4	100	110	−10	−10	10	40	10.0	−10/10＝−1
5	125	110	+15	+5	15	55	11.0	+5/11＝+0.5
6	140	110	+30	+35	30	85	14.2	+35/14.2＝+2.5

在季度 6 的末期：

$$\text{MAD} = \frac{\sum |预测误差|}{n} = \frac{85}{6} = 14.2$$

$$跟踪信号值 = \frac{累积误差}{\text{MAD}} = \frac{35}{14.2}$$
$$= 2.5$$

启示

由于跟踪信号值都落在－2MAD 和＋2.5 MAD 之间（也就是 1.6 和 2.0 个标准差之间），我们可以得出结论，预测误差在允许范围内。

练习

如果第 6 个季度的实际需求为 130 （而不是 140），MAD 应该为多少，跟踪信号值又是多少？［答案：第 6 个季度的 MAD 将为 12.5，第 6 个季度的跟踪信号值将为 2MAD。］

相关课后练习题

3.47，3.48

3.7.1 自适应平滑

自适应预测是指由计算机监控跟踪信号，当信号超出控制界限时自动进行调整。例如，当用指数平滑法进行预测时，首先基于预测误差最小化的原则来选取 α 和 β 系数；接着，当计算机注意到异常跟踪信号时，自动进行 α 和 β 的调整。这个过程称为**自适应平滑**（adaptive smoothing）。

3.7.2 聚焦预测

计算机不仅可以通过不断调整平滑系数来提高预测精度，还允许我们尝试多种预测模型。这种方法称为**聚焦预测**（focus forecasting）。聚焦预测基于以下两个原则：

1. 复杂的预测模型并不总是比简单模型好。

2. 不存在适用于所有产品和服务的预测技术和方法。

聚焦预测一词是美国五金供应公司（American Hardware Supply）库存经理伯纳德·史密斯（Bernard Smith）提出的。史密斯的工作是预测美国 21 家采购商购买的 10 万种五金产品的数量。[3]他发现采购商既不信任也不理解指数平滑模型。它们使用自己的简单易用的预测方法。所以，史密斯开发了可以选择预测方法的计算机系统。

史密斯选择 7 种预测方法进行测试，其中包括采购商所使用的简单方法（如简单预测法）和统计模型。每个月，史密斯都使用这 7 种模型对库存的每项产品进行预测。在这个模拟实验中，预测值减去最近期的实际需求，就得到了模拟预测误差。误差最小的预测方法被计算机筛选出来，用来预测下个月的需求。虽然采购商有不接受的权利，但是美国五金供应公司发现聚焦预测提供了极好的预测值。

3.8 服务行业中的预测

服务行业的预测更具挑战性。零售行业主要通过保存完好的短期记录来跟踪需求。例如，男士理发店服务的高峰期是星期五和星期六。确实，大部分理发店把休息日定在星期日和星期一，而在星期五和星期六增加人手。一家位于闹市的餐馆会关注会议和假期以有效地进行短期预测。

专业零售店 专业零售店，如花店，会有与众不同的需求模式。花的需求取决于节日。如果情人节在周末，花束无法递送到办公室，追求浪漫的人一般会出门庆祝而不是送花。如果情人节在星期一，有些人可能会在周末提前庆祝，从而影响花的销量。如果情人节在一周的中间，繁忙的工作日程使得送花成为庆祝的最佳选择。因为母亲节是在星期六或星期天，所以母亲节的需求预测较简单。由于特殊的需求模式，许多服务公司会坚持进行销售记录。记录内容不仅包括具体日期和星期几，还包括一些不寻常的事件，如天气，这样就可以找出需求模式和影响需求的有关因素。

快餐店 快餐店的需求不仅每周、每天、每小时有所不同，甚至每 15 分钟都在变化。所以，需要细致地预测需求。图 3 - 12（a）显示了一个典型快餐店每小时的销售量预测。可以清楚地看到，午餐时间和晚餐时间是需求高峰。而联邦快递呼叫中心的高峰时间是临近中午 12 点和下午 3 点左右，如图 3 - 12（b）所示。

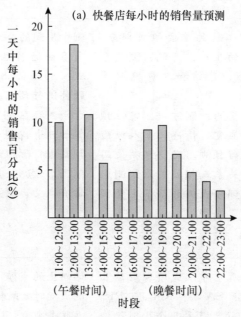

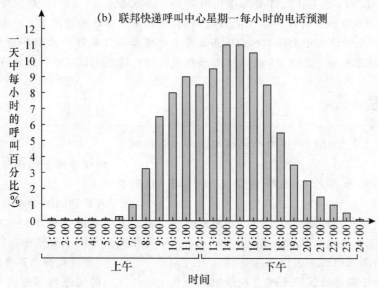

图 3 - 12 快餐店与联邦快递呼叫中心的预测

说明：不同的预测呈现出不同的特点：请注意（a）快餐店每小时的销售量预测和（b）联邦快递呼叫中心星期一每小时的电话预测有差异。

塔可钟公司利用销售终端（POS）系统每 15 分钟对销售量进行一次跟踪。塔可钟发现 6 周的移动平均法是使 15 分钟销售预测均方误差（MSE）最小的预测方法。把这种预测方法导入塔可钟 6 500 家分店的电脑后，该模型会对每周顾客交易量进行预测。分店经理利用这些预测数据安排员工，员工安排每隔 15 分钟变动一次，而不是像其他行业那样每小时变动一次。4 年来，该预测模型运用得非常成功，不仅提高了公司的顾客服务水平，还缩减了 5 000 多万美元的劳动力成本。

小　结

预测是运作经理工作的重要组成部分。需求预测驱动着公司的生产、产能、调度系统，并且影响着财务、营销和人员规划等职能。

有许多定性和定量的预测方法。定性预测综合运用决策者的直觉、情感、个人经验等难以量化的因素进行预测。定量预测使用历史数据，利用因果关系或相关关系预测未来。在本章快速复习部分我们总结了定量预测中用到的公式。预测的计算很少手动计算，大多数运作经理使用 PRO、NCSS、Minitab、Systat、Statgraphics、SAS 或 SPSS 等软件进行预测。

不存在适用于任何情况的预测方法。就算管理者找到了合适的统计模型，也必须对预测进行管理和控制以确保误差不超出控制范围。预测虽然极具挑战性，但预测工作非常有意义，它是管理工作的一部分。

伦理问题

我们生活在一个看重考试成绩和最佳表现的社会中。想想 SAT、ACT、GRE、GMAT 和 LSAT，尽管只需要几个小时，但它们可以为学校和公司提供学生能力的证明。

但是这些测试在用于预测人们现实世界中的表现时非常糟糕。SAT 可以很好地预测大学新生的成绩（$r^2 = 0.12$），但在预测毕业后的成就时效果较差。从收入、生活满意度或公共服务来看，LSAT 分数与职业成就几乎没有关系。在这种情况下，r^2 意味着什么？大学仅根据分数来作出录取和资助决定是否合乎伦理？这些测试在你的学校有什么作用？

讨论题

1. 什么是定性预测模型？它适用于哪些情形？

2. 简明扼要地描述两种常见的预测方法。

3. 区分三种预测时间范围，并指出每种预测时间范围的大致时间长度。

4. 简要描述预测的步骤。

5. 一个疑惑的管理者问中期预测有什么用，给出三个合理的用途/目的。

6. 解释为什么移动平均法、加权移动平均法和指数平滑法不适用于包含趋势的数据序列。

7. 加权移动平均法与指数平滑法的根本区别在哪里？

8. 衡量预测准确度的是哪三种指标？在某一具体的应用中，如何确定时间序列回归与指数平滑哪个更适合？

9. 简要说明德尔菲法。该方法如何应用？

10. 时间序列模型与相关模型的主要区别是什么？

11. 定义时间序列。

12. 平滑系数对近期数据的权重有何

影响？

13. 解释预测中季节指数的作用。季节性波动与循环波动有何不同？

14. 哪种预测技术更强调近期数据值？该方法是如何做的？

15. 解释自适应预测。

16. 设置跟踪信号的目的是什么？

17. 解释相关系数的含义及相关系数为负时的含义。

18. 自变量与因变量有何区别？

19. 给出一个受季节因素影响的行业例子。为什么这类行业希望消除季节性影响？

20. 给出一个需求预测取决于其他产品需求的行业的实例。

21. 当预测的周期离现在太远时，我们的预测能力如何？

22. 南伊利诺伊州电力和照明公司（Southern Illinois Power and Light）首席执行官约翰·古德尔（John Goodale）收集了过去两年有关电力需求的数据，如下表所示。为了制定扩张计划并且在高峰期间借助邻近

企业的电力，古德尔需要预测下一年每个月的需求。然而，本章讨论的标准预测模型不适用于近两年的数据。

需求（兆瓦）			需求（兆瓦）		
月份	去年	今年	月份	去年	今年
1	5	17	7	23	44
2	6	14	8	26	41
3	10	20	9	21	33
4	13	23	10	15	23
5	18	30	11	12	26
6	15	38	12	14	17

a. 对于分析这些数据，标准预测技术有何缺点？

b. 由于现有模型在这里不适用，给出你认为适用的方法。虽然对于这些数据没有完美的解决办法（也就是说没有完全正确和错误的答案），但还是请评估一下你的模型。

c. 使用新模型预测下一年每个月的电力需求。

使用软件进行预测

这里介绍三种解决预测问题的电脑软件。第一，你可以通过创建 Excel 工作表来解决预测问题。第二，你可以使用本书介绍的 Excel OM 软件。第三，可使用 POM for Windows 软件进行预测。

创建你自己的 Excel 工作表

Excel 工作表（和一般工作表）在预测中经常用到。指数平滑法、趋势外推法和回归分析（一元和多元）都可以用 Excel 内置功能实现。

程序 3-1 中给出了如何利用例 8 中的数据在 Excel 中进行预测。纽约爱迪生电力公司的目标是使用趋势外推法对第 1~7 年的数据进行分析。

也可以使用 Excel 内置的回归分析功能。步骤如下：在数据菜单中选择数据分析，然后选择回归分析。在 B、C 两栏中分别输入 y 和 x 的数据。当回归分析的窗口出现后，输入 y

和 x 的范围，然后点击"确定"。Excel 提供的图表可供使用者更准确地分析回归问题。

使用 Excel OM

Excel 的预测模块包括五个部分：(1) 移动平均；(2) 加权移动平均；(3) 指数平滑；(4) 回归分析（只有一个自变量）；(5) 分解法。Excel OM 的误差分析比 Excel 的更完整。

程序 3-2 用例 2 中的加权平均数据说明了 Excel OM 的输入和输出。

使用 POM for Windows

POM for Windows 可以计算移动平均值（简单和加权），解决指数平滑（简单和二次），利用最小二乘法进行趋势预测，求解线性回归（相关）模型。同时可以进行误差分析并生成图表。作为自适应指数平滑预测的特例，设定 α 的初始值为 0，POM for Windows 将自动找到使 MAD 最小的 α 值。

附录 IV 提供了更详细的讲解。

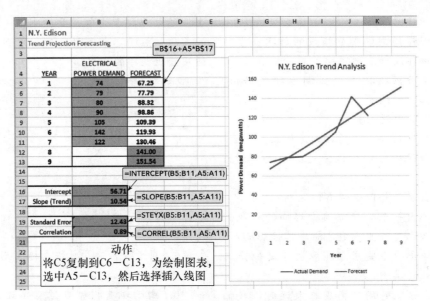

程序 3-1 利用例 8 中的数据在 Excel 中进行预测

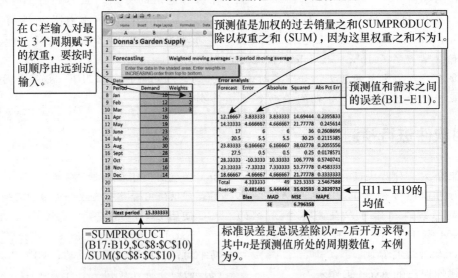

程序 3-2 用例 2 的数据作为输入，利用 Excel OM 中的
加权移动平均程序进行预测分析

例题解答

例题解答 3.1

在过去的 5 年中，大众汽车公司广受欢迎的甲壳虫汽车在内华达州的销量稳步上升（见右面的表格）。第 1 年，代理商的销售经理预测下一年的销量为 410 辆。用指数平滑法预测第 2~6 年的销售量，平滑系数 α 取 0.3。

年份	销售量	预测值
1	450	410
2	495	
3	518	
4	563	
5	584	
6	?	

解答

年份	预测
1	410.0
2	$422.0=410+0.3\times(450-410)$
3	$443.9=422+0.3\times(495-422)$

续表

年份	预测
4	$466.1=443.9+0.3\times(518-443.9)$
5	$495.2=466.1+0.3\times(563-466.1)$
6	$521.8=495.2+0.3\times(584-495.2)$

━━━━ ■■ ■■■ ■■ **例题解答 3.2** ■ ■■■ ■■ ━━━━

在例 7 中，我们利用二次指数平滑法预测了第 2 个月和第 3 个月（基于所提供的 9 个月数据）的污染控制设备的需求。让我们继续预测第 4 个月的需求。我们希望确认例 7 中的表 3-1 和图 3-3 中计算出的数据是否正确。

在第 4 个月，$A_4=19$，$\alpha=0.2$，$\beta=0.4$。

解答

$$F_4=\alpha A_3+(1-\alpha)(F_3+T_3)$$

$$=0.2\times20+(1-0.2)$$
$$\times(15.18+2.10)$$
$$=17.82$$
$$T_4=\beta(F_4-F_3)+(1-\beta)T_3$$
$$=0.4\times(17.82-15.18)$$
$$+(1-0.4)\times2.10$$
$$=2.32$$
$$FIT_4=17.82+2.32=20.14$$

━━━━ ■■ ■■■ ■■ **例题解答 3.3** ■ ■■■ ■■ ━━━━

杨斯顿的 Walgreens 商店销售吹风机，其过去 4 个月的销量分别为 100、110、120和 130 个单位（其中 130 是最近的销量）。使用下面三种方法计算下个月的移动平均预测：

a. 3 个月移动平均法。

b. 4 个月移动平均法。

c. 加权 4 个月移动平均法，最近一个月权重为 4，前一个月权重为 3，然后是 2 和 1。

d. 如果第 5 个月的销量为 140，用 4 个月移动平均法预测第 5 个月的销量。

解答

a. 3 个月移动平均 $=\dfrac{110+120+130}{3}$

$$=120$$

b. 4 个月移动平均 $=\dfrac{100+110+120+130}{4}$

$$=115$$

c. 加权移动平均 $=\dfrac{4\times130+3\times120+2\times110+1\times100}{10}$

$$=\dfrac{1\,200}{10}$$
$$=120$$

d. 4 个月移动平均 $=\dfrac{110+120+130+140}{4}$

$$=125$$

当然，我们知道预测有滞后性，因为移动平均法并不能立即识别出趋势。

━━━━ ■■ ■■■ ■■ **例题解答 3.4** ■ ■■■ ■■ ━━━━

以下数据来自回归线预测：

时期	预测值	实际值
1	410	406
2	419	423
3	428	423
4	435	440

比较 MAD 和 MSE。

解答

$$MAD=\dfrac{\sum|\text{实际值}-\text{预测值}|}{n}$$
$$=\dfrac{|406-410|+|423-419|+|423-428|+|440-535|}{4}$$
$$=4.5$$

$$\text{MSE} = \frac{\sum 预测误差^2}{n}$$

$$= \frac{(406-410)^2 + (423-419)^2 + (423-428)^2 + (440-435)^2}{4}$$

$= 20.5$

■■ ■■ ■■ ■■ **例题解答 3.5** ■■ ■■ ■■ ■■

多伦多的 Towers Plaza 酒店过去 9 年的订房记录如下表所示。为了预测需求，经理希望找到能够描述顾客订房趋势的数学模型。这将有助于酒店作出是否扩建的决策。根据下列时间序列数据找出订房和时间之间的回归方程（如趋势方程），预测年份 11 的订房量。

解答

年	订房量（千个）	年	订房量（千个）
1	17	6	20
2	16	7	23
3	16	8	25
4	21	9	24
5	20		

年份（x）	订房量 y（千个）	x^2	xy
1	17	1	17
2	16	4	32
3	16	9	48
4	21	16	84
5	20	25	100
6	20	36	120
7	23	49	161
8	25	64	200
9	24	81	216
$\sum x = 45$	$\sum y = 182$	$\sum x^2 = 285$	$\sum xy = 978$

$$b = \frac{\sum xy - n\bar{x}\bar{y}}{\sum x^2 - n\bar{x}^2}$$

$$= \frac{978 - 9 \times 5 \times 20.22}{285 - 9 \times 25}$$

$$= 1.135$$

$$a = \bar{y} - b\bar{x} = 20.22 - 1.135 \times 5$$

$= 14.545$

$\hat{y}(订房量) = 14.545 + 1.135x$

年份 11 的订房量的预测值是（$x = 11$）：

$$\hat{y} = 14.545 + 1.135 \times 11 = 27.03(千个)$$

或预测值是 27 030 个。

■■ ■■ ■■ ■■ **例题解答 3.6** ■■ ■■ ■■ ■■

纽约的汽车代理商使用下列方程预测每季度福特 F150 皮卡车的需求：

$$\hat{y} = 10 + 3x$$

式中，x 为季度，并且第 1 年第 1 季度编号为 0；第 1 年第 2 季度编号为 1；第 1 年第 3 季度编号为 2；第 1 年第 4 季度编号为 3；第 2 年第 1 季度编号为 4，其余以此类推。$\hat{y}$ 为每季度的需求。

皮卡车的需求受季节因素影响，季度 1、2、3 和 4 的季节指数分别是 0.80、1.00、1.30、0.90。请预测第 3 年每季度的需求，然后根据季节指数调整预测值。

解答

第 2 年第 2 季度编号为 $x = 5$；第 2 年第 3 季度编号 $x = 6$；第 2 年第 4 季度编号 $x = $

7；第 3 年第 1 季度编号 $x=8$；第 3 年第 2 季度编号 $x=9$；其余以此类推。

$$\hat{y}(\text{第 3 年第 1 季度})=10+3\times 8$$
$$=34$$
$$\hat{y}(\text{第 3 年第 2 季度})=10+3\times 9$$
$$=37$$
$$\hat{y}(\text{第 3 年第 3 季度})=10+3\times 10$$
$$=40$$
$$\hat{y}(\text{第 3 年第 4 季度})=10+3\times 11$$

$$=43$$

修正后的预测值$=0.8\times 34=27.2$
（第 3 年第 1 季度）

修正后的预测值$=1.00\times 37=37$
（第 3 年第 2 季度）

修正后的预测值$=1.30\times 40=52$
（第 3 年第 3 季度）

修正后的预测值$=0.90\times 43=38.7$
（第 3 年第 4 季度）

例题解答 3.7

坚吉兹·哈克塞弗（Cengiz Haksever）在土耳其伊斯坦布尔经营一家高端珠宝店。他每周都会在当地的报纸上打广告，并考虑增加其广告预算。为此，他决定评估这些广告之前的有效性。5 周抽样数据如下表所示：

销售额 （千美元）	当周广告预算 （百美元）
11	5
6	3
10	7
6	2
12	8

建立回归模型帮坚吉兹·哈克塞弗估算广告有效性。

解答

我们用最小二乘回归模型，如例 12 那样。

销售 y	广告 x	x^2	xy
11	5	25	55
6	3	9	18

续表

销售 y	广告 x	x^2	xy
10	7	49	70
6	2	4	12
12	8	64	96

$\sum y=45$ $\sum x=25$ $\sum x^2=151$ $\sum xy=251$

$\bar{y}=\dfrac{45}{5}=9$ $\bar{x}=\dfrac{25}{5}=5$

$$b=\frac{\sum xy-n\bar{x}\bar{y}}{\sum x^2-n\bar{x}^2}$$
$$=\frac{251-5\times 5\times 9}{151-5\times 5^2}$$
$$=1$$
$$a=\bar{y}-b\bar{x}=9-1\times 5=4$$

所以回归模型是 $\hat{y}=4+1x$。

这意味着每增加 1 单位 x（或 100 美元广告），销售额增加 1 单位（或 1 000 美元）。

例题解答 3.8

利用例题解答 3.7 中的数据找出模型中的相关系数。

解答

$$\sum y^2=11^2+6^2+10^2+6^2+12^2$$
$$=437$$

下一步算出相关系数 r。

$$r=\frac{n\sum xy-\sum x\sum y}{\sqrt{\left[n\sum x^2-\left(\sum x\right)^2\right]\left[n\sum y^2-\left(\sum y\right)^2\right]}}$$
$$=\frac{5\times 251-25\times 45}{\sqrt{(5\times 151-25^2)\times(5\times 437-45^2)}}$$
$$=0.901\,4$$

因此，$r^2=(0.901\,4)^2=0.812\,5$，意味着以广告为自变量约有 81% 的销售变化可以通过回归模型来解释。

练习题*

3.1　下表给出了 Woodlawn 医院过去 6 周 A 型血浆的使用状况。

所在周	用量（品脱）
8 月 31 日	360
9 月 7 日	389
9 月 14 日	410
9 月 21 日	381
9 月 28 日	368
10 月 5 日	374

a.　使用 3 周移动平均法预测 10 月 12 日那一周的需求。

b.　使用 3 周加权移动平均法预测 10 月 12 日那一周的需求，权重为 0.1、0.3 和 0.6，其中 0.6 是最近的周的权重。

c.　使用指数平滑法预测 10 月 12 日那一周的需求，其中 8 月 31 日的需求为 360，$\alpha = 0.2$。 **P𝗫**

3.2

年份	1	2	3	4	5	6	7	8	9	10	11
需求	7	9	5	9	13	8	12	13	9	11	7

a.　根据这些数据作图。是否观察出任何趋势、循环或随机因素？

b.　从第 4 年开始到第 12 年，用 3 年移动平均法进行预测。在同一张图中标出这些数据。

c.　从第 4 年开始到第 12 年，用 3 年加权移动平均法进行预测，权重为 0.1、0.3、0.6。在同一张图中标出这些数据。

d.　将预测值与原数据相比较，哪种预测方法效果好一些？ **P𝗫**

3.3　参照练习题 3.2 中的数据，使用 $\alpha = 0.4$ 的指数平滑法预测第 2 年到第 12 年的需求，设第一年的预测值为 6。将预测值与原始数据、简单预测法的预测值绘制在同一张图中。从图中观察，哪种方法较好？ **P𝗫**

3.4　支票处理中心使用指数平滑法预测每个月处理的支票数量。6 月份收到的支票数量是 4 000 万张，而预测值是 4 200 万张。平滑系数是 0.2。

a.　7 月份的预测值是多少？

b.　如果 7 月份实际收到的支票数量是 4 500 万张，那么 8 月份的预测值将是多少？

c.　为什么该预测方法对这个部门不适用？ **P𝗫**

3.5　卡本代尔医院（Carbondale Hospital）考虑购买新的救护车。购买与否部分取决于预测的下一年救护车行驶的英里数。过去 5 年行驶的英里数如下表所示：

年份	英里数
1	3 000
2	4 000
3	3 400
4	3 800
5	3 700

a.　使用 2 年移动平均法预测下一年的行驶英里数。

b.　根据 2 年移动平均预测值，求出平均绝对误差。

c.　使用 2 年加权移动平均法预测第 6 年的行驶英里数，权重分别为 0.4、0.6（0.6 是较近年份的权重）。计算预测结果的平均绝对误差。

d.　使用指数平滑法预测第 6 年的行驶英里数，其中第 1 年的预测值为 3 000 英里，$\alpha = 0.5$。 **P𝗫**

3.6　Yazici 电池公司每个月的销售量如下表所示：

月份	销售量
1	20
2	21

---

* **P𝗫** 表示可以用 POM for Windows 和（或）Excel OM 软件解答该题。

续表

月份	销售量
3	15
4	14
5	13
6	16
7	17
8	18
9	20
10	20
11	21
12	23

a. 绘制每个月销售量数据图。

b. 使用下列方法预测下一年 1 月份的销售量。

1）简单预测法。

2）3 个月移动平均法。

3）6 个月加权移动平均法，权重分别为 0.1、0.1、0.1、0.2、0.2、0.3，时间越近赋予的权重越大。

4）指数平滑法，其中 $\alpha = 0.3$，9 月份的预测值为 18。

5）趋势外推法。

c. 根据现有的数据，你会选择何种方法预测下一年 3 月份的销售量？ **P✕**

3.7 奥马哈急救中心（Omaha Emergency Medical Clinic）本年度前 6 周的实际病人数量如下表所示：

周	实际病人数量
1	65
2	62
3	70
4	48
5	63
6	52

急救中心的管理者马克·施尼德扬斯（Marc Schniederjans）希望你使用以上数据预测第 7 周的病人数。你决定使用 4 周加权移动平均法预测，权重赋值根据时间由近及远依次为 0.333（本周）、0.25（前 1 周）、0.25（前 2 周）、0.167（前 3 周）。

a. 第 7 周的预测值为多少？ **P✕**

b. 如果权重为 20、15、15、10，预测值会有什么变化？解释为什么。

c. 如果权重为 0.40、0.30、0.20、0.10，第 7 周的预测值又将为多少？

3.8 过去一周圣路易斯的每日最高温度（华氏度）如下：93、94、93、95、96、88、90（昨天）。

a. 使用 3 天移动平均法预测今天的最高气温。

b. 使用 2 天移动平均法预测今天的最高气温。

c. 计算 2 天移动平均法预测的平均绝对误差。

d. 计算 2 天移动平均法预测的均方误差。

e. 计算 2 天移动平均法预测的平均绝对百分误差。 **P✕**

3.9 联想公司在部分手提电脑中使用 ZX-81 芯片。过去 12 个月的芯片价格如下表所示：

月份	芯片价格（美元）
1	1.80
2	1.67
3	1.70
4	1.85
5	1.90
6	1.87
7	1.80
8	1.83
9	1.70
10	1.65
11	1.70
12	1.75

a. 使用 2 个月移动平均法预测芯片每个月的价格，并绘制价格图。

b. 使用 3 个月移动平均法预测芯片每个月的价格，并绘制价格图。

c. 通过分析平均绝对误差，比较上述两种方法哪一个较好。

d. 使用指数平滑法预测芯片每个月的价格，其中 1 月份的初始价格设为 1.80 美元，分别使用 $\alpha=0.1$、$\alpha=0.3$、$\alpha=0.5$ 计算。通过比较预测的平均绝对误差，选用哪个 α 值最好？ **P✗**

3.10 质量学院（Quality College）的六西格玛研讨会过去几年的到会情况如下表所示：

年份	1	2	3	4	5	6	7	8	9	10	11
到会人数（千人）	4	6	4	5	10	8	7	9	12	14	15

a. 使用 3 年移动平均法预测第 4 年到第 12 年的到会人数。

b. 使用 3 年加权移动平均法预测第 4 年到第 12 年的到会人数，权重为 1、1、2，其中最近一年的权重为 2。

c. 在一张图中标出原始数据和两种预测值，哪种预测方法较好？ **P✗**

3.11 使用平滑系数为 0.3 的指数平滑法预测练习题 3.10 中的到会人数。假设第 1 年的预测值为 5 000 人。

a. MAD 为多少？ **P✗**

b. MSE 为多少？

3.12 本地麦当劳的巨无霸汉堡包的实际需求和预测需求如下表所示：

天	实际需求	预测需求
星期一	88	88
星期二	72	88
星期三	68	84
星期四	48	80
星期五		

假定星期一的预测值就是所观测到的星期一的实际需求。用平滑系数为 0.25 的指数平滑法进行预测，那么星期五的预测需求为多少？ **P✗**

3.13 如下表所示，过去几年华盛顿总医院（Washington General Hospital）需要做心脏移植手术的患者人数在不断增加：

年份	1	2	3	4	5	6
心脏移植手术次数	45	50	52	56	58	?

医疗服务主管在 6 年前预测第 1 年手术次数为 41。

a. 分别使用平滑系数为 0.6 和 0.9 的指数平滑法预测第 2 年到第 6 年的手术次数。

b. 使用 3 年移动平均法预测第 4、5、6 年的手术次数。

c. 使用趋势外推法预测第 1 年到第 6 年的手术次数。

d. 以平均绝对误差作为指标，指出这几种预测方法哪种最优。 **P✗**

3.14 用两种方法对本地一加油站的每周汽油需求进行预测。具体数据如下表所示，同时表中还给出了汽油的实际需求。单位为千加仑。

周	预测		实际需求
	方法 1	方法 2	
1	0.90	0.80	0.70
2	1.05	1.20	1.00
3	0.95	0.90	1.00
4	1.20	1.11	1.00

请计算每种方法的平均绝对误差和均方误差。

3.15 参照例题解答 3.1 中的数据。

a. 用 3 年移动平均法预测第 6 年大众汽车公司在内华达州的甲壳虫车型的销量。

b. 平均绝对误差是多少？ **P✗**

c. 均方误差是多少？

3.16 参照例题解答 3.1 中的数据。

a. 用趋势外推法预测第 6 年大众汽车公司在内华达州的甲壳虫车型的销量。

b. 平均绝对误差是多少？ **P✗**

c. 均方误差是多少？

3.17 参照例题解答 3.1 中的数据，分别使用平滑系数 0.6 和 0.9 预测大众的甲壳虫车型的销售量。平滑系数对预测值有何影响？使用平均绝对误差来分析 0.3、0.6、

0.9 这三个平滑系数哪个最好。**Px**

3.18 某产品的实际需求（A_t）和预测需求（F_t）如下表所示：

时间周期 (t)	预测 (A_t)	实际需求 (F_t)
1	50	50
2	42	50
3	56	48
4	46	50
5		

设第 1 周期的预测值 A_1 等于实际观测值 F_1，然后利用指数平滑法进行预测。使用指数平滑法求出第 5 周期的预测值。（提示：需要先找出平滑系数 α。）

3.19 Spraggins & Yunes 建筑公司 2 月份到 7 月份的收入如下表所示：

月份	2	3	4	5	6	7
收入 （千美元）	70.0	68.5	64.8	71.7	71.3	72.8

使用二次指数平滑法预测该公司 8 月份的收入。假设 2 月份的预测值是 65 000 美元，平滑系数 $\alpha=0.1$，$\beta=0.2$。**Px**

3.20 将练习题 3.19 中的平滑系数改为 $\alpha=0.1$，$\beta=0.8$，再计算一次。以均方误差为指标，选用哪种平滑系数好些？**Px**

3.21 参照本章例 7，使用平滑系数 $\alpha=0.2$，$\beta=0.4$，预测第 9 个月的销售量，列出第 2 个月和第 3 个月的详细计算步骤。参照例题解答 3.2，继续计算第 4 个月的预测值，并列出第 5 个月和第 6 个月的 F_t、T_t 和 FIT_t 的计算步骤。**Px**

3.22 参照练习题 3.21，使用二次指数平滑法预测练习题 3.21 中第 7 个月、第 8 个月和第 9 个月的需求。确认你求出的 F_t、T_t 和 FIT_t 是否与表 3-1 中的相符。**Px**

3.23 圣路易斯市的 Bud Banis 百货公司的被单去年的销售量如下表所示。管理者准备用指数预测法和自身经验预测接下来 4 个月（3、4、5 和 6 月份）的销售量。

月份	销售量	管理者的预测值
7	100	
8	93	
9	96	
10	110	
11	124	
12	119	
1	92	
2	83	
3	101	120
4	96	114
5	89	110
6	108	108

a. 计算该预测方法的平均绝对误差和平均绝对百分误差。

b. 管理者所用的方法比简单预测法好吗（管理者使用的预测方法的平均绝对误差和平均绝对百分误差是否小些）？

c. 以低预测误差为标准，你认为哪种预测方法好些？**Px**

3.24 下表是过去 4 个月佛罗里达州 101 号公路发生的事故数量。

月	事故数量
1	30
2	40
3	60
4	90

使用最小二乘法来预测第 5 个月的事故数量。**Px**

3.25 彼得·凯勒（Peter Kelle）的轮胎专卖店平均每年售出 1 000 个轮胎。在过去 2 年的秋季分别卖出了 200 个和 250 个，冬季为 350 个和 300 个，春季为 150 个和 165 个，夏季为 300 个和 285 个。按照扩张计划，彼得·凯勒预测来年的销售量为 1 200 个。请问来年各季度的需求各是多少？

3.26 乔治·凯帕里西斯（George

Kyparisis）有一家帆板制造公司。2006—2009 年帆板每季度的实际需求如下表所示：

季节	年份			
	2006	2007	2008	2009
冬季	1 400	1 200	1 000	900
春季	1 500	1 400	1 600	1 500
夏季	1 000	2 100	2 000	1 900
秋季	600	750	650	500

凯帕里西斯预计 5 年内帆板年均需求将达到 5 600 个。基于以上数据和乘积季节模型求解第 5 年帆板的需求。

3.27 位于洛杉矶的迪士尼风格的游乐园和度假区的游客数量如下表所示：

季节	游客（千人）	季度	游客（千人）
第1年冬季	73	第2年夏季	124
第1年春季	104	第2年秋季	52
第1年夏季	168	第3年冬季	89
第1年秋季	74	第3年春季	146
第2年冬季	65	第3年夏季	205
第2年春季	82	第3年秋季	98

根据这些数据计算季节指数。 **PX**

3.28 North Dakota 电力公司估计的电力需求（单位：百万千瓦时）的趋势方程如下：

$$D = 77 + 0.43Q$$

式中，Q 是连续的季节编号，$Q=1$ 代表第 1 年冬季。此外，每个季节的乘积季节指数如下表所示：

季节	因素（指数）
冬季	0.8
春季	1.1
夏季	1.4
秋季	0.7

从冬季开始，预测第 26 年 4 个季节的电力需求（季度编号为 101～104）。

3.29 过去 5 年，某工厂的磁盘驱动器的数量如下：

年	磁盘驱动器数量（百万个）
1	140
2	160
3	190
4	200
5	210

a. 用线性回归预测下一年的磁盘驱动器数量。

b. 计算用线性回归时平均绝对误差是多少。

c. 计算平均绝对百分误差是多少。 **PX**

3.30 莉莲·福克（Lillian Fok）医生是新奥尔良的一位心理医生，是治疗陌生环境恐惧症（害怕离开家）的专家。下表列出了过去 10 年福克医生每年所看病人的数量。下表还列出了新奥尔良每年的抢劫率。

年份	1	2	3	4	5
病人数量	36	33	40	41	40
抢劫率（‰）	58.3	61.1	73.4	75.7	81.1
年份	6	7	8	9	10
病人数量	55	60	54	58	61
抢劫率（‰）	89.0	101.1	94.8	103.3	116.2

使用趋势外推法，作为时间的函数，预测福克医生在第 11 年和第 12 年所接待病人的数量。该模型的准确性如何？ **PX**

3.31 过去 24 周北卡罗来纳州的 911 系统接到的紧急电话数量如下表所示：

周	1	2	3	4	5	6	7	8	9	10	11	12
电话次数	50	35	25	40	45	35	20	30	35	20	15	40
周	13	14	15	16	17	18	19	20	21	22	23	24
电话次数	55	35	25	55	55	40	35	60	75	50	40	65

a. 使用指数平滑法预测每周的电话次数。假定第 1 周的预测值为 50，$\alpha = 0.2$。第 25 周的预测值为多少？

b. 以 $\alpha = 0.6$ 重新进行一次预测。

c. 第 25 周实际电话次数是 85。那么利用哪一个平滑系数能使预测更精确一些？解释你用来测量误差的指标，并说明其合理性。 **PX**

3.32 使用练习题 3.31 中 911 电话的数

据，用二次指数平滑法预测第 2 周到第 25 周的电话次数。假定第 1 周的预测值是 50，$\alpha = 0.3$，$\beta = 0.2$。这个模型是否比练习题 3.31 的模型好一些？为进一步提高预测水平，该如何进行改进？（依然假定第 25 周的实际电话次数是 85。）PX

3.33 Storrs Cycles 公司开始销售新的 Cyclone 山地车，每月的销售量如下表所示。公司合伙人鲍勃·戴（Bob Day）希望用指数平滑法进行预测，其中设定 2 月份的初始预测值等于 1 月份的销售量，$\alpha = 0.1$。另一合伙人谢里·斯奈德（Sherry Snyder）希望用 3 期移动平均法进行预测。

月份	销售量（辆）	鲍勃·戴	谢里·斯奈德	鲍勃·戴的误差	谢里·斯奈德的误差
1	400	—			
2	380	400			
3	410				
4	375				
5					

a. 销售量与时间存在强线性关系吗？

b. 在表中填入鲍勃·戴和谢里·斯奈德 5 月份及之前月份的销售预测值。

c. 假定 5 月份的真实销售数据为 405，计算两人预测的平均绝对误差并填入表格。

d. 基于以上分析计算，你认为哪种方法更为精确？PX

3.34 Boulanger Savings and Loan 公司以其在佛罗里达州冬季公园的悠久传统而自豪。第二次世界大战结束 22 年后，米歇尔·布朗热（Michelle Boulanger）创立 S&L，逆转了一再困扰整个行业的金融和资金流问题的趋势。尽管在 1983 年、1988 年、1991 年、2001 年和 2010 年出现衰退，多年来存款却一直在缓慢而稳定地增长。布朗热认为有必要为公司制定一个长期的战略计划，包括 1 年的预测，最好是 5 年的存款预测。她检查了过去的存款数据以及相同的 44 年中佛罗里达州的州总产值（GSP）（GSP 类似于国民生产总值（GNP），但在州一级）。数据如下表所示。

年份	存款[a]	GSP[b]	年份	存款[a]	GSP[b]
1	0.25	0.4	23	6.2	2.5
2	0.24	0.4	24	4.1	2.8
3	0.24	0.5	25	4.5	2.9
4	0.26	0.7	26	6.1	3.4
5	0.25	0.9	27	7.7	3.8
6	0.30	1.0	28	10.1	4.1
7	0.31	1.4	29	15.2	4.0
8	0.32	1.7	30	18.1	4.0
9	0.24	1.3	31	24.1	3.9
10	0.26	1.2	32	25.6	3.8
11	0.25	1.1	33	30.3	3.8
12	0.33	0.9	34	36.0	3.7
13	0.50	1.2	35	31.1	4.1
14	0.95	1.2	36	31.7	4.1
15	1.70	1.2	37	38.5	4.0
16	2.3	1.6	38	47.9	4.5
17	2.8	1.5	39	49.1	4.6
18	2.8	1.6	40	55.8	4.5
19	2.7	1.7	41	70.1	4.6
20	3.9	1.9	42	70.9	4.6
21	4.9	1.9	43	79.1	4.7
22	5.3	2.3	44	94.0	5.0

注：a 表示单位是百万美元。
b 表示单位是 10 亿美元。

a. 使用指数平滑法，设 $\alpha = 0.6$，然后进行趋势分析，最后是进行线性回归，讨论哪种预测模型最适合布朗热的战略计划。说明为什么选择这种模型而不是另一种模型。

b. 仔细检查数据。你是否可以举个例子删除部分信息？为什么？你的模型会因此改变吗？PX

3.35 音乐器材销售商 Mark Gershon 预计低音鼓的销量与前几个月流行摇滚乐队"魔力红"在电视中出现的次数相关。收集的相关数据如下表所示：

低音鼓的需求	3	6	7	5	10	7
"魔力红"出现的次数	3	4	7	6	8	5

a. 绘制图表，看低音鼓的需求与魔力红乐队在电视上的出现次数是否存在线性关系。

b. 运用最小二乘法求出预测方程。

c. 如果魔力红乐队上个月在电视上出现的次数是 9，那么低音鼓的需求是多少？

d. 该模型的相关系数 r 和判定系数 r^2 各为多少，分别代表什么意义？ **Px**

3.36 使用下列方程预测需求：

$$\hat{y} = 36 + 4.3x$$

式中：$\hat{y}$——空调的需求；

x——室外温度（华氏度）。

a. 预测温度为华氏 70 度时空调的需求量。

b. 预测温度为华氏 80 度时空调的需求量。

c. 预测温度为华氏 90 度时空调的需求量。 **Px**

3.37 Café Michigan 的管理者加里·斯塔克（Gary Stark）觉得摩卡拿铁咖啡的需求与价格相关。基于以往的观察，加里·斯塔克收集了六种不同价格下的咖啡销量数据，如下表所示：

价格（美元）	销量（杯）
2.70	760
3.50	510
2.00	980
4.20	250
3.10	320
4.05	480

利用以上数据，运用简单线性回归分析预测：在每杯价格定为 2.8 美元时，摩卡拿铁咖啡的预测销量为多少？ **Px**

3.38 以下数据涉及位于波特兰的马克·卡尔滕巴赫（Mark Kaltenbach）的小型酒吧营业额。

周	顾客量	酒吧营业额（美元）
1	16	330
2	12	270
3	18	380
4	14	300

a. 列出酒吧营业额与顾客量（不是时间）的线性回归方程。

b. 如果预测下个月的顾客量为 20，那么下个月的营业额为多少？ **Px**

3.39 俄亥俄州雅典县的汽车事故量与当地注册的汽车数量（X_1）（单位：千辆）、酒精饮品的销售量（X_2）（单位：万美元）、降雨量（X_3）（单位：英寸）相关。回归模型如下：

$$Y = a + b_1 X_1 + b_2 X_2 + b_3 X_3$$

式中：Y＝汽车事故量；

$a = 7.5$；

$b_1 = 3.5$；

$b_2 = 4.5$；

$b_3 = 2.5$。

计算下列不同条件下事故的预测数量。

条件	X_1	X_2	X_3
a	2	3	0
b	3	5	1
c	4	7	2

3.40 朗达·克拉克（Rhonda Clark）是宾夕法尼亚的一家地产开发商。他设计了一个回归模型帮助预测宾夕法尼亚西北地区的房价。该模型使用近期销售数据进行预测。房屋价格（Y）取决于房屋的面积（X）。模型如下：

$$Y = 13\,473 + 37.65X$$

相关系数是 0.63。

a. 使用该模型预测面积为 1 860 平方英尺的房屋的价格。

b. 如果近期 1 860 平方英尺的房屋价格是 95 000 美元，解释为什么与模型预测值不一样。

c. 假如要将该模型改进为多元回归模型，那么应该考虑哪些定量因素？

d. 该题中判定系数的值为多少？ **Px**

3.41 Tucson 会计师事务所的会计师拉里·尤德曼（Larry Youdelman）发现公司一些管理人员的出差费用非常高。所以，他利用上一年 200 笔出差费用得到了以下多元回归模型，找出了出差费用与出差天数（x_1）和旅途距离（x_2）（单位：英里）的相关关系。

$$\hat{y} = 90 + 48.5x_1 + 0.4x_2$$

相关系数为 0.68。

a. 假如唐娜·巴蒂斯塔 (Donna Battista) 出差 5 天，旅途距离 300 英里，预测她的出差费用是多少？

b. 唐娜·巴蒂斯塔提出支付 685 美元差旅费的要求。会计部门应该怎么处理？

c. 该模型还应该考虑其他因素吗？如果应该，是哪些因素？为什么？ **PX**

3.42 市政府收集了以下每年销售税与新车注册数量的数据：

每年的销售税（百万美元）	1.0	1.4	1.9	2.0	1.8	2.1	2.3
新车注册数量（千辆）	10	12	15	16	14	17	20

计算下列各项：

a. 用最小二乘法得出回归方程。

b. 利用 a 的结果，预测当新车注册数量为 22 000 辆时销售税的数量。

c. 计算相关系数和判定系数。 **PX**

3.43 使用练习题 3.30 中的数据，用线性回归法分析抢劫率与福克医生的病人数量。如果抢劫率在第 11 年上升到 131.2，福克医生接待的病人数量将是多少？如果抢劫率在第 12 年降为 90.6，接待的病人数量又将是多少？ **PX**

3.44 英国伦敦夏季月份乘坐公共汽车和地铁的出行人数被认为与当地游客的数量密切相关。下表是过去 12 年的数据：

年份（夏季）	1	2	3	4	5	6
游客量（百万人）	7	2	6	4	14	15
出行人数（百万人）	1.5	1.0	1.3	1.5	2.5	2.7
年份（夏季）	7	8	9	10	11	12
游客量（单位人）	16	12	14	20	15	7
出行人数（百万人）	2.4	2.0	2.7	4.4	3.4	1.7

a. 绘制图形，看是否适用线性模型。

b. 计算回归方程。

c. 如果游客数量有 1 000 万人，那么预测乘坐公共汽车和地铁出行的人数为多少？

d. 如果没有任何游客，那么乘坐公共汽车和地铁出行的人数是多少？

e. 预测的标准差是多少？

f. 该模型的相关系数和判定系数是多少？ **PX**

3.45 两年前 13 个学生进入桑特菲学院 (Sante Fe College) 的商业管理专业。下表是每个学生入学前高中 SAT 分数和入学两年后的平均绩点 (grade-point average, GPA)。

a. SAT 分数和 GPA 分数之间是否显著相关？

b. 如果一个学生的 SAT 分数是 350，那么你认为他的 GPA 分数是多少？

c. 如果一个学生的 SAT 分数是 800，那么你认为他的 GPA 分数是多少？

学生	A	B	C	D	E	F	G
SAT 分数	421	377	585	690	608	390	415
GPA 分数	2.90	2.93	3.00	3.45	3.66	2.88	2.15
学生	H	I	J	K	L	M	
SAT 分数	481	729	501	613	709	366	
GPA 分数	2.53	3.22	1.99	2.75	3.90	1.60	

3.46 北卡罗来纳工程公司 (NCEC) 的管理者戴夫·弗莱彻 (Dave Fletcher) 认为公司同公路建筑公司签订的工程服务合同与当地公路建筑公司承接的公路建造数量有直接关系。他想知道是否真存在这样的关系，如果有，预测每个季度建筑公司的工程服务需求的数量有助于他制定运作计划吗？下表是过去 8 个季度北卡罗来纳工程公司的服务收入和与公路建筑公司签订的总公路合同的数量。

季度	1	2	3	4	5	6	7	8
北卡罗来纳工程公司的收入（千美元）	8	10	15	9	12	13	12	16
与公路建筑公司签订的公路合同（千美元）	153	172	197	178	185	199	205	226

a. 根据以上数据，找出预测北卡罗来纳工程公司的服务需求水平的回归方程。

b. 计算相关系数和标准差。 **PX**

3.47 华盛顿市的 Ted Glickman 电子产品店过去 10 周笔记本电脑的销售量如下表所示：

周	需求	周	需求
1	20	6	29
2	21	7	36
3	28	8	22
4	37	9	25
5	25	10	28

a. 使用 $\alpha=0.5$ 的指数平滑法预测每周的需求（包括第 10 周）。第 1 周的初始预测值为 20。

b. 计算平均绝对误差。

c. 计算跟踪信号值。 **PX**

3.48 以下是 5—12 月份 D. Bishop 公司在得梅因生产的某产品的实际需求和预测需求。

月份	实际需求	预测需求
5	100	100
6	80	104
7	110	99
8	115	101
9	105	104
10	110	104
11	125	105
12	120	109

计算 12 月底的跟踪信号值。

案例分析 ■

■■■■■ 西南大学（A）* ■■■■■

西南大学（SWU）是坐落于得克萨斯州斯蒂芬维尔的大型州立大学，拥有近 2 万名学生。学生是小城里的主要人口，在秋季和春季开学后学生比当地的居民还要多。

西南大学长期拥有橄榄球运动的优势，是 11 大联盟的会员之一，通常在大学橄榄球队排名中居前 20 名。为了实现获得第一这个遥远而长期的目标，从 2009 年开始聘用菲尔·弗拉姆（Phil Flamm）担任主教练。自此以后，5 场星期六主场比赛的观众人数越来越多。在弗拉姆执教之前，每场比赛的观众人数通常为 2.5 万～2.9 万。随着新教练

到来的消息的公布，季票销售量猛增 1 万张。斯蒂芬维尔和西南大学将迎来重要的时期！

西南大学首先必须面对的难题不是联赛排名，而是体育场的容量问题。建于 1953 年的西南大学露天体育场能容纳 5.4 万名观众。下页表是过去 6 年每场比赛的观众数量的数据。

弗拉姆加入西南大学的一个要求就是扩建露天体育场，可能的话新建一个体育场。随着观众人数的增多，西南大学管理者必须面对这个问题。弗拉姆希望无论怎样扩建都必须在体育场内修建单独的队员宿舍。

---

* 西南大学的案例将贯穿本书。其他有关西南大学体育场扩建的问题还包括：（B）设施质量（第 5 章）；（C）新体育场的选址。

西南大学 2010—2015 年橄榄球比赛的观众人数

	2010			2011		2012	
比赛	观众人数	对手	观众人数	对手	观众人数	对手	
1	34 200	赖斯大学	36 100	迈阿密大学	35 900	南加利福尼亚大学	
2[a]	39 800	得克萨斯大学	40 200	内布拉加大学	46 500	得克萨斯理工大学	
3	38 200	杜克大学	39 100	俄亥俄大学	43 100	阿拉斯加大学	
4[b]	26 900	阿肯色大学	25 300	内华达大学	27 900	亚利桑那大学	
5	35 100	得克萨斯州基督大学	36 200	博伊西州立大学	39 200	贝勒大学	

	2013			2014		2015	
比赛	观众人数	对手	观众人数	对手	观众人数	对手	
1	41 900	阿肯色大学	42 500	印第安纳大学	46 900	路易斯安那大学	
2[a]	46 100	密苏里大学	48 200	北得克萨斯大学	50 100	得克萨斯大学	
3	43 900	佛罗里达大学	44 200	得克萨斯州立大学	45 900	南佛罗里达大学	
4[b]	30 100	中部佛罗里达大学	33 900	南部大学	36 300	蒙大拿大学	
5	40 500	路易斯安那大学	47 800	俄克拉何马大学	49 900	亚利桑那大学	

注：a. 主场比赛。

b. 每个赛季的第 4 周，斯蒂芬维尔都会举行大型的西南部艺术节。这个大型活动吸引了成千上万的游客来到小镇，尤其是在周末，这对比赛观众人数显然有很大的负面影响。

西南大学的校长乔尔·威斯纳（Joel Wisner）教授决定让主管发展的副校长预测现有体育场的容量何时达到饱和。扩建，他已经有这个想法，也迟早需要进行。但是威斯纳需要知道现有体育场还能使用多久。他还希望得到收益预测。假定 2016 年的门票价格是 50 美元，并且未来票价还将以每年 5％ 的速度增长。

【讨论题】

1. 建立预测模型，说明选择该模型的理由，并且预测 2017 年的观众人数。

2. 预测 2016 年和 2017 年的收入。

3. 讨论学校的可选方案。

注 释

[1] 当样本量较大（$n > 30$）时，可以使用正态分布表计算 y 的预测区间值。当观测次数较少时，t 分布是适用的。参见 D. Groebner et al., *Business Statistics*, 9th ed. (Upper Saddle River, NJ：Prentice Hall, 2014)。

[2] 要证明这三个百分比，只需建立一条 ± 1.6 个标准差（z 值）的正态曲线。使用附录 I 中的正态分布表，你会发现曲线下的面积为 0.89，这代表 ± 2 MAD。同样，± 3 MAD $= \pm 2.4$ 个标准差，涵盖了曲线下面积的 98％。以此类推 ± 4 MAD。

[3] Bernard T. Smith. *Focus Forecasting：Computer Techniques for Inventory Control* (Boston：CBI Publishing, 1978)。

快速复习 ——▪

主要标题	复习内容
什么是预测	▪ 预测：预测未来事件的一门艺术和科学。 ▪ 经济预测：涉及有助于组织进行中期和长期预测的计划指标。 ▪ 技术预测：关于技术发展速度的一种长期预测。 ▪ 需求预测：对计划时间范围内每个时间周期的公司销售量的预测。
预测的战略重要性	在实际需求未知时，预测是对需求的唯一估计。 需求预测影响多方面的决策，包括：供应链管理、人力资源、生产能力。
预测的七个步骤	预测有七个步骤：1. 确定预测的用途；2. 确定预测对象；3. 决定预测的时间范围；4. 选择预测模型；5. 收集预测所需的信息；6. 作出预测；7. 验证和执行预测结果。
预测方法	▪ 定量预测：利用数学模型来预测需求的方法。 ▪ 定性预测：综合运用决策者的直觉、情感、个人经验、价值体系等因素所进行的预测。 ▪ 部门主管集体讨论法：收集一组高层主管的意见，形成一组需求估计的预测技术。 ▪ 德尔菲法：利用专家进行群体预测的方法。 ▪ 销售人员意见综合法：基于每个销售人员对销售量的估计值而作出预测的方法。 ▪ 消费者市场调查法：在了解顾客和潜在顾客的未来购买计划后进行预测的方法。 ▪ 时间序列：应用一系列历史数据进行预测的预测方法。

时间序列预测

▪ 简单预测法：假定下一个周期的需求等于相邻最近一个周期的需求的预测方法。
▪ 移动平均法：利用 n 个最近周期的数据的平均值来预测下个周期数值的方法。

$$移动平均值 = \frac{\sum 前 n 个周期的需求}{n} \qquad (3-1)$$

$$加权移动平均值 = \frac{\sum (周期 n 的权重 \times 周期 n 的需求)}{\sum 权重} \qquad (3-2)$$

▪ 指数平滑法：一种特殊的加权移动平均法，其中数值权重的选择遵循一个指数函数。
▪ 平滑系数：在指数平滑法中用来加权的因子，其值在 0～1 之间。
指数平滑计算公式：

$$F_t = F_{t-1} + \alpha(A_{t-1} - F_{t-1}) \qquad (3-4)$$

▪ 平均绝对误差：测量模型总预测误差的指标。

$$平均绝对误差 = \frac{\sum |实际值 - 预测值|}{n} \qquad (3-5)$$

▪ 均方误差：预测值和实际值之差的平方的平均值。

$$均方误差 = \frac{\sum 预测误差^2}{n} \qquad (3-6)$$

▪ 平均绝对百分误差：预测值和实际值之差的绝对值与实际值之比的平均数。

$$平均绝对百分误差 = \frac{\sum_{i=1}^{n} \left(100 \times \dfrac{|实际值_i - 预测值_i|}{实际值_i}\right)}{n} \qquad (3-7)$$

二次指数平滑模型：

$$\begin{matrix}二次指数 \\ 平滑值(FIT_t)\end{matrix} = \begin{matrix}指数平滑 \\ 预测值(F_t)\end{matrix} + \begin{matrix}指数平滑 \\ 趋势值(T_t)\end{matrix} \qquad (3-8)$$

▪ 趋势外推法：一种时间序列预测方法，就是当历史数据呈现出某种发展趋势时，勾画出趋势线并延长该趋势线以进行未来预测的一种预测方法。

$$\hat{y} = a + bx \qquad (3-11)$$

$$b = \frac{\sum xy - n\bar{x}\,\bar{y}}{\sum x^2 - n\bar{x}^2} \qquad (3-12)$$

$$a = \bar{y} - b\bar{x} \qquad (3-13)$$

▪ 季节性波动：时间序列中，由重复出现的事件引起的数据周期性的上升和下降。
▪ 循环波动：数据每隔几年就出现循环。

续表

主要标题	复习内容
相关预测方法：回归和相关分析	■ 线性回归分析：使用线性数学模型来描述自变量和因变量关系的方法。 ■ 估计的标准误差：对变量围绕回归线波动的度量，即它的标准误差。 ■ 相关系数：衡量两个变量之间关系强度的指标。 ■ 判定系数：衡量因变量可以用回归方程解释的程度的指标。 ■ 多元回归：有多个自变量的相关预测模型。 多元回归模型： $$\hat{y} = a + b_1 x_1 + b_2 x_2 \tag{3-17}$$
预测的监控	■ 跟踪信号：用来衡量预测准确程度的指标。 $$跟踪信号值 = \frac{累积误差}{平均绝对误差}$$ $$= \frac{\sum(周期\,i\,的实际需求 - 周期\,i\,的预测需求)}{平均绝对误差} \tag{3-18}$$ ■ 偏移误差：在一个时间序列中预测值持续高于或低于实际值。 ■ 自适应平滑：当应用指数平滑法进行预测时，自动调整平滑系数以使预测误差最小的一种方法。 ■ 聚焦预测：先试验各种计算机预测模型，然后选取最优的预测模型来进行预测的方法。
服务行业中的预测	服务行业的预测可能需要良好的短期需求记录，有时甚至是 15 分钟间隔的记录数据。还需要及时跟踪假期或特殊天气条件下的需求。

自测题

在自我测试前，请参考本章开头的学习目标和本章的关键术语。

1. 预测的时间范围包括（　　）。

a. 长期

b. 中期

c. 短期

d. 以上都是

2. 定性预测方法包括（　　）。

a. 销售人员意见综合法

b. 部门主管集体讨论法

c. 消费者市场调查法

d. 指数平滑法

e. 除了 d 外，都是

3. 移动平均法和指数平滑法的区别在于_____。

4. 三种衡量预测精确度的方法是（　　）。

a. 总误差，平均误差，算术平均误差

b. 平均误差，中位误差，最大误差

c. 中位误差，最小误差，最大绝对误差

d. 平均绝对误差，均方误差，平均绝对百分误差

5. 意大利罗马苹果专卖店 iPod 的平均需求为每月 800 台，5 月的季节指数为 1.25，经过季节调整后的 5 月销售预测为（　　）台。

a. 640

b. 798.75

c. 800

d. 1 000

e. 利用所给信息无法进行计算

6. 简单回归和多元回归的主要不同在于_____。

7. 跟踪信号值是（　　）。

a. 预测的标准误差

b. 累积误差

c. 平均绝对误差（MAD）

d. 累积误差和平均绝对误差的比

e. 平均绝对百分误差

自测题答案：1. d；2. e；3. 指数平滑是一种加权的移动平均模型，其中所有的以前数值都被赋予一系列呈指数下降的权重；4. d；5. d；6. 简单回归只有一个自变量；7. d。

第Ⅱ篇
运作设计
Designing Operations

第4章
产品和服务的设计

 学习目标

1. 定义产品生命周期。
2. 描述产品开发系统。
3. 构建质量屋。
4. 描述运作管理如何实现基于时间的竞争。
5. 描述运作管理是如何界定产品和服务的。
6. 描述生产文档。
7. 描述顾客是如何参与设计和服务运输的。
8. 将决策树方法应用于产品问题。

跨国公司介绍：帝王船舶公司

产品策略为帝王船舶公司带来竞争优势

帝王船舶公司（Regal Marine）建于40年前，当时它的创建者保罗·库克（Paul Kuck）还是一位种植马铃薯的农场主。在世界水上游艇市场中，帝王船舶公司是最强有力的竞争对手之一。作为世界第三大游艇制造商，帝王船舶公司在全球开展业务，产品出口到包括俄罗斯和中国在内的30个国家，公司近1/3的销售来自海外市场。

在竞争激烈的游艇行业，产品设计是起决定性作用的。库克说："我们公司同顾客保持密切联系，并对市场变化快速作出响应。仅今年，我们就推出6款新型游艇，可以说，我们一直处在积极行动的前列。"

随着消费者偏好、产品材料的改变以及船舶工程技术的改进，产品设计部门正不断承受着压力。同时，将成本优势与为顾客提供高价值产品相结合也是应该考虑的问题。

因此，帝王船舶公司需要不断使用计算机辅助设计（CAD）。公司借助汽车技术中使用的三维 CAD 系统来完成新游艇的设计。公司造船工程师的目标是，不断缩短产品从概念、模型到生产所花费的时间。复杂的 CAD 系统不仅压缩了产品的开发时间和成本，而且减少了设备安装、产品生产问题，最终可以帮助公司生产出优质产品。

帝王船舶公司的所有产品，从那些价值 14 000 美元、19 英尺长的小艇到价值 500 000 美元、52 英尺长的运动游艇，都遵循相似的生产流程。船体和甲板分别手工生产，在预制的模具上喷涂 3～5 层玻璃钢材料。当船体和甲板硬化后，就用作小艇的上下部结构。然后，工人再将它们移送到装配线上进行拼装，并在各个工位上组装其他零部件。

车间里定制的木制零部件，由计算机控制的槽刨机事先切割好，按时序即时运送到每个工位进行安装。工人在另一个工位安装发动机——发动机是少数几个需要外购的零部件。然后，工人对电线网络和组装好的船内设施进行安装，室内装饰部门会交付定制的座椅、床、仪表板或者其他减震部件。最后，工人将各种镀铬的固定装置安装到位，再将小艇送到帝王船舶公司的船模试验水箱内进行水密性、吃水和系统检测。

4.1　产品和服务选择

像帝王船舶这样的跨国公司都明白，组织赖以生存的基础是向社会提供的产品或服务。优良的产品是公司成功的关键所在。不好的产品策略可能为公司带来灭顶之灾。为了使成功的可能性更大，许多跨国公司只集中开发为数不多的几种产品，然后致力于这些产品的生产。例如，本田公司关注其核心竞争力——发动机的制造。事实上，本田销售的所有产品，如汽车、摩托车、发电机、割草机，都是以其出色的发动机技术为基础的。与此类似，英特尔公司将注意力集中在计算机芯片的生产上，而微软公司则将重点放在个人计算机软件的开发方面。

但是，由于大多数产品的生命周期是有限的和可预测的，所以公司必须不断提供新产品，进行设计、开发，并将其投入市场。运作经理总是强调消费者、产品、生产流程和供应商之间的密切联系，只有这样才能确保公司的新产品有较高的成功率。3M 公司的目标是过去 4 年推出的产品占其利润的 30%。苹果公司从过去 4 年推出的产品中获得了几乎 60% 的收益。当然，每个行业的标准是不同的。帝王船舶公司每年推出 6 款新型游艇，而乐柏美公司（Rubbermaid）每天都会推出新产品！

新产品的重要性不可忽视。正如图 4-1 所示，领先公司的销售额中有相当一部分来自推出不到 5 年的产品。对新产品的需求就是吉列（Gillette）在其非常成功的感应式剃须刀持续高销量的情况下开发多刀片剃须刀，以及即使迪士尼已经是世界领先的家庭娱乐公司仍继续通过新游乐设施和新公园进行创新的原因。

尽管不断努力推出新产品，但许多新产品并未获得成功。每个获得财务成功的产品都需要进行数百次产品选择、定义和设计。杜邦公司估计需要 250 个创意

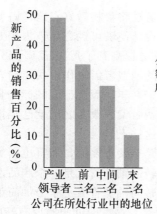

公司中推出不到 5 年的新产品在销售额中所占的百分比越高，公司越可能成为行业的领导者。

图 4-1 创新与新产品

才能生产出一种适销对路的产品。运作经理及其组织建立了接受这种风险并容忍失败的文化。他们学习如何接受大量的新产品创意并保持他们已经承诺的生产活动。

虽然产品常常用来指有形产品，但它也可用来指服务性组织提供的某些服务。例如，当好事达保险公司（Allstate Insurance）为顾客提供一种新的业主保险时，这种服务就被看作一种新产品。与此类似，当花旗集团成立一个按揭部门时，它就可以为顾客提供许多新的按揭产品。

一种有效的产品策略将产品决策与投资、市场份额和产品生命周期联系起来，并且可以确定产品线的宽度。**产品决策**（product decision）的目标是开发并实施一种既能满足市场需求又能在市场中保持竞争优势的产品策略。作为运作管理的十个决策领域之一，产品策略可以使公司将重点集中于产品的差异化、成本领先、快速响应等某一方面或者这些方面的某种组合，从而建立公司的竞争优势。

4.1.1 产品策略选择支持竞争优势

产品的选择、定义和设计过程存在许多不同的选择。产品选择是指选择要为消费者或顾客提供的产品或服务。例如，医院专门治疗各种类型的病人和提供各种不同的治疗方法。一家医院的管理层可以在经营一家普通医院或者妇产医院，或者如加拿大的专门治疗疝气的肖尔代斯（Shouldice）医院之间进行选择。当医院决定成为哪种类型的医院时，它就选择了自己的产品。如同塔可钟或丰田公司有许多其他产品选择一样，医院也有许多不同的产品选择。

类似肖尔代斯医院这样的组织都是通过其提供的产品来形成组织的差异化特色。肖尔代斯医院通过提供一种独特的、高质量的产品来形成差异化优势。该医院闻名于世的疝气治疗非常有效，病人在 8 天后就可以治愈出院，并且很少出现并发症，而其他医院通常需要 2 周的治疗时间。医院的整个生产系统都是为这样一种产品设计的。医院使用局部麻醉；患者独自进出手术室；病房很简朴，患者可在公共餐厅用餐，医生鼓励患者起床用餐，并同其他患者交流。如同肖尔代斯医院所表明的，产品选择会影响整个生产系统。

塔可钟通过产品设计开发并执行了一种成本领先策略。该公司通过设计其产品

（菜单），能够在厨房里花费最少的劳动将食物做好。这样塔可钟就开发了一种低成本、高价值的产品线。成功的产品设计使塔可钟产品销售额中的食品占比得到了大幅度提高，从销售额中每美元27美分提高到了每美元45美分。

丰田公司的策略是对不断变化的消费者需求作出快速响应。通过快速的汽车设计，丰田公司已使产品开发时间短于2年，而此行业的标准开发时间仍然在2年以上。更短的设计时间使得丰田在消费者偏好改变之前就已经将新汽车推向市场，公司可以利用最新的技术和创新做到这一点。

产品决策不仅对组织策略来讲是至关重要的，而且也会对组织的整个运作产生重大影响。例如，通用汽车公司的转向轴护管就是一个产品设计在质量和效率两方面发挥重要作用的极好例子。新的转向轴护管有一个更加简单的设计，组成部件比原有产品减少30%。新设计的结果是：装配时间只有原有转向轴护管的1/3，但新的转向轴护管质量比原有产品高7倍。另外的好处是，新生产线上机器的生产成本比原有的生产线节约1/3。

4.1.2　产品生命周期

当产品面世后，它们会经历一个从生存到衰亡的过程，也会被不断变化的社会所淘汰。我们将产品的生命周期划分为四个阶段，这四个阶段分别是导入期、成长期、成熟期和衰退期。

产品的生命周期可能是几天（如报纸）、几个月（如季节性的时装）、几年（如疯狂橄榄球电子游戏），或者几十年（如波音737飞机）。不管周期长度如何，对运作经理来讲，任务都是相同的，即设计一个有助于新产品成功引入市场的机制。在这个阶段，如果运作职能不能有效地发挥作用，公司就可能遭遇失败，不能有效地生产或完全不能生产产品。

图4-2显示了产品生命周期的四个阶段以及在一个产品生命周期内产品销售收入、现金流和利润之间的关系。需要说明的是，通常一家公司在产品开发时期都会存在负的现金流。当产品获得成功时，这些损失可以得到弥补。最终，这种成功的产品可以在衰退期来临之前产生利润。不过，利润稍纵即逝。由此看来，市场对新产品的需求总是持续不断的。

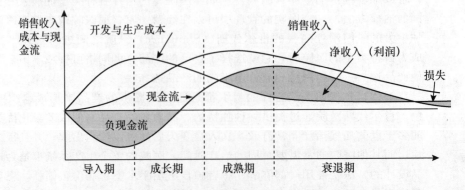

图4-2　产品生命周期、销售收入、成本与利润及损失

4.1.3 产品生命周期与策略

运作经理不但要开发新产品，还必须提出针对新产品和现有产品的开发策略。对产品的定期检查是必要的，因为当产品处于生命周期的不同阶段时，产品策略会随之改变。成功的产品策略要求公司根据每种产品在生命周期的不同阶段来确定最优的策略。因此，公司需要识别产品或产品组合以及它们处于生命周期的哪个阶段。当产品沿整个生命周期移动时，让我们来评论一下不同的策略选择。

导入期 因为在导入期的产品仍然需要根据市场进行"调整"，所以与它们的生产技术一样，它们可能需要一些特殊费用进行如下活动：（1）研究；（2）产品开发；（3）流程调整和改善；（4）发展供应商。例如，当苹果手机第一次进入市场时，公众想要的产品特征仍有待确定和开发。同时，运作经理仍然需要探寻最好的生产技术。

成长期 在成长期，产品设计开始定型，所以企业有必要对生产能力要求进行预估。为适应产品需求的增长而增加生产能力或提高现有的生产能力或许是必不可少的。

成熟期 当产品处于成熟期时，市场上会出现竞争对手。因此，提高产量以及对生产进行创新是比较合适的。为获取更多盈利和维护市场份额，改进成本控制、减少变化以及削减产品线可能是有效或必要的。

衰退期 因为产品的生命周期已经处于结束期，所以经理不能对这些产品"心慈手软"。即将退出市场的产品通常是那些需要投入大量人力物力的产品。除非即将退出市场的产品对公司的声誉或其产品线具有某种独特的贡献或者能赚取高额利润，否则就应该停止生产。[1]

4.1.4 产品价值分析

有能力的运作经理会选择那些最具前景的产品。帕累托原则适用于产品组合的情况：资源应该投在关键的少数产品上而不是那些无价值的多数产品上。**产品价值分析**（product-by-value analysis）按照每种产品对公司价值贡献的大小进行排序，它也列出了每种产品全年的价值贡献。如果单位贡献率较低的产品在公司的销售中占很大一部分比例，那么这种产品就应另当别论。

产品价值分析报告可以使经理对每种产品策略进行评价。这些产品策略包括增加现金流（例如，通过提高售价或降低成本来增加贡献）、提高市场渗透（改进质量和/或降低成本或价格），或者降低成本（改进生产工艺）。产品价值分析报告也会告诉管理层，应该中止哪种产品的生产供给，或者在研发或资本设备方面不予投资。产品价值分析报告将注意力集中在每种产品的战略性方向上。

4.2 生产新产品

因为产品总有一天会消亡，因为产品会被淘汰和替换，因为公司获得的大部分收入和利润都来源于新产品，所以对产品的选择、定义和设计要持续不断地进行下去。考虑一下最近的产品变化：从数字激光视盘（DVD）到视频流，从咖啡店到星巴克咖啡，从流动马戏团表演到太阳马戏团，从固定电话到移动电话，从移动电话到智能手机，以及从数字信息互联网到将你和你的智能手机与你的家、汽车和医生连接起来的物联网。新产品列表不断地在变化。公司需要非常清楚地知道如何成功发现并开发一种新产品。

新产品的开发需要企业建立一个与顾客顺畅交流的组织结构，创新的产品研发文化，前沿的研发意识，强有力的领导，正式的激励，恰当的培训。在上述前提下，公司可以获利并积极关注下列特有机会：

1. 了解用户是新产品开发的首要问题。许多重要的商业化产品的创意甚至原型都是源于用户而不是生产者。这种产品往往都是由一些领先型用户开发的，他们是那些大大超前于市场趋势且其需求也远超过普通用户需求的公司、组织或个人。运作经理必须倾听来自市场的声音，特别是这些领先型用户的声音。

2. 从长远来看，经济的发展会使人们的生活水平不断提高，但是，短期内会出现经济周期和价格变化。例如，从长期来看，会有越来越多的人买得起汽车，但是从短期看，经济衰退可能会削减人们对汽车的需求。

3. 社会和人口数量的变化可能以缩小的家庭规模的形式表现出来。这种趋势会改变人们在房屋、公寓和汽车大小方面的需求。

4. 技术的发展使从智能手机到 iPad 再到人造心脏的一切事情成为可能。

5. 政治法律的变化对贸易协定、关税和政府提出了新要求。

6. 其他方面的变化则可能通过市场实践、专业标准、供应商和分销商等表现出来。

运作经理必须了解这些变化，并且预期产品机会、产品本身、产品数量和产品组合方面的变化。

4.3 产品开发

4.3.1 产品开发系统

一种有效的产品策略能够将产品决策与别的商业功能联系起来，比如研发、工程、营销和金融。公司必须投入大量现金用于新产品的开发、对市场的理解，并且拥有必要的人才。产品开发系统不仅可以决定产品的成功与否，还会决定公司的未来发展。图4-3说明了产品开发所经过的几个阶段。在这个系统内，产品的选择要经历一系列的步骤，每一步都有自己的筛选和评定标准，并且为先前的步骤提供反馈。

最优的产品开发不仅依赖于公司其他部门的支持，而且依赖于对从产品设计到维修的所有十个运作管理决策的成功整合。一种似乎会拥有市场份额、节约成本、盈利但实际上非常难以生产的产品，结果反而更可能是遭遇失败而不是成功。

4.3.2 质量功能展开

质量功能展开（quality function deployment，QFD）指这样一个过程：（1）确定什么样的产品会使用户满意；（2）将用户的这些需求转化为产品的目标设计。这

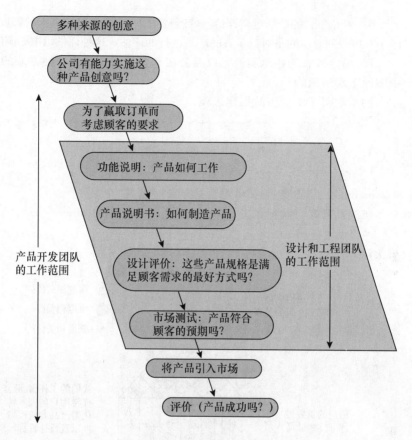

图 4 - 3 产品开发阶段

说明：产品概念是从公司外部和内部的多个来源发展起来的。经过产品创意阶段筛选的产品概念将经历产品的其他阶段。为了使失败的可能性降至最小，要在高度参与的环境下对产品进行审查、反馈与评估。

种思想需要首先充分了解用户的需求，并确定可供选择的工艺方案。然后将这些信息融合到逐步形成的产品设计中去。在设计流程的初期可以使用质量功能展开来对产品进行设计，以帮助公司确定什么样的产品会使用户满意以及在哪里部署这种改善质量的运作活动。

质量屋是质量功能展开使用的工具之一。**质量屋**（house of quality）是用来界定用户需求和产品（或服务）之间关系的一种图表方法。只有通过严格的方式对这种关系进行界定，运作经理才能构建出符合用户需求特征的产品和流程。对这种关系的界定是建立一个世界级的生产系统的第一步。质量屋的构建有七个基本步骤：

1. 确定用户的需求。（潜在用户对这种产品的期望是什么？）

2. 确定产品或服务满足用户需求的方式。（确定产品独有的特性、特征或属性，并且说明这些特点是怎样满足用户需求的。）

3. 将用户需求与这些方式联系起来。（如同例 1 那样，建立矩阵来说明这种关系。）

4. 明确这些方式之间存在的关系。（公司怎样将这些方式联系起来？例如，在例 1 中，低耗电要求与自动对焦、自动曝光和像素数有密切关系，因为它们都需要电流。这种关系显示在例 1 的"屋顶"上。）

5. 使用重要性评分。（如同例 1 那样，使用用户的重要性评分和权重考虑矩阵中所示的关系，计算我们的重要性评分。）

6. 对竞争者的产品进行评价。（竞争者的产品满足用户需求的程度如何？例 1 中，图中右边两列表示的是对竞争者的产品进行的评估，这种评估以市场调研为基础。）

7. 确定理想的技术属性，以及公司和竞争者在这些属性方面的表现。（如例 1 中图的下端所示。）

例 1 阐明了质量屋的构建过程。

例 1

构建质量屋

Great Cameras 公司需要找一种方法来提高新数码相机满足顾客需求的能力。

方法

使用质量屋。

解答

为 Great Cameras 公司构建的质量屋如下图所示。

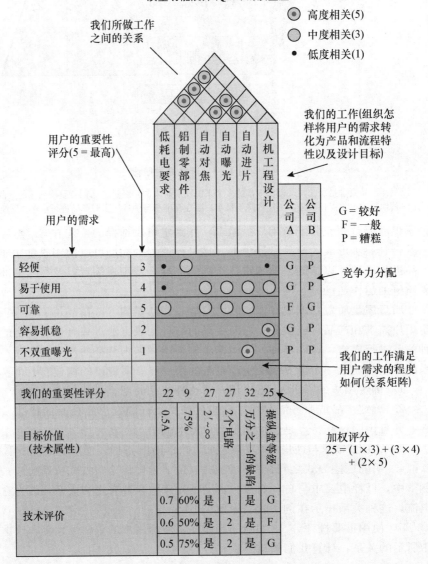

质量功能展开（QFD）的质量屋

高度相关(5)
中度相关(3)
低度相关(1)

用户的需求	用户的重要性评分(5 = 最高)	低耗电要求	铝制零部件	自动对焦	自动曝光	自动进片	人机工程设计	公司A	公司B
轻便	3	•	○				•	G	P
易于使用	4	•		○	○	○	○	G	P
可靠	5	○		○	○	○		F	G
容易抓稳	2						◉	G	P
不双重曝光	1				◉			P	P
我们的重要性评分		22	9	27	27	32	25		
目标价值（技术属性）		0.5A	75%	2'~∞	2个电路	万分之一的缺陷	操纵盘等级		
技术评价		0.7	60%	是	1	是	G		
		0.6	50%	是	2	是	F		
		0.5	75%	是	2	是	G		

G = 较好
F = 一般
P = 糟糕

我们的工作(组织怎样将用户的需求转化为产品和流程特性以及设计目标)

我们所做工作之间的关系

竞争力分配

我们的工作满足用户需求的程度如何(关系矩阵)

加权评分
$25 = (1 \times 3) + (3 \times 4) + (2 \times 5)$

启示

质量功能展开提供了一个用于构造设计特性和技术问题关系的分析工具，并提供设计性能重要性等级以及与竞争对手的比较。

练习

如果对另一个国家的市场研究表明，"轻便"有着最重要的用户重要性评分（5 分），"可靠"为 3 分，那么"低耗电要求"、"铝制零部件"以及"人机工程设计"的新的重要性评分是多少？［答案：分别为 18、15、27。］

相关课后练习题

4.3～4.6，4.8

质量功能展开的另一种用途是阐明公司应该怎样部署改进质量的努力。如图 4-4 所示，质量屋 1 中的设计特性成为质量屋 2 中的输入部分，而质量屋 2 的要求是由公司提供的专用元件来满足的。与此类似，这种概念也适用于质量屋 3。在质量屋 3 中，专用元件又是通过特殊的生产流程来实现的。这些生产流程确定以后，又会成为质量屋 4 中的要求，而这些要求又通过质量计划得以满足，质量计划可以保证生产流程的一致性。质量计划包括特殊公差、程序、方法及抽样技术，能够确保按流程生产的产品与用户的需求相一致。

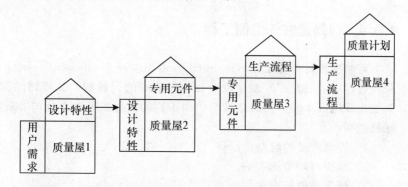

图 4-4　质量屋序列表明怎样有效地使用资源以满足用户的需求

有关质量功能的工作都致力于满足用户需求。质量屋序列是确定、交换、分配整个系统资源的一种非常有效的方法。我们可以使用这种方法来满足用户需求，并且赢得产品订单。

4.3.3　组织产品开发

组织产品开发有四种方法。第一种方法是传统的美国产品开发方法，它通过不同的部门来组织开发。这些部门是：进行必要研究的研发部门；设计产品的工程部门；设计具有可制造性产品的生产工程部门；生产产品的生产部门。这种方法的显著优势是各个部门的职责固定。显著缺陷是缺乏前向思维：在这个过程中，下游部门怎样处理提供给它们的概念、想法和设计，最后用户对这种产品的看法又是什么呢？

第二种流行的方法是选派一位产品经理去领导产品开发系统和相关的组织工作。第三种，或许是在美国使用的最好的产品开发方法——使用团队。我们所知道的这样的团队有很多种，如产品开发团队、可制造性设计团队和价值工程团队。

日本人使用的是第四种方法。他们没有将组织细分为研发、工程、生产等部门，从而回避了团队问题。上述活动事实上都在一个组织之内进行，从这个角度讲，日本式的群体努力和团队协作与团队活动是一致的。相比大多数西方国家而言，日本的文化和管理模式更加注重协作，而且组织的结构化程度更低。因此，日本人认为使用"团队"来提供必要的交流和协调是多余的。然而，典型的西方模式和传统智慧仍然认为团队是一种较好的运作模式。

产品开发团队（product development teams）的任务是将产品的市场需求转化为成功的产品（见图 4-3）。这种团队常常包含来自营销、生产、采购、质量保证和现场服务等各领域的代表。许多团队也包含来自卖方的代表。研究表明，不管努力从事产品开发的团队的正规性如何，成功更有可能发生在一个开放的、高度参与的工作环境中，这种环境会容许那些有潜在贡献的人员做出贡献。产品开发团队的目标是使团队开发的产品或服务获得成功。这种成功包括了产品或服务的可销售性、可制造性和可服务性。

并行工程（concurrent engineering）意味着通过同时参与产品开发的各个阶段来加快产品开发（如图 4-3 所示）。通常这个概念会扩展到包括产品生命周期的所有要素，从客户要求到处置和回收。并行工程受可以代表所有相关领域的团队推动（被看作跨职能部门的团队）。

4.3.4 可制造性与价值工程

可制造性与价值工程（manufacturability and value engineering）活动涉及产品开发过程中的研究、开发、设计和生产阶段的设计和产品规格的改进。除了快速、明显地降低成本外，可制造性与价值工程的设计还可以为公司带来其他好处。这些好处包括：

1. 降低产品的复杂性。
2. 减少对环境的影响。
3. 使零部件标准化。
4. 改进产品的功能。
5. 改进工作设计，提高工作安全性。
6. 提高产品的可维修性（可服务性）。
7. 稳健设计。

对运作管理来讲，可制造性与价值工程活动可能是最好的降低成本的方法。这些活动可以通过达到功能标准来提高产品的价值，而这些标准对满足用户需求来说是必要的、最佳的。价值工程项目使得公司可以在保证质量不下降的情况下使成本降低 15%～70%，每投入 1 美元就会实现 10～25 美元的成本节约。图 4-5 显示，使用价值工程后公司可以将一种特殊撑架的成本大幅度地降低。

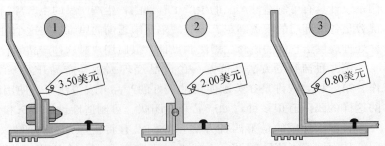

图 4-5　使用价值工程降低撑架的生产成本

4.4　产品设计专题

公司除了要开发一套有效的系统和组织结构进行产品开发，还要使用几种重要的技术进行产品设计。现在介绍其中的六种产品设计技术：（1）稳健设计；（2）模块设计；（3）计算机辅助设计与计算机辅助制造；（4）虚拟现实技术；（5）价值分析；（6）可持续性和生命周期评估。

4.4.1　稳健设计

稳健设计（robust design）是指即使生产或装配中有微小的变化，也不会给产品带来任何不利影响的一种产品设计。例如，朗讯公司（Lucent）开发出一种用于放大语音信号的集成电路，这种集成电路可以用在很多产品中。像最初设计的那样，为避免信号强度的变化，这种电路在生产时必须非常精确。因为在生产流程中需要严格的质量控制，所以生产这样一条电路的成本会很高。但是，在对设计进行测试并分析后，朗讯的工程师意识到，如果电路的阻抗降低——对于微小的变化，与之相关的成本并不发生变化——电路对生产变化的敏感性将大大降低。结果是该公司在质量方面改进了 40%。

4.4.2　模块设计

使用容易分割的组件设计产品即是**模块设计**（modular design）。模块设计为生产和营销提供了灵活性。生产部门通常发现模块化很有帮助，因为它使产品开发、生产和其后的更改变得更加容易。营销部门也喜欢产品的模块化，因为它增加了满足用户方式的灵活性。例如，所有优质高保真的立体声音响系统都是以这种方式进行生产和销售的。模块化提供的产品定制方式使得用户可以根据自己的偏好进行组合和装配。这也是哈雷-戴维森公司采用的生产方式。在该公司，差别很细微的发动机、底盘、油箱和减振系统被组装成型号多样的摩托车。据估计，许多汽车制造商通过组装模块来生产出不重样的汽车。同样的模块化概念也适用于从飞机制造到快餐店等许多行业。空中客车公司使用同样的机翼模件能够制造几种不同型号的飞机，就像麦当劳和汉堡王使用少量模块（乳酪、生菜、小圆面包、酱料、肉饼、炸薯条等）可以制作多种食物一样。

4.4.3　计算机辅助设计 （CAD） 与计算机辅助制造 （CAM）

计算机辅助设计（computer-aided design，CAD）是指使用计算机交互式地设计产品和准备工程文档。CAD 软件可以通过使用三维动画来缩短几乎所有产品的开发周期从而节约时间和金钱。CAD 软件能够使设计人员快速、容易地对复杂的设计进行操作、分析和修改，还可以使在最后决策之前对大量选择方案作出评价成为可能。CAD 软件可以带来更快的开发、更好的产品、准确无误的信息传输，所有这些都会为公司做出巨大贡献。这种贡献是特别重要的，因为大多数产品的成本都是在设计阶段确定的。

CAD 的一种扩展是**制造与装配设计**（design for manufacture and assembly，DFMA）软件，该软件关注生产装配中的设计效果。例如，DFMA 允许福特公司在虚拟工厂中建造新车辆，检查变速器在生产线上是怎样安装到汽车内的，即使此时变速器和汽车仍然处于设计阶段。

CAD 系统已经通过电子商务转移到了互联网上。在互联网上，这些软件可以将计算机化的设计和采购、外包、生产以及长期维修联系起来。这种转移也加快了设计工作，因为全世界的员工都可以按照他们独特的工作时间表工作。产品的快速开发为大量定制的变化趋势提供了支持，进入终端时，用户可以进入供应商的设计信息库并进行调整。结果是以更快的速度和更低的价格生产出定制产品。随着产品生命周期的缩短，设计变得更加复杂，全球协作也在不断发展，欧盟（EU）已经制定了**产品数据交换标准**（standard for the exchange of product data，STEP）（ISO 10303）。STEP 认可以标准格式表示的三维产品信息，因此可以进行国际交换。

计算机辅助制造（computer-aided manufacturing，CAM）是指使用专业化的计算机程序对生产设备进行指挥和控制。当 CAD 信息被转译成 CAM 指令时，这两种技术的结果就是 CAD/CAM。这种组合对于制造效率来说是强有力的工具。生产的缺陷单元变少，转化为更少的返工和更低的库存。更精确的调度也有助于减少库存和更有效地使用人员。

CAD 的一个相关扩展是 **3D 打印**（3-D printing）。该技术对于原型开发和小批量生产特别有用。3D 打印通过避免更长时间和更正规的制造过程来加速开发，正如我们将在运作管理实践专栏中看到的"3D 打印机成为主流"。

运作管理实践

3D 打印机成为主流

3D 打印机正在彻底改变产品设计过程。根据三维 CAD 模型的说明，这些打印机通过铺设连续的塑料、金属、玻璃或陶瓷薄层来"构建"产品。实际上，对于许多公司来说，3D 打印机已经变得不可或缺。

医疗领域使用这类机器生产定制助听器。隐适美公司（Invisalign）生产定制牙齿矫正器。建筑师使用该技术生产建筑模型，而消费电子公司使用该技术制造它们最新设备的原型。微软使用 3D 打印机来帮助设计计算机鼠标和键盘，而奔驰、本田、波音和洛克希德·马丁（Lockheed Martin）则使用它们来制作原型并生产最终产品的零件。最终，"购买宝马的人会希望汽车的某个部件有他们的名字，或者根据他们的体型定制座椅"，3D 系统的首席执行官说道。目前，好时巧克力世界（Hershey's Chocolate World）的 3D 打印意味着客户可以订购他们的巧克力肖像或婚礼蛋糕巧克力装饰。

3D 打印机的成本继续下降。现在，任何人都可以购买 3D 打印机，将其连接到 Wi-Fi 网络，并下载将变成真实物品的文件。3D 打印的另一个好处和价值在于它具有释放一个具有创造力的世界的力量：以前只考虑发明或改进产品的人现在可以迅速将其变为现实。

资料来源：*Advertising Age*（January 28，2015）；*Business Week*（April 30，2012）；and *The Wall Street Journal*（July 16，2011）。

4.4.4　虚拟现实技术

虚拟现实（virtual reality）是用图像代替实物进行交流的一种视觉形式，但仍然允许用户进行互动响应。虚拟现实技术的操作基础是计算机辅助设计。一旦设计信息输入 CAD 系统，该信息就可以电子化数字形式为其他用户所使用。虚拟现实技术也被用来开发从零售商店到游乐园的任何事物的 3D 设备布置设计。例如，宝洁公司建立了一个步入式虚拟商店，以快速生成和测试创意。在设计阶段对机器设计、布置甚至是公园的娱乐设施等产品设计做改动所花费的成本比以后再更改产品要低得多。

4.4.5　价值分析

价值工程（前面讨论过）集中于生产前的设计和制造问题上，而与之相关的技术即价值分析则发生在生产过程中，并且当这种新产品比较成功时才使用价值分析技术。**价值分析**（value analysis）技术寻求的是能够生产更好产品或使产品生产更加经济的产品改良方法。价值分析的优势和使用的技术与价值工程是相同的，但是因为价值分析发生在产品的生产过程中，所以价值分析的实施需要一些微小的改变。

4.4.6　可持续性和生命周期评估（LCA）

产品设计要求管理者评估产品选择。解决可持续性和生命周期评估（LCA）是实现这一目标的两种方式。可持续性意味着满足当前的需求，同时不影响后代满足其需求的能力。LCA 是对产品对于环境影响的正式评估。可持续性和 LCA 在本章的补充材料中进行了深入讨论。

4.5　产品开发系列

当产品生命周期缩短时，市场对产品加速开发的需求也提高了。当新产品的技术复杂性提高时，产品的开发费用和风险也随之提高。例如，医药公司在每种新药得到法律许可前，都要耗费平均长达 12～15 年的开发时间和高达 10 亿美元的投资。事实上，即便如此，医药公司也只有 1/5 的药品会获得成功。掌握这种产品开发技术的运作经理总是能够战胜那些行动速度更慢的产品开发商。快速行动成为新的竞争优势。这个概念称为**基于时间的竞争**（time-based competition）。

经常可以看到，首家公司生产的产品会得到广泛应用，从而为公司带来多年的销售收入。这也许成了一种"标准"。因此，人们总是更多地关注怎样将产品推向市场而较少关注怎样使产品设计达到最优或提高产品的生产效率。尽管如此，新产品尽快上市仍可能是好的管理方法，因为在竞争对手开始生产相近或改良的产品前，产品价格有时可以定得足够高，以弥补某种程度上低效率的产品设计和生产方法所带来的成本。

基于时间的竞争如此重要，因此企业使用其他大量策略来代替自身开发新产品的策略（本章前面已经讨论论过，不再详述）。图 4 - 6 表示一个企业从内部开发策略（图中的左下）到外部开发策略的产品开发系列。产品改良和换代使用组织现有的产品能力进行革新，因此通常开发速度更快，同时也比完全开发新产品的风险更低。

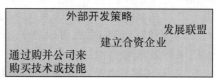

外部开发策略

发展联盟

建立合资企业

通过购并公司来
购买技术或技能

内部开发策略

现有产品的换代

现有产品的改良

企业内部开发的新产品

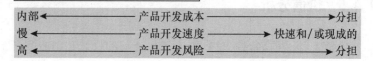

内部 ◄——— 产品开发成本 ———► 分担

慢 ◄——— 产品开发速度 ———► 快速和/或现成的

高 ◄——— 产品开发风险 ———► 分担

图 4 - 6　产品开发系列

产品改进可能是在颜色、尺寸、重量和特征方面的改变，譬如发生在快餐菜单（见运作管理实践专栏中"塔可钟的产品开发"）甚至商用飞机上的变化。波音公司自 1967 年引入 737 飞机后不断对其进行改良，使 737 飞机成为有史以来销售量最大的商用飞机。

运作管理实践

塔可钟的产品开发

像 Chipotle、Carl's Jr. 和 In-N-Out 汉堡这样的连锁店可能依赖稳定的热门产品菜单，但是塔可钟不断推出新产品，希望不仅能让消费者回归，还能发现下一个畅销产品。塔可钟致力于成为快餐创新领域的领导者，并相信在首创和保持相关性方面没有终点。早餐是快餐市场增长最快的部分——晚餐销售下降，午餐销售持平。此外，早餐项目往往利润很高，制作早餐是有利可图的，如塔可钟的新款 A. M. Crunchwrap 和 Waffle Taco。

为了寻找创意，产品开发人员挖掘社交媒体，考虑新的原料，并关注竞争对手。利用几个星期五，塔可钟团队做了他们称之为"杂货店的喧嚣"的研究来观察零售业的新变化。但是他们开发的任何东西的基本支柱仍然是味道、价值和速度——所有这一切都必须在塔可钟厨房的限制和操作能力范围内实现。一个餐馆的厨房管理、原材料或者设备的改变越少越好。

塔可钟的 40 人产品创新团队每年关注 4 000～4 500 个创意。开发人员从这些创意中提出 300～500 个原型，然后在实验室和试点餐厅对消费者进行测试。从这个巨大的阵列中，塔可钟选择了各种排列的数个项目以供进一步审查。通常只有 8～10 个新产品创意会出现在塔可钟的菜单上。

经典产品在推出时经历了大约 100 次迭代。例如，Waffle Taco 经过了形状、重量、厚度、香草味浓度和馅料等方面多达 80 次的改变。

资料来源：*Business Week*（June 2 - 9, 2014）；*The Wall Street Journal*（Dec. 4, 2014）；www. grubgrade. com；investorplace. com/2014/03.

波音用它在机身方面的工程技术使一种模型不断演进，如同它从 767 向 777、787 推进那样。这种技术使得波音在加速发展的同时降低了新飞机设计的成本和风险。这种方法常被称为建立一个产品平台。同样，大众汽车正在将多功能汽车平台（MQB 底盘）用于中小型前轮驱动汽车，包括大众的 Polo、高尔夫（Golf）、帕萨特（Passat）、途观（Tiguan）和斯柯达明锐（Skoda Octavia），它最终可能被用于 44 种不同的车型。这种方法的优点是成本压力减小以及更快的发展。惠普公司在打印机行业也如出一辙。改良和换代是利用现有技能加速产品研发和延长产品生命周期的一种方法。

图 4-6 中左下方的产品开发策略是公司内部的开发策略，而我们即将介绍的三种方法可看作公司外部的产品开发策略。这两类策略公司都会用到。外部开发策略有：（1）购买技术；（2）建立合资企业；（3）发展联盟。

4.5.1 通过购并公司购买技术

处于技术最前沿的公司往往通过购并创业公司来加速产品开发，这些创业公司已经开发出了与前者使命相一致的技术。微软和思科系统公司就是很好的例子。此时，问题就变成怎样使被并购的组织、技术及其产品线和文化适应并购企业，而不再是产品开发问题。

4.5.2 合资企业

为了减轻新车的重量，通用汽车与总部位于东京的帝人株式会社合资来为通用汽车的客户提供轻质碳纤维。**合资企业**（joint ventures）通常是由两家公司共同拥有所有权而形成的新实体。所有权可能是对半所有，也可能是一家公司占有较大的比例以保证该公司能够实施更强的控制。合资企业为那些可能不属于公司核心业务的特殊产品提供了机会。这种合资形式更可能在风险已知而且可以合理分担的情况下发挥作用。

4.5.3 联盟

当新产品成为中心任务，但要求大量的资源，同时存在相当大的风险时，联盟可能是比较好的产品开发策略。**联盟**（alliance）是企业间签署的合作协议，允许公司保持相互独立，但可以使用互补优势实施与它们各自使命相一致的策略。当待开发的产品使用的技术也在不断发生变化时，联盟的形式尤其有利。例如，微软公司与各类不同的公司组建联盟来处理计算、互联网和电视广播的集成问题。这种情况下的联盟是合适的，因为技术的未知性、资金需求和风险都相当大。与此类似，梅赛德斯-奔驰（Mercedes-Benz）、福特和巴拉德电力系统（Ballard Power Systems）三家公司组建了联盟，共同开发以燃料电池为动力的绿色汽车。由于联盟存在很大的不确定性，因此联盟比合资企业更难达成和维持。把联盟看作公司间的一份不完全的合同也许会更有帮助。公司间是相互独立的。

产品改良和换代、购并公司、成立合资企业和发展联盟都是加速产品开发的策略。而且，它们通常在降低产品开发相关风险的同时提高了人力和资本的可用性。

4.6　产品定义

一旦公司选定了需引入的新产品或服务，就必须对它们进行定义。首先，根据功能——它能用来做什么——对产品或服务进行定义。然后对产品进行设计，公司确定怎样实现这些功能。就产品应该怎样达到它的功能目标而言，管理层通常有很多选择。例如，生产闹钟时，为便于制造、保证质量和被市场接受，在设计如颜色、尺寸、按键位置方面可能有非常大的差别。

为保证生产的高效率，对产品进行严格规定是必要的。只有将产品进行定义、设计以及用文档的形式规定下来后，公司的设备、布置形式和人力资源才能确定下来。因此，每个组织都需要使用文档来定义产品。这对一切产品都是适用的，从肉饼、乳酪、电脑到医疗过程，无一例外。以乳酪为例，书面说明是很典型的。事实上，有专门的书面说明或评级标准对各种乳酪产品进行规定。例如，蒙特里杰克（Monterey Jack）乳酪的书面描述中就对乳酪的各种特性进行了详细说明，这些特性对美国农业部（Department of Agriculture）的各项评级非常必要。图 4-7 列出了美国农业部对蒙特里杰克乳酪 AA 级的部分要求。同样，麦当劳对用来做炸薯条的土豆也有 60 项详细规定。

第 58.2469 款：蒙特里杰克乳酪美国等级的规定

（a）美国 AA 级的蒙特里杰克乳酪应符合下列要求：

（1）味道。可口且令人喜爱，没有不良的味道和气味。可以带有轻微酸味或原料的味道。

（2）形状和纹理。从乳酪中抽取的一块应该是相当坚实的。被抽取的乳酪块中应该有大量均匀分布的小的机械开孔。不应该有糖孔、酵母孔或其他气孔。

（3）颜色。外观应该是自然、统一、美观、吸引人的。

（4）光洁度与外观。经过包装且浸过石蜡。外包装应该完好、结实、光滑，能为乳酪提供良好的保护。

资料来源：Based on 58.2469 Specifications for U. S. grades of Monterey（Monterey Jack）cheese,（May 10, 1996）.

图 4-7　美国农业部对蒙特里杰克乳酪 AA 级的部分要求

说明：这里显示的是蒙特里杰克乳酪美国等级的部分一般要求。

大多数制造项目及其零部件是通过绘图的形式定义的，这种绘图通常称作工程图。**工程图**（engineering drawing）对零部件的尺寸、公差、材质和精加工进行说明。工程图是物料清单中的一项。图 4-8 列出了一幅工程图。**物料清单**（bill of material，BOM）列出了零部件的层次结构、特征描述以及为完成一个产品所需的每种零部件的数量。图 4-9（a）显示了一份制造项目的物料清单。值得注意的是，在每一级都要标注子部件和零件（低层物料项目）以显示它们的附属位置。工程图阐明了如何在物料清单上列明物料项目。

在食品服务行业，物料清单体现在部分控制标准中。图 4 - 9（b）列出了硬石餐厅山核桃烧烤培根芝士汉堡包的部分控制标准。在更复杂的产品中，物料清单列在包含它们的其他物料清单上。通过这种方法，子部件（配件）就变成了更高一级部件（母物料清单）的一部分，后者形成最终的产品。产品除了由书面说明、部分控制文档或物料清单定义外，也可以使用其他方法来定义。例如，化学药品、油漆、石油这样的产品可以使用配方或比率来定义，以此描述这些产品是怎样生产的；电影是用剧本来定义的；而保险行业的规定是，保险责任的范围由保单这份法律文件来定义。

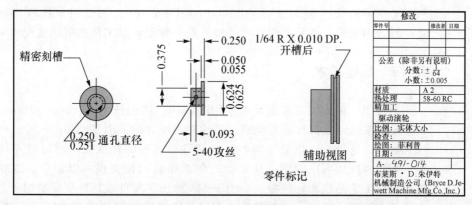

图 4 - 8　显示了尺寸、公差、材质和精加工的一幅工程图

编号	描述	数量		描述	数量
A 60-71	仪表盘焊接件	1		面包	1 个
A 60-7	下部滚轴组件	1		肉饼	8 盎司
R 60-17	滚轴	1		切达芝士	2 片
R 60-428	接线	1		培根	2 条
P 60-2	防松螺母	1		烤洋葱	1/2 杯
A 60-72	后部导向装置组件	1		山核桃烧烤酱	1 盎司
R 60-57-1	支撑角	1		汉堡套餐	
A 60-4	滚轴组件	1		生菜	1 张
02-50-1150	螺栓	1		番茄	1 片
A 60-73	前部导向装置组件	1		紫洋葱	4 圈
A 60-74	支撑焊接点	1		泡菜	1 片
R 60-99	仪表盘	1		炸薯条	5 盎司
02-50-1150	螺栓	1		盐	1 匙
				11 英寸的盘子	1 个
				硬石餐厅标志	1 个

　　（a）仪表盘焊接的物料清单　　　　（b）硬石餐厅山核桃烧烤培根芝士汉堡包

**图 4 - 9　物料清单在制造工厂（a）和餐厅（b）采用的形式是不同的，
　　　　　但是在这两种情况下相同的是都必须对产品进行定义**

4.6.1 自制或外购决策

就产品的许多零部件而言，公司可以选择自己生产，也可以选择从外部采购。这种抉择称为自制或外购决策。**自制或外购决策**（make-or-buy decision）使公司将需生产与需采购的东西区分开来。由于产品的质量、成本和交货时间存在很多变数，因此对产品定义来讲，自制或外购决策是非常重要的。公司可以购买许多由其他公司生产的"标准零部件"。图 4-9（a）所示的物料清单上的标准螺栓就是这样的例子，汽车工程师协会（Society of Automotive Engineers）对这种螺栓有详细规定。因此，对公司来说，通常不需要再准备另外一种形式的文档来重述这种规定。

4.6.2 成组技术

工程图也可能包括成组技术使用的编码。**成组技术**（group technology）根据一套编码系统对零部件进行识别，该编码系统详细说明了加工的尺寸、形状和类型（如钻孔）。这种方法推动了材料、零部件与流程的标准化，也可对零件族进行识别。如同零件族可以识别一样，生产活动和机器设备也可以编组，以减少调整时间，简化工艺路线和物料搬运。图 4-10 给出了零件族怎样形成的例子。成组技术为评价零件族中的某一现存零件是否可以满足新工程的需要提供了一种系统方法。使用现有的或标准的零部件可以消除所有与新零件的设计与开发相关的成本，这是降低成本的一种主要方法。

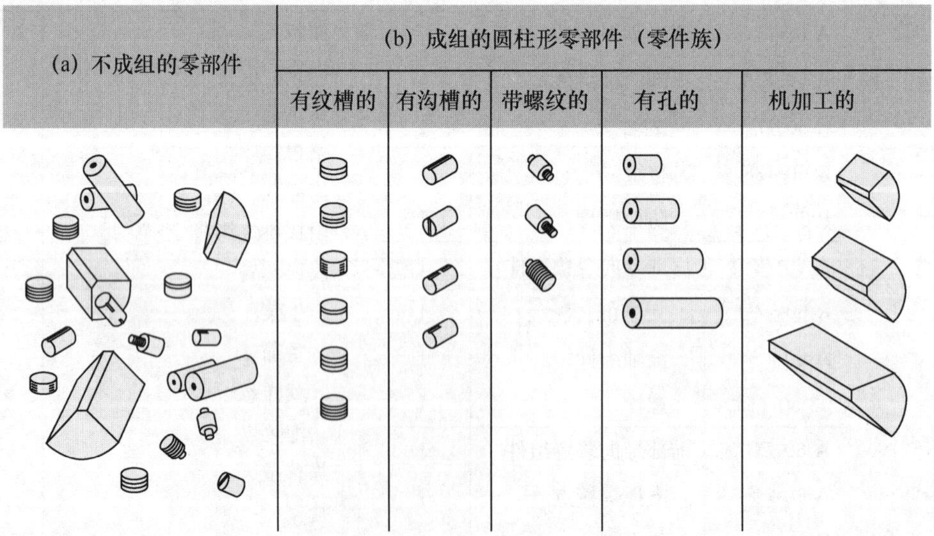

图 4-10 成组技术编码系统使生产零部件从（a）不成组到（b）成组（零件族）转变

4.7 生产文档

一旦公司对产品进行了选定、设计并且准备开始生产，产品的生产就要由各种各样的文档来提供支持。我们简要地对其中一些文档进行评析。

装配图（assembly drawing）简明地展示了产品的部件分解图。装配图通常是一张三维图，即等角投影图，它勾画出了零部件的相对位置以说明装配零部件的方法，见图4-11（a）。

装配程序图（assembly chart）以图解的形式展示了产品是怎样装配的。装配程序图中列出自制或外购的零部件或二者的组装件。装配程序图指明了零部件安装成子部件以及最终产品的生产点。图4-11（b）列出了一个装配程序图的例子。

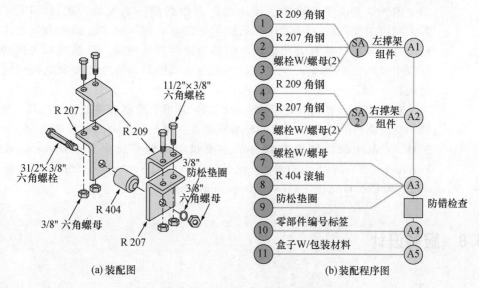

图4-11 装配图与装配程序图

工艺路线图（route sheet）列明了生产零部件所需的各道工序（包括装配和检查），这些零部件及其生产物料在物料清单中已加以说明。零部件的工艺路线图会列明物料所需的每道工序。当工艺路线图包含具体的操作方法和工时标准时，通常称作流程图。

工作指令（work order）是一个生产指定数量物品的命令，通常是就指定的计划安排而言的。在你最喜爱的餐厅里，服务员所记录的菜单就是一个工作指令。在医院或者工厂，工作指令是一份更正式的文档，它为从物料清单中选取各种零部件、完成各种功能，以及选派人员完成这些功能提供授权。

工程变更通知（engineering change notice，ECN）对产品定义或文档的某些方面进行变更，如工程图或物料清单。对生产周期很长的复杂产品，如波音777，这些变更可能非常大，以至于没有两架777飞机是完全相同的——事实上确实如此。设计上的这种动态变化促进了一门被称作配置管理的学科的发展。**配置管理**（configuration management）涉及的是产品定义、控制和文档方面的问题。配置管理是指这样一个系统，即使用此系统可以准确地将产品已计划过的和处于变化之中的零部件识别出来，且可以保持控制和对变化作出解释说明。

产品生命周期管理

产品生命周期管理（product life-cycle management，PLM）是试图将产品设

计和制造阶段连接到一起的软件程序的总称——包括将前面"产品定义"和"生产文档"中讨论的许多技术连接到一起。产品生命周期管理软件基于的思想是，当这些数据整合并保持一致时，就可以更具创造性、更快和更经济地进行产品设计和制造决策。

虽然没有一种标准，但是产品生命周期管理中的产品常常始于产品设计（CAD/CAM），接着是制造与装配的设计（DFMA），再往后是产品工艺路线、材料、设备布置、装配、维修直至考虑环境问题。这些任务的整合是非常重要的，因为这些决策领域中所使用的许多数据都是重复的。现在，PLM 软件是许多大型组织使用的工具，这些组织包括洛克希德·马丁、通用电气、宝洁、丰田和波音等公司。波音公司估计，产品生命周期管理将 787 喷气式飞机的总装时间从两个星期缩短到 3 天。现在，产品生命周期管理在中小型制造公司也有了用武之地。

对运作经理来说，更短的生命周期、技术上更富有挑战性的产品、更多关于材料和制造流程的规定和更多的环境问题都使得产品生命周期管理成为一种吸引人的工具。产品生命周期管理软件的主要供应商包括思爱普（www. mySAP. com）、Parametric Technology（www. ptc. com）、西门子（www. plm. automation. siemens. com）和 Proplanner（www. proplanner. com）。

4.8 服务设计

迄今为止，大部分讨论都集中在有形产品，即物品方面。当然，产品的另一种形式就是服务。服务业包括银行业、金融业、保险业、运输业和通信业等。服务公司提供的产品范围包括，阑尾切除后只保留微小伤疤的医学手术，理发店的洗发和理发服务，以及提供一个很不错的三明治等。由于服务设计有独一无二的特征——与客户交互，因此它具有很大的挑战性。

4.8.1 过程链网络（PCN）分析

由斯科特·桑普森（Scott Sampson）教授开发的**过程链网络**（process-chain-network，PCN）分析侧重于如何设计流程以优化公司与客户之间的互动。[2]**过程链**（process chain）是完成活动的一系列步骤，例如建造房屋、完成纳税申报表或制作三明治。过程参与者可以是制造商、服务提供商或客户。网络是一组参与者。每个参与者都有一个流程域，其中包含它控制的一组活动。制作三明治的两个参与者之间的域和互动如过程链网络图所示（见图 4-12）。每个参与者的活动分为三个过程域：

1. 直接互动区域，包括参与者之间互动的过程步骤，例如，三明治买家直接与三明治店的员工互动（见图 4-12 的中间部分）。

2. 代理（替代）互动区域，包括一个参与者作用于另一参与者资源的加工步骤，例如它们的信息、材料或技术。这种情况发生在三明治供应商在餐厅厨房制作三明治时（见图 4-12 中的左侧），或者当顾客可以获得自助餐配料并自己制作三

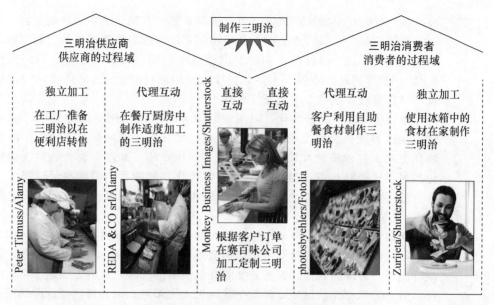

图 4-12　客户互动是战略选择

明治时（见图 4-12 中的右侧）。在代理互动下，直接互动是受限的。

3.　独立加工区域包括三明治供应商和（或）三明治消费者操控各自具有最大控制权的步骤。大多数按库存生产都适用于这个区域（见图 4-12 中的左侧；想想将所有包装好的三明治在自动售货机和便利店进行集中出售的公司）。同样，右边是在家中制作的三明治，这属于消费者的独立加工领域。

所有三个过程域都有类似的操作问题——质量控制、设施位置和布局、工作设计、库存管理等——但处理问题的适当方式因地区而异。服务操作仅存在于直接互动和代理互动区域内。

从运作管理者的角度来看，过程链网络分析有价值的方面在于洞察力，这有助于定位和设计过程，以实现战略目标。公司的运作具有战略意义，因为可以定义公司的业务类型以及它希望为客户提供的价值主张。例如，一家公司可能采取低成本策略，如图 4-12 中左侧预制三明治的制造商的操作。而其他公司（如赛百味）采用具有高度客户互动的差异化策略。每个过程域都描绘了一种独特的操作策略。

希望在运作中实现高规模经济或更多运作控制的公司应该选择其过程域的独立加工区域。而那些打算提供定制化价值产品的公司应该更多地定位于消费者的过程域。过程链网络分析可应用于各种业务。

4.8.2　提高服务效率

众所周知，服务生产率很低，部分原因是设计或（和）交付服务都牵涉到顾客。这使产品设计的挑战变得复杂。我们现在将讨论提高服务效率的多种方法，其中包括限制这种互动的几种方法。

限制选项　因为顾客可以参与服务的设计（如葬礼或发型），设计规格可以采取从餐馆的菜单到葬礼的选项列表再到发型的口头描述等所有形式 。然而，通过提供选项列表（在用于葬礼的情况下）或一系列照片（在选择发型的情况下）可以减少模糊性。尽早解决产品定义可以提高效率并有助于满足客户期望。

延迟定制 在设计产品时，公司可尽可能地推迟需要提供的定制服务。理发店就是这样运作的：虽然洗发和护发以低成本的标准化方式进行，但是颜色和定型（定制）要等到最后才做。大多数餐厅也采用同样的方式："你喜欢饭菜这样烹饪吗？""你喜欢在沙拉上搭配点什么？"

模块化 使产品模块化，以便定制服务时可以采用不同的模块。该策略允许将定制服务设计为标准模块化实体。在生产和服务领域都可以使用产品设计的模块化方法。正像模块化设计使你能够买到想要的一部高保真音响系统那样，模块化的柔性也会让你购买到混合搭配（模块化）的餐饮、服装和保险服务。投资组合（股票和债券组合）和教育（大学课程）都是应用模块化方法实现定制服务的例子。

自动化 把服务划分成一些较小的部分，并且确保这些较小部分可以自动化方式进行操作。例如，通过使用自动柜员机（ATM）分离支票/现金业务，银行已经设计出了一种既能改善顾客服务又能降低成本的产品，这种方法是非常有效的。同样，航空公司已经通过使用售票亭转向无人工服务。诸如售票亭这样的技术降低了成本并且减少了机场排队情况——因此提高了顾客满意度——提供了一种双赢的"产品"设计。

关键时刻 在服务行业中，顾客的互动性很强意味着当提供者和顾客之间的关系至关重要时，存在一个关键时刻。在这一瞬间，顾客确定了对服务的满意度。关键时刻就是对顾客预期进行诠释、提高和降低的决定性时刻。这一时刻可能就如一个来自星巴克咖啡师的微笑一样简单，或是使收银员将注意力转向你而不是与相邻柜台的收银员高谈阔论。当你在麦当劳餐厅点餐时，当你理发时，或注册学习大学课程时，关键时刻都可能出现。运作经理的任务就是确定关键时刻并设计能满足或超过顾客预期的运作活动。

4.8.3 服务文档

由于大多数服务的顾客互动性都很强，因此将这种产品转向生产阶段的文档通常采用明确的工作指南或脚本的形式。例如，不管银行的支票、储蓄、信托、贷款、抵押等产品设计得多么好，如果参与者之间的互动没做好，顾客实际获得的产品就可能很差。例2显示了银行可能用来将产品（免下车银行窗口服务）转向"生产"的文档形式。类似地，电话营销服务将产品的设计以电话脚本的形式传达给生产人员，而手稿用于书籍，记事板用于电影和电视制作。

例 2

将服务产品转向生产阶段的文档

第一银行（First Bank Corp.）希望利用免下车服务来保证效率。

"生产"文档，为其有效地工作提供必要信息。

方法

为免下车服务窗口的出纳员开发一种

解答

文档如下所示：

免下车服务窗口出纳员所需的文档

当顾客不再走进大厅而是使用免下车窗口服务时，银行所需要的顾客关系技术与以前有所不同。顾客与出纳员之间的距离和机器会增加交流障碍。下面是改善免下车服务窗口的顾客关系的一些建议：

● 使用话筒与顾客交谈时，要特别谨慎。

● 为那些必须填写表格的顾客提供填写说明。

● 将需要完成的工作划线标出，或者附上便条加以说明。

● 使用话筒与顾客交谈时，多使用"请"和"谢谢"等词语。

● 在距离允许的范围内，尽可能与顾客保持目光接触。

● 如果一项交易要求顾客停车并进入大厅，银行员工应该为交易给顾客带来的不便向顾客表示歉意。

资料来源：Adapted with permission from *Teller Operations* (Chicago, IL: The Institute of Financial Education, 1999): 32.

启示

通过给出纳员提供表格或指导性文件，沟通更有效，服务得到改善。

练习

对提供免下车服务的餐馆而言，上述注意事项有何不同？〔答案：写下说明，给需要完成的工作划线，或者顾客很少有必要进店，但是服务技巧需要改变，如恰当地传递菜单。〕

相关课后练习题

4.9

4.9 决策树在产品设计中的应用

当出现不确定情况时，决策树除了可以解决多种管理问题，还可以用于新产品的决策问题。决策树尤其适用于这种情形，即存在一系列决策，每种决策的结果会导致后续决策，而这些后续决策又会产生另外的结果。绘制决策树的步骤如下：

1. 确保所有可能的选择方案和自然状态都包含在这个决策树中（从左边开始向右边扩展）。决策树也包含一个"什么也不做"的选择方案。

2. 在每个枝节的末端标上盈利，此处是完成这步工作后结算盈利的地方。

3. 决策树的目标是确定每种行动方案的期望货币价值（EMV）。这项工作需要从决策树的末端（右边）向决策树的始端进行推进（左边），计算每一步的价值，并"删除"那些在同一节点比其他选择方案差的选择方案。

例 3 对决策树在产品设计中的应用给予了解释。

例 3

决策树在产品设计中的应用

Silicon 公司是一家半导体制造商，正在调查生产与销售微处理器的可能性。完成这个项目需要购买一种复杂的计算机辅助设计（CAD）系统，或者另外雇用和培训几名工程师。这种产品的市场销售可能是乐观的，也可能是不乐观的。当然，该公司也可以选择不开发这种新产品。

如果产品被市场顺利接受，该处理器的

销售量将是 25 000 台，每台售价 100 美元。如果产品不被市场顺利接受，销售量将只有 8 000 台，每台售价 100 美元。CAD 系统的成本是 500 000 美元，但是雇用和培训 3 名新工程师的成本只有 375 000 美元。如果不使用 CAD 系统，每台产品的生产成本是 50 美元，如果使用 CAD 系统，生产成本将下降到 40 美元。

新型微处理器被市场接受的概率是 0.4；不被市场接受的概率是 0.6。

方法

前提是已知决策的选择方案、概率、盈利，对 Silicon 公司的决策使用决策树是恰当的。

解答

在图 4 - 13 中，决策树有 3 个分枝，每个分枝标明了各自的概率和盈利，并计算出各自的期望值（EMV）。期望值以圆圈的形式标注在每个分枝上。

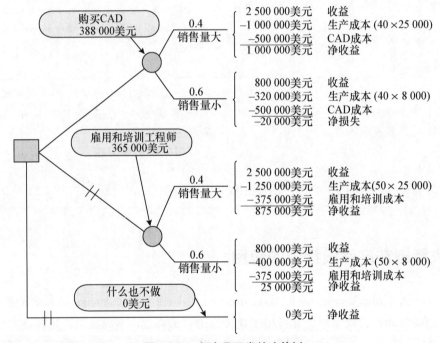

图 4 - 13　新产品开发的决策树

对于最高分枝来说：

EMV（购买 CAD 系统）

$= 0.4 \times 1000000 + 0.6 \times (-20000)$

$= 388000$（美元）

这个数字表示如果 Silicon 公司购买 CAD 系统的情况下将会出现的结果。

第 2 个分枝代表了雇用和培训工程师的 EMV：

EMV（雇用/培训工程师）

$= 0.4 \times 875000 + 0.6 \times 25000$

$= 365000$（美元）

"什么也不做"的 EMV 是 0 美元。

因为最高分枝的 EMV 最高（388 000 美元 > 365 000 美元 > 0 美元），所以该分枝就代表最好的决策。管理层应该购买 CAD 系统。

启示

决策树表明了 Silicon 公司分析问题的客观性和结构。

练习

如果 Silicon 公司销售情况最好和最坏的可能性是相同的，都是 0.5，那么最佳决策是什么呢？［答案：购买 CAD 系统仍然是最佳决策，但 EMV 是 490 000 美元。］

相关课后练习题

4.15～4.21

4.10　转向生产阶段

　　最后，我们的产品，不论是物品还是服务，都已被选定、设计和定义了。它已从一种创意发展成一种功能定义，然后或许转变为一项设计。现在，管理层必须就产品创意的进一步发展、生产或终止作出决策。管理艺术的一项重要内容就是知道何时使产品从开发阶段进入生产阶段，这种转变称为转向生产。产品开发人员总是对产品的改进很感兴趣，因为他们习惯于把产品开发看作一个不断完善的过程，他们可能永远都不会"完成"一种产品。但是如我们前面所提到的，产品引入时间越晚，生产成本会越高。而对这些相互冲突的压力，管理层必须作出决策——是进行更多的开发还是进行更多的生产。

　　决策一旦作出，公司通常会安排一段试生产期以确保设计的产品确实可以进行生产，这就是可制造性测试。这种测试也可以使运作经理有机会开发适合生产的工具和质量控制程序，并对人员进行培训，以确保公司成功地启动产品的生产。最后，当产品被认为是可销售的且可生产的，生产的责任就转到了生产线经理身上。

　　为确保从产品开发到产品生产的成功转向，一些公司会任命一位项目经理，而另一些公司则使用产品开发团队。这两种方法都可以调动大量的资源和人力，确保不断变化的产品取得令人满意的生产效果。还有一种方法是对产品开发组织和生产组织加以整合。这种方法考虑到了需求发生变化时，资源能够在两个组织之间顺畅地流动。运作经理的工作是使研发到生产的转向准确无误。

┌ 小　结 ──▪

　　有效的产品策略要求首先对一种产品进行选择、设计和定义，然后将这种产品转向生产阶段。只有有效地实施产品策略，生产职能才会对组织做出最大贡献。运作经理必须建立一个有能力构思、设计和生产产品的产品开发系统，这样才能为公司创造竞争优势。当产品沿整个生命周期（导入期、成长期、成熟期和衰退期）移动时，运作经理所作的决策也会随之改变。

　　制造产品和提供服务都可以使用多种辅助技术以确保活动完成的高效率。

　　在定义产品时可以使用书面说明、物料清单和工程图等形式。与此相似，在产品的实际生产中，使用装配图、装配程序图、工艺路线图和工作指令常常是很有帮助的。产品一旦进入生产阶段，为保证产品价值的最大化，价值分析的使用就是适宜的。工程变更通知和配置管理可以为产品生产提供所需的文档。

┌ 伦理问题 ──▪

　　约翰·斯隆（John Sloan）是南卡罗来纳州斯隆玩具公司（Sloan Toy Company）的总裁，他刚刚审查了一种供 1～3 岁儿童玩耍的新型拖行式玩具火车的设计。约翰手下的设计和营销人员对该产品及其后续产品杂耍车厢的市场潜力十分看好。销售主管正热切盼望着能够收到下月在达拉斯举办的年度玩具展的邀请函。同样，约翰也感到高兴，因为如果订单没有增加，他将裁员。

　　公司的生产人员已经解决了制造问题并

成功地进行了试生产。但质量评估人员认为，在某些情况下连接车厢和车头的挂钩以及车轮上的曲柄可能会断裂。这是一个很严重的问题，因为这样的小零件可能会使儿童发生窒息。在质量检测中，1～3岁的儿童是折不断这些零件的，所以检测结果是成功的。但是当模拟成年人用力将玩具火车抛到玩具箱里或一个5岁儿童将其抛向地板时，检测结果却是失败的。据估计，每100 000次中这两个零件之一会损坏4次。设计人员和材料人员都不知道如何使玩具更加安全，因此仍

按原设计生产。产品缺陷率很低，对这种玩具来说当然是可以接受的，但却达不到该公司努力追求的六西格玛水平。当然，某人某天可能会对公司提起诉讼，儿童因破碎的零件发生窒息是一件很严重的事情。最近约翰的律师提醒他说，美国判例法规定如果新产品存在"实际或可预见的问题"，那么新产品是不能投产的。

如同本章所述，设计一种成功的、合乎伦理的新产品是一项复杂的任务。约翰应该怎么做呢？

讨论题

1. 为什么使用清晰的文档对产品进行说明是非常必要的？

2. 我们在定义产品时所使用的方法有哪些？

3. 产品策略与产品决策相关联的方式是什么？

4. 产品一旦定义，在生产流程中需要使用什么文档来辅助生产人员的工作？

5. 基于时间的竞争的含义是什么？

6. 描述合资企业和联盟之间的区别。

7. 描述产品开发的四种组织方式。一般来讲，哪一种被认为是最好的？

8. 解释稳健设计的含义。

9. 计算机辅助设计（CAD）使设计工程师受益的三种具体方式是什么？

10. 物料清单中包含什么信息？

11. 工程图中包含什么信息？

12. 装配程序图中包含什么信息？流程图呢？

13. 解释服务设计中"关键时刻"的含义。

14. 解释质量屋是如何将用户的需求转化为产品或服务特征的。

15. 计算机辅助设计能提供哪些战略优势？

16. 什么是过程链？

17. 为什么PCN图中的直接互动和代理互动区域在服务设计中很重要？

18. 为什么对服务来说文档是有用的？举出四种类型的示例。

例题解答

例题解答 4.1

对于应用计算机辅助设计的高分辨率显示器的生产线建设，王牌电子公司（King Electronics，Inc.）的总裁萨拉·金（Sarah King）有两种设计方案可以选择。生产销售量为100 000台。

设计方案A：每100台显示器中有60台合格的概率是0.90，每100台中有65台合格的概率是0.10，设计成本是1 000 000美元。

设计方案B：每100台显示器中有64台合格的概率是0.80，每100台中有59台合格的概率是0.20，设计成本是1 350 000美元。

无论是合格还是不合格，每台显示器都将耗费75美元的成本。每台合格的显示器的售价是150美元。不合格的显示器将被销毁，没有任何残值。在本题中我们对处理

成本忽略不计。

解答

我们画出决策树来表示这两种决策以及

与每种决策对应的概率。然后，确定与每一个决策分枝相对应的盈利。图 4 - 14 显示了决策树的结果。

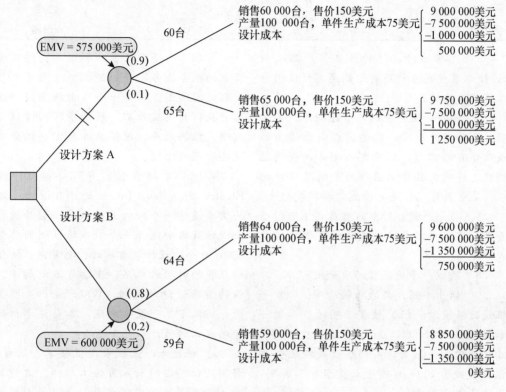

销售60 000台，售价150美元 9 000 000美元
产量100 000台，单件生产成本75美元 -7 500 000美元
设计成本 -1 000 000美元
　　　　　 500 000美元

销售65 000台，售价150美元 9 750 000美元
产量100 000台，单件生产成本75美元 -7 500 000美元
设计成本 -1 000 000美元
　　　　　 1 250 000美元

销售64 000台，售价150美元 9 600 000美元
产量100 000台，单件生产成本75美元 -7 500 000美元
设计成本 -1 350 000美元
　　　　　 750 000美元

销售59 000台，售价150美元 8 850 000美元
产量100 000台，单件生产成本75美元 -7 500 000美元
设计成本 -1 350 000美元
　　　　　 0美元

图 4 - 14　决策树

对于设计方案 A：

$$EMV(设计方案\ A)$$
$$=0.9 \times 500\ 000 + 0.1 \times 1\ 250\ 000$$
$$=575\ 000(美元)$$

对于设计方案 B：

$$EMV(设计方案\ B)$$
$$=0.8 \times 750\ 000 + 0.2 \times 0$$
$$=600\ 000(美元)$$

最高盈利是选择设计方案 B，为 600 000 美元。

练习题*

4.1　对下列产品进行价值分析，已知它们在生命周期中的位置，确定运作经理可能面临的问题以及可能采取的行动。产品 Alpha 的年销售量是 1 000 件，其贡献是 2 500 美元；它处于导入期。产品 Bravo 的年销售量是 1 500 件，其贡献是 3 000 美元；它处于成长期。产品 Charlie 的年销售量是 3 500 件，其贡献是 1 750 美元；它处于衰退期。

4.2　下表给出了三种产品各自的贡献率以及它们在生命周期中的位置，分别确定每种产品的合理的运作策略。

产品	产品贡献率 （占售价的百分比）	对公司的贡献率 （年总销售额/公司年总收入）	生命周期的阶段
智能手表	30	40	导入期
平板	30	50	成长期
手动计算器	50	10	衰退期

4.3 选择一种实际的产品（产品或服务），使用质量屋分析现有组织是怎样使用户需求得到满足的。

4.4 构建一块手表的质量屋矩阵。务必标明具体的用户需求，这些需求是你认为的公众都会有的需求。然后完成矩阵，说明运作经理怎样确定具体属性，为了满足用户的需求，这些具体属性是可以测定和控制的。

4.5 与一个新自行车的潜在买主进行一次会面，将用户需求转化成公司具体的实施方式。

4.6 绘制一个捕鼠器的质量屋。

4.7 列出下列产品的物料清单：（a）一副眼镜及眼镜盒；（b）快餐三明治（参观一家本地的三明治店，如赛百味、麦当劳、Blimpie、Quizno's 等。或许店员或经理会告诉你各种成分的详细数量或重量——否则，自己估计这些重量）。

4.8 对于一种生产过程已知的产品或服务，使用图 4-4 所示的质量屋序列，确定怎样使用资源才能达到所需的质量水平。

4.9 在大学年度"热线电话"资金筹款会上，为所有打电话的人准备文本。

4.10 绘制一副眼镜的装配程序图。

4.11 绘制一盏台灯的装配程序图。

4.12 为以下过程之一绘制两个参与者的过程链网络图（与图 4-12 类似）：

a. 维修计算机的过程。

b. 比萨饼制备过程。

c. 购买音乐会门票的过程。

4.13 回顾图 4-12 中区域的战略过程定位选项，讨论运作的影响（就 10 个战略运作决策而言）：

a. 制作三明治。

b. 直接互动。

c. 建立三明治自助餐。

4.14 选择涉及客户和服务提供商之间交互的服务业务，并创建类似于图 4-12 的过程链网络图。选择一个可由服务提供商或客户执行的关键步骤，展示步骤的过程定位选项。根据效率、规模经济和定制机会描述这些选项的比较。

4.15 艾扬格电器有限公司（Iyengar Electric Supplies, Inc.）的产品设计小组认为需要设计一个新的开关系列。它必须在三个设计策略中选择一个。市场预测销售量是 200 000 个。设计策略越好、越复杂，价值工程耗费的时间就越多，变动成本就越小。工程的首席设计师贝利（W. L. Berry）博士认为，对以下三个策略来说，各自关于初始和变动成本的估计都是合适的：

a. 低技术：流程采用低技术，低成本，雇用几位年轻的新入行的工程师。这种策略有 45 000 美元的固定成本，变动成本发生的概率如下：每个 0.55 美元的概率是 0.3，每个 0.50 美元的概率是 0.4，每个 0.45 美元的概率是 0.3。

b. 工程转包：使用公司外部的优秀设计人员，三个策略中这种方法的成本花费居中。这种方法有 65 000 美元的固定成本，变动成本发生的概率如下：每个 0.45 美元的概率是 0.7，每个 0.40 美元的概率是 0.2，每个 0.35 美元的概率是 0.1。

c. 高科技：使用内部最优秀的人员和最新的 CAD 技术，是一种高科技方法。这种方法的固定成本是 75 000 美元，变动成本发生的概率如下：每个 0.40 美元的概率是 0.9，每个 0.35 美元的概率是 0.1。

以期望货币价值（EMV）为标准，最好的决策是什么？（注意：在本题中，当我们考虑成本时，我们想要的 EMV 是最低的。）**Px**

4.16 位于纽约克拉克森的麦克唐纳产品公司（MacDonald Products，Inc.）有两种选择方案：（1）马上将一种刚刚完成模型测试的顶尖的新型立体声电视机投入生产；（2）让价值分析团队来完成这项研究。如果管理副总裁埃德·勒斯克（Ed Lusk）选择继续使用现有模型（选择方案（1）），公司的期望收入如下：以每台 550 美元销售 100 000 台的概率是 0.6，以每台 550 美元销售 75 000 台的概率是 0.4。然而，如果他使用价值分析团队（选择方案（2）），公司的期望收入如下：以每台 750 美元销售 75 000 台的概率是 0.7，以每台 750 美元销售 70 000 台的概率是 0.3。价值分析的成本是 100 000 美元。哪种方案的期望货币价值（EMV）最高？ **Px**

4.17 米尔河附近的居民喜欢回忆在当地公园滑冰的经历。一位画家将这种经历在一幅画中予以展现，希望批量生产这幅画，再经过装裱出售给当地居民及以前在此居住过的居民。他认为，如果市场销售顺利的话，他能以每幅 125 美元的价格出售 400 幅优雅版的画。如果市场销售不顺利，他只能以每幅 90 美元的价格出售 300 幅优雅版的画。他也可以对这幅画推出豪华版。如果市场销售顺利，他可以每幅 100 美元出售 500 幅豪华版的画。如果市场销售不顺利的话，他只能以每幅 70 美元出售 400 幅豪华版的画。无论哪种情况，生产成本都是大约 35 000 美元。他也可以在这段时间选择什么也不做。如果他认为市场销售顺利的概率是 50%，那么他应该做什么？为什么？ **Px**

4.18 里茨产品公司（Ritz Products）的材料经理泰杰·达卡（Tej Dhakar）必须决定是自制还是外购新的半导体部件以用于公司电视机的生产。电视机在生命周期内的期望产量是 100 万台。如果半导体由本公司生产，那么这个"制造"决策的启动成本和生产成本总共是 100 万美元，且产品令人满意的概率是 0.4，令人不满意的概率是 0.6。如果产品令人不满意，公司必须重新评估决策。如果重新评估决策，接下来的选择将是另外再花费 100 万美元重新设计

半导体还是决定购买。第二次作出制造决策成功的概率是 0.9。如果第二次制造决策又失败了，公司就必须购买半导体。不管购买何时进行，达卡对成本的最好判断就是，公司每购买一个半导体要支付 0.5 美元，并且要加上 100 万美元的销售商开发成本。

a. 假设里茨产品公司必须使用半导体（停止生产或不使用半导体进行生产都不是可行的方案），最好的决策是什么？

b. 你作出这个决策所使用的标准是什么？

c. 对里茨产品公司来说，这个决策的最坏结果是什么？可能出现的最好结果又是什么？ **Px**

4.19 索克斯工程公司（Sox Engineering）为医院和诊所设计和建造空调加热系统。目前公司人员因为设计任务太多而超负荷工作。8 周后有一项主要设计工程到期。延期完成任务的惩罚是每周 14 000 美元，因为任何延迟都会使设施比预期时间晚开放，使客户收入受到影响。如果公司使用内部工程师来完成这项设计，它就必须为所有的加班时间支付加班费。索克斯工程公司估计，由公司工程师来完成这项设计需要每周花费 12 000 美元（工资和一般管理费）。索克斯工程公司也可以考虑让一家外面的工程公司来做这项设计，完成这项设计的要价 92 000 美元。而完成设计的另一个选择方案是进行联合设计，即支付 56 000 美元让第三家工程公司来完成设计的所有电动机械部分，然后索克斯工程公司完成其余的设计和控制系统，预计成本是 30 000 美元。

针对每种选择方案，索克斯工程公司都预估了在不同时间框架下完成工程的概率。下表显示了这些估计值：

选择方案	完成这项设计的概率			
	按时	延迟 1 周	延迟 2 周	延迟 3 周
内部工程师	0.4	0.5	0.1	—
外部工程师	0.2	0.4	0.3	0.1
联合设计	0.1	0.3	0.4	0.2

以期望货币价值（EMV）标准为基础，最好的决策是什么？（注意：在本题中涉及的是成本，所以你需要得出的 EMV 是最低的。）**Px**

4.20 使用例题解答 4.1 中的数据，如果萨拉·金可以在设计方案 B 中增加使用一种价格更昂贵的磷，成本因此增加 250 000 美元，销售量也会从 59 000 台增加到 64 000 台，这时决策会发生什么变化？对决策树进行修改。各分枝的盈利是多少，哪个分枝的 EMV 最大？

4.21 麦克伯格餐馆（McBurger, Inc.）想重新设计厨房以提高生产率和质量。有三种设计方案可供选择，分别是 K1、K2、K3。无论选择哪一种方案，麦克伯格餐馆每天三明治的需求量均是 500 个。一个三明治的生产成本是 1.3 美元，质量好的三明治的售价是 2.5 美元。质量不好的三明治无法售出，会被扔掉。现在的目标是选择一种设计方案，在 300 天的营业中获得最大的利润。方案 K1、K2、K3 的成本分别是 100 000 美元、130 000 美元和 180 000 美元。对于 K1 而言，100 个三明治中有 90 个符合要求的概率是 0.8，100 个三明治中有 70 个符合要求的概率是 0.2。对于 K2 而言，100 个三明治中有 90 个符合要求的概率是 0.5，100 个三明治中有 75 个符合要求的概率是 0.15。对于 K3 而言，100 个三明治中有 95 个符合要求的概率是 0.9，100 个三明治中有 80 个符合要求的概率是 0.1。哪一种设计方案会使 300 天的利润水平最高？

案例分析

德玛公司的产品策略

德玛公司（De Mar）位于加利福尼亚州的弗雷斯诺市，主营业务是管道维修、供暖系统和空调安装。该公司的产品策略是：解决顾客的所有问题，解决顾客需要解决的问题，员工离开时要确保顾客对服务感到满意。这种产品策略虽然听起来简单，效果却很好。德玛公司为顾客提供的服务是顾客需要的、有质量保证的，且在问题发生的当天就能完成的。公司为顾客提供每周 7 天、每天 24 小时的服务，即使在炎热的暑期周末你们家的空调不能运转了或者凌晨 2:30 厕所漏水了，公司也不会收取额外的费用。就像服务协调助理珍妮·沃尔特（Janie Walter）所讲的那样，"我们可以在 7 月 4 日这一天对你们的 A/C 公寓进行维修，而且不会多收一分钱。当我们的竞争者不愿意起床时，我们会过去！"

在工作开始之前，德玛公司会向顾客保证：工作绝对值这个价。当大多数竞争者为它们的工作提供 30 天的担保时，德玛公司对所有的零件和工作提供的担保是 1 年。德玛公司不会收取上门费，因为公司认为"向顾客收取上门费有失公平"。公司所有人拉里·哈蒙（Larry Harmon）说："我们所从事的行业的声誉不怎么好。如果我们将赚钱作为主要目标，就会陷入困境。所以我强调要使顾客对服务感到满意，赚钱只是顺带的事情。"

德玛公司将有选择性的雇佣体制、不间断的培训和教育、业绩测评和奖励以及顾客满意度、强有力的团队合作、趋同心理压力、授权和有进取心的升迁结合起来以共同实施公司的产品策略。信贷部经理安妮·塞姆瑞克（Anne Semrick）说："那些想朝九晚五上班的人需要去别的地方寻找工作。"

德玛是一个高明的定价者。由于德玛向顾客传递了它的价值观，即与成本相称的收益，所以顾客的反响很不错。8 年后，公司的全年销售额从大约 20 万美元增加到了 330 多万美元。

【讨论题】

1. 德玛公司的产品是什么？确定这种产

品的有形部分和服务成分。

2. 德玛公司的其他部门（营销、财会、人事）应该怎样支持公司的产品策略？

3. 德玛公司的产品主要是一种服务性产品。为确保这种产品的成功，公司应该怎样对本书提到的十个运作管理决策进行管理？

资料来源：Reprinted with the permission of The Free Press，from *On Great Service：A Framework for Action* by Leonard L. Berry.

注 释

[1] 贡献定义为直接成本与售价之间的差额。直接成本与产品直接相关，即投入产品的人工和材料。

[2] 参见 Scott Sampson. "Visualizing Service Operations," *Journal of Service Research*（May 2012）。关于过程链网络（PCN）分析的更多内容请访问 services. byu. edu.

快速复习

主要标题	复习内容
产品和服务选择	尽管产品通常指的是有形产品，它也可以指服务组织提供的服务。 产品决策的目标是开发并实施一种既能够满足市场需求又能在市场中保持竞争优势的产品策略。 ■ **产品决策**：产品的选择、定义和设计。 产品生命周期的四个阶段是：导入期、成长期、成熟期、衰退期。 ■ **产品价值分析**：根据每种产品对公司的价值贡献和这种产品全年价值贡献的大小对产品进行排序。
生产新产品	产品的选择、定义和设计持续不断地进行。 产品机会、产品本身、产品数量和产品组合方面的变化源于顾客的变化、经济的变化、社会和人口统计的变化、技术的变化、政治/法律的变化、市场实践、专业标准、供应商和分销商的变化。
产品开发	■ **质量功能展开**：确定用户的需求（用户的"需要"）并且将这些需求转化为每个职能部门都能理解且可以实施的属性（"方式"）的过程。 ■ **质量屋**：利用矩阵形式将用户需求与公司满足这种需求的方式相联系的质量功能展开过程的一部分。 ■ **产品开发团队**：负责将产品的市场需求转化为成功产品的团队。 ■ **并行工程**：同时参与产品开发的各个阶段。 ■ **可制造性与价值工程**：帮助改进产品设计、生产、可维修性和使用的活动。
产品设计专题	■ **稳健设计**：即使在生产流程中有不利条件存在，也可根据需要进行生产的一种设计。 ■ **模块设计**：产品的零部件被细分成容易更换的模块或组件。 ■ **计算机辅助设计（CAD）**：使用计算机交互式地开发产品和建立产品文档的产品设计。 ■ **制造与装配设计（DFMA）**：允许设计者在产品生产时观察设计效果的软件。 ■ **3D打印**：CAD的一种拓展，可以构建原型和小批量生产。 ■ **产品数据交换标准（STEP）**：提供一种格式用于三维数据的电子传递。 ■ **计算机辅助制造（CAM）**：使用信息技术对机器进行控制。 ■ **虚拟现实**：用图像代替实物进行交流，通常是可以使用户进行互动响应的一种视觉形式。 ■ **价值分析**：对生产流程中的成功产品进行评估。 可持续性满足当前的需求，同时又不损害后代满足其需求的能力。 生命周期评估（LCA）是ISO 14000的一部分；它评估产品的环境影响，从材料和能源投入到处置和环境释放。可持续性和LCA都在第4章补充材料中进行了深入讨论。

续表

主要标题	复习内容
产品开发系列	■ 基于时间的竞争：快速开发产品，并将其推向市场。 内部开发策略：现有产品的换代；现有产品的改良；企业内部开发的新产品。 外部开发策略：发展联盟；建立合资企业；通过购并公司来购买技术或技能。 ■ 合资企业：多家公司共同拥有所有权来开拓新产品或新市场。 ■ 联盟：企业间签署的合作协议，允许公司保持相互独立，但可实施与各自使命相一致的策略。
产品定义	■ 工程图：说明零部件尺寸、公差、材质和精加工的一种绘图方式。 ■ 物料清单：列出零部件的层次结构、特征描述以及为完成一个产品所需的每种零部件数量的一份清单。 ■ 自制或外购决策：在生产零部件和从外部购买两者之间作出选择。 ■ 成组技术：用来详细说明加工的尺寸、形态和类型的一套产品和零部件的编码系统；它可以将相似的产品归为一族。
生产文档	■ 装配图：产品的部分分解图，通常是三维图即等角投影图。 ■ 装配程序图：以生动的图表形式说明零部件是怎样装配成子部件以及最终产品的。 ■ 工艺路线图：列举了一系列运作活动，对物料清单上指定的材料生产零部件来说，这些都是很必要的运作活动。 ■ 工作指令：对一个特定项目做的指定数量的命令，通常是指定的计划安排。 ■ 工程变更通知（ECN）：对工程图或物料清单所做的修改或更改。 ■ 配置管理：使用此系统可以准确地将产品已计划过的和处于变化之中的零部件识别出来，且可以维持控制和对变化作出解释说明。 ■ 产品生命周期管理（PLM）：将产品设计和制造阶段连接到一起的一套软件程序。
服务设计	■ 过程链网络（PCN）分析：一种设计流程以优化公司与客户之间互动的方法。 ■ 过程链：为过程参与者提供价值的一系列步骤。 为了提高服务效率，公司可采取以下方法：（1）限制选项；（2）延迟定制；（3）模块化；（4）自动化；（5）设计关键时刻。
决策树在产品设计中的应用	绘制决策树的步骤： 1. 确保所有可能的选择方案和自然状态都包含在这个决策树中。决策也包含一个"什么也不做"的选择方案。 2. 在每个枝节的末端标上盈利，此处是完成这步工作后结算盈利的地方。 3. 决策树的目标是确定每种行动方案的期望值。这项工作需要从决策树的末端（右边）向决策树的始端推进（左边），计算每步的价值，并删除那些在同一节点比其他选择方案差的选择方案。
转向生产阶段	现代管理的艺术之一是知道何时使产品从开发阶段进入生产阶段，这种转变称为转向生产。

自测题

在自我测试前，请参考本章开头的学习目标和本章的关键术语。

1. 产品生命周期可分为四个阶段，包括（ ）。

a. 导入期

b. 成长期

c. 成熟期

d. 以上都是

2. 产品开发系统包括（ ）。

a. 物料清单

b. 工艺路线图

c. 功能说明

d. 产品价值分析

e. 配置管理

3. 质量屋是（　　）。

a. 联系顾客需求和公司如何实现需求的矩阵

b. 显示产品如何聚在一起的纲要

c. 列出生产零部件的运作活动

d. 对指定物品给出规定质量的一个说明

e. 如何完成任务的详细说明

4. 基于时间的竞争聚焦于（　　）。

a. 将新产品更快地推向市场

b. 缩短产品的生命周期

c. 将 QFD 和 PLM 联系到一起

d. 设计数据库的可用性

e. 价值工程

5. 产品由（　　）来界定。

a. 价值分析

b. 价值工程

c. 工艺路线图

d. 装配图

e. 工程图

6. 工艺路线图（　　）。

a. 列出生产零部件的运作活动

b. 对指定产品在给定质量下的说明

c. 显示产品如何聚在一起的框架

d. 显示产品部件流的一个文件

e. 以上都是

7. 过程链网络图中的三个过程域是（　　）。

a. 制造商，供应商，客户

b. 直接和代理，客户，供应商

c. 独立，依赖，客户互动

d. 直接互动，代理互动，独立加工

8. 决策树利用到（　　）。

a. 概率

b. 盈利

c. 逻辑枝

d. 选择方案

e. 以上都是

自测题答案：1. d；2. c；3. a；4. a；5. e；6. a；7. d；8. e。

第4章补充材料
供应链中的可持续性

学习目标

1. 描述企业社会责任。
2. 描述可持续性。
3. 解释可持续性的三个 R。
4. 计算拆卸设计。
5. 解释可持续性法规对运作的影响。

S4.1　企业社会责任[1]

　　管理者必须考虑他们提供的产品和服务如何影响人和环境。当然，企业必须提供对买家来说具有创新性和吸引力的产品和服务。但是，当今的技术可以使消费者、社区、公共利益团体和监管机构充分了解组织绩效的各个方面。因此，利益相关者可以对那些不尊重环境或做出不道德行为的公司表达强烈的不满。公司需要考虑产品的方方面面——从设计到废弃。

　　现在，许多公司意识到"正确地做正确的事"可以使所有利益相关者受益。履行**企业社会责任**（corporate social responsibility，CSR）的公司会在制定决策时考虑环境、社会和财务影响等因素。当管理者研究企业社会责任的方法时，他们发现考虑创造**共享价值**（shared value）的概念会有所帮助。共享价值建议寻找能够增强组织竞争力的政策和实践，同时还能改善其运营所在社区的经济和社会状况。例如，请注意汽车制造商特斯拉、丰田和日产如何在低排放汽车中发现共享价值，低排放汽车在增强其全球市场竞争力的同时满足了社会对低排放汽车的推崇。同样，陶氏化学从 Nexera 油菜籽和葵花籽中获得社会利益和利润。这些种子的食用油产量是大豆的两倍，从而提高了种植者的利润。而且它们还具有更长的保质期，从而降低了整个供应链的运作成本。另外，这些油的饱和脂肪酸含量低于传统产品，并且不含反式脂肪酸。这是陶氏化学与社会的双赢。

S4.2　可持续性

从供应链管理到产品设计和生产再到包装和物流等运作职能为寻找共享价值和实现 CSR 目标提供了机会。[2] 可持续性通常与企业的社会责任相关。**可持续性**（sustainability）是指在不损害子孙后代满足其需求的能力的情况下满足当前的需求。许多第一次听说可持续性的人会想到绿色产品或"绿色环保"——回收利用、防止全球变暖和保护雨林等。这当然是其中的一部分。但是，可持续性的概念不仅限于此。真正的可持续性不仅要考虑环境资源，还要考虑员工、客户、社区和公司的声誉。在管理者考虑可持续性决策时，三个概念可能会有所帮助：系统角度、共有物和三重底线。

S4.2.1　系统角度

管理者从系统角度看可能会发现有关可持续性的决策有所改善。这意味着要看产品从设计到废弃的整个生命周期，包括所需的所有资源。认识到原材料和人力资源是任何生产过程的子系统可以为此提供有用的视角。同样，产品或服务本身只是更大的社会、经济和环境系统的一小部分。确实，管理者需要了解互动系统之间的输入和接口，并搞清楚一个系统的变化如何影响其他系统。例如，可以预料雇用或解雇员工会对内部系统（组织内部）的士气产生影响，并对外部系统产生社会经济影响。同样，将化学物质倾倒在水里会对公司以外的系统产生影响。一旦管理者了解到受其直接控制的系统与位于其下和位于其上的系统之间存在交互作用，则可以对可持续性做出更明智的判断。

S4.2.2　共有物

生产系统的许多输入具有市场价格，而其余的输入则没有。那些没有市场价格的输入是属于公众的或共同所有的资源。共同所有的资源经常被错误分配，如公共水域中鱼类的枯竭以及空气和水道受到污染。人们的态度似乎是，多捕一点鱼或多污染一点没有关系，或者不利结果可能被视为其他人的问题。社会仍在寻求共同使用这些资源的解决方案。答案可以通过多种方式慢慢找到：（1）将一些共有财产转移为私有财产（例如，出售无线电频谱）；（2）权利分配（例如，建立捕鱼边界）；（3）产量分配（例如，只能获得给定数量的鱼）。当管理人员了解公地问题时，他们对可持续性和关心公地的义务就会有更为深入的了解。

S4.2.3　三重底线

不考虑其决策对所有利益相关方影响的公司会发现其销售额和利润在减少。利润最大化不是成功的唯一指标。一维的利润底线是不够的；公司之上的更大的社会经济体系需要的更多。考虑可持续性的一种方法是考虑支持三个 P（人、地球和利润）的三重底线所必需的系统（见图 S4 - 1），我们现在对其加以讨论。

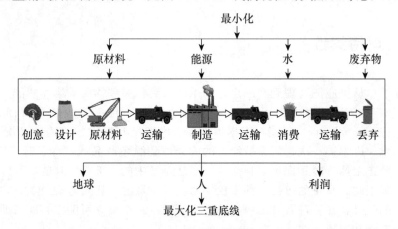

图 S4 - 1 通过可持续性改善三重底线

人 公司日益意识到它们的决策会如何影响人们，不仅是员工和客户，还有生活在其运营社区中的人。大多数雇主希望支付合理的工资，提供受教育的机会，并提供安全健康的工作场所。他们的供应商也是如此。但是全球化和对外包给全球供应商的依赖使这项任务变得复杂。这意味着公司必须制定指导供应商选择和绩效的政策。可持续性建议供应商选择和绩效标准评估工作环境中的安全性，是否支付生活工资，是否使用童工以及工作时间是否过长。苹果、通用电气、宝洁和沃尔玛是进行供应商审核以发现与可持续发展目标相悖的任何有害或剥削性商业行为的典型案例。

沃尔玛意识到客户越来越想知道他们购买的产品中的材料是否安全并且是否以负责任的方式生产，因而沃尔玛开始开发全球可持续产品指数，以评估产品的可持续性。该计划的目标是建立更透明的供应链，加速采用最佳操作并推动产品创新。

沃尔玛发现供应链透明度、积极的劳动习惯、社区参与以及质量、效率和成本之间存在关联。沃尔玛致力于与供应商合作以销售安全的、为客户创造价值并以可持续方式生产的优质产品。该公司通过以下方式实现这一目标：

1. 通过创建高效、健康和安全的工作场所改善工作环境。

2. 通过提供负担得起的高质量服务（如支持员工及其家庭的教育和职业培训）来建立强大的社区。

3. 防止接触对人体健康有害或有毒的物质。

4. 通过增加获得营养产品的机会，鼓励健康的生活方式和提升接触保健的机会来提升健康和保健。

沃尔玛的首席执行官曾表示，对自己的员工不公正的公司也可能会忽略质量，他不会继续与这些供应商进行业务往来。因此，运作经理必须考虑他们安置员工的工作条件。这包括培训和安全指导、换班前练习、耳塞、护目镜和休息时间，以降低工人疲劳和受伤的可能性。运作经理还必须就包括危险材料在内的废料和化学废弃物的处置做出决策，以免损害员工或社区。

地球 在讨论可持续性主题时，我们首先想到的是地球环境，因此可以理解，它引起了管理人员的最大关注。运作经理寻求减少运作对环境影响的方法，无论是原料选择、工艺创新、替代产品、交付方式还是使用寿命结束时的产品废弃。运作经理的首要目标是节约稀缺资源，从而减少对环境的负面影响。以下是组织如何创造性地使运作更加环保的一些示例：

● 生产 Windex 清洁剂、Saran Wrap 保鲜膜、Ziploc 密实袋和 Raid 杀虫剂的庄臣公司（S. C. Johnson）开发了 Greenlist 系统，这是一个评估原材料对人类和环境健康影响的分类系统。通过使用 Greenlist 系统，庄臣公司消除了其产品中数百万磅的污染物。

● 肯塔基州的 31 个公立学区使用混合动力校车。据估计，与标准柴油校车相比，这种校车节省燃油高达 40%，燃油里程从每加仑 7.5 英里增加到每加仑 12 英里。

● 李维（Levi）（李维斯品牌的创立者）发起一项节约牛仔裤生产中用水的运动，如运作管理实践专栏中的"蓝色牛仔裤与可持续性"所示。

运作管理实践

蓝色牛仔裤与可持续性

加利福尼亚最近的干旱不仅给农民带来更多伤害，还对时装业产生重大影响，并促使牛仔裤的制造方式和洗涤方式发生了变化。据估计，南加利福尼亚有全球最大的优质牛仔布供应商，优质牛仔裤的价格在 100～200 美元。在加工的各个步骤中，水是关键组成部分，并利用石头反复洗涤牛仔布，再漂白和染色，形成复古的风格。南加利福尼亚生产的美国高端牛仔布占全球的 75%。该地区约有 200 000 名员工，是美国最大的时装制造中心。

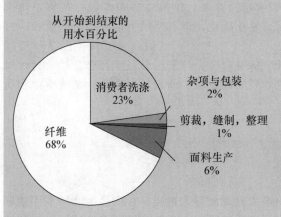

从开始到结束的用水百分比

- 消费者洗涤 23%
- 杂项与包装 2%
- 剪裁，缝制，整理 1%
- 纤维 68%
- 面料生产 6%

现在，节水已成为全球优先事项，主要的牛仔品牌正在努力减少用水。销售额达 50 亿美元的李维斯公司正在使用臭氧机替代传统上用于牛仔布的漂白剂。它还减少了洗牛仔裤的次数。2011 年以来，该公司通过李维的节水运动（Levi's Water Less campaign）节省了超过 10 亿升水。该公司计划到 2020 年，将采用无水工艺生产的李维斯品牌产品比例从目前的 25% 提高到 80%。

传统上，制作一条李维斯特色 501 牛仔裤在剪裁、缝制和整理的过程中会使用约 34 升水。一条李维斯 501 牛仔裤在其整个使用寿命中会使用近 3 800 升水。一项研究发现，棉花种植用水占其中的 68%，而消费者洗涤用水占其中的 23%。因此，李维斯提倡牛仔裤在穿 10 次后才需要清洗。（美国消费者平均穿 2 次后会洗。）李维斯的首席执行官最近强烈呼吁人们停止洗牛仔裤，并说自己现在没有洗过购买不到一年的牛仔裤。他说："您可以风干牛仔裤并进行局部清洁。"

资料来源：*The Wall Street Journal*（April 10, 2015）and *New York Times*（March 31, 2015）.

为了评估自己对地球的环境影响，许多公司正在测量其碳足迹。**碳足迹**（Carbon footprint）是对组织、产品、事件或个人直接和间接造成的温室气体（GHG）排放总量的度量。很大一部分温室气体是通过农业、牲畜和腐烂的植物自然释放的，在较小程度上是通过制造和服务释放的。人类活动产生的最常见的温室气体是二氧化碳，主要来自燃烧矿物燃料用于发电、供热和运输。运作经理被要求尽其所能减少温室气体的排放。

菲多利公司等行业领导者已经能够分解生产过程各个阶段的碳排放量。例如，在薯片生产中，一袋 34.5 克的薯片的碳排放量约为其重量的两倍（如图 S4-2 所示）。

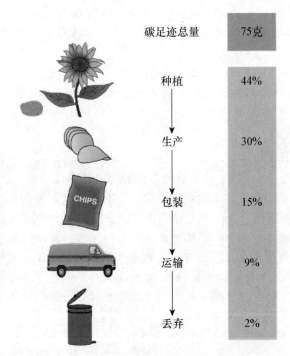

碳足迹总量　　75克

种植　　44%

生产　　30%

包装　　15%

运输　　9%

丢弃　　2%

图 S4-2　菲多利 34.5 克袋装薯片的碳足迹

利润　没有经济可持续性就不存在社会和环境的可持续性。**经济可持续性**（economic sustainability）是指公司如何维持业务。维持业务需要进行投资，而投资则需要获利。虽然利润可能相对而言易于确定，但其他措施也可用于衡量经济可持续性，包括风险概况、知识产权、员工士气和公司估值。为了支持经济可持续性，企业可以用某些版本的社会会计对标准财务会计和报告进行补充。社会会计可以包括品牌资产、人才管理、人力资本开发和收益、研发、生产率、慈善事业和所缴税款。

S4.3　可持续性设计与生产

运作经理为公司的环境目标做出重大贡献的最大机会是在产品生命周期评估期间。**生命周期评估**（life cycle assessment）评价产品对环境的影响，从原材料和能源输入一直到产品报废为止。其目标是做出有助于减少产品在整个生命周期中对环境影响的决策。专注于 3R（减少（reduce）、重复使用（reuse）和回收（recycle））可以帮助实现此目标。通过合并这三个 R，产品设计团队、流程经理和供应链人员可以在减少产品对环境的影响方面取得长足进步，从而造福所有利益相关者。

S4.3.1　产品设计

产品设计是产品生命周期评估中最关键的阶段。此阶段做出的决策会极大地影响材料、质量、成本、过程、相关的包装和物流，并最终影响产品在丢弃时的处理方式。在设计过程中，目标之一是将系统角度纳入产品或服务设计中，以减少对环境的影响。这是第一个 R。这种方法减少了供应商、物流系统以及最终用户的浪费和能源成本。例如，宝洁公司从系统角度出发，开发了 Tide Coldwater，这是一种可以用冷水清洗衣服的洗涤剂，可为消费者节省通常洗涤用水量的 3/4。

其他成功的设计工作包括：

● 波士顿的公园广场酒店（Park Plaza Hotel）在浴室中安装了泵式分配器，取代了肥皂和洗发水瓶，每年减少 100 万个塑料容器的使用。

● 美国联合包裹运送服务公司（UPS）通过研发由 100％ 再生纤维制成的可重复使用的快递信封，减少了信封所需材料的数量。这些信封被设计为可以使用两次，第二次使用后，信封可以回收。

● 可口可乐设计的达萨尼饮料瓶减少了所需的塑料量，现在比刚推出时轻了 30％。

产品设计团队还寻找制造产品的替代材料。使用替代材料进行创新可能很昂贵，但会使汽车、卡车和飞机更加环保，同时提高有效负载和燃油效率。例如，飞机和汽车制造商一直在寻找更轻的材料用于其产品。较轻的材料可以改善燃油经济性，减少碳排放量并降低运营成本。例如：

● 梅赛德斯正在用可生物降解和轻质的香蕉纤维制造汽车外饰。

● 一些福特汽车的座垫由可回收的塑料汽水瓶和旧衣服制成。

● 波音在其新型 787 梦想客机中使用碳纤维、环氧树脂复合材料和钛石墨层压板来减轻重量。

产品设计师通常必须在两个或多个环保设计方案之间作出选择。例 S1 涉及拆卸设计的成本收益分析。此过程着重于第二个和第三个 R：重复使用和回收。设计团队分析了回收的收入与产品报废后的处置成本。

例 S1

拆卸设计

Sound Barrier 公司需要确定两种扬声器设计中哪一种在环保方面更好。

方法

设计团队为两种音频扬声器设计——Harmonizer 和 Rocker 收集了以下信息：

1. 组件的转售价值减去运输到拆卸设施的成本。

2. 回收收入。

3. 加工成本，包括拆卸、分类、清洁和包装。

4. 处置成本，包括运输、费用、税金和处理时间。

解答

设计团队为两种扬声器备选设计方案统计了以下收入和成本信息：

Harmonizer   单位：美元

部件	单位转售收入	单位回收收入	单位加工成本	单位处置成本
印刷电路板	5.93	1.54	3.46	0.00
层压板背面	0.00	0.00	4.53	1.74
卷材	8.56	5.65	6.22	0.00
处理器	9.17	2.65	3.12	0.00
机架	0.00	0.00	2.02	1.23
铝盒	11.83	2.10	2.98	0.00
总计	35.49	11.94	22.33	2.97

Rocker   单位：美元

部件	单位转售收入	单位回收收入	单位加工成本	单位处置成本
印刷电路板	7.88	3.54	2.12	0.00
卷材	6.67	4.56	3.32	0.00
机架	0.00	0.00	4.87	1.97
处理器	8.45	4.65	3.43	0.00
塑料盒	0.00	0.00	4.65	3.98
总计	23.00	12.75	18.39	5.95

使用公式（S4-1），设计团队可以比较两种备选设计方案：

$$\text{收入} = \frac{\text{总转售}}{\text{收入}} + \frac{\text{总回收}}{\text{收入}} - \frac{\text{总加工}}{\text{成本}} - \frac{\text{总处置}}{\text{成本}}$$

（S4-1）

$$\text{来自 Harmonizer 的收入} = 35.49 + 11.94$$
$$- 22.33 - 2.97$$
$$= 22.13（美元）$$

$$\text{来自 Rocker 的收入} = 23.00 + 12.75$$
$$- 18.39 - 5.95$$
$$= 11.41（美元）$$

启示

在分析了每种扬声器设计方案的环境收益和成本要素之后，设计团队发现 Harmonizer 是更好的环境备选设计方案，因为它有获得更高收益的机会。注意，团队假设这两种产品具有相同的市场接受度、获利能力和环境影响。

练习

如果供应链发生变化，导致 Harmonizer 层压板背面的加工和处置成本增加 3 倍，将会发生什么？［回答：Harmonizer 的收入为 35.49 + 11.94 - 31.39 - 6.45 = 9.59 美元。这比 Rocker 的收入 11.41 美元要少，因而 Rocker 成为更好的环境备选设计方案，因为它有获得更高收益的机会。］

相关课后练习题

S4.1，S4.2，S4.3，S4.9，S4.12，S4.13，S4.14

S4.3.2 产品加工

制造商正在寻找减少生产过程中资源使用量的方法。在生产过程中减少环境影响的机会通常是关于能源、水和环境污染方面的。节约能源和提高能源利用效率来自使用替代能源和更节能的机械。例如：

- 庄臣公司建造了自己的发电厂，该发电厂使用附近垃圾填埋场输送的天然气和甲烷发电，从而减少了对燃煤的依赖。

- 百事开发了 ReCon 诊断工具，用于了解和减少工厂内水和能源的使用。在最初的 2 年中，ReCon 帮助全球各地的工厂诊断出 22 亿升的节水量，相应地节省了近 270 万美元的成本。

- 菲多利决定从土豆中提取 80％的水。每年，每个工厂加工 35 万吨马铃薯，在加工这些马铃薯时，公司将提取的水重复利用，用于工厂的日常生产。

生产过程中的这些案例和类似的成功案例减少了成本和环境问题。消耗的能源更少了，需要填埋的材料也减少了。

S4.3.3　物流

随着产品在供应链中的移动，管理者努力打造高效的路线和交付网络，就像努力降低运作成本一样。这样做可以减少对环境的影响。管理分析（如线性规划、排队和车辆路线选择软件）可帮助全球公司优化精心设计的供应链和分销网络。对集装箱船、飞机、火车和卡车的网络进行分析，可以减少行驶里程或交付所需的时间。例如：

- UPS 发现左转弯会增加交货时间。反过来，这会增加燃料使用量和碳排放量。因此，UPS 计划用最少的左转弯规划其送货卡车路线。同样，飞机在不同的高度和航线飞行以减少燃料的使用和碳排放。

- 食品配送公司现在拥有带有三个温度区（冷冻、冷藏和非冷藏）的卡车，而不是使用三种类型的卡车。

- 惠而浦从根本上修改了其包装，以减少交付期间设备的碰撞，从而节省了运输和保修成本。

为了进一步提高物流效率，运作经理还考虑了成本、投资回收期和公司规定的环境目标，来评估设备的备选方案。例 S2 处理的决策考虑了生命周期的持有成本。企业必须决定是为实现其可持续发展目标的车辆预先支付更多的费用，还是为不能实现其可持续发展目标的车辆预先支付更少的费用。

| 例 S2 |

生命周期持有及交叉分析

蓝星公司（Blue Star）正在启动一项新的分销服务，该服务将汽车部件交付给当地汽车经销商的服务部门。蓝星公司发现了两种可以很好地完成这项工作的轻型卡车，现在需要选择一种来执行这项新服务。福特 TriVan 的价格是 28 000 美元，使用普通无铅汽油，平均燃油效率为每加仑 24 英里。TriVan 的运营成本为每英里 0.20 美元。混合动力卡车本田 CityVan 的价格为 32 000 美元，使用普通无铅汽油和电池动力，平均燃油效率为每加仑 37 英里。CityVan 的运营成本为每英里 0.22 美元。蓝星公司预计每年行驶的距离为 22 000 英里，两种卡车的使用寿命预计为 8 年，平均汽油价格为每加仑 4.25

美元。

方法

蓝星公司应用式（S4-2）评估每种卡车的生命周期总成本：

$$\begin{matrix}\text{生命周期} \\ \text{总成本}\end{matrix} = \begin{matrix}\text{车辆} \\ \text{成本}\end{matrix} + \begin{matrix}\text{生命周期} \\ \text{燃料成本}\end{matrix}$$

$$+ \begin{matrix}\text{生命周期} \\ \text{运营成本}\end{matrix} \quad (S4-2)$$

a. 根据生命周期成本，哪种类型的卡车是最佳选择？

b. 蓝星公司需要行驶多少英里才能使两种卡车的费用相等？

c. 时间的交叉点是多少年？

解答

a. 福特 TriVan：

$$\begin{matrix}\text{生命周期} \\ \text{总成本}\end{matrix} = \begin{matrix}28\,000 \\ \text{美元}\end{matrix} + \left(\frac{22\,000\ \text{英里/年}}{24\ \text{英里/加仑}}\right)$$

$$\times (4.25\ \text{美元/加仑})(8\ \text{年})$$

$$+ (22\,000\ \text{英里/年})$$

$$\times (0.20\ \text{美元/英里}) \times (8\ \text{年})$$

$$= 94\,367\ \text{美元}$$

本田 CityVan：

$$\begin{matrix}\text{生命周期} \\ \text{总成本}\end{matrix} = \begin{matrix}32\,000 \\ \text{美元}\end{matrix} + \left(\frac{22\,000\ \text{英里/年}}{37\ \text{英里/加仑}}\right)$$

$$\times (4.25\ \text{美元/加仑}) \times (8\ \text{年})$$

$$+ (22\,000\ \text{英里/年})$$

$$\times (0.22\ \text{美元/英里}) \times (8\ \text{年})$$

$$= 90\,936\ \text{美元}$$

b. 令 M 为英里的交叉点（收支平衡点），将两个生命周期成本方程设置为相等，并求解 M：

$$\text{TriVan 总费用} = \text{CityVan 总费用}$$

$$\begin{matrix}28\,000 \\ \text{美元}\end{matrix} + \left(\frac{4.25\ \text{美元/加仑}}{24\ \text{英里/加仑}} + 0.20\ \text{美元/加仑}\right)(M)$$

$$= 32\,000\ \text{美元} + \frac{4.25\ \text{美元/加仑}}{37\ \text{英里/加仑}}$$

$$+ 0.22\ \text{美元/加仑}(M)$$

得

$$28\,000\ \text{美元} + (0.377\,0\ \text{美元/英里})(M)$$
$$= 32\,000\ \text{美元} + (0.334\,9\ \text{美元/英里})(M)$$

得

$$(0.042\,1\ \text{美元/英里})(M) = 4\,000\ \text{美元}$$

得

$$M = \frac{4\,000\ \text{美元}}{0.042\,1\ \text{美元/英里}} = 95\,012\ \text{英里}$$

c. 时间的交叉点：

$$\text{交叉点} = \frac{95\,012\ \text{英里}}{22\,000\ \text{英里/年}} = 4.32\ \text{年}$$

启示

a. 即使最初的固定成本和每英里的变动运营成本较高，本田 CityVan 仍是最佳选择。节省的钱来自本田 CityVan 更好的燃油里程表现（每加仑可以行驶更多的里程）。

b. 交叉点（收支平衡点）为 95 012 英里，这表明在该里程点，两种卡车的成本相同。

c. 需要花费 4.32 年才能收回购买和操作任何一种车辆的成本。在 8 年的预期使用寿命内，本田 CityVan 每英里的运营成本将比福特 TriVan 低约 0.03 美元。

练习

如果汽油成本降至每加仑 3.25 美元，那么每种货车的生命周期总成本、以英里为单位的收支平衡点和以年为单位的交叉点将是多少？〔回答：福特 TriVan 的生命周期总成本为 87 033 美元，本田 CityVan 的生命周期总成本为 86 179 美元；收支平衡点为 144 927 英里；交叉点是 6.59 年。〕

相关课后练习题

S4.4，S4.5，S4.6，S4.10，S4.11，S4.15，S4.16，S4.17，S4.18，S4.19

S4.3.4 报废阶段

我们在前面提到过，在产品设计阶段，管理者需要考虑产品进入报废阶段后，产品或产品的材料会出现什么状况。耗费原材料少，采用再生材料或可回收材料的产品都有助于可持续发展，减少了燃烧或掩埋决策的需要，也节约了稀缺的自然资源。

具有创新能力和可持续发展意识的公司现在正在设计**闭环供应链**（closed-loop supply chains），也称为逆向物流。企业不能像以前一样出售产品后就不管不顾。它们需要设计和实施报废系统，以实现产品的物理返还，从而有利于回收或再利用。

卡特彼勒凭借其在再制造技术和流程方面的专业知识，制定了再制造计划 Cat Reman，以表明其对可持续性的承诺。卡特彼勒重新制造的零件和组件具有与新产品相同的性能和可靠性，成本却很低廉，同时降低了对环境的影响。再制造项目基于一个交换系统，在该系统中，客户退回用过的组件以换取再制造的产品。结果为客户降低了运作成本，减少了材料浪费，并且减少了生产新产品所需的原材料。在1年的时间里，卡特彼勒回收了210万件报废产品，并用回收的铁重新制造了1.3亿磅的材料。

运作管理实践专栏中的"从装配线到绿色拆卸线"描述了一家汽车制造商的汽车设计理念，以促进进入报废阶段的汽车的拆卸、回收和再利用。

运作管理实践

从装配线到绿色拆卸线

自发明装配作业线以制造汽车以来，已经过去了一个世纪。现在，我们正在开发拆卸作业线以将它们拆解。需要拆解的汽车是如此之多，以至于回收是美国第16大产业。其发展动力包括强制性的行业回收标准以及消费者基于"绿色"程度购买汽车兴趣的日益浓厚。

传统上，新车设计对回收商不利，因为很少考虑拆卸。某些组件（如安全气囊）的拆卸难以操作且危险，并且需要花费一些时间才能拆卸掉。但是，制造商现在的设计方式可以轻松地使材料在下一代汽车中重复使用。2015年梅赛德斯S级轿车的可回收利用率为95%。宝马在欧洲、日本、纽约、洛杉矶和奥兰多均设有拆卸厂。

巴尔的摩一个占地200 000平方英尺的巨型工厂（称为CARS）每年可拆卸多达30 000辆汽车。在CARS最初的"绿化站"，工作人员利用专用工具刺破储罐，排出液体，卸下电池和储气罐；然后卸下轮子、门、引擎盖和后备箱。接下来是内部物品，取出塑料零件并分类以进行回收；随后是玻璃，内饰和后备厢材料。最后，底盘作为商品出售给使用废钢的小型钢厂。可重复使用的零件被编码并输入数据库。

资料来源：*Wall Street Journal*（April 29, 2008）and *Time*（February 4, 2010）.

S4.4 法规与行业标准

政府、行业标准和公司政策都是运作决策中的重要因素。如果不搞清楚这些限制因素，可能会造成巨大的损失。在过去的100年中，我们已经看到指导管理者进行产品设计、制造/组装和拆卸/处置法规、标准和政策的发展。

为指导产品设计决策，美国的法律和法规（如美国食品药品监督管理局（FDA）、美国消费品安全委员会（CPSC）和美国国家公路交通安全管理局（National Highway Safety Administration））提供了指南和操作准则。

制造和组装活动拥有自己的一套监管机构，用以提供指导和运作标准。在美国，这些机构包括美国职业安全与健康管理局（OSHA）、美国环境保护署（EPA）以及许多规范工人权利和就业标准的州和地方机构。

负责管理危险产品拆卸和处置的美国机构包括EPA和运输部。不断变化的趋势和创新缩短了产品寿命，因此产品设计人员承受着拆卸设计的巨大压力。这鼓励设计人员设计可以拆卸且可以回收其组件的产品，从而最大限度地减少对环境的影响。

组织在社会和监管机构的监督下从道义上开展降低对消费者、员工和环境的损害的活动。而这导致社区、州、联邦甚至国际法律法规的泛滥，常常使合规性变得复杂。辖区之间法规和报告要求之间缺乏协调，不仅增加了复杂性，而且增加了成本。

从以下示例可以明显看出，几乎所有行业都必须遵守某种形式的法规：

- 商业房屋建筑商不仅需要管理用水，还需要为每个场所制定污染预防计划。
- 公共饮用水系统必须符合《联邦安全饮用水法》（Federal Safe Drinking Water Act）的砷标准，现有设施也要如此。
- 医院必须符合《资源保护和恢复法》（Resource Conservation and Recovery Act）的规定，该法规范了危险物质的储存和处理。

无视法规的后果可能是灾难性的。EPA调查环境犯罪，追究公司和个人的责任，相关责任者可被判处监禁和高额罚款。（过去几年，英国石油公司因违反美国环境和安全法律而支付了数十亿美元的罚款。）即使未犯罪，对于不遵守法规的公司来说，财务影响和客户剧变也可能是灾难性的。由于缺乏供应商的监督，美国最大的玩具生产商美泰公司（Mattel, Inc.）近年来由于铅涂料等对消费者健康的危害，召回了超过1 000万个玩具。

国际环境政策与标准

联合国气候变化框架公约（UNFCCC）、国际标准化组织（ISO）和世界各国的政府正在指导企业减少从材料处理到减少温室气体排放的环境影响。一些国家通过立法，强制公司根据温室气体排放量缴税，从而彻底减少温室气体排放。这里，我们提供一些适用于企业如何经营、制造和分销产品和服务的相关国际标准的概述。

欧盟排放权交易系统 欧盟已经制定并实施了欧盟排放权交易系统（EUETS）

以应对气候变化。这是减少欧盟工业温室气体排放的关键工具。EUETS 遵循 "限额交易" 原则。这意味着对欧盟领空中的工厂、发电厂和航空公司可能排放的某些温室气体总量有一个上限或限制。在此上限之内，公司获得排放配额，可以根据需要相互出售或购买。

ISO 14 000 国际标准化组织（ISO）以其对 ISO 9000 质量保证标准的贡献而闻名（这些内容在第 5 章中进行讨论）。ISO 14000 系列源自 ISO 致力于支持 1992 年联合国可持续发展目标的承诺。ISO 14000 是一系列环境管理标准，其中包含五个核心元素：（1）环境管理；（2）审核；（3）绩效评估；（4）标志；（5）生命周期评估。能证明这些元素的公司可以申请认证。ISO 14000 具有以下优点：

- 正面的公众形象及减少责任风险。
- 通过最小化产品和活动对生态影响的良好系统方法来预防污染。
- 与法规要求及竞争优势的机会相统一。
- 减少了多次审核的需要。

ISO 14 000 标准已在 155 个国家/地区的 200 000 多家组织实施。已执行 ISO 14 000 标准的公司报告了环境和经济效益，例如减少了原材料/资源的使用，减少了能源消耗，降低了分销成本，改善了公司形象，提高了流程效率，减少了废物产生和处置成本以及更好地利用了可回收资源。

环境管理体系的 ISO 14001 为公司提供了指导，以最大限度减少其活动对环境造成的有害影响。运作管理实践中的 "斯巴鲁的清洁和绿色的车轮：ISO 14001" 表明了 ISO 14000 标准的日益普及。

运作管理实践

斯巴鲁的清洁和绿色的车轮：ISO 14001

"走向绿色" 的开端很不起眼。首先是报纸、汽水罐和瓶子以及瓦楞纸包装——这些东西通常被扔到你的回收箱中。斯巴鲁（Subaru）在印第安纳和拉斐特的工厂成为北美第一家完全无废料的汽车工厂的过程，始于员工将这些物品放入遍布工厂的回收箱中。然后是员工授权。工厂 ISO 14001 环境合规负责人丹尼斯·库根（Denise Coogan）说："我们针对不同的事项提出了 268 条建议，以改善我们的回收工作。"

有些想法很容易变成现实。库根说："关于塑料收缩包装，我们发现一些（回收商）不回收彩色的收缩包装。因此，我们找到供应商，要求只使用透明的收缩包装。" 有些想法则不容易实现。"我们翻了翻回收箱看看我们扔掉了什么东西，并且思考能用它做什么。"

7 年前，斯巴鲁产生的最后一堆废弃物进入了垃圾填埋场。从那时起，进入斯巴鲁工厂的所有物品最终都会作为可用产品离开工厂。库根补充说："我们没有重新定义 '零'。零意味着什么废料都没有产生。在我们的制造过程中，什么都没有填埋。"

仅去年一年，斯巴鲁工厂就回收了 13 142 吨钢、1 448 吨纸制品、194 吨塑料、10 吨溶剂浸泡过的抹布和 4 吨灯泡。这相当于节省了 29 200 棵树、670 000 加仑石油、34 700 加仑天然气、1 000 万加仑水和 530 亿瓦电。"走向绿色" 并非易事，但可以做到！

资料来源：*IndyStar*（May 10，2014）and *Business-Week*（June 6，2011）.

小 结

如果一家企业想要生存和有竞争力，就必须制定企业社会责任和可持续发展战略。运作和供应链经理知道，他们在企业的可持续发展目标中扮演着至关重要的角色。他们的行为会影响所有利益相关者。他们必须不断寻求新的创新方式来设计、生产、交付和处置可盈利的、令客户满意的产品，同时遵守众多的环境法规。没有运作和供应链管理者的专业知识和承诺，企业将无法履行其可持续性义务。

讨论题

1. 公司为什么必须履行企业社会责任？

2. 在网上查找知名公司的可持续发展声明，并分析该公司的政策。

3. 解释可持续性。

4. 讨论三个 R。

5. 解释闭环供应链。

6. 你如何将公司归类为绿色公司？

7. 为什么可持续的商业实践很重要？

例题解答

例题解答 S4.1

Superior Electronics 公司的设计团队正在研发一种移动音频播放器，必须在两种设计方案之间进行选择。在获得更高收益的基础上，哪个方案是更好的环保备选设计方案？

解答

设计团队收集单位转售收入、单位回收收入、单位加工成本以及单位处置成本，并且计算来自每个设计的收入：

设计 1 单位：美元

部件	单位转售收入	单位回收收入	单位加工成本	单位处置成本
调谐钮	4.93	2.08	2.98	0.56
扬声器	0.00	0.00	4.12	1.23
机壳	6.43	7.87	4.73	0.00
总计	11.36	9.95	11.83	1.79

设计 2 单位：美元

部件	单位转售收入	单位回收收入	单位加工成本	单位处置成本
调谐钮	6.91	4.92	3.41	2.13
机壳	5.83	3.23	2.32	1.57
扩音器	1.67	2.34	4.87	0.00
扬声器	0.00	0.00	3.43	1.97
总计	14.41	10.49	14.03	5.67

使用式（S4-1），比较两个备选设计方案：

$$收入 = 总转售收入 + 总回收收入$$
$$- 总加工成本 - 总处置成本$$

$$来自设计 1 的收入 = 11.36 + 9.95 - 11.83 - 1.79$$
$$= 7.69（美元）$$

$$来自设计 2 的收入 = 14.41 + 10.49 - 14.03 - 5.67$$
$$= 5.20（美元）$$

当产品进入报废阶段时，可以从设计 1 的方案中获得最大收益。

■ ■ ■ ■ ■ **例题解答 S4.2** ■ ■ ■ ■ ■

海波特市正在购买用于当地学校系统的新校车。海波特市找到了它感兴趣的两种校车。购买 Eagle Mover 及使用柴油总共需花费 80 000 美元，平均燃油效率为每加仑 10 英里。Eagle Mover 的运营成本为每英里 0.28 美元。购买混合动力巴士 Yellow Transport 及使用柴油和电池动力总共需要花费 105 000 美元，平均燃油效率为每加仑 22 英里。Yellow Transport 的运营成本为每英里 0.32 美元。每年行驶的距离为 25 000 英里，每种巴士的预期寿命为 10 年。柴油的平均价格为每加仑 3.50 美元。

解答

a. 基于生命周期成本，哪种巴士是更好的选择？

Eagle Mover：

$$80\ 000\ 美元 + \left(\frac{25\ 000\ 英里/年}{10\ 英里/加仑}\right)$$
$$\times (3.50\ 美元/加仑) \times (10\ 年)$$
$$+ (25\ 000\ 英里/年) \times (0.28\ 美元/英里)$$
$$\times (10\ 年)$$
$$= 237\ 500\ 美元$$

Yellow Transport：

$$105\ 000\ 美元 + \left(\frac{25\ 000\ 英里/年}{22\ 英里/加仑}\right)$$
$$\times (3.50\ 美元/加仑) \times (10\ 年)$$
$$+ (25\ 000\ 英里/年)(0.32\ 美元/英里)$$
$$\times (10\ 年)$$

$$= 224\ 773\ 美元$$

Yellow Transport 是更好的选择。

b. 每年行驶多少英里才能使两种巴士的费用相等？

令 M 为以英里为单位的收支平衡点，设方程式彼此相等，并求解 M：

$$\begin{matrix} \text{Eagle Mover} \\ \text{总费用} \end{matrix} = \begin{matrix} \text{Yellow Transport} \\ \text{总费用} \end{matrix}$$

$$80\ 000\ 美元 + \left(\frac{3.50\ 美元/加仑}{10\ 英里/加仑} + 0.28\ 美元/英里\right)(M)$$
$$= 105\ 000\ 美元 + \left(\frac{3.50\ 美元/加仑}{22\ 英里/加仑}\right.$$
$$+ 0.32\ 美元/英里\Big)(M)$$

得

$$80\ 000\ 美元 + (0.630\ 美元/英里)(M)$$
$$= 105\ 000\ 美元 + (0.479\ 美元/英里)(M)$$

得

$$(0.151\ 美元/英里)(M) = 25\ 000\ 美元$$

得

$$M = \frac{25\ 000\ 美元}{0.151\ 美元/英里} = 165\ 563\ 英里$$

c. 时间的交叉点是多少年？

$$交叉点 = \frac{165\ 563\ 英里}{25\ 000\ 英里/年} = 6.62\ 年$$

┏ **练习题** ──■

S4.1　Brew House 需要确定两种咖啡机设计中哪一种在环保方面表现更佳。使用下表确定哪种方案是更好的备选设计方案。

Brew Master 单位：美元

部件	单位转售收入	单位回收收入	单位加工成本	单位处置成本
金属机架	1.65	2.87	1.25	0.75
计时器	0.50	0.00	1.53	1.45
插头/电线	4.25	5.65	6.22	0.00
咖啡壶	2.50	2.54	2.10	1.35

Brew Mini 单位：美元

部件	单位转售收入	单位回收收入	单位加工成本	单位处置成本
塑料机架	1.32	3.23	0.95	0.95
插头/电线	3.95	4.35	5.22	0.00
咖啡壶	2.25	2.85	2.05	1.25

S4.2 使用练习题 S4.1 中的信息，如果 Brew House 决定为 Brew Mini 添加计时器，哪种设计方案是更好的环保选择？假设计时器的收入和成本与 Brew Master 的相同。

S4.3 使用练习题 S4.1 中的信息，如果 Brew House 决定从 Brew Master 模型中删除计时器，哪种设计方案是更好的环保选择？

S4.4 根据下表提供的信息，此混合动力汽车的生命周期总成本是多少？

车辆购置成本	17 000 美元
车辆每英里运营成本	0.12 美元
车辆的使用寿命	15 年
每年行驶英里数	14 000
每加仑汽油行驶英里数	32
每加仑汽油平均价格	3.75 美元

S4.5 问题 S4.4 中的混合动力汽车与汽车制造商竞争对手的替代汽车（信息见下图）之间以英里为单位的交叉点是多少？

车辆购置成本	19 000 美元
车辆每英里运营成本	0.09 美元
车辆的使用寿命	15 年
每年行驶英里数	14 000
每加仑汽油行驶英里数	35
每加仑汽油平均价格	3.75 美元

S4.6 基于练习题 S4.5 中以英里为单位的交叉点，时间的交叉点是多少年？

S4.7 在练习题 S4.5 中，如果汽油价格升至每加仑 4.00 美元，新的以英里为单位的交叉点将是多少？

S4.8 使用练习题 S4.7 中新的以英里为单位的交叉点，时间的交叉点是多少？

S4.9 奔驰正在评估两个挡风玻璃供应商中哪一个能为拆卸提供更环保的设计。使用下表在 PG Glass 和 Glass Unlimited 之间进行选择。

PG Glass 单位：美元

部件	单位转售收入	单位回收收入	单位加工成本	单位处置成本
玻璃	12	10	6	2
钢架	2	1	1	1
绝缘橡胶	1	2	1	1

Glass Unlimited

单位：美元

部件	单位转售收入	单位回收收入	单位加工成本	单位处置成本
反射玻璃	15	12	7	3
铝架	4	3	2	2
绝缘橡胶	2	2	1	1

S4.10　具有环保意识的苏珊（Susan）被告知，一辆新的电动汽车每英里只排放 6 盎司的温室气体，但标准的燃油汽车的排放量是每英里 12 盎司。但是，电动汽车新技术和电池的生产本身就会产生 30 000 磅的温室气体，而回收会另外产生 10 000 磅的温室气体。生产一辆标准燃油汽车仅产生 14 000 磅的温室气体，回收产生的温室气体也仅为 1 000 磅。苏珊希望采用一种系统方法来考虑其决策的生命周期影响。她必须驾驶电动汽车多少英里才能使其成为减少温室气体排放的最佳选择？

S4.11　南佐治亚州的一个学区正在考虑订购 53 辆以丙烷为燃料的校车。一名学校管理员说："它们更健康，燃烧更清洁，并且比柴油动力巴士的噪声更小。"与汽油动力巴士相比，丙烷动力巴士温室气体的排放量降低了 22%。与柴油动力巴士相比，也减少了 6%。但是丙烷动力巴士要贵一些——丙烷动力巴士要花费 103 000 美元，比柴油动力的同类产品贵 15 000 美元。

丙烷动力巴士的运营成本（高于燃油成本）为 30 美分/英里，而柴油动力巴士的运营成本为 40 美分/英里。佐治亚州的柴油费用约为每加仑 2 美元，比丙烷高出 1 美元。丙烷动力巴士的行驶里程为 12 英里/加仑，柴油为 10 英里/加仑。该校区的校车平均寿命为 9 年，由于校区面积较大并且所处位置较为偏僻，每辆校车每年平均行驶 30 000 英里。

基于生命周期分析，哪种类型的巴士是更好的选择？

S4.12　草坪设备制造商 Green Forever 具有两种草坪修剪机设计的初步图纸。查拉·弗雷利（Charla Fraley）的工作是确定哪种方案更环保。具体来说，她将使用以下数据来帮助公司确定设计方案的选择：

GF Deluxe

单位：美元

部件	单位转售收入	单位回收收入	单位加工成本	单位处置成本
金属驱动器	3.27	4.78	1.05	0.85
电池	0.00	3.68	6.18	3.05
电机壳	3.93	2.95	2.05	1.25
打草头	1.25	0.75	1.00	0.65

Premium Mate

单位：美元

部件	单位转售收入	单位回收收入	单位加工成本	单位处置成本
金属驱动器	3.18	3.95	1.15	0.65
电池	0.00	2.58	4.98	2.90
电机壳	4.05	3.45	2.45	1.90
打草头	1.05	0.85	1.10	0.75

a. 来自 GF Deluxe 的收入是多少？

b. 来自 Premium Mate 的收入是多少？

c. 基于收入哪种方案是更好的备选设计方案？

S4.13　Green Forever（参见练习题 S4.12）已决定向 GF Deluxe 添加具有成本和收入估算的串式进料系统，如下表所示。

a. 每种模型新的收入是多少？

b. 哪种模型是更好的环境备选设计方案？

单位：美元

部件	单位转售收入	单位回收收入	单位加工成本	单位处置成本
串式进料系统	1.05	1.25	1.50	1.40

S4.14　Green Forever（参见练习题 S4.12）的挑战是，如果为 Premium Mate 使用另外一种电池，哪种设计方案是更环保的选择。备选电池的收入和成本如下：

单位：美元

部件	单位转售收入	单位回收收入	单位加工成本	单位处置成本
电池	0.00	3.68	4.15	3.00

a. 来自 GF Deluxe 的收入是多少？

b. 来自 Premium Mate 的收入是多少？

c. 哪种设计更环保？

S4.15　Hartley Auto Supply 向区域汽车服务中心交付零件，并要更换其运输车队。根据下表提供的信息，该汽油动力车的生命周期总成本是多少？

车辆购置成本	25 000 美元
车辆每英里的运营成本	0.13 美元
车辆的使用寿命	10 年
每年行驶英里数	18 000
每加仑汽油行驶英里数	25
每加仑汽油平均价格	2.55 美元

S4.16　基于练习题 S4.15 中的数据以及具有如下表所示规格的混合动力汽车：

a. 以英里为单位的交叉点是多少？

b. 在到达交叉点之前，哪种车成本最低？

车辆购置成本	29 000 美元
车辆每英里的运营成本	0.08 美元
车辆的使用寿命	10 年
每年行驶英里数	18 000
每加仑汽油行驶英里数	40
每加仑汽油平均价格	2.55 美元

S4.17　基于练习题 S4.16 中得到的以英里为单位的交叉点，时间交叉点是多少？

S4.18　使用练习题 S4.16 中的数据，如果汽油价格升至每加仑 3.00 美元，新的以英里为单位的交叉点将是多少？

S4.19　使用练习题 S4.18 中新的交叉点，需要多少年才能达到该点？

注　释

[1] 作者要感谢中佛罗里达大学的 Steve Leon 博士，感谢他对本章补充材料做出的贡献。

[2] 相关讨论请参见 M. E. Porter and M. R. Kramer. "Creating Shared Value," *Harvard Business Review*（Jan.-Feb. 2011）；M. Pfitzer, V. Bockstette, and M. Stamp. "Innovating for Shared Values," *Harvard Business Review*（Sept. 2013）。

快速复习 ■

主要标题	复习内容
企业社会责任	管理者必须考虑他们生产的产品和服务如何影响人和环境。 ■ 企业社会责任（CSR）：考虑环境、社会和财务影响的管理决策。 ■ 共享价值：制定政策和措施，以提高组织的竞争力，同时改善组织所在社区的经济和社会状况。
可持续性	■ 可持续性：在不损害子孙后代满足其需求的能力的前提下满足当前的需求。 系统角度：查看产品从设计到废弃的整个生命周期，包括所需的所有资源。 共有物：公众持有的生产系统的输入或资源。 三重底线：系统需要支持三个 P——人、地球和利润。 为了支持"人"，许多公司评估了工作环境中的安全性、所支付的工资、每周的工作时间。苹果、通用电气、宝洁和沃尔玛对供应商进行审核，以确保达到可持续性目标。 为了支持"地球"，运作经理寻求减少运作对环境影响的方法。 为了支持"利润"，公司投资必须在经济上可持续。公司可以用社会会计来补充标准会计。 ■ 碳足迹：衡量由组织、产品、事件或个人直接或间接引起的温室气体排放总量的方法。
可持续性设计与生产	■ 生命周期评估：分析产品从设计阶段到报废的环境影响。 三个 R：减少、重复使用和回收。这些必须由设计团队、流程经理和供应链人员实施。 产品设计是产品生命周期评估中最关键的阶段。 拆卸设计注重重复使用和回收。 $$获得收入＝总转售收入＋总回收收入－总加工成本－总处置成本 \qquad (S4-1)$$ 制造商还寻求减少生产过程中稀缺资源数量的方法。 随着产品在供应链中的移动，物流经理努力实现高效的路线和交付网络，从而减少对环境的影响。 车辆还被以生命周期持有成本为基础进行评估。公司必须决定是为实现其可持续发展目标的车辆预先支付更多的费用，还是为不能实现其可持续发展目标的车辆预先支付更少的费用。 $$生命周期总成本＝车辆成本＋生命周期燃料成本＋生命周期运营成本 \quad (S4-2)$$ ■ 闭环供应链，也称为逆向物流：考虑产品到达报废阶段后的产品或其原材料的供应链。这包括正向和逆向产品流。绿色的拆卸线有助于汽车拆卸，以回收零件。回收是美国第 16 大产业。
法规与行业标准	为了指导产品设计决策，美国通常会出台明确的法规。 制造和装配活动由 OSHA、EPA 和许多州及地方机构指导。美国危险产品的拆卸和处理也有机构进行管理。 国际环境政策和标准来自联合国、ISO、欧盟和世界各国的政府。欧盟已经实施了排放权交易系统，以帮助减少温室气体排放。它遵循限额交易原则。 ■ ISO 14 000：国际标准化组织可持续发展准则系列。ISO 14000 已在 155 个国家和地区的 200 000 多家组织实施。ISO 14001 强调环境管理体系。

自测题 ■

在自我测试前，请参考本章开头的学习目标和本章的关键术语。

1. 企业社会责任包括（　　）。

a. 做正确的事

b. 制定考虑环境、社会和财务影响的政策

c. 考虑从设计到处理的产品

d. 以上所有

e. 仅 a 和 b

2. 可持续性（　　）。

a. 仅与绿色产品、回收、全球变暖和雨林有关

b. 保留不可回收的产品

c. 满足今世后代的需求

d. 具有三个角度：系统、共有物和缺陷

e. 不解雇年长的工人

3. 可持续性的三个 R 是（　　）。

a. 信誉、重复使用、减少

b. 信誉、回收、再利用

c. 信誉、逆向物流、续约

d. 重复使用、减少、回收

e. 回收、审查、重复使用

4. 拆卸设计是（　　）。

a. 旧零件的成本收益分析

b. 分析回收收入与产品处置成本之间的关系

c. 一种回收汽车中塑料部件的方法

d. 产品中轻质材料的使用

5. 美国和国际机构提供政策和法规，以指导管理人员进行产品设计、制造/组装和拆卸/处理。它们包括（　　）。

a. 联合国移民安置委员会

b. 世界卫生组织

c. OSHA、FDA、EPA 和 NHSA

d. EPA、ISO 和英国高级专员公署

e. 温室气体委员会、联合国和 ISO

自测题答案：1. d；2. c；3. d；4. b；5. c。

第5章
质量管理

 学习目标

1. 定义质量和全面质量管理。
2. 描述 ISO 国际质量标准。
3. 解释六西格玛的含义。
4. 解释标杆管理在全面质量管理中的应用。
5. 解释质量稳健性产品和田口概念。
6. 学会使用全面质量管理的七种工具。

跨国公司介绍： 阿诺德·帕尔默医院

质量管理为阿诺德·帕尔默医院带来竞争优势

阿诺德·帕尔默医院是以其捐助人即著名的高尔夫球手阿诺德·帕尔默（Arnold Palmer）的名字命名的。从 1989 年建成至今，该医院已经接待了 700 多万名儿童、妇女及其家庭。医院的患者不仅来自其所在地奥兰多，还来自全美 50 个州和世界各地。阿诺德·帕尔默医院每年为 12 000 多名婴儿接生，该医院的新生儿存活率位列美国最高新生儿存活率之一。

每家医院都公开宣称其拥有优质的医疗服务，但是在阿诺德·帕尔默医院，质量就是真理的代名词——就像丽思卡尔顿（Ritz-Carlton）在饭店业极力推行的那样。就患者的满意度来讲，该医院在美国标杆研究中的排名通常在前 10%。医院的管理者每天都在密切关注调查问卷的结果。如果发生差错，医院会立刻采取行动进行改正。

事实上，阿诺德·帕尔默医院充分地利用了本章所述的各种质量管理技术：

● 持续改进。该医院不断寻找新的方法以降低感染率、再住院率、死亡率、成本和住院时间。

● 员工授权。当员工遇到问题时，他们接受的训练是自己处理问题。员工被授权可以赠送礼物给对服务不满意的病人。

● 标杆管理。医院隶属于一个拥有2 000名成员的组织，该组织对许多区域的标准进行监测，并每月向医院提供反馈。

● 准时生产。医院的供应商基于准时生产向医院提供医疗用品。这不仅降低了库存成本，而且避免了质量问题的出现。

● 帕累托图和流程图等工具。这些工具可以对流程进行监测，而且可以通过图表帮助员工发现问题区域并提供改进的方法。

从进入医院的第一天起，从管理者到护士的所有员工都要牢记，患者是第一位的。人们永远不会看到员工在走廊里聊天，或者谈及患者的医疗隐私问题。阿诺德·帕尔默医院的这种质量文化对儿童和家长而言，能使他们在医院的痛苦经历变得温暖和舒心起来。

5.1 质量与策略

正如阿诺德·帕尔默医院和其他许多组织发现的那样，质量是改善经营状况的一剂良方。质量管理帮助公司创造了一系列成功的策略，如产品差异化、成本领先和快速响应策略。例如，对用户质量预期的定义帮助博士公司（Bose Corp）将其立体声扬声器成功定位为世界上最好的产品之一。纽柯钢铁公司（Nucor）通过开发有效率的且能保证质量一致的生产流程，知道如何以低成本来生产优质钢材。而戴尔计算机公司（Dell Computers）之所以可以迅速对用户订单作出响应，是因为其质量系统极少出现返工，公司可以在工厂迅速完成生产量。事实上，正如阿诺德·帕尔默医院一样，对上述公司而言，质量可能是关键的成功因素。

如图5-1所示，质量的提高不仅有助于公司增加销售量，而且可以降低成本，这两者都可以提高利润率。销售量的增加总是发生在这些情况下，即公司快速向市场提供产品、提高或者降低销售价格，以及生产优质产品而提高了公司的声誉。与此类似，当公司提高生产率，减少返工、废品和保修成本时，产品质量的提高可以使公司降低生产成本。一项研究发现，产品质量最好的公司的生产率（根据每劳动小时的产量测算）是产品质量最差的公司的5倍。事实上，当考虑组织的长期成本和销售量增长潜力之间的关系时，在产品与服务100%完美和合格的情况下，总成本就可能处于最低水平。

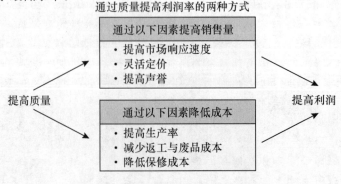

图 5-1 通过质量提高利润率的方式

　　质量的好坏会影响整个组织，包括从供应商到用户，从产品设计到维修的各个方面。或许更重要的是，建立一个能达到质量要求的组织本身就会影响整个组织的运作——这是一项要求很高的任务。图 5－2 展示了一个实现全面质量管理（TQM）的组织所开展的活动流程。一系列成功的活动开始于一个能够改进质量的组织环境，随后是对质量原则的理解，再后是努力使员工从事必要活动来实现质量的提高。当这些事情都做好后，组织通常就能满足用户的需求，获得市场上的竞争优势。最后的目标是赢得用户。由于质量可以促使许多其他有利的事项发生，因此质量无疑是一个极好的开端。

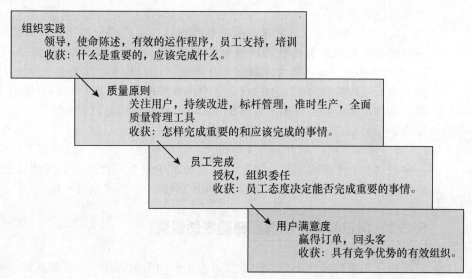

图 5－2　实现全面质量管理所需的活动流程

5.2　质量定义

　　运作经理的目标是建立全面质量管理系统，识别并满足顾客的需求。全面质量管理是为用户服务的。因此，我们采纳美国质量协会（ASQ）（www.asq.org）的**质量**（quality）定义："与满足用户明确或隐含需求能力有关的产品或服务的特征和特性的总和。"

　　但是，有些人认为质量的定义可以分成几类。一类是基于用户的定义。这些定义提出，"质量存在于观察者的心目中"。市场营销人员和用户都喜欢这种定义方法。对他们来讲，更高的质量意味着更好的性能、更好的特性和其他（有时成本高昂）的改进。第二类是，对生产经理来讲，质量是以生产为基础的。他们认为，质量意味着符合标准，而且"第一次就达到标准"。第三类是基于产品的，它把质量看作一个准确的和可测量的计量值。例如，以这种观点来看，真正好的冰淇淋奶油含量较高。

　　本章介绍三类质量定义的方法和技术。首先必须通过研究确定表述质量的特性（基于用户的方式）。然后，这些特性被转化为具体的产品特征（基于产品的方式）。最后，组织生产过程以保证根据产品规格准确地制造产品（基于生产的方式）。忽视这些步骤中的任何一个，都不能生产出优质产品。

5.2.1　质量的内涵

除了作为运作的一种关键因素之外，质量还有其他内涵。以下是质量如此重要的另外三个原因：

1. 公司声誉。组织可以期待它的质量声誉——是好是坏——并遵循这种声誉。质量体现在对公司的新产品、员工的实践以及和供应商关系的感觉上。自我吹嘘不能代替优质产品。

2. 产品责任。立法越来越要求那些设计、生产或分销不良产品或服务的组织承担因为产品或服务的使用所带来的损害或伤害。《消费品安全法》（Consumer Product Safety Act）等法律确立并且实施了产品标准，禁止达不到这些标准的产品上市。导致疾病的不卫生的食品、有灼痛感的睡衣、有裂痕的轮胎或者碰撞时会爆炸的汽车油箱都会带来巨大的法律成本、大量的纠纷或损失以及可怕的负面公众影响。

3. 全球影响。在当今的技术时代，质量和运作管理一样引起了广泛关注。对一家公司和一个国家来讲，要想在全球经济中竞争，产品就必须满足全球的质量、设计和价格需要。劣质产品会损害公司的利润率和国家收支平衡。

5.2.2　马尔科姆·鲍德里奇国家质量奖

由于质量的全球影响如此重要，为了奖励质量管理所取得的成就，美国设立了马尔科姆·鲍德里奇国家质量奖（Malcolm Baldrige National Quality Award）。该奖项以美国商务部前部长马尔科姆·鲍德里奇（Malcolm Baldrige）的名字命名。获奖者包括摩托罗拉、美利肯（Milliken）、施乐（Xerox）、联邦快递、丽思卡尔顿、美国电话电报公司（AT&T）、凯迪拉克（Cadillac）和得州仪器（Texas Instruments）等。

日本也有一项类似的奖项，即戴明奖，它是以爱德华兹·戴明（Edwards Deming）博士的名字命名的。

5.2.3　ISO 9000 国际质量标准

供应链全球化的过程非常重视质量，所以世界各国共同制定了一个质量标准，即ISO 9000。ISO 9000 是唯一获得国际认可的质量标准。其重点是通过八项质量管理原则来提高成功率：（1）领导作用；（2）客户满意；（3）持续改进；（4）全员参与；（5）过程分析；（6）数据驱动决策的使用；（7）管理的系统方法；（8）与供方互利的关系。

ISO 标准鼓励建立质量管理程序、细节文档、工作说明和记录保存。与美国马尔科姆·鲍德里奇国家质量奖一样，评估包括自我评估和问题识别。然而与该奖项不同的是，ISO 认证组织必须每三年重新审核一次。

该标准的最新修订版 ISO 9001：2015 遵循一种结构，这种结构使得它与其他管理系统更加兼容。这个版本更加强调对风险的考虑，以预防不良后果。

206 个国家和地区的公司获得了超过 100 万份认证，其中包括约 30 000 家美国公司。对于公司来说，要实现贸易全球化，获得 ISO 认证并加以公示是至关重要的。

5.2.4 质量成本

与质量相关的成本，称作**质量成本**（cost of quality，COQ），主要有四类：

● 预防成本：与减少可能出现的不合格零部件或服务相关的成本（例如，培训、质量改进计划）。

● 评定成本：与评定产品、过程、零部件和服务相关的成本（例如，测试、实验室、检查员）。

● 内部缺陷成本：在产品交付用户前，因为生产不合格零部件或服务而带来的成本（例如，返工、废品、停工时间）。

● 外部缺陷成本：在交付不合格产品或服务后发生的成本（例如，返工、退货、负债、声誉损失、社会成本）。

前三种成本可以合理地进行预期，但是外部缺陷成本很难量化。1999 年通用电气公司不得不召回 310 万台洗碗机（据称因不合格的开关已引起 7 场火灾），这时修理的成本超过了全部机器的价值。许多专家认为，人们通常低估了劣质产品的成本。

质量管理的观察者认为，总的来说，优质产品的成本只是收益的一小部分。他们也认为，真正的输家是那些在质量方面不积极努力的组织。例如，菲利普·克劳斯比（Philip Crosby）曾说过，质量是免费的。"质量不是一件容易做到的事情，但它是免费的。耗费金钱的事情是那些与质量无关的事情——包括第一次不能达到标准的所有行为。"[1]

质量管理领域的领导者 在质量管理领域，除了克劳斯比外，还有其他几位大师，如戴明、费根鲍姆（Feigenbaum）和朱兰（Juran）。表 5-1 对他们的见解和贡献进行了概述。

表 5-1 质量管理领域的领导者

领导者	见解/贡献
爱德华兹·戴明	戴明认为，管理层负有建立优良系统的责任。员工所生产产品的平均质量不可能超过生产过程所能够生产产品的质量。本章给出了他关于实施质量改进的 14 个要点。
约瑟夫·朱兰	作为教导日本人怎样改进质量方面的先驱者，朱兰坚信高层管理者对质量努力的承诺、支持和参与。他认为，团队可以持续不断地寻求质量标准的提高。与戴明不同的是，朱兰集中于顾客的需求，并将质量定义为适用性，而不一定是书面的产品说明书。
阿曼德·费根鲍姆	在 1961 年出版的《全面质量控制》（*Total Quality Control*）一书中，费根鲍姆给出了质量改进过程的 40 个步骤。他认为质量不是一系列工具，而是公司生产过程的集成。他关于人们怎样从他人的成功中学习经验的研究促成了跨部门团队的出现。
菲利普·克劳斯比	1979 年，克劳斯比出版了《质量是免费的》（*Quality is Free*）一书，引起了广泛关注。克劳斯比认为，在传统的改进质量成本和劣质成本间的权衡上，劣质成本被低估了。劣质成本应该包括第一次没有做对一件事情的所有成本。克劳斯比创造了"零缺陷"这个术语，并且说"对任何产品或服务而言，绝对不允许有错误发生"。

5.2.5 伦理与质量管理

对于运作经理来说，最重要的工作之一就是为消费者提供健康、安全和优质的产品和服务。因设计和生产过程不合格而生产出的劣质产品不仅会增加生产成本，而且会导致人身伤害，招致诉讼以及政府监管力度加强。

如果公司认为其推出的产品有问题，那么公司必须采取合乎伦理和负责的行动。这可能是一次全球范围的召回，就像强生（召回泰诺）和巴黎水（Perrier）（召回苏打水）发现产品受到污染后进行召回一样。制造商必须为出售给公众的劣质产品承担责任。

有很多利益相关者牵涉到伪劣产品的生产和销售中，包括股东、员工、消费者、供应商、分销商和债权人。就伦理道德来讲，管理层必须询问这些利益相关者是否受到了损害。每家公司都需要建立一种核心价值观，这种核心价值观应该成为上至 CEO 下到生产一线员工每一个人的日常行动准则。

5.3　全面质量管理

全面质量管理（total quality management，TQM）指的是对质量的重视贯穿从供应商到用户的整个组织。TQM 强调，管理层承诺全公司都持续不断地努力，以在顾客所重视的所有产品和服务方面表现优秀。因为质量决策对运作经理所作的十个决策中的每一个都有影响，所以 TQM 非常重要。十个决策中的每一个决策都涉及识别和满足用户预期的某个方面。如果公司想成为国际市场上的领导者，那么满足这些预期就要求重视 TQM。

质量专家爱德华兹·戴明使用 14 个要点（见表 5-2）来表明怎样实施 TQM。我们将这些要点发展成有效 TQM 项目的七种观念：（1）持续改进；（2）六西格玛；（3）员工授权；（4）标杆管理；（5）准时生产（JIT）；（6）田口概念；（7）TQM工具知识。

表 5-2　戴明实施质量改进的 14 个要点

1. 建立统一目标。
2. 领导推动变革。
3. 将质量融进产品中，不再依靠检查来抓问题。
4. 建立基于绩效的长期关系，代替基于价格的商业奖励。
5. 持续改进产品、质量和服务。
6. 开始培训。
7. 强调领导的作用。
8. 消除恐惧。
9. 打破部门间的障碍。
10. 停止对工人的训斥。
11. 支持、帮助和改进。
12. 消除为工作而自豪的障碍。
13. 设立有活力的教育和自我改进项目。
14. 使公司中的每个人都投入变革。

资料来源：Deming, W. Edwards. *Out of the Crisis*. pp.23-24，2 000W. Edwards Deming Institute, published by The MIT Press. Reprinted by permission.

5.3.1　持续改进

TQM 要求一个永无止境的持续改进的过程，这些改进包括人员、设备、供应商、材料和过程。这个理念的基础是运作的每个方面都是可以改进的。终极目标是完美的，它是永远达不到的，但总是被追求的。

计划—执行—检查—处理　质量管理的另一位先驱沃尔特·休哈特（Walter Shewhart）开发了一个圆形模型作为他的持续改进方式，这个模型称作计划—执行—检查—处理（PDCA）循环。后来，戴明于第二次世界大战后在日本工作期间采用了这个概念。图 5-3 所示的 PDCA 循环（也称作戴明循环或者休哈特循环）作为一个周期强调改进过程的持续特性。

图 5-3　PDCA 循环

日本人使用 kaizen 这个词来描述无止境改进的持续过程——确立和达到更高的目标。在美国，TQM 和零缺陷也被用来描述持续改进的努力。然而，无论是PDCA、kaizen、TQM，还是零缺陷，在建立认同持续改进的企业文化方面，运作经理所起作用都是相当关键的。

5.3.2　六西格玛

六西格玛（Six Sigma）这个术语在摩托罗拉、霍尼韦尔（Honeywell）和通用电气广泛使用。在 TQM 中，它有两种定义。从统计学的角度讲，它指具有极高性能（99.999 7％的精确度）的过程、产品或服务。例如，如果每月有 100 万名乘客经过圣路易斯机场（St. Louis Airport）时携带行李，那么针对行李处理的六西格玛水平只会导致 3.4 名乘客拿错行李。而较普遍使用的三西格玛水平（在第5 章补充材料中我们会谈到）会导致每个月有 2 700 名乘客拿错行李！如图 5-4所示。

六西格玛的第二种定义是指为降低缺陷率以降低成本、节约时间和提高顾客满意度而设计的一种项目。六西格玛是获取或维持企业成功的一个全方位的系统——一种战略、准则和一系列工具。

● 由于关注全面的顾客满意度，因此它是一种战略。

● 由于遵循正规的六西格玛改进模型即 DMAIC，因此它是一种行为准则。这

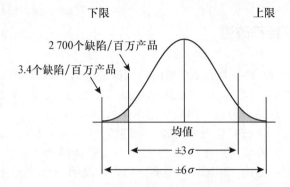

图 5-4 ±3σ 和 ±6σ 下每百万产品中的缺陷数

个过程改进模型包括五个步骤：(1) 界定项目的目的、范围和产出并识别需要的过程信息，牢记顾客关于质量的定义；(2) 测量过程，收集数据；(3) 分析数据，保证可重复性（结果可以复制）和可再现性（其他人可以获得同样的结果）；(4) 通过修改或重新设计来改进现有的程序；(5) 对新的过程进行控制以确保可以维持一定的绩效水平。

● 它是本章即将介绍的一系列工具，共有七种：检查表、散点图、因果分析图、帕累托图、流程图、直方图和统计过程控制图。

摩托罗拉公司在 20 世纪 80 年代开发了六西格玛管理方法，以应对顾客关于产品的抱怨和市场的激烈竞争。公司首先确定了将缺陷率降低 90％ 的目标。在一年内，它取得了这个令人震撼的结果——通过以竞争者为标杆，征求员工的新想法，改变薪酬计划，增加培训机会，对关键过程进行改进——公司将这些程序以文档的形式记录下来，形成所谓的六西格玛管理方法。虽然这个概念源于制造业，但是通用电气后来将其扩展到了服务业，即人力资源、销售、顾客服务以及金融/信贷服务。无论在制造业还是在服务业中，消除缺陷的概念都是没有区别的。

六西格玛的实施 六西格玛的实施是"一项很大的承诺"。事实上，从通用电气、摩托罗拉、杜邦到得州仪器在内的每家公司，成功的六西格玛管理都需要时间上的保证，特别是来自管理高层的支持。这些公司领导者要制定计划，传达公司的目标并获得员工的认同，在树立榜样方面发挥显著作用。

很清楚，成功的六西格玛管理与公司的战略方向是直接相关的。六西格玛是一种以管理为导向的、基于团队的、由专家领导的方法。[2]

5.3.3 员工授权

员工授权（employee empowerment）意味着在生产过程的每一步都包含员工的参与。企业管理文献一致认为，与大约 85％ 的质量问题相关的是材料和生产过程，而不是员工的表现。所以，公司的任务是设计设备和过程以生产具有所需质量的产品或服务。这最好由那些了解系统缺陷且高度介入工作的人来完成，那些每天使用系统的员工对系统的了解比其他任何人都多。一项研究表明，委派底层员工肩负质量责任的 TQM 项目比那些通过自上而下的指令实施的项目获得成功的可能性往往要高一倍。[3]

当产品不符合规格时，很少是因为工人的错误。通常或者是因为产品设计错误，或者是因为生产产品的过程设计错误，或者是因为员工培训不当。虽然员工也许能帮助解决问题，但员工很少是导致问题的原因。

员工授权的方法包括：（1）建立包含员工在内的通信网络；（2）培养开放的、起支持作用的督导者；（3）将经理和职能管理者的责任转移给生产员工；（4）成立士气高昂的组织；（5）创建正式的组织结构，如团队、质量小组。

组建团队可以用来解决各种各样的问题。团队的一个常见关注点是质量，这样的团队常常被看作**质量小组**（quality circle）。质量小组由一组员工组成，他们定期开会，解决与工作相关的问题。小组成员通过小组计划、问题解决和统计质量控制接受培训。他们一般一周会面一次（通常在下班后，但有时也在工作时间）。虽然这些成员不会获得物质奖励，但他们会获得公司的认可。团队中有一名经过特殊培训的成员（称作辅训员）帮助培训员工和使会议顺利举行。关注质量的团队被证明是一种具有成本效益的方式，这一方式既可以改进质量又可以提高生产率。

5.3.4　标杆管理

标杆管理（benchmarking）是组织 TQM 项目的另一部分。标杆管理包括选择一个已被证实的产品、服务、成本或实践标准，这个标准代表了与你公司非常相似的过程或活动的最佳绩效。这种思想是设定一个既定目标，然后发展一个标准或基准以便将你的绩效与此比较。设立标杆的步骤是：

1. 明确比较什么事情。
2. 组建标杆团队。
3. 确定标杆对象。
4. 收集和分析标杆信息。
5. 为了达到或超过这个标杆而采取行动。

标杆管理中常用的绩效测定方法包括缺陷率、单位产品或单位订单成本、单位产品加工时间、服务响应时间、投资回报率、顾客满意度和顾客保持率。

理想情况下，你会在希望研究的特定领域里找到作为领导者的一个或更多类似组织。然后，你将自己与它们进行比较（测试你自己）。这些公司不一定属于你所在的行业。事实上，为了建立国际水平的标准，最好将眼光投向你所在行业以外的行业。如果其他行业已经学会了怎么通过快速开发产品来进行竞争，而你的行业还没有，那么研究你所在的行业就是没有意义的。

这就是施乐和梅赛德斯-奔驰所做的事，它们转向 L. L. Bean 公司找到了采购和仓储的标杆。施乐注意到 L. L. Bean 公司为订单配货的速度是施乐的 3 倍。确立标杆后，施乐的仓储成本减少了 10％。奔驰公司观察到 L. L. Bean 公司的仓库员工使用流程图来检查浪费情况，这个汽车巨头也随之仿效，解决问题更多地依靠工人。

标杆经常会以其他公司或部门的"最佳行动"的形式出现。表 5 - 3 列举了解决顾客抱怨的最佳行动。

表5-3　解决顾客抱怨的最佳行动

最佳行动	理由
使客户便于提出抱怨。	免费的市场调查。
对这些抱怨迅速作出响应。	使顾客增多并提高其忠诚度。
在第一次接触中就解决抱怨。	降低成本。
使用计算机管理抱怨。	发现趋势，分享信息，调整服务。
聘用最好的人员从事顾客服务工作。	这应该是正式培训和职业提升的一部分。

资料来源：Based on Canadian Government Guide on Complaint Mechanism.

　　类似地，英国大奥蒙德街区医院（Great Ormond Street Hospital）将方程式赛车的中继站管理作为标杆来改善其医疗服务（参见运作管理实践专栏"以法拉利赛车队为标杆的医院"）。

运作管理实践

以法拉利赛车队为标杆的医院

　　在外科医生为一个3岁小男孩成功地完成了历时6小时的开胸手术后，安格斯·麦克尤恩（Angus McEwan）博士注意到最危险的时刻存在于将孩子由手术室转移到重症监护室的交接过程中。

　　医院每天会有数以千计的交接患者行为。这期间可能会发生致命的错误。事实上，至少有35%本来可以避免的事故因交接不善而发生。（事故）风险来源于多方面：雇用临时的护理人员、实习医师的频繁更换、外科医生的工作团队很庞大、被错综复杂地接在患者身上的缆线和导管。

　　现代医学中最不可能的标杆产生了，英国最大的儿童医院大奥蒙德街区医院选择意大利的法拉利赛车队作为标杆寻求处理交接问题的技巧和方法。通过视频和幻灯片，赛车团队描述了他们是如何分析中继站工作人员的绩效的，解释了系统是如何记录所发生的差错的，这些差错在中继站交接时常常缺乏重视。

　　为了更好地推进工作，法拉利邀请一组医生去实地体验英国大奖赛的赛事，实地体验中继站的工作。法拉利的技术指导奈杰尔·斯特普尼（Nigel Stepney）观看了医院的交接录像，似乎没有留下深刻印象。"但事实上，他对如此笨拙的、混乱的、非正规的交接过程感到震惊。"医院的一个领导说道。在那次会议上，斯特普尼讲述了如何要求法拉利的每个车队成员无声而有序地进行他们的特定工作。与之形成鲜明对照的是医院的交接工作。当取下或再连接患者的医疗设备时，团队成员之间只是仓促地交代几句，工作也没按特定的顺序进行。

　　标杆管理的结果是医院交接错误减少了40%多，交接时间也缩短了。

资料来源：*The Wall Street Journal*（December 3, 2007）and（November 14, 2006）.

　　内部标杆管理　当一个组织规模大到有许多部门或业务单元时，自然就会用到内部标杆管理。相比外部公司来说，组织内部的数据总是更容易获得。一般来说，总有一个内部业务单元有值得学习的高于其他业务单元的绩效。

　　施乐不仅向L. L. Bean公司看齐，还对其各国分支机构的运作进行检查，它对标杆管理近乎虔诚的信念获得了回报。例如，欧洲施乐（Xerox Europe）是施乐公司的子公司，市值60亿美元。该公司组建团队以确定怎样通过内部标杆管理来取得更好的销售业绩。施乐法国公司销售彩色复印机的数量是欧洲其他分公司的 5 倍之多。通过仿效法国施乐的做法，即进行更好的销售培训和利用经销商渠道来配合直销模式，挪威施乐的销售量提高了 152％，荷兰施乐提高了 300％，瑞士施乐提高了 328％！

标杆能够且应该在各领域建立。TQM 就需要标杆管理。

5.3.5 准时生产

准时生产（JIT）背后的理念是持续改进和问题解决。JIT 系统设计的目的是按照需要生产或交付产品。JIT 与质量的关系有三种。

● JIT 可以降低质量成本。这是因为废品、返工、库存投资和毁损成本与现有库存是直接相关的。由于 JIT 的现有库存较少，因此成本更低。另外，库存掩盖了低劣质量，而 JIT 会立即使低劣质量曝光。

● JIT 可以改进质量。由于 JIT 缩短了提前期，因此错误显而易见，同时也避免了潜在的问题。实际上，无论是在企业内部还是就企业与供应商关系来讲，JIT 都为质量问题提供了一种预警机制。

● 更好的质量意味着更少的库存和更好、更容易使用的 JIT 系统。保留库存的目的往往是预防质量不可靠而导致的生产绩效低下。如果质量稳定，JIT 允许企业减少与库存相关的一切成本。

5.3.6 田口概念

大多数质量问题都是低劣的产品和流程设计导致的。针对产品和流程质量改进，田口玄一（Genichi Taguchi）为我们提供了三个概念：质量稳健性、目标导向质量和质量损失函数。

具有**质量稳健性**（quality robust）的产品是指在不利的生产和环境条件下仍可以始终如一且稳定生产的产品。田口的观点是消除不利条件的结果而不是原因。田口认为，消除结果比消除原因所支出的成本总是更低一些，而且在生产稳健产品方面总是更加有效。在这种方式下，材料和过程的微小波动不会破坏产品质量。

一项研究发现，与美国制造的索尼电视机相比，美国消费者更喜欢日本制造的索尼电视机，尽管两家工厂使用完全相同的设计和规格。质量方法的差异会产生消费者偏好的差异。特别是，美国工厂以一致性为导向，接受所有在生产规格限制内的组件。另外，日本工厂致力于生产尽可能多的组件，从而尽可能接近实际目标（见图 5-5（a））。

这表明了即使生产接近规格限制的组件在技术上是可实现的，它们仍可能产生问题。例如，直径规格下限附近的电视屏幕可以与其规格上限附近的屏幕框架形成松配合。这表明包含许多尺寸在其规格边界附近的零件的最终产品可能有许多松配合和紧配合，这些可能会造成装配、性能或美学方面的问题。客户可能不满意，导致可能的退货、额外的服务工作或对产品未来需求的减少。

田口引入**目标导向质量**（target-oriented quality）的概念，并将其作为持续改进产品以完全符合目标的理念。作为衡量标准，田口的**质量损失函数**（quality loss function，QLF）试图估计偏离目标值的成本。虽然生产的产品在规格限制之内，但是随着产出的产品偏离目标值，生产成本也会相应增加。（这些与质量相关的成本是对许多此类产品平均成本的估计。）

质量损失函数是估算不同过程质量成本的绝佳方式。虽然生产更接近实际目标值的过程可能费用更高，但它能生产出更有价值的产品。质量损失函数是一个可以帮助经理确定额外成本是否有价值的工具。质量损失函数采用简单二次方程的一般形式（见图 5 - 5（b））。

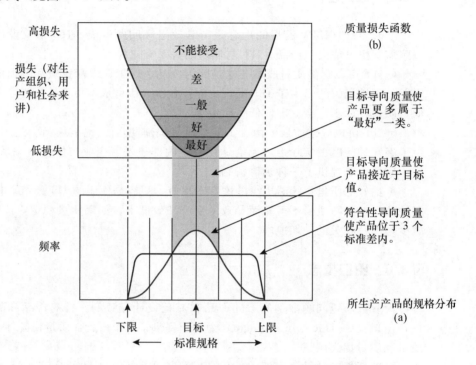

图 5 - 5 （a）所生产产品的规格分布；（b）质量损失函数

说明：由于所生产的产品越接近可接受的标准规格的控制上限和下限，质量损失越大，因此田口瞄准了质量目标。

5.3.7 TQM 工具知识

为了对员工授权和持续地贯彻全面质量管理，组织中的每个人都必须进行全面质量管理技术培训。在下一节，我们集中说明 TQM 运动中使用的多种多样且不断改进的工具。

5.4 全面质量管理工具

图 5 - 6 表示全面质量管理（TQM）使用的七种工具，这些工具是非常有帮助的。现在我们来介绍这些工具。

产生想法的工具

（a）检查表：记录数据的一种有组织的方法

缺陷	小时							
	1	2	3	4	5	6	7	8
A	///	/		/	/	/	///	/
B	//	/	/	/			//	///
C	/	//					//	///

（b）散点图：一个变量与另一个变量的价值关系图

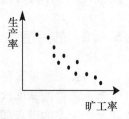

（c）因果分析图：一种用于识别可能影响结果的流程因素（原因）的工具

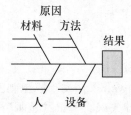

组织数据的工具

（d）帕累托图：按照问题或缺陷的发生频率，以降序方式绘制的一种图形

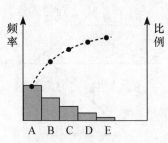

识别问题的工具

（f）直方图：描述变量出现频率的分布图

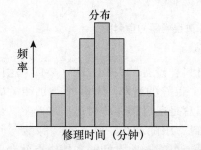

（e）流程图：描述流程步骤的一种图形

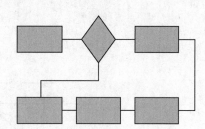

（g）统计过程控制图：以横轴表示时间，纵轴表示统计量数值的一种图形

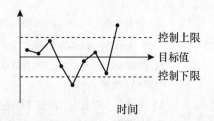

图 5-6 全面质量管理的七种工具

5.4.1 检查表

检查表是用于记录数据的一种形式。在很多情况下，要进行记录工作以便采用

数据时可以很容易观察到（见图5-6（a））。检查表会帮助分析员找到一些对随后的分析可能有帮助的事实或模式。例如，可以用图形记录缺陷发生的区域，也可以用检查表表示顾客抱怨的类型。

5.4.2　散点图

散点图显示了两种度量值的关系。一个例子是业务通话的长短与维修人员回到卡车取零件的来回次数之间的正相关关系。另一个例子是图5-6（b）所示的生产率与旷工率的散点图。如果两者关系紧密，数据点会形成一条排列紧密的带状图形。如果出现随机模式，两者就是不相关的。

5.4.3　因果分析图

因果分析图（cause-and-effect diagram）是另一种识别质量问题和检查点的工具，也称作**石川图**（Ishikawa diagram）或**鱼刺图**（fish-bone chart）。图5-7关于篮球质量控制问题——罚球失误。每根"鱼刺"代表一个可能的错误源。

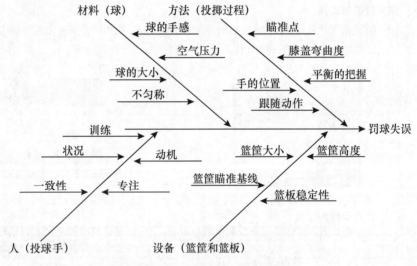

图5-7　罚球失误问题的鱼刺图

资料来源：Adapted from MoreSteam. com，2007.

运作经理的分析始于四个方面：材料、设备、人及方法（4M）。这四个方面就是"原因"，它们为初始分析提供了一个很好的清单。与每个类别相关的单个原因作为分刺画在每根主刺旁边，这些原因总是通过集体研讨过程来确定。例如，在图5-7中，方法方面的问题包括手的位置、跟随动作、瞄准点、膝盖弯曲度以及平衡的把握。当鱼刺图被系统地画出来时，可能的质量问题和检查点就会明朗起来。

5.4.4　帕累托图

帕累托图（Pareto charts）是用于排列错误、问题或缺陷以帮助解决问题的一种方法。帕累托图以19世纪的经济学家维尔弗雷多·帕累托（Vilfredo Pareto）的成果为基础。朱兰将帕累托的成果通俗地表述为公司 80% 的问题由 20% 的原因导致。

例 1 表明，在五种被确认的抱怨类型中，最主要的是低劣的客房服务。

例 1

帕累托图

巴厘岛的硬石旅馆（Hard Rock Hotel）刚刚收集了 10 月份打到总经理处的 75 个抱怨电话。经理决定对这些抱怨进行帕累托分析。提供的数据是：客房服务 54 个；登记延迟 12 个；游泳池开放时间 4 个；酒价 3 个；其他 2 个。

方法

帕累托图是作这种分析的最佳工具。

解答

帕累托图表明，72% 的抱怨电话是由一个原因即客房服务引起的。如果这个问题解决了，那么绝大多数抱怨会消除。

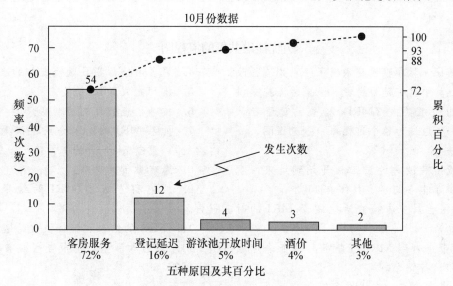

对旅馆抱怨电话的帕累托分析

启示

这种总结数据的可视方法非常有效，尤其是有大量数据时，如本章末的西南大学的案例。我们可以清楚地发现问题所在并准备改善计划。

练习

硬石旅馆的吧台经理决定对她过去收集的数据做类似的分析处理：太贵了 22 起；酒的口味偏淡 15 起；服务速度太慢 65 起；营业时间太短 8 起；不友好的调酒师 12 起。试做一个帕累托图。［答案：过慢的服务 53%；昂贵 18%；酒 12%；调酒师 10%；营业时间 7%。］

相关课后练习题

5.1，5.3，5.7b，5.12，5.13，5.16c，5.17b

帕累托分析表明了哪些问题的解决会产生最大的收益。太平洋贝尔公司（Pacific Bell）试图寻找一种方法以减少对地下电话电缆的破坏——这是引起电话中断的最大原因。帕累托分析表明，41% 的电缆损坏是由建筑施工引起的。查明了这个

原因后，太平洋贝尔公司实施了一项计划，每年可减少 24％ 的电缆切断次数，节约 600 万美元的成本。

此外，日本的复印机生产商理光公司（Ricoh Corp.）使用帕累托分析来处理召回问题。召回意味着第一次工作没有做好，产品需要回到理光公司，由公司承担费用。发现问题后，理光公司只增加了 11％ 的顾客工程师，便使得召回率下降了 19％。

5.4.5　流程图

流程图（flowcharts）通过使用带有注释的方框和连接线以图形的形式来表示一个流程或系统（见图 5 - 6（e））。想要理解或解释一个流程，流程图是一种简单实用的工具。例 2 使用流程图来说明医院核磁共振检查的工作过程。

例 2

医院核磁共振的流程图

阿诺德·帕尔默医院采用了一系列流程改进措施，其中之一是为患者、医生、医院提供高效率的核磁共振（MRI）检查。管理者认为，第一步应该为整个过程画一张流程图。

方法

负责流程改进的员工从开始到结束，观察和追踪了很多患者。具体有 11 步：

1. 医生对患者检查后确定做 MRI 的时间（开始）。

2. 带患者到 MRI 检查室，核查诊疗顺序并复印诊疗记录。

3. 患者签名，完成准备工作。

4. 患者由技师指导做检查前的准备。

5. 技师完成 MRI 检查。

6. 技师检查胶片的清晰度。

7. 如果 MRI 的结果令人不满意（20％ 的次数），重复 5～6 步的工作。

8. 患者被带回病房。

9. 放射科专家看 MRI 的结果，出具报告。

10. MRI 的结果和报告被传给医生。

11. 患者和医生讨论报告（结束）。

解答

下面是流程图：

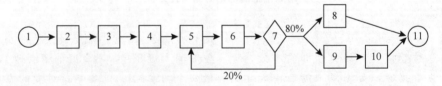

启示

根据流程图，医院可以分析每一步，识别出增值的部分以及需要改进或取消的部分。

练习

当患者准备做 MRI 时，如果血压超过某一标准值，会被带回病房，2 个小时后转到

步骤 2，流程图如何改变？答案：

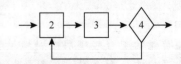

相关课后练习题

5.6，5.15

5.4.6 直方图

直方图显示了测量值的范围和每个值出现的次数（见图 5-6（f））。直方图除了显示测量值的变化程度，还表明出现频率最高的次数。描述性统计数据，譬如平均值和标准差，都可以计算出来以描述数据的分布。但是，数据总是应该以图形的形式绘制出来，使得分布的形状可以"看得见"。分布的视觉描述也会为变化的原因提供深入解释。

5.4.7 统计过程控制图

在产品或服务处于生产阶段时，**统计过程控制**（statistical process control，SPC）监测标准、进行测量，并且采取纠正行动。对过程输出进行抽样检查：如果它们在可接受的范围内，就允许生产过程继续进行；如果落在指定范围之外，过程就终止，并且通常需要找出可能的原因，然后消除这些原因。

控制图（control charts）是对随时间变化的数据所作的图形描述，并且标有我们想要控制的过程的上限和下限（见图 5-6（g））。控制图的作图方式是将新数据与过去的数据快速进行比较。我们从生产的产品中获取一些样品，然后在标有控制上下限的图上画出这些样品的平均值。在控制图中，温度、压力、重量、长度等单位都可以作为控制上限和控制下限。

图 5-8 的控制图绘出了罚球失误的百分率。当罚球失误的平均值位于控制上限和控制下限之间，且没有出现明显的模式时，这个过程被认为处于控制状态，只是有自然的波动。否则，过程就是失控的或失调的。

第 5 章补充材料详细描述了不同类型的控制图是怎样形成的。该补充材料还分析了这种重要工具的统计基础。

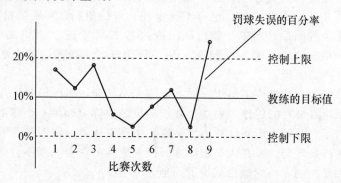

图 5-8　控制图：奥兰多魔术队在新赛季的前 9 场比赛中罚球失误的百分率

5.5 检查的作用

为了确保系统按照期望的质量水平进行生产，需要对生产过程进行控制。最佳的生产过程与期望标准的偏差很小。运作经理的任务就是建立这样的系统，并且经常通过检查来确认他们是否按照标准执行。这种**检查**（inspection）可能涉及对产品的测量、品尝、接触、称重或测试（这样做有时甚至会损坏产品）。它的目的是马上发现失控的环节。检查不会弥补系统的不足或产品的缺陷，也不会改变产品或增加它的价值。检查只会发现不足和缺陷，而且检查成本是高昂的。

检查应该看作一种改进系统的手段。运作经理需要知道系统的关键点：（1）何时检查；（2）何地检查。

5.5.1 何时何地检查

何时何地进行检查取决于过程的类型和各个阶段的价值增值情况。检查可能发生在下列任何情况下：

1. 当供应商生产产品时，在供应商的工厂里。
2. 当收到供应商的产品时，在你的工厂里。
3. 在进入成本高昂或不可逆的过程之前。
4. 在逐步进行的生产过程期间。
5. 在完成生产或服务时。
6. 在从你的工厂交付产品之前。
7. 在与顾客接触时。

上一节讨论的七种全面质量管理工具在制定"何时何地检查"的决策中也是有用的。但检查并不是万能的，它不能代替那些由训练有素的员工通过有效的生产过程生产出来的可靠产品。在一次由一家独立调查公司所做的著名实验中，将100个不合格品混入许多"完美"产品中去，然后进行100%的检查。检验员发现，在第一次检查中只检查出68个不合格品。检查员需要另外进行三次检查才能发现其他30个不合格品，还有2个不合格品则永远也无法找到了。所以得出的结论是，检查过程存在不确定性。另外，检查员也是凡人，他们会不耐烦、疲乏，并且检查设备本身也有不确定性。即使进行100%的检查，检查员也无法保证完美的结果。所以，相比试图通过检查来发现不合格品而言，有效的生产过程、员工授权、源头控制通常是一种更好的解决问题的办法——你不能靠检查来保证产品质量。

例如，就像许多组织一样，在魔术贴行业，机械设备操作人员将质量看成"那些质量人员"的工作。检查是基于随机的抽样，如果一个零部件坏了，将它扔出去就行了。公司决定将注意力更多地集中在操作者、机器修理和设计、测量、通信以及责任处理上，且在人员培训方面投入更多的资金。当不合格品数量下降时，魔术贴质量控制人员的数量减少了一半。

5.5.2 源头检查

最好的检查可能是根本不进行检查，这种检查总是在源头上进行控制——保证操作人员工作的正确性。这可以称作**源头检查**（source inspection）（或源头控制），它与员工授权概念是一致的，后者指每个员工自己检查自己的工作。源头检查是指每个供应商、程序和员工将程序中的下一步作为顾客来看待，保证之后的"顾客"获得完美的产品。这种检查可以使用核对清单和控制手段作为辅助。

防错系统（poka-yoke）是保证生产合格零部件的一种设备或技术。这种特殊的设备避免了错误的发生，并且为发生的问题提供快速反馈。防错设备的简单例子如，柴油气泵或加铅汽油泵的泵嘴不适用于小轿车上的无铅汽油箱。在麦当劳，用来测量正确数量的油炸薯条勺和标准大小容器就是防错设备。同样，在医院里，预先准备好的包括医疗过程所需的手术器具的外科罩盒也是防错设备。

检查清单（checklist）是另一种类型的防错系统，它可以帮助我们确保任务实施的一致性和完整性。最基本的就是列举一个清单，标注好需要做的事情。这个工具可能是飞行员使用的飞行前检查表，医生使用的手术安全检查表或程序员使用的软件质量保证表。运作管理实践专栏"安全患者　智能医院"阐明了检查清单对于医院的重要性。

源头检查、防错系统和检查清单的目的是在流程中的每个步骤保证产品或服务100％良好。

运作管理实践

安全患者　智能医院

在医院，每天都会有因为一些简单且本可以避免的错误而导致患者死亡的事故。彼得·普罗诺夫斯特（Peter Pronovost）博士受两起医疗事故的影响（一起是他的父亲被误诊为癌症，另一起是在约翰霍普金斯医院有一个18个月大的孩子因为医院的粗心而离世），将提高患者安全和避免误诊导致患者死亡这两项任务作为自己的使命，致力于医学研究与突破。

为挽救生命，医生将导管插入患者的腹股沟、颈部或胸部的静脉中，以输入液体和药物。但是每年有80 000名美国人因中心静脉导管（或线）感染，其中超过30 000人死亡。为减少导管感染，普罗诺夫斯特制定了一个基本的5步检查清单。使用这个检查清单的医院的感染率降至零，这挽救了成千上万条生命，节约了数千万美元。

普罗诺夫斯特为医生和护士制定的措施很简单：（1）洗手；（2）使用无菌手套、口罩和消毒帷帐；（3）在导管开口处使用防腐剂；（4）避免触碰到手臂和腿部的静脉；（5）尽快取出导管。他还发明了一种特殊的推车，推车上配备所有用品。

普罗诺夫斯特认为，许多医院的事故都是因为缺乏标准化、沟通不畅，以及缺乏协作的陈旧有害的文化。他指出，航天业的检查清单是科学的，每个成员都是安全团队的组成部分。普罗诺夫斯特在书中写道："一个人微小的变化就可以产生巨大的变化。"

资料来源：*Safe Patients*，*Smart Hospitals*（Penguin Publishers, 2011）；and *The Wall Street Journal*（December 13, 2014）.

5.5.3　服务业的检查

如表5-4所示，在服务导向的组织中，可以在很多地方设定检查点。另外，运作经理必须决定在哪里检查是合情合理的，而且也许会发现做这些判断时七种全面质量管理工具很有用。

表 5 - 4　服务业检查的例子

组织	检查内容	标准
阿拉斯加航空	圆盘传送带上的包裹	到达机舱门 20 分钟之内
	机舱门打开	到达机舱门 2 分钟之内
琼斯律师事务所 （Jones Law Offices）	接待员工作	在第二声铃响前接电话
	账单	准确、及时、格式正确
	律师	迅速回复
硬石旅馆	服务台	使用消费者的名字
	门童	在 30 秒内招待客人
	房间	所有的灯都可以使用，浴室干净整洁
	冰箱酒柜	储备充足，且在账单上准确标明收费
阿诺德·帕尔默医院	账单	准确、及时、格式正确
	药房	处方正确、库存准确
	实验室	对实验室化验正确性的审计
	护士	及时更新的值班表
	数据输入	准确、完整地输入数据
橄榄园餐厅 （Olive Garden Restaurant）	餐厅勤杂工	在 1 分钟内提供水和面包
	餐厅勤杂工	在上甜点前清理所有正餐和碎屑
	服务生	熟悉特色菜、甜点且能够提供建议
诺德斯特龙百货公司 （Nordstrom Department Store）	展区	吸引人、组织良好、库存充足、光线明亮
	储存间	商品周转情况良好，有组织、干净
	售货员	整洁、有礼貌、较有见识

5.5.4　计数值与计量值检查

在进行检查时，质量特性可以从计数值或计量值角度进行检测。**计数值检查**（attribute inspection）将检查项目区分为合格或不合格，它并不确定不合格的程度。例如，电灯泡是发光还是不发光。**计量值检查**（variable inspection）测量重量、速度、高度或强度特性等，确定检查项目是否处于可接受的范围内。如果一截电线的直径应为 0.01 英寸，那么可以使用千分尺来查看这个产品是否符合检查的尺寸。

确定是计数值检查还是计量值检查，有助于我们决定采取哪种统计质量控制方法，正如我们将在第 5 章补充材料中看到的。

5.6　服务业中的全面质量管理

相对于有形因素的质量测定而言，服务业中人为因素的质量测定更加困难。如同产品用户一样，服务业的消费者通常会在头脑中形成一些关于产品或服务的特性，这些特性会成为人们对各种选择进行比较的基础。任何一种特性的缺失都可能使这种服务被淘汰。质量也可以看作一组特性的组合，其中很多细微方面的特性要优于竞争对手。这种区别产品的方法并不考虑产品和服务之间的巨大差异。然而，下列说法并不是服务选择的一个好定义：（1）产品之间的无形差别；（2）消费者对这些产品所怀有的无法确定的期望。事实上，无形的特性是根本不可能定义的。它们通常是存在于购买者头脑中但又无法用语言来表达的形象。这就是那些营销手段，譬如广告、形象、促销，能够产生很大影响的原因。

主要的服务质量方面，运作经理发挥着重要的作用。首先，许多服务行业中的有形因素都是重要的。服务设计和生产的好坏，确实会产生很大的影响和作用。这也许决定旅馆账单的准确度、清晰度和完整性如何，塔可钟公司食物的温热性如何，或者你在汽车维修店取车后车子运转情况如何，等等。

其次，服务和服务质量的另一个方面就是服务流程。从表5-5可以看出，决定服务质量的因素的 90% 与服务流程有关。像可靠程度和礼貌这样的事情都是服务流程的一部分。运作经理可以设计包含这些特性的服务流程（服务产品），可以使用本章讨论的全面质量管理技术来保证质量。

表5-5 服务质量的决定因素

可靠性是指工作表现的一贯性和可靠程度。它意味着公司在第一次服务时就将服务完成得很好，公司以它的承诺赢得了声誉。
响应性是指员工提供服务的意愿和待命程度。它涉及服务的及时性。
胜任能力是指拥有完成服务所需要的技能和知识。
平易近人是指可接近性和接触的容易程度。
礼貌是指接待人员（包括接待员、电话接线员等）的礼貌、尊敬、体贴和友善。
沟通意指使顾客以他们能理解的语言获取信息，并倾听他们的需要。这意味着公司必须根据不同的顾客来调整它的语言——对待受过良好教育的顾客，增加语言的优雅水平；对待语言初学者，要简单且通俗易懂。
可信度包括值得信赖、相信度和诚实可信。它涉及在内心里为顾客的最佳利益着想。
安全性指没有危险、风险和疑虑。
理解顾客是指为理解顾客需求而做出努力。
可感知性是指服务实际的、可感知的表现。

资料来源：Adapted from A. Parasuranam, Valarie A. Zeithaml, and Leonard L. Berry. "A Conceptual Model of Service Quality and Its Implications for Future Research," *Journal of Marketing* (1985): 49. Copyright © 1985 by the American Marketing Association. Reprinted with permission.

再次，运作经理应该意识到，消费者的期望是评判服务的标准。消费者对服务质量的感知源于他们对服务之前的预期和实际服务经历的比较。换句话说，服务质量的评判基于服务是否符合服务预期。经理是能够影响服务质量和预期的。不要许诺超出能力的服务。

最后，运作经理必须预料那些例外。提供的普通服务是有一个标准质量水平的，譬如银行出纳员的交易处理。但是，会出现由于消费者导致的或者由于低于理想运行条件（如电脑死机）引起的"例外"或"问题"。这表明，质量控制系统必须识别出这种情况，并且拥有一套针对低于理想运行条件的可供选择的计划。

管理有方的公司通常使用**服务补救**（service recovery）策略。这意味着它们授权和培训一线员工迅速解决问题。万豪国际酒店（Marriott Hotels）的员工被教导要牢记 LEARN 程序——倾听（listen）、同情（empathize）、道歉（apologize）、行动（react）、上报（notify），最后一步是为了保证将顾客的抱怨反馈到酒店系统。丽思卡尔顿酒店教导员工不要只说"对不起"，而要说"请接受我的道歉"，并且饭店会给员工一笔预算，用于补偿失望的顾客。类似地，阿拉斯加航空公司的员工可以通过他们可以使用的"选项"来安抚烦躁不安的旅行者。

服务公司的管理者可能会在评估绩效时发现 SERVQUAL 非常有用。SERVQUAL是一种广泛使用的工具，可直接比较客户服务期望和实际所提供的服务。SERVQUAL 专注于客户服务期望与 10 个服务质量决定因素所提供服务之间的差距。最常见的版本将表 5-5 中显示的 10 个服务质量决定因素归纳为五个衡量因素：可靠性、保证性、有形性、同理心和响应性。

产品的设计、服务流程的管理、产品与消费者的预期相匹配以及为例外事件的发生所做的准备都是服务质量的关键。运作管理实践专栏"里奇国际公司的侦探"对运作经理怎样在服务中改进质量进行了解释。

运作管理实践

里奇国际公司的侦探

豪华饭店怎样保证服务质量呢？饭店会通过检查来完成。但是当产品是一对一的服务，且主要依赖于个人行为时，怎样进行检查呢？你可以雇用侦探！

里奇国际公司（Richey International）就是这种侦探公司。颇受世人喜爱的酒店和世界休闲名胜以及洲际酒店都会雇用里奇国际公司的侦探进行质量评估，由里奇国际公司的员工扮作顾客来进行质量检查。然而，尽管如此，管理人员必须确定顾客的期望是什么，以及会使顾客满意的具体服务项目是什么。只有这样，管理人员才能明确在哪些方面进行检查以及怎样进行检查。积极的训练和目标检查可以强化那些能满足顾客期望的行为。

酒店使用里奇国际公司的秘密检查员来保证服务表现符合严格的标准。酒店不知道检查员会何时到达或他们会使用什么化名。在检查员入住一家豪华酒店前，酒店会根据 50 多个不同的标准进行评估。在接下来的 24 小时内，核对清单、磁带录音、照片和书面报告会准备好，它们包括如下的评估标准：

- 门童能在 30 秒内招待每个客人吗？
- 前台记账员在客人入住时使用了客人的名字吗？
- 浴室里的浴缸和淋浴设施是否一尘不染？
- 客人坐下吃早餐后要过多少分钟才能喝到咖啡？
- 服务生与顾客接触时是否与顾客对视？
- 冰箱酒柜里饮料的价格是否在账单上准确标明？

明确的标准、积极的训练和检查是这些酒店进行全面质量管理努力的部分写照。质量并不是偶然的。

资料来源：*Hotelier*（Fed. 6, 2010）；*Hotel and Motel Management*（August 2002）；and *The Wall Street Journal*（May 12, 1999）.

┌ 小 结 ─■

质量对不同的人有不同的含义。在本章，质量被定义为"与满足用户明确或隐含需求能力有关的产品或服务的特征和特性的总和"。确定质量预期是企业运作有效且高效率的关键所在。

由于质量不是靠产品检查来保证的，所以质量的保证要求建立一个全面质量管理的环境。本章提到了全面质量管理的七种观念：持续改进、六西格玛、员工授权、标杆管理、准时生产、田口概念和全面质量管理工具知识。本章介绍的七种全面质量管理工具是检查表、散点图、因果分析图、帕累托图、流程图、直方图和统计过程控制图。

伦理问题 ◾

几年前，许多报纸都报道了一起事件，即在某麦当劳快餐店接受免下车快餐服务的一名顾客将一杯滚烫的咖啡洒到了自己身上。这名被严重烫伤的 80 岁女性宣称，咖啡太烫所以无法安全在车内饮用，法院因此判决她获赔 290 万美元（后来赔偿金额减少到 64 万美元）。该麦当劳快餐店称，咖啡是按照正确的产品说明提供的，其质量是合格的。而且，杯子上写着"小心——咖啡可能很烫"。尽管过去 10 年间发生了几百起咖啡烫伤的诉讼事件，但是麦当劳的咖啡温度仍然保持在 180 华氏度，这比一般快餐店的咖啡要热很多（根据公司规定）。类似的零星出现的法庭案例会引发小额诉讼判决，但是都有利于原告一方。例如，一位接受免下车快餐服务的顾客由于一杯泼洒的咖啡而起诉了汽车城面包店（Motor City Bagel Shop），一位将咖啡洒到自己脚上的顾客起诉了星巴克咖啡店。

在这些情况下，麦当劳快餐店、汽车城面包店和星巴克咖啡店有错吗？质量和伦理在这些案件中如何体现的？

讨论题 ◾

1. 解释提高产品质量如何导致成本降低。

2. 使用互联网确定马尔科姆·鲍德里奇国家质量奖的授予标准。

3. 对于成功的全面质量管理项目而言，你认为戴明的 14 个要点中最关键的 3 个是什么？为什么？

4. 列出一个有效的全面质量管理项目所必不可少的 7 种观念。这些观念与戴明的 14 个要点的关系如何？

5. 列举与本章讲解的质量概念相关的三位重要人物的名字。对于每一位重要人物，用一句话总结他对质量管理领域的主要贡献。

6. 全面质量管理使用的七种工具是什么？

7. 人们在工作场所（和教室内）感受到的惧怕是怎样对他们的学习能力产生抑制作用的？

8. 一所大学怎样对它的产出（毕业生）质量进行控制？

9. 为什么菲利普·克劳斯比认为质量是免费的？

10. 列举田口方法的三个核心概念。

11. 对于一个给定问题，使用帕累托图的目的是什么？

12. 在构建石川图或因果分析图时，使用的 4M 分别是指什么？

13. 在需要检查的几种情况中，哪些情况特别适用于制造业？

14. 在服务质量的几个主要方面中，运作经理发挥着什么样的作用？

15. 用你自己的语言解释源头检查的含义。

16. 服务质量的十个决定因素是什么？

17. 列举几种不需要高质量的产品的名字。

例题解答

例题解答 5.1

北方航空公司根据今年收到的 600 封信件将关于免费兑换、折扣和升级旅行里程的常客的投诉总结为如下五类。

投诉	频数
无法通过客户服务提出请求	125
无法获得预定日期的座位	270
必须支付费用才能获得"免费"座位	62
只有奇数小时的航班有座位	110
客户打电话时规则不断变化	33

用以上数据画出帕累托图。

解答

帕累托图如下所示：

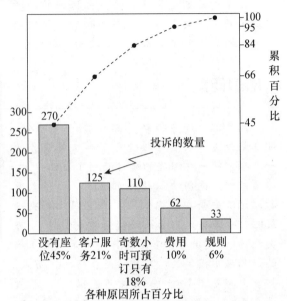

各种原因所占百分比

练习题

5.1 一家前卫服饰制造商在 101 高速公路上悬挂了一系列高调、色情的广告牌，招致受到侵犯的人的抗议电话。公司不清楚一共有多少人看到了广告。下表收集到的统计数据是被激怒的观看者的电话情况。

类型	描述	抱怨的数量
R	种族歧视	10
M	对男性的贬低	4
W	对女性的贬低	14
I	广告令人费解	6
O	其他	2

a. 用帕累托图描述数据，并画出累积抱怨曲线。

b. 最多的抱怨在总抱怨中占的百分比是多少？

5.2 绘制两个你感兴趣的相关变量（比如一周内报纸每天的发行页数）的散点图（见图 5-6（b））。

5.3 下表列出了考试分数不及格的原因，使用帕累托图对这些原因进行分析。

延误原因	次数
考试时间不够	15
考试迟到	7
难以理解考试材料	25
准备时间不足	2
学习了错误的材料	2
在考试过程中分心	9
考试时计算器没电了	1
忘记了考试的安排	3
考试期间生病	4

5.4 对于你或你的朋友在一家快餐店里上齐 6 道菜所花费的时间，绘制一张直方图。

5.5 凯瑟琳·麦克法登（Kathleen McFadden）的餐馆设在波士顿，她调查了 8 位顾客，收集到如下数据：

顾客的编号 (i)	订餐到上菜的时间 (y_i)（分钟）	服务生往返厨房的次数 (x_i)
1	10.50	4
2	12.75	5
3	9.25	3
4	8.00	2
5	9.75	3
6	11.00	4
7	14.00	6
8	10.75	5

a. 麦克法登要求你画出 8 个点（x_i，y_i）（i＝1，2，…，8），她很担心顾客等待的时间过长，这张图可以帮助她发现问题的原因所在。

b. 这是哪种图表的例子？

5.6 对于举办一次聚会所包含的所有步骤，绘制一张流程图（见图 5-6（e）和例 2）。

5.7 考虑在交通灯前可能出现的不良驾驶习惯的类型。列出你认为最可能发生的 10 种情况，并将"其他原因"列入其中。

a. 绘制一张检查表（参考图 5-6（a））以计算这些习惯发生的频率。在一天的 4 个不同时段观察一个繁忙的交通路口的情况，并将其中的 2 个时段选在交通流量较高的时期（高峰时间和午餐时间）。每次观察持续

15~20 分钟，使用你手中的检查表，观察你所列举的不良习惯发生的频率。

b. 绘制一张帕累托图，说明每一种习惯发生的相对频率。

5.8 绘制一张鱼刺图，指出航班乘客可能不满意的详细原因有哪些。

5.9 考虑每天早上需准时上班或准时上课的要求，绘制一张鱼刺图说明你早上迟到的原因。

5.10 绘制一张因果分析图，以反映"对大学注册过程不满意的学生"的意见。使用 4M 或自己设想的对注册过程不满意的原因，使因果分析图至少包含 12 种原因。

5.11 当你在学校进行注册交费时，学杂费说明中可能会有一些是不正确的。绘制一张鱼刺图，对导致这些不正确说明的原因进行描述。

5.12 玛丽·贝丝·马尔斯（Mary Beth Marrs）是一座公寓大楼的经理。最近她接到的抱怨次数不断增加，这使她感受到巨大的压力。下面的检查表是她在过去的 12 个星期内所统计的抱怨次数。利用这些信息绘制一张帕累托图。你会给出什么样的建议？

周	地板	停车/驾车	游泳池	与房客有关的问题	电灯/马桶
1	✓✓✓	✓✓	✓	✓✓✓	
2	✓	✓✓✓	✓✓	✓✓	✓
3	✓✓✓	✓✓✓	✓✓	✓	
4	✓	✓✓✓✓	✓	✓	✓✓
5	✓✓	✓✓✓	✓✓✓✓	✓	
6	✓	✓✓✓✓	✓✓		
7		✓✓✓	✓✓	✓	
8	✓	✓✓✓✓✓	✓✓	✓✓✓	✓
9	✓	✓✓	✓		
10	✓	✓✓✓✓	✓✓	✓	
11		✓✓✓	✓✓	✓	
12	✓✓	✓✓✓	✓✓✓	✓	

5.13 在一条印刷电路板装配线上收集到 如下数据，使用帕累托图对这些数据进行分析。

缺陷	缺陷发生次数
零件不能粘连	143
零件过度粘连	71
晶体管位置放错	601
电路板尺寸不符	146
在不合适的地方钻孔	12
最后检测中的电路问题	90
零件损坏	212

a. 绘制一张帕累托图。

b. 你得到的结论是什么？

5.14 下面提供了导致新英格兰 Tuncey Bayrak 果酱生产单位配方错误的 16 个问题清单：

问题清单

1. 测量不准确	6. 清理不够
2. 陈旧的度量方法	7. 不正确的设备维护
3. 缺乏明确的操作指南	8. 流程控制不够
4. 损坏的原料	9. 波动性
5. 操作人员误读了显示信息	10. 设备失修

续表

11. 技师计算失误		14. 称重不准确	
12. 瓶子标签贴错		15. 错误传达优先信息	
13. 温度失控		16. 操作指南不充分	

绘制鱼刺图，利用 4M 方法，对图形进行标注说明。

5.15 针对下面每一种情况绘制一张流程图：

a. 在一家自助式加油站给汽车加油。

b. 在自动柜员机上查询你的账户余额并取款。

c. 在一家冰淇淋店购买一块酸奶酪或一个蛋卷冰淇淋。

5.16 波士顿电动发电机（Boston Electric Generators）一直以来收到很多来自其主要客户 Home Station 的投诉，投诉的原因是其家用发电机的质量。丹尼尔·希姆谢克（Daniel Shimshak）经理对客户提供的出货质量不合格这一反馈感到十分震惊，他决定要求司机在抵达客户商店时收集缺陷货物的信息并完成表格。首批 279 件货物的表格已经填好，它们展示了过去 8 周的以下内容：

周	运输次数	有缺陷的运输次数	运输出错的原因			
			货运单出错	货车运量出错	产品损坏	货车延误
1	23	5	2	2	1	
2	31	8	1	4	1	2
3	28	6	2	3	1	
4	37	11	4	4	1	2
5	35	10	3	4	2	1
6	40	14	5	6	3	
7	41	12	3	5	3	1
8	44	15	4	7	2	2

工厂的正常人数是 30。希姆谢克明白，即使增雇工人来提高工厂的生产能力，在接下来的许多个星期，运输量仍然不会超过每星期 30 次的正常运量。过去 8 个星期工人的变动人数如下表所示：

周	新雇工人人数	解雇工人人数	工人总数
1	1	0	30
2	2	1	31

续表

周	新雇用工人人数	解雇工人人数	工人总数
3	3	2	32
4	2	0	34
5	2	2	34
6	2	2	32
7	4	1	35
8	3	2	36

a. 使用总运输次数和运输出错的次数绘制一张散点图。这两者之间存在什么关系吗？

b. 使用"变动人数"（新雇工人人数减去解雇工人人数）和运输出错的次数两个变量绘制一张散点图。这两个变量之间存在某种关系吗？

c. 对运输出错的各种类型，绘制一张帕累托图。

d. 绘制一张鱼刺图，说明运输出错的各种可能原因。

5. 17 盖洛普公司（Gallup）最近对 519 个有飞行经历的成人进行调查，发现抱怨较多的方面如下：狭窄的座椅（45 人），费用（16 人），不喜欢或对飞行有恐惧（57 人），安全措施（119 人），糟糕的服务（12 人），转机问题（8 人），拥挤的航班（42 人），延误的航班/等待（57 人），食物（7 人），行李的丢失（7 人），其他（51 人）。

a. 没有抱怨的人所占的百分比是多少？

b. 绘制帕累托图总结这些反馈，包括"没有抱怨"的一组。

c. 对于抱怨的 10 个方面（"其他"和"没有抱怨"除外），利用 4M 方法画出鱼刺图。

d. 如果你正在管理一家航空公司，你将处理哪方面问题以改进服务？为什么？

案例分析

西南大学（B）*

在新教练菲尔·弗拉姆来到位于得克萨斯州斯蒂芬维尔的西南大学后的 5 年里，人们对橄榄球项目的热情一年比一年高涨。球场的 54 000 个座位都要坐满了，教练要求新建一个体育场，此时西南大学校长乔尔·威斯纳面临一些困难的决策问题。在秋季赛中，西南大学橄榄球队战胜了劲敌得克萨斯大学橄榄球队。不过，在胜利的狂欢中，威斯纳并不像人们想象的那样高兴。因为威斯纳校长听到的不是校友、学生和教职工的笑声，而是一片抱怨声："货摊的队伍太长了"；"与以前相比，很难找到停车位，而且停车地点远多了"（与橄榄球队不断赢球之前相比）；"座位不舒适"；"到达拉斯的交通一直处于阻塞中"；等等。"大学校长不能只考虑赢球的事"，威斯纳对自己唠叨。

在接下来星期一的教职工会议上，威斯纳对主管行政的副校长莱斯莉·加德纳（Leslie Gardner）说道："我希望你对这些有关橄榄球的抱怨进行调查，看看真正的问题是什么，然后告诉我你的解决方法是什么。"加德纳并没有对这个要求感到吃惊。她回答道："乔尔，我已经对这些抱怨有所了解。在过去的一年里，每次比赛时我们都对 50 名球迷进行随机调查，以确定他们的想法。这是我在全校范围内进行全面质量管理努力的结果。我会对这些事情进行统计分析，一周内给您答复。"

当她返回办公室时，加德纳将她的助手已经编辑好的文件找了出来（见表 5-6）。"这里就有许多信息。"她想。

表 5-6　对球迷满意度的调查结果（N=250）

		满意度分级				
		A	B	C	D	E
比赛期间	A. 停车	90	105	45	5	5

---

* 西南大学的案例将贯穿本书。其他有关西南大学体育场扩建的问题还包括：（A）预测球赛观众数量（第 3 章）；（C）新体育场的选址（第 7 章）。

续表

		满意度分级				
		A	B	C	D	E
比赛期间	B. 交通	50	85	48	52	15
	C. 座位	45	30	115	35	25
	D. 娱乐活动	160	35	26	10	19
	E. 印刷节目单	66	34	98	22	30
门票	A. 定价	105	104	16	15	10
	B. 季票计划	75	80	54	41	0
营业情况	A. 价格	16	116	58	58	2
	B. 食物选择范围	155	60	24	11	0
	C. 服务速度	35	45	46	48	76

被调查者

校友　　113 人
学生　　83 人
教职工　　16 人
不属于上面三者中的任何一个　　38 人

调查表中的开放意见

停车混乱	交通很糟糕	教练很棒
增加豪华包厢	座位不舒适	增加饮水点
寻找更好的拉拉队队长	如果视线更好，可多付钱	提供更好的座位
使停车员的人数加倍	建造一座新的体育场	座位太小
一切还行	学生的队服需要编号	修建更大的停车场
太拥挤了	我想要带坐垫的座位	我年纪大了，不能坐长凳
座位太狭窄了	警察人数不够	比赛时没有咖啡供应
食物很不错	学生太吵闹了	公司想买豪华包厢——快建一个
让乔尔竞选总统！	停车场很糟	票价过高
我闻到有人吸毒	洗手间不干净	希望座位能够更加柔软
体育场太旧了	抽签时的罚球点数不足	打败得克萨斯大学！
座位不稳当	做得很好，西南大学	我想买豪华包厢的坐席
交警数量不足	增加一些更宽敞的座位	乐队很棒
比赛开始得太晚了	引座员很友好	我爱菲尔·弗拉姆
雇用更多的交警	需要更好的座位	每件事做得都很棒！
需要新的乐队	扩大停车场	建造新的体育场
非常棒！	讨厌露天的座位	将比赛场地移到达拉斯吧！
增加热狗摊位	热狗都凉了	没有不满意的地方
座位全是金属做的	一杯咖啡 3 美元，免谈！	浴室太脏了
需要豪华包厢	增加一些豪华包厢	座位太小了
座位上有臭味	喜欢新的队服	
去西南大学吧！	为停车花了一个小时	

【讨论题】

1. 至少使用两种不同的质量管理工具对这些数据进行分析，并给出你的结论。

2. 怎样才能使这份调查表的用处更大一些？

3. 下一步采取的措施是什么？

注　释

[1] 参见 Philip B. Crosby. *Quality Is Free*（New York：McGraw-Hill，1979）。另外，朱兰在 *Juran on Quality by Design*（The Free Press 1992，p. 119）一书中指出，质量低劣的代价是巨大的，但其具体金额是未知的。在大多数公司，会计系统只提供了少量的信息来量化这种低劣质量的成本。扩展会计制度以提供全面覆盖的信息，需要花费大量时间和精力。

[2] 为了培训员工如何提高质量及其与客户的关系，六西格玛项目中还有另外三个关键角色：黑带大师、黑带和绿带。

[3] 出自 "The Straining of Quality," *The Economist*（January 14，1995）。我们也看到这是西南航空公司的优势之一，它提供最基本的国内服务，但友好和幽默的员工帮助它获得了质量方面的第一名（参见 Fortune [March 6，2006]：65−69）。

快速复习

主要标题	复习材料
质量与策略	质量管理有助于建立成功的差异化、成本领先和快速响应策略。 质量通过两种方式提高利润率： ■ 提高销售收入：通过响应速度的提高、价格的灵活性、增加的市场份额、名声的改善。 ■ 降低成本：提高生产率，减少返工和废品成本，降低保修成本。
质量定义	运作经理的目标是建立全面质量管理系统来识别并满足顾客的需求。 ■ 质量：产品或服务满足用户需求的能力。 美国质量协会的质量定义：与满足用户明确或隐含需求能力有关的产品或服务的特征和特性的总和。 两个著名的质量奖是： 1. 美国：马尔科姆·鲍德里奇国家质量奖，以美国商务部前部长的名字命名。 2. 日本：戴明奖，以美国爱德华兹·戴明的名字命名。 ■ ISO 9000：国际标准化组织（ISO）开发的一套质量标准。 ISO 9000 是国际唯一认可的标准，要进行全球化运营，获得 ISO 认证是关键的要素。 ■ 质量成本：做错事的成本，即不一致性的代价。 和质量相关的成本有四类：预防成本、评定成本、内部缺陷成本、外部缺陷成本。 质量管理领域有四个名人：爱德华兹·戴明、约瑟夫·朱兰、阿曼德·费根鲍姆、菲利普·克劳斯比。
全面质量管理	■ 全面质量管理：对整个组织的管理，使得它在对顾客重要的所有产品和服务方面都能表现优秀。 有效的全面质量管理的七种观念是：（1）持续改进；（2）六西格玛；（3）员工授权；（4）标杆管理；（5）准时生产；（6）田口概念；（7）全面质量管理工具知识。 ■ PDCA 循环：计划、执行、检查、处理的持续改进模型。 日本人使用 kaizen 这个词来描述无止境改进的持续过程——确立和达到更高的目标。 ■ 六西格玛：一种节约时间、改进质量和降低成本的项目。 从统计学的角度讲，它指具有极高能力的过程、产品或服务，有 99.999 7％的精确度，或者百万分之 3.4 的缺陷率。 ■ 员工授权：扩大员工的工作范围，使增加的责任感和权力可以转移到组织的最底层。

续表

主要标题	复习材料
全面质量管理	商业研究一致认为，与大约 85％的质量问题相关的是材料和生产过程，而不是员工的表现。 ■ 质量小组：一组员工，有一名辅训员，定期开会以解决他们工作领域中的相关问题。 ■ 准时生产：背后的理念是可以用于持续改进和问题解决。准时生产系统设计的目的是按照需要生产或交付产品。 ■ 标杆管理：选择一个已被证实了的绩效标准，它代表一个过程或活动的最佳绩效。 ■ 质量稳健性：尽管在生产过程中出现不利情况，产品也可以始终如一地按照用户需求来生产。 ■ 目标导向质量：持续改进以使产品达到目标的一种原理。 ■ 质量损失函数（QLF）：一个数学函数，用来表示与低劣质量相关的所有成本，而且说明当产品质量偏离用户需求时这些成本也随之增长。
全面质量管理工具	全面质量管理工具中能够产生想法的工具有：检查表（记录数据的一种有组织的方法），散点图（一个变量与另一个变量的价值关系图）和因果分析图。组织数据的工具包括帕累托图和流程图。 识别问题的工具是直方图（描述变量出现频率的分布图）和统计过程控制图。 ■ 因果分析：用于寻找质量问题可能源头的一种图表方法（也称作石川图或鱼刺图）。材料、设备、人及方法（4M）就是"原因"。 ■ 帕累托图：区别关键的少数与相对不重要的多数的图形方法。 ■ 流程图：使用图形描述一个流程或系统的结构图。 ■ 统计过程控制（SPC）：在产品或服务处于生产阶段时，用来监测标准、进行测量。 ■ 控制图：对随时间变化的过程数据所作的图形描述，且标有预先设定的控制界限。
检查的作用	■ 检查：保证生产运作过程按照期望的质量水平进行的一种方式。 ■ 源头检查：在生产或采购点——源头进行监控。 ■ 防错系统：保证生产合格零部件的一种设备或技术。 ■ 检查清单：一种列出所需步骤确保所实施任务的一致性和完整性的防错系统。 ■ 计数值检查：区分检查项目是合格还是不合格的一种检查。 ■ 计量值检查：区分检查项目是否处于维度、尺寸或强度等连续的区间内。
服务业中的全面质量管理	服务质量的决定因素：可靠性、响应性、胜任能力、平易近人、礼貌、沟通、可信度、安全性、理解顾客、可感知性。 ■ 服务补救：培训和授权一线员工迅速解决问题。 ■ SERVQUAL：一种流行的服务质量测量标准，这一标准通常将服务期望与实际服务进行比较。

自测题

在自我测试前，请参考本章开头的学习目标和本章的关键术语。

1. 在本章，质量被界定为（ ）。

a. 可接受价格下的优秀程度和可接受成本下的可变性控制

b. 产品是如何迎合顾客偏好的

c. 与满足用户明确或隐含需求能力有关

的产品或服务的特征和特性的总和

d. 很难去界定，但是你知道它是什么

2. ISO 9000 是一种关于 ＿＿ 的国际标准。

3. 如果每年有 100 万名乘客通过杰克逊维尔机场（Jacksonville Airport）时携带行李，一个成功的六西格玛行李处理系统会导致（　　）名旅客的行李拿错。

 a. 3.4

 b. 6.0

 c. 34

 d. 2 700

 e. 6 倍的乘客的月标准差

4. 相比你的运作而言，找到其他做得最好的组织并向它们学习称为（　　）。

 a. 持续改进

 b. 员工授权

 c. 标杆管理

 d. 山寨

 e. 专利侵权

5. 田口方法包括下面的全部，除了（　　）。

 a. 员工参与

 b. 转移不利条件下的影响

 c. 质量功能缺失

 d. 目标值

6. 全面质量管理的七种工具是____。

自测题答案：1. c；2. 质量管理体系；3. a；4. c；5. a；6. 检查表、散点图、因果分析图、帕累托图、流程图、直方图、统计过程控制图。

第 5 章补充材料
统计过程控制

📖 **学习目标**

1. 解释使用控制图的目的。
2. 解释统计过程控制中中心极限定理的作用。
3. 学会构建 $\bar{x}$ 图和 R 图。
4. 列出构建过程控制图的五个步骤。
5. 学会构建 p 图和 c 图。
6. 解释工序能力并计算 C_p 与 C_{pk}。
7. 解释验收抽样。

S5.1 统计过程控制

在本书第 5 章补充材料里，我们使用统计过程控制来达到质量标准——该方法在贝茨迪（BetzDearborn）、阿诺德·帕尔默医院、通用电气、西南航空都得以应用。**统计过程控制**（statistical process control，SPC）是广泛用来确保过程满足标准的一种统计方法。所有的过程都会受到一定程度的波动的影响。20 世纪 20 年代，当人们开始研究工序数据时，在贝尔实验室（Bell Laboratories）工作的沃尔特·休哈特就对导致波动的一般原因和特殊原因做了区分。现在很多人都将这些原因分为正常原因和异常原因。沃尔特·休哈特开发了一种简单但很有用的工具——**控制图**（control chart），来区分这两种原因。

当波动的唯一源头是一般（正常）原因时，可以说过程的运行处于统计控制中。首先必须通过检测和消除特殊（异常）原因来使过程处于统计控制中。[1] 然后才能预测它的绩效，评价它满足用户预期的能力。过程控制系统的目标是在出现波动的异常原因时提供统计信号。这种信号能够促使人们采取适当措施消除异常原因。

正常波动 正常波动几乎影响每一个生产过程，它是可以预期的。即使是在统计控制过程中出现的波动里，**正常波动**（natural variations）也占了相当大的比例。正常波动形成了一种可用分布来描述的模式。

只要（产出测量值）分布处于规定的控制界限内，就可以说过程处于控制中，正常波动是允许的。

异常波动 过程中的**异常波动**（assignable variation）可归于某种特殊的原因。机器磨损、调整不良的设备、疲劳的或未受训练的工人或者一批新的原材料等因素都是异常波动的潜在源头。

为区分正常波动和异常波动，运作经理有两项任务要完成。首先是保证过程能够在只存在正常波动的控制下运作。其次是鉴别和消除异常波动，以使过程处于控制中。

样本 由于正常波动和异常波动的存在，统计过程控制使用小样本（通常是4～8个产品）的均值，而不使用个别产品的数据。单个产品的数据往往不太稳定，因而不能使发展趋势迅速显现出来。

图 S5－1 详细地描述了确定工序波动的重要步骤。横轴可以是重量（如盒装麦片的盎司数）或者长度（如篱笆桩）或者任何实物计量单位。纵轴表示频率。在图 S5－1（a）中，对 5 盒麦片的样本进行称重；图 S5－1（b）中这些样本的重量形成一个分布；图 S5－1（c）表示分布有很多种类型；图 S5－1（d）表示，如果只出现正常波动，S5－1（b）和 S5－1（c）中形成的分布以一种可预测的模式进行排列。如果出现波动的异常原因，那么，我们可以预测均值会发生变化或者离散程度会发生变化，如图 S5－1（e）所示。

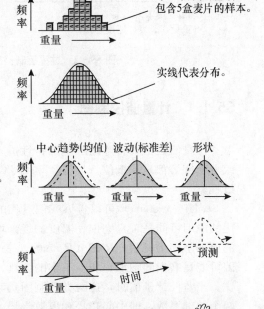

(a) 产品的样本，如从装填机械线上取出的5盒麦片，彼此的重量各不相同。

每一个方块都代表一个包含5盒麦片的样本。

(b) 从一个稳定的过程中抽取充足的样本，则会形成一种分布。

实线代表分布。

(c) 包括正态(钟形)分布在内，存在多种类型的分布，但是这些分布的中心趋势(均值)、标准差或方差以及形状是不相同的。

(d) 如果只存在波动的正常原因，过程产出会形成随时间推移稳定且可预测的分布。

(e) 如果出现波动的异常原因，过程产出在时间上会表现得不稳定，并且是不可预测的。就是说，当过程中发生不能预测的原因时，样本会形成不可预测的分布，这些分布在中心趋势、标准差和形状上各不相同。

图 S5－1 正常波动和异常波动

控制图 控制图的构建过程基于图 S5－2 所示的思想。该图显示三种不同过程产出结果的三种不同分布。我们抽取一些小样本，然后检查这些数据的特征以观察过程是否在控制界限内。控制图的目的是区分正常波动和异常原因导致的波动。如图 S5－2 所示，有三种情况：（a）过程处于控制中，且能够在设置的控制界限内生产；（b）过程处于控制中，但不能在设置的控制界限内生产；（c）过程失去控制。现在，我们看一下构建控制图的方法以帮助运作经理使过程处于控制中。

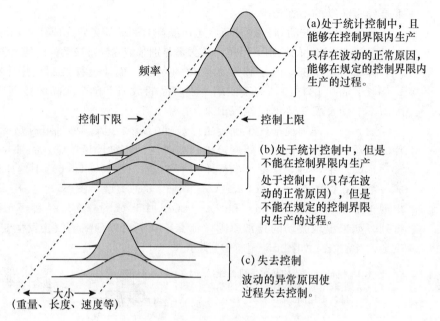

图 S5－2　过程控制：三种不同类型的过程产出

S5.1.1　计量值控制图

计量值是指具有连续维度的特性值，它们有无限个值。比如重量、速度、长度或者强度等都是计量值。均值 $\bar{x}$ 和极差 R 的控制图，可以用来监控有连续维度的过程。

x 图（$\bar{x}$-chart）可以告诉我们过程的中心趋势（均值）是否发生变化。这些变化的原因可能是工具磨损、温度的逐渐增加、第二班次使用不同的方法或者使用新的更加坚固的材料。**R 图**（R-chart）表示离散程度的增加或减少。这种变化的原因可能是磨损的轴承、装卡不牢的工具、机器润滑剂的不稳定流动或工人的马虎操作。当监控计量值时，这两类控制图是紧密联系在一起的，因为它们测量的参数是两个关键参数，即中心趋势和离散趋势。

S5.1.2　中心极限定理

中心极限定理（central limit theorem）是 $\bar{x}$ 图的理论基础。该理论说明，无论总体分布情况如何，当样本数目增加时，$\bar{x}$（每一个都是取自总体的样本的均值）的分布往往是正态分布。幸好，即使样本（n）很小（比如说，4 个或 5 个），均值的分布仍然会近似表现为一条正态分布曲线。这个定理也说明：（1）分布的均值（$\bar{x}$）等于总体分布的均值（μ）；（2）抽样分布的标准差 $\sigma_{\bar{x}}$ 等于总体标准差 σ 除以样本数目 n 的平方根。换句话说[2]：

$$\bar{x}=\mu \tag{S5-1}$$

$$\sigma_{\bar{x}}=\frac{\sigma}{\sqrt{n}} \tag{S5-2}$$

图 S5-3 显示了三种可能的总体分布，其中每一种分布都有自己的均值 μ 和标准差 σ。如果一系列随机抽样（$\bar{x}_1$，$\bar{x}_2$，$\bar{x}_3$，$\bar{x}_4$ 等）取自任一总体分布（可能是正态分布、贝塔分布、均匀分布等），每一个样本的数目都是 n，$\bar{x}_i$ 的分布将出现如图 S5-3 所示的情况。

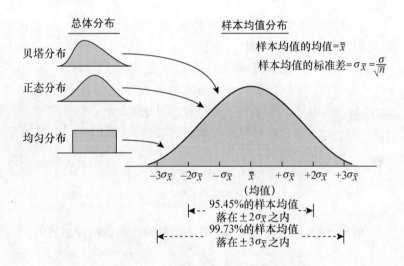

图 S5-3　总体分布和抽样分布的关系

说明：无论总体分布如何（正态分布、贝塔分布或者均匀分布），且每一个总体分布都有不同的均值（μ）和标准差（σ），这些分布的样本均值分布都是正态分布。

而且，如图 S5-4（a）所示，相比过程分布而言，抽样分布的变化较小。由于抽样分布是正态分布，所以我们可以这样说：

● 如果过程只存在正常波动，95.45% 的情况下样本均值会落在 $\pm 2\sigma_{\bar{x}}$ 的范围内。

● 如果过程只存在正常波动，99.73% 的情况下样本均值会落在 $\pm 3\sigma_{\bar{x}}$ 的范围内。

如果控制图上的一点落在 $\pm 3\sigma_{\bar{x}}$ 控制界限以外，那么我们可以 99.73% 的置信度说，这个过程已经发生改变。图 S5-4（b）显示，随着样本数量的增加，样本分布变窄。因此，对于较大的样本量，样本统计量更接近总体真实值。这就是控制图所依据的理论。

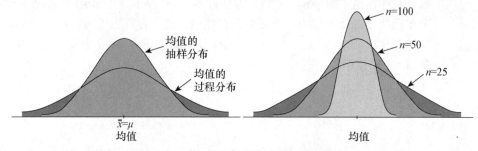

(a) 抽样分布比过程分布波动小　　　　　(b) 随着样本数量的增加，样本分布变窄

图 S5－4　均值的抽样分布是正态分布

说明：在此图中，从中抽样的过程分布也是正态分布，然而过程分布可能是任意一种分布形式。

S5.1.3　设置均值图 ($\bar{x}$ 图) 的界限

如果根据过去的数据可以知道过程分布的标准差 σ，我们就可以利用下列公式设置控制上限和控制下限[3]：

$$控制上限 (UCL) = \bar{\bar{x}} + z\sigma_{\bar{x}} \tag{S5-3}$$

$$控制下限 (LCL) = \bar{\bar{x}} - z\sigma_{\bar{x}} \tag{S5-4}$$

式中：$\bar{\bar{x}}$——样本均值的均值或过程的目标设定值；

z——正态分布标准差的数目 (95.45% 置信度的情况下是 2；99.73% 置信度的情况下是 3)；

$\sigma_{\bar{x}}$——样本均值的标准差，等于 $\sigma/\sqrt{n}$；

σ——总体 (过程) 标准差；

n——样本数。

例 S1 解释了怎样利用标准差来设置样本均值的控制界限。

例 S1

利用样本设置控制界限

某厂每个小时都会对一大批燕麦片的每盒的重量进行抽样检查。经理要求设置包含 99.73% 样本均值的控制界限。

方法

每小时对 9 盒燕麦片进行随机抽取和称重。计算出整体均值，并使用式 (S5-3) 和式 (S5-4) 计算控制界限。下面是第 1 个小时选取的 9 盒燕麦片的重量 (单位：盎司)：

17，13，16，18，17，16，15，17，16。

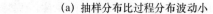

燕麦片	燕麦片	燕麦片	燕麦片	燕麦片	燕麦片	燕麦片	燕麦片	燕麦片
17盎司	13盎司	16盎司	18盎司	17盎司	16盎司	15盎司	17盎司	16盎司

解答

第 1 个小时样本的平均重量

$$= \frac{17+13+16+18+17+16+15+17+16}{9}$$

$$= 16.1 （盎司）$$

此外，总体标准差 (σ) 可以看作 1 盎司。我们不必详细列出从第 2 个小时到第 12 个小时中每次抽取的每盒燕麦片的重量 (盎

司）。12个小时的抽样结果如下：

单位：盎司

小时	9盒的平均重量	小时	9盒的平均重量	小时	9盒的平均重量
1	16.1	5	16.5	9	16.3
2	16.8	6	16.4	10	14.8
3	15.5	7	15.2	11	14.2
4	16.5	8	16.4	12	17.3

12 个样本均值的均值经计算正好等于 16 盎司。因此我们有 $\bar{x}=16$ 盎司，$\sigma=1$ 盎司，

$n=9$，$z=3$。控制上限和控制下限分别是：

$$UCL_{\bar{x}} = \bar{x} + z\sigma_{\bar{x}}$$
$$= 16 + 3 \times \frac{1}{\sqrt{9}}$$
$$= 17 （盎司）$$
$$LCL_{\bar{x}} = \bar{x} - z\sigma_{\bar{x}}$$
$$= 16 - 3 \times \frac{1}{\sqrt{9}}$$
$$= 15 （盎司）$$

然后，12 个样本被标绘在下方的控制图上：

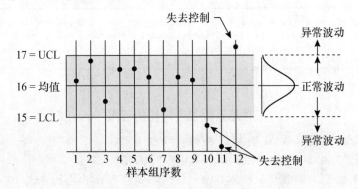

9盒样本的控制图

启示

由于最后抽取的样本均值的均值落在控制上限 17 和控制下限 15 以外，因此我们可以断定，过程发生了不稳定的变化，且不处于控制中。

练习

如果燕麦片的总体标准差（σ）是 2 盎司

（而非 1 盎司），结论又是什么？〔答案：LCL＝14，UCL＝18；过程处于控制中。〕

相关课后练习题

S5.1，S5.2，S5.4，S5.8，S5.10a，S5.10b

由于过程标准差的数据无法获取或者难以计算，因此我们通常会基于平均极差而非标准差来计算控制界限。表 S5-1 为我们提供了必要的变换方法。极差（R_i）是指样本中的最大值和最小值之差。例如，例 S1 的第 1 个小时中，最重的一盒燕麦片的重量是 18 盎司，最轻的是 13 盎司，因此这个小时的极差就是 5 盎司。我们利用表 S5-1 和以下公式：

$$UCL_{\bar{x}} = \bar{x} + A_2\bar{R} \tag{S5-5}$$
$$LCL_{\bar{x}} = \bar{x} - A_2\bar{R} \tag{S5-6}$$

式中：$\bar{R}$——样本极差的均值；

A_2——表 S5-1 中的值；

$\bar{x}$——样本均值的均值。

例 S2 解释如何运用表 S5-1 和极差的均值来设置样本均值的控制界限。

表 S5-1 计算控制图控制界限的系数表（3σ）

样本数 n	均值系数 A_2	极差最大值 D_4	极差最小值 D_3
2	1.880	3.268	0
3	1.023	2.574	0
4	0.729	2.282	0
5	0.577	2.115	0
6	0.483	2.004	0
7	0.419	1.924	0.076
8	0.373	1.864	0.136
9	0.337	1.816	0.184
10	0.308	1.777	0.223
12	0.266	1.716	0.284

资料来源：Reprinted by permission of American Society for Testing Materials, Copyright 1951. Taken from Special Technical Publication 15-C, "Quality Control of Materials," pp. 63 and 72. Copyright ASTM IN-TERNATIONAL. Reprinted with permission.

例 S2

利用系数表设置均值界限

超级可乐（Super Cola）瓶装软饮料标着"净重 12 盎司"。在 10 次抽样后，确实发现过程均值为 12 盎司，其中每个样本包含 5 瓶饮料。过程极差的平均值是 0.25 盎司。运作管理团队想要设置这个过程均值的控制上限和下限。

方法

超级可乐首先抽查了 10 个样本，以计算过程的平均范围。下面是数据和计算：

单位：盎司

样品	样本容量为 5 时最轻的瓶子的重量	样本容量为 5 时最重的瓶子的重量	极差（R_i）＝样本中最轻的瓶子与最重的瓶子重量之差
1	11.50	11.72	0.22
2	11.97	12.00	0.03
3	11.55	12.05	0.50
4	12.00	12.20	0.20
5	11.95	12.00	0.05
6	10.55	10.75	0.20
7	12.50	12.75	0.25
8	11.00	11.25	0.25
9	10.60	11.00	0.40
10	11.70	12.10	0.40
			$\sum R_i = 2.50$

$$平均极差 = \frac{2.50}{10} = 0.25（盎司）$$

应用式（S5-5）和式（S5-6），并运用表 S5-1 中的 A_2 列。

解答

在表 S5-1 中的均值系数 A_2 这一列寻找对应样本数为 5 的数值，我们找到均值系数为 0.577。因此，控制上限和下限分别为：

$$UCL_{\bar{x}} = \overline{\overline{x}} + A_2\overline{R} = 12 + 0.577 \times 0.25$$
$$= 12.144 (盎司)$$
$$LCL_{\bar{x}} = \overline{\overline{x}} - A_2\overline{R} = 12 - 0.144$$
$$= 11.856 (盎司)$$

启示

使用极差方法而非标准差方法的好处是极差方法简单，易操作，不易混淆。

练习

如果样本数为 $n = 4$，极差的均值是 0.20 盎司，UCL 和 LCL 如何修正？〔答案：12.146，11.854。〕

相关课后练习题

S5.3a，S5.5，S5.6，S5.7，S5.9，S5.10b，c，d，S5.11，S5.26

S5.1.4 设置极差图（R 图）的界限

在例 S1 和例 S2 中，我们确定了过程均值的控制上限和控制下限。除了关心过程均值外，运作经理还关心过程的离散程度即极差。即使过程均值处于控制中，过程的离散程度也不一定处于控制中。例如，用来装填燕麦片盒子的设备本身可能松动了。因此，样本均值可能仍旧保持不变，但是样本波动可能出现了非常大的变化。因此，为了监控过程波动，运作经理除了需要使用可以监控过程中心趋势的均值控制图，还需要使用极差控制图。极差控制图与均值控制图所基于的理论是相同的。可以设置包含 ±3 个标准差和极差均值的界限。我们可以使用下列方程式来设置极差的控制上限和控制下限：

$$UCL_R = D_4\overline{R} \qquad\qquad (S5-7)$$
$$LCL_R = D_3\overline{R} \qquad\qquad (S5-8)$$

式中：UCL_R——极差的控制上限；

LCL_R——极差的控制下限；

D_4 和 D_3 的值可以从表 S5-1 中查到。

例 S3 解释怎样利用表 S5-1 和极差均值来设置样本极差的控制界限。

例 S3

利用系数表设置极差界限

罗伊·克林顿（Roy Clinton）开展邮件订购业务，他希望衡量其运营商通过电话接听客户订单的响应时间。克林顿在下面列出了从订购过程的 5 个不同样本中记录的时间（以分钟为单位），每个样本有 4 个客户订单。他想确定控制图的控制上限和控制下限。

方法

在表 S5-1 里找到样本数 4，他发现 $D_4 = 2.282$，$D_3 = 0$。

解答

样本	观察结果（单位：分钟）	样本极差（R_i）
1	5，3，6，10	$10-3=7$
2	7，5，3，5	$7-3=4$
3	1，8，3，12	$12-1=11$
4	7，6，2，1	$7-1=6$
5	3，15，6，12	$15-3=12$
		$\sum R_i = 40$

$$\bar{R}=\frac{40}{5}=8$$

$$UCL_R=2.282\times8=18.256 \text{（分钟）}$$

$$LCL_R=0\times8=0 \text{（分钟）}$$

启示

通过表 S5-1 计算极差是评价离散程度的直接且简易的方法。

练习

克林顿决定将样本容量增加到 $n=6$，极差均值不变。新的 UCL_R 和 LCL_R 为多少？〔答案：16.032，0。〕

相关课后练习题

S5.3b，S5.5，S5.6，S5.7，S5.9，S5.10c，S5.11，S5.12，S5.26

S5.1.5　均值图和极差图的应用

正态分布可以通过两个参数均值和标准差来确定。$\bar{x}$ 图和 R 图显示了这两个参数的变化。$\bar{x}$ 图对过程均值的偏移敏感，而 R 图对过程标准差的变化敏感。所以，通过结合使用这两种控制图，我们可以追踪过程分布的变化情况。

例如，图 S5-5（a）中的样本和与此抽样相应的 $\bar{x}$ 图显示了过程均值的变化，但因为离散程度是不变的，所以 R 图检测不出发生的变化。相反，图 S5-5（b）中的样本和与此抽样相应的 $\bar{x}$ 图检测不出发生的变化（因为没有一个值能表现出这种变化），但是 R 图能检测出离散程度的变化。为了准确追踪过程趋势的变化，这两种控制图都是必要的。

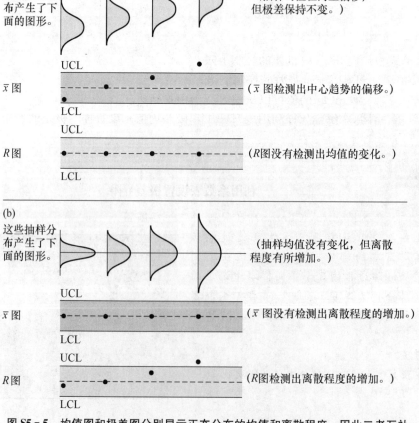

图 S5-5　均值图和极差图分别显示正态分布的均值和离散程度，因此二者互补

使用控制图的步骤　使用 $\bar{x}$ 图和 R 图时，一般要遵循五个步骤：

1. 从一个稳定的过程中抽取 20～25 组样本，每组样本容量是 $n=4$ 或 $n=5$，计算每组样本的均值和极差。

2. 计算这些样本的总的均值（$\bar{\bar{x}}$ 和 $\bar{R}$），设置合适的控制界限，置信水平通常为 99.73%，计算初始的控制上限和控制下限。在表 S5 - 2 中查阅其他的控制水平。如果这个过程目前不稳定，使用期望均值 μ 而不是 $\bar{\bar{x}}$ 来计算控制界限。

3. 在均值控制图和极差控制图上标出样本的均值和极差，确定这些值是否位于可接受的界限内。

4. 对表明过程失去控制的点或者图形进行调查。试着找到波动的原因，然后对这个过程进行修正。

5. 收集其他样本，如有必要，使用新的数据再次计算控制界限。

表 S5 - 2　一般的 z 值

期望的控制界限（%）	z 值（满足期望的置信水平下的标准差）	期望的控制界限（%）	z 值（满足期望的置信水平下的标准差）
90.00	1.65	99.00	2.58
95.00	1.96	99.73	3.00
95.45	2.00		

S5.1.6　计数值控制图

当我们对计数值进行抽样调查时，$\bar{x}$ 图和 R 图不适用。计数值通常分为合格类或不合格类，不合格的测定涉及产品的计数（例如，给定批量中不合格灯泡的数量，或者输入记录时字母或数据出错的数量），而计量值通常是计量长度或重量的。有两种类型的计数值控制图：（1）用于测定样本中不合格率的图，称作 p 图；（2）用于计量产品缺陷数的图，称作 c 图。

p 图　p 图（p-chart）是控制计数值的主要方法。虽然计数值无论合格类还是不合格类都遵循二项分布，但当样本容量很大时，可以使用正态分布来计算 p 图的控制界限。这与同样基于中心极限定理的 $\bar{x}$ 图很相似。

p 图的控制上限和控制下限公式分别为：

$$\text{UCL}_p = \bar{p} + z\sigma_p \tag{S5 - 9}$$

$$\text{LCL}_p = \bar{p} - z\sigma_p \tag{S5 - 10}$$

式中：$\bar{p}$——样本中产品不合格率的平均数，其计算公式为 $\bar{p} = \dfrac{\text{不合格总数}}{\text{样本容量}\times\text{样本数目}}$；

　　　　z——标准差的数目（95.45% 置信度的情况下 $z=2$；99.73% 置信度的情况下 $z=3$）；

　　　　σ_p——抽样分布的标准差。

σ_p 的估计值的计算公式为：

$$\hat{\sigma}_p = \sqrt{\dfrac{\bar{p}(1-\bar{p})}{n}} \tag{S5 - 11}$$

式中，n 为样本容量。[4]

例 S4 解释了怎样设置 p 图标准差的控制界限。

例 S4

设置不合格率的控制界限

莫热数据系统公司的录入员每天要为不同的公司客户录入数千条保险记录。首席执行官唐娜·莫热（Donna Mosier）想要为数据录入过程设置置信度为99.73%的控制界限。

方法

每20个录入员的工作组成一个样本（如下表所示）。莫热仔细地检查了每个录入员录入的100条记录，对出错的录入数进行计数。她也对每个样本的不合格率进行了计算。利用式（S5-9）、式（S5-10）和式（S5-11）设置控制界限。

录入员序号	出错数	不合格率	录入员序号	出错数	不合格率
1	6	0.06	11	6	0.06
2	5	0.05	12	1	0.01
3	0	0.00	13	8	0.08
4	1	0.01	14	7	0.07
5	4	0.04	15	5	0.05
6	2	0.02	16	4	0.04
7	5	0.05	17	11	0.11
8	3	0.03	18	3	0.03
9	3	0.03	19	0	0.00
10	2	0.02	20	4	0.04
				80	

解答

$$\bar{p} = \frac{出错总数}{被检查记录的总数} = \frac{80}{100 \times 20}$$
$$= 0.04$$

$$\sigma_p = \sqrt{\frac{0.04 \times (1-0.04)}{100}}$$
$$= 0.02$$

（注：100是每个样本的容量 n）

$$UCL_p = \bar{p} + z\sigma_p = 0.04 + 3 \times 0.02$$
$$= 0.10$$
$$LCL_p = \bar{p} - z\sigma_p = 0.04 - 3 \times 0.02 = 0$$

（注：不合格率不可能为负值）

启示

当我们在图中绘出控制界限和样本的不合格率时，发现只有一个数据录入员（17号）不处于控制中。公司希望更仔细地检查该录入员的工作以确定是否存在严重的问题（见图 S5-6）。

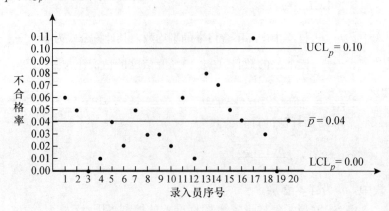

图 S5-6 例 S4 中数据录入的 p 图

练习

莫热决定在 95.45％ 的水平上设置控制界限，则新的 UCL_p 和 LCL_p 为多少？〔答案：0.08，0。〕

相关课后练习题

S5.13～S5.20，S5.25，S5.27

运作管理实践专栏中的"尝试用飞行常客里程积分兑换机票"提供了例 S4 在现实世界中的例子。

运作管理实践

尝试用飞行常客里程积分兑换机票

用你的 25 000 飞行常客里程积分兑换一张机票有多难？那取决于航空公司。（也取决于城市。不要试图得到往返旧金山的机票！）咨询公司 Idea Works 向 24 家航空公司的网站分别发出 280 份标准里程兑换机票成功率的调查问卷（总共 6 720 份调查问卷），兑换成功率从全美航空 25.7％ 和达美航空 27.1％ 的低点到巴西 GOL 100％ 和西南航空 99.3％ 的高点不等。

24 家航空公司总体平均的 68.6％ 水平为 p 图的中心线。利用控制上下限分别为 82.5％ 和 54.7％ 的 3σ 水平，很容易发现其他表现最佳的公司和表现最差的公司。GOL 和西南航空、汉莎航空（85.0％）、新加坡航空（90.7％）、维珍澳洲航空（91.4％）和柏林航空（96.4％）是"失控的"（但表现良好）。

表现较差且失控的是全美航空和达美航空，还有阿联酋航空（35.7％）、穿越航空（47.1％）、土耳其航空（49.3％）和北欧航空（52.9％）。

控制图可以帮助航空公司了解相对于竞争对手，自己在客户服务中所处的位置，如行李丢失、准点率以及里程积分兑换机票的便利性。Idea Works 公司的总裁说："我认为航空公司已经掌握了可获得性很重要的信息。航空公司在做它们需要做的事情吗？我不这么认为。"

资料来源：*Wall Street Journal*（May 26，2011）；and *Consumer Reports*（November 2014）.

c 图　在例 S4 中，我们计算了录入记录的出错数量。一个有缺陷的记录是指至少包含一个缺陷而不完全正确的记录。但是，一个不能使用的记录包含的缺陷可能在一个以上。我们使用 **c 图**（c-chart）来控制每单位产出（或前面案例中的每个保险记录）的缺陷数。

缺陷控制图有助于监控存在许多潜在错误但实际发生的错误又相对较少的过程。缺陷可能是报纸上的错字、微芯片上损坏的电路、桌子的划痕或快餐汉堡包中漏放的泡菜。

c 图的基础是泊松概率分布[5]，泊松分布的方差等于它的均值。由于 $\bar{c}$ 是每个样本缺陷数的均值，因此标准差等于 $\sqrt{\bar{c}}$。为了计算 99.73％ 置信水平下 $\bar{c}$ 的控制界限，我们使用下面的公式：

$$控制界限 = \bar{c} \pm 3\sqrt{\bar{c}} \qquad\qquad (S5-12)$$

例 S5 解释了怎样设置 $\bar{c}$ 图的控制界限。

例 S5

设置缺陷数的控制界限

红顶出租汽车公司（Red Top Cab Company）每天都会收到几个关于司机行为的投诉电话。在 9 天的时间里（这 9 天是测量的时间单元），公司老板戈登·霍夫特（Gordon Hoft）从愤怒的乘客那里收到的投诉电话数量分别为：3、0、8、9、6、7、4、9、8，总共是 54 个投诉电话。霍夫特想要计算出 99.73％置信水平下的控制界限。

方法

他使用了式（S5-12）。

解答

每天的投诉数为：

$$\bar{c}=\frac{54}{9}=6$$

因此，$UCL_c=\bar{c}+3\sqrt{\bar{c}}=6+3\sqrt{6}$

$$=13.35（或 13）$$

$$LCL_c=\bar{c}-3\sqrt{\bar{c}}=6-3\sqrt{6}$$

$$=0（该值不可能为负）$$

启示

霍夫特绘出总结这些数据的控制图并将它张贴在司机更衣室的显著位置后，投诉电话数降到了平均每天 3 个。你能解释为什么会出现这种情况吗？

练习

奥夫特又多收集了 3 天的投诉（分别为 10、12 和 8 个投诉电话），想结合之前 9 天的数据计算出更新后的控制界限。新的 UCL_c 和 LCL_c 为多少？［答案：14.94，0。］

相关课后练习题

S5.21，S5.22，S5.23，S5.24

S5.1.7　管理问题和控制图

理想情况下是不需要控制图的。若质量始终如一且保持在很高的水平上，雇员没有必要浪费时间和金钱对计量值和计数值进行抽样和监控。但是由于大多数过程都达不到完美状态，因此管理者必须就控制图进行三个重大决策。

首先，管理者必须在需要进行统计过程控制的过程中选择监测点。他们可能会问"哪些工作是成功的关键所在"或"哪些工作可能会失去控制"。

其次，管理者需要决定使用计量值控制图（即 $\bar{x}$ 图和 R 图）还是计数值控制图（即 p 图和 c 图）。前者测定重量或尺寸大小。后者更多的是区分"是—不是"或"可行—不可行"，其实施成本较小。表 S5-3 能够帮助理解何时使用每种类型的控制图。

表 S5-3　决定使用哪种类型的控制图

计量值

使用 $\bar{x}$ 图和 R 图

1. 观测值是计量值，通常用来测定产品的大小和重量。比如被剪断的电线的直径或长度，一罐金宝汤公司的汤料的重量。

2. 从每一个稳定的过程中，收集 20～25 个样本容量为 $n=4$、5 或更多的样本，计算每一个 $\bar{x}$ 图的均值和每一个 R 图的极差。

3. 追踪包含 n 个观测值的样本，如同例 S1 那样。

计数值

使用 p 图

1. 观测值是计数值，分为合格/不合格（或通过/不通过，功能正常/功能不正常），即处于两种状态。

续表

2. 可以使用分数、比例或百分比来表示不合格率。
3. 有几个样本，每个样本中包括多个观测值。例如，在例 S4 中，有 20 个样本，每个样本的容量为 $n=100$。
使用 c 图
1. 观测值是计数值，每单位产出的缺陷数是可以计数的。
2. 使用可以计数的数量，它们是可能发生事件的一小部分。
3. 缺陷可能是：桌子上的划痕数、一匹布的瑕疵数、一年内的犯罪数、一个体育场内损坏的座位数、本书一章的打印出错数或者一天的投诉数，如例 S5 所示。

　　最后，公司必须为雇员制定清楚具体的统计过程控制政策。例如，录入数据出现一定百分比的缺陷率时，数据录入过程应该停止吗？5 个连续样本的平均长度高于中心线时，装配线应该停止吗？图 S5 - 7 列举了一些可以参照的过程模式。

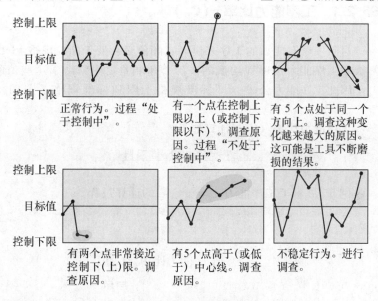

正常行为。过程"处于控制中"。

有一个点在控制上限以上（或控制下限以下）。调查原因。过程"不处于控制中"。

有 5 个点处于同一个方向上。调查这种变化越来越大的原因。这可能是工具不断磨损的结果。

有两个点非常接近控制下（上）限。调查原因。

有5个点高于(或低于)中心线。调查原因。

不稳定行为。进行调查。

图 S5 - 7　控制图的参照模式

　　资料来源：Adapted from Bertrand L. Hansen. *Quality Control*：*Theory and Applications*（1991）：65. Reprinted by permission of Prentice Hall, Upper Saddle River, NJ.

　　趋向检验（run test）有助于确定图 S5 - 7 中所示工序中的不正常状态。通常，有 5 个点高于或低于目标值或中心线的趋向可能表示出现了异常的、非随机的波动。当这种情况发生时，即使所有的点都处于控制界限内，还是发生了一个显著的变化。这表明过程已不可能处于统计控制状态。在关于质量方法的书中有许多趋向检验的描述。

S5.2　工序能力

　　统计过程控制意味着使工序处于控制中。这意味着工序的正常波动必须稳定。但是处于统计控制中的工序不一定会生产出满足设计标准规格（公差）的产品或服务。换句话说，波动应该足够小，小到可以持续生产满足标准规格的产出。工序满足设计标准规格的能力是根据工程设计或消费者要求设定的，这种能力称为**工序能**

力 （process capability）。即使工序处于统计控制中（稳定的），其产出也不一定满足标准规格。

例如，我们假定消费者期望在 Quik Lube 公司（一家快速添加润滑油工厂）等待一次润滑油添加工作完成的时间是 12 分钟，可接受的公差是 ±2 分钟。这个公差给出的标准规格上限是 14 分钟，下限是 10 分钟。润滑油添加过程必须在这些设计标准规格内完成——如果不行，就达不到一些消费者的要求。另外一个生产方面的例子，哈雷-戴维森凸形齿轮的公差非常小，只有 0.000 5 英寸——因此必须设计一种工序以满足这个公差。

工序能力有两种常用的定量测量方法：工序能力比率（C_p）和工序能力指数（C_{pk}）。

S5.2.1　工序能力比率（C_p）

对于一个有能力的工序来讲，它的值必须处于标准规格上限和下限之间。这通常表明工序能力在过程均值的 ±3 个标准差之内。由于这些值的极差是 6 个标准差，因此工序能力公差（即标准规格上限和标准规格下限的差）必须大于或等于 6。

工序能力比率（C_p）计算如下：

$$C_p = \frac{标准规格上限 - 标准规格下限}{6\sigma} \tag{S5-13}$$

例 S5 展示了工序能力比率（C_p）的计算过程。

例 S6

工序能力比率（C_p）

在通用电气公司保险索赔过程中，$\bar{x} = 210.0$ 分钟，$\sigma = 0.516$ 分钟。

达到用户预期的设计标准规格是 210 ± 3 分钟。因此标准规格上限是 213 分钟，标准规格下限是 207 分钟。通用电气公司的经理想要计算工序能力比率。

方法

通用电气公司采用了式（S5-13）。

解答

$$C_p = \frac{标准规格上限 - 标准规格下限}{6\sigma}$$

$$= \frac{213 - 207}{6 \times 0.516} = 1.938$$

启示

由于 1.00 的比率意味着 99.73% 的工序产出满足标准规格，所以这个比率表示通用电气公司保险索赔过程是一个能力很强的过程，每百万个索赔中不满足规定的不会超过 4 个。

练习

如果 $\sigma = 0.60$ 分钟（而不是 0.516 分钟），新的 C_p 为多少？〔答案：1.667，工序能力仍然很强。〕

相关课后练习题

S5.28，S5.29

一个有能力的工序，其工序能力比率 C_p 至少为 1.0。如果工序能力比率低于 1.0，这个工序生产的产品或服务就不处于允许的公差之内。当 C_p 为 1.0 时，1 000 个产品中约有 2.7 个不在标准规格内。[6] 工序能力比率越大，工序满足设计标准规

格的可能性越大。很多公司选择 C_p 为 1.33（标准差为 4σ）作为降低工序波动的目标。这表明每百万个产品中只有 64 个可能不满足标准规格。

回忆我们在第 5 章中提到的通用电气和摩托罗拉所推崇的六西格玛质量管理概念。这个标准即是 C_p 等于 2.0，每百万个产品中只有 3.4 个不合格（不合格率接近于零），代替了 3σ 水平的每 1 000 个产品中有 2.7 个不合格的限制。

虽然 C_p 表示了工序产出相对于其公差的离散程度，但它不能表示工序均值集中于目标值的程度。

S5.2.2　工序能力指数 （C_{pk}）

工序能力指数（C_{pk}）测量所生产产品或服务的期望尺寸和实际尺寸之差。

C_{pk} 的公式如下：

$$C_{pk} = \min\left(\frac{标准规格上限 - \bar{x}}{3\sigma}, \frac{\bar{x} - 标准规格下限}{3\sigma}\right) \tag{S5-14}$$

式中：$\bar{x}$——过程均值；

σ——过程总体的标准差。

当标准规格上限和标准规格下限的 C_{pk} 等于 1.0 时，工序波动呈现集中趋势，工序能够在 ±3 个标准差内进行生产（每百万个产品中不合格品少于 2 700 个）。C_{pk} 为 2.0 意味着工序生产的每百万个产品中不合格品少于 3.4 个。当 C_{pk} 大于 1.0 时，σ 一定小于标准规格和过程均值（$\bar{x}$）之差的 1/3。图 S5-8 表示 C_{pk} 为不同值时的含义，例 S7 列举了 C_{pk} 的应用。

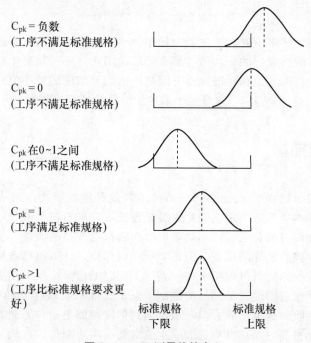

图 S5-8　C_{pk} 测量值的含义

说明：C_{pk} 指数为 1.0 表示工序波动集中在标准规格上限和标准规格下限之间。当 C_{pk} 指数大于 1.0 时，工序会越来越接近生产目标，且不合格率很低。如果 C_{pk} 小于 1.0，工序将不能在规定的公差范围内开展生产。因为工序不会集中或者说会偏移，C_{pk} 指数大于 1.0 是我们所希望的。

例 S7

工序能力指数 C_{pk}

作为公司的工序改进经理，你发明了一种新机器，这种新机器可以用于切割公司最畅销的跑鞋的鞋垫。你很兴奋，因为公司的目标是每百万个产品中不合格品不多于 3.4 个，而这台机器可能就是你需要的革新产品。鞋垫与所要求的厚度 0.250 英寸之间的差距不能大于 ±0.001 英寸。你想知道是否可以更换现有的 C_{pk} 等于 1.0 的机器。

方法

你决定利用式（S5-14）确定新机器的 C_{pk}，然后在这个基础上做决定。

解答

标准规格上限 = 0.251 英寸

标准规格下限 = 0.249 英寸

新工序的均值 $\bar{x}$ = 0.250 英寸

新工序的标准差 σ = 0.000 5 英寸

$$C_{pk} = \min\left(\frac{\text{标准规格上限} - \bar{x}}{3\sigma},\right.$$

$$\left.\frac{\bar{x} - \text{标准规格下限}}{3\sigma}\right)$$

$$C_{pk} = \min\left(\frac{0.251 - 0.250}{3 \times 0.000\,5},\right.$$

$$\left.\frac{0.250 - 0.249}{3 \times 0.000\,5}\right)$$

两个计算结果都是 $\dfrac{0.001}{0.001\,5} = 0.67$。

启示

新机器的 C_{pk} 只有 0.67，因此不应该用新机器代替目前的机器。

练习

如果鞋垫与所要求的厚度 0.250 英寸之间的差距不能大于 ±0.002 英寸，新的 C_{pk} 为多少？［答案：1.33，应该用新机器代替目前使用的机器。］

相关课后练习题

S5.29～S5.33

当工序集中时，工序能力比率等于工序能力指数。不过，如果工序均值不集中于期望的（规定的）均值，那么可以使用式（S5-14）中较小的分子（标准规格上限与均值的差值和标准规格下限与均值的差值中的较小值）。例题解答 S5.4 的解答展示了 C_{pk} 的应用。C_{pk} 是用于描述工序绩效的标准指数。

S5.3 验收抽样

验收抽样（acceptance sampling）这种检验形式是指从大量或成批产品中随机抽取样本，然后测定它们是否满足预先设定的标准。相比 100% 的检查来讲，抽样是更加经济的。通过样本质量可以判断这批产品的质量。虽然计量值和计数值都可以用于验收抽样的检查，但正如所述的那样，计数值检查更常用。

验收抽样既可以用于物料到达工厂时的检验，也可用于最后的检查阶段，但是通常用于对购进大量产品的控制情况下。如果发现样本的不合格率是不能接受的，那么拒收的这批产品：（1）被退回到供应商那里；（2）进行 100% 检查以剔除所有的不合格品，而这种筛选的成本通常要由供应商负担。然而，验收抽样不能代替工序控制。事实上，目前采用的方法是在供应商那里建立统计质量控制，以便取消验收抽样。

S5.3.1　抽检特性曲线

抽检特性曲线（operating characteristic（OC）curve）描述验收方案区分合格批和不合格批的能力如何。每一条抽检特性曲线都与一个具体的方案相关，即 n（样品数）和 c（验收水平）的组合。它往往用来表示验收方案接收不同质量水平批的概率。

对于验收抽样来讲，通常会包含两方当事人：产品的生产者和产品的消费者。在制定抽样方案时，每一方都想避免因错误接收或拒收一批产品所带来的高昂代价。一方面，生产者通常有责任更换拒收批中的所有不合格品，或者支付新批产品运输到消费者那里的费用。因此，生产者希望避免合格批被拒收的错误（**生产者风险**（producer's risk））。另一方面，用户或消费者希望避免接收不合格批的错误，因为在已验收批中发现的不合格品通常属于用户的责任（**消费者风险**（consumer's risk））。抽检特性曲线表明了某一抽样方案的特性，其中包括决策错误的风险。曲线越陡，表明方案可以更好地区分合格批和不合格批。[7]

图 S5-9 可以更详细地解释抽样方案的特性。该图包含 4 个概念。

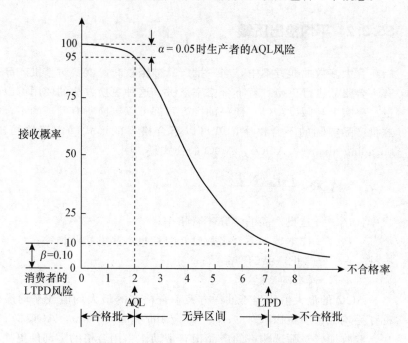

图 S5-9　显示生产者风险和消费者风险的抽检特性（OC）曲线

说明：该验收方案合格批的不合格率小于等于 2%。不合格批的不合格率大于等于 7%。

可接收质量水平（acceptable quality level，AQL）是我们愿意接收的最差质量水平。换句话说，我们希望接收这样的或更高质量水平的产品，但是不能低于这个质量水平。如果可接收质量水平是一批 1 000 个产品或零部件中有 20 个不合格品或零部件，那么 AQL 等于 2%（20/1 000）的不合格率。

批容许不合格率（lot tolerance percent defective，LTPD）是指不合格批的质量水平。我们希望拒收这样或更差的质量水平的产品。如果不可接收的质量水平是一批 1 000 个产品中有 70 个不合格品，那么 LTPD 等于 7%（70/1 000）的不合格率。

为了确定抽样方案，生产者和消费者必须通过 AQL 和 LTPD 来确定合格批和不合格批，同时必须规定风险水平。

生产者风险（α）是合格批被拒收的概率。这是指随机抽取样本的不合格率可能比所有产品组成的总体的不合格率更高的风险。满足可接收质量水平 AQL 的一批产品仍然有 α 的拒收概率。抽样方案的设计总是使生产者风险定在 $\alpha = 0.05$ 或 5%。

消费者风险（β）是指接收不合格批的概率。这是指随机抽取样本的不合格率比所有产品组成的总体的不合格率更低的风险。在抽样方案中，消费者风险的取值一般是 $\beta = 0.10$ 或 10%。

拒收合格批的概率称为**第 I 类错误**（type I error）。接收不合格批的概率称为**第 II 类错误**（type II error）。

可以使用计算机对抽样方案和抽检特性曲线进行开发（如本书中所用的软件那样），可以使用已有的表格，也可以使用二项分布或泊松分布进行计算。

S5.3.2 平均检出质量

在大多数抽样方案中，当一批产品被拒收时，就要对整批产品进行检查，对所有不合格品进行更换。就不合格率来讲，这种更换方法的使用可以提高平均检出质量。事实上，假设：（1）任一抽样方案都可以更换所有发现的不合格品；（2）已知这批产品实际的不合格率，就可以不合格率的形式确定**平均检出质量**（average outgoing quality，AOQ）。AOQ 的公式是：

$$\text{AOQ} = \frac{P_d P_a (N - n)}{N} \tag{S5-15}$$

式中：P_d——这批产品的实际不合格率；

P_a——样本数和不合格数已知时这批产品的接收概率；

N——这批产品的产品数；

n——样本的产品数。

AOQ 的最大值相当于抽样方案不合格率的最大均值或平均最低质量。这个值称作**平均检出质量极限**（average outgoing quality limit，AOQL）。

验收抽样对筛选购进的产品很有帮助。当用合格的零部件更换不合格的零部件时，验收抽样有助于降低检出不合格率，提高产品质量。

图 S5-10 对验收抽样、统计过程控制（SPC）和工序能力指数 C_{pk} 进行了比较。如图 S5-10 所示，（a）中验收抽样肯定会接收一些不合格品，（b）中控制图试图使过程处于控制中，而（c）中 C_{pk} 指数重点集中于工序的改进。运作经理要做的就是改进工序。

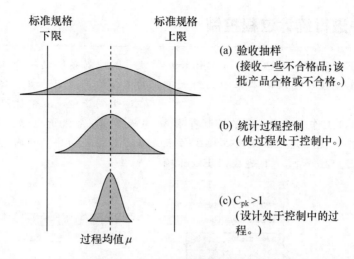

图 S5 - 10 统计过程控制方法的应用有助于识别和系统地降低过程波动

小 结

统计过程控制是质量控制的一种主要统计工具。统计过程控制图有助于运作经理区分正常波动和异常波动。$\bar{x}$ 图和 R 图用于计量值的抽样，p 图和 c 图用于计数值的抽样。

工序能力指数 C_{pk} 是表示工序能力的一种方法。抽检特性（OC）曲线有利于验收抽样的使用，且为经理提供了评价生产运作或运输质量的工具。

讨论题

1. 列举休哈特提出的两种波动类型。这两种类型又称作什么？

2. 解释"处于统计控制中"的含义。

3. 简要解释 $\bar{x}$ 图和 R 图的作用。

4. 导致一个过程失去控制的原因是什么？

5. 列举绘制和使用 $\bar{x}$ 图和 R 图的五个步骤。

6. 列举导致异常波动的一些可能原因。

7. 解释为什么使用 2σ 控制图比使用 3σ 控制图更容易发现样本"处于控制界限之外"。这个事实可能导致什么结果？

8. 在确定控制图的中心线时，什么情况下使用期望均值 μ 来代替 $\bar{x}$？

9. 一个生产过程是否会因为太好而被看作"失去控制"？请解释。

10. 在一张控制图中，如果每个样本的样本数都不一样，会对控制界限产生什么影响？

11. 对 C_{pk} 进行定义，解释 C_{pk} 为 1.0 的含义。C_p 呢？

12. 在控制图中，当连续出现 5 个点高于或低于中心线时，意味着什么？

13. 什么是可接收质量水平（AQL）和批容许不合格率（LTPD）？怎样使用？

14. 趋向检验的含义是什么？什么时候使用？

15. 讨论与控制图使用有关的管理问题。

16. 什么是抽检特性（OC）曲线？

17. 验收抽样的目的是什么？

18. 使用验收抽样时会出现哪两种风险？

19. 一个有能力的过程是一个完美的过程吗？或者说，一个有能力的过程是否只生产满足标准规格的产品？请解释。

应用软件进行统计过程控制 ◼

Excel、Excel OM 及 POM for Windows 都可以用来生成控制图解决本章中的绝大部分问题。

创建 Excel 工作表确定 c 图的控制界限

各行各业广泛应用 Excel 及其他工作表来维护控制图。程序 S5-1 是应用 Excel 确定 c 图控制界限的一个例子。当每单位产出的不合格品数已知时，我们常常使用 c 图。在这个例子中，我们使用了例 S5 的数据，每 9 天有 54 个投诉电话。另外，Excel 还包含带有"图表向导"的内置绘图功能。

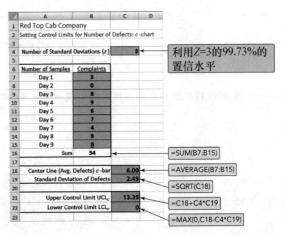

程序 S5-1　通过 Excel 工作表创建 c 图，解答例 S5

使用 Excel OM

Excel OM 的质量控制模块能生成 $\bar{x}$ 图、p 图和 c 图，并对抽检特性曲线、验收抽样和工序能力进行处理操作。程序 S5-2 解释了如何运用 Excel OM 工作表来计算例 S1 中燕麦片的样本均值 $\bar{x}$ 的控制界限。

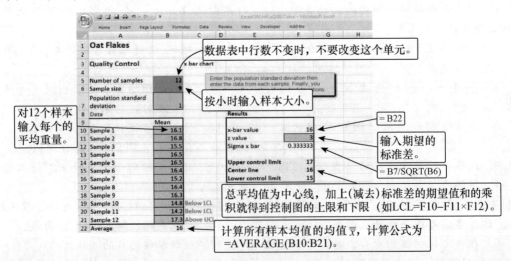

程序 S5-2　在 Excel OM 中输入并选择公式，解答例 S1

使用 POM for Windows

POM for Windows 的质量控制模块能够计算本章介绍的所有的统计过程控制图，以及抽检特性曲线、验收抽样和工序能力。详细内容请参阅附录Ⅳ。

例题解答

■■■■■■ **例题解答 S5.1** ■■■■■■

一家精密仪器零件制造商生产用于制造钻床的圆轴。每个轴的平均直径是 0.56 英寸。每个检查样本包括 6 个轴。样本的平均极差是 0.006 英寸。设置 $\bar{x}$ 图的控制上限和控制下限。

解答

样本数是 6，从表 S5-1 中查得均值系数 A_2 是 0.483。利用这个均值系数，就可以算出控制上限和控制下限：

$$UCL_{\bar{x}} = 0.56 + 0.483 \times 0.006$$
$$= 0.562\,9（英寸）$$
$$LCL_{\bar{x}} = 0.56 - 0.002\,9$$
$$= 0.557\,1（英寸）$$

■■■■■■ **例题解答 S5.2** ■■■■■■

诺卡夫饮料公司（Nocaf Drinks Inc.）生产的咖啡不含咖啡因，该公司对咖啡进行装瓶。每瓶净重应该是 4 盎司。咖啡装瓶机是新引进的，运作经理邦尼·克拉彻（Bonnie Crutcher）想确定新机器是否适合生产。他抽取样本大小 $n = 8$ 瓶的样本，并记录了每个样本的均值和极差。下表给出了几个样本的数据。注意，每个样本由 8 瓶组成。

单位：盎司

样本	样本极差	样本均值	样本	样本极差	样本均值
A	0.41	4.00	E	0.56	4.17
B	0.55	4.16	F	0.62	3.93
C	0.44	3.99	G	0.54	3.98
D	0.48	4.00	H	0.44	4.01

这个机器适合生产且处于控制中吗？

解答

首先计算得 $\bar{x} = 4.03$，$\bar{R} = 0.505$。然后，使用表 S5-1，有

$$UCL_{\bar{x}} = \bar{x} + A_2 \bar{R}$$
$$= 4.22$$
$$LCL_{\bar{x}} = \bar{x} - A_2 \bar{R}$$
$$= 4.03 - 0.373 \times 0.505$$
$$= 3.84$$
$$UCL_R = D_4 \bar{R} = 1.864 \times 0.505$$
$$= 0.95$$
$$LCL_R = D_3 \bar{R} = 0.136 \times 0.505$$
$$= 0.07$$

从结果来看，过程均值和极差都处于统计控制中。

运作经理需要确定如果一个过程的均值为 4.03，比期望均值 4.00 稍高一些，是不是令人满意的；如果不令人满意，过程需要改变。

■■■■■■ **例题解答 S5.3** ■■■■■■

奥特曼经销公司（Altman Distributors, Inc.）要按目录订单供应产品。在过去 6 周装运的 100 个订单的样本中，出错率是 0.05。设置这个过程在 99.73% 置信度下的控制上限和控制下限。

解答

$z = 3$，$\bar{p} = 0.05$，运用式（S5-9）、式（S5-10）和式（S5-11），可得

$$UCL_p = \bar{p} + 3 \times \sqrt{\frac{\bar{p}(1-\bar{p})}{n}}$$
$$= 0.05 + 3 \times \sqrt{\frac{0.05 \times (1-0.05)}{100}}$$
$$= 0.115\,4$$
$$LCL_p = \bar{p} - 3 \times \sqrt{\frac{\bar{p}(1-\bar{p})}{n}}$$
$$= 0.05 - 3 \times 0.021\,8$$
$$= 0（不合格率不能为负）$$

---------- ■■■■ ■■■ ■ **例题解答 S5.4** ■■■ ■■ ■ ----------

艾特利工程公司（Ettlie Engineering）有一个新的催化剂注射系统，该系统可用于你公司的产品线。你公司的工序工程部实验后得知，均值为 8.01 克，标准差为 0.03。你公司的标准规格是：$\mu=8.0$，$\sigma=0.04$，这意味着标准规格上限是 8.12（$8.0+3\times0.04$），标准规格下限是 7.88（$8.0-3\times0.04$）。

该注射系统的 C_{pk} 是多少？

解答

利用式（S5-14）：

$$C_{pk}=\min\left(\frac{\text{标准规格上限}-\overline{x}}{3\sigma},\right.$$

$$\left.\frac{\overline{x}-\text{标准规格下限}}{3\sigma}\right)$$

式中：$\overline{x}$——过程均值；

σ——过程总体的标准差。

$$C_{pk}=\min\left(\frac{8.12-8.01}{3\times0.03},\right.$$

$$\left.\frac{8.01-7.88}{3\times0.03}\right)$$

$$=\min\left(\frac{0.11}{0.09},\frac{0.13}{0.09}\right)$$

$$=\min(1.22,1.44)$$

最小值是 1.22，所以 C_{pk} 在标准规格之间，表示出错率为每百万个中有不到 2 700 个不合格品。

---------- ■■■■ ■■■ ■ **例题解答 S5.5** ■■■ ■■ ■ ----------

航空公司每天都会丢失数千个托运行李，美国南方航空公司也不例外。在过去 6 周中，美国南方航空公司的航班上"放错了"的行李数量分别为 18、10、4、6、12 和 10。客户服务负责人希望绘出 99.73％ 置信水平的 c 图。

解答

该客户服务负责人首先计算出 $\overline{c}$：

$$\overline{c}=\frac{18+10+4+6+12+10}{6}$$

$$=\frac{60}{6}=10（包/周）$$

然后，运用式（S5-12），得到

$$UCL_c=\overline{c}+3\sqrt{\overline{c}}=10+3\sqrt{10}$$

$$=19.48（包）$$

$$UCL_c=\overline{c}-3\sqrt{\overline{c}}=10-3\sqrt{10}$$

$$=0.52（包）$$

练习题*———■

S5.1 蜂蜜-坚果燕麦片每盒重 14 盎司，标准差是 0.1 盎司。绘制一张样本容量为 36 盒的 3σ 的 $\overline{x}$ 图。📊

S5.2 你正在监控的一个过程的均值是 50 件。过程标准差是 1.72。如果样本数为 5，设置均值图的控制上限和控制下限。📊

a. 假定 $z=3$。

b. 假定 $z=2$。控制界限会如何变化？

S5.3 用一台装料机对肥料进行装袋。现在，取 35 个样本，每个样本数为 7。抽样结果是：均值＝57.75 磅；极差＝1.78 磅。

a. 设置 $\overline{x}$ 图的控制上限和控制下限，$\sigma=3$。

b. 设置 R 图的控制上限和控制下限，$\sigma=3$。📊

S5.4 罗斯特斯鸡肉公司（Rosters Chicken）的广告说它的低卡路里鸡肉比一般鸡肉少 30％ 的卡路里。当低卡路里鸡胸肉的生产处于控制之中时，鸡胸肉平均含 420 卡路里，鸡胸肉卡路里含量的总体标准差为 25

卡路里。

罗斯特斯鸡肉公司想要设计一个 $\bar{x}$ 图来监控鸡胸肉的卡路里含量，每个样本随机选取 25 块鸡胸肉。

a. 如果控制界限距目标值 4 个标准差，这张图的控制上限和控制下限分别为多少？

b. 如果控制界限距目标值 3 个标准差，则控制界限又为多少？ **Px**

S5.5　罗斯·霍普金斯（Ross Hopkins）打算对一个装瓶过程进行监控，过程均值是705 毫升。平均极差为 6 毫升。如果样本数为 10，均值和极差的控制上限和控制下限分别是多少？

S5.6　对过去 24 小时内 4 条经过精密切割的金属导线进行抽样检查。每小时的抽样结果如下表所示：

小时	x(英寸)	R(英寸)	小时	x(英寸)	R(英寸)
1	3.25	0.71	13	3.11	0.85
2	3.10	1.18	14	2.83	1.31
3	3.22	1.43	15	3.12	1.06
4	3.39	1.26	16	2.84	0.50
5	3.07	1.17	17	2.86	1.43
6	2.86	0.32	18	2.74	1.29
7	3.05	0.53	19	3.41	1.61
8	2.65	1.13	20	2.89	1.09
9	3.02	0.71	21	2.65	1.08
10	2.85	1.33	22	3.28	0.46
11	2.83	1.17	23	2.94	1.58
12	2.97	0.40	24	2.64	0.97

绘制正确的控制图，确定在切割过程中是否存在一些导致某种问题的原因。绘制图形并描述其传达的信息。**Px**

S5.7　Wemming Chung 工厂的汽车活塞是通过锻造工艺生产的，活塞直径是一个必须控制的关键因素。从每天生产的活塞中抽取样本，样本数为 10，活塞直径的均值和极差如下表所示：

天	均值（毫米）	极差（毫米）
1	156.9	4.2
2	153.2	4.6
3	153.6	4.1
4	155.5	5.0
5	156.6	4.5

a. $\bar{\bar{x}}$ 的值为多少？

b. $\bar{R}$ 的值为多少？

c. 如果用 3σ，$UCL_{\bar{x}}$ 和 $LCL_{\bar{x}}$ 分别为多少？

d. 如果用 3σ，UCL_R 和 LCL_R 分别为多少？

e. 如果真实直径的均值为 155 毫米，你想要以此为中心（标准）线，新的 $UCL_{\bar{x}}$ 和 $LCL_{\bar{x}}$ 分别为多少？ **Px**

S5.8　A. 乔杜里（A. Ch-oudhury）位于伊利诺伊州的保龄球工厂只生产供成人使用的大小和重量的保龄球。该厂的保龄球重量的标准差为 0.12 磅。连续 24 天对当日生产的 9 个保龄球的平均重量（磅）进行检查，数据如下表所示：

日	平均重量（磅）	日	平均重量（磅）
1	16.3	13	16.3
2	15.9	14	15.9
3	15.8	15	16.3
4	15.5	16	16.2
5	16.3	17	16.1
6	16.2	18	15.9
7	16.0	19	16.2
8	16.1	20	15.9
9	15.9	21	15.9
10	16.2	22	16.0
11	15.9	23	15.5
12	15.9	24	15.8

a. 建立控制图，监控保龄球的平均重量，控制上限和控制下限距平均值 2 个标准差。控制界限的具体值为多少？

b. 如果在这个图中使用 3 个标准差的标准，控制界限值如何变化？为什么？ **Px**

S5.9　有机谷物有限责任公司（Organic

Grains LLC）使用统计过程控制保证公司的低脂肪、包含多种谷物成分的健康三明治面包的重量恰好为 6 盎司。根据以前的一个平稳和处于控制中的过程，$\bar{x}$ 图和 R 图的控制界限分别是：$\mathrm{UCL}_{\bar{x}} = 6.56$，$\mathrm{LCL}_{\bar{x}} = 5.84$，$\mathrm{UCL}_R = 1.141$，$\mathrm{LCL}_R = 0$。在过去几天内，公司进行了 5 次随机抽样，每次的样本数都包含 4 块面包，结果如下表所示：

样本	净重			
	面包 1	面包 2	面包 3	面包 4
1	6.3	6.0	5.9	5.9
2	6.0	6.0	6.3	5.9
3	6.3	4.8	5.6	5.2
4	6.2	6.0	6.2	5.9
5	6.5	6.6	6.5	6.9

这个过程处于控制中吗？请解释原因。**Px**

S5.10 有一个被认为是处于控制中的过程，对其生产的产品的成分进行重量测定，单位是盎司。下面是最后抽取的 10 个样本（每个样本的样本数 $n = 5$）。总体标准差为 1.36。

样本									
1	2	3	4	5	6	7	8	9	10
10	9	13	10	12	10	10	13	8	10
9	9	9	10	10	10	11	10	8	12
10	11	10	11	9	10	8	12	12	9
9	11	10	11	12	10	8	12	12	8
12	10	10	10	9	9	7	9	8	12

a. 样本均值的标准差 $\sigma_{\bar{x}}$ 是多少？

b. 如果 $z = 3$，这个均值图的控制界限是多少？

c. 极差图的控制界限是多少？

d. 这个过程处于控制中吗？**Px**

S5.11 从伊曼纽尔·科齐工厂（Emmanuel Kodzi factory）一个生产钢条的流程中抽取 12 个样本，每个样本的样本数为 5。样本中每根钢条的长度已经确定好了。计算出的样本均值和极差如下表所示：

样本	样本均值（英寸）	样本极差（英寸）
1	10.002	0.011
2	10.002	0.014
3	9.991	0.007
4	10.006	0.022
5	9.997	0.013
6	9.999	0.012
7	10.001	0.008
8	10.005	0.013
9	9.995	0.004
10	10.001	0.011
11	10.001	0.014
12	10.006	0.009

a. 计算控制上限和控制下限以及 $\bar{x}$ 图、R 图的均值。

b. 绘图并标出样本均值和极差。

c. 数据显示过程处于控制中吗？

d. 为什么？**Px**

S5.12 Eagletron 是 Mogul 汽车公司生产的纯电动汽车。Mogul 汽车公司密切关注的一个问题就是 Eagletron 能否达到合适的最大速度。为了进行相应的监控，Mogul 汽车公司的主管人员对 Eagletron 进行抽样检查，每次抽取 8 辆作为样本，并确定了每个样本最大速度的均值和极差。他们一共抽取了 35 个样本，获得了 35 个样本均值和 35 个极差。他们发现平均样本均值为每小时 88.50 英里，极差均值为每小时 3.25 英里。主管人员决定使用这些数据构建 R 图。当 R 图显示某个样本的极差不在控制界限之内时，大约只有 0.002 7 的可能性是因为正常波动。那么这张图的控制上限（UCL）和控制下限（LCL）分别为多少？**Px**

S5.13 一直以来，保险公司索赔数据录入的出错率都在 1.5% 左右。

a. 如果抽取一个样本数为 100 的样本，那么 3σ 控制图的控制上限和控制下限分别为多少？

b. 如果样本数为 50，那么 3σ 控制图的控制上限和控制下限分别为多少？

c. 如果样本数为 100，那么 2σ 控制图的控制上限和控制下限分别为多少？

d. 如果样本数为 50，那么 2σ 控制图的控制上限和控制下限分别为多少？

e. 如果样本数更大，$\hat{\sigma}_p$ 会怎么样？

f. 解释为什么控制下限不能小于 0。 **P✗**

S5.14　你打算开发一个质量监控系统以对从 Charles Sox 制造公司购进的一些零部件进行质量检查。这些零部件可能合格，也可能不合格。你决定抽取一个样本容量为 100 的样本。绘制一张表格，当样本的不合格率改变时，确定相应的控制上限和控制下限。在这张表格中，p 值从 0.02 逐渐增加到 0.10，每次增幅为 0.02。设置置信度为 99.73% 的控制上限和控制下限。

$n=100$		
p	UCL	LCL
0.02		
0.04		
0.06		
0.08		
0.10		

P✗

S5.15　过去 10 天采集的 DNA 样本检查结果如下表所示。样本数为 100。

天	1	2	3	4	5	6	7	8	9	10
出错数	7	6	6	9	5	6	0	8	9	1

a. 利用这些信息绘制一张 3σ 的 p 图。

b. 如果在接下来的 3 天，出错数分别是 12、5、13，那么这个过程处于控制中吗？ **P✗**

S5.16　公司过去所生产产品的不合格率是 1.5%。如果样本数为 500，$z=3$，那么控制图的控制上限和控制下限分别是多少？ **P✗**

S5.17　参见练习题 S5.16。如果不合格率是 3.5% 而不是 1.5%，那么控制上限和控制下限又是多少（$z=3$）？ **P✗**

S5.18　伯明翰银行（Birmingham Bank）的数据处理部门有 5 个数据录入员。以这些录入员 30 天内录入的 250 条不合格记录作为样本，收集到的具体数据如下表所示。

样本序号	不合格数	样本序号	不合格数	样本序号	不合格数
1	7	11	18	21	17
2	5	12	5	22	12
3	19	13	16	23	6
4	10	14	4	24	7
5	11	15	11	25	13
6	8	16	8	26	10
7	12	17	12	27	14
8	9	18	4	28	6
9	6	19	6	29	12
10	13	20	16	30	3

a. 设置 3σ 控制图的控制上限和控制下限。

b. 为什么控制下限不能为负值？

c. 控制上限和控制下限的行业标准分别为 0.10 和 0.01。这对伯明翰银行自己的标准意味着什么？ **P✗**

S5.19　休斯敦北方医院（Houston North Hospital）现在打算通过为病人和家属提供更好的服务来提升自身形象。形象工程的部分内容是提供可口、诱人、健康的饮食。病人每次进餐时，都有一份调查表同时送来，询问他们对饮食是否满意。在过去 7 天内，对调查表进行了抽样检查，样本容量为 100，产生的结果如下表所示：

天	对饮食不满意的病人数量	样本容量
1	24	100
2	22	100
3	8	100
4	15	100
5	10	100
6	26	100
7	17	100

根据对饮食不满意的病人比例，绘制一张 p 图。设置置信度为 99.73% 时的控制界限。对你的结果进行评论。**Px**

S5.20 贾米森·科瓦奇办公用品公司 (Jamison Kovach Supply Company) 生产回形针和其他办公用品。虽然回形针的价格不高，但是该产品为公司带来的边际利润很高。抽取样本容量为 200 的样本进行检查。下表是 10 个样本的抽样结果：

样本	1	2	3	4	5	6	7	8	9	10
不合格数	5	7	4	4	6	3	5	6	2	8

a. 设置控制图的控制上限和控制下限，画图并标出这些数据。

b. 这个过程处于控制中吗？

c. 如果样本容量为 100，控制界限和结论会发生怎样的变化？**Px**

S5.21 彼得·艾迪格 (Peter Ittig) 的百货商店是艾摩斯特市最大的私人服装店。商店每天收到 6 件退货。如果 z＝3，当有一天退货达到 9 件时，商店应该采取什么措施？**Px**

S5.22 一个广告代理商对每周接到的对广告牌的投诉进行追踪。结果如下表所示：

周次	投诉数
1	4
2	5
3	4
4	11
5	3
6	9

a. 你会使用哪种控制图来监控这个过程，为什么？

b. 3σ 控制图的控制上限和控制下限分别为多少？假设历史投诉率未知。

c. 根据控制界限，过程均值处于控制中吗？为什么？

d. 假设历史投诉率为每周 4 次。那么 3σ 控制图的控制上限和控制下限将分别为多少？根据控制界限，过程仍处于控制中吗？**Px**

S5.23 今年有 5 所小学的 2 年级实施了新的数学教学计划。教育委员会打算对此计划进行教学评估。对每个小学的学生在标准数学测验中的分数进行抽样检查，数据如下表所示：

学校	测验的不及格人数
A	52
B	27
C	35
D	44
E	55

绘制一张测验不及格人数的 c 图，并且设置测验分数的置信度为 99.73% 时的控制界限。这张图说明了什么问题？新的数学教学计划有效果吗？**Px**

S5.24 美国国内收入署（IRS）每天都会对打给 IRS 的 100 位"用户"的电话询问进行随机抽查。抽查时对错误信息或其他不符合规定的事情（例如对用户的不礼貌态度）进行了记录。上周的数据如下表所示：

天	不符合规定的次数
1	5
2	10
3	23
4	20
5	15

a. 就不符合规定的次数，绘制一张标准差为 3σ 的 c 图。

b. 从控制图上，你能得到关于 IRS 电

话接线员的什么信息？ **PX**

S5.25 一直以来，Rick Wing 制造公司的应收账款部门很难让客户全额付款。许多客户抱怨账单不正确，并且账单上的物料数量与他们在接货码头实收的物料数量不符。该部门决定在收账过程中实施统计过程控制。为了绘制控制图，在一个月内，对 10 个样本进行了抽样检查，每个样本的样本容量是50。该部门对账单上的物料数量和公司运输部门送出的提单进行核对，以确定不正确的账单的数量。结果如下表所示：

样本编号	不正确的账单数	样本编号	不正确的账单数
1	6	6	5
2	5	7	3
3	11	8	4
4	4	9	7
5	0	10	2

a. 确定 p 图的平均不合格率。然后，设置置信度为 99.73%（3σ）的 p 图的控制界限。这个过程处于控制中吗？如果过程失控，哪些样本失去了控制？

b. 怎样使用第 5 章讨论的质量工具来确定账单出错的源头？从什么地方入手进行质量改进才能避免出现这些情况？ **PX**

S5.26 韦斯特电池公司（West Battery Corp.）最近频频接到零售商的投诉，说该公司生产的 9 伏特电池的使用寿命比其他品牌电池的使用寿命短一些。詹姆斯·韦斯特（James West）是奥斯汀全面质量管理项目的负责人，他认为电池本身没有问题，因为公司生产的电池的平均使用寿命是 50小时，比竞争者电池的使用寿命要长大约10%。再提高电池的使用寿命需要更高水平的技术，目前公司的技术还达不到。不过，他想对生产线进行每小时的抽样检查。在确定过程运行正常后，为设置控制界限标准，韦斯特在 25 小时中，每小时抽取 9伏特电池的一个样本进行检查，每个样本的样本容量是 5。抽样检查数据如下表所示：

韦斯特电池公司的数据
——电池的使用寿命

单位：小时

小时	样本					$\bar{x}$	R
	1	2	3	4	5		
1	51	50	49	50	50	50.0	2
2	45	47	70	46	36	48.8	34
3	50	35	48	39	47	43.8	15
4	55	70	50	30	51	51.2	40
5	49	38	64	36	47	46.8	28
6	59	62	40	54	64	55.8	24
7	36	33	49	48	56	44.4	23
8	50	67	53	43	40	50.6	27
9	44	52	46	47	44	46.6	8
10	70	45	50	47	41	50.6	29
11	57	54	62	45	36	50.8	26
12	56	54	47	42	62	52.2	20
13	40	70	58	45	44	51.4	30
14	52	58	40	52	46	49.6	18
15	57	42	52	58	59	53.6	17
16	62	49	42	33	35	48.2	29
17	40	39	49	59	48	47.0	20
18	64	50	42	57	50	52.6	22
19	58	53	52	48	50	52.2	10
20	60	50	41	41	50	48.4	19
21	52	47	48	58	40	49.0	18
22	55	40	56	49	45	49.0	16
23	47	48	50	50	48	48.6	3
24	50	50	49	51	51	50.2	2
25	51	50	51	51	62	53.0	12

在已经确定了控制界限的情况下，韦斯特现在又采集了另外 5 小时的数据，结果如下表所示：

小时	样本				
	1	2	3	4	5
26	48	52	39	57	61
27	45	53	48	46	66
28	63	49	50	45	53
29	57	70	45	52	61
30	45	38	46	54	52

a. 确定均值以及 $\bar{x}$ 图和 R 图的控制上限和控制下限（只使用先前 25 小时的数据）。

b. 这个制造过程处于控制中吗？

c. 对电池的使用寿命进行评论。 **PX**

S5.27 新英格兰航空公司（New England Air）的一个主要竞争优势是航班到达准时。质量副总克莱尔·邦德（Clair Bond）决定亲自监控新英格兰航空公司的绩效。在过去的 30 周里，邦德每周随机抽取 100 个航班作为样本进行准时到达检查。下表是未能准时到达的航班数：

样本（周）	晚点航班数	样本（周）	晚点航班数
1	2	16	2
2	4	17	3
3	10	18	7
4	4	19	3
5	1	20	2
6	1	21	3
7	13	22	7
8	9	23	4
9	11	24	3
10	0	25	2
11	3	26	2
12	4	27	0
13	2	28	1
14	2	29	3
15	8	30	4

a. 如果置信度为 95%，在控制图上画出晚点航班的总的百分比（$\bar{p}$）及控制上限和控制下限。

b. 假设整个航空业不能准时到达的航班的控制上限和控制下限分别为 0.100 0 和 0.040 0。请将它们画在你的控制图上。

c. 画出每个样本中晚点航班的百分比。是不是所有的样本都在新英格兰航空公司的控制界限内？当一个样本落在控制界限之外，应该采取什么措施？

d. 克莱尔·邦德会对服务质量做出怎样的报告？ **PX**

S5.28 一个工序标准规格上限和标准规格下限的差是 0.6 英寸。标准差是 0.1 英寸。工序能力比率 C_p 是多少？对这个结果进行解释。 **PX**

S5.29 Meena Chavan 公司的计算机芯片生产过程制造一种 DRAM 芯片，芯片的平均使用寿命是 1 800 小时，$\sigma = 100$ 小时。容许的标准规格上限和标准规格下限分别为 2 400 小时和 1 600 小时。这个过程能够按照标准规格生产 DRAM 芯片吗？ **PX**

S5.30 琳达·博德曼公司（Linda Boardman, Inc.）是一家位于波士顿的设备制造商。该公司为你的制造公司提供一个阀门样本以用来对你公司的制造工序进行改进。你公司的流程再造部门经过实验发现，阀门的均值 $\mu = 8.00$，标准差 $\sigma = 0.04$。你公司要求的性能是 $\mu = 8.00 \pm 3\sigma$，$\sigma = 0.045$。琳达·博德曼公司阀门的工序能力指数 C_{pk} 是多少？ **PX**

S5.31 混凝土公路工程使用的塑料套圈的标准规格要求是，厚度达到 3.0 毫米 $\pm$ 0.1 毫米。工序的标准差是 0.02 毫米。该产品的标准规格上限和标准规格下限是多少？已知工序所生产产品的平均厚度是 3.0 毫米。该工序的工序能力指数 C_{pk} 是多少？该工序生产的产品中有多大比例能够满足标准规格？ **PX**

S5.32 弗兰克·潘基（Frank Pianki）是一家有机酸奶加工厂的经理，要求产品的标准规格是，均值达到 16 盎司，上限为 16.5，下限为 15.5。过程的均值为 16 盎司，工序标准差为 1 盎司。确定该工序的工序能力指数 C_{pk}。 **PX**

S5.33 婴儿奶粉灌装工序的标准规格要求是 3 盎司 $\pm$ 0.150 盎司。从这个工序中抽取 200 罐奶粉进行检查。结果显示，罐中奶粉的平均重量是 3.042 盎司。标准差是 0.034 盎司。确定工序能力指数 C_{pk} 的数值。在这些罐装奶粉中，大约有多少罐满足标准规格的要求？ **PX**

S5.34 在一个验收抽样方案中，一批产品的产品数是 500 件，样本数是 60。样本中不合格产品的数量不超过 2 个。从抽检特性（OC）曲线可知产品的接收概率是 0.57，这批产品的不合格率是 4％，这也是该工序的历史平均值。平均检出质量是多少？ **P𝕩**

S5.35　作为工厂运输和产品验收总监，你需要确定平均检出质量。已知装配线产品批次的平均不合格率是 3％。在对每批 1 000 件产品进行的验收抽样中，样本数是 80。样本中不合格产品的数量不超过 3 个。每批产品的接收概率是 0.79（79％）。平均检出质量是多少？ **P𝕩**

S5.36　在为包含 1 000 个单位的批次制定的验收抽样计划中，样本容量 n 为 85。进货批次的不合格率为 2％，接收概率为 0.64。平均检出质量是多少？

S5.37　进货批次的不合格率为 3％。抽检特性（OC）曲线显示接收概率为 0.55。给定批次为 2 000，样本容量为 100，以次品百分比确定平均检出质量。

案例分析 ■

■■■■■ **贝菲尔德泥浆公司** ■■■■■

2015 年 11 月，贝菲尔德泥浆公司（Bayfield Mud Company）的客户服务代表约翰·韦尔斯（John Wells）被请到湿地钻井公司（Wet-Land Drilling，Inc.）的休斯敦仓库，对贝菲尔德公司运送到休斯敦的 3 货车泥浆处理剂进行检查。（贝菲尔德公司的办公室及其最大的工厂位于得克萨斯州的橘城，这个位置正好在路易斯安那州和得克萨斯州交界处的西部。）湿地钻井公司的抱怨是刚刚从贝菲尔德公司收到的 50 磅的袋装处理剂短缺约 5％ 的重量。

袋装处理剂的重量不足最初是由湿地钻井公司的一名收货员发现的。这名员工发现，磅秤显示，这 3 货车处理剂的净重大大低于 2015 年 10 月 25 日收到的同样运量的处理剂的重量。贝菲尔德公司将运输部门召集起来以确定是否在运输中使用了重量更轻的托盘（这可以对净重的减少加以解释）。然而，贝菲尔德公司调查后指出在装货或卸货过程中并没有什么变化。因此，湿地钻井公司的工程师随机抽取 50 袋处理剂进行称重，发现每袋的平均净重只有 47.51 磅。他们获知过去运输的每袋处理剂的平均净重恰好是 50.0 磅，且每袋的标准差在 1.2 磅的允许范围内。因此，他们认为样本表明每袋的重量减少了许多。（读者可能希望对这个结论进行证实。）然后该公司联系了贝菲尔德公司，于是韦尔斯就被派来对此事进行调查。韦尔斯到达后

发现抱怨的事实确实存在，并将一笔占总额 5％ 的资金退给了湿地钻井公司。

然而，湿地钻井公司的经理对这个处理结果并不十分满意。钻井钻台上的泥浆工程师是以 50 磅重的处理剂为基础进行生产运作的。重量不足的袋装处理剂可能会使钻井运作中的化学控制产生不良反应，并因此对钻探效率产生不良影响（泥浆处理剂被用于对钻井运作中的 pH 值和其他化学特性进行控制）。这个问题可能引起严重的经济后果，因为石油和天然气的钻井成本非常高。公司在将这些处理剂运送到钻井平台时不得不下达特别操作说明。而且，在湿地钻井公司的仓库里，这些重量不足的处理剂必须被隔离起来进行储存，这会导致额外的储存成本，并使空间利用率降低。因此，湿地钻井公司告诉韦尔斯，如果将来公司收到的袋装处理剂的重量与 50 磅相差太多，该公司可能会寻找一家新的泥浆处理剂供应商。

贝菲尔德公司的质量监控部门怀疑处理剂的袋装不足可能是由于橘城工厂的"扩张瓶颈"引起的。由于早前出现的能源危机，石油和天然气勘探活动大大增加。相应地，这些不断增加的活动使钻井公司对相关产业生产的产品如钻井泥浆的需求也大大增加。因此，2010 年中期，贝菲尔德公司不得不将生产的一个轮班（早上 6：00 到下午 2：00）增加到两个轮班（下午 2：00 到晚上 10：00），

到 2015 年秋季，又增加到三个轮班（每天 24 小时）。

新增加的负责夜间装袋的工人完全是由新雇员组成的。公司只能临时指派最有经验的领班来监督夜班工人的工作。公司将重点放在提高处理剂的产出方面，以满足不断增长的需求。公司怀疑工人只是偶然才对装料机进行复核。复核是指使用磅秤对袋装处理剂进行系统称重，以确定装料机装的处理剂重量是否满足要求。如果袋装处理剂的重量与 50 磅相差太多，工厂就会对装料机进行调整。

为了证实这种猜测，质量监控人员随机抽取一些袋装处理剂，抽样结果如下表所示。他们每个小时对 6 袋处理剂进行抽样和称重。

时间	平均重量（磅）	极差（磅）		时间	平均重量（磅）	极差（磅）	
		最小值	最大值			最小值	最大值
早上 6：00	49.6	48.7	50.7	11：00	50.0	49.0	52.3
7：00	50.2	49.1	51.2	中午 12：00	50.0	48.8	52.4
8：00	50.6	49.6	51.4	下午 1：00	50.1	49.4	53.6
9：00	50.8	50.2	51.8	2：00	49.7	48.6	51.0
10：00	49.9	49.2	52.3	3：00	48.4	47.2	51.7
11：00	50.3	48.6	51.7	4：00	47.2	45.3	50.9
中午 12：00	48.6	46.2	50.4	5：00	46.8	44.1	49.0
下午 1：00	49.0	46.4	50.0	6：00	46.8	41.0	51.2
2：00	49.0	46.0	50.6	7：00	50.0	46.2	51.7
3：00	49.8	48.2	50.8	8：00	47.4	44.0	48.7
4：00	50.3	49.2	52.7	9：00	47.0	44.2	48.9
5：00	51.4	50.0	55.3	10：00	47.2	46.6	50.2
6：00	51.6	49.2	54.7	11：00	48.6	47.0	50.0
7：00	51.8	50.0	55.6	午夜 12：00	49.8	48.2	50.4
8：00	51.0	48.6	53.2	上午 1：00	49.6	48.4	51.7
9：00	50.6	49.4	52.4	2：00	50.0	49.0	52.2
10：00	49.2	46.1	50.7	3：00	50.0	49.2	50.0
11：00	49.0	46.3	50.8	4：00	47.2	46.3	50.5
午夜 12：00	48.4	45.4	50.2	5：00	47.0	44.1	49.7
上午 1：00	47.6	44.3	49.7	6：00	48.4	45.0	49.0
2：00	47.4	44.1	49.6	7：00	48.8	44.8	49.7
3：00	48.2	45.2	49.0	8：00	49.6	48.0	51.8
4：00	48.0	45.5	49.1	9：00	50.0	48.1	52.7
5：00	48.4	47.1	49.6	10：00	51.0	48.1	55.2
6：00	48.6	47.4	52.0	11：00	50.4	49.5	54.1
7：00	50.0	49.2	52.2	中午 12：00	50.0	48.7	50.9
8：00	49.8	49.0	52.4	下午 1：00	48.9	47.6	51.2
9：00	50.3	49.4	51.7	2：00	49.8	48.4	51.0
10：00	50.2	49.6	51.8	3：00	49.8	48.8	50.8

续表

时间	平均重量（磅）	极差（磅）		时间	平均重量（磅）	极差（磅）	
		最小值	最大值			最小值	最大值
4：00	50.0	49.1	50.6	11：00	48.4	47.0	50.8
5：00	47.8	45.2	51.2	午夜 12：00	47.2	46.4	49.2
6：00	46.4	44.0	49.7	上午 1：00	47.4	46.8	49.0
7：00	46.4	44.4	50.0	2：00	48.8	47.2	51.4
8：00	47.2	46.6	48.9	3：00	49.6	49.0	50.6
9：00	48.4	47.2	49.5	4：00	51.0	50.5	51.5
10：00	49.2	48.1	50.7	5：00	50.5	50.0	51.9

【讨论题】

1. 对于袋装处理剂的重量问题，你的分析结论是什么？

2. 为了保持有效的质量监控，你会推荐使用什么样的工作程序？

资料来源：Professor Jerry Kinard, Western Carolina University. Reprinted with permission.

注　释

[1] 排除特殊（异常）原因是一项重要工作。质量专家戴明观察到，对于制造过程来说，统计控制状态并不是自然状态。戴明把它看作是一项消除异常原因导致的波动的成就，可以通过一个接一个地加以排除和不懈的努力实现。

[2] 标准差的计算公式为：$\sigma = \sqrt{\dfrac{\sum\limits_{i=1}^{n}(x_i - \bar{x})^2}{n-1}}$。

[3] 控制下限在控制图中不可为负值，因此控制下限（LCL）为（0, $\bar{x} - z\sigma_{\bar{x}}$）。

[4] 如果样本容量不同，必须使用其他方法。

[5] 泊松概率分布是一种离散分布，通常用于感兴趣的项目（此处是缺陷数）不常见或在时间或空间中发生。

[6] 这是因为 Cp 为 1.0 时 99.73% 的产品在标准规格内。$1.00 - 0.9973 = 0.0027$，当有 1000 个产品时就有 $0.0027 \times 1000 = 2.7$ 个不在标准规格内。

[7] 请注意，验收抽样总是有导致错误结论的风险。比如说，在一家公司里，要检查 1000 个计算机芯片，而实际上只有 30 个（或 3%）有缺陷。这意味着我们愿意接收这批芯片，因为对这家公司来说，4% 是允许的缺陷率。然而，如果随机抽取 50 个芯片样本，我们可能最终发现 0 个有缺陷的芯片，并接收这批货（也就是说，没问题），也可能在样本中找到所有 30 个有缺陷的芯片。如果后者发生，我们可能得出错误的结论，认为这批芯片有 60% 的缺陷率，并拒绝接收这批货。

快速复习

主要标题	复习内容
统计过程控制	■ 统计过程控制（SPC）：生产产品或提供服务时，通过测量并采取纠正措施来监控标准的过程。 ■ 控制图：按时间顺序描出的工序数据的图形。 当波动的唯一源头是一般（正常）原因时，可以说过程的运行处于统计控制中。 首先必须通过检测和消除特殊（异常）原因来使过程处于统计控制中。 过程控制系统的目标是在出现波动的异常原因时提供统计信号。

续表

主要标题	复习内容
统计过程控制	■ 正常波动：在某种程度上影响每个生产过程并且可以预期的波动；也被看作一般原因。 当正常波动形成正态分布时，两个参数成为其特点。这两个参数是： 1. 均值 μ（对中心趋势的测定——在此即是平均值）。 2. 标准差 σ（对离散趋势的测定）。 只要分布（产出）处于规定的控制界限内，就可以说过程处于控制中，正常波动是允许的。 ■ 异常波动：在生产过程中可归于特殊原因的波动。 均值 $\bar{x}$ 和极差 R 的控制图，可以用来监控计量值（产出具有连续维度），如重量、速度、长度或者强度。 ■ $\bar{x}$ 图：表示生产过程的中心趋势发生变化时计量值的质量控制图。 ■ R 图：样本极差控制图；表明生产过程的离散程度。 ■ 中心极限定理：$\bar{x}$ 图的理论基础，说明无论所有产品或服务的总体分布如何，当样本数目增加时，$\bar{x}$ 的分布都趋向正态分布。 $$\bar{\bar{x}} = \mu \qquad (S5-1)$$ $$\sigma_{\bar{x}} = \frac{\sigma}{\sqrt{n}} \qquad (S5-2)$$ 如果知道过程分布总体的标准差 σ，$\bar{x}$ 图的控制界限为： $$\text{控制上限（UCL）} = \bar{\bar{x}} + z\sigma_{\bar{x}} \qquad (S5-3)$$ $$\text{控制下限（LCL）} = \bar{\bar{x}} - z\sigma_{\bar{x}} \qquad (S5-4)$$ 式中，z 为选择的置信水平（如，99.73% 置信水平下，$z=3$）。 极差 R 是指样本中最大值和最小值之差。如果不知道总体标准差 σ，$\bar{x}$ 图的控制界限为： $$\text{UCL}_{\bar{x}} = \bar{\bar{x}} + A_2\bar{R} \qquad (S5-5)$$ $$\text{LCL}_{\bar{x}} = \bar{\bar{x}} - A_2\bar{R} \qquad (S5-6)$$ 除了关心过程均值外，运作经理还关心过程的离散程度即极差。R 图极差的控制界限为： $$\text{UCL}_R = D_4\bar{R} \qquad (S5-7)$$ $$\text{LCL}_R = D_3\bar{R} \qquad (S5-8)$$ 计数值通常分为合格或不合格。两种类型的计数值控制图分别是：（1）p 图（测定样本中不合格率）；（2）c 图（计量样本中产品的缺陷数）。 ■ p 图：用于控制计数值的质量控制图。 $$\text{UCL}_p = \bar{p} + z\sigma_p \qquad (S5-9)$$ $$\text{LCL}_p = \bar{p} - z\sigma_p \qquad (S5-10)$$ $$\hat{\sigma}_p = \sqrt{\frac{\bar{p}(1-\bar{p})}{n}} \qquad (S5-11)$$ ■ c 图：用于控制每单位产品缺陷数的质量控制图。c 图的基础是泊松概率分布，99.73% 置信水平下的控制界限为： $$\text{控制界限} = \bar{c} \pm 3\sqrt{\bar{c}} \qquad (S5-12)$$ ■ 趋向检验：检查控制图中的点以确定是否存在异常波动的一种方法。
工序能力	■ 工序能力：满足设计标准规格的能力。 ■ 工序能力比率（C_p）：确定工序是否满足设计标准规格的比率。 $$C_p = \frac{\text{标准规格上限} - \text{标准规格下限}}{6\sigma} \qquad (S5-13)$$ ■ 工序能力指数（C_{pk}）：过程中心值和最接近的标准规格界限间的差值与正常波动（3σ）的比例。 $$C_{pk} = \min\left(\frac{\text{标准规格上限} - \bar{x}}{3\sigma}, \frac{\bar{x} - \text{标准规格下限}}{3\sigma}\right) \qquad (S5-14)$$

续表

主要标题	复习内容
验收抽样	■ 验收抽样：测定从大量或成批产品中随机抽取的样本是否满足预先设定标准的一种方法。 ■ 抽检特性（OC）曲线：描述验收方案区分合格批和不合格批能力的图形。 ■ 生产者风险：通过抽样生产者拒收合格批的风险。 ■ 消费者风险：通过抽样消费者接收不合格批的风险。 ■ 可接收质量水平（AQL）：合格批的质量水平。 ■ 批容许不合格率（LTPD）：不合格批的质量水平。 ■ 第 I 类错误：统计上讲，拒收合格批的概率。 ■ 第 II 类错误：统计上讲，接收不合格批的概率。 ■ 平均检出质量（AOQ）：通过验收抽样检查一批产品的不合格率： $$AOQ = \frac{P_d P_a (N-n)}{N} \qquad (S5-15)$$

■ 自测题 ■

在自我测试前，请参考本章开头的学习目标和本章的关键术语。

1. 如果一个特定样本的均值位于控制界限之内，而样本的极差不在控制界限之内，则（　　）。

a. 过程处于控制之中，只有异常波动

b. 过程并未处于设置的控制界限之内

c. 过程处于设置的控制界限之内，只有正常波动

d. 过程既有正常波动又有异常波动

2. 中心极限定理（　　）。

a. 是 c 图的理论基础

b. 认为异常波动的均值为 0

c. 允许管理者使用正态分布作为绘制控制图的基础

d. 认为极差的均值可以用作标准差的估计

e. 控制抽检特性曲线的陡度

3. 用于监控具有连续维度的计量值的中心趋势的控制图类型是（　　）。

a. $\bar{x}$ 图

b. R 图

c. p 图

d. c 图

e. 以上都不是

4. 测量一个样本的所有单位，得到样本测量值的均值在界限之外，则（　　）。

a. 过程不处于控制之中，但原因能确定

b. 过程处于控制之中，但是无法在既定的控制范围内进行生产

c. 过程处在设置的控制界限之内，只有正常波动

d. 上述所有都正确

5. 计数值的控制图有（　　）。

a. p 图

b. c 图

c. R 图

d. $\bar{x}$ 图

e. a 和 b 都是

6. 工序符合设计的标准规格称为（　　）。

a. 田口

b. 工序能力

c. 能力指数

d. 验收抽样

e. 平均检出质量

7. _____风险是即使质量水平高于或满足_____仍会被拒收的概率。

自测题答案：1. b；2. c；3. a；4. a；5. e；6. b；7. 生产者，AQL。

第6章
流程策略

 学习目标

1. 描述四种流程策略。
2. 计算不同流程的交汇点。
3. 使用流程分析工具。
4. 描述流程设计中的顾客互动。
5. 了解生产技术的最新进展。

跨国公司介绍：哈雷-戴维森

哈雷-戴维森的重复制造工厂

自1903年哈雷-戴维森公司在密尔沃基创立，它就与国内外成百上千的制造商进行了非常激烈的竞争。其最近的竞争发生在与日本的制造商之间，而早先的竞争则发生在与德国、英国、意大利的制造商之间。经过110多年，哈雷仍然是美国唯一重要的摩托车生产企业。目前，公司在美国有5个工厂，在巴西有1个组装厂。Sportster动力系统在威斯康星州的沃瓦托萨生产，跨斗、挂包及其他专用装备在威斯康星州的托马霍克生产。旅行及轻便车在宾夕法尼亚州的约

克镇组装，而Sportster、Dyna及VRSC车型的摩托车则在密苏里州的堪萨斯城生产。

作为管理层精细生产努力的一部分，哈雷-戴维森公司将具有相似生产流程的零件编组，结果形成了一些工作单元。工作单元可以在一个地点使用最新技术来完成特定模块生产所有必要的工序。原材料被送进工作单元进行模块生产，然后将加工好的模块送进装配线。作为质量的二次检查，哈雷-戴维森采用了"光幕"技术，它能够运用红外

线传感器来检测操作员放置零配件的箱柜。材料按照准时生产方式进入装配线，哈雷-戴维森称其为"按需材料"（MAN）系统。

约克分厂的面积为1 250万平方英尺，包括弯管、架构、加工、油漆、抛光等生产单元。创新的生产技术使用机器人装载和自动化生产来减少加工时间。自动化和精确的传感器在保证公差、生产高质量产品方面发

挥了重要的作用。每天约克分厂最多生产600辆重型定制摩托车。这些摩托车可以按照不同的排量、多种车轮设计、颜色及配件来进行装配。因此，哈雷-戴维森可以为顾客提供大量的选择机会，以满足其个性化需求。哈雷-戴维森的生产系统能够高效运转的原因是：在严密作业计划下的重复生产线上将高质量的模块组装在一起。

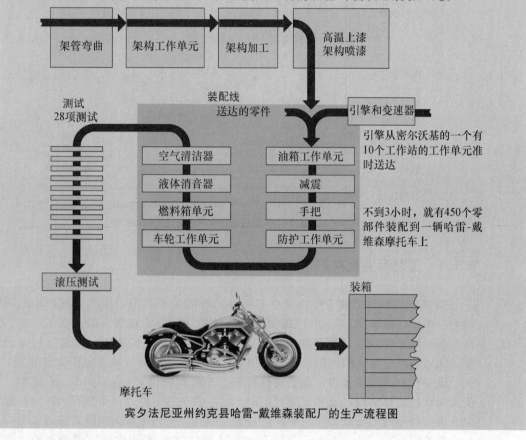

宾夕法尼亚州约克县哈雷-戴维森装配厂的生产流程图

6.1 四种流程策略

在第4章，我们讨论了对产品和服务选择、定义和设计的需要。我们的目的是创造环境友好型产品和服务，以一种符合生态伦理的、可持续的方式来交付产品。现在我们转到生产方面。运作经理需作的一个主要决策是找到最好的生产方式。让我们看一下有什么方法可以帮助他们设计流程以达到这个目标。

流程策略（process strategy）是指一种将资源转化为产品和服务的组织方法。流程策略的目标是创建一个生产产品的流程，它能在成本和其他约束条件下满足顾客的需求。所选择的流程不仅对产品的柔性、成本和质量有影响，而且对效率和生产也有长期影响。

事实上，每种产品或服务的生产或完成都会用到四种流程策略中的一种或其变化形式：（1）工艺专业化生产；（2）重复式生产；（3）产品专业化生产；（4）大量定制生产。注意图 6-1 所示的这四种流程策略在产品数量和品种方面的关系。我们看到，阿诺德·帕尔默医院是工艺专业化生产，哈雷-戴维森公司是重复式生产，菲多利公司（Frito-Lay）是产品专业化生产，而戴尔计算机公司是大量定制生产。

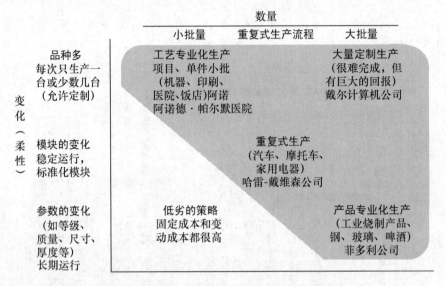

图 6-1 选择的流程必须适合产品的数量和品种

6.1.1 工艺专业化生产

全球 75% 的生产属于小批量、多品种的产品生产范围，生产这些产品的地方称为"单件作业车间"。这些设施是围绕具体的活动或流程展开的。在工厂里，这些流程可能是焊接、打磨和油漆部门；在办公室里，这些流程可能是支付应付账款、销售和发放薪水的部门。在餐馆里，它们可能是吧台、烘烤房和面包房。就设备、设备布置和监督来讲，这些设施都属于**工艺专业化**（process focus）类型。当产品间歇性地移动时，这些设施就提供了高度的产品柔性。每个流程的设计都要考虑开展多种不同的活动和应付频繁的变化。因此，它们也称为间歇式流程。

参看图 6-2（a），设想一下不同的病人进入工艺专业化的阿诺德·帕尔默医院，他们被安排进入不同的科室，以不同的方式接待，随后每个人都因受到特殊照顾而感到满意。

工艺专业化设施的变动成本很高，利用率却非常低，可能只有 5%。这是很多餐馆、医院和机械加工车间的情况。不过，现在设施通过电子控制能够利用得更好。

6.1.2 重复式生产

正如哈雷-戴维森的案例所示，重复式生产需要使用模块（参见图 6-2（b））。在一个产品专业化（连续式）生产流程里，**模块**（modules）通常是以前就预备好的零件或组件。

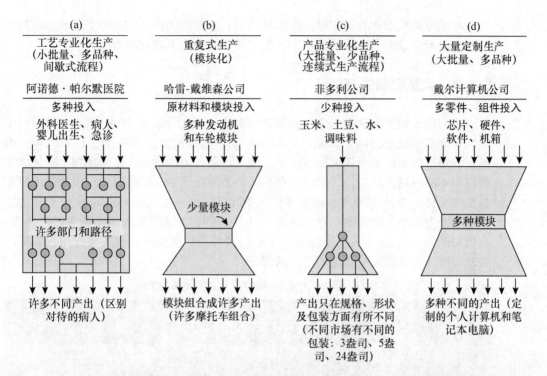

图 6-2 四种流程选择及其示例

重复式流程（repetitive process）是经典的装配线。它用在几乎所有的汽车和家用电器上，与工艺专业化生产相比，它的结构更复杂，因而柔性较差。

快餐公司是一个使用模块的重复式生产流程的例子。与连续式流程相比，这种生产方式允许更多的产品定制。为了得到一份加乳酪和碎牛肉的三明治，这种半定制产品需要对很多模块（例如肉、乳酪、果酱、番茄、洋葱）进行搭配。通过这种方式，企业不仅获得了产品专业化生产模式（在这一模式下，许多模块是提前预制的）的经济优势，还获得了小批量、多品种的定制优势。

6.1.3 产品专业化生产

产品专业化（product focus）生产流程是指生产批量大、品种少的产品的流程。其设备是围绕产品进行布置的。由于它们的运行周期非常长且是连续的，因此它们也称为连续式生产流程。玻璃、纸、锡箔、灯泡、啤酒和螺栓等产品都是通过连续式生产流程制造的。一些产品，如灯泡，是离散生产过程；而其他一些产品，如卷纸，则是连续流动生产；还有一些产品，如加拿大著名的肖尔代斯医院治疗疝气，则属于服务。产品专业化生产需要标准化和有效的质量控制。日复一日生产相同的灯泡或热狗面包的组织能够围绕一种产品进行组织安排。与每天生产不同产品的组织如一家版画店或多功能医院相比，产品专业化生产组织具有确定标准和保持规定质量的内在能力。例如，菲多利的产品系列就属于产品专业化生产（见图6-2（c））。在菲多利，只有玉米、土豆、水及调味料等几种原料，但系列产品（如奇多（Cheetos）、莱芙士（Ruffles）、多堤士（Tostitos）及芙乐多（Fritos））却各有不同的调味料、包装等。

产品专业化生产的工厂可以生产批量大、品种少的产品。这种工厂的专业特性是高昂的固定成本，但设备利用率较高，所以变动成本相应地降低了。

6.1.4 大量定制生产

我们这个越来越富有和成熟的世界需要个性化的产品和服务。表 6 - 1 列出了人们希望运作经理提供的多品种的产品和服务。品种繁多的特点已经在汽车、电影、谷物早餐等数千个领域显现出来。随着产品种类的增加，运作经理在降低成本的同时不断改进产品质量。所以，产品的种类继续增多。运作经理可以通过大量定制生产来提供个性化的产品或服务。**大量定制**（mass customization）生产是为了满足不断变化的、独特的用户需求进行快速、低成本的产品和服务的生产。然而，大量定制（见图 6 - 1 右上角部分）并不仅仅涉及种类问题，它还要在用户需要的时候经济、准确地生产相应的产品或服务。

表 6 - 1　大量定制提供了比以前更多的选择

产品	可选择数目[a]	
	20 世纪 70 年代	21 世纪
汽车款式	18	1 212
自行车类型	8	211 000[c]
iPhone 手机游戏应用	0	1 200 000[g]
网站	0	634 000 000[d]
每年电影发行量	267	1 551[e]
新书	40 530	300 000＋
休斯敦电视频道	5	185
谷类早餐	160	340
超市的商品种类（SKU）	14 000[b]	150 000[f]
高清电视	0	102

注：a. 在美国可以获得的产品种类；全世界的产品种类增加得更快。

b. 1989 年。

c. 可能是一家制造商的组合。

d. Royal Pingdom Estimate（2015）。

e. www. the-numbers. com/movies/year/2014。

f. H. E. Butts 杂货连锁店管理的 SKU。

g. *Business Week*，April 26，2015

资料来源：Various；however，many of the data are from the Federal Reserve Bank of Dallas.

大量定制以标准化的大批量（产品专业化）生产成本给我们带来传统上由小批量（工艺专业化）生产提供的多种类型的产品。不过，大量定制生产是一项需要提高运作能力的挑战。运作经理需要一个有限的生产线和模块设计以建立快速经济地生产定制产品的敏捷制造流程。销售、设计、生产、供应链和物流之间的联系更加紧密了。

戴尔计算机公司（见图 6 - 2 (d)）已经证明，大量定制的收益是很可观的。其他的传统制造商，如丰田汽车公司，最近宣布可以在 5 天时间里交付定制的轿车。与此类似，电子控制使得纺织业的设计者可以迅速更换他们的生产线，以对市场变化作出响应。

服务业也在向大量定制靠拢。例如，不久前，大多数人使用的电话服务是相同的。而现在，不只电话服务有多种选择，如通话识别和语音信箱等，而且出现了一些不像是电话的现代电话服务。这些服务可能是摄像机、计算机、游戏机或 Web 浏览器。保险公司也在增加和调整产品品种并缩短开发时间以满足用户的特定需求。iTunes、Spotify、Rhapsody、亚马逊和 eMusic 在互联网上保留音乐播放列表，允许消费者从中选择 12 首歌，然后将这些歌曲制成自定义播放列表。与此类似，每年有越来越多的新书和电影。大量定制生产要求运作经理必须创建和调整能够提供种类不断增多的产品和服务的生产流程。

大量定制的进行 大量定制实际是按订单生产产品的大量生产系统。**按订单生产**（build-to-order/BTO）意味着根据顾客的订单而不是预测来进行生产。然而，实现高产量的订单生产是困难的，难点如下：

- 产品设计必须充满想象力。成功地按订单设计通常需要有限的生产线和模块设计。高尔夫用品的先驱苹公司（Ping Inc.）采用不同的球杆头、握把、球杆以及不同的角度制造了 20 000 种高尔夫球杆。

- 工艺设计必须具有柔性，能够适应设计和技术的变化。例如，**延迟**（postponement）使得定制要求在生产流程中推迟。丰田在它豪华汽车生产过程的最后才安装独一无二的内部模块，这种过程对于定制的旅行车也是如此。关于延迟问题的进一步讨论见第 9 章。

- 库存管理需要严密的控制。为了顺利完成按订单生产，企业必须避免受不通用的、过时的元件所阻碍。即使没有原材料，戴尔也会在一天内按订单生产出计算机。

- 从设计到交货全程跟踪订单及材料的精密作业计划，也是大量定制生产的必要条件。畸齿矫正技术能够确定如何在第一次看牙医后的三周内提供定制的透明塑料矫正器。（参见运作管理实践专栏"大量定制整齐的牙齿"。）

- 供应链上反应迅速的合作者能形成有效的协作。杰西潘尼公司（JCPenney）衬衫的预测、库存管理和订货都是由中国的供货商为零售商完成的。

大量定制生产或按订单生产是生产运作面临的一个新的必要任务。大量定制生产或按订单生产有以下优势：首先，满足了市场的需求，企业能够赢得订单，生存下来；其次，可以削减由不准确的销售预测带来的成本（从人员到库存再到设备）。

运作管理实践

大量定制整齐的牙齿

加利福尼亚州圣克拉拉的 Align 科技公司用透明塑料材质的活动矫正器矫正牙齿。该公司提供大量定制的牙齿矫正治疗。每个人都有各自的习惯，需要真正独特的产品，没有两个人是完全相同的。以牙齿印痕、X 光片及在牙医诊所拍的片子为基础，Align 科技公司总部制作了精确的三维计算机模型，并对患者的口腔建立档案。然后这份数字化的档案被发送到哥斯达黎加，在那里技术人员制定一个全面的治疗计划，并将计划送回牙医批准。经批准后，将虚拟模型和治疗方案的数据在 3D 打印机上编程，构建模具。然后这些模具被运到墨西哥的华瑞兹市，在那里可以做大约19对定制的牙齿矫正器。从开始到结束大约需要3周时间。

透明矫正器取代了传统的钢丝和托架。Align科技公司宣称该产品"制作复杂，使用简单"。只要有好的运作管理，即使对于非常复杂、非常个性化的产品，如牙齿矫正器，大量定制仍然有效。

资料来源：*BusinessWeek*（April 30，2012）；Laura Rock Kopezak and M. Eric Johnson."Aligning the Supply Chain," Case #6-0024, Dartmouth College, 2006; and www. invisalign. com.

6.1.5 流程比较

表6-2和图6-2显示了四种生产流程的特性，并且每种生产流程都提供了一种战略优势。例如，如果生产批量很大（设备的利用率高），那么在产品专业化（连续式）生产或重复式生产流程中单位成本会比较低。但是在工艺专业化生产中，生产批量小、有差异的产品可能会更经济；而大量定制需要在产品和流程设计、作业计划、供应链和库存管理方面都有出众的能力。所以流程策略的适当评估和选择至关重要。

表6-2 四种生产流程的特性比较

工艺专业化生产 （小批量、多品种； 如阿诺德·帕尔默医院）	重复式生产 （模块化； 如哈雷-戴维森公司）	产品专业化生产 （大批量、少品种； 如菲多利公司）	大量定制生产 （大批量、多品种； 如戴尔计算机公司）
1. 生产的产品批量小、品种多	1. 长期生产，通常是由模块生产的一种标准化产品	1. 生产的产品批量大、品种少	1. 生产的产品批量大、品种多
2. 操作者在多个领域技术熟练	2. 员工需适度培训	2. 操作者在较少领域技术熟练	2. 灵活的操作者
3. 每项工作都有说明	3. 工作说明很少变化	3. 标准化工作说明	3. 需要许多工作说明的定制订单
4. 高库存	4. 低库存	4. 低库存	4. 相对于产品价值的低库存
5. 成品按订单生产，不用储存	5. 成品根据频繁的预测生产	5. 成品根据预测生产和储存	5. 成品根据订单生产
6. 复杂的调度	6. 日常安排	6. 日常安排	6. 复杂的调度，适应定制订单
7. 固定成本较低，变动成本较高	7. 固定成本依据设备的柔性而定	7. 固定成本较高，变动成本较低	7. 固定成本较高，变动成本较低

交叉图 通过观察不同流程总成本的变化位置，可以更进一步地对流程进行比较。例如，图6-3显示了在一张图上对三个可选择的流程的比较。这种图有时也称为**交叉图**（crossover chart）。当产品数量小于V_1时，流程A的成本最低；产品数量在V_1和V_2之间时，流程B的成本最低；产品数量大于V_2时，流程C的成本最低。

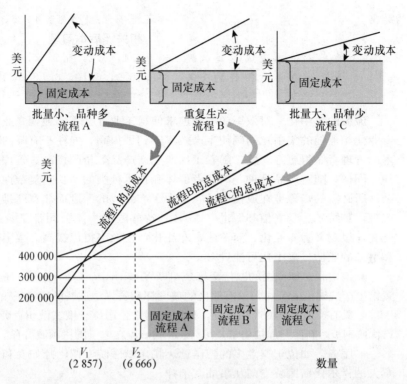

图6-3 交叉图

例1说明当一种流程的成本高于另一种流程的成本时，怎样确定确切的产量。

例1

交叉图

克莱伯公司（Kleber Enterprises）正在对三种会计软件（A、B、C）进行评估，这些软件能够为企业内部会计流程的变革提供支持。这些流程的成本结构类似于图6-3所示的成本结构。这些流程的软件成本如下：

软件	总固定成本（美元）	每份会计报告的成本（美元）
A	200 000	60
B	300 000	25
C	400 000	10

方法

找到软件A与软件B、软件B与软件C的交叉点。

解答

报告数量小于V_1时，软件A产生的流程是最经济的，但是报告的确切数量是多少呢？为了确定V_1的数值，假定软件A的成本等于软件B的成本，V_1未知。

$$200\,000+60V_1=300\,000+25V_1$$
$$35V_1=100\,000$$
$$V_1=2\,857$$

这表明报告数在0～2 857份（V_1）之间时，软件A是最经济的。

与此类似，为了确定交点V_2的数值，假定软件B的成本等于软件C的成本。

$$300\,000+25V_2=400\,000+10V_2$$
$$15V_2=100\,000$$
$$V_2=6\,666$$

这表明，如果报告数在2 857份（V_1）～6 666份（V_2）之间，软件B是最经济的，而如果报告数超过6 666份（V_2），软件C就是最经济的。

启示

正如你所看到的，软件的选择高度依赖

于预测的数据。

点又是多少？〔答案：4 286。〕

练习

相关课后练习题

如果软件 A 的卖者将固定成本降低到 150 000 美元，那么软件 A 与软件 B 的交叉

6.1，6.2，6.3，6.4，6.5，6.6，6.7，6.8，6.9，6.10，6.11，6.12

流程的集中化 对效率的不断追求使得工业社会不停地朝专业化方向演进。与专业化相伴随的集中化的确使生产效率得到了提高。专注于有限的活动、产品和技术的管理者做得更好一些。随着工厂所生产产品数量的提高，管理成本也在迅速增加。同样，随着产品品种、消费者群体和技术种类的增长，复杂性在增加，面对复杂性所必需的资源也在成倍增长。集中于产品线的深度而非宽度是杰出公司的典型表现，英特尔、爱立信和博世（Bosch）这些国际一流公司都是极好的例证。集中化在这里定义为专业化、简单化、专注化，使效率得以提高。集中化也促成了市场和财务的成功。集中化可能针对：

● 消费者。如德国的温特豪德公司（Winterhalter Gastronom）是一家专为酒店和餐馆生产洗碗机的公司，没有瑕疵的玻璃杯和餐具对这些酒店和餐馆非常重要。

● 具有类似属性的产品系列。如纽柯钢铁公司位于俄亥俄州克劳福德的工厂只生产优质钢板，新西兰加拉格尔公司（Gallagher）在电子围栏领域占有全球 45% 的市场。

● 服务。如位于奥兰多的阿诺德·帕尔默医院专门治疗妇女和儿童病人；而加拿大的肖尔代斯医院专门从事疝气治疗。

● 技术。如得州仪器公司只生产某些特殊的半导体；而微软公司尽管有大量的机会，却只专注于软件业务。

运作经理的关键任务是不断朝专业化方向靠拢，将精力集中于这个专业化方向必不可少的核心能力上。

6.2 设备选择

最终，某种特定流程的选择还需要设备和技术方面的决策。从医院到餐馆再到制造工厂，由于备选方案几乎涉及所有的实际运作职能，因此决策可能会很复杂。挑选最好的设备表明已经对特定的产业以及可以获得的流程和技术有所了解。设备的选择，比如医院的 X 射线机、工厂的数控车床或办公室的新电脑，都需要考虑成本、现金流、市场稳定性、质量、能力和柔性。为完成这个决策，运作经理需要记录每种方案的产能、设备规模以及它的维修要求。

在这个技术快速更新、产品生命周期缩短的时代，增加生产流程的柔性能够成为主要的竞争优势。**柔性**（flexibility）是指对时间、成本或顾客价值快速响应的能力。这意味着标准化的、可移动的或数字化的控制设备。例如，通过调整产量和生产结构，本田的流程柔性使其成为响应市场动态上的行业领导者。

在生产流程中建立柔性复杂且成本高昂，但如果没有柔性，任何改变都意味着重新开始。要考虑每一个相当简单的改变需要什么，比如麦当劳增加了提供炭烧汉堡包时所需的柔性。这个看起来相当直截了当的事情需要对 10 个运作管理决策作出许多改变。例如，需要的改变有：(1) 采购（选择品质不同的肉，肉可能需要有更多的脂肪含量，并提供木炭）；(2) 品质标准（调整肉饼加工烹饪的时间和温

度）；（3）设备（需要烧烤炉）；（4）设备布置（增加新的流程和排气孔所需的空间）；
（5）培训；（6）维护。你可能还要考虑另一个简单变化会造成的影响，如运作管理实
践专栏"一种新流程——iPad 菜单"中讨论的从纸质菜单到 iPad 菜单的改变。

改变流程和设备困难且成本高昂，所以最好在第一次就作出正确的决策。

运作管理实践

一种新流程——iPad 菜单

大量定制从订单开始，而现在在从加利福尼亚州到波士顿的餐厅里，订单从 iPad 开始。Stacked 餐厅在餐桌上给顾客提供 iPad 来让他们选择三明治的配料。用餐者能够看到菜单项中的照片（能够刺激销售）、配料表和营养信息（对于过敏或注意饮食的人来说是一个加分项），并且是一个创建他们个性化餐食的机会（大量定制）。

除了配有餐点的诱人照片，一些餐厅增加了三分熟牛排的描述和照片。该餐厅通过添加"食谱"标签和"历史"标签来描述餐点的起源和传统，进一步丰富了用餐体验。

在旧金山、亚特兰大和芝加哥都有连锁店的 Steakhouse 餐厅发现这些标签非常适合冗长的酒单。其他餐厅则编写系统以记住顾客的用餐喜好。一些顾客喜欢在餐桌上立即下单、扫描优惠券和刷卡。对于采取响应策略的餐厅，即时将订单送至厨房是一个巨大的优势。

使用 iPad 意味着发展了一种新流程。iPad 并不便宜，但它们准确快速，选项丰富。使用这一新流程的餐厅发现，顾客停留率、光顾频率和平均结账金额都增加了。

资料来源：*New York Times*（June 21，2014）and *USA Today*（February 16，2011）and（July 25，2012）.

6.3　流程分析与设计

在分析和设计将资源转化为产品和服务的流程时，我们会有这样的疑问：

- 流程的设计是为了获得产品在差异、响应或低成本方面的竞争优势吗？
- 该流程可以减少那些不增加价值的环节吗？
- 该流程会如用户所希望的那样使用户价值最大化吗？
- 该流程会赢得订单吗？

流程分析与设计不仅能解决这些疑问，也能解决相关的运作管理问题，如产量、成本和质量问题。流程是关键，因此需要检查流程，然后不断地改进流程。

以下工具可以帮助我们了解流程设计和再设计的复杂性。它们是理解流程中发生什么或必须发生什么的简单方法。现在我们介绍流程图、时间功能绘图、工艺流程图、价值流图和服务蓝图。

6.3.1　流程图

第一种工具是**流程图**（flowchart），流程图是表示材料、产品或人员流动的图解或图形。例如，本章跨国公司介绍中的流程图展示了哈雷-戴维森公司的组装流程。这样的图解有助于对流程的理解、分析和交流。

6.3.2　时间功能绘图

第二种流程分析和设计工具是一种改进的流程图，在横轴上加了时间。有时这

种图称为**时间功能绘图**（time-function mapping）或**流程绘图**（process mapping）。在时间功能绘图上，节点表示活动，箭头表示流向，横轴表示时间。这类分析使用户可以鉴别并消除多余的步骤、重复和延误等时间上的浪费。图 6 - 4 显示了美国国家制罐公司（American National Can Company）流程改进前后的流程绘图。其中，等待时间的大幅度削减和订单处理的流程改进共节约了 46 天的时间。

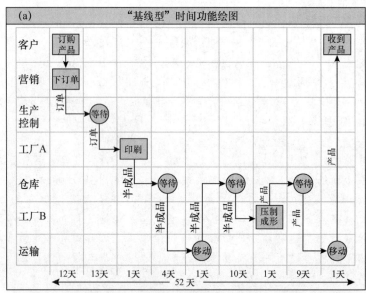

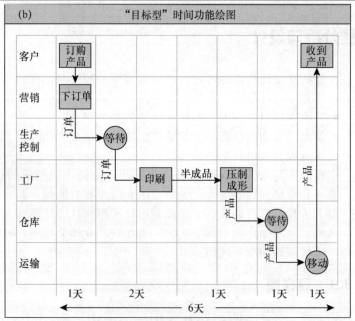

图 6 - 4　美国国家制罐公司产品印刷和压制成形运作流程的
时间功能绘图（流程绘图）

说明：该图清楚地表明，等待和订单处理共花费了 46 天的时间，这些时间在运作中是可以削减的。

资料来源：Excerpted from Elaine J. Labach. "Faster, Better, and Cheaper," *Target* no. 5：43 with permission of the Association for Manufacturing Excellence, 380 West Palatine Road, Wheeling, IL 60 090 - 5 863，847/520 - 3 282. www. ame. org. Reprinted with permission of Target Magazine.

6.3.3　工艺流程图

第三种工具是工艺流程图。**工艺流程图**（process charts）使用符号、时间和距离，为分析和记录构成流程的活动提供了一种客观和结构化的方法。工艺流程图使我们可以将精力集中于价值增值活动。例如，图 6-5 所示的工艺流程图是目前快餐店的汉堡包制作流程，其中的增值线可以帮助我们将增值活动和浪费活动区分开。对所有增值活动（与不增值的检查、储存、延误和运输相对的活动）的鉴别使我们能够确定增值活动占活动总数的百分比。[1]根据图 6-5 底部的计算，我们可以看到，此例中的增值活动时间占比 85.7％。运作经理的工作是减少浪费，并提高增值活动的比例。非增值活动是一种浪费；对公司和社会来说，它们永远都是资源的损耗。

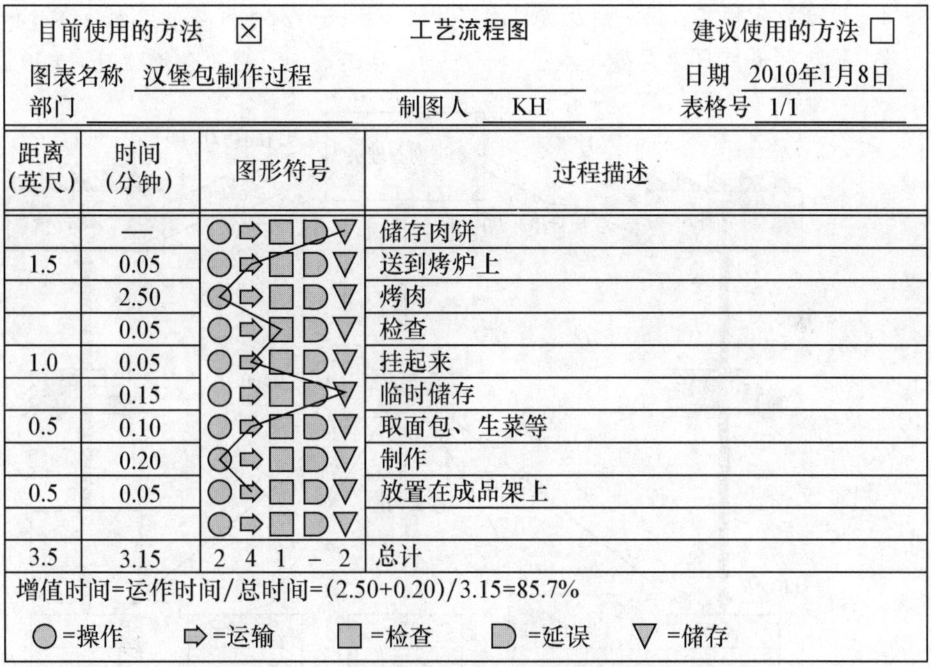

目前使用的方法 ☒		工艺流程图		建议使用的方法 ☐
图表名称　汉堡包制作过程				日期　2010年1月8日
部门		制图人　KH		表格号　1/1

距离（英尺）	时间（分钟）	图形符号	过程描述
	—	○⇨□D▽	储存肉饼
1.5	0.05	○⇨□D▽	送到烤炉上
	2.50	○⇨□D▽	烤肉
	0.05	○⇨□D▽	检查
1.0	0.05	○⇨□D▽	挂起来
	0.15	○⇨□D▽	临时储存
0.5	0.10	○⇨□D▽	取面包、生菜等
	0.20	○⇨□D▽	制作
0.5	0.05	○⇨□D▽	放置在成品架上
		○⇨□D▽	
3.5	3.15	2　4　1　—　2	总计

增值时间＝运作时间/总时间＝(2.50+0.20)/3.15＝85.7%

○=操作　　⇨=运输　　□=检查　　D=延误　　▽=储存

图 6-5　快餐店里汉堡包制作的工艺流程图

6.3.4　价值流图

时间功能绘图的一种变化形式是**价值流图**（value-stream mapping，VSM）。价值流图可以反映包括供应链在内的整个生产过程的增值（与否）情况。与时间功能绘图一样，价值流图的思想也是本着为用户着想和了解生产过程的，但是它将分析向后扩展到了供应商。

如例 2 所示，价值流图不仅考虑流程，而且考虑支持流程的管理决策和信息系统。

例2

价值流图

摩托罗拉公司每月收到 11 000 部手机的订单，公司想要知道应如何完成整个生产流程。

方法

为充分理解从顾客到供应商的流程，摩托罗拉需要设计一张价值流图。

解答

虽然价值流图看起来比较复杂，但构建其实很容易。以下就是完成价值流图的步骤，如图 6-6 所示。

1. 设计表示顾客、供应商及流程的符号。
2. 输入顾客的订货要求。
3. 计算日生产要求。
4. 确定向外送货的运输要求和送货频率。
4. 确定进货的运输要求和收货频率。
5. 按顺序由左至右添加流程步骤（如机器生产、装配）。
6. 添加信息传达的方法及频率，并用箭头标出方向。
8. 在流程图上的每个步骤之间添加库存数量（用 🔺 表示）。
9. 确定总作业时间（价值增值时间）及延迟时间（非价值增值时间）。

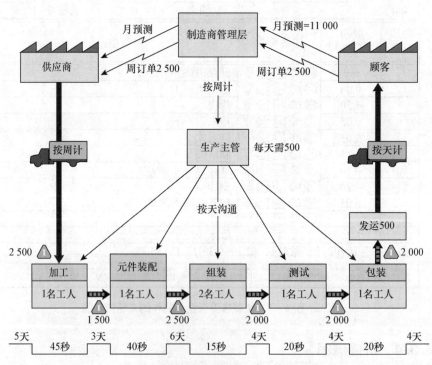

不增加价值的时间=26天
增加价值的时间=140秒

图 6-6　价值流图（VSM）

启示

在图 6-6 中，我们注意到，购入的原材料以及流程步骤间存在大量库存，而价值增值时间占整个流程时间的比例则很小。

练习

如何减少原材料库存？〔答案：一周送货两次而不是一周送货一次。〕

相关课后练习题

6.17

6.3.5 服务蓝图

对包含较多服务内容的产品来说，使用第五种流程技术可能是比较适合的。**服务蓝图**（service blueprinting）是一种流程分析技术，它关注顾客以及服务提供者与顾客之间的互动。例如，图6-7中第一层的活动是在顾客控制下的；第二层是服务提供者与顾客的互动；第三层则是远离顾客的，或顾客不会立即看到的活动。每一层都提出了不同的管理问题。例如，第一层可能建议公司培育消费者群体或改变顾客预期需求，第二层可能需要将注意力集中于人员选拔和培训方面，第三层可能需要更多特殊的流程革新。图6-7所示的服务蓝图也指出了潜在的问题，并且说明怎样使用防错系统来改进质量。如果在流程再造的设计阶段就能确定这些问题或包含适当的防错系统，那么就能够大大减轻这些问题导致的不良后果。图6-7还包括了时间维度，以帮助理解和扩充认识，从而更好地重视顾客服务。

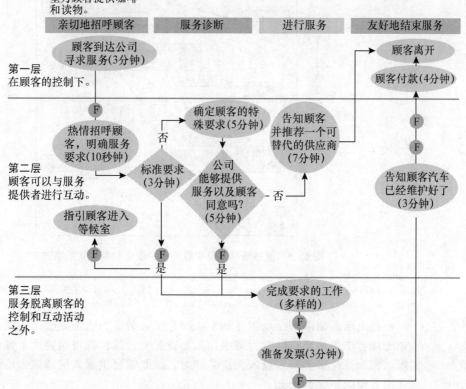

图6-7　Speedy Lube 公司的服务蓝图

这五种流程分析工具，每一种都有其优势和变化形式。流程图适于快速了解整体情况，有助于理解整个系统。时间功能绘图增加了宏观分析的精确度和时间要素。价值流图从当前组织延伸到了用户和供应商。工艺流程图能够更详细地观察流程，加入了增值时间、延误、距离、储存等要素。另外，服务蓝图的设计可以帮助我们将注意力集中于流程中与消费者互动的方面。由于在流程设计中消费者互动是一个重要变量，因此现在我们就来细看服务流程设计的另外一些方面。

6.4 服务流程设计的特殊考虑

服务商与消费者间的互动经常会对流程绩效产生不利影响。但是，服务本身就意味着存在互动和满足定制的需要。消费者的独特需求往往会给流程造成不便，管理者对流程的设计越适合这些独特需求，流程的效果就越好，效率也越高。窍门就是找到正确联系。

通过图 6-8 的四个象限我们可以理解，运作经理怎样调整服务流程才能在保持必要的顾客互动和服务定制的同时达到最优水平的专业化和集中化。每个象限不同程度地侧重于我们在第 2 章介绍的十个运作管理的某些方面。例如：

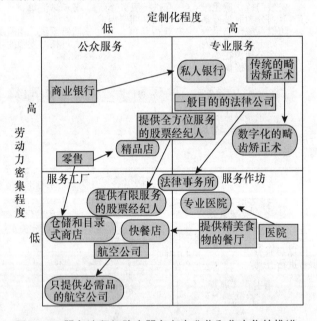

图 6-8　服务流程矩阵中服务向专业化和集中化的推进

相关讨论参见：Gary J，Salegna and Farzanch Fazel. "An Integrative Approach for Classifying Services," *Journal of Global Business Management*（vol. 9, no. 1），2013；and Roger Schmenner. "Services Moving toward Specialization and Focus with the Service Matrix," *MIT Sloan Management Review*，1986.

● 在上面的象限即公众服务和专业服务里，劳动力密集程度比较高，所以我们希望管理者能更多地将注意力集中在人力资源上。这往往可以通过个性化的服务来实现，而个性化服务要求投入大量劳动力，因此需要重视人员选拔和培训问题。在专业服务象限里尤其如此。

● 定制化程度低的象限往往会：（1）像快餐店一样，为一些食物制定标准或限制可供品种；（2）像航空公司使用自动售票机那样，使服务自动化；（3）像西南航空公司一样，取消指定座位这样的服务。通过自动化方式取消服务的某些方面要求流程设计的创新。航空公司使用自动售票机、家得宝使用自助结账机，以及银行使用自动柜员机就是这种例子。这种向标准化和自动化的转移可能需要在某些方面进行改变，例如额外的资金支出，以及为了这种设备的购买和维修而需要的新的运作管理技能。定制能力的降低可能需要在其他方面取得优势。

● 由于在定制化程度低的象限中用户反馈很少，因此可能需要严格的监控措施来保持质量标准的稳定。

● 劳动力密集程度低的生产运作可能特别依赖于加工技术和作业计划方面的创新。

表 6-3 列举了服务业中创新性的流程设计中使用的一些技术。管理者应该关注于设计出可以提高服务的创新流程。例如，超市的自助服务不仅减少了成本支出，而且允许顾客查找他们想要的产品的具体特性，如新鲜度或颜色。戴尔公司通过让消费者在网络上自行配置产品的方式，提供了另一种形式的自助服务。看起来消费者喜欢这种方式，而对戴尔公司来说，这种方式成本更低，速度也更快。

表 6-3　提高服务生产率的技术

策略	技术	举例
分离	结构性的服务使顾客必须到达服务提供的地方	银行顾客去经理那里开新账户，去借贷职员那里贷款，去出纳员那里存款
自助服务	自助服务方式使顾客可以按自己的步调检查、比较和评价商品	超市、百货公司和网上订购
延迟	在交付时才定制	在交付时而不是生产时定制厢式货车
集中	限定出售的商品	限定菜单的餐馆
模块	服务的模块化选择 模块化生产	投资和保险选择 餐馆的预包装食物模块
自动化	分离服务的一部分，使之可依赖于某种类型的自动化	自动柜员机
排程	精确的人员班次安排	每隔 15 分钟安排一次机票柜台人员
培训	阐明服务选择 解释如何避免问题的产生	投资顾问、礼仪指导 售后服务维修人员

6.5　生产技术

能改进生产和提高生产率的技术进步正在改变着世界各地的设计、制造与服务方式。本节将介绍九种技术：(1) 机床技术；(2) 自动识别系统（AIS）；(3) 流程控制；(4) 可视化系统；(5) 机器人；(6) 自动化仓库系统（ASRS）；(7) 自动导引车（AGV）；(8) 柔性制造系统（FMS）；(9) 计算机集成制造（CIM）。当我们将这些技术在公司内部数字化地连接在一起时，要考虑到对运作经理的影响。然后考虑到这些技术无缝地在全球范围内组合和连接起来时的影响，这个链条能够即刻响应不断变化的消费者需求、供应商动态以及生产者创新。这对世界和运作管理的影响是巨大的。

6.5.1　机床技术

世界上许多机床都通过去除材料的方式进行操作，如进行切割、钻孔、镗孔和碾磨等操作。这项技术在精确性和控制方面都取得了巨大的进展。现在机床生产出的金属零部件尺寸相差不到 1 微米——人类头发直径的 1/76。机床能将水的速度增加到音速的 3 倍，从而可以对用于外科工具的钛进行切割。这种机床的生产率比上一代机床的生产率更高，体形更小且所需动力更少。现在，润滑剂的持续改进使得以水为基础的润滑剂代替以油为基础的润滑剂成为现实。以水为基础的润滑剂通过消除危险的废弃物排放提升可持续性，而且用水代替油使得废料很容易回收和再利用。

计算机智能常用于控制这种新机床，使更为复杂和精密的项目更快地完成。这种具有独立芯片和内存的机床称为拥有**计算机数控**（computer numerical control，CNC）的机床。电子控制通过缩短切换时间、减少浪费（因为错误更少）以及提高柔性加快了生产的速度。

普拉特·惠特尼集团公司（Pratt & Whitney）在康涅狄格州的涡轮机叶片生产厂就使用了这种高级技术。这种机床大大改善了装料和校直工作，普拉特涡轮机叶片的碾磨流程总时间从 10 天缩短到了 2 小时。这种新机床在流程改进中也做出了贡献，现在叶片在工厂的移动距离从 8 100 英尺降到了 1 800 英尺，总生产时间从 22 天缩减到 7 天。

机床的新进展表明，在许多情况下增加材料可能会比传统的移除材料更有效。**增材制造**（additive manufacturing），或者通常称为 3D 打印，被频繁地用于设计测试、原型和定制产品。这项技术在不断进步，并支持创新型产品设计（多样性和复杂性）、最小的定制工具（仅需要很少工具）、最小的组装（可以打印集成组装）、低库存（定制系统）以及缩短上市时间。因此，增材制造越来越多地用于提高大批量产品的生产效率。此外，使用包括塑料、陶瓷乃至活细胞团在内的等多种材料的生产流程也在研发中。软件进步、计算机技术、全球通信和 3D 打印的融合，似乎在把我们推向真正的大量定制的风口浪尖。可以预期，有了增材制造的个性化大众市场将给运作带来巨大变化。

6.5.2　自动识别系统 （AIS） 与无线射频识别 （RFID）

从数控机床到自动柜员机，新设备都是由数字化的电子信号控制的。电子产品是传送信息的一种优良载体，但是电子有一个很大的限制——大多数运作管理数据不是字节的形式。因此，运作经理必须将数据转化成电子形式。可以通过计算机键盘、条形码、无线射频和光字符等使数据数字化。这些**自动识别系统**（automatic identification system，AIS）可以帮助我们很方便地将数据转化成电子形式。

由于能够降低成本、增强渗透性，**无线射频识别**（radio frequency identification，RFID）得到了特别的关注。RFID 将线路融入自身微小的天线，在有限的范围内（通常为几码）传送无线电信号。这些 RFID 标签提供了特殊的识别，能够追踪和监控零部件、托盘、人及宠物等几乎所有移动的事物。RFID 不要求标签和阅读器之间进行可视性传输。

6.5.3　流程控制

流程控制（process control）使用信息技术来监测和控制实物流程。例如，当纸张以每分钟数千英尺的速度在造纸机上移动时，可以使用流程控制来测量它的含水量和厚度。在石油精炼厂、石油化工厂、水泥厂、钢铁厂、核反应堆和其他产品专业化工厂，流程控制也可用来确定和控制温度、压力与数量。

流程控制系统的运行方式有多种，下面的方式是很典型的：

- 用传感器收集数据，定期读取数据，可能是一分钟一次或一秒钟一次。
- 测量值被转化为数字信号，传送到电子计算机里。
- 用计算机程序读取文件并且分析数据。
- 最后的输出可能采取多种形式。这些形式包括：计算机主机或打印机上的信息，改变发动机阀门装置的信号，警告灯或喇叭，以及统计过程控制图。

6.5.4　可视化系统

可视化系统（vision systems）将摄像机和计算机技术结合起来，经常在检查中使用。在大多数食品加工和制造企业里，视觉检查是一项重要任务。而且，在许多应用中，人类进行的视觉检查是很乏味的、伤脑筋的，且容易出错。因此，视觉检查经常用于检查项目很相似的时候。例如，可视化系统用于检查非多利公司的薯条，在生产线上将薯条次品检查出来。可视化系统也用于保证惠而浦洗衣机传动系统有密封胶且是适量的。可视化系统是一贯准确的，不会有厌烦情绪，且成本适中。这些系统大大优于努力完成这些任务的个人。

6.5.5　机器人

当一种机器具有柔性，且能够握住、移动，还能抓取物品时，我们往往使用"机器人"这个词来称呼它。**机器人**（robot）是机械设备，这些设备使用电子脉冲来启动马达和开关。机器人在执行特别单调或危险的任务以及那些用机械代替人力可以得到改善的任务方面是非常有效的。当用机器代替人力可以提高一致性、准确性、速度、强度或动力时，机器人也是非常有效的。例如汽车行业使用机器人来完成汽车上几乎所有的焊接和喷漆工作。新一代更精密的机器人配备了传感器和摄像头，能灵活地组装、测试和包装小零件。

6.5.6　自动化仓库系统

由于在容易出错的仓库工作中要耗费大量的人力，因此计算机控制的仓库已经被开发出来。它们称作**自动化仓库系统**（automated storage and retrieval system，ASRS），可在仓库的指定地点自动存放和取出零部件和产品。这种系统通常用于零售商如沃尔玛、特百惠和贝纳通的分销设施中。这种系统也用于制造公司的存货区和检测区。

6.5.7　自动导引车

自动化物料搬运可以采用单轨铁路、传送带、机器人或自动导引车等形式。**自动导引车**（automated guided vehicle，AGV）是电子导引和控制的小车，在生产和储存中用于运送零部件和设备。也可在农业中用它们分发饲料，在办公室中传递邮件，或在医院和监狱里运送饭菜。

6.5.8　柔性制造系统

当一台中央计算机向每个工作站和物料搬运设备如机器人、自动化仓库系统和自动导引车发出指令时，这个系统就称作自动化工作单元或**柔性制造系统**（flexible manufacturing system，FMS）。因为物料搬运设备和机器本身都是由易于改变的电子信号（计算机程序）控制的，所以柔性制造系统具有柔性。操作者只需在必要时安装新的程序就可以生产出不同的产品。因此这个系统可以经济地生产批量小、品种多的产品。例如，达拉斯附近的洛克希德·马丁工厂，能够有效率地生产独一无二的军用飞机零部件。与转换和低利用率相关的成本已经大大降低。柔性制造系统填补了产品专业化生产设备和工艺专业化生产设备间的空白。

6.5.9　计算机集成制造

柔性制造系统向后可以通过电子手段延伸到工程和库存控制部门，向前则可以延伸到仓库和运输部门。通过这种方法，计算机辅助设计程序发出必要的电子指令，使数控机床运转起来。在计算机集成制造环境下，计算机辅助设计终端的设计更改能够在很短的时间内使工厂生产的零部件发生相应的变化。当这种能力与库存控制、仓库和运输集成柔性制造系统的一部分时，整个系统就称为**计算机集成制造**（computer-integrated manufacturing，CIM）（见图6-9）。

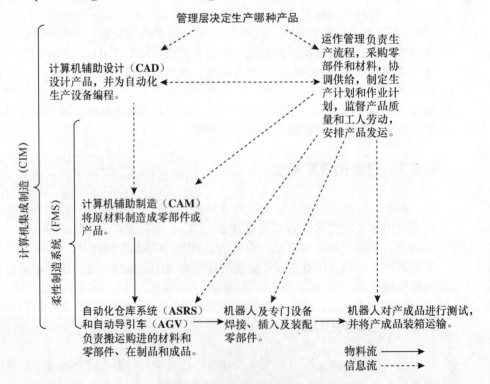

图6-9　计算机集成制造（CIM）

说明：计算机集成制造（CIM）包括计算机辅助设计（CAD）、计算机辅助制造（CAM）、柔性制造系统（FMS）、自动化仓库系统（ASRS）、自动导引车（AGV）及机器人，提供了一种集成和柔性的制造流程。

柔性制造系统和计算机集成制造缩小了批量小/品种多和批量大/品种少这两种生产方式间的差别。信息技术使得柔性制造系统和计算机集成制造不仅可以应对不断增加的品种需求，而且可以应对不断增长的数量需求。

6.6　服务业中的技术

正如我们在制造业看到技术迅猛发展，在服务业同样也可见到惊人变化。这些变化包括汽车修理厂的电子诊断设备、医院的血液和尿液检测设备、机场的视网膜安全扫描仪等。就像运作管理实践专栏中"技术改变了酒店业"讨论的那样，酒店业也是一个例子。麦当劳的方法是使用自助服务。前台劳动力的节约和更快速的结账能提高生产力，无论是对餐馆还是对顾客来说，这都是非常有价值的。

运作管理实践

技术改变了酒店业

技术将"智能房间"引进了酒店业。现在，酒店经理可以使用安全系统准确地追踪记录服务员的时间。当服务员进入房间时，插入一张卡就可以告知前台计算机他所处的位置。"我们能让她看到显示她收拾房间花费多少时间的打印资料。"一位经理如是说。

安全系统也使顾客能够使用自己的信用卡作为房卡打开房门。这个系统还有其他一些用途。计算机能够在顾客结账后阻止顾客再进入房间，并且自动控制空调或热水器，在顾客登记时将它们打开，在顾客结账后将它们关闭。

现在，冰箱酒柜都已配备了传感器，当一种物品被取走时可以通知酒店的中央计算机系统，这种物品会立即补充到这个房间里。而且，使用便携式红外线装置，工作人员能够从走廊上检查房间是否有人，这样既能避免酒店工作人员走进房间打扰顾客的尴尬，又能为工作人员提供安全保障。

在洛伊斯公司（Loew's）位于奥兰多市环球影城的波特菲诺海湾酒店（Portofino Bay Hotel），顾客智能卡可以当作信用卡在主题公园和酒店使用，而员工智能卡（设定了不同的安全级别）则存储了员工活动的审核印迹。在拉斯维加斯的文华东方酒店（Mandarin Oriental Hotel），客人入住酒店后，迎接他们的是拉开的窗帘、打开的灯光和显示客人姓名的定制信息的电视。位于加利福尼亚州库比蒂诺的雅乐轩酒店（Aloft hotel）也不甘落后，该酒店有一个机器人，可以在2～3分钟内将剃刀、牙刷、零食或是晨报送到150个房间中的任意一个。当机器人完成后，它会回到大厅做下一件杂务或是充电。如此，员工与客人在一起的时间就更多。

资料来源：*New York Times*（August 12, 2014）and（November 10, 2008）；*The Wall Street Journal*（October 28, 2014）；and Hotel Marketing.com（March 28, 2011）.

在零售商店，从销售点终端机下载的价格信息可以快速反映不断变化的成本或市场状况，每15分钟对销售情况检查一次可以帮助公司进行产品生产和编制作业计划。制药公司，如 Purdue Pharma LP，使用无线射频识别（RFID）芯片来追踪关键药品，防止伪造和偷窃。

表6-4列出了技术对服务的一些影响。如同制造业一样，服务业的运作经理必须有能力评估技术对其公司的影响。在评估可靠性、投资分析、人力资源要求和

维修/服务时，这种能力要求特殊的技能。

表 6-4　技术对服务产生影响的例子

服务业	举例
金融服务	借记卡、电子转账、自动柜员机、网上股票交易、手机网上银行
教育	在线新闻、在线杂志、网络上的互动作业、电子公告板及智能手机
公用事业与政府	自动单人垃圾车、光学邮件扫描仪、洪水预警系统、家庭控制能源使用及成本的计量表
餐饮	从服务员到厨房的无线下单、机器人屠宰、追踪销售的车用应答器
传媒	交互式电视、电子书
酒店	电子登记/结账、电子钥匙/锁系统、移动网络预订
批发/零售交易	销售点终端机、电子商务、商店和供应商间的电子通信、条形码数据、RFID
运输	自动收费站、卫星导航系统、汽车上的无线网络
医疗	在线病人监测系统、在线医疗信息系统、机器人手术
航空	无票旅游、排程、网上购票、智能手机下载二维码办理登机

6.7　流程再造

公司常常会发现它最初的流程设想不再有效了。这个世界是动态的，消费者需求、产品技术和产品组合都在不断变化，因此，流程需要重新设计。**流程再造**（process redesign/process reengineering）是对业务流程的彻底再思考，以极大地提高绩效水平。有效的流程再造依赖于对流程目的的重新评价和对目的与基础假设的质疑。只有在对基础流程和其目标重新检查后，流程再造才会发挥作用。

流程再造也将注意力集中于那些跨职能的活动。由于管理者总是负责特定的职能活动或者承担专业性很强的责任，因此那些跨职能或跨专业的活动（流程）可能会被忽略。流程再造将目前流程的运行暂时搁置一旁，将注意力集中于改革成本、时间和顾客价值。任何流程都可能会再造。这些流程可能是工厂设备布置、采购程序、处理信贷申请的新方法或处理订单的新流程。

例如，壳牌润滑油公司（Shell Lubricants）对其处理订单的流程进行了重新设计，不再使用一大群员工处理订单的不同部分，而是让一个员工单独完成一份订单。结果是，壳牌润滑油公司完成一份订单的时间缩短了 75%，运作费用缩减了 45%，顾客满意度提高了 105%——这些都要归功于处理订单的新方法。时间、成本和顾客满意度——运作的绩效表现形式——都由于运作创新而获得了非常大的改善。

┨ 小　结 ━▪

有效的运作经理了解怎样将流程策略作为一种竞争武器来使用。他们选择具有必要质量、柔性和成本结构的生产流程来满足产品和产量要求。他们也寻找创新性的方法将批量大、品种少、单位成本低的生产方式与批量小、品种多的定制生产方式结合起来。管理者使用精细生产和员工参与的方法来鼓励开发高效的设备和流程。他们在设计设备和流程时不仅要使其能力超出用户的期望，而且要保证设备和流程在技术、特性和数量调整方面所需的柔性。

伦理问题

为了提高生产效率和降低生产成本，位于密苏里州普林斯顿的优质标准农场（Premium Standard Farms）将生猪的生产转变为一个标准化的产品专业化流程。屠宰场的运作已经有 100 年的历史了——但总是在动物死亡后才进行屠宰。在动物活着时进行屠宰是比较创新的屠宰方法。下面对屠宰过程进行解释：

受孕的母猪在金属制的猪栏里圈养 40 天，猪栏要足够小以使猪在里面不会乱跑。在对它们进行超声波测试之后，还需要在同样的猪栏里再圈养 67 天，直到它们生下猪仔。在生下 10 或 11 头小猪后，母猪会被送到饲养室进行新一轮的圈养。3 年后，母猪会被屠宰。动物福利倡导者认为这样的禁闭方式会使猪发疯。优质标准农场回答说，事实上它们农场的猪过得还是比较舒服的，并且在农场屠宰前死亡的猪只有 1％，它们的系统使得猪肉产品的成本得以下降。

对这个行业的生产率和伦理内涵以及上面两种分歧意见进行讨论。

讨论题

1. 什么是流程策略？

2. 生产下列每种产品分别是哪种类型的流程？

    a. 啤酒

    b. 婚礼请帖

    c. 汽车

    d. 纸

    e. 巨无霸汉堡包

    f. 定制的房屋

    g. 摩托车

3. 什么是服务蓝图？

4. 什么是流程再造？

5. 提高服务生产率的技术有哪些？

6. 说出服务流程矩阵四个象限的名称。讨论怎样利用矩阵来对服务进行分类。

7. 什么是计算机集成制造？

8. 流程控制系统指的是什么？该系统包括哪些典型要素？

9. 指出图 6-1 中每种流程的制造业公司。

10. 第 9 题中每个公司的竞争优势是什么？

11. 确定有哪些服务性公司分别属于图 6-1 中的四种流程类型。

12. 第 11 题中每个公司的竞争优势是什么？

13. 什么是数控机床？

14. 简要解释自动识别系统（AIS）的含义，说明服务组织怎样利用自动识别系统来提高生产率和增加所提供的服务类别。

15. 列举在提高生产和生产率方面所取得的一些技术进步。

16. 解释柔性制造系统（FMS）的含义。

17. 计算机辅助设计和柔性制造系统的结合使用需采用什么方式？

18. 什么是增材制造？

19. 讨论 3D 打印的优缺点。

例题解答

▀▀▀▀ ▀▀▀ **例题解答 6.1** ▀▀▀ ▀▀▀▀

巴戈特复印店（Bagot Copy Shop）每个月复印 125 000 个黑白复制本。两个销售员向该店管理者戈登·巴戈特（Gordon Bagot）推荐购买的机器具有同等的质量和可靠性。机型 Print Shop 5 每个月的成本是 2 000 美元，单位变动成本是 0.03 美元；机型 Speed Copy 100 每个月只花费 1 500 美元，但是其调色剂更贵一些，使得每个复制本的变动成本增加到 0.035 美元。如果只考虑成本和生产数量，巴戈特应该购买哪种机器？

解答

$$2\,000 + 0.03X = 1\,500 + 0.035X$$
$$2\,000 - 1\,500 = 0.035X - 0.03X$$
$$500 = 0.005X$$
$$X = 100\,000$$

因为戈登·巴戈特的复印数量超过 100 000 个，所以他应该选择 Print Shop 5 这种机型。

练习题[*]

6.1 博格斯机械制造有限公司（Borges Machine Shop, Inc.）有一份一年期合同，为一种新型越野车生产 20 万个齿轮箱。公司所有者路易斯·博格斯（Luis Borges）希望合同在第二年能够续签，且产量有所提高。博格斯有三种流程选择，分别是通用设备（GPE）、柔性制造系统（FMS）、价格昂贵但效率很高的专用机床（DM）。成本数据如下表所示：

	通用设备 （GPE）	柔性制造系统 （FMS）	专业机床 （DM）
年合同产量	200.000	200.000	200.000
年固定成本 （美元）	100.000	200.000	500.000
单位变动成本 （美元）	15.00	14.00	13.00

最适合采用哪种流程完成这份合同？ **Px**

6.2 利用练习题 6.1 中的数据，确定每种流程的最优产量。**Px**

6.3 利用练习题 6.1 中的数据，确定下面每种产量最适宜的流程类型：（1）75 000；（2）275 000；（3）375 000。

6.4 参见练习题 6.1。如果第 2 年和第 3 年的合同是未知的，对流程选择来说，这意味着什么？

6.5 斯坦·福西特（Stan Fawcett）的公司目前正准备生产一种齿轮配件，现在使用的配件都购自盐湖用品公司（Salt Lake Supply, Inc.）。盐湖用品公司的售价是每件 4 美元，最小订单是 3 000 件。福西特估计建立新的生产流程将花费 15 000 美元的成本，每单位劳动力和材料成本是 1.82 美元。

a. 画一张图标出交叉点。

b. 当产量大约为多少件时，这两种选择的成本相等？**Px**

6.6 滑雪板公司（Ski Boards, Inc.）希望其新的滑雪板能够快速打入市场进行销售。它有三种选择方案：（1）以 800 美元的成本对旧设备进行翻新；（2）以 1 100 美元的成本对设备进行大修；（3）以 1 800 美元的成本购买新设备。如果公司选择对旧设备进行翻新，那么每块滑雪板的材料和劳动力成本是 1.10 美元；如果公司选择进行大修，每块滑雪板的材料和劳动力成本是 0.70 美元；如果公司购买新设备，每块滑雪板的变动成本是 0.40 美元。

a. 在同一张图上画出三条总成本曲线。

---

[*] **Px** 表示可以用 POM for Windows 和（或）Excel OM 软件解答该题。

b. 如果公司认为销售量在 3 000 块以上，那么应该选择哪种方案？

c. 如果公司认为销售量在 1 000～2 000 块之间，那么应该选择哪种方案？ **Px**

6.7 蒂姆·厄本（Tim Urban）是位于基韦斯特的厄本汽车旅馆（Urban's Motor Court）的所有者兼经理，他正在考虑将旅馆的日常房间清洁工作外包给达菲家政服务公司（Duffy's Maid Service）。厄本能够将 50 个房间中的每一间都出租 365 个晚上（所有的房间都可以全年出租）。厄本清扫一个房间的成本是 12.50 美元。达菲家政服务公司的报价是：每个房间 18.50 美元，外加 25 000 美元的固定成本以支付各项杂费，如带有汽车旅馆名字的制服。厄本用于空间、设备和供应品的年固定成本支出是 61 000 美元。对厄本来说，哪一种选择更合适？为什么？ **Px**

6.8 马修·贝利（Matthew Bailey）是贝利设计公司（Designs by Bailey）的经理，他正在对计算机辅助设计软件进行升级。每个工作台高性能软件（HP）的月租金是 3 000 美元，标准软件（SP）的月租金是 2 000 美元。已知的事实是，对他的设计来说，高性能软件的速度会更快一些。因此，如果使用 HP，他需要 5 位工程师，而使用 SP，他需要 6 位工程师。这意味着，使用 HP 时每张图的变动成本是 200 美元，使用 SP 时每张图的变动成本是 240 美元。他计划每月画 80 张图，应该租用哪种软件？ **Px**

6.9 梅特尔斯橱柜公司（Metters Cabinets, Inc.）需要为新产品办公室书架 Maxistand 选择一种生产方法。为顺利完成，该公司收集了生产成本数据，如下表所示：

流程类型	每年工厂及设备的固定成本（美元）	变动成本（美元/单位）		
		劳动力	原材料	能源
大量定制	1 260 000	30	18	12
间歇式	1 000 000	24	26	20
重复式	1 625 000	28	15	12
持续式	1 960 000	25	15	10

梅特尔斯橱柜公司计划 Maxistand 每年的需求量为 24 000 单位，每单位售价 120 美元。

a. 为使生产 Maxistand 的年利润最大化，应采取哪种生产流程？

b. 此时年利润为多少？ **Px**

6.10 加州花园公司（California Gardens, Inc.）会预先清洗、切碎和混合沙拉混合物，每袋 2 磅重。业务副总裁道格·沃斯（Doug Voss）考虑用一种新型 Hi-Speed 切菜机来替代商店中被称为"Clunker"的旧机器。Hi-Speed 每月会有 85 000 美元的固定成本和每袋 1.25 美元的变动成本。Clunker 每月的固定成本仅需 44 000 美元，但变动成本是 1.75 美元。每袋沙拉的售价是 2.50 美元。

a. 流程的单位交叉点是多少？

b. 如果公司改用 Hi-Speed 并且每月卖出 60 000 袋沙拉，每月盈利或亏损多少？

c. 如果公司仍用 Clunker 并且每月卖出 60 000 袋沙拉，每月盈利或亏损多少？

6.11 内布拉斯加州林肯市的纳格尔电气有限公司（Nagle Electric, Inc.）需要更换一个 Mig 机器人焊机并评估了两种选择。机器 A 第一年的固定成本是 75 000 美元，变动成本是每个 16 美元，年生产能力为 18 000 个。机器 B 慢一些，速度仅有机器 A 的一半，但固定成本仅 60 000 美元，而变动成本更高，每个 20 美元。每个产品预期能卖 28 美元。

a. 两台机器的单位交叉点是多少？

b. 更适合选用机器 A 的生产范围是多少？

c. 更适合选用机器 B 的生产范围是多少？

6.12 斯特普尔顿制造公司（Stapleton Manufacturing）想要增加新设备来提高生产量，有两个供应商提供了建议：建议 A 的固定成本是 65 000 美元，建议 B 的固定成本是 34 000 美元。建议 A 的变动成本是 10 美元，建议 B 的变动成本是 14 美元。每件产品的收益是 18 美元。

a. 两个建议的单位交叉点是多少？

b. 当预期产量为 8 300 件时，应采用哪个建议？

6.13 画出下面每种活动的流程图：

a. 学校的登记注册流程。

b. 洗车的流程。

c. 擦鞋的流程。

d. 指导教师同意的其他一些流程。

6.14 画出练习题 6.13 中每种活动的工艺流程图。

6.15 画出练习题 6.13 中每种活动的时间功能绘图。

6.16 画出练习题 6.13 中每种活动的服务蓝图。

6.17 使用我们在讨论价值流图时用的图 6 - 6，分析一个你熟悉的流程的改进机会，并建立一个完善的流程。

案例分析 ——■

■■■■■ 罗切斯特制造公司的流程决策 ■■■■

罗切斯特制造公司（Rochester Manufacturing Corporation）正考虑将其一部分生产从传统的数控机床转向柔性制造系统（FMS）。数控机床的运作方式是间歇式的生产方式，用于生产品种多、批量小的产品。机床的利用率一直徘徊在 10％ 左右。机床销售员和一家咨询公司想将这些机床集成一个柔性制造系统。他们认为，支付 3 000 000 美元的机床转换费用可以使罗切斯特制造公司的工作减少 30％。当然，除了这些费用，还会有一些转换和启动费用。

公司还没有将它的所有零部件集成一个综合的成组技术系统，但是该公司认为，估计有 30％ 的产品适合用柔性制造系统生产。这 30％ 的产品可以很好地组成一个"零件族"。由于机床利用率提高，使用的机床数量会相应减少。公司的机床使用量会从 15 台降到 4 台，人员数会从 15 名降到 3 名左右。同样，占地面积会从 20 000 平方英尺降到大约 6 000 平方英尺。订单的生产速度也会提高，零件族的生产会从原来的 7～10 天降到 1～2 天。库存的减少会带来 750 000 美元的节约，并使年劳动力成本节约 300 000 美元左右。

虽然这些预测看起来令人兴奋，但是对工程所作的投资收益分析显示，年度投资收益率在 10％～15％。公司本来的期望是项目收益率可以超过 15％，并且回收期在 5 年之内。

【讨论题】

1. 假设你是罗切斯特制造公司的生产经理，你的建议是什么？为什么？

2. 假设你是一位保守的工厂经理，希望保持现状，直到投资收益率变得更乐观一些。针对这种情况，作出分析。

3. 假设你是一位乐观的销售经理，想现在利用柔性制造系统进行新的生产。针对这种情况，作出分析。

注 释 ——■

[1] 浪费活动包括检查（如果任务完成得当，检查就没有必要）；运输（在一个过程中运输材料可能是必要的，但是没有价值）；延误（闲置的资产占用空间就是浪费）；储存（除非是"固化"过程的一部分，否则储存就是浪费）。

快速复习

主要标题	复习内容
四种流程策略	■ 流程策略：将资源转化为产品和服务的一种组织方法。 流程策略的目标是找到一种生产产品的方法，即在成本和其他管理约束条件下满足顾客的需求和产品的技术规格。 事实上，每种产品或服务的生产或完成都会用到四种流程策略中的一种或其变化形式。 ■ 工艺专业化生产：围绕流程组织以便进行小批量、多品种生产的设施。 全球绝大部分的生产是在小批量、多品种的工艺专业化生产设施中生产的，也称为"单件作业车间"或间歇式流程。 工艺专业化生产设施的变动成本很高，利用率却非常低（5%～25%）。 ■ 模块：在一个连续的生产流程里，通常是以前就预备好的产品组件或零件。 ■ 重复式生产：面向产品且使用模块的生产流程。 重复式生产线是经典的生产线。通过这种方式，企业不仅获得了连续性生产（在这种模式下，许多模块是提前预制的）的经济优势，而且获得了小批量、多品种的定制优势。 ■ 产品专业化生产：围绕产品进行组织安排的生产设施；一种面向产品的，生产批量大、品种少的产品的流程。 由于产品专业化生产流程的生产周期非常长且是连续的，因此也称为连续式生产流程。 产品专业化生产流程的专业特性是高昂的固定成本，但设备利用率较高，所以变动成本相应地降低了。 ■ 大量定制生产：满足不断变化的、独特的用户需求的快速、低成本生产。 ■ 按订单生产：根据顾客订单而非预测生产产品。 按订单生产的主要挑战是：产品设计、流程设计、库存管理、紧凑调度和快速响应的合作者。 ■ 延迟：对某一产品的任一调整或定制要求在生产流程中尽可能推迟。 ■ 交叉图：多于一个流程时，可能的生产数量所对应的成本的图形。
设备选择	挑选最好的设备表明已经对特定的产业以及可以获得的流程和技术有所了解。设备的选择需要考虑到成本、质量、能力和柔性。 ■ 柔性：对时间、成本或顾客价值快速响应的能力。
流程分析与设计	流程分析的五种工具：流程图、时间功能绘图、工艺流程图、价值流图和服务蓝图。 ■ 流程图：用来分析人员或材料流动情况的图形。 ■ 时间功能绘图（或流程绘图）：横轴表示时间的一种流程图。 ■ 工艺流程图：使用符号分析人员或材料流动情况的图形。 工艺流程图使管理者能集中注意力于增值活动，计算出增值活动所占时间的百分比（运作时间/总时间）。 ■ 价值流图：帮助管理者了解生产过程中材料流和信息流是怎样增值的。 ■ 服务蓝图：关注消费者和供应商与消费者间互动的一种流程分析技术。
服务流程设计的特殊考虑	基于劳动力密集程度和定制化程度，服务可以通过四个象限进行分类： （1）服务工厂；（2）服务作坊；（3）公众服务；（4）专业服务。 提高服务生产率的技术包括： ■ 分离：使服务开分进行，顾客必须到达服务提供的地方。 ■ 自助服务：自助服务方式使顾客可以自行检查、比较和评价商品。 ■ 延迟：在交付时定制产品。 ■ 集中：限定出售的商品。 ■ 模块：服务的标准化选择；标准化生产。 ■ 自动化：依赖于某种类型的自动化的提取服务。 ■ 排程：正确的人员班次安排。 ■ 培训：阐明服务选择；解释如何避免问题的产生。

续表

主要标题	复习内容
生产技术	■ 计算机数控（CNC）机床：具有独立芯片和内存的机床设备。 ■ 增材制造：通过一层层地添加材料来生产实体物品，就像喷墨打印机喷墨打印一样；常被称为 3D 打印。 ■ 自动识别系统（AIS）：将数据转化成电子形式的系统，如条形码。 ■ 无线射频识别（RFID）：将芯片融入天线并传送无线电信号的无线系统。 ■ 流程控制：使用信息技术控制实物流程。 ■ 可视化系统：在检查时使用摄像机和计算机技术。 ■ 机器人：能够握住、移动或抓取物品的一种灵活机器。它通过电子脉冲来启动马达和开关以实现某些功能。 ■ 自动化仓库系统（ASRS）：一种由计算机控制的仓库，能在指定地点自动存放和取出零部件。 ■ 自动导引车（AGV）：用于移动物料且由电子导引和控制的小车。 ■ 柔性制造系统（FMS）：采用中央计算机以电子信号方式控制的自动化工作单元系统。 ■ 计算机集成制造（CIM）：将计算机辅助设计、柔性制造系统、库存控制、仓库和运输集成一体的制造系统。
服务业中的技术	在服务业，技术得到迅猛发展，包括销售点终端机（POS）、无线射频识别（RFID）及在线新闻和电子书。
流程再造	■ 流程再造：对业务流程的彻底再思考，以极大地提高绩效水平。 流程再造通常将注意力集中于那些跨职能的活动。

自测题

在自我测试前，请参考本章开头的学习目标和本章的关键术语。

1. 批量小、品种多的生产流程是（　　）。

a. 连续式流程

b. 工艺专业化生产

c. 重复式生产

d. 产品专业化生产

2. 流程选择的交叉图关注（　　）。

a. 劳动成本

b. 材料成本

c. 劳动及材料成本

d. 固定成本及变动成本

e. 固定成本

3. 下列不属于流程分析工具的是（　　）。

a. 流程图

b. 可视化系统

c. 服务蓝图

d. 时间功能绘图

e. 价值流图

4. 流程设计中的顾客反馈度低，因为（　　）。

a. 定制程度高

b. 劳动密集度高

c. 定制程度低

d. a 与 b 都对

e. b 和 c 都对

5. 计算机集成制造包括的制造系统有（　　）。

a. 计算机辅助设计、直接数控机床、自动化物料搬运设备

b. 交易处理、管理信息系统、决策支持系统

c. 自动导引车、机器人、过程控制

d. 机器人、自动导引车、传送设备

自测题答案：1. b；2. d；3. b；4. c；5. a；

第7章
选址策略

 学习目标

1. 识别并解释影响选址决策的七个主要因素。
2. 计算劳动生产率。
3. 应用因素比重法。
4. 完成选址盈亏平衡分析。
4. 使用重心法。
5. 理解服务业与工业选址的不同之处。

跨国公司介绍：联邦快递

选址为联邦快递带来竞争优势

作为一家次日达快递公司，联邦快递公司（FedEx）相信，快递中心选址是其得以延续46年的关键所在。虽然联邦快递的创始人兼首席执行官弗雷德·史密斯（Fred Smith）大学时在他的论文中提出建立小件包裹投递中心时只得了C的成绩，但事实证明这个想法是非常成功的。该公司先在田纳西州孟菲斯市设立了一个投递中心（现在称作超级投递中心），其后这家资产达450亿美元的公司在巴黎增设了欧洲快

递中心，在中国的广州增设了亚洲快递中心，在迈阿密增设了拉丁美洲快递中心，在多伦多增设了加拿大快递中心。联邦快递拥有667架飞机，这些飞机往返于世界375个机场，再由80多万辆货车将包裹送达顾客。

为什么联邦快递选择孟菲斯作为其快递中心呢？（1）孟菲斯位于美国中部；（2）孟菲斯很少出现因坏天气导致的飞机停飞，或许这也是公司保持良好安全记录的原因；

（3）它为联邦快递公司提供了可观的税收优惠。

除了星期日，联邦快递每晚都会将世界各地运往孟菲斯的包裹运到各个城市。联邦快递不直接将包裹运到这些城市。和传统的A市到B市的运输体系相比，这种快递中心以较少的飞机就可以覆盖比以前多得多的地点。这也使得联邦快递每晚可以将飞行班次与包裹装载量进行匹配，并根据装载量需要重新设计航线，节约了大量成本。而且，联邦快递认为，由于在从取货点到交付的全过程中对包裹进行统一管理，因此快递中心系统的使用有助于减少转运中出现的失误和延迟。

7.1 选址的战略重要性

世界市场正在持续扩张，商业的全球化正在加速。事实上，很多公司，如联邦快递、梅赛德斯-奔驰、硬石餐厅，最重要的战略决策之一是决定在哪里选址。当联邦快递公司在广州开辟亚洲快递中心时，它已做好新的"环球"飞行准备——将巴黎和孟菲斯以及亚洲的快递中心连接起来。当梅赛德斯-奔驰汽车公司宣布在美国亚拉巴马州万斯建造第一个主要的海外工厂时，它已在两个国家和30个州的170个地点进行了为时一年的比较。当硬石餐厅在莫斯科开张时，为期3年的俄罗斯食品供应链的前期准备工作才算结束。战略性影响、成本以及国际影响显示出选址决策的重要性。

选址对固定成本和变动成本均有很大的影响，全世界的公司都在使用本章介绍的概念和方法来处理选址决策问题。选址对公司的整体风险和盈利也有很大影响。例如，根据产品和生产或服务的类型不同，仅运输费用就占到产品销售价格的25%。这意味着，公司总收入的1/4可能要用来弥补原材料和产成品的运费。其他可能受选址影响的成本包括税收、工资、原材料成本和租金。当考虑所有成本时，选址可能影响到运作费用的50%。

交通的经济性对公司乃至城市来说至关重要，以至于它们都会围绕交通优势聚合起来。河流和港口、铁路枢纽以及州际高速公路都是影响选址决策的主要因素。如今机场能够提供快速且低成本的货物与人员运输，是选址决策的决定性因素。

公司很少进行选址决策，通常在需求超过了工厂目前的生产能力或者劳动生产率、汇率、成本或当地投资环境改变时，才会考虑改变选址。公司也可能因为人口和需求的变化而对生产或服务设施进行重新安排。

选址方案包括：（1）在不改变厂址的情况下扩大现有设施；（2）保留现有工厂，另外在其他地方建设新厂；（3）关闭现有工厂并转移到其他地方。

选址决策常常依赖于商业运作的类型。对工业企业选址决策而言，虽然能促进创新和创造力的选址可能很重要，但选址策略通常是使成本最小化。对零售业和专业性服务组织来说，选址策略多集中于收入最大化。然而，仓储选址策略可能出于成本和交付速度的共同考虑，选址策略的目标是使公司的选址收益最大化。

选址与成本　选址是非常重要的成本或收入的驱动因素，因此选址总是能够实现（或破坏）公司的商业战略。各主要行业的跨国公司，从汽车公司到移动电话公司，现在都有计划或正计划在每个主要市场中设厂。基于低成本战略的选址决策需要认真考虑。

一旦管理层确定了选址，那么许多成本也就确定下来且很难再降低。例如，如果一家新厂位于一个能源成本较高的地区，那么即使有良好的管理和卓越的能源策略，也得从不利的条件下起步。如果所选地区的劳动力成本较高、没有经过训练或职业道德很差，那么管理层的人力资源策略会受到制约。因此，通过艰辛的工作来确定一个最佳选址是物有所值的。

7.2 影响选址决策的因素

现在，随着全球化的发展，工厂的选址比以前更加复杂。如第2章所示，全球化的出现是因为：（1）市场经济的发展；（2）更畅通的全球通信；（3）更迅速、更可靠的旅行和运输方式；（4）国际资本流动的便捷；（5）劳动力成本的巨大差异。目前许多公司都打算在国外开设新的办公室、工厂、零售店或银行。选址决策已跨越国家的界限。事实上，如图7-1所示，选址决策的顺序通常是从选择一个打算开展业务的国家开始。

关键成功因素

确定国家
1. 政治风险、政府法规、态度、激励措施
2. 文化和经济问题
3. 市场位置
4. 人才、工作态度、生产率、成本
5. 供应品、通信、能源的可获性
6. 汇率和货币风险

确定地区/社区
1. 公司的期望
2. 地区的吸引力(文化、税收、气候等)
3. 劳动力的可获性、成本，劳动力对工会的态度
4. 设施的成本和可获性
5. 地区的环保规定
6. 政府的激励措施和财政政策
7. 紧邻原材料和顾客
8. 土地/建筑成本

确定地点
1. 场地大小和成本
2. 航空、铁路、公路、水路体系
3. 城市规划的限制
4. 所需服务或供应品的就近性
5. 环境影响问题
6. 客户密度和人口统计特征

图7-1 影响选址决策的一些考虑因素

确定国家的一种方法是，从公司总部的角度确定获得竞争优势需要哪些关键成功因素（KSF）。图7-1中的上端列举了确定国家的六个可能的关键成功因素。利用这些因素（包括一些负面因素，如犯罪率），世界经济论坛每两年对144个国家和地区的全球竞争力进行排名（见表7-1）。其中，瑞士排名第一，因为它的储蓄和投资、贸易的开放度、素质教育和政府工作效率都比较高。

一旦公司确定了最适于选址的国家后，它就将精力集中于这个国家的地区和社

区的选址。选址决策过程的最后一步是在这个地区中选择一个具体的场地。公司必须挑选一个与运输、收货、城市规划、公共设施、规模和成本最相宜的场地。另外，图7-1对这一系列的决策及其影响因素进行了总结。

表7-1 部分国家的竞争力排名（基于对13 000名企业经理的年度调查）

国家	2015年排名	国家	2015年排名
瑞士	1	中国	28
新加坡	2	俄罗斯	53
美国	3	墨西哥	61
芬兰	4	越南	68
德国	5	海地	137
日本	6	乍得	143
加拿大	15	几内亚	144
以色列	27		

资料来源：www. weforum. org, 2015. Used with permission of World Economic Forum.

除了全球化，还有许多其他因素会对选址决策产生影响。这些因素包括劳动生产率、外汇、文化、对相关行业的态度变化、与市场的邻近程度、供应商和竞争者。

7.2.1 劳动生产率

作选址决策时，一个地区较低的工资率可能会对管理者产生很大的吸引力。但是，正如奥的斯电梯公司（Otis Elevator）于1998年在墨西哥开设新厂时所发现的那样，不能仅仅考虑工资率的影响。到了2011年，奥的斯发现将自动化工厂搬到南卡罗来纳州会更有优势，因此管理者还必须考虑生产率的影响。

如第1章所讨论的那样，不同国家的生产率存在很大的差别。管理者真正关心的应该是生产率和工资率的双重影响。例如，如果奥的斯电梯公司在南卡罗来纳州每天生产60件产品需支出70美元，而在墨西哥的工厂每天生产20件产品需支出25美元，那么前者在劳动力成本上的支出相对较低：

$$\frac{每天的劳动力成本}{生产率（或每天的产量）} = 单位产品的成本$$

实例1——南卡罗来纳州的工厂：

$$\frac{每天70美元工资}{每天生产60件产品} = 1.17美元/件$$

实例2——墨西哥华雷斯市的工厂：

$$\frac{每天25美元工资}{每天生产20件产品} = 1.25美元/件$$

如果雇员培训少、受教育程度低或者工作习惯差，那么即使工资低也不是一个好选择。同样，如果雇员总是不能或者不愿意到达他们的工作地点，那么即使工资较低，对组织来讲也不是好事。（单位产品的劳动力成本有时称为产品的劳动含量。）

7.2.2 汇率和货币风险

虽然工资率和生产率可能使一个国家看起来比较经济，但不利的汇率可能会抵消这些节约的成本。不过，有时公司可以通过重新选址或向外国出口而利用某项汇率优势。然而，在大多数国家，外币的价值是不断波动的。这种波动可能会使在2015年看起来很好的一个选址在2019年却带来灾难性的后果。运作性对冲描述的是公司在许多国家产能过剩，然后随着汇率的变化将产能从一个地方转移到另一个地方。

7.2.3 成本

我们可以把选址成本分成两类，即有形成本和无形成本。**有形成本**（tangible costs）是指那些容易识别且可以准确测量的成本。这些成本包括设施成本、劳动力成本、材料成本、税收、折旧和其他成本，这些都是会计部门和管理部门可以识别的成本。另外，原材料和产成品的运输成本以及场地的建设成本都可以计入选址的总成本中。如同运作管理实践专栏"艾奥瓦州——玉米和脸书之家"介绍的，政府的激励措施也会影响选址成本。

相对而言，**无形成本**（intangible costs）是不容易量化的。无形成本包括教育质量、公共交通设施、社区对工业和公司的态度、未来雇员的素质和态度，还包括可能影响人员招聘的生活质量变量，如气候和体育活动等。

运作管理实践

艾奥瓦州——玉米和脸书之家

艾奥瓦州阿尔图纳有1.5万人口，那里的探险世界（Adventureland）、Bass专卖店和Prairie Meadows赌场非常吸引人。现在，它有了一个新的脸书数据中心。脸书近期开建的这个价值3亿美元的工厂，凸显了竞争的激烈和在想要追求技术优势的小型社区可以享有的可观的税收优惠。这一数据中心建立在百万美元的税收减免和18个月谈判的基础上。

脸书并不是艾奥瓦州的第一家高科技公司。微软将投资20亿美元在得梅因附近建立一个数据中心。而谷歌要在康瑟尔布拉夫斯扩建一个工厂。

长期以来，美国各州各市都在吸引工厂、运动队和公司总部。美国最大的玉米生产地艾奥瓦州和其他州一样，为科技公司开了绿色通道。政府官员表示，数据中心扩大了税基，创造了高薪的技术和建筑工作，也提供了炫耀的权利，以便用更大的招商计划来吸引更多企业。数据中心也为当地经济做出了贡献，同时又不会对道路和污水处理厂等基础设施造成压力。

但是这些工厂的成本在税收优惠和服务方面是否对自身有利，仍是一个问题。阿尔图纳为脸书提供了20年免征财产税的优惠，艾奥瓦州则同意在2023年之前提供1 800万美元的销售退税或投资税收抵免。但一位艾奥瓦州立大学教授表示："由于这些数据中心经常获得税收减免，它们能提供的就业机会和附带福利也就很少。"科技公司不仅需要税收上的激励，电力的可用性和价格也是重要的因素，它们可能会超过运营数据中心成本的 2/3。

税收激励政策的支持者认为，企业可以用税收减免来换取就业。但约翰·洛克基金会（John Locke foundation）的报告总结了

55 份针对税收激励影响的研究结果，表明有超过 70％的研究发现，税收激励要么对经济表现没有实质性的贡献，要么产生了好坏参半的结果。这种"赠品式"的税收往往会造成任人唯亲、资源分配不当的情况，也会给纳税人造成巨大压力。

资料来源：*Wall Street Journal*（Nov. 15－16, 2014）and（March 13, 2015）；and *New York Times*（Dec. 1, 2012）.

7.2.4　政治风险、价值观和文化

政治风险与国家、州和地方政府对私人财产、知识产权、城市规划、污染以及员工稳定性的态度有关。进行选址决策时，政府的态度不可能持久不变。而且，管理者可能会发现，这些态度也受他们自身领导力的影响。

国与国、地区与地区、小城镇与城市之间员工的价值观也有所不同。工人对于流动率、工会和旷工的看法都是相关的因素。这些反过来会影响公司的决策——在一个新地方重新选址时是否考虑给目前的工人提供工作机会。本章末的案例分析"南方休闲车公司"描述了一家位于密苏里州圣路易斯市的公司，该公司在搬迁到密西西比州时就表示，不迁移它的任何一名工人。

全球运作决策最大的挑战之一就是适应另一个国家的文化。员工和供应商在守时方面的文化差异对生产和交货安排有着明显不同的影响。与全球范围的伦理和法律问题一样，行贿和其他形式的贪污腐败也会导致经济的无效率。因此，运作经理在建立含有外国公司的有效供应链时面临着巨大的挑战。表 7-2 提供了一些国家的腐败排名。

表 7-2　一些国家的腐败排名（100 分表示该国没有腐败）

排名	国家	分数	排名	国家	分数
1	丹麦	92	69	巴西	43
2	新西兰	91	69	希腊	43
3	芬兰	89	136	俄罗斯	27
10	加拿大	81	161	海地	19
17	美国	74	174	索马里	8
37	以色列	60	174	朝鲜	8

资料来源：Transparency International's 2014 survey at www. transparency. org. Used with permission of Transparency International.

7.2.5　紧邻市场

对许多公司来讲，紧邻用户的选址十分重要。尤其是药店、餐厅、邮局或理发店这样的服务组织发现，人口统计特征和紧邻市场是最主要的选址因素。制造企业

发现，当产成品的运输成本很高或运输很困难（或许因为产成品体积庞大、沉重或易碎）时，紧邻用户是非常有帮助的。为了紧邻美国市场，外资企业汽车巨头如梅赛德斯、本田、丰田、现代，每年都在美国生产数以百万计的汽车。

另外，随着准时生产的流行，供应商希望选址紧邻用户以加快交货速度。像可口可乐这样的公司，其产品的主要成分是水，在许多城市设立灌装厂比穿越城市运输沉重的（且有时是易碎的玻璃）容器更有意义。

7.2.6 紧邻供应商

由于一些原材料易腐烂、运输成本高或体积较大，因此公司选择在紧邻原材料和供应商的地方选址。面包店、乳品厂和冷冻海鲜加工厂处理的都是易腐烂变质的原材料，因此它们总是在紧邻供应商的地方选址。由于依赖沉重的或体积庞大的原材料输入的公司（如使用煤炭和铁矿石的钢铁厂）面临高昂的内部运输成本，因此运输成本成为它们选址考虑的主要因素。至于在生产中产品体积会大幅缩减的公司（如从树木到木材），通常需要在原材料来源地附近选址。

7.2.7 紧邻竞争者（集群）

令人吃惊的是，制造业和服务型组织也喜欢在竞争者附近选址。这种趋势称作**集群**（clustering），通常发生在某个地区有一种重要资源的时候。这种资源包括自然资源、信息资源、风险资本资源和人才资源。表7-3列举了9个具有集群特征的行业以及集聚的原因。

表7-3 公司的集群

行业	选址	集群的原因
酿酒	纳帕谷（美国）和波尔多地区（法国）	土地和气候等自然资源
软件公司	硅谷、波士顿和班加罗尔（印度）	由科学/技术领域内聪明的毕业生构成的人才资源和附近的风险资本家
清洁能源	科罗拉多州	拥有大量的人才和信息，拥有1 000多家公司
主题公园（如迪士尼世界、环球影城和海洋世界）	奥兰多	娱乐热点地区、温暖的气候、游客和低廉的劳动力
电子公司（如索尼、IBM、惠普、摩托罗拉和松下）	墨西哥北部	北美自由贸易区，出口到美国可免关税（全球24%的电视机是在这里生产的）
计算机硬件制造商	新加坡，中国	较高的技术普及率和人均GDP，熟练或受过教育的工人，大量的工程师
快餐连锁店（如温迪、麦当劳、汉堡王和必胜客）	在每家店相距1英里的位置	刺激食物销售以及较大的客流量

续表

行业	选址	集群的原因
飞机制造（如塞斯纳（Cessna）、利尔喷气机（Learjet）、波音和雷神（Raytheon））	威奇托	大量的航空技术人员（全球60%~70%的小型飞机和喷气式飞机是在这里制造的）
运动鞋及户外用品	波特兰	大部分由耐克、深度人才库和户外文化孵化的300家公司

当谈到集群时，意大利可能是真正的领先者，该国的北方地区在很多专业领域保持着世界领先地位，如瓷砖（摩德纳）、黄金珠宝（维琴察）、机床（布斯托阿西齐奥）、羊绒和羊毛（比耶拉）、眼镜设计（贝卢诺）和面食机器（帕尔马）。然而当谈到屠宰业的创新集群时，丹麦成了领先者（参见运作管理实践专栏"丹麦的屠宰业集群"）。

运作管理实践

丹麦的屠宰业集群

每天都会有2万头猪被送往丹麦中部的丹麦皇冠公司（Danish Crown company）屠宰场。工作人员手持巨大的拍子，将猪赶进房间打昏屠宰。这些猪被分成两半倒挂起来，刮毛并烫干净。机器会将它们切成小块，然后冷却、去骨、包装。

屠宰场非常大，有10个足球场那么大，还有一条7英里长的传送带。屠宰场经理关注最小的细节。工人们穿绿衣服而不是白衣服，这会让猪的心情好一些。切割机在调整刀片使之与屠体轮廓精确匹配前，会对屠体拍照。这家公司不仅对如何切割猪肉进行了标定，还标定了猪肉各个部位的最高售价。

丹麦是一个很小的国家，人口只有560万，劳动力成本非常高。但它却是农业巨头，拥有3000万头猪和众多全球品牌。农产品占其出口商品的20%以上。这些出口的农产品价值预计将从2001年的55亿美元增长到2020年的310亿美元。

这个肉类加工集群是如何发展起来的？这是因为集群既能应用于传统工业，如屠宰业，也可以应用于新兴工业。这一集群包含了几家大公司——丹麦皇冠公司、Arla乳品公司、玫瑰家禽公司（Rose Poultry）和杜邦丹尼斯克（DuPont Danisco），以及许多小公司，它们是新趋势的指示器和新想法的孵化器。其他公司为集群提供信息技术工具，其中，LetFarm针对农田，Bovisoft针对马厩，Agrosoft针对猪，Webstech针对谷物，InOMEGA针对食物。

该集群还拥有一系列促进生产力的机构（如牲畜研究中心（the Cattle Research Center）创造利用机器人技术提高猪肉产量的方法）和丹麦科技大学（Danish Tech University），大学里有1500人从事食品相关方向的研究。

资料来源：*The Economist*（Jan. 4, 2014）；and *GlobalMeatNews.com*（Nov. 1, 2013）.

7.3 评价选址方案的方法

解决选址问题的方法主要有四种：因素比重法、选址盈亏平衡分析、重心法和运输模型。本节我们对这些方法进行详细叙述。

7.3.1　因素比重法

选址时要对许多因素进行定性和定量两方面的考虑。这些因素中的一些相对于其他因素可能更重要，所以经理人员使用权重来使决策过程更加客观公正。由于从教育到娱乐再到劳动技能的多种因素都可以客观地包括在内，因此**因素比重法**（factor-rating method）很受欢迎。图 7-1 列出了影响选址决策的一些因素。

因素比重法（在第 2 章有介绍）共有六步：

1. 列出相关因素，称为关键成功因素（如图 7-1 中所示的那些因素）。
2. 给每个因素分配一个权重，以反映这个因素在公司目标中的相对重要性。
3. 为每个因素建立一个范围（如 1～10 或者 1～100）。
4. 管理层对每个选址的每个因素进行评分，使用步骤 3 中的范围。
5. 用每个因素的权重乘以得分，计算出每个选址方案的总分。
6. 根据最高得分给出选址建议，并考虑其他定量分析的结果。

例1

因素比重法应用于主题公园的扩建

位于佛罗里达州的五旗公司（Five Flags）是美国面向家庭的十家连锁主题公园之一，它决定在欧洲开设第一个公园，拓展其海外业务。希望在法国和丹麦两者间进行选择。

方法

表 7-4 列出了管理人员认为重要的几个关键成功因素。两个可能地点——法国第戎和丹麦哥本哈根——的权重和得分如下表所示：

表 7-4　权重、得分和解答

关键成功因素	权重	分数（不超过 100）		加权得分	
		法国	丹麦	法国	丹麦
劳动力可获性和工作态度	0.25	70	60	$0.25 \times 70 = 17.50$	$0.25 \times 60 = 15.00$
人均汽车拥有率	0.05	50	60	$0.05 \times 50 = 2.50$	$0.05 \times 60 = 3.00$
人均收入	0.10	85	80	$0.10 \times 85 = 8.50$	$0.10 \times 80 = 8.00$
税收结构	0.39	75	70	$0.39 \times 75 = 29.25$	$0.39 \times 70 = 27.30$
教育和健康	0.21	60	70	$0.21 \times 60 = 12.60$	$0.21 \times 70 = 14.70$
总计	1.00			70.35	68.00

解答

表 7-4 使用权重和分值来评价不同的选址地点。给定每个因素 100 分，法国的地点是更可取的。

启示

通过稍微改变那些不确定因素的分数或权重，我们可以分析决策的敏感性。例如，我们可以看到，将"劳动力可获性和工作态度"改变 10 分，决策会相应改变。因素的权重值可

能带有主观性，所以即使这种方法是一种定量分析，这个模型的结果可能并不准确。

练习

如果"税收结构"的权重降至 0.2，"教育和健康"增至 0.4，新的结果是什么？〔答案：应选择丹麦，丹麦的得分是 68.0 分，法国是 67.5 分。〕

相关课后练习题

7.5～7.15，7.24，7.25

当决策对微小变化很敏感时，应对权重或分数进行进一步分析。否则，管理人员可以断定这些无形因素不适于作为选址的准则。因此，管理人员应把主要权重放在更能量化的决策方面。

7.3.2 选址盈亏平衡分析

选址盈亏平衡分析（locational cost-volume analysis）是对选址决策进行经济比较的一种方法。通过确定每一个选址的固定成本和变动成本，并用图形表示，我们就可以确定哪一个选址的成本最低。选址盈亏平衡分析可以使用数学法或图形法进行。图形法的优点是可以为每一个选址提供适宜的产量范围。

选址盈亏平衡分析的三个步骤是：

1. 确定每个选址的固定成本和变动成本。
2. 在图形上画出每个选址的成本曲线，以纵轴表示成本，以横轴表示年产量。
3. 在期望产量一定的情况下，选择总成本最低的地点。

例 2

零件制造商的选址盈亏平衡分析

伊斯梅尔·莫希比（Esmail Mohebbi）是欧洲点火器制造厂（European Ignitions Manufacturing）的老板，该厂需要扩大生产能力。正在考虑三个地点——雅典、布鲁塞尔和里斯本——作为新厂的选址。在每年期望产量 2 000 件的情况下，该厂希望找出最经济的选址。

方法

莫希比选取了盈亏平衡分析的选址评价方法。他确定这些地区每年的固定成本分别是 30 000 美元、60 000 美元、110 000 美元；变动成本分别是每单位产品 75 美元、45 美元和 25 美元。所生产的点火装置的期望售价是 120 美元。

解答

对三个选址中的每一个，我们都可以绘出期望产量一定时的固定成本（零产量时的成本）和总成本（固定成本＋变动成本）。这些曲线如图 7-2 所示。

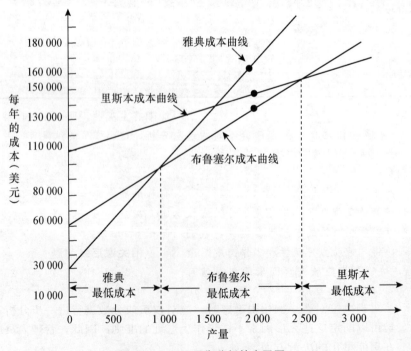

图 7-2 盈亏平衡分析的交叉图

对于雅典来讲：

总成本＝30 000＋75×2 000

＝180 000（美元）

对于布鲁塞尔来讲：

总成本＝60 000＋45×2 000

＝150 000（美元）

对于里斯本来讲：

总成本＝110 000＋25×2 000

＝160 000（美元）

每年的期望产量是 2 000 件时，布鲁塞尔的总成本最低，期望利润是：

总收入－总成本＝120×2 000

－150 000

＝90 000（美元）

雅典和布鲁塞尔的交点是：

30.000＋75x＝60 000＋45x

$30x = 30\,000$

$x = 1\,000$

布鲁塞尔和里斯本的交点是

$60.000 + 45x = 110\,000 + 25x$

$20x = 50\,000$

$x = 2\,500$

启示

对于运作模型而言，选址盈亏平衡分析方法对输入数据很敏感。例如：在产量低于 1 000 件时，雅典是最好的选址，在产量大于 2 500 件时，里斯本产生的利润最大。

练习

假定里斯本的单位变动成本是 22 美元，那么布鲁塞尔和里斯本新的交点是多少？〔答案：2 174。〕

相关课后练习题

7.16～7.19

7.3.3 重心法

重心法（center-of-gravity method）是寻找分销成本最低的分销中心的一种数学方法。在寻找分销中心的最佳位置时，这种方法将不同市场的位置、运送到这些市场的产品数量以及运输成本都考虑在内了。

重心法的第一步是将市场位置放于一个坐标系中，在例 3 中将对此作出说明。只要这些市场的相对位置是正确的，坐标系的原点和刻度可以是任意的。将一个网格放到一张普通地图上，就可以很容易做到这一点。可以使用式（7-1）和式（7-2）来确定重心：

$$\text{重心点的横坐标} = \frac{\sum_i x_i Q_i}{\sum_i Qi} \qquad (7-1)$$

$$\text{重心点的纵坐标} = \frac{\sum_i y_i Q_i}{\sum_i Qi} \qquad (7-2)$$

式中：x_i——位置 i 的横坐标；

y_i——位置 i 的纵坐标；

Q_i——运到位置 i 或从位置 i 运出的产品数量。

值得注意的是，式（7-1）和式（7-2）包含数值 Q_i，它是运到位置 i 或从位置 i 运出的产品数量。

由于每月运输的集装箱数量也会对成本产生影响，因此距离不是唯一的标准。

重心法假定成本是与距离和运输量成正比的。理想的选址是能够使资源和目的地之间的加权距离最小的地点。在这里，距离需根据运输的集装箱数量进行加权计算。[1]

例3 重心法

奎因折扣百货商店（Quain's Discount Department Stores）是一家拥有四个大型商店的连锁企业。这四家商店分别位于芝加哥、匹兹堡、纽约和亚特兰大。目前补货由匹兹堡市一个陈旧的库容不足的仓库组织，该仓库位于连锁企业的第一家商店所在地。公司需要找到一个中心位置来建一座新仓库。

方法

需要应用重心法。每一家商店的需求数据如表 7-5 所示。

表 7-5 奎因折扣百货商店的需求

商店位置	每个月运送的集装箱数量
芝加哥	2 000
匹兹堡	1 000
纽约	1 000
亚特兰大	2 000

商店的位置见图 7-3。例如，位置 1 是芝加哥，根据表 7-5 和图 7-3，可以得出：

$$x_1 = 30$$
$$y_1 = 120$$
$$Q_1 = 2\,000$$

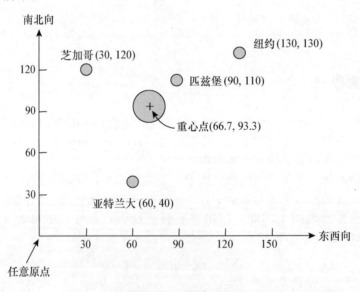

图 7-3 四家奎因折扣百货商店和重心点的坐标位置

解答

利用式（7-1）和式（7-2）以及表 7-5 和图 7-3 中每个城市的数据，可以得到：

重心点的横坐标
$$= \frac{30 \times 2\,000 + 90 \times 1\,000 + 130 \times 1\,000 + 60 \times 2\,000}{2\,000 + 1\,000 + 1\,000 + 2\,000} = 66.7$$

重心点的纵坐标
$$= \frac{120 \times 2\,000 + 110 \times 1\,000 + 130 \times 1\,000 + 40 \times 2\,000}{2\,000 + 1\,000 + 1\,000 + 2\,000} = 93.3$$

（66.7, 93.3）这个坐标如图 7-3 中的十字点所示。

启示

在这张图上放置一张美国地图，我们就会发现，这个位置（66.7，93.3）在俄亥俄州的中部附近。公司可能会考虑俄亥俄州的哥伦布市或附近的某个城市作为合适的选址。重要的一点是要选择与南北或东西的州际公路接近的城市，以加快发货时间。

练习

如果每月运送到亚特兰大的集装箱数量迅速增加至 3 000 个，重心点将如何变化？新仓库的位置在哪里？［答案：（65.7，85.7），接近俄亥俄州的辛辛那提。］

相关课后练习题

7.20～7.23

7.3.4 运输模型

运输模型（transportation model）的目标是，在几个供应点（来源地）到几个需求点（目的地）之间，确定最佳的运输模式以使总生产成本和运输成本最小。每一个有供需点网络的公司都会面临这样的问题。大众汽车公司复杂的供应网络就是一个例证。我们注意到，大众的墨西哥分公司（VW of Mexico）将待装配的汽车和零部件运往尼日利亚分公司，将汽车配件运往巴西分公司，而从德国总部获取零部件和装配件。

虽然可以用线性规划（LP）方法来解决这类问题，但是人们已经开发了更有效且专门的算法来求解运输问题。可以使用运输模型找到初始可行解，然后一步步地改进，直到找到最优解。

7.4 服务业的选址策略

工业部门的选址分析集中在成本最小化方面，而服务业将注意力集中在收入最大化方面。这是因为制造业公司发现，不同地点的成本往往差别很大，而服务业公司则发现，选址对收入的影响比对成本的影响往往要大得多。因此，对服务业公司而言，应该将选址的决定因素集中在确定顾客数量和收入方面。

对服务业企业来讲，决定顾客数量和收入的主要因素有八个：

1. 顾客吸引区域的购买力。
2. 企业的服务和形象与顾客吸引区域的人口统计特征的一致性。
3. 该地区的竞争情况。
4. 竞争的激烈程度。
5. 公司选址和竞争者位置的独特性。
6. 企业设施和相邻商业企业的物理特性。
7. 公司的经营方针。
8. 管理质量。

对这些因素的实际分析可以提供一个合理的预期收入图。在服务部门中使用的技术包括回归分析（参见运作管理实践专栏"拉·昆塔旅馆如何选择能赚钱的地址"）、交通流量统计、人口统计分析、购买力分析、因素比重法、重心法和地理信息系统。表 7-6 对服务业和产品生产组织的选址策略进行了总结。

运作管理实践

拉·昆塔旅馆如何选择能赚钱的地址

对于连锁酒店而言，选址是最重要的决策之一。相比竞争者而言，能更准确且更快地选择好地点的连锁酒店往往具有更突出的战略优势。总部设在得克萨斯州圣安东尼奥的拉·昆塔旅馆（La Quinta Inns）是一个定价适中的连锁集团，拥有 800 家旅馆。为了建立汽车旅馆选址的模型，以及预测选址的成功情况，拉·昆塔旅馆运用了回归分析。

首先，这家旅馆对 35 个自变量进行分析，试图找出那些可能与因变量即预期利润率相关性最强的自变量。自变量包括：附近旅馆的房间数和平均入住率；一些地区吸引因素，如能将潜在顾客吸引到半径 4 英里的贸易区中的办公大楼和医院；地区人口数和失业率；一个地区小旅馆的数量；区域的物理特性，如入口的方便性和招牌的醒目性。

然后，选定 R^2 为 51% 的回归模型，该模型包含 4 个自变量：（1）旅馆的价格；（2）居民收入中位数；（3）旅馆所在州的人口数；（4）附近大学的位置（作为其他需求引致型变量的代表）。拉·昆塔旅馆使用回归模型对收益率进行预测。回归模型为预测选址的成功提供了一种捷径，或者说可以产生最好的效果。现在，可以使用电子表格来建立模型，根据决策原则就可以确定是"建造"还是"不建造"旅馆。拉·昆塔旅馆的CEO 非常喜欢这个模型，因为他不用再费心亲自去选新的地址了。

资料来源：S. Kimes and J. Fitzsimmons. *Interfaces* 20, no. 2: 12–20; and G. Keller. *Statistics for Management and Economics*, 8th ed. Cincinnati-Cengage, 2008: 679

表 7-6　选址策略——提供服务与生产产品的组织对比

服务业/零售业的选址	产品生产组织的选址
收入导向	成本导向
交易数量/收入 　　吸引区域；购买力 　　竞争情况；广告/定价 物理特征 　　停车场/入口；安全/照明 　　外观/形象 成本的决定因素 　　租金 　　管理水平 　　经营方针（工作时间、工资率）	有形成本 　　原材料的运输成本 　　产成品的运输成本 　　能源和公共设施成本；劳动力成本；税收；等等 无形成本与未来成本 　　对工会的态度 　　生活质量 　　不同州的教育经费 　　州和地方政府的素质
方法	方法
确定各种因素重要性的回归模型 因素比重法 交通流量统计 吸引区域的人口统计分析 区域的购买力分析 重心法 地理信息系统	运输模型 因素比重法 选址盈亏平衡分析 交叉图
假设	假设
选址是收入的主要决定因素 高频率的顾客接触是关键 对给定区域来讲，成本相对稳定，因此，收入函数是关键	选址是成本的主要影响因素 每个选址的主要成本可以明确确定 较低频率的顾客接触使企业可以将注意力集中在可识别的成本上 无形成本是可以评估的

7.5　地理信息系统

地理信息系统（geographic information system，GIS）是帮助公司成功分析选址决策的一种重要工具。地理信息系统存储、显示和连接与地理位置有关的人口统计学信息。零售店、银行、食品连锁店、加油站和特许复印店都使用 GIS 的地理编码档案进行人口统计分析。通过将人口、年龄、收入、运输流量和人口密度的数据与地理信息结合起来进行分析，零售商能够标出一家新商店或餐厅的最佳选址。

下面是一些地理数据，这些数据在很多地理信息系统中都可以获得。

● 人口普查中的街区、地段、城市、行政区域、城市群、州、邮政编码等数据。

● 每条街道、公路、桥梁和隧道的地图。

● 公共设施，如电、水和气的线路。

● 所有的河流、山脉、湖泊、森林。

● 所有主要机场、大学、医院。

例如，航空公司可以使用 GIS 测定哪个机场的地勤服务最有效。然后，使用这些信息改进计划安排以及决定在哪里购买燃料、膳食和其他服务。

在选择城市作为将来的建设地点时，商业办公楼开发商会使用地理信息系统。由于建造新的办公楼要花费几年时间才能完成，因此开发商重视 GIS 提供的数据库方法。使用 GIS 分析影响城市选址决策的因素时，开发商会考虑如下五个方面：（1）居住区；（2）零售商店；（3）文化和娱乐中心；（4）犯罪情况；（5）交通情况。

GIS 的使用使得商业地产的选址更科学，下面是五个例子。

● 卡维尔冰淇淋店（Carvel Ice Cream）：这家有 80 年历史的连锁冰淇淋店使用了 GIS，在其经营很成功的区域建立了人口统计简况，简况更多涉及收入和年龄方面的数据资料。

● 赛博屋顶修缮公司（Saber Roofing）：在加州红木城，赛博屋顶修缮公司利用谷歌地图对建筑物进行航拍来估算修缮成本，而不是派员工去现场估算。公司测量屋顶，评估一下状况，然后将估算结果发邮件给客户，节省了每天上百英里的路程。有一个例子，一位客户在电话里被告知其屋顶太陡峭了，无法处理，这是赛博公司的员工通过谷歌地图得到的结论。

● Arby's 快餐店：正如这家快餐店所学到的，特定的产品可以影响行为。使用了 MapInfo 地理信息系统后，Arby's 发现顾客为了买烤牛肉三明治（他们认为是"目的地"产品）会比为了买鸡肉三明治多走 20%的路程。

● 家得宝公司：尽管家得宝的统计资料表明它的顾客通常是住在大房子里的，但当其需要在纽约开新的店铺时，它将新店开在了王后街道，根据 GIS 软件的预测，在那里经营会很好。尽管那里的人大多数住在公寓里，房子也很小，但这家店铺却成了连锁店中销量最大的一家。与之类似，家得宝认为亚特兰大地区在 20 年前已经处于饱和状态，但 GIS 分析表明该区仍然可以扩张。现在家得宝在那个区域开了 40 家店。

● Jo-Ann 商店：这家工艺纺织品零售商的 70 家店铺在几年前经营得还不错，但是管理者认为占地面积过大的店铺不足以支付建筑费用。因此，其利用地理信息系统建立了顾客档案——面向居家的女主人——将其居住位置在地图上标出。公司发现可以建 700 家店铺，将每平方英尺的销售收入从 105 美元提高到 150 美元。

其他类似于 MapInfo 的软件包还有 Atlas GIS（战略制图有限公司（Strategic Mapping）研制）、ArcGIS（Esri 公司研制）、SAS/GIS（斯堪的纳维亚航空研究公司（SAS Institute）研制）、Maptitude（Caliper 公司研制）和 GeoMedia（鹰图公司（Intergraph）研制）。

这些 GIS 内容广泛，包含综合地图和人口数据。这些综合地图上有数百万英里的街道和诸多名胜古迹，使用者可以定位到餐厅、机场、酒店、加油站、自动取款机、博物馆、露营地和高速公路出口。人口数据包括人口、年龄、收入、住房等统计数据。这些数据可以按照州、市、县、邮政编码或者人口普查区来绘制地图。

小　结

选址可以决定运作费用的 50%。对于服务业、零售业和专业公司收入的确定，选址也是一个非常重要的因素。工业企业不仅要考虑有形成本，还要考虑无形成本。处理工业选址问题通常使用因素比重法、选址盈亏平衡分析、重心法和基于线性规划的运输模型。

对于服务业、零售业和专业组织来说，在分析选址时通常需要考虑众多变量，包括所选地区的购买力、市场竞争情况、广告和促销、区域的物理特性以及组织的经营方针等。

伦理问题

我们在本章讨论了许多选址决策。现在考虑另一个选址决策：联合航空公司（United Airlines）宣布它将选择一个市镇作为新的飞机修理基地，并在这个新基地投资数十亿美元。这个飞机修理基地会为该地区提供 7 500 个工作岗位，小时工资至少 25 美元，所以迅速导致了激烈的竞争。奥兰多提供 1.54 亿美元的激励，而丹佛提供的是这个数额的两倍。肯塔基州的州长生气地撤回了路易维尔 3 亿美元的报价，他将这次出价比作"从一个萝卜中榨出每一滴汁"。

联合航空公司最后在 93 个投标城市中选择了印第安纳波利斯，该市花费了纳税人 3.2 亿美元来支付承诺给联合航空公司的激励。

然而几年后，联合航空公司几近破产，在完成公司的法律义务后，撤离了这个大规模修理基地。公司将这笔钱的包袱留给了市政府和州政府，而这个地方却不见新的承租人来。现在，该市的 12 个装备精良的飞机库里甚至还有摆放整齐的工具。联合航空公司将飞机修理业务外包给了美国南部一个公司的机械修理部（联合航空公司支付的费用只相当于印第安纳波利斯工人薪资的 1/3）。

这场选址报价竞争背后的伦理、法律和经济意义分别是什么？谁为这些激励付费？在这些城市、县或州进行的报价中，政府允许地方市民为此投票吗？在这些激励措施上，是否应该有一些限制？

讨论题

1. 联邦快递公司是怎样使选址成为公司的竞争优势的？进行讨论。

2. 为什么有那么多的美国公司选择在其他国家建设工厂？

3. 为什么有那么多的外国公司选择在美国建设工厂？

4. 什么是"集群"？

5. 在选址中，因素比重法是怎样考虑个人偏好的？

6. 选址决策的定性方法（相对于定量方法而言）的利弊是什么？

7. 列举两个服务业集群的例子。

8. 当进行国家选址时，公司考虑的主要因素有哪些？

9. 影响地区/社区选址决策的因素有哪些？

10. 虽然大多数组织可能很少进行选址决策，但是有些组织会经常且定期地进行选址决策。列举一两个这方面的例子。这些组织使用的选址决策方法与通常使用的方法有什么不同？

11. 列举除全球化之外影响选址决策的一些因素。

12. 解释重心法的假设条件。在服务业选址中怎样使用重心法？

13. 选址盈亏平衡分析的三个步骤是什么？

14. "制造商在资源附近选址，而零售商在顾客附近选址。"使用文中提到的紧邻市场的观点对这种说法进行讨论。你能想到几个反例吗？对你的例子进行解释。

15. 为什么较低的工资率不足以确定选址？

16. 列举服务业组织进行选址时使用的一些方法。

17. 对一个食品分销商和一家超市的选址进行对比分析。（分销商将成车的食品、肉类、农产品等商品送往超市。）列举它们有哪些相同的选址考虑（因素），有哪些不同的选址考虑（因素）。

18. 埃尔默软糖工厂（Elmer's Fudge Factory）计划在今后2年里在俄勒冈州开设10家零售商店。确定与选址决策相关的因素（并分配权重）。对这些因素及其权重进行列表。

利用软件来解决选址问题

这部分展示了利用计算机软件来解决选址问题的三种方法。第一种方法是建立自己的Excel工作表来进行因素比重法、重心法和选址盈亏平衡分析。第二种方法是用Excel OM设定解决三种模型的程序。第三种方法是找到POM for Windows工具，解决问题。

创建你自己的Excel工作表

Excel工作表可以很容易地开发出来，用以解决本章中的大部分问题。参考例3中奎因折扣百货商店的重心法分析。你可以在程序7-1中查到公式是如何建立的。

使用Excel OM

Excel OM可以解决例1（因素比重法模型）、例2（选址盈亏平衡分析模型）和例3（重心法模型）的问题，以及其他选址问题。

使用POM for Windows

POM for Windows包括三种选址模型：因素比重法、重心法、盈亏平衡分析法。详见附录Ⅳ。

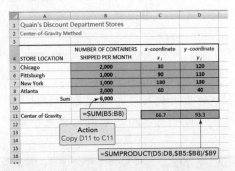

程序7-1　对于例3的奎因折扣百货商店创建重心法分析的Excel工作表

例题解答

=== 例题解答 7.1 ===

正如选址时要根据权重法模型对城市和社区进行比较一样，也如我们在本章前面提到的，对于城市内的实际场地选址决策也可以使用权重法分析。表7-7列举了华盛顿特区进行一项选址时的四种重要考虑因素。医疗部官员负责在该城市开设第一家公共戒毒诊所。诊所的位置是最重要的考虑因素（给予5分的权重），目的是方便尽可能多的病人就医。由于预算紧张，年租金成本也成为很重要的考虑因素。由于位于14街和U街的市政厅套房是免费的，因此它们的租金成本得分很高。而商业区公共汽车终点站附近的旧办公楼房租很贵，所以这些办公楼的得分要低得多。患者的隐私要求与租金成本同样重要，所以诊所需要位于一个相对不显眼的位置。最后，由于大多数医疗人员都是志愿工作者，因此每个选址的安全性、停车场的就近性也成为考虑因素。

使用因素比重法，确定哪个区域更适合一些。

表 7-7　华盛顿特区可能的诊所地点

因素	权重	可能的选址区域			经过加权计算的得分		
		无家可归者庇护所（2街和D街，东南区）	市政厅（14街和U街，西北区）	汽车终点站区（7街和H街，西北区）	无家可归者庇护所	市政厅	公共汽车终点站区
吸毒者的易接近性	5	9	7	7	45	35	35
年租金成本	3	6	10	3	18	30	9
隐蔽性	3	5	2	7	15	6	21
医疗人员的易接近性	2	3	6	2	6	12	4
总得分					84	83	69

注：所有区域都是按照1~10进行评分，10是最高分，1是最低分。

解答

表7-7最右边的三栏列出了经过加权计算的得分。公共汽车终点站得分较低，先排除出去；不再考虑。剩下两个区域的总分相近。现在，在剩下的两个区域中进行选择时，可能会考虑包括政治因素在内的其他一些因素。

=== 例题解答 7.2 ===

程昌国（Ching-Chang Kuo）打算开设一家新的生产优质步枪瞄准器的铸造厂，可供选址的区域有三个，分别是得克萨斯州的登顿、伊利诺伊州的爱德华兹维尔和阿肯色州的费耶特维尔。他收集到的固定成本和变动成本的数据如下：

区域	每年的固定成本（美元）	单位变动成本（美元）		
		材料成本	劳动力成本	管理费用
登顿	200 000	0.20	0.40	0.40
爱德华兹维尔	180 000	0.25	0.75	0.75
费耶特维尔	170 000	1.00	1.00	1.00

（1）画出总成本曲线。

（2）年产量分别在多大范围内各个区域才能具有竞争优势？

（3）爱德华兹维尔和费耶特维尔的成本曲线相交时，产量是多少？

解答

（1）总成本曲线如图 7-4 所示。

（2）产量在 8 000 件以下时，费耶特维尔在生产上具有竞争优势（成本最低）；产量在 8 000~26 666 件之间时，爱德华兹维尔具有竞争优势；当产量超过 26 666 件时，登顿具有竞争优势。（在本题中我们假设，无论是哪一种决策，其他成本如运输费用和无形成本都是保持不变的。）

（3）从图 7-4 中，我们可以看到，费耶特维尔成本曲线与爱德华兹维尔成本曲线的交点产量是 8 000 件。我们也可以使用数学公式来确定这个点：

$$180.000+1.75Q=170\,000+3.00Q$$
$$1.25Q=10\,000$$
$$Q=8\,000$$

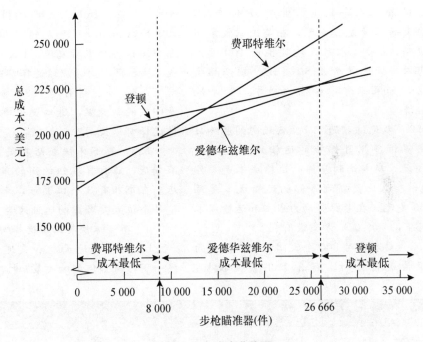

图 7-4 总成本曲线图

━━━■■■■■ 例题解答7.3 ■■■■■━━━

城市公共图书馆计划在城市快速发展的北侧开设它的第一家主要分馆。分馆将服务 6 个人口普查区域。这是每个区域的坐标和人口。

人口普查区域	普查区中心坐标	普查区人口数
503——罗根广场	(3, 4)	45 000
519——艾伯尼公园	(4, 5)	25 000
522——罗杰斯公园	(3, 6)	62 000
538——肯特伍德	(4, 7)	51 000
540——罗斯福	(2, 3)	32 000
561——韦斯顿	(5, 2)	29 000

请使用重心法分析，分馆的坐标应该在哪里？

解答

$$横坐标=\frac{\sum_i x_i Q_i}{\sum_i Q_i}$$

$$=\frac{\begin{array}{c}3\times45\,000+4\times25\,000\\+3\times62\,000+4\times51\,000\\+2\times32\,000+5\times29\,000\end{array}}{244\,000}$$

$$=3.42$$

$$纵坐标 = \frac{\sum_i y_i Q_i}{\sum_i Q_i}$$

$$= \frac{\begin{matrix} 4 \times 45\,000 + 5 \times 25\,000 \\ + 6 \times 62\,000 + 7 \times 51\,000 \\ + 3 \times 32\,000 + 2 \times 29\,000 \end{matrix}}{244\,000}$$

= 4.87

新分馆应设在罗根广场和罗杰斯公园的西边，坐标为（3.42，4.87）。

练习题[*]

7.1　在缅甸，6 个工人每天能够生产 40 件产品，每人每天的工资是 3 美元。在越南，10 个工人每天能够生产 45 件产品，每人每天的工资是 2 美元。在美国蒙大拿州的比灵斯，2 个工人每天能够生产 100 件产品，每人每天的工资是 60 美元。就产品生产而言，如果只考虑劳动力成本，哪个地区最经济？

7.2　参见练习题 7.1。从缅甸到最终目的地科罗拉多州丹佛市的运输成本是每件 1.50 美元。从越南到丹佛的运输成本是每件 1 美元，而从比灵斯到丹佛的运输成本是每件 0.25 美元。在考虑劳动力成本和运输成本的情况下，哪个选址方案最有利？

7.3　要求你对 200 个太阳能板中使用的圆盘报价进行分析。有 3 家供应商投标：

Thailand Polishing、India Shine 和 Sacramento Glow。Thailand Polisling 的报价是 2 000 泰铢。India Shine 的报价是 2 000 卢比。Sacramento Glow 的报价是 200 美元。在当地银行调查后发现，1 美元＝10 泰铢，1 美元＝8 卢比。你应该选择哪家公司？

7.4　参见练习题 7.3。如果最终目的地是印度的新德里，进口税税率是 30％，你应该选择哪家公司？

7.5　赛百味快餐店在美国有 25 000 多家分店，正打算在纽约州的布法罗开一家新店。在市郊有 3 个位置可以考虑。下表列出了每个位置要考虑的选址因素。

a.　赛百味快餐店应选择哪个地点？

b.　如果土地面积和交通流量的权重调换一下，将如何影响决策？ **PX**

因素	权重	梅特兰	教会	北边购物中心
土地面积	0.30	60	70	80
土地成本	0.25	40	80	30
交通流量	0.20	50	80	60
邻近地区收入水平	0.15	50	70	40
城市规划法律	0.10	80	20	90

7.6　肯·吉尔伯特（Ken Gilbert）在田纳西州有一个小型棒球队，名字是诺克斯维尔勇士队（Knoxville Warriors）。他希望将棒球队南移到莫比尔（亚拉巴马州）或杰克逊（密西西比州）。下表给出了他认为的重要因素、因素权重以及莫比尔和杰克逊的得分。

---

[*] **PX** 表示可以用 POM for Windows 和（或）Excel OM 软件解答该题。

因素	权重	莫比尔	杰克逊
激励措施	0.4	80	60
运动员的满意程度	0.3	20	50
人们对运动的兴趣	0.2	40	90
城市的大小	0.1	70	30

a. 他应该选择哪个位置？

b. 杰克逊提高了激励措施，新分数是75 分，为什么不会影响问题 a 的决策？ **P✗**

7.7 东北保险公司（Northeastern Insurance Company）正考虑在美国开设一个办事处。可供考虑的两个城市是费城和纽约。这两个城市的因素比重（得分高的城市更好一些）如下表所示。该公司应该选择哪个城市开设办事处呢？ **P✗**

因素	权重	费城	纽约
消费者的便利程度	0.25	70	80
银行的就近性	0.20	40	90
计算机支持	0.20	85	75
租金成本	0.15	90	55
劳动力成本	0.10	80	50
税收	0.10	90	50

7.8 玛丽莲·赫尔姆零售公司（Marilyn Helm Retailers）打算为一家新的零售商店进行选址。公司有 3 个选择方案——仍旧在现址，但扩大商店的规模；沿着附近纽伯里区的主要街道进行选址；在海德公园一家新开的购物中心内进行选址。公司已经选定了 4 个因素作为评分依据，并分配了权重，如右上方的所示。

因素	因素特点描述	权重
1	社区平均收入	0.30
2	社区发展潜力	0.15
3	公共交通的便利性	0.20
4	劳动力的可获性、态度和成本	0.35

公司根据 4 个因素对每个地区进行了评分，满分为 100 分，如下表所示：

因素	位置		
	现址	纽伯里	海德公园
1	40	60	50
2	20	20	80
3	30	60	50
4	80	50	50

a. 玛丽莲·赫尔姆零售公司应该在哪里选址？

b. 约在一个月内，现址所在的街区会开设一个新的地铁站，因此现址第三个因素的得分应该提高到 40，这样将如何改变你的答案？ **P✗**

7.9 库克控制公司（Cook Controls）是一家小型制造商，为高科技电缆系统生产零部件。该公司的选址已经被缩小到 4 个地区。该公司需要在地方培训中心对装配员、检测员和机器人操作员进行培训。公司总裁洛里·库克（Lori Cook）已经要求每个地区就培训计划、税负减免和其他工业激励措施进行报价。下表列出了关键因素、因素权重和每个地区的得分。地区的得分越高表示选择这个地区会越有利。

因素	权重	位置			
		俄亥俄州 阿克伦	密西西比州 比洛克西	得克萨斯州 迦太基	科罗拉多州 丹佛
劳动力的可获性	0.15	90	80	90	80
技校的教学质量	0.10	95	75	65	85
运作成本	0.30	80	85	95	85
土地和建筑成本	0.15	60	80	90	70
工业激励措施	0.20	90	75	85	60
劳动力成本	0.10	75	80	85	75

a. 计算每个地区的（加权平均）总得分。

b. 你会选择哪个地区？

c. 如果将运作成本和劳动力成本的权重进行调换，你会得出相同的结论吗？根据需要重新计算并加以解释。**PX**

7.10 泛美炼油厂（Pan American Refineries）的总部设在休斯敦。现在为了建设一个新的石油加工中心，该厂必须在 3 个地区中进行选址。公司已经选定了 6 个因素作为评分依据，并按照 1～5 分的权重对每个因素的重要性进行评价，如下表所示：

因素	因素名称	权重得分
1	与港口的邻近程度	5
2	电力资源的可获性及成本	3
3	工人的态度及成本	4
4	与休斯敦间的距离	2
5	社区的有利条件	2
6	区域内的设备供应商	3

公司 CEO 苏哈吉特·查克拉博蒂（Subhajit Chakraborty）已经根据每个因素对每个地区进行了评分，最低分为 1 分，最高分为 100 分。

因素	地区 A	地区 B	地区 C
1	100	80	80
2	80	70	100
3	30	60	70
4	10	80	60
5	90	60	80
6	50	60	90

a. 加权计算后，应选择哪个地区？

b. 如果地区 B 的"与港口的邻近程度"提高为 90 分，结果将如何变化？

c. 地区 B"与港口的邻近程度"需要多少分才能改变地区 B 的排名？**PX**

7.11 某公司计划进行生产扩张，打算在 3 个国家中选择一个建设新厂。负责选址决策的经理是克里斯·埃利斯（Chris Ellis），他决定使用 5 个关键成功因素来对这 3 个国家进行评分。埃利斯根据每个因素对这 3 个国家进行了评分，最低分为 1 分（最不适合的国家），最高分为 5 分（最适合的国家）。

关键成功因素	权重	候选地区评分		
		中国	泰国	新加坡
技术	0.2	4	5	1
教育水平	0.1	4	1	5
政治和法律方面	0.4	1	3	3
社会和文化方面	0.1	4	2	3
经济因素	0.2	3	3	2

a. 该公司应该选择哪个国家来建设新厂？

b. 如果泰国的政治冲突使得其政治和法律方面的得分降为 2 分，结论会改变吗？

c. 如果泰国政治和法律方面的得分降为 1 分，结果又会如何呢？**PX**

7.12 哈登学院（Harden College）打算在欧洲建立一个分校，主校区的学生在大学 4 年中可以在那里完成 1 年的学业。该学院目前考虑的国家有 5 个：荷兰、英国、意大利、比利时和希腊。学院希望在决策中考虑 8 个因素。前两个因素的权重为 0.2，剩下因素的权重为 0.1。下表列出了每个国家的得分（5 分最高）。

因素	因素特点描述	荷兰	英国	意大利	比利时	希腊
1	政府的稳定性	5	5	3	5	4
2	人们使用英语进行交谈的熟练程度	4	5	1	4	3
3	金融货币体系的稳定性	5	4	3	4	3
4	基础通信设施	4	5	3	4	3
5	基础交通设施	5	4	3	5	3
6	历史/文化遗迹的可获性	3	4	5	3	5
7	进口限制	4	4	3	4	4
8	合适校区的可获性	4	4	3	4	3

a. 该学院应该选择哪个国家建立欧洲分校？

b. 如果"人们用英语进行交流的熟练程度"不作为一个因素，决策会发生什么变化？ **P**x

7.13　丹尼尔·特雷西（Daniel Tracy）是马丁制造厂（Martin Manufacturing）的老板，他计划扩建一个新厂。新厂的选址缩小在以下 4 个地点：A、B、C、D。下面的表格显示了利用因素比重法的分析结果。每个因素的分值在 1～5 中取值。

因素	权重	地点得分			
		A	B	C	D
劳动力的质量	10	5	4	4	5
建设成本	8	2	3	4	1
运输成本	8	3	4	3	2
市场的邻近程度	7	5	3	4	4
税收	6	2	3	3	4
气候	6	2	5	5	4
能源成本	5	5	4	3	3

a. 应该选择哪个地点？

b. 如果地点 D 的能源成本从 3 分增加到 5 分，结果有何变化？

c. 如果地点 A 的气候得分调整为 4 分，有何影响？此时，特雷西应该选择哪个地点？ **P**x

7.14　一家美国咨询公司计划进行全球扩张，打算在下面 4 个国家之一开设一个新办事处：德国、意大利、西班牙、希腊。该公司将选址决策的工作委托给了其主要合伙人韦恩·谢尔（Wayne Shell）。韦恩·谢尔确定了 8 个关键成功因素。他认为，对任何咨询公司的成功而言，这些因素都是非常必

要的。他根据 8 个关键成功因素对这 4 个国家进行了评分，最低分为 1 分（最不适合的国家），最高分为 5 分（最适合的国家）。

关键成功因素	权重	候选国家得分			
		德国	意大利	西班牙	希腊
教育水平					
咨询公司的数量	0.05	5	5	5	2
国民识字率	0.05	4	2	1	1
政治方面					
政府的稳定性	0.2	5	5	5	4
产品责任法	0.2	5	2	3	5
环境法规	0.2	1	4	4	3
社会和文化方面					
语言的相近性	0.1	4	1	1	1
咨询的可接受性	0.1	1	4	4	3
经济因素					
激励措施	0.1	2	3	1	5

a. 公司应该选择哪个国家开设新办事处呢？

b. 如果西班牙在"政府的稳定性"上得分更低，降为 4 分，总分会发生什么变化？关于这项因素，西班牙取什么分数会改变排序？ **P**x

7.15　英国的一家连锁医院希望进军美国市场，在美国的中西部地区建设一家医院。由于医院的院长道格·穆迪（Doug Moodie）是在西北大学（Northwestern University）获得的医学学位，因此他比较喜欢美国的中西部地区。经过初步分析，医院选定了四个城市进行更进一步的分析。这些城市的得分如下表所示：

因素	权重	城市			
		芝加哥	密尔沃基	麦迪逊	底特律
成本	2.0	8	5	6	4
对医院的需要程度	1.5	4	9	8	4
员工的可获性	1.0	7	6	4	7
地区激励措施	0.5	8	6	5	9

a. 穆迪应该选择哪个城市？

b. 假设现在所有因素要求的最低分是 5

分。那么，穆迪应该选择哪个城市？ **PX**

7.16 对一位藤椅编织者来说，有三个地区可用于制造工厂的选址，这三个地区的固定成本和变动成本如下表所示：

地区	每年的固定成本（美元）	单位产品的变动成本（美元）
1	500	11
2	1 000	7
3	1 700	4

a. 当产量在什么范围内时，三个地区分别是最理想的区位选址？

b. 当产量为 200 件时，哪个地区是最好的选址？ **PX**

7.17 彼得·比林顿立体音响公司（Peter Billington Stereo, Inc.）是一家为汽车制造商生产收音机的公司，现在公司打算建设一家新工厂。公司还没有在底特律和达拉斯之间作出决定。达拉斯的土地成本比较便宜，新厂在达拉斯的固定成本更低一些。但是设在达拉斯运输距离将会增加，变动成本较高。已知成本数据如下表所示：

	达拉斯	底特律
固定成本	600 000 美元	800 000 美元
变动成本	28 美元/台	22 美元/台

a. 当产量在什么范围内时，达拉斯和底特律分别更合适？

b. 如果达拉斯的固定成本增加 10%，答案会有何变化？ **PX**

7.18 现代汽车公司正在考虑三个地点 A、B、C 作为新型号汽车 Sport C150 的生产厂。目标是选成本最低的地区。成本的测算是年固定成本加上产品的变动成本。现代汽车公司收集到下表所示的数据：

地区	每年的固定成本（美元）	单位变动成本（美元）
A	10 000 000	2 500
B	20 000 000	2 000
C	25 000 000	1 000

公司在新厂每年的预计产量是 0～60 000 辆。这是公司截至目前对生产计划的了解程度。

a. 产量为多少时，地区 C 会成为最佳选择？

b. 产量为多少时，地区 A 会成为最佳选择？

c. 产量为多少时，地区 B 会成为最佳选择？ **PX**

7.19 佩吉·莱恩公司（Peggy Lane Corp）是一家机床生产厂，公司打算将工厂搬迁到一个更大的地方。公司已经确定了两个地区：博纳姆（Bonham）和麦金尼（McKinney）。博纳姆每年的固定成本是 800 000 美元，单位变动成本是 14 000 美元。麦金尼每年的固定成本是 920 000 美元，单位变动成本是 13 000 美元。产成品的单位售价是 29 000 美元。

a. 产量为多少时，这两个地区的利润相同？

b. 产量在什么范围内时，博纳姆是更好的选择（利润更高）？

c. 产量在什么范围内时，麦金尼是更好的选择？

d. 这两个城市的盈亏平衡点分别是多少？

7.20 我们希望通过一个中枢将一些城市连接起来，这些城市的地图坐标和运输量如下表所示：

城市	地图坐标（x, y）	运输量
A	(5, 10)	5
B	(6, 8)	10
C	(4, 9)	15
D	(9, 5)	5
E	(7, 9)	15
F	(3, 2)	10
G	(2, 6)	5

a. 这个中枢应该位于哪个坐标附近？

b. 如果城市 A 的运输量增加了 3 倍，中枢会有什么变化？ **PX**

7.21 位于路易斯安那州的一家家庭保健连锁公司需要设立一个中心办事处，从那里到分公司进行内部审计和其他定期巡视工作。这些分公司分散在全州，详细坐标如下表所示。每年都会有一个团队从中心办事处出发，到除了霍马外的其他分公司检查 3 次，而霍马每年将被检查 5 次。对这个中心办事处来讲，哪个坐标代表较好的选址？可能影响办事处选址决策的其他因素还有哪些？你会将这个办事处设在哪里？加以解释。**Px**

城市	地图坐标	
	X	**Y**
卡温顿	9.2	3.5
唐纳森维尔	7.3	2.5
霍马	7.8	1.4
门罗	5.0	8.4
纳基托什	2.8	6.5
新伊比利亚	5.5	2.4
奥珀卢瑟斯	5.0	3.6
拉斯顿	3.8	8.5

7.22　一个小乡镇在过去 6 年中经历了空前的人口增长，因此当地建了一所新的可以容纳 500 个学生的北部公园小学（North Park Elementary School）。该地区有 3 所旧的规模较小的小学：华盛顿小学、杰斐逊小学和林肯小学。现在，中学也感到了学生增长的压力。因此，当地打算建造一所中心中学以容纳这些学生并尽量降低学生的乘车成本。旧的中学位于高中附近，将成为高中校园的一部分。

a.　中心中学的坐标是多少？

b.　在建造学校之前，还应该考虑哪些因素？**Px**

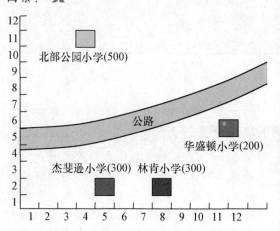

7.23　托德音像店（Todd's Direct）是一家总部设在新奥尔良的电视机销售连锁店。该连锁店打算在亚拉巴马州的莫比尔市开设一家新店，它希望选择一个位于莫比尔市人口基数中心的位置作为新店的店址。托德调查了莫比尔市的 7 个人口普查点，在地图上绘出了这些点的坐标，并查询了每个点的人口基数作为分析的权重因子。托德收集到的信息如下表所示：

人口普查点	人口普查点的人口数	地图坐标 (X, Y)
101	2 000	(25, 45)
102	5 000	(25, 25)
103	10 000	(55, 45)
104	7 000	(50, 20)
105	20 000	(80, 50)
106	20 000	(70, 20)
107	14 000	(90, 25)

a.　新店的店址即重心点在哪里？

b.　人口普查点 103 和 105 的人口数在明年将会增加 20%，这对新店的选址有何影响？**Px**

7.24　鹰电器公司（Eagle Electronics）出于扩张的需要必须另外设立一家工厂。新厂选址的范围已经缩小到了四个城市：亚特兰大（A）、巴尔的摩（B）、芝加哥（C）和达拉斯（D）。这些城市的因素、得分和权重如下表所示：

i	因素	权重 (W_i)	位置得分			
			A	B	C	D
1	劳动力素质	20	5	4	4	5
2	生活质量	16	2	3	4	1
3	交通	16	3	4	3	2
4	紧邻市场	14	5	3	4	4
5	紧邻供应商	12	2	3	3	4
6	税收	12	2	5	5	4
7	能源供应	10	5	4	3	3

a. 利用因素比重法确定鹰电器公司的新厂选址。

b. 如果保持 a 中的答案作为新厂的选址，那么权重 W_7 应该在什么范围内取值？

7.25 欧盟的成立使航空规则发生了一些变化，这对几家主要的欧洲航空公司产生了重大影响，这些航空公司包括英国国际航空（BIA）、皇家航空（KLM）、法国航空（Air France）、意大利航空（Alitalia）和瑞士航空（Swiss International Air）。英国国际航空公司有宏大的扩张计划，决定在欧洲大陆开设第二个服务中心，以便与希思罗（伦敦）大型修理厂形成互补。地址的选择非常关键。该服务中心可以为 4 000 个具有熟练技能的蓝领工人提供工作岗位，所以西欧的每个城市都在积极争取 BIA 的业务。

BIA 的运作部经理霍姆斯·米勒（Holmes Miller）经过初步调查之后，将选址的范围缩小到 9 个城市。按照 12 个因素对每个城市进行评分，评分结果如下表所示。

a. 帮助米勒排列出 BIA 应该考虑的前 3 个城市。

b. 经过进一步的调查之后，米勒认为"目前的修理设施"远没有早先认为的那样重要。如果他将这个因素的权重降低到 30，那么评分的结果会发生什么变化？

c. 当米勒完成 b 中的改变后，德国宣布它对财政激励重新进行了考虑，增加了 2 亿欧元以吸引 BIA。因此，BIA 将德国在这个因素上的评分增加到了 10。前 3 位的排名又会发生什么变化？ **Px**

因素	权重	意大利			法国			德国		
		米兰	罗马	热那亚	巴黎	里昂	尼斯	慕尼黑	波恩	柏林
财政激励	85	8	8	8	7	7	7	7	7	7
熟练的劳动力队伍	80	4	6	5	9	9	7	10	8	9
目前的修理设施	70	5	3	2	9	6	5	9	9	2
工资率	70	9	8	9	4	6	6	4	5	5
对工作岗位的竞争	70	7	3	3	2	8	7	4	8	9
接近航空交通	65	5	4	6	2	8	8	4	8	6
房地产成本	40	6	4	7	4	6	6	4	5	5
通讯联系	25	6	7	6	9	9	9	10	9	8
对管理人员的吸引力	15	4	2	3	9	6	6	2	3	3
政治考虑	10	6	6	6	8	8	8	6	6	6
扩张的可能性	10	10	2	8	1	5	4	4	5	6
工会的力量	10	1	1	1	5	5	5	6	6	6

案例分析 ▪

■■■■ ■■ 南方休闲车公司 ■■ ■■■■

2015 年 10 月，密苏里州圣路易斯市的南方休闲车公司（Southern Recreational Vehicle Company）的高层主管宣布，公司计划对生产和装配厂重新选址，在密西西比州的里奇克莱斯特市建造一个新工厂。该公司是野营车和野营拖车的主要生产商之一。由于生产成本不断攀升，该公司的利润已经连续 5 年不断下滑。劳动力和原材料成本在惊人地增加，公共设施成本也在迅速上涨，而税负和运输成本也在稳定地攀升。尽管销售量在增加，公司还是经历了自 1982 年开业以来的首次净亏损。

最初考虑选址时，公司的管理层仔细查看了几个地理区域。对公司的选址决策来讲，最重要的因素包括便利的交通设施、州和市的税收制度、充足的劳动力供给、社区的积极态度、合理的场地成本以及财政激励。虽然几个社区提供的激励基本相同，但是密西西比电力和照明公司为吸引"清洁、劳动密集型"产业所做的努力以及该州的州政府和地方官员的热情给南方休闲车公司的管理层留下了非常深刻的印象，该州的州政府和地方官员一直在积极寻求推动该州经济的方法，通过给予一些激励措施来鼓励制造公司到该州建厂。

在通知下达前的两周，南方休闲车公司的管理层完成了它的选址规划。公司在里奇克莱斯特工业园区选择了现有的一座大楼（以前位于这座大楼的一个移动房屋制造商由于资金不足和管理不善已经破产）；公司开始通过密西西比州就业办公室招募员工；租赁或出售圣路易斯物业的活动也已经开始。里奇克莱斯特市为南方休闲车公司提供的激励政策有：

1. 县和市政免税 5 年。
2. 免收水费和污水处理费。
3. 在工业区建造第二个免费装卸码头。
4. 同意发行 50 万美元的工业债券以推动公司未来的生产扩张。
5. 在本地的一所工业贸易学校对工人进行由公共财政资助的培训。

除了这些激励政策之外，其他因素在决定这处密西西比州小镇的选址中也是非常重要的。劳动力成本将大大低于圣路易斯；工会压力不会很大（密西西比州保障非工会会员的就业权）；公共设施成本和税收都比较适中。总的说来，南方休闲车公司的管理层认为这个选址决策是很不错的。

2015 年 10 月 15 日，下列通知被附在每个员工的工资单上一起送到了员工手中：

给：南方休闲车公司的员工
自：总裁杰拉尔德·奥布赖恩（Gerald O'Brian）

南方休闲车公司的管理层非常抱歉地宣布，公司计划在 2015 年 12 月 31 日停止在圣路易斯的所有生产运作活动。由于运作成本的增加和工会强加给公司的众多不合理要求，公司已经不能再盈利了。我真诚地感谢你们中的每个人在过去几年里为公司提供的优质服务。如果想让我帮助你们在其他公司找到合适的工作岗位，请告诉我。再次感谢你们的合作和过去提供的服务。

【讨论题】

1. 评价密西西比州里奇克莱斯特市的社区领导为南方休闲车公司提供的激励政策。

2. 将公司管理人员从一个人口稠密的工业化地区迁到一个乡村小镇，公司会遇到什么样的问题？

3. 对奥布赖恩提出的迁移工厂的理由进行评价。这些是正当理由吗？

4. 当一家公司停产时，公司必须对员工承担哪些法律和道义上的责任？

资料来源：Reprinted by permission of Professor Jerry Kinard, Western Carolina University.

注 释

[1] 式（7-1）和式（7-2）在欧几里得平方距离下计算重心，实际上可能导致运输成本略高于（不到 2%）使用欧几里得（直线）距离计算的非最优重心。然而，后者是一个更复杂和涉及数学的过程，所以我们现在提出的公式只是作为一个有吸引力的替代公式。参见 C. Kuo and R. E. White. "A Note on the Treatment of the Center-of-Gravity Method in Operations Management Textbooks," *Decision Sciences Journal of Innovative Education* 2：219-227.

快速复习 ——■

主要标题	复习内容
选址的战略重要性	选址对公司的风险和利润有很重要的影响。仅运输成本一项就占到产品销售价格的 25%。当考虑所有成本的时候，选址可以改变总运作成本的 50%。公司很少进行选址决策，通常在需求超过了工厂目前的生产能力或者劳动生产率、汇率、成本或当地投资环境改变时，才会考虑改变选址。公司也可能因为人口和需求的变化而对生产或服务设施进行重新安排。 选址方案包括：（1）在不改变厂址的情况下扩大现有设施；（2）保留现有工厂，另外在其他地方建设新厂；（3）关闭现有工厂并转移到其他地方。 对工业企业选址决策而言，选址策略通常是使成本最小化，虽然创新和创造力也可能很重要。对零售业和专业性服务组织来说，选址策略多集中于收入最大化。然而，仓储选址策略可能会受成本和交付速度的共同影响。 选址策略的目标是使公司的选址收益最大化。 当公司集中于创新时，下列四点可能会影响公司的创新和总体竞争力：（1）高品质和专业化的投入，如科学和技术人才；（2）鼓励投资和地区激烈竞争的环境；（3）来自成熟的本地市场的压力和洞察力；（4）本地的相关工业和支撑工业。
影响选址决策的因素	全球化的出现是因为：（1）市场经济的发展；（2）更通畅的全球通信；（3）更迅速、更可靠的旅行和运输方式；（4）国际资本流动的便捷；（5）劳动力成本的巨大差异。 单位产品的劳动力成本有时称为产品的劳动含量： $$\frac{每天的劳动力成本}{生产率（或每天的产量）}=单位产品的成本$$ 有时公司可以通过重新选址或向外国出口而利用汇率优势。 ■ 有形成本：容易识别且在某种程度上可以准确测量的成本。 ■ 无形成本：属于选址成本的一类，不容易量化，如生活质量和政府素质。 一些服务型组织发现市场的可接近性是主要的选址因素。由于一些原材料易腐烂、运输成本高或体积较大，因此公司在紧邻原材料和供应商的地方选址。 ■ 集群：相互竞争的公司在选址时相互邻近，通常是因为某些地区集聚着生产所必不可少的大量信息资源、人才资源、风险资本资源或自然资源。
评价选址方案的方法	■ 因素比重法：在难以评估成本的过程中增加客观性的一种选址方法。 因素比重法的六个步骤是： 1. 列出相关因素，称为关键成功因素（如图 7-1 中所示的那些因素）。 2. 给每个因素分配一个权重，以反映这个因素在公司目标中的相对重要性。 3. 为每个因素建立一个范围（如 1～10 或者 1～100）。 4. 管理层对每个选址的每个因素进行评分，使用步骤 3 中的范围。 5. 用每个因素的权重乘以得分，计算出每个选址方案的总分。 6. 根据最高得分给出选址建议，并考虑其他定量分析的结果。 选址盈亏平衡分析：对选址决策进行经济比较的一种方法。 选址盈亏平衡分析的三个步骤是： 1. 确定每个选址的固定成本和变动成本。 2. 在图形上画出每个选址的成本曲线，以纵轴表示成本，以横轴表示年产量。 3. 在期望产量一定的情况下，选择总成本最低的地点。 ■ 重心法：一种数学方法，用于寻找同时服务几家商店或区域的单个最佳分销点。 重心法是找到一个理想位置，使其与其服务地点的加权距离最小。其中，距离需根据运输的集装箱数量进行加权计算。

续表

主要标题	复习内容
评价选址方案的方法	$$重心点的横坐标 = \frac{\sum_i x_i Q_i}{\sum_i Q_i} \qquad (7-1)$$ $$重心点的纵坐标 = \frac{\sum_i y_i Q_i}{\sum_i Q_i} \qquad (7-2)$$ 运输模型：用于求解线性规划问题的一种方法。 运输模型的目标是，在几个供应点（来源地）到几个需求点（目的地）之间，确定最佳的运输模式以使总生产成本和运输成本最小。
服务业的选址策略	对服务业企业来讲，决定顾客数量和收入的主要因素有八个： 1. 顾客吸引区域的购买力。 2. 企业的服务和形象与顾客吸引区域人口统计特征的一致性。 3. 该地区的竞争情况。 4. 竞争的激烈程度。 5. 公司选址和竞争者位置的独特性。 6. 企业设施和相邻商业企业的物理特性。 7. 公司的经营方针。 8. 管理质量。
地理信息系统	■ 地理信息系统：存储和显示与地理位置有关的信息。 地理数据在很多地理信息系统中都可以获得。（1）人口普查中的街区、地段、城市、国家、行政区域、城市群、州、邮政编码等数据；（2）每条街道、公路、桥梁和隧道的地图；（3）公共设施，如电、水和气的线路；（4）所有的河流、山脉、湖泊、森林；（5）所有主要机场、大学、医院。

自测题

在自我测试前，请参考本章开头的学习目标和本章的关键术语。

1. 选址决策的影响因素包括（　　）。

a. 汇率

b. 态度

c. 劳动生产率

d. 以上全部

2. 芬德吉他公司（Fender Guitar）付给一个工人一天 30 美元的工资，其工厂位于墨西哥恩塞纳达（Ensenada, Mexico）。工人一天工作 8 小时，生产 4 件乐器，单位劳动力成本是（　　）美元。

a. 30

b. 3.75

c. 7.5

d. 4

e. 8

3. 比较综合（加权平均）分数来评价选址方案，涉及（　　）。

a. 因素比重法

b. 盈亏平衡分析

c. 运输模型

d. 线性回归分析

e. 交叉图分析

4. 在盈亏平衡分析图中，两个或多个选址方案的成本被标示出来，两条成本线的交点的数值表示（　　）。

a. 这两个方案的固定成本是相等的

b. 这两个方案的可变成本是相等的

c. 所有方案的总成本都相等

d. 一个选址方案的固定成本和变动成本相等

e. 这两个方案的总成本是相等的

5. 一家地区连锁书店打算建立一个分销中心，使其位于 8 家零售店的中心。最好采用下面哪种工具进行分析？（ ）

a. 流水线平衡法

b. 载运距离法

c. 重心法

d. 线性规划

e. 以上都是

6. 服务业和制造业在进行选址时，关注点的主要不同在于（ ）。

a. 没有区别

b. 制造业关注收入最大化，服务业关注成本最小化

c. 服务业关注收入最大化，制造业关注成本最小化

d. 制造业关注原材料，服务业关注劳动力

自测题答案：1. d；2. c；3. a；4. e；5. c；6. c。

第8章 设备布置策略

 学习目标

1. 讨论办公室布置的重要问题。
2. 界定零售布置的目标。
3. 讨论现代仓库管理以及自动化仓库系统、接驳运输、随机储存。
4. 识别固定式布置的合适时机。
5. 解释如何获得好的工艺专业化布置。
6. 定义工作单元以及工作单元的要求。
7. 定义产品专业化布置。
8. 解释在重复式布置或产品专业化布置中如何平衡生产流程。

跨国公司介绍：麦当劳

麦当劳利用新的布置形式寻求竞争优势

在半个多世纪的历史中，麦当劳通过发明有限菜单的快餐店而彻底改变了餐饮业。该公司经历了7次重大革新。第一次是推出了室内座位（20世纪50年代），第二次是免下车式购餐窗口的发明（20世纪70年代），这两次都属于设备布置的战略性问题。第三次是在菜单中增加了早餐供应（20世纪80年代），这属于一种产品策略。第四次是增设了玩耍区（20世纪80年代后期），这又是一个设备布置的决策问题。

20世纪90年代，麦当劳完成了第五次重大革新，即采用新的布置形式以实施大量定制流程。这一次公司在14 000家北美连锁店对厨房进行了根本性的重新设计。麦当劳使用名为"为你制作"的厨房系统，三明治用改装后的设备按订单制作。

2004 年麦当劳开始了第六次革新——一种新的食品定制装置：自动服务机。自 1985 年引入自动提款机（ATM）（银行业有 1 500 万台 ATM），自助服务设备已经广泛应用到服务业。1996 年，阿拉斯加航空公司成为第一家提供自助登机服务的航空公司。现在大多数航空公司的乘客采用自助服务的方式登机。自助服务设备比人工服务花的时间要少，并减少了排队等待的时间。

现在，麦当劳正在进行第七次革新，它正在研究餐厅的设备布置。公司正以空前的规模重新设计全球 30 000 家餐厅来呈现 21 世纪的新貌。就餐区按照区域特征分为三个部分：（1）休闲区，服务对象聚焦于年轻人，提供舒适的家具，可以无线上网；（2）随时取用区，提供高桌子、酒吧凳和等离子电视；（3）灵活区，有多彩的家庭区域，可移动的座椅，孩子喜欢听的音乐。每家店的革新成本在 30 万～40 万美元。

正像麦当劳所发现的，设备布置确实可以成为竞争优势的来源。

8.1　设备布置决策的战略重要性

在决定长期运作效率的决策中，设备布置是关键性的决策之一。设备布置不仅能够造就组织在产能、流程、柔性和成本方面的竞争优势，而且可以造就组织在工作生活质量、消费者接触和组织形象等方面的竞争优势，因此设备布置具有重大的战略意义。有效的设备布置策略有助于组织的产品差异化策略、成本领先策略或快速响应策略的实施。例如，为了支持其产品差异化策略，贝纳通公司在仓库布置上投入了巨额资金，新的布置形式有利于快速准确地分拣货物和将货物运输到公司的 5 000 个销售终端。沃尔玛的商店布置同样支持其成本领先策略，这体现在它的仓库技术和仓库布置上。在贺曼贺卡公司（Hallmark）的办公室里，专业人员在不同的工作单元里可以自由地交流，这种布置形式为其贺卡事业的迅速发展提供了有力支持。设备布置策略的目标是开发一种节省成本的设备布置形式以满足公司的竞争需要。上述这些公司的做法就是这样。

在任何情况下，设备布置设计都必须考虑如何满足以下要求：

- 提高空间、设备和人员的利用率。
- 改进信息、材料或人员的流动。
- 提高员工的士气，提供更安全的工作条件。
- 改善与顾客/客户间的互动。
- 柔性（无论现在的设备布置如何，它都不是一成不变的）。

在产品生命周期不断缩短、开始大量定制生产的世界中，需要以动态的观点来看待设备布置设计。这意味着考虑使用小型的、可移动的且具有柔性的设备。商店的展示柜需要具备可移动性，办公桌和隔板需要模块化，仓库的货架需要预制。为了更快更容易地改变产品型号和提高生产率，运作经理在设计设备布置形式时必须考虑柔性。为了使设备布置具有柔性，经理需要对工人进行多技能培训，维护设备，降低投资，使工作站尽量互相邻近，并且使用小型可移动的设备。有时候，考虑到产品、流程或产量的变化，带轮子的设备会更适合。

8.2 设备布置的类型

设备布置的决策即寻找机器（在生产布置中）、办公室和书桌（在办公室布置中）或者服务中心（在医院或百货商店的布置中）的最佳位置。有效的设备布置形式可以促进物料、人员和信息在区域内和区域间的流动。为了实现这些目标，人们想出了多种方法。我们将在本章讨论其中的七种类型：

1. 办公室布置：给工作人员、设备和空间/办公室定位，目的是便于信息的流动。

2. 零售布置：对陈列空间进行分配以响应顾客行为。

3. 仓库布置：在空间和物料搬运间达到一种平衡。

4. 固定式布置：对于体积庞大的工程如船舶和大楼的布置。

5. 工艺专业化布置：对于产量少、品种多的产品生产（也称作"单件小批"式或间歇式生产）的布置。

6. 工作单元布置：使机器和设备集中于一种单一产品或一组相关产品生产的布置形式。

7. 产品专业化布置：在重复式或连续式生产中，使人员和机器的利用率最大的布置。

表 8-1 给出了这些设备布置类型的一些例子。

表 8-1 设备布置策略

	目标	例子
办公室	在安排人员位置时需要考虑员工间频繁的近距离接触	好事达保险公司（Allstate Insurance） 微软公司
零售	向消费者展示边际利润很高的产品	克罗格超市（Kroger's Supermarket） 沃尔格林连锁药店（Walgreen's） 布鲁明戴尔百货（Bloomingdale's）
仓库（储存）	在低成本储存和低成本物料搬运间达到一种平衡	菲特尔莫古公司（Federal-Mogul）仓库 GAP 分销中心
项目（固定式）	将物料搬运到某一位置周围的有限存储区域内	英格尔造船公司（Ingall Ship Building Corp.） 匹兹堡机场
单件小批（工艺专业化）	每生产一种产品都要对多种物流进行管理	阿诺德·帕尔默医院 硬石餐厅
工作单元（产品族）	确定产品族，建立团队，交叉培训队员	贺曼贺卡公司 Wheeled Coach 救护车公司
重复式/连续式（产品专业化）	使工作站的作业时间均等化	索尼电视装配线 丰田 Scion 汽车

在这七种设备布置类型中，只有几种是可以用数学模型进行量化的，所以实体设备的布置和设计从某种意义上讲仍然是一门艺术。不过，我们确知的是，有效的设备布置需要达到如下几点要求：

● 物料搬运设备。运作经理必须决定使用什么设备对材料进行运输和储存，这些搬运设备包括传送带、起重机、自动化仓库系统和自动运货车。

● 生产能力和空间要求。只有在已知人员、机器和设备要求的情况下，管理者才能进行生产布置并为每个零部件提供存放空间。以办公室布置为例，运作经理必须就每个员工的空间要求作出判断。管理人员还必须考虑设备和机器周围的安全要求，如噪声、灰尘、烟雾、温度和空间。

● 环境和美学。设备布置问题经常会对窗户、花盆和隔间高度提出要求，其目的是加速空气流通、降低噪声、保护隐私。

● 信息流。对任何一个组织来讲，沟通都是非常重要的，所以设备布置必须要方便信息的流动。这个问题不但需要就邻近程度作出决策，还需要在开放的空间、半高的隔间和个人办公室之间作出决策。

● 各个工作区间的搬运成本。就物料搬运或者使某些区域相互邻近的重要性来说，可能存在一些非常特殊的考虑。例如，熔化的钢铁比未加热的钢铁更难以运输。

8.3 办公室布置

办公室布置（office layout）要求对员工、设备和空间进行分类，以提供舒适和安全以及促进信息的交流。办公室布置的主要特点是对信息流的重视。当社会普遍采用的技术变革改变了办公室的功能时，办公室布置也在不断地发生变化。

一方面，即使信息的流动在不断向电子化方向发展，办公室的布置分析仍然需要基于作业的方法。因此，经理既需要考虑电子沟通方式，又需要考虑传统的交流方式、间隔需要以及其他影响员工工作效果的因素。适用于这种分析的一种有用工具是图 8-1 所示的关系图（也称为 Muther 网格）。这张图是为一家软件公司准备的，它表明运营部必须靠近财务部和市场部，但不需要靠近平面美术部。

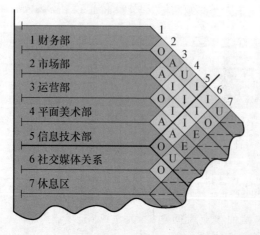

图 8-1 办公室关系图

另一方面，有些布置原则是普遍适用的（很多原则既适用于办公室也适用于工厂）。它们主要涉及工作条件、团队协作、权力和地位。办公室应该设立私密的还是开放的隔间，即使用较低的隔板以促进非正式交流还是使用较高的隔板以降低噪声和保护隐私呢？

如果平衡三个物理和社会方面，工作区可以激发非正式和富有成效的避近[1]：

邻近：空间应该自然地将人们聚集在一起。

隐私：人们必须能够控制别人对他们谈话的获悉。

许可：文化应该表明鼓励非工作交流。

在谈到办公室布置时，我们注意到两个主要的发展趋势。第一，智能手机、扫描仪、互联网、笔记本电脑和平板电脑等技术在使信息流动电子化的同时也使得员工可以远程工作。第二，现在的公司开创了对空间和服务的动态需求。这里有两个例子。

- 当德勤会计师事务所（Deloitte & Touche）发现在任何规定的时间内都会有 30％～40％的办公桌闲置时，公司就开始实施新的"旅馆式办公计划"。咨询顾问不再享有固定的办公室；当一名员工计划在办公室（而不是在外联络客户）待上大半天时，他可以通过"门房"预订一个办公室，门房会在这一天将咨询顾问的名字挂到办公室的门上并按照要求预留空间。

- 思科系统公司（Cisco System）通过减少使用面积、改装工作场所、建造可移动的办公室、设计度假式办公的创新区域，降低了 37％的租金和工作场所服务成本，每年可以获得 24 亿美元的生产效益。

8.4　零售布置

零售布置（retail layouts）是基于这样一种思想，即销售额和利润率的变化与顾客对产品的接触直接相关。所以，大多数零售业的运作经理都试图使顾客接触到尽可能多的产品。研究表明，接触率越大，销售额增加得越多，投资回报也越高。运作经理不仅可以变换商店的整个布置形式，还可以改变各种商品在这种布置形式中的空间分配。

在确定许多商店的整体布置形式时，下面的几点建议很有帮助：

1. 将吸引力大的商品围绕商店四周进行布置。所以，在超市我们往往会发现日用品摆在一边，而面包和烘烤食品摆在另一边。图 8-2 展示了这种策略的一个例子。

2. 将冲动购买率高和边际利润率高的商品放在突出位置。百思买公司将快速增长、高边际利润率的数码产品——如相机和打印机，放在商店的前部和中心位置。

3. 将交易中被看作"有影响力的商品"——可能促成一次购买行动的商品——布置在通道两侧，且将它们分散开来以提高其他商品的曝光率。

4. 使用通道末端的位置，因为这些位置的曝光率非常高。

5. 认真选择起始部门的位置以准确传达商店的使命。例如，如果加工食品是使命的一部分，那么将面包房和熟食店向前布置就会吸引那些喜欢便利的顾客。沃尔玛若希望推动服装的销售就意味着这些部门在顾客进店时就要一览无遗。

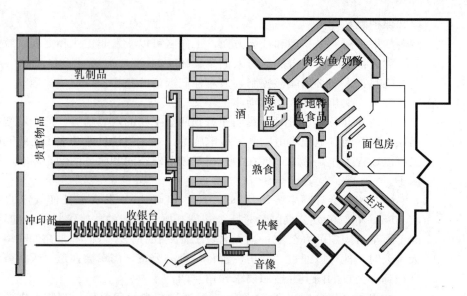

图 8-2 乳制品、面包、销售量大的商品位于商店不同区域的布置图

　　一旦零售店的整体布置决定好了，就需要按照销售情况对商品进行安排。在安排时需要考虑许多因素。不过，零售布置的主要目标是每平方英尺占地面积（或者，在一些商店是指货架空间的长度）的盈利率最大化。高价或昂贵的商品产生的销售额可能会更大，但是它们每平方英尺的盈利率可能更低一些。计算机程序可以帮助管理者评估几百种商品的销售计划的盈利率，这种技术称为分类管理。

　　此外，零售布置中有一个存在争议的上架费。**上架费**（slotting fees）是指生产商为了在零售店或超市连锁店中使它们的商品上架所支付的费用。推出大量新产品的结果是，现在零售商要求生产商支付多达 25 000 美元才会将一种新商品放置在它的连锁店里。过去 10 年中，市场经济、并购和技术的发展使零售商可以利用这种杠杆。POS 系统和扫描技术推动了对货架空间的竞争，改善了管理和库存控制。很多小公司质疑上架费的合法性和伦理性，宣称上架费阻碍了新产品的上市，限制了其生产能力的扩大，并且会使消费者花费更多的钱。沃尔玛是为数不多的不要上架费的公司，消除了进店壁垒。（参见本章末的伦理问题。）

服务场景

　　虽然零售布置的一个主要目标是通过产品展示使利润最大化，但是经理也要考虑其他一些服务因素。**服务场景**（servicescape）用来描述提供服务的物理环境，以及环境对顾客和员工的人文影响。为了提供一种有效的服务布置形式，公司必须考虑三种因素：

　　1. 外界条件，指背景特点，如灯光、声音、气味和温度。所有这些都会对员工和顾客产生影响，并且能够影响顾客花钱的数额以及在大楼里停留时间的长短。

　　2. 空间布置和功能特性，包括顾客行走路线规划、通道特性（如宽度、方向、角度和货架距离）以及产品归类。

　　3. 招牌、标志和装饰，这些都是具有社会意义的建筑设计特征（如百货商店铺地毯的区域鼓励顾客减缓行进速度和随意浏览）。

与这三种服务场景因素相关的例子分别是：

● **外界条件**：精致餐馆使用亚麻桌布和烛光营造愉悦的进餐氛围；Mrs. Field's 面包房散发出来的香味会扩散到整个购物中心；星巴克的皮质椅子。

● **空间布置和功能特性**：克罗格超市内长长的通道和高高的货架；百思买内宽宽的通道。

● **招牌、标志和装饰**：沃尔玛门口的接待员；硬石餐厅的吉他墙；迪士尼乐园像人间天堂的入口。

8.5 仓库与货栈布置

仓库布置（warehouse layout）的目标是使搬运费用和与仓储空间有关的费用达到最优平衡。因此，管理者的任务就是使仓库总"立方"的利用率最大——在保持物料搬运低费用的同时对它的容积进行充分利用。我们将物料搬运费用界定为与交易相关的所有费用。物料搬运包括物料运入、储存和运出等。这些费用包括设备、人员、材料、监督、保险和折旧等。当然，有效的仓库布置也可以使物料在仓库内的损失和毁坏费用减到最小。

管理者努力使花费在物料寻找和搬运上的资源以及物料自身的损失和毁坏的总和减到最小。储存货物的种类和配货时的货物数量与最优布置有着直接的关系。相比储存多种物品的仓库，一个储存少数几种物品的仓库更适合进行高密度布置。现代仓库管理在很多情况下都是使用自动化仓库系统（ASRS）的自动化过程。

"停步购物"（The Stop & Shop）连锁店在新英格兰有 350 家超市，它最近建立了世界上最大的自动化仓库系统。在马萨诸塞州的弗里敦，它有 130 万平方英尺的分销中心，自动化仓库系统使用了 77 台旋转式自动化仓储和检索机器。每台负责 90 个通道的 11 500 个拣货点总共 64 000 个托盘的食品。运作管理实践专栏"亚马逊部署机器人"展示了技术可以帮助最小化仓库成本的另一种方式。

运作管理实践

亚马逊部署机器人

亚马逊平台的机器人大军正在逐步到位。这家西雅图线上零售商在美国的几个仓库中配备了 10 000 多个低矮的橙色轮式 Kiva 机器人，这些机器人将货物所在的货架从仓库搬运至员工处理区，而无需员工在漫长的商品通道中寻找货物。这类似于汽车流水装配线的引入，不需要员工从一个工作站移动到另一个工作站。

在加利福尼亚州特雷西的一个 120 万平方英尺的仓库中，亚马逊用机器人取代了 4 层的固定货架。现在，仓库的拣货工人集中在一个地方，机器人将 4 英尺×6 英尺的货架带到他们那里，从而每天节省他们在仓库中长达 20 英里的行走距离。现在，配备机器人的仓库的员工每小时有望拣选和扫描至少 300 件物品，相比之下，旧仓库的员工每小时只能拣选和扫描 100 件物品。

机器人部署的核心是亚马逊坚持不懈的努力，通过提高物流效率与实体零售商进行竞争。如果亚马逊可以缩短美国 80 多个仓库分拣和包装商品的时间，则可以保证当天或次日交付更多产品给更多客户。

这些机器人通过减少"触摸"产品的次数，每年为亚马逊节省了 4 亿～9 亿美元的物流成本。Kiva 机器人能将平均 3.50～

3.75 美元的分拣、拣选和装箱成本节省 20%～40%。

资料来源：*The Wall Street Journal*（Nov. 20, 2014）and（Dec. 9, 2013）.

仓库布置的一个重要组成部分是如何处理收货/卸货区和发货/装货区之间的关系。设备布置设计取决于卸货物品的类型，从什么运输工具（卡车、铁路货车、驳船等）上卸货，以及在哪里卸货。在一些公司，收货和发货设备——它们被称为"码头"——都在同一区域；有时，这些设备在早晨是收货码头，在下午则是发货码头。

8.5.1 接驳运输

接驳运输（cross-docking）是指避免物料的放置或储存，当物料运到时直接将它们装运换载。在制造工厂中，产品直接由装配线接收。在分销中心，贴了标签且经过分拣的货物被送到装运码头立即转运，因而可以避免收货、库存/储存和订单分拣活动。由于这些活动不会增加产品的价值，因此取消这些活动就是100%的成本节约。沃尔玛是接驳运输的早期倡导者，它将这种技术作为持续低成本策略的一个主要组成部分。通过接驳运输，沃尔玛不仅降低了分销成本，而且加快了仓库存货的周转速度，使顾客服务得到了改善。虽然接驳运输能够降低产品运输、库存和设备成本，但它需要两个条件：（1）紧凑的计划安排；（2）接收的货物有准确的产品标识，通常使用条形码，以便迅速将其转移到合适的装运码头。

8.5.2 随机储存

自动识别系统（AIS），通常采用条形码的形式，可以对货物进行准确而快速的识别。将自动识别系统与有效的管理信息系统相结合，运作经理就可以了解每件货物的数量和位置。人工操作员或自动化仓库系统都可以使用这些信息对位于仓库中任意位置的货物进行装运——以随机的方式。准确的库存数量和位置意味着整个工厂都可以得到利用，因为不需要再为库存单位或零件族预设储存空间了。计算机**随机储存**（random stocking）系统常常包括以下几个任务：

1. 保存一个"开放性"位置目录。
2. 准确记录现有库存和它们的位置。
3. 依照订单对货物进行排序，以使"挑选"订单货物所需的周转时间最少。
4. 为了减少挑选时间而合并订单。
5. 将某些货物或某些种类的货物（如使用率高的货物）分配到特定的仓库区域，以便货物在仓库内运输的总距离最小。

随机储存系统能够增加设备的利用率，降低人工成本，但是需要准确的记录。

8.5.3　定制

　　虽然我们希望仓库可以储存尽可能少的产品，且储存的时间也尽可能地短，但是现在我们要依靠仓库来对产品进行定制。在仓库里，可以通过**定制**（customizing）使产品增值。为了在产品快速变化的市场中获得竞争优势，仓库定制是一种特别有用的方法。例如，在仓库里可以将计算机配件组装到一起，安装软件，并且进行维修。仓库也可以为零售商提供定制化的标签和包装，以便产品到达零售商时可以直接出售。

　　这类工作逐渐转移到位于主要机场附近的工厂，例如位于孟菲斯的联邦快递总部。在主要机场附近的仓库进行的产品增值活动可以加快次日交货。例如，你的电脑终端出现故障，一台调换电脑在第二天清晨就可以从这样的仓库运送到你手上。当你的旧电脑被送到仓库时，仓库会派人对它进行维修，然后再转售给其他人。这些"准仓库"里的增值活动对定制、低成本和快速响应都是非常有益的。

8.6　固定式布置

　　在**固定式布置**（fixed-position layout）中，施工项目保持不动，工人和设备向这个工作区靠拢。这类项目包括船舶、公路、桥梁、房屋和医院手术室里的手术台等。

　　有关固定式布置的技术很复杂，主要受以下三个因素影响。第一，几乎所有场地的空间都是有限的。第二，在项目的不同阶段，需要使用不同的材料；因此，随着项目的进展，物流就变得十分关键。第三，所需材料的体积是不断变化的。例如，当项目不断进展时，船体的钢板使用率也在不断变化。

　　有关固定式布置的问题难以在现场解决，因此一个可选择的策略是在远离现场的地方尽可能多地完成项目的工作量。造船业即采用了这种方法，在附近的装配线（产品专业化设施）上对标准件——如管道的托架——进行装配。当船舶分段（模块）相同时或者需要为几艘相似船舶建造相同分段时，为了提高造船效率，英格尔造船公司转向产品专业化生产。在美国，大约 1/3 的新房屋都是以这种方式建造的。另外，许多现场（固定式）建造的房屋的大部分组件，如门、窗、附属装置、房梁、楼梯和墙板，都以模块的形式建造好，这种不在现场的建造流程效率更高。

8.7　工艺专业化布置

　　工艺专业化布置（process-oriented layout）能够同时管理多种产品或服务。这种设备布置形式是支持产品差异化策略的传统方法。当根据不同要求制造产品或者面对消费者、病人或客户的不同需求时，工艺专业化布置的效率非常高。工艺专业化布置是第 6 章介绍的典型的小批量、多品种情况下的一种生产策略。在这种单件小批生产环境下，每种产品或每组产品都会经历一系列不同的运作步骤。按照产品生产所要求的步骤，将产品从一个部门转移到另一个部门来完成一种产品或一小批产品的生产。医院或诊所就是工艺专业化布置的例子。图 8-3 说明了 A 和 B 两位病人在一家芝加哥急诊室所经历的流程。每一位病人都要按照自身的需要经过如下路线：挂号、诊断室、手术室、放射室、药房、护理室等。设备、技术和监督工作都是围绕这些流程组织的。

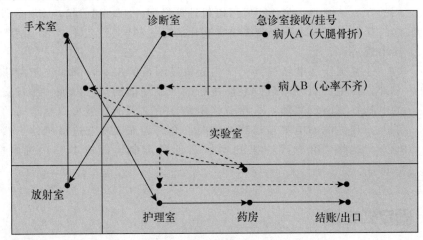

图 8-3　两位病人看病路线的急诊室流程布置图

工艺专业化布置的一大优势是在设备和工作安排中具有很大的柔性。例如，当一台机器出现故障时，不需要使整个流程停顿下来；工作可以转移到这个部门的其他机器上继续进行。工艺专业化布置也特别适用于小批量零部件或称**工作批**（job lots）的制造，还可用于不同尺寸或不同形式的多种零部件的生产。

工艺专业化布置的劣势源自通用设备的使用。由于计划、装备改变的困难性和物料搬运的特殊性，订单经历整个系统会花费更多的时间。另外，通用设备要求掌握的劳动技能很高，而且由于生产流程中的不平衡，在制品库存也比较高。对较高劳动技能的要求会相应提高所需要的培训水平和经验水平，同时，较高的在制品库存也会使投资增加。

在设计工艺专业化布置时，普遍使用的方法是设置部门或工作中心以使物料搬运成本最小化。换句话说，对于那些零部件或人员流量大的部门，应该使它们彼此紧邻。这种方法的物料搬运费用取决于某段时间内，在部门间被运送的货物（或人员）的数量，以及在部门间运送货物（或人员）时与距离相关的费用。假设费用是部门间距离的函数。工艺专业化布置设计的目标就可以表示如下：

$$最小费用 = \sum_{i=1}^{n} \sum_{j=1}^{n} X_{ij} C_{ij} \tag{8-1}$$

式中：n——工作中心或部门的总数；

　　　i, j——单个部门；

　　　X_{ij}——从部门 i 搬运到部门 j 的货物数量；

　　　C_{ij}——在部门 i 和部门 j 间搬运一件货物的费用。

工艺专业化布置（与固定式布置）试图使货物量或行程量（搬运次数）与距离相关费用的乘积最小。C_{ij} 将距离和其他费用合并成一个因子。从而我们假设，不仅每件货物搬运的难度是相同的，而且搬起和放下的费用也是保持不变的。虽然这些费用并不总是保持不变，但为了简化，我们将这些费用（距离、难度以及搬起、放下费用）统一归到一个变量即费用中。实例是理解工艺专业化布置设计步骤的最好方法。

例 1

工艺专业化布置设计

沃尔特斯公司（Walters Company）的管理者想利用使部门间物料搬运成本最小化的方法在工厂里设置 6 个部门。他们最初假定（以使问题简化）每个部门的面积是 20 英尺×20 英尺，大楼的长度是 60 英尺，宽度是 40 英尺。

方法和解答

应遵循的工艺专业化布置的步骤有六个：

第 1 步：构建"从至矩阵"，说明零部件或物料在部门间的流动情况（见图 8-4）。

部门	装配 (1)	喷漆 (2)	机械加工 (3)	收货 (4)	运输 (5)	检测 (6)
装配(1)		50	100	0	0	20
喷漆(2)			30	50	10	0
机械加工 (3)				20	0	100
收货(4)					50	0
运输(5)						0
检测(6)						

图 8-4 零部件在部门间的每周流量

第 2 步：确定每个部门的空间要求。（图 8-5 列出了工厂可以使用的空间面积。）

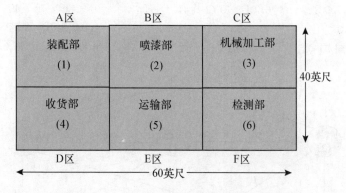

图 8-5 建造尺寸和可能的部门布置形式

第 3 步：绘出一张初步示意图以说明零部件或物料搬运所必须经过的部门顺序，使部门布置满足部门间零部件或物料搬运流量较大部门相互邻接的要求，见图 8-6。

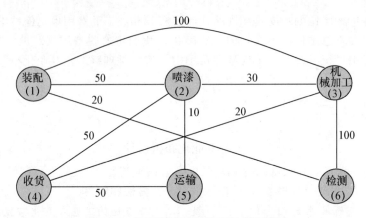

图 8-6　标明周流量数的部门间流量图

第 4 步：使用物料搬运成本公式确定这种布置形式的成本：

$$成本 = \sum_{i=1}^{n} \sum_{j=1}^{n} X_{ij}C_{ij}$$

在此，沃尔特斯公司假设，一台铲车可以搬运部门间的所有货物。据估计，在相邻部门间搬运一件货物的成本是 1 美元，在非相邻部门间搬运一件货物的成本是 2 美元。结合图 8-4，我们可以得到，部门 1 到部门 2 的搬运成本是 50 美元（1 美元×50 件），部门 1 到部门 3 的搬运成本是 200 美元（2 美元×100 件），部门 1 到部门 6 的搬运成本是 40 美元（2 美元×20 件），等等。斜向相对的两个部门，如部门 2 和部门 4，视为相邻。图 8-6 所示的布置形式的总成本是：

成本＝50 ＋ 200 ＋ 40 ＋ 30 ＋ 50
　　（1 到 2）（1 到 3）（1 到 6）（2 到 3）（2 到 4）
　　＋ 10 ＋ 40 ＋ 100 ＋ 50
　　（2 到 5）（3 到 4）（3 到 6）（4 到 5）

＝570（美元）

第 5 步：反复试验（或者使用后面要讨论的一种更复杂的计算机程序），努力改进图 8-5 的布置形式，以建立一种合理的部门安排。

通过观察流量图（见图 8-6）和费用计算结果，我们发现，将部门 1 和部门 3 相邻设置是合乎需要的。目前它们是不相邻的，而这两个部门间较高的流量使得搬运费用大大增加。仔细观察这种情况，我们需要检查变换部门位置的结果是降低而不是提高总费用。

一种可能的方法是将部门 1 和部门 2 互换。这次互换产生第二种部门间的流量图（见图 8-7），物料搬运成本被降低到 480 美元，节约了 90 美元。

成本＝50 ＋ 100 ＋ 20 ＋ 60 ＋ 50
　　（1 到 2）（1 到 3）（1 到 6）（2 到 3）（2 到 4）
　　＋ 10 ＋ 40 ＋ 100 ＋ 50
　　（2 到 5）（3 到 4）（3 到 6）（4 到 5）

＝480（美元）

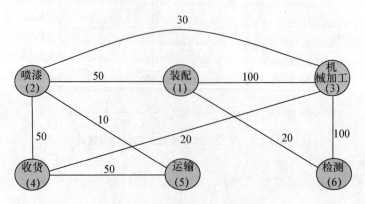

图 8-7　第二种部门间的流量图

即使沃尔特斯公司对 480 美元的成本和图 8-7 的流量图感到满意,问题也还没有完全解决。第 6 步总是必要的。

第 6 步:准备一份详细的计划,部门布置要适合大楼的形状和那些无法移动的区域(如卸货平台、盥洗室和楼梯)。这一步常常还包括,保证供电系统、地板承载量、美学和其他因素能够满足最终计划的实施。

就沃尔特斯公司而言,满足空间要求是一件很简单的事情(见图 8-8)。

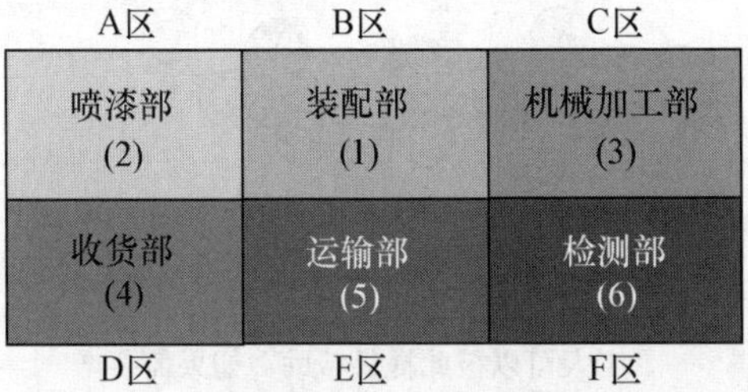

A区	B区	C区
喷漆部 (2)	装配部 (1)	机械加工部 (3)
收货部 (4)	运输部 (5)	检测部 (6)
D区	E区	F区

图 8-8 沃尔特斯公司的一种可行的布置形式

启示

这种部门位置的互换只是很多可能变化中的一种情况。对于一个有 6 个部门的问题来说,实际上有 720 种(或 6! =6×5×4×3×2×1)可能的布置形式。在设备布置问题中,我们无法找到最优方案,只能对合理方案相对满意。

练习

你能改善图 8-7 和图 8-8 的布置吗?[答案:是的,可以降低 430 美元的成本。运输部放在 A 区,喷漆部放在 B 区,装配部放在 C 区,收货部放在 D 区(不变),机械加工部放在 E 区,检验部放在 F 区(没有变化)。]

相关课后练习题

8.1~8.9

有关工艺专业化布置的计算机软件

例 1 中的绘图法适用于解决较小的问题,但不足以解决较大的问题。当设备布置问题涉及 20 个部门时,可能会有 600 万亿种不同的部门布置形式。幸好,人们已经开发了计算机程序用来处理大型部门的布置问题。这些程序利用了流程图、多层容量、储存和集装箱问题、材料用量、时间分析、成本比较,因而增加了复杂性。这些程序是交互式的,需要用户的参与。大多数人声称它们只能提供"好的"而不是"最优"的解决方案。

8.8 工作单元

工作单元(work cell)将平常分散在各部门的人员和机器重新组合成一个小组,以便集中于一种单一产品或一组相关产品的制造(见图 8-9)。当批量生产需要机器和设备的特殊安排时,可以使用单元式布置形式。当产品设计或产量发生改变时,这些工作单元也需相应地进行重组。

工作单元的优势是:

1. 降低在制品库存,因为工作单元设置的目标就是使机器间实现单件产品的生产。

2. 减少占地面积,因为机器之间为了适应在制品库存的要求所需要的空间减少。

3. 降低原材料和制成品的库存,因为流程工作的减少使物料在工作单元间的移动速度加快。

4．减少直接劳动力成本，因为员工间的交流增加，物料流动的速度加快，且计划得到改善。

5．提高员工在组织和产品管理中的参与感。因为产品质量与员工及其工作单元直接相关，所以员工承担产品质量的责任感会提高。

6．提高设备和机器的利用率，因为计划得到改善，物料流动的速度加快。

7．降低机器和设备的投资，因为设备利用率的提高可以减少机器、设备和工具的使用数量。

(a)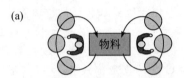

目前的布置形式——工人处于一个较小的、封闭的区域内。

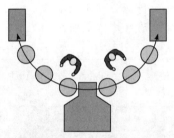

改进的布置形式——经过交叉培训的工人可以彼此提供帮助。如果需要增加产量，可以再增加第三名工人。

(b)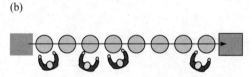

目前的布置形式——由于工作不可能均匀地进行分配，因此直线布置很难使作业达到平衡。

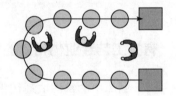

改进的布置形式——在 U 形布置中，工人接触的机会更多。经过交叉培训的工人人数由 4 名减少到 3 名。

图 8－9　运用工作单元理念改进布置形式

说明：在（a）和（b）中可以看到，U 形工作单元能够减少物料和员工的移动。U 形工作单元也可以降低空间需求，增加交流，减少工人数量，并使生产检查更容易进行。

8.8.1　工作单元的要求

单元式制造的要求包括：

1．通常使用成组技术代码或类似标识来标识产品族。

2．员工的培训水平高，工作适应性强，员工得到授权。

3．配套齐全，有自己的设备和资源。

4．在工作单元的每个工作站进行测试（防错系统）。

相对于装配线和流程式工厂而言，工作单元至少有五大优势：（1）作业是分组进行的，因此总是可以立即对生产情况进行检查；（2）所需的工人数量更少；（3）工人能够到达更多的工作区域；（4）工作区域可以更有效地平衡；（5）工人间的交流增加。有时，工作单元的组织是 U 形的，如图 8－9 中的右侧所示。工作单元的形状是次要于流程的。重点应该放在优化人员、材料和通信的流程上。

佳能（Canon）在日本的复印机工厂为什么要从装配线转向工作单元？首先，此举为54家工厂腾出了12英里的传送带空间，节省了2.8亿美元的房地产成本。其次，这些工作单元使佳能能够更快地改变其产品组合，以适应较短的产品生命周期。再次，员工士气高涨，因为他们现在可以组装一台完整的复印机，而不仅仅是一部分。佳能的一些工作速度最快的员工深受赞赏，甚至成了电视明星。

8.8.2 工作单元的人员配备和平衡

一旦工作单元以适当的顺序安排好了合适的设备，那么下一步的任务就是工作单元的人员配备和平衡。工作单元的有效生产需要合适的人员配备。这包括两个步骤。首先，确定产品的**计划生产节拍**[2]（takt time），即满足客户订单所必需的产品生产速率（频率）（单位时间）。

$$计划生产节拍 = \frac{总作业时间}{满足客户需求的产量} \tag{8-2}$$

其次，确定所需的运作人员总数。用工作单元的总运作时间除以计划生产节拍即可：

$$所需的员工数 = \frac{所需的总运作时间}{计划生产节拍} \tag{8-3}$$

例2说明了进行工作单元人员配备所需的两个步骤。

例2

工作单元的人员配备

位于戴顿的史蒂芬·霍尔（Stephen Hall）的公司制作汽车后视镜，主要客户是附近的本田工厂。本田希望该公司每天供给600个后视镜。而公司的工作单元每天生产后视镜的时间是8小时。霍尔需要确定计划生产节拍和所需要的员工数量。

方法

霍尔利用式（8-2）和式（8-3）制作了一个作业平衡图来确定每道工序在工作单元的时间以及总运作时间。

解答

$$计划生产节拍 = \frac{8 \times 60}{600}$$

$$= 0.8(分钟) = 48(秒)$$

因此，每48秒可以为客户生产一个后视镜。

图8-10列出了5道必需的工序，总运作时间是140秒。

$$所需的员工数 = \frac{所需的总运作时间}{计划生产节拍}$$

$$= \frac{50 + 45 + 10 + 20 + 15}{48}$$

$$= 2.92(人)$$

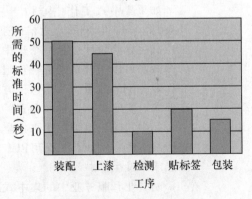

图8-10 生产后视镜的作业平衡图

启示

每48秒生产一件产品，需要2.92人。如果用3个人的话，生产一件产品只需要

46.67 秒（140/3），每天可以生产 617 件产品（480×60/46.67）。

练习

如果检测时间增加到 20 秒，需要多少员工？［答案：3.125 人。］

相关课后练习题

8.11

作业平衡图（如例 2 所示）对于评价工作单元的运作时间也是很有价值的。另外，还必须考虑生产瓶颈。生产瓶颈会导致整个工作单元无法顺畅地进行生产。如果生产是手工运作，那么工作单元的不平衡就不会成为问题，这是因为根据定义，员工是经过交叉培训的。因此，工作单元所具有的灵活性可以克服单元中出现的不平衡问题。然而，如果生产是机器运作，就会受到不平衡的限制，此时，对机器、流程或运作的调整就是必要的。在此情况下，使用传统的装配线平衡分析（后面将会谈到）会很有帮助。

工作单元的成功运用不只限于制造业。堪萨斯城的贺曼贺卡公司拥有半数以上的美国贺卡市场份额，生产大约 4 万张不同的贺卡，该公司已经将办公室改成了单元式设计。过去，开发一种新贺卡需要花费 700 名创作人员两年的时间。现在，贺曼贺卡公司将画家、作家、石印工人、推销员和会计员集中于同一区域即一个工作单元内，完成贺卡所需的时间只是以前布置形式下所需时间的一小部分。对于美国红十字会（American Red Cross）的献血流程来讲，工作单元也带来了更高的绩效和更好的服务。

8.8.3 集中式工作中心和集中式工厂

当公司确定一组相似产品的需求很大且稳定时，可以组织集中式工作中心。**集中式工作中心**（focused work center）（也称工厂中的工厂）将生产转移到大型的工作单元，而这些工作单元仍是现有工厂的一部分。例如，丰田得州工厂的保险杠和仪表盘是在一个专门的工作中心生产的，而杰西潘尼的李维斯（Levi's）产品部则是在一个独立的精品环境中管理和运行的。

如果集中式工作中心位于一个独立的工厂中，它经常称作**集中式工厂**（focused factory）。例如，为丰田生产安全带、油箱和排气系统的独立工厂是集中式工厂。一家快餐厅也是一个集中式工厂——根据产品组合和产量的调整，它们中的大多数都可以很容易地进行重组。汉堡王公司并不移动机器和设备，而是改变人员和作业分配的数量。使用这种方式，公司可以通过平衡生产线来满足不断变化的生产要求。实际上，这种"布置"每天都会改变许多次。

集中式工厂也可以用来指集中于其他方面的工厂，而不一定专指生产线或生产布置的集中。例如，工厂可以专注于它们的核心竞争力，如低成本、质量、推出新产品或柔性生产。

制造业和服务业中的集中式工厂似乎都能够不断满足顾客的需求，生产优质产品，并带来较高的利润。无论是丰田这样的汽车制造商，还是麦当劳和汉堡王这样的快餐店，或者像阿诺德·帕尔默这样的医院，皆是如此。

8.9　重复式布置与产品专业化布置

产品专业化布置是围绕产品或批量大、品种少的类似产品族而组织的。第 6 章所讨论的重复式生产和连续式生产使用的都是产品专业化布置。产品专业化布置的前提条件是：

1. 产量足够大，保证设备有较高的利用率。

2. 产品需求足够稳定，确保在专业化设备方面的高额投资是正确的。

3. 产品是标准化的或者接近生命周期中某个需要在专业设备上有较大投入的阶段。

4. 原材料和零部件供应充足且质量稳定（足够标准化），保证能够和专业化设备相匹配。

加工线和装配线是产品专业化布置的两种类型。**加工线**（fabrication line）使用一系列机器来完成零部件的制造，如汽车轮胎或冰箱的金属零部件。**装配线**（assembly line）在一系列工作站将这些制好的零部件组装到一起。它们都是重复式流程，并且都必须达到"平衡"。就是说，在加工线上，一台机器上完成工作所花费的时间必须等于或"平衡于"在下一台机器上完成工作所花费的时间。与此相同的是，一个工作站上的装配线员工所花费的时间也必须"平衡于"下个工作站上员工所花费的时间。在设计屠宰场和汽车回收厂之类的"拆卸线"时，会出现同样的问题。

一条平衡良好的装配线的优点是不仅人员和设备的利用率较高，而且员工的工作负荷也相等。一些工会合同规定，同一装配线上的员工的工作负荷应该基本相等。最常描述这种过程的术语是**装配线平衡**（assembly-line balancing）。事实上，产品专业化布置的目标就是使加工线或装配线上的不平衡减到最低。

产品专业化布置的主要优点是：

1. 产品的产量较大，标准化程度较高，因此单位变动成本较低。

2. 降低物料搬运费用。

3. 降低在制品库存。

4. 方便培训和监督。

5. 快速产出。

产品专业化布置的缺点是：

1. 建设流程所需要的投资巨大，因此所要求的产量很高。

2. 任何一个地方停工都会对整个运作流程产生阻碍。

3. 工艺的柔性对于各种产品和生产率都是一项挑战。

由于加工线和装配线存在的问题比较类似，因此我们将讨论集中在装配线方面。在一条装配线上，产品在完成前通常会通过自动化的方式如传送带，或者通过一系列的工作站移动。这就是制作快餐食品汉堡包（见图 8 - 11）、装配汽车和飞机、生产电视机和烤炉的方式。相比工艺专业化布置而言，产品专业化布置的设备自动化程度更高，且都是经过特殊设计的。

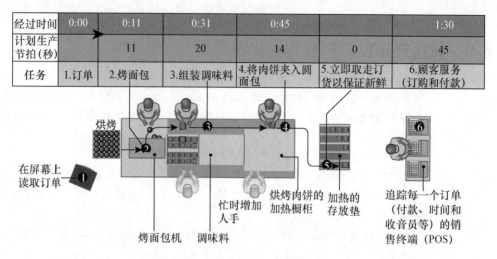

图 8 - 11　麦当劳的汉堡包装配线

装配线平衡

装配线平衡通常是在满足产量要求的同时使机器或人员间的不均衡最小。为了以特定速率生产，管理者必须了解使用的工具、设备和工作方法，然后确定每项作业（如钻一个洞、拧紧一个螺帽或给一个零部件喷漆）所需的时间。管理者也需要了解这些活动的前后顺序关系——完成各种作业必须遵循的次序。例3说明了怎样将这些作业数据转换成一张先后顺序图。

例3

绘制装配线的先后顺序图

波音公司想绘制一张防静电机翼的先后顺序图，装配时间总计65分钟。

方法

表8-2给出了各项作业、装配时间和先后顺序要求。

表 8 - 2　先后顺序的数据

作业	完成时间（分钟）	紧前作业
A	10	—
B	11	A
C	5	B
D	4	B
E	11	A
F	3	C, D
G	7	F
H	11	E
I	3	G, H
总计	65	

这意味着要在A完成以后才能进行B和E。

解答

图8-12显示了先后顺序图。

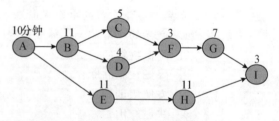

图 8 - 12　先后顺序图

启示

图表有助于构建装配线和工作站，使作业的执行顺序清晰可见。

练习

如果作业D在作业C前一秒完成，图8-12有何改变？［答案：从C到D有个箭头指示。］

相关课后练习题

8.13a，8.14a，8.15a，8.18a，8.19a

一旦绘制了先后顺序图来归纳先后顺序和完成时间，我们便可转向对工作站的作业归类，以达到规定的生产速率。这个过程包括三步：

1. 用每天所需产量（需求或生产速率）去除每天可用生产时间（分钟或秒），结果就是所谓的**节拍**[3]（cycle time）——在达到生产速率的情况下，每个工作站所允许的最长时间：

$$节拍 = \frac{每天可用生产时间}{每天所需产量} \qquad (8-4)$$

2. 计算理论意义上的最小工作站数，即用总作业时间（生产产品的时间）除以节拍。如遇小数，则取整为较大的整数：

$$最小工作站数 = \frac{\sum_{i=1}^{n} 第\ i\ 项作业所需时间}{节拍} \qquad (8-5)$$

式中，n 是装配线的作业总数。

3. 通过给每个工作站分配特定的作业来使装配线达到平衡。有效的装配线平衡不仅可以完成要求的装配工作，遵照指定的先后顺序，而且可以使每个工作站的闲置时间最少。正规程序如下：

(1) 确定一份作业总目录。

(2) 去掉已分配的作业。

(3) 去掉不满足前后顺序关系的作业。

(4) 去掉那些工作站没有足够时间的作业。

(5) 利用表 8-3 的装配线平衡的"启发式方法"。有五种选择：最长作业（工序）时间、最多紧后作业数、位置权重排序、最短作业（工序）时间和最少紧后作业数。你可能想试一下这几种**启发式方法**（heuristic）以确定哪一种能产生"最好的"答案——工作站数目最小且效率最高。不过，需要记住的是，虽然这些启发式方法能够提供一些解答，但是并不能保证是最优解。

表 8-3　在装配线平衡中，可用于工作站作业分配的设备布置启发式方法

启发式方法	做法
1. 最长作业（工序）时间	从现有作业中选择时间最长的
2. 最多紧后作业数	从现有作业中选择紧后作业数最多的
3. 位置权重排序	从现有作业中选择每项紧后作业时间总和最少的。（在例 3 中我们看到，C 的位置权重排序＝5(C)＋3(F)＋7(G)＋3(I)＝18，而 D 的位置权重排序＝4(D)＋3(F)＋7(G)＋3(I)＝17；因此首先选择 C。）
4. 最短作业（工序）时间	从现有作业中选择时间最短的
5. 最少紧后作业数	从现有作业中选择紧后作业数最少的

例 4 对一个简单的装配线平衡过程作了说明。

例 4

装配线平衡

根据例 3 给出的先后顺序图和活动时间，公司确定每天可用的生产时间是 480 分钟。

而且，生产计划要求装配线每天完成的产量是 40 件。现在将任务分配到工作站。

方法

按照上述三个步骤，我们利用式（8-4）计算节拍，利用式（8-5）计算所需的最小工作站数。然后把任务分配到工作站。本例使用最多紧后作业数方法。

解答

$$节拍（分钟）＝\frac{480}{40}＝12（分钟）$$

$$最小工作站数＝\frac{总作业时间}{节拍}＝\frac{65}{12}$$
$$＝5.42 \text{ 或 } 6（个）$$

图 8-13 列出了不违反先后顺序且将作业分配给 6 个工作站的一种解答。这个解答是，紧后作业数最多的活动被安排进工作站，尽可能用完 12 分钟的节拍时间。第 1 个工作站需要 10 分钟，有 2 分钟的闲置时间。

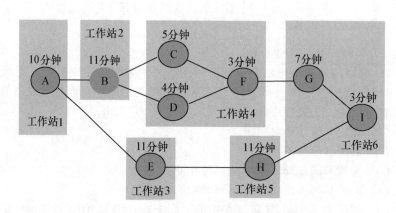

图 8-13　6 个工作站的装配线平衡问题的解答

启示

这是一个装配线的平衡问题。第 2 个和第 3 个工作站用掉 11 分钟。第 4 个工作站包括 3 项较小的作业，需要 12 分钟，正好达到平衡。在每个节拍中，第 5 个工作站有 1 分钟的闲置时间，第 6 个工作站（包括作业 G 和作业 I）有 2 分钟的闲置时间。在每个节拍中，这个解答的总闲置时间是 7 分钟。

练习

如果作业 I 需要 6 分钟（不是 3 分钟），解答会有何变化？［答案：节拍没有变化，最小工作站数仍然是 6（大约等于 5.67），但是会使用 7 个工作站来平衡装配线。］

相关课后练习题

8.10～8.23

有两个衡量平衡分配有效性的指标。第一个指标是用总作业时间除以所需工作站的数量与分配给最长工作站的（实际）节拍的乘积来计算装配线平衡的效率：

$$效率＝\frac{\sum 作业时间}{实际工作站数 \times 分配的最大节拍} \tag{8-6}$$

运作经理对各个工作站的效率水平进行比较。这样，公司就能测定装配线对生产速率和工作站作业变化的敏感性。

第二个指标是计算装配线的闲置时间。

$$闲置时间＝（实际工作站数 \times 分配的最大节拍）－\sum 作业时间 \tag{8-7}$$

例 5

确定装配线平衡的效率

波音公司需要计算例 4 中的平衡效率。

方法

应用式（8-6）。

解答

$$效率 = \frac{65}{6 \times 12}$$

$$= 90.3\%$$

值得注意的是，无论原因如何，设立第 7 个工作站都会使平衡效率降到 77.4%（假定至少有一个工作站需要 12 分钟）：

$$效率 = \frac{65}{7 \times 12} = 77.4\%$$

启示

提高效率需要将一些任务分解为更小的部分，再安排其他任务。这促进了工作站之间更好的平衡，意味着更高的效率。注意，我们还可以将效率计算为 1-（闲置时间%），即（1-（闲置时间）/（工作站的总时间））。

练习

如果开放第 8 个工作站，效率是多少？
[答案：效率=67.7%。]

相关课后练习题

8.12c，8.13f，8.15f，8.16b，8.17b，8.18e，g，8.19c

大规模的装配线平衡问题，如较大的工艺专业化布置问题，总是使用计算机来解决。计算机程序，如 Assembly Line Pro、Proplanner、Timer Pro、灵活的线路平衡和仿真软件 Promodel，可用来处理分配工作站在装配线上众多的工作活动。相比手动操作而言，这种计算机程序在评估成千上万甚至上百万个可能的工作站组合中更有效率。

小 结

设备布置对运作效率的影响非常大。本章讨论了七种设备布置形式：（1）办公室布置；（2）零售布置；（3）仓库布置；（4）固定式位置；（5）工艺专业化布置；（6）工作单元；（7）产品专业化布置。人们已研究出多种方法来解决这些设备布置问题。办公室布置总是寻求信息流的最大化，零售布置集中于商品的展示方面，而仓库布置则寻求储存空间和物料搬运费用的最佳平衡。

固定式布置寻求有限空间限制下物料搬运费用的最小化。工艺专业化布置使搬运距离与行程量（搬运次数）的乘积最小。产品专业化布置集中于减少装配线中的浪费和不平衡。工作单元是通过对机器和设备的特定组合来确定一组产品的结果，使用经过交叉培训的员工来减少物料运输和调整生产的不平衡。

设备布置涉及的问题范围如此之广，不可能找到最优解。因此，虽然在设备布置决策的研究方面已经付出了巨大努力，它仍然是一种艺术。

伦理问题

虽然食品连锁店面临着大量定制以及不同尺寸和形式的新产品激增带来的挑战，但是它在设备布置方面不断地寻求收益最大化。食品连锁店的设备布置涉及一种适销对路的商品——货架空间——并且为其要价。这种要价称为上架费。最近的估计显示，目前食品制造商将销售收入的13%用在了商品促销上，这些钱付给食品连锁店，后者将其用于制造商产品的促销和打折。上架费是这些费用的一部分，然而上架费增加了制造商的成本。上架费的存在使得拥有新产品的小公司处于不利的地位，因为只有有限资源的小公司会被排挤出市场。上架费也可能意味着，消费者不再能找到某种地方品牌的商品了。你认为上架费合乎伦理吗？

讨论题

1. 本章提到的七种设备布置类型是什么？

2. 影响固定式布置的三种因素是什么？

3. 工艺专业化布置的利弊是什么？

4. 分析员怎样在下列组织内获得数据和确定来回行走的距离：

   a. 一所医院。

   b. 一个机械车间。

   c. 一个汽车修理厂。

5. 产品专业化布置的利弊是什么？

6. 就批量大、品种少的产品而言，其设备布置的四种假设（前提条件）是什么？

7. 文中讨论的工作单元的替代形式是什么？

8. 工作单元的利弊是什么？

9. 集中式工作中心和集中式工厂的要求是什么？

10. 影响办公室布置的两个主要趋势是什么？

11. 在编写计算机程序的办公室布置时，你认为哪些布置变量特别重要？

12. 最近你在零售布置中看到有什么布置方面的创新吗？

13. 零售布置中经理能够控制哪些变量？

14. 参观本地一家超市，绘制出它的布置图。该超市的部门及其位置是怎样的？

15. 什么是随机储存？

16. 随机储存的运作需要哪些信息？

17. 解释接驳运输的概念。

18. 启发式方法的含义是什么？列举几种可以在装配线平衡中使用的启发式方法。

使用软件来解决设备布置问题

有很多商业软件包可用来解决设备布置问题。如Excel OM和POM for Windows都包含处理流程问题和装配线平衡问题的模型。

使用Excel OM

Excel OM有助于评估一系列的部门安排问题，如例1的沃尔特斯公司。通过列举或计算你所希望检测的每种布置的总移动成本，可产生最优解决方案。其对每种配对距离给出了最快的算法。

程序8-1中的上方两个表描述了我们的输入。我们首先输入部门流动情况，然后提供工作区之间的距离。左上角输入部门的安排，在反复试验的基础上，表格的底部产生计算结果。当输入新的部门安排时，就重新计算一遍总的移动成本。程序8-1中所示的安排证明430英尺的移动距离是最优选择方案。

使用POM for Windows

POM for Windows设备布置模型可以用来处理10个部门中10个房间的总距离最小化问题。利用该程序不断进行部门互换，直到没有部门的交换会减少总移动距离，就意味着找到了最优方案。

POM for Windows以及Excel OM模型能够处理含99项作业的装配线问题。每一项作业可以有6个紧前作业。在这个程序中，节拍可以用两种方式输入：（1）给定（如果已知）；（2）需求率（根据所示的可用时间可得）。五种启发式方法都可以使用：（1）最长作业（工序）时间；（2）最多紧后作业数；（3）位置权重排序；（4）最短作业（工序）

时间；（5）最少紧后作业数。没有任何方法可以保证最优方案，但是 POM for Windows 可以显示每种方法下需要的工作站数目。

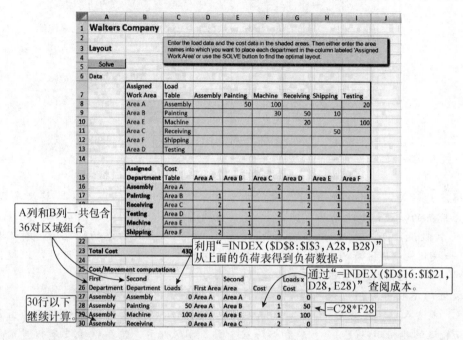

程序 8-1 使用 Excel OM 的流程布置模型处理例 1 中沃尔特斯公司的问题

例题解答

例题解答 8.1

位于堪萨斯州威奇托的 Aero Maintenance 公司是一家小型飞机引擎维修厂。该厂新上任的厂长安·丹尼尔（Ann Daniel）决定使用他在威奇托州立大学（Wichita University）所学的工艺专业化布置方法对工厂的物流进行改进。图 8-14 列出了该公司目前 8 个部门的布置形式。

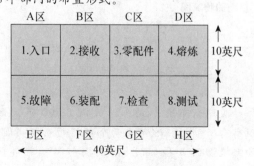

图 8-14 公司目前的部门布置

丹尼尔所知的唯一实际限制是将入口保持在它目前的位置上。如果设备布置分析显示部门位置互换是有利的，那么所有其他部门的位置（每个车间的面积是 100 平方英尺）都可以进行互换。

首先，丹尼尔对数据进行分析，以确定每月物料在部门间的平均搬运次数。数据如图 8-15 所示。丹尼尔将他的目标设定为，重新布置这些部门后，物料在工厂内搬运的总距离最短。他的目标是：

$$物料搬运的最短距离 = \sum_{i=1}^{8} \sum_{j=1}^{8} X_{ij} C_{ij}$$

式中，X_{ij} 为每月物料从部门 i 搬运到部门 j 的次数（物料量或行程量）；C_{ij} 为部门 i 和 j 间的距离，以英尺计算（在本例中等于每件物料在部门间搬运的成本）。

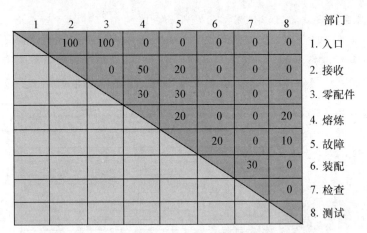

	1	2	3	4	5	6	7	8	部门
		100	100	0	0	0	0	0	1. 入口
			0	50	20	0	0	0	2. 接收
				30	30	0	0	0	3. 零配件
					20	0	0	20	4. 熔炼
						20	0	10	5. 故障
							30	0	6. 装配
								0	7. 检查
									8. 测试

图 8-15 一个月内物料在部门间搬运的次数（物料量）

值得注意的是，这个公式是对本章前面以成本为目标的公式稍加改动而得。

丹尼尔假设，两个相邻的部门如入口（A区）和接收室（B区）的距离是 10 英尺。斜向相对的部门也被视为相邻，距离也是 10 英尺。较近的不相邻部门，如入口和零配件室（C区）或者入口和检查室（G区）相隔 20 英尺，而较远的非相邻部门，如入口和熔炼室（D区）的距离是 30 英尺。（因此，10 英尺可以看作 10 个单位的成本，20 英尺是 20 个单位的成本，30 英尺是 30 个单位的成本。）

在已知上述信息的情况下，对飞机维修公司的布置形式进行重新设计，以提高物流的效率。

解答

首先，绘制公司目前的部门布置图，如图 8-16 所示。然后，通过分析目前的部门布置，计算物料的搬运距离。

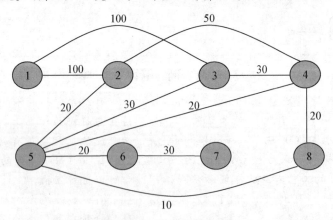

图 8-16 目前的物流图

$$\begin{aligned} \frac{总搬运}{距离} =\ & \underset{(1到2)}{100\times10} + \underset{(1到3)}{100\times20} + \underset{(2到4)}{50\times20} \\ & + \underset{(2到5)}{20\times10} + \underset{(3到4)}{30\times10} + \underset{(3到5)}{30\times20} \\ & + \underset{(4到5)}{20\times30} + \underset{(4到8)}{20\times10} + \underset{(5到6)}{20\times10} \\ & + \underset{(5到8)}{10\times30} + \underset{(6到7)}{30\times10} \end{aligned}$$

$$\begin{aligned} =\ & 1\,000 + 2\,000 + 1\,000 + 200 \\ & + 300 + 600 + 600 + 200 \\ & + 200 + 300 + 300 \\ =\ & 6\,700（英尺） \end{aligned}$$

假设新布置形式会使目前 6 700 英尺的距离有所缩短。这可由两个部门的互换实现，如互换部门 3 和部门 5，互换部门 4 和部门 6。这种互换会产生如图 8-17 所示的图形。

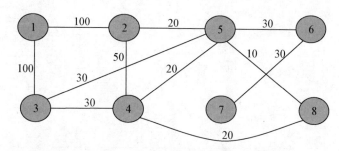

图 8-17 改进的布置形式

总搬运距离 $= 100 \times 10 + 100 \times 10 + 50 \times 10$

　(1 到 2)　(1 到 3)　(2 到 4)

$+ 20 \times 10 + 30 \times 10 + 30 \times 20$

　(2 到 5)　(3 到 4)　(3 到 5)

$+ 20 \times 10 + 20 \times 20 + 20 \times 10$

　(4 到 5)　(4 到 8)　(5 到 6)

$+ 10 \times 10 + 30 \times 10$

　(5 到 8)　(6 到 7)

$= 1\,000 + 1\,000 + 500 + 200 + 300$

$+ 600 + 200 + 400 + 200 + 100 + 300$

$= 4\,800$（英尺）

如果继续改进，你知道需要移动哪个部门吗？

例题解答 8.2

某一装配线的节拍是 8 分钟，其活动如图 8-18 所示。画出先后顺序图并找出可能的最小工作站数。然后，将这些活动安排到每个工作站以使装配线达到平衡。装配线平衡时的效率是多少？

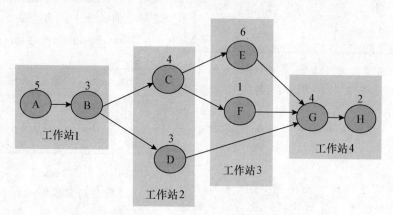

图 8-18 4 个工作站的装配线平衡问题的解答

作业	完成时间（分钟）	紧前作业
A	5	—
B	3	A
C	4	B
D	3	B
E	6	C
F	1	C

续表

作业	完成时间（分钟）	紧前作业
G	4	D，E，F
H	2	G
总计	28	

解答

理论上的最小工作站数是：

$$\frac{\sum t_i}{\text{节拍}} = \frac{28}{8} = 3.5 \text{ 或 } 4(\text{个})$$

$$\text{效率} = \frac{\sum \text{作业时间}}{\text{实际工作站数} \times \text{分配的最大节拍}} = \frac{28}{4 \times 8} = 87.5\%$$

图 8-18 列出了先后顺序图和一种较有效的设备布置形式。

练习题*

8.1 戈登·米勒（Gordon Miller）的工作室有四个区域：A、B、C、D。各工作区域之间的距离如下表所示：

	A	B	C	D
A	—	4	9	7
B	—	—	6	8
C	—	—	—	10
D	—	—	—	—

工件在各区域间移动，每周要搬 100 个工件，各区域之间的移动距离如下表所示：

	A	B	C	D
A	—	8	7	4
B	—	—	3	2
C	—	—	—	6
D	—	—	—	—

米勒需要花费 1 美元移动 1 个工件 1 英尺，在这种布置下，周物料搬运成本是多少？ **Px**

8.2 密苏里州的一家工作室有四个部门：加工部（M）、化学浸渍部（D）、成品部（F）、电镀部（P），分别对应四个工作区域。运作经理玛丽·马尔斯（Mary Marrs）就现在的部门布置（A 计划）收集了下面的数据。

每年在工作区域之间移动的工件
A 计划　　　　　　　　　单位：百个

	M	D	F	P
M	—	6	18	2
D	—	—	4	2
F	—	—	—	18
P	—	—	—	—

工作区域（部门）之间的距离　　单位：英尺

	M	D	F	P
M	—	20	12	8
D	—	—	6	10
F	—	—	—	4
P	—	—	—	—

在工作室搬运 1 个工件 1 英尺的费用是 0.5 美元。马尔斯的目标是寻求最低物料搬运费的区域布置。

a. 利用上述数据，计算 A 计划设备布置的费用。

b. 另一种方案是调整部门之间的物料搬运量，成品部和电镀部与加工部和化学浸渍部之间改变了距离，如下表所示：

工作区域（部门）之间的距离
B 计划　　　　　　　　　单位：英尺

	M	D	F	P
M	—	20	8	12
D	—	—	10	6
F	—	—	—	4
P	—	—	—	—

现在设备布置的费用是多少？

c. 马尔斯需要你来评价交换了加工部和化学浸渍部的 C 计划。部门之间的距离如下表所示：

工作区域（部门）之间的距离
C 计划　　　　　　　　　单位：英尺

	M	D	F	P
M	—	20	10	6
D	—	—	8	12
F	—	—	—	4
P	—	—	—	—

---

* **Px** 表示可以用 POM for Windows 和（或）Excel OM 软件解答该题。

d. 从费用角度来看，哪种设备布置最佳？**Px**

8.3　在俄亥俄州，维克托·贝拉尔迪斯（Victor Berardis）的机器加工厂有三个工作区（部门）：打磨部门（M）、钻孔部门（D）、割锯部门（S）。每天移动的工件数量及工作区之间的距离（以英尺为单位），见下面的两个表。

每天工作区之间的移动件数

	M	D	S
M	—	23	32
D		—	20
S			—

工作区（部门）之间的距离

	M	D	S
M	—	10	5
D		—	8
S			—

搬运 1 个工件 1 英尺的费用是 2 美元，总费用是多少？**Px**

8.4　罗伊·克里西公司（Roy Creasey Enterprises）是一家生产机器的工厂，现在计划搬迁到一个新的面积更大的地方。新工厂的长度是 60 英尺，宽度是 40 英尺。克里西（Creasey）打算将工厂划分为 6 个不同的生产区域，面积基本相等。他非常担心安全问题，所以打算在工厂中间布置一条通道以利于人员和物料的流动（见下图）。工作人员前期已经对目前工厂的物料流量进行了为期一个月的研究。这些信息都包含在下面的流量矩阵里。

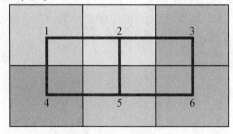

新工厂示意图（工作区 1～6）

生产流程间的流量矩阵

从 \ 到	材料	焊接	钻孔	车床加工	研磨	扭弯
材料	0	100	50	0	0	50
焊接	25	0	0	50	0	0
钻孔	25	0	0	0	50	0
车床加工	0	25	0	0	20	0
研磨	50	0	100	0	0	0
扭弯	10	0	20	0	0	0

最后，克里西建立了下列矩阵来表示工厂中工作区之间的距离。

工作区之间的距离

	1	2	3	4	5	6
1		20	40	20	40	60
2			20	40	40	40
3				60	40	20
4					20	40
5						20
6						

新工厂采用什么样的布置形式才是比较合适的？**Px**

8.5　佛罗里达州盖恩斯维尔的亚当·芒森制造公司（Adam Munson Manufacturing）想要安排它的四个工作中心，以减小部门间的零部件处理成本。流程及现有布局如图 8-19 所示。例如，将一个零部件从工作中心 A 移动到工作中心 C 的距离是 60 英尺，而从工作中心 A 到工作中心 D 是 90 英尺。

a. 在布置图中，"零部件移动量×距离"或"移动成本"分别是什么？

b. 对这个布置形式进行改进，并计算新的移动成本。**Px**

8.6　里德巧克力公司（Reid Chocolates）是一家高级糖果生产商。该公司刚刚聘任你为运作经理。该公司的制作和检查部门有两种厨房布置形式可供选择。公司的策略是尽可能提供最好的厨房布置形式以便厨师们能够将时间和精力用于产品改进方面，而不是浪费在厨房中的行走上。公司要求你对这两种厨房布置形式进行评价，并且为老板准备一份建议书，以便他签署厨房的施工合同（见图 8-20（a）和图 8-20（b））。**Px**

工作中心的零部件移动

	A	B	C	D
A	—	450	550	50
B	350	—	200	0
C	0	0	—	750
D	0	0	0	—

目前的设备布置

A	B	C	D

├──30英尺──┼──30英尺──┼──30英尺──┤

图8-19 芒森制造公司

在工作站间的行走次数

从\到	冰柜 1	柜台 2	水槽 3	储藏室 4	烤箱 5
冰柜 1	0	8	13	0	0
柜台 2	5	0	3	3	8
水槽 3	3	12	0	4	0
储藏室 4	3	0	0	0	5
烤箱 5	0	8	4	10	0

(a)

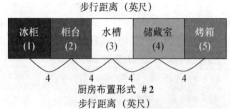

厨房布置形式 #1
步行距离（英尺）

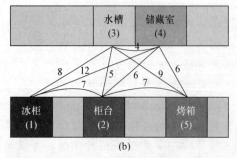

厨房布置形式 #2
步行距离（英尺）

(b)

图8-20 厨房布置形式

8.7 里德巧克力公司（见练习题8.6）目前正在考虑第三种厨房布置形式，具体如图8-21所示。根据距离远近评价这种布置形式的有效性。**Px**

厨房布置形式 #3
步行距离（英尺）

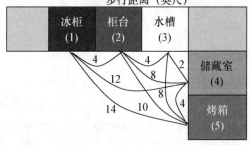

图8-21 厨房布置形式

8.8 里德巧克力公司（见练习题8.6和8.7）还需要考虑另外两种布置形式。

a. 布置形式 #4 如图8-22（a）所示，它的总移动距离是多少？

b. 布置形式 #5 如图8-22（b）所示，它的总移动距离是多少？

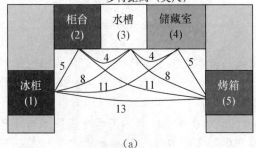

厨房布置形式 #4
步行距离（英尺）

(a)

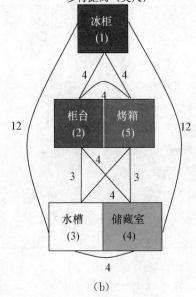

厨房布置形式 #5
步行距离（英尺）

(b)

图 8 - 22 厨房布置形式

8.9 代托纳比奇地区的丽塔·吉布森会计师事务所（Rita Gibson Accounting Service）打算沿一个长廊的 6 个房间布置 6 个流程。相邻工作中心的距离是 40 英尺。在工作中心之间的行走次数如下表所示：

在房间之间的行走次数

从\到	A	B	C	D	E	F
A		18	25	73	12	54
B			96	23	31	45
C				41	22	20
D					19	57
E						48
F						

a. 将流程布置到房间中，使总行走次数最少并且使行走次数最多的两个房间彼此相邻。

b. 哪种布置形式能够使总行走次数最少？ **Px**

8.10 斯坦福·罗森伯格计算机公司（Stanford Rosenberg Computing）想建立一条装配线生产新产品——个人数字助手（PDA）。作业、作业所需时间及紧前作业如下表所示：

作业	完成时间（秒）	紧前作业
A	12	—
B	15	A
C	8	A
D	5	B，C
E	20	D

公司的目标是每小时生产 180 台个人数字助手。

a. 节拍是多少？

b. 理论上的最小工作站数是多少？

c. 布置好工作站后，理论上的最小工作站数可否实现？ **Px**

8.11 使用成组技术对产品进行大量分析后，利昂·巴齐尔（Leon Bazil）决定将一种产品从工艺专业化工厂中分离出来而使用工作单元进行生产。利昂确定了工作单元所需的运作步骤，如下表所示：

运作步骤	标准时间（分钟）
切割	1.1
扭弯	1.1
焊接	1.7
清洁	3.1
喷漆	1.0

客户期望的日产量是 250 件，一个工作日有 420 分钟。

a. 单件产品生产时间是多少？

b. 为了组建这个工作单元，应该对多少员工进行交叉培训？

c. 哪个运作步骤可能需要特别加以

考虑？

8.12　苏·赫尔姆斯家用电器公司（Sue Helms Appliances）想建立装配线生产新产品——微型爆米花机，目标是 1 小时生产 5 台。作业、作业所需时间、紧前作业等数据如下表所示：

作业	完成时间（分钟）	紧前作业
A	10	—
B	12	A
C	8	A, B
D	6	B, C
E	6	C
F	6	D, E

a. 赫尔姆斯这样的装配线，理论上的最小工作站数是多少？

b. 绘制装配线作业图，将工人分配到工作站，理论上的最小工作站数能否满足你的分配？

c. 分配效率是多少？ **Px**

8.13　伊利诺伊家具公司（Illinois Furniture, Inc.）生产各种款式的办公家具。为了能够在长时间的工作中更舒适，行政秘书椅的设计采用了人类工效学原理。每把椅子的售价是 130 美元。工人每天的工作时间是480 分钟，日均需求数量是 50 把。共有 8 项作业。

作业	完成时间（分钟）	紧前作业
A	4	—
B	7	—
C	6	A, B
D	5	C
E	6	D
F	7	E
G	8	E
H	6	F, G

a. 绘制这个运作流程的先后顺序图。

b. 节拍是多少？

c. 理论上的最小工作站数是多少？

d. 将作业分配给各工作站。

e. 每个节拍的闲置时间是多少？

f. 一个 8 小时轮班制的总闲置时间是多少？

g. 根据问题（d）中你给出的答案，装配线的效率是多少？ **Px**

8.14　下表给出了以印第安纳为基地的弗兰克·匹安克工业公司（Frank Pianki Industries）在生产便携式工业吸尘器时所需要的作业。表中的时间是以分钟为单位的。需求预测显示作业的节拍是 10 分钟。

活动	活动描述	紧前作业	时间
A	将轮子安装到吸尘器桶上	—	5
B	将电动机安装到盖子上	—	1.5
C	安装电池组	B	3
D	安装安全开关	C	4
E	安装集尘箱	B	3
F	将盖子安装到桶上	A, E	2
G	装配附件	—	3
H	功能测试	D, F, G	3.5
I	最后检查	H	2
J	装箱	I	2

a. 绘出运作流程图。

b. 每个工作站应该安排哪项作业，每个周期的闲置时间是多少？

c. 讨论怎样将目前的这个平衡水平提高至 100%。

d. 理论上的最小工作站数是多少？ **Px**

8.15　埃克申玩具公司（Action Toy Company）决定制造一套新的火车玩具，该玩具的生产流程被分为 6 个步骤（见下表）。在 40 小时的工作周内，玩具火车的需求是 4 800 件。

作业	完成时间（秒）	紧前作业
A	20	—
B	30	A
C	15	A
D	15	A
E	10	B, C
F	30	D, E

a. 绘制这个运作流程的先后顺序图。

b. 需求一定的情况下，节拍是多少？

c. 理论上的最小工作站数是多少？

d. 将作业分配给各工作站。

e. 每个周期的总闲置时间是多少？

f. 工作站数为 5 和 6 时，相应的装配线效率分别是多少？ **Px**

8.16 马赫 10 号（Mach 10）是一种可以用于海洋航行的单人帆船。该帆船由创意休闲公司（Creative Leisure）制造。马赫 10 号可以抵御 40 英里/小时的大风和 10 英尺高的海浪。帆船最后的装配工作在加利福尼亚州库比蒂诺完成。在这个工厂里，每天可以用于制造马赫 10 号的时间有 200 分钟（其他时间忙于制造其他产品）。每天的需求量是 60 艘帆船。已知信息如下表所示：

作业	完成时间（分钟）	紧前作业
A	1	—
B	1	A
C	2	A
D	1	C
E	3	C
F	1	C
G	1	D, E, F
H	2	B
I	1	G, H

a. 画出先后顺序图，对工作站进行作业分配，并尽可能使工作站数最小。

b. 装配线的效率是多少？

c. 理论上的最小工作站数是多少？

d. 一个作业流程的闲置时间是多少？ **Px**

8.17 由于马赫 10 号帆船的期望需求较高，因此创意休闲公司决定增加马赫 10 号的生产时间（见练习题 8.16）。

a. 如果需求保持不变，每天的生产时间是 300 分钟，那么需要多少个工作站？

b. 使用问题（a）中精确的工作站数，计算该系统的效率。

c. 如果生产时间是 400 分钟，对系统有什么影响？ **Px**

8.18 洛丽·贝克（Lori Baker）博士是内萨电子公司（Nesa Electronics）的一名运作经理，向来以能够掌握装配线的平衡而备感自豪。上级通知她，公司需要在每 24 小时内完成 96 件仪器。装配线活动如下表所示：

作业	完成时间（分钟）	紧前作业
A	3	—
B	6	—
C	7	A
D	5	A, B
E	2	B
F	4	C
G	5	F
H	7	D, E
I	1	H
J	6	E
K	4	G, I, J
总计	50	

a. 绘制先后顺序图。

b. 如果每天（24 小时）的产量是 96 件，那么最大可能的节拍是多少？

c. 如果给定节拍是 10 分钟，那么每天（24 小时）的产量又是多少？

d. 节拍是 10 分钟时，达到装配线平衡的理论最小工作站数是多少？

e. 节拍是 10 分钟、工作站数是 6 时，效率是多少？

f. 节拍是 10 分钟、工作站数是 6 时，每个周期的总闲置时间是多少？

g. 在节拍不超过 10 分钟时，工作站的最佳布置方案是什么？其效率如何？ **Px**

8.19 顺风公司（Tailwind, Inc.）生产的运动鞋虽然质量很好，但是价格比较贵。顺风鞋的售价是 210 美元一双。这种鞋包含气体和液体填充物，可以为跑步者提供更大的稳定性和更好的保护，能够避免膝盖、脚和后背受伤。生产这种鞋总共需要 10 项不同的作业。这家工厂每天有 400 分钟可用于鞋的制作。每天的需求是 60 双。作业信息如下：

作业	完成时间（分钟）	紧前作业
A	1	—
B	3	A
C	2	B
D	4	B
E	1	C, D
F	3	A
G	2	F
H	5	G
I	1	E, H
J	3	I

a. 绘制这个运作流程的先后顺序图。

b. 根据"位置权重排序"决策原则决定工作站的作业安排，尽量使工作站数最小。

c. 完成问题（b）中流程的效率是多少？

d. 每个周期的闲置时间是多少？ **PX**

8.20 美国军队的入伍体检包括以下七项活动：

活动	平均时间（分钟）
病史询问	10
血液检查	8
视力检查	5
测量（如体重、身高和血压）	7
内科检查	16
心理测试	12
医学评价	10

这些活动可以按照任何次序进行，但是有两个例外：病史询问必须首先进行，医学评价必须安排在最后。目前，每个班次中都有 3 名护士和 2 名医生。只有医生才能进行医学评价，并对他们进行心理测试。医生或护士都可以进行其他活动。

a. 设计一种布置形式，使这条体检线达到平衡。

b. 每小时可以对多少人进行体检？

c. 哪项活动是体检过程的瓶颈？

d. 每个周期的总闲置时间是多少？

e. 如果再加一名医生和一名护士，你会怎样重新绘制这张布置图？这时每小时可以对多少人进行体检？

8.21 假设例题解答 8.2 中生产要求增加了，要求节拍时间从 8 分钟降到 7 分钟。使用新的节拍，使生产线再次平衡。注意不要将作业时间加总，变成小组作业应用到最小工作站数上。这种情况在平衡问题中经常出现。 **PX**

8.22 当圣路易斯市的柯特雷尔自行车公司（Cottrell Bicycle Co.）完成它的新装配线计划时，其生产流程包括 25 项不同的作业。运作副经理乔纳森·柯特雷尔（Jonathan Cottrell）现在的任务是使装配线达到平衡。他列出了作业的先后顺序，在抽样技术的基础上对每一项作业的时间进行了估计。他的目标是在 40 小时的工作周内生产 1 000 辆自行车。

作业	完成时间（秒）	紧前作业
K3	60	—
K4	24	K3
K9	27	K3
J1	66	K3
J2	22	K3
J3	3	—
G4	79	K4, K9
G5	29	K9, J1
F3	32	J2
F4	92	J2
F7	21	J3
F9	126	G4
E2	18	G5, F3
E3	109	F3
D6	53	F4
D7	72	F9, E2, E3
D8	78	E3, D6
D9	37	D6

续表

作业	完成时间（秒）	紧前作业
C1	78	F7
B3	72	D7, D8, D9, C1
B5	108	C1
B7	18	B3
A1	52	B5
A2	72	B5
A3	114	B7, A1, A2

作业	完成时间（秒）	紧前作业
A	40	—
B	30	A
C	50	A
D	40	B
E	6	B
F	25	C
G	15	C
H	20	D, E
I	18	F, G
J	30	H, I

a. 使用多种启发式方法使这个运作流程达到平衡。哪种方法最好？为什么？

b. 如果公司每周的工作时间改为 41 小时，那么会发生什么变化？ **Px**

8.23　塞缪尔·史密斯（Samuel Smith）的公司计划建立一条装配线生产新产品——istar 电话。史密斯的目标是每小时生产 60 部电话。作业、作业时间、紧前作业如下表所示：

a. 史密斯能够在这条装配线上获得的理论上的最小工作站数是多少？

b. 使用最多紧后作业的启发式方法来平衡扫描仪电话的装配线。

c. 问题 b 中的装配线有多少个工作站？

d. 问题 b 中的装配线的效率是多少？ **Px**

案例分析

州汽车驾驶执照更新

亨利·库普（Henry Coupe）是某州机动车部一个市区分公司的经理，他打算对司机的驾驶执照更新活动进行分析。驾驶执照更新必须包括几个步骤。在对驾驶执照更新流程进行检查之后，他确定这些步骤及每个步骤需要的完成时间如下表所示：

州汽车驾驶执照更新流程所需要的时间

步骤	平均完成时间（秒）
1. 检查更新申请的正确性	15
2. 流程和登记付费	30
3. 检查档案，确定违规和受限制情况	60
4. 进行视力检查	40
5. 为申请人拍照	20
6. 发放临时驾驶执照	30

库普发现每个步骤都需要指派一个不同的人才能完成，因为每一个执照更新申请都是一个相对独立的流程。他决定对办公室进行布置，使之每小时最多可以容纳 120 位执照更新申请人。

库普注意到，在办事员之间分配的工作量是不均匀的，负责违规检查的办事员往往会缩减他的作业时间以与其他办事员保持一致。在执照申请最多的时段，申请人需要排很长的队才能申办执照。

库普还发现，步骤 1~4 可以交给一般办事员来办理，他们每人每小时的工资是 12 美元。步骤 5 可以交给一位摄影师来完成，每小时支付的工资是 16 美元。（为完成拍摄任务，分公司每小时需要为每部相机支付 10 美元的租赁费。）州政策规定，第 6 步发放临时驾驶执照需要由穿着制服的汽车部人员来完成。这些人员每小时的工资是 18 美元，他们可以完成除了摄影之外的任何工作。

对工作的考察表明，第 1 步检查更新申请的正确性必须首先完成，然后才能进行后面的工作。同样，第 6 步发放临时驾驶执照的工作需要在所有步骤都完成以后才能进行。

地区主管向亨利·库普施加压力，要求

他想办法提高劳动生产率并降低成本，但是又告诉他，他必须使办公室适应更新的需求。否则，"有人将被解雇"。

【讨论题】

1. 从目前的流程结构来看，每小时可以处理的最大申请数量是多少？

2. 如果再增加一位办事员对违规情况进行检查，每小时又可以处理多少份申请？

3. 假定又增加了一位办事员，此时该流程可以处理的最大申请数量是多少？

4. 为了实现每小时处理120名申请人的更新申请，你建议对流程进行怎样的修改？

资料来源：Modified from a case by W. Earl Sasser, Paul R. Olson, and D. Daryl Wyckoff. *Management of Services Operations*: *Text*, *Cases*, *and Readings* (Boston: Allyn & Bacon).

注 释 ◼

[1] Fayurd, A. L., and J. Weeks. "Who Moved My Cube?" *Harvard Business Review* (July-August, 2011): 102.

[2] Takt 在德语中是"时间"、"测量"或"节拍"的意思，本章中是指满足客户订单所必需的产品生产速率。

[3] 节拍是完成作业或流程步骤所允许的最长时间。完成产品可能需要多个流程步骤。节拍，前面讨论过，是由客户决定的，是为了满足客户需求而必须达到的产品生产速率。

快速复习 ◼

主要标题	复习内容
设备布置决策的战略重要性	由于设备布置不仅能够造就组织在产能、流程、柔性和成本方面的竞争优势，而且可以造就组织在工作生活质量、消费者接触和组织形象等方面的竞争优势，因此设备布置具有重大的战略意义。 设备布置的目标是通过有效益和有效率的布置来满足公司的竞争需求。
设备布置的类型	设备布置的类型及目标： 1. 办公室布置：在人员布置时需要考虑员工间频繁的近距离接触。 2. 零售布置：让消费者接触边际利润很高的产品。 3. 仓库布置：在低成本储存和低成本物料运输间达到一种平衡。 4. 固定式布置：将物料搬运到某一位置周围的有限储存区域内。 5. 工艺专业化布置：每生产一种产品都要对多种物流进行管理。 6. 工作单元：确定产品族，建立团队，交叉培训队员。 7. 产品专业化布置：使每个工作站的作业时间相同。
办公室布置	◼ 办公室布置：对员工、设备和空间/办公室进行分类布置，以提供舒适、安全以及促进信息的交流。 在考虑人员与部门的办公室布置时，关系图展示了"就近价值"原则。
零售布置	◼ 零售布置：关于流量、分配空间以及对顾客行为作出响应的一种方法。 零售布置是基于这样一种思想，即销售额和利润率的变化与顾客对产品的接触直接相关。 零售布置的主要目标是每平方英尺占地面积（或者，在一些商店是指货架空间的长度）的盈利率最大化。 ◼ 上架费：生产商为其商品取得货架空间而支付的费用。 ◼ 服务场景：提供服务以及影响顾客和员工的物理环境
仓库与货栈布置	仓库布置：对空间和物料搬运进行权衡以使总费用最小的一种设计。 储存货物的种类和"拣选"货物的数量与最优布置有着直接的关系。现代仓库管理在很多情况下都是使用自动化仓库系统（ASRS）的自动化过程。 ◼ 接驳运输：在接收材料或供应品时直接进行加工以避免在仓库里堆放。 接驳运输需要紧凑的计划安排；接收的货物要有准确的产品标识。 ◼ 随机储存：在仓储中用来对处于任意开放性位置的货物进行定位。 ◼ 定制：在仓储中通过修改零部件、维修、贴标签和包装使产品的价值得到增加。

续表

主要标题	复习内容
固定式布置	■ 固定式布置：涉及位置固定不动的工程的布置要求。 固定式布置有三个限制条件：（1）几乎所有场地的空间都是有限的；（2）在项目的不同阶段，需要使用不同的材料；（3）所需材料的体积是不断变化的。
工艺专业化布置	工艺专业化布置：适用于批量小、品种多的产品的生产布置；相同的机器和设备放在一起。 工作批：同组或同批零部件放在一起加工。 $$最小费用 = \sum_{i=1}^{n} \sum_{j=1}^{n} X_{ij} C_{ij} \qquad (8-1)$$
工作单元	■ 工作单元：使机器和人员集中于一种单一产品或一组相关产品生产的布置形式。 ■ 计划生产节拍：满足客户需求的生产速率。 $$计划生产节拍 = \frac{总作业时间}{满足客户需求的产量} \qquad (8-2)$$ $$所需的员工数 = \frac{所需的总运作时间}{计划生产节拍} \qquad (8-3)$$ ■ 集中式工作中心：机器和人员的永久或半永久性的产品专业化布置。 ■ 集中式工厂：用于生产相似产品或零件的工厂。
重复式布置与产品专业化布置	■ 加工线：使用机器来生产装配零部件的产品专业化布置。 ■ 装配线：将制好的零部件在一系列工作站上组装到一起的方法；用于重复式流程中。 ■ 装配线平衡：在生产线的每个工作站上完成一部分产量，以便将时间延误减到最小。 ■ 节拍：产品在每个工作站所允许的最长时间。 $$节拍 = \frac{每天可用生产时间}{每天所需产量} \qquad (8-4)$$ $$最小工作站数 = \frac{\sum_{i=1}^{n} 第 i 项作业所需时间}{节拍} \qquad (8-5)$$ ■ 启发式方法：使用程序和规则而不是数学优化来求解问题的方法。 生产线平衡的启发式方法包括：最长作业（工序）时间，最多紧后作业数，位置权重排序，最短作业（工序）时间，最少紧后作业数。 $$生产效率 = \frac{\sum 作业时间}{实际工作站数 \times 分配的最大节拍} \qquad (8-6)$$ $$闲置时间 = 实际工作站数 \times 分配的最大节拍 - \sum 作业时间 \qquad (8-7)$$

自测题

在自我测试前，请参考本章开头的学习目标和本章的关键术语。

1. 下面的描述（　　）是对办公室布置最好的表述。

a. 对工人、设备和空间/办公室进行分类布置，以促进信息的流动

b. 大型项目如造船业和建筑业的布置要求

c. 在重复式或连续式生产中，使个人或机器的利用率最高

d. 根据顾客的行为特点来分配空间

e. 处理的是多品种小批量问题

2. 下面的描述（　　）不支持零售布置将产品尽可能展示给顾客的目标。

a. 将吸引力大的商品围绕商店四周进行布置

b. 将即兴购买率高和边际利润率高的商品放在突出位置

c. 最贵的产品曝光度最大

d. 使用通道末端的位置

e. 认真选择起始部门的位置以准确表述商店的任务

3. 仓库布置最主要的问题是（　　）。

a. 使每种产品的物流量变化导致的困难最小化

b. 需要彼此频繁的联系

c. 使搬运费用和与仓储空间有关的费用达到最优平衡

d. 平衡产品流和工作站

e. 以上都不是

4. 关于固定式布置，下列说法正确的是（　　）。

a. 对员工分组安排以促进信息交流

b. 针对大型项目，如造船业和建筑业的布置要求

c. 在连续式生产中，使机器的利用率最高

d. 根据顾客的行为特点来分配空间

e. 处理的是多品种小批量问题

5. 关于工艺专业化布置，下列说法正确的是（　　）。

a. 对员工分组安排以促进信息交流

b. 针对大型项目，如造船业和建筑业的布置要求

c. 在连续式生产中，使机器的利用率最高

d. 根据顾客的行为特点来分配空间

e. 处理的是多品种小批量问题

6. 组织集中式工作中心或集中式工厂，需要下面三个因素：

a. ＿＿＿＿＿＿＿＿＿＿＿＿＿

b. ＿＿＿＿＿＿＿＿＿＿＿＿＿

c. ＿＿＿＿＿＿＿＿＿＿＿＿＿

7. 考虑工艺专业化布置时，最重要的是：

a. ＿＿＿＿＿＿＿＿＿＿＿＿＿

b. ＿＿＿＿＿＿＿＿＿＿＿＿＿

c. ＿＿＿＿＿＿＿＿＿＿＿＿＿

d. ＿＿＿＿＿＿＿＿＿＿＿＿＿

8. 设计一个流水线，使产品的完成时间是 21 分钟。工厂每天开工 400 分钟。一条有 5 个工作站的生产线是否能每天完成 100 件产品？（　　）

a. 是，还余 100 分钟

b. 是，但 4 个工作站足够了

c. 否，即使是完美平衡的生产线，工作站也是短缺的

d. 是，但是生产线的效率很低

e. 根据提供的信息无法作出判断

自测题答案：1. a；2. c；3. c；4. b；5. e；6. 一组产品，稳定的需求，产量很大；7. 产量大，稳定的需求，标准的产品，足够的、合格的供应商；8. c。

第Ⅲ篇
运作管理
Managing Operations

第9章
供应链管理

 学习目标

1. 解释供应链的战略重要性。
2. 识别六种采购策略。
3. 解释供应链管理中的问题和机会。
4. 描述供应商选择的步骤。
5. 解释物流管理中的主要问题。
6. 计算库存的资产比例和库存周转率。

跨国公司介绍：达登饭店

出色的供应链运作为达登饭店赢得竞争优势

达登饭店（Darden Restaurants）是世界上最大的公开上市的休闲餐厅，年销售额达到 63 亿美元。位于加拿大和美国的 1 500 多家达登饭店每年提供超过 3.2 亿份膳食。其旗下的知名品牌橄榄园每年的销售额达到 36 亿美元。达登旗下的其他品牌还有微风巴哈马（Bahama Breeze）、52 季（Seasons 52）、the Capital Grille、Eddie V's、Yard House 和 LongHorn Steakhouse。该公司员工超过 15 万，是美国第 33 大雇主。

达登前董事长曾说："运作通常被看作战略的执行。但对我们来说，运作就是战略。"

在餐饮行业，成功的关键在于出色的供应链运作。良好的采购和交付、高质量的食物至关重要。可能再也没有其他行业的供应商的工作情况与顾客如此密切相关。

达登有几千家供应商，供应商遍布五大洲。为了保证食材的新鲜，达登开发了四种不同的供应链：海鲜供应链、乳制品/农产品/其他冷冻食品供应链、其他食品供应链

（如烘烤食品）、饭店用品供应链（从盘子、烤炉到制服等）。达登每年在这些供应链上要花费 20 多亿美元。

达登的四种供应链具有一些共同点，如要求对供应商进行审核、对产品进行跟踪、接受独立审计、进行准时交付。正是凭借其全球最佳的技术和工作流程，达登在世界范围内创建了快速、透明、有效的供应链合作伙伴关系和联盟。达登通过出色的供应链赢得了竞争优势。

9.1 供应链的战略重要性

和达登饭店一样，许多企业的大部分销售收入都用于采购。由于采购成本在企业成本中占据的比重不断增大，企业与供应商之间越来越注重建立紧密和长期的合作伙伴关系。它们往往共同努力以促进创新、提升运作速度、降低成本。当成为企业战略的一部分时，这些努力能够大大提高合作双方的竞争力。

供应链管理（supply chain management）是指对从原材料开始一直到顾客满意的所有供应链相关的活动进行整合的过程。因此，供应链包括供应商、制造商或服务提供商，将产品或服务交付给顾客的分销商、批发商和零售商。图 9-1 展示了一个供应链可能涵盖的环节和活动的广度的例子。

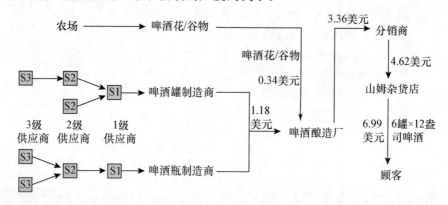

图 9-1 啤酒供应链

说明：该啤酒供应链包含了所有供应商、制造商、销售商和顾客之间的相互联系。整个链上的活动包括运输、计划信息、贷款、汇款以及创意、设计和物料运输。啤酒罐和啤酒瓶的制造商同样需要下级供应商为它们提供瓶盖、商标、包装盒等物品。（成本是概略估算的，包括基本的税费。）

供应链管理的目标在于构建供应链，使竞争优势最大并且使最终顾客受益。正如对一支冠军团队而言，成功供应链的主要特点是成员们的行为都是为了团队利益。

通过合作，购买方和供应商的成本都会降低。例如，当双方都乐意分享销售和成本信息时，双方利润都会增加。下面列出了一些供应链合作的例子。

● 沃尔玛与其在中国的前 200 家供应商合作，实现了能源效率提高 20% 的目标。

● 水星海事（Mercury Marine）是一家大型的旋转发动机制造商，在与本田、雅马哈（Yamaha）和沃尔沃（Volvo）展开竞争之际，利用互联网加强与造船商和发动机经销商的设计合作。

● Unifi 是美国顶级的合成纤维制造商，其与原材料供应商杜邦公司分享日常的生产调度和质量控制信息。

● 为了降低物流成本，亚马逊已将宝洁产品的履约活动直接转移到宝洁的仓库。

如表 9-1 所示，公司大部分的收入都花在了采购上，所以供应链是节约成本的一条途径。例 1 进一步阐明了供应链向运作管理人员提供的杠杆量。这些百分比表明了供应链在潜在收益面前发挥的重要作用。有效的成本削减也许能帮助企业更轻易地实现收益目标。

表 9-1　供应链成本占销售额的百分比

产业	采购所占百分比（%）
汽车	67
饮料	52
化学	62
食物	60
木材	61
金属	65
纸品	55
石油	79
餐厅	35
运输	62

例 1

供应链战略与为实现利润目标制定的销售战略

豪利家具公司（Hau Lee Furniture）花费了销售额的 60% 在供应链上，并且它现在的毛利润是 10 000 美元。豪利家具公司希望将总利润提高 5 000 美元（50%）。为此公司比较了两种战略：降低原材料成本和提高销售额。

方法

使用下表进行分析。

	当前情况	供应链战略	销售战略
销售额	100 000 美元	100 000 美元	12 500 美元
原材料成本	60 000 美元（60%）	55 000 美元（55%）	75 000 美元（60%）
生产成本	20 000 美元（20%）	20 000 美元（20%）	25 000 美元（20%）
固定成本	10 000 美元（10%）	10 000 美元（10%）	10 000 美元（8%）
利润	10 000 美元（10%）	15 000 美元（15%）	15 000 美元（12%）

解答

目前，原材料成本和生产成本分别占销售额的 60％ 和 20％，固定成本为常量 10 000 美元。分析表明，供应链的改进能降低 8.3％（5 000/60 000）的原材料成本，增加 50％ 的净利润，然而需要增加高于 25％（25 000/100 000）的销售额才能得到同样的结果。

启示

供应链节约的成本直接流向生产线。一般说来，要达到同一个利润目标，供应链成本需要收缩的比销售额需要提高的少得多。有效的供应链管理可以产生大量的收益。

练习

如果豪利公司想要获得原来利润的两倍（从 10 000 美元提高到 20 000 美元），供应链战略和销售战略又是什么样？[答案：供应链战略原材料成本降低 16.7％；销售战略销售额提高 50％。]

相关课后习题

9.2，9.3

随着企业不断通过产品定制、提高质量、降低成本、快速响应市场来提高竞争优势，供应链越来越受到关注。企业可以通过和少数供应商建立紧密的长期战略伙伴关系而赢得竞争优势。

为了保证供应链支撑企业战略，管理人员需要考虑表 9 - 2 中所示的一些供应链问题。供应链管理人员的活动横跨财务/会计、营销和运作职能。如同运作职能支持企业总体战略一样，供应链必须支持企业运作战略。成本领先、快速响应和差异化战略对供应链的要求各不相同。例如，成本领先战略，如表 9 - 2 所示，要求主要根据成本来选择供应商。供应商应该有能力设计满足功能需求的低成本产品，降低库存和缩短提前期。但是，如果你希望得到新鲜的玫瑰花，那么必须建立快速响应的供应链（参见运作管理实践专栏"玫瑰只有在新鲜的时候才是玫瑰"）。

表 9 - 2　企业战略如何影响供应链决策*

	成本领先战略	快速响应战略	差异化战略
选择供应商的主要标准	● 成本	● 能力 ● 速度 ● 柔性	● 产品开发能力 ● 信息分享意愿 ● 联合并快速开发产品
供应链库存	● 最小化库存以降低成本	● 利用缓冲库存保证快速供应	● 使整个供应链的库存最小，以避免产品过时
分销网络	● 价格低廉的运输 ● 通过有折扣的分销商/零售商销售	● 快速运输 ● 提供优质客户服务	● 收集并交流市场调研数据 ● 知识丰富的销售人员
产品设计	● 最优化性能 ● 最小化成本	● 较少的调整准备时间 ● 快速的产能提升	● 模块化设计有助于产品差异化

* See related table and discussion in Marshall L. Fisher. "What Is the Right Supply Chain for Your Product?" *Harvard Business Review* (March-April 1997)：105.

运作管理实践

玫瑰只有在新鲜的时候才是玫瑰

食品和鲜花的供应必须足够快、足够好。当食品供应链出了问题，稍好一些的结果是顾客没有准时吃到食物，最坏的结果是顾客得到变质和过期的食物。在花卉行业，时间和温度是至关重要的。的确，花卉是最易逝的农产品——甚至超过鱼类。花卉不但要求快速的运送，还要求运输过程中保持33华氏度～37华氏度的恒温。另外在运输途中还要确保防腐处理水的供应。玫瑰花尤其脆弱、易坏和易腐烂。

美国市场上70%的玫瑰花是从哥伦比亚和厄瓜多尔的农场空运来的。玫瑰花的运送是通过一个复杂而快速的供应链运输网络完成的。这个网络从厄瓜多尔的种植者修剪、分级、捆扎、打包和运送玫瑰开始，然后到交易进口商，美国农业部相关人员检疫和检查昆虫、疾病和寄生虫，美国海关进行检查和发放许可，服务商提供清关和贴标，批发商分销，零售商进行销售，最后到顾客。

每一分钟玫瑰都在变质。对于像玫瑰花这种对时间和温度都十分敏感的易逝品，需要复杂和明确的供应链标准。只有这样才能提高质量，降低损失。毕竟，如果情人节这天运送的玫瑰花枯萎或延误了，那么它将变得毫无意义。这是一个复杂的供应链，只有出色的供应链运作才能管理好这一过程。

资料来源：*NPR* (Feb. 13, 2015)；*Supply Chain 24/7* (Feb. 13, 2014)；and *The Star-Ledger* (Feb. 6, 2011).

企业必须实现整个供应链上下游的战略整合，根据不同的产品和产品所处的不同生命周期阶段来对战略进行调整。本章开篇的跨国公司介绍中提及的达登饭店通过细分供应链来管理世界范围的产品和服务，同时把四种不同的供应链整合到其全球战略中。

9.2　采购问题：自制或外购决策与外包

正如表9-2所示，企业需要从战略上确定如何设计供应链。然而，在考虑供应链设计之前，运作管理人员必须首先考虑自制或外购决策以及外包决策。

9.2.1　自制或外购决策

批发商或零售商购买所有它销售的产品，但制造商却很难这样做。制造商、餐馆和产品组装企业购买零部件和组件以制造最终产品。正如我们在第4章中看到的，选择从外部获得产品和服务可能比内部自制更有利，这就是我们所说的**自制或外购决策**（make-or-buy decision）。供应链工作人员评估供应商，并提供有关购买选择的实时、准确、完整的数据。

9.2.2　外包

外包（outsourcing）指企业将传统的内部活动和资源交由供应商完成，这与传统的自制或外购决策稍有不同。第2章讨论的外包是一种持续发展趋势，以利用专业化来提高效率，提供外包服务的供应商是某一特殊领域的专家。而外包业务的企业则可以聚焦于自身的关键成功因素与核心竞争力。

9.3 六种采购策略

为了决定将什么外包出去，经理们可以考虑六种策略。

9.3.1 多供应商

在多供应商策略中，供应商对询价中的需求数量和规格说明作出回应，通常出价最低的供应商得到订单。日用品制造商通常采取这种策略。采用这种策略可以从众多的供应商中挑选合适的供应商，并要求该供应商满足买方的需求。所以供应商之间的相互竞争非常激烈。该策略除了要求供应商保证必要的技术、高度的专业知识和预测能力外，还要求供应商具有一定的成本、质量和交付能力。长期的伙伴关系并不是目标。

9.3.2 少数供应商

少数供应商策略意味着该策略不是追求短期利益（如低成本），而是专注于和少数供应商建立长期关系。长期的合作使得供应商可以更好地理解采购企业和最终顾客的要求。采用少数供应商策略还有利于供应商通过规模效应和学习曲线降低交易成本和生产成本，从而创造价值。这种策略也鼓励供应商提供设计创新和专业的技术知识。

福特公司甚至在零部件设计之前就开始着手选择供应商。摩托罗拉同样以严格的标准来评价供应商，但在多数情况下它会取消传统供应商的投标方式，而更强调质量和可靠性。有时这种长期的合作甚至贯穿整个产品的生命周期。英国零售商玛莎百货（Marks and Spencer）发现，和供应商合作生产的新产品可以同时为供应商和自己吸引顾客。如今，制造业和服务业都在朝供应商和采购者紧密合作的方向发展。

与其他策略一样，该策略也有缺点。拥有较少的供应商使得供应商转换成本相当高，所以买方和供方都有被对方锁定的风险。对于采购方来说，供应商绩效表现欠佳仅是面临的风险之一。采购方同时还必须关心商业机密的保护，密切监控同时与其他企业结盟和合资的供应商。这种情况就发生在美国的施文自行车公司（Schwinn）身上，当该公司需要额外的生产能力时，教会了捷安特制造公司（Giant Manufacturing Company）生产和销售自行车。现在捷安特公司是世界上最大的自行车制造商，而施文公司因破产被太平洋车业（Pacific Cycle LLC）收购。

9.3.3 纵向一体化

企业可以将采购扩展成纵向一体化的形式。通过**纵向一体化**（vertical integration），我们可以开发能力以生产以前需要购买的产品和服务，或直接兼并供应商或分销商。如图 9-2 所示，企业可以通过前向一体化或后向一体化实现纵向一体化。

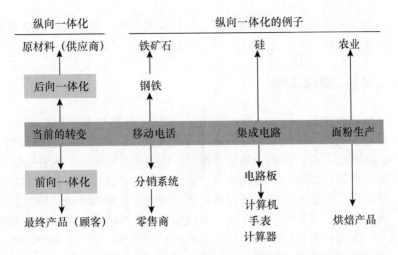

图 9-2   纵向一体化可以通过前向一体化和后向一体化实现

后向一体化，即企业收购它的供应商，如苹果公司决定自己生产半导体。苹果公司同时也建立自己的零售店来实现前向一体化。

纵向一体化可以为运作经理带来战略性的机会。对于资金充足、管理完善、需求强劲的企业，纵向一体化可以提供降低成本、保证质量、及时交付以及降低库存的机会。当企业占据了很大一部分市场份额或拥有管理精英可以成功运作被收购企业的时候，该战略能发挥最好的作用。

专业化的不断发展意味着"什么都做"模式或纵向一体化的运作将越来越困难。在那些正在经历技术变革的行业，如果管理者不能紧跟技术变革的步伐或缺乏足够的应对下次技术浪潮的资金，那么后向一体化将是非常危险的。在研发成本相当高、技术变化迅速的情况下，一家企业不可能在所有领域保持领先。如今大部分组织专注于自己擅长的领域，同时利用合作伙伴在其他领域的优势。

9.3.4 合资

由于纵向一体化具有极大风险，因此企业可以选择与其他企业建立某种形式的合作。如第 4 章提到的，企业可以相互合作以增强新产品开发能力或技术能力。当然也有些企业通过合作来保证供应或降低成本。如目前戴姆勒-宝马（Daimler-BMW）共同努力开发和生产标准汽车零件就是合资的一种形式。考虑到汽车产业的全球合并，豪华车市场的这两大竞争对手在销量上均处于劣势。相对低的销量意味着只有较少的产品来分摊固定成本，因此它们有兴趣通过合作来削减研发成本。同其他合作一样，合资策略可以促进各方相互合作，同时避免弱化品牌和丧失竞争优势。

9.3.5 系列网络

许多大型日本制造企业发现了另一种策略，这种策略具有合作、少数供应商、纵向一体化等策略的某些特征。这些制造商通过所有权或贷款方式为供应商提供财务支持。供应商成为企业联盟的一部分，这就是**系列**（keiretsu）。系列的成员是建立在长期合作关系之上的，所以成员被期望像伙伴一样，向制造商提供专业技术和质量稳定的生产。系列成员也可以包括企业的第二级甚至第三级供应商。

9.3.6 虚拟企业

虚拟企业（virtual companies）依赖于种类繁多的商品和稳定的供应商关系来按需提供服务。虚拟企业的供应商可以提供多种服务，包括支付工资、雇用人员、设计产品、提供咨询、制造零部件、检验和分销产品。这种合作关系可能是短期的也可能是长期的，可能是真正的伙伴和合作者也可能仅是简单的供应商和分包商关系。但无论是哪种形式的关系，都可能产生精细的绩效。虚拟企业的优势包括专业化的管理技能、低投资金额、柔性和速度。其结果就是带来效率的提升。

服装业为我们提供了一个传统虚拟组织的例子。服装设计师很少生产自己设计的服装，而是许可其他企业制造。制造商会租用厂房和缝纫机器、雇用工人。这种组织管理费用低、灵活性高，能快速应对市场。

Vizio 公司是现代虚拟组织的例子。Vizio 公司是一个总部位于加利福尼亚的平板电视机生产商。这家仅有不到 100 名员工的公司却实现了巨大的销售额。Vizio 利用模块组装自有品牌的电视机。由于如今电视机的关键零件很容易购得，像 Vizio 这样的创新企业可以通过选定所需的零件，雇用合同制造商进行生产，从而利用极少的启动成本就可以把自有品牌电视机打入市场。在虚拟企业中，供应链就代表着这个虚拟企业。虚拟企业的管理是动态的、富有难度的。

9.4 供应链风险

在当今高度专业化、通信成本低、运输快速便捷的时代，企业正不断减少产品自制而增加外购。这意味着企业的成功越来越依赖于良好的供应链运作，同时企业也面临更多的风险。管理这种新的、集成的供应链对企业来说是一个战略挑战。除全球化和物流的复杂性外，选择较少的供应商，使供应商与顾客间更加相互依赖，增加了双方的风险。在许多供应链中，卖方的可靠性和质量可能正在经受挑战，但是这种跨越政治和文化界限的紧密、快速、低库存的新型供应链范式使风险更大。随着企业走向世界，产品运输时间（提前期）可能会增加，物流可靠性可能会降低，关税和配额可能会限制企业在国外的运作。另外，国际供应链使信息流变得复杂，并且增加了政治/货币风险。

9.4.1 风险及缓解策略

供应链风险以许多方式出现，并且不可能将风险外包。表 9-3 识别了主要的风险类型及帮助管理风险的策略。一个成功的供应链管理战略计划的制定要求事先进行仔细研究，全面评估所涉及的风险以及创新性的规划。公司不仅需要致力于减少潜在的破坏，还应专注于怎样应对不可避免的负面事件。灵活、安全的供应链和有效应对不同破坏的保险是一种开始。它们也许还通过使用多个来源用于关键组件，使供应商基础多元化。**交叉采购**（cross-sourcing）表示一种混合技术，在该技术中，两个供应商提供不同的组件，但是它们都有生产彼此组件的能力——也就是说，每个供应商都能作为后备来源。另一个选择是创造产能过剩来应对供应链中的问题。这种应急计划可以降低风险。

表 9 - 3　供应链风险与策略

风险	风险降低策略	例子
供应商未能交付	使用多个供应商；有效罚则合同；聘用分包商；预先计划	麦当劳在进入俄罗斯市场前 6 年就开始供应链的规划。每个工厂——面包/肉类和生菜工厂——都被严格地监控以保证系统所有环节的稳定。
供应商质量故障	认真选择、培训、认证和监控供应商	达登饭店对供应商流程和物流进行广泛控制以确保持续的监督和风险的降低，如利用第三方审计等。
外包	接管生产；自己提供或履行服务	泰森（Tyson）食品接管了中国养鸡场的生产，以降低与独立养鸡户相关的质量和安全问题
物流延误或损坏	多样的、富余的物流方式和仓库；安全的包装；有效罚则合同	有自己的卡车队和遍布美国的众多配送中心的沃尔玛，找到了能绕过问题区域的可替代的货源和交货路线。
分销	认真的选择、监管；有效罚则合同	丰田培训其世界各地的经销商，使用丰田生产系统的原理来帮助它们改进顾客服务、二手车物流运输以及车身和喷漆操作。
信息丢失或失真	丰富的数据库；安全的IT 系统；培训供应链伙伴对信息的正确理解和使用	波音利用最先进的国际通信系统把工程数据、进度计划和物流数据等传输到世界各地的生产设施和供应商手中。
政治	政治风险保护；跨国多元化；特许经营和授权经营	当面临巨大的政治和文化障碍时，硬石餐厅选择特许经营和授权经营来降低政治风险，而不是完全拥有企业。
经济	对冲以对抗汇率风险；购买应对价格波动的合同	本田（Honda）和日产（Nissan）将更多的制造工厂搬离日本，因为日元的汇率使得日本制造的汽车更加昂贵。
自然灾害	保险；替代货源；跨国多元化	在经历火灾、地震和海啸等事件后，丰田要求每种零部件至少选择两家供应商，每家供应商应处于不同的地理位置，供应不同的零部件。
偷窃、破坏公物和恐怖主义	保险；产权保护；包括RFID 和 GPS 在内的安全措施；多元化	美国国内港口辐射计划：美国政府已经建立了港口辐射监控器，它可以扫描几乎所有进口集装箱的辐射。

9.4.2　安全和准时生产

恐怕没有哪个社会像美国这样开放，包括边境和港口，但是如今美国的边境和港口都陷入了困境。据统计，每年大约有 700 万个集装箱进入美国港口，每天有数千架飞机、小汽车、卡车进入美国。即使在最好的情况下，也有 5% 的集装箱被错误运送、偷盗、损坏或延期送达。

自 2001 年 "9·11" 恐怖袭击以来，企业供应链变得更加复杂。不过，供应链的技术创新改进了安全和库存管理，使物流的可靠性大大提高。现在，运用现代技术，卡车和集装箱的位置、内部货物和状态可以随时跟踪。一些新设备还可以探测是否有人进入密封集装箱进行偷盗，并通过卫星和无线电将信息传送给送货人或收货人。另外，还可以在集装箱内部安装运动探测器。而其他一些传感器则可以记录温度、振动、辐射以及集装箱是否正在移动等数据。跟踪丢失的集装箱、确定延误时间或仅仅提醒供应链成员货物正在运送途中，这都有利于加快运输。

9.5　整合供应链管理

随着管理者越来越关注供应链整合，效率的显著提升成为可能。从供应商到生产、仓库、分销商，再到顾客，原材料流动的每个环节通常都是分离和独立的。这可能导致不能优化整个供应链的操作。另一方面，供应链充满了减少浪费和提高价值的机会。现在，我们来看一些明显的问题和机会。

9.5.1　整合供应链中的问题

有三个问题使高效的集成供应链变得复杂：局部优化、激励和大批量。

局部优化　由于供应链成员获取的知识有限，因此它们往往追求局部利益最大化或直接成本最小化。市场需求稍有好转，企业就会过量地补充订货或生产，因为谁都不想缺货；而一旦市场需求稍有下降，马上谁都不会大量订货和生产，因为担心维持库存的费用过高。因此，需求的波动被放大。让我们来看一个有关意大利面的例子。由于意大利面的分销商不希望因缺货而无法满足零售商的订货，因此一旦获得零售商特别大的订单，分销商的自然反应就是向制造商下一个更大的订单。而分销商和制造商都不知道是因为零售商进行了一次促销才使得意大利面的销量增大。正是供应链中局部优化的问题使得意大利面制造商巴里拉（Barilla）难以实现有效的产品分销。

激励（销售激励、价格折扣、配额、促销）　激励措施可能导致过量的商品被推入供应链等待销售。激励会导致波动，最终供应链中所有的成员都将为此付出高昂的代价。

大批量　通常企业会倾向于采取大批量，因为这样可以降低单位成本。物流经理希望大批量运送货物，最好是整车运送，而生产经理希望进行长时间的生产。这两种做法都可以降低单位产品的成本，却增加了库存成本，且无法反映真实的销售情况。

这三个常见的问题（局部优化、激励、大批量）都会引起供应链的信息失真。运作良好的供应系统是基于准确信息的，它必须准确地知道实际有多少产品正沿着供应链被拉动。虽然不准确的信息并非人为有意造成，但是它会造成信息失真，引发供应链的波动，从而引起众所周知的牛鞭效应。

牛鞭效应（bullwhip effect）是指订货信息由零售商传送到批发商、制造商时，会在每一环节逐级放大。牛鞭效应不但会增加库存、运输、装卸和接收的成本，还会降低企业的顾客服务水平和盈利性。有多种降低牛鞭效应和改进供应链的方法，这将在下文更深入地讨论。

9.5.2 整合供应链中的机会

可以通过以下 10 个方面实现有效的供应链管理。

准确的"拉动"数据 准确的**拉动数据**（pull data）可通过数据共享获得。（1）销售点（POS）信息。这样供应链中的每个成员都能更有效地进行计划安排。（2）计算机辅助订货系统（computer-assisted ordering，CAO）。该系统利用销售点系统收集销售数据，然后根据市场因素、当前库存和在途订单调整数据。最后将净订单直接发送给对成品库存负责的供应商。

缩小批量 通过先进的管理可以减小批量。包括：（1）开发小于整车运输批量的经济订货批量；（2）根据年订货量而不是一次订货量来提供价格折扣；（3）通过长期订购和各种形式的电子采购降低订货费用。

单级补货控制 **单级补货控制**（single-stage control of replenishment）意味着在供应链中专门指派一个成员基于最终顾客的拉动来控制和管理库存。该方法消除了信息的扭曲和多层次预测带来的牛鞭效应。可以选用以下成员进行控制：

● 老练的、理解需求模式的零售商。沃尔玛利用无线射频电子标签管理部分库存。

● 一个管理特定分销区域库存的分销商。分销食品杂货、啤酒和软饮料的分销商通常采取这种模式。安海斯-布希公司（Anheuser-Busch）为很多顾客管理啤酒的库存和交付。

● 具有完善预测、制造和分销系统的制造商。运作管理实践专栏中的"杰西潘尼公司的礼服衬衫供应链"描述了联业制衣公司（TAL Apparel Ltd.）如何为杰西潘尼提供服务。

运作管理实践

杰西潘尼公司的礼服衬衫供应链

星期二，在零售商杰西潘尼公司位于亚特兰大的北湖购物中心（Northlake Mall），只要一件白色 Stafford 防皱礼服衬衫出售了，杰西潘尼公司供应链就会给予快速响应。一天之内，位于中国香港的联业制衣公司下载销售记录后，运用预测模型进行预测，决定制造多少件衬衫、什么款式、什么颜色和尺码。星期三下午，生产好的衬衫就能包装好直接运往杰西潘尼的北湖购物中心。整个过程绕过了杰西潘尼的所有仓库，还有杰西潘尼的决策制定者。

让我们看看第二个例子，两件衬衫被卖掉，已经没有存货了。联业制衣公司在下载数据并运用预测模型后，决定必须维持两件库存。在没有征得杰西潘尼公司意见的情况下，联业制衣公司的工厂生产了两件新的衬衫。一件船运送达，由于已经断货，另一件空运送达。

由于零售商必须应对大量定制、时尚和季节性变化的挑战以及巨大的成本压力，实现快速响应的供应链运作非常关键。在供应链全球化之前，杰西潘尼公司需要在美国库存数千件衬衫。现在，和许多零售商一样，杰西潘尼只需要维持少量的衬衫库存。

杰西潘尼的供货商联业制衣公司同时提供销售预测和库存管理，这对很多零售商来说是难以接受的。但令人吃惊的是联业制衣公司向自己发出订单！像这样的供应链只有

在合作伙伴相互信任的情况下才行得通。供
应链管理的快速变化不仅提高了对供应商的
技术要求，而且提高了合作者之间的信任

要求。

资料来源：Fortune（June 10, 2013）；*Apparel*（April 2006）；and *The Wall Street Journal*（September 11, 2003）.

供应商管理库存　供应商管理库存（vendor-managed inventory，VMI）指使用本地的供应商（通常是分销商）来为制造商和零售商管理库存。供应商直接将货物送到采购方的使用部门，而不是交付给货物接收站或仓库。如果供应商能够同时为多家使用相同产品或产品差异很小（可能仅包装不同）的顾客维持库存，那么它是有利可图的。这种系统在运作时不需要购买者的直接指挥。

协同计划、预测与补货　协同计划、预测与补货（collaborative planning, forecasting, and replenishment，CPFR）和单级补货控制及供应商管理库存一样，是供应链中另外一种管理库存的方法。通过 CPFR，供应链成员可以分享计划、预测和库存信息。CPFR 各合作方的合作始于产品定义和共同的营销计划。促销、广告、预测和装运时机都包含在协同计划中，以努力降低库存和相关成本。CPFR 还有助于显著降低牛鞭效应。

总括式订单　总括式订单（blanket order）是卖方还未履行的订单，也称作"开放订单"或"未完成订单"。一个总括式订单是一份从供应商处购买某种产品的合同。它不是发送货物的指令，只有在收到一份约定的凭证后，供应商才能发货。这些凭证可能是发货申请书或发货通知。

标准化　采购部门必须努力提高标准化水平。也就是说，采购代理应该尽力实现零件的标准化，使类似产品的标签、颜色、包装甚至设计说明书标准化。

延迟　延迟（postponement）是指在生产过程中尽可能地推迟对产品的修改和定制（保持其一般性）。延迟的目的在于在最大化外部多样性的同时使内部多样性最小。例如，分析打印机的供应链之后，惠普决定将打印机的电源移出打印机，纳入电源线中，这样惠普就可以将标准样式的打印机运送到世界各地。惠普修改了打印机、打印机电源线、包装和说明书，这样只在最终销售点放入所需的电源线和说明书就可以了。这种修改使得公司可以在需求变化的情况下制造和集中储存几种标准式样的打印机，在每个国家只需要加入不同的电源系统和说明书就可以了。这种做法降低了整个供应链的库存风险和投资。类似地，贝纳通每种款式的毛衣都会留下一部分白色，这样它们就可以被染成市场最近需要的颜色。

电子订货和资金转账　电子订货和资金转账是最传统的加快交易、减少书面工作的方法。企业间经常使用电子数据交换系统进行交易。**电子数据交换**（electronic data interchange，EDI）是组织间用于计算机通信的标准数据传输格式。EDI 同样促进了**提前发货通知**（advanced shipping notice，ASN）的使用。提前发货通知可以通知购买者，供应商已经做好发货的准备。虽然还有一些企业未利用 EDI 和 ASN，但互联网的方便快捷和低成本将使 EDI 和 ASN 更为普及。

直达货运和专门包装　直达货运（drop shipping）指供应商直接把产品送达最终顾客，而不是销售商，这样可以节省时间和运输费用。另一个节省费用的方法就是利用专门的包装和标签，并且将标签和条码贴在集装箱的最佳位置。同时还可以标出货物在目的地的最终放置位置和集装箱中货物的数量。这些管理技术可以大大地节省费用。其中一些技术可以使批发商和零售商降低损耗（丢失、损坏或货物被盗）和库存费用。

例如，沃尔玛通过认可的零售商为顾客提供成百上千的额外商品。虽然来自这些零售商的订单都在同一个支付平台（Walmart.com）汇聚，但所有的发货和退货都由零售商自己处理。

9.6 建造供应基地

企业必须对产品和服务的供应商或者说卖方进行选择和积极管理。选择供应商要考虑很多因素，如战略匹配、供应商竞争力、交付和质量方面的表现。一家供应企业可能在所有方面都满足采购方的要求，但可能仅在少数几个领域具有特别卓越的竞争力，这就使得供应商的选择极具挑战性。另外，企业还必须制定采购政策以应对某些问题，如哪些业务可以和任意一个供应商合作，哪些业务仅和少数供应商合作。下面，我们将介绍供应商选择的四个步骤：（1）供应商评价；（2）供应商开发；（3）谈判；（4）缔约。

9.6.1 供应商评价

第一步是供应商评价，涉及寻找潜在供应商并确定它们成为优秀供应商的可能性。如果供应商没有选择好，那么供应链上的其他努力都是白费。随着企业逐步转向与少数供应商建立长期合作伙伴关系，财力、质量、管理、研发、技术能力和建立长期紧密关系的潜力等问题将越来越重要。严格的评估标准包括以上这些，也包括生产处理能力、地理位置和信息系统。本章的补充材料为此提供了一个例子，即使用因素比重法来评估供应商。

供应商认证 国际质量认证，如 ISO 9000 和 ISO 14000，被设计出来为公司遵循健全的质量管理和环境管理标准提供外部认证。采购企业可以利用这些认证来预先评估潜在的供应商。除了 ISO 标准，企业经常制定自己的供应商认证程序。一项认证流程通常包括三步：（1）资格；（2）教育；（3）认证性能流程。一旦被认证，供应商可能享有特别的对待和优先权，使采购企业减少或免除进料检查。这种安排有助于采购企业进行准时生产。大多数大型企业都使用这种认证程序。

9.6.2 供应商开发

第二步是供应商开发。如果公司希望与某个供应商发展合作关系，那么该如何将供应商整合到自己的运作系统中呢？采购方应该确保供应商明白质量要求、产品说明、计划和交付及采购政策。供应商开发可能包括从培训、设计和生产支持到信息传递过程的所有内容。

9.6.3 谈判

虽然消费者支付的价格（被印在标签上或列在名录中等）通常不是灵活的，但企业和企业间的最终交易价格是可以谈判的。除了价格本身，完整的产品"包"的其他方面也必须确定，包括信用和交付条款、质量标准和共同的广告协议。事实上，谈判是采购经理工作的一项重要内容，良好的谈判技巧非常重要。

下面我们谈谈三种基本的谈判策略：基于成本的价格模型、基于市场的价格模型和竞争性招标。

基于成本的价格模型　基于成本的价格模型要求供应商向采购方公开账目。合约价格是基于时间和原材料或在固定成本之上根据供应商的人工和材料成本的变化执行调整条款。

基于市场的价格模型　在基于市场的价格模型中，价格基于公开价格、拍卖价格或价格指数。许多商品（农产品、纸张、金属等）的价格就是这样确定的。例如，纸板价格可以参考《官方板材市场》（*Official Board Markets*）每周公布的价格（www. advanstar.com）。

竞争性招标　当供应商不愿意讨论成本或存在一个不完全竞争的市场时，竞争性招标是一种合适的方法。竞争性招标是许多企业采购大多数物品时所采用的典型策略。招标策略通常要求采购代理了解几家潜在的供应商并获得报价。这种方法的主要缺点是阻碍了购买者与销售者之间发展长期的合作关系。它会阻碍沟通和绩效的实现，而这些会带来工程变更、质量和交付等方面的问题。

其实还存在第四种谈判方法，也就是同时运用前面介绍的两种或多种方法进行谈判。供应商和采购商可能就某些成本数据达成一致，而对一些原材料成本考虑市场数据，或同意让供应商参与竞价。

9.6.4　缔约

供应链合作方通常在制定合同时会详细说明关系条款。合同应是共担风险、利益的，并且创造激励机制来鼓励供应链成员采用对整个供应链而言的最佳政策。其观念是使整个"蛋糕"（供应链利润）更大，给每个参与者分更大一块。目标是合作。合同的部分共同点包括数量折扣（订单数量越多，价格越低）、回购（杂志和图书行业比较常见，未售出的部分会被回购），以及收益共享（通过共享收益，两个合作伙伴共担不确定的风险）。

9.6.5　集中采购

拥有多个分支（如多家制造工厂或多个零售商店）的公司必须确定哪些商品集中采购，哪些商品让当地的分号自己采购。没有监管的集中采购会造成破坏。例如，美国雀巢不同的工厂曾为香草原料向同一家供应商支付29种不同的价格。重大的成本、效率和统一的收益来自集中采购。集中采购典型的好处包括以下几个：

- 通过购买数量来更好地定价。
- 培养员工的专业知识。
- 发展更强的供应商关系。
- 对采购过程保持专业的控制。
- 将更多的资源投入供应商选择和谈判中。
- 减少任务重复。
- 改进标准化。

然而，当地的管理人员喜欢自己控制，并且分散购买可以提供确定的库存控制、运输成本或提前期的好处。通常，公司使用混合的方式——对一些商品使用集中采购，另一些则使用自行采购。

9.6.6 电子采购

电子采购（e-procurement）加快了采购速度，降低了采购成本，促进了供应链集成。电子采购减少了书面工作，同时可以为采购人员提供大量有关卖方、交付和质量数据等信息。

在线商品目录和交易 一些标准产品的采购往往是通过在线商品目录完成的。这些目录以电子的形式提供有关产品的当前信息。在线商品目录支持成本比较，纳入了声音和图像功能，从而使交易过程更为有效。

在线交易是典型的特定行业利用网站将卖方和买方集中在一起。万豪（Marriott）和凯悦（Hyatt）开发了其中的一个——Avendra（www.avendra.com），该网站方便了 5 000 名住宿行业消费者经济地购买各种物品。在线商品目录和交易使企业从大量一对一电话、传真和邮件的联系方式转向集中的在线系统，从而避免了供应链中数十亿美元的浪费。

在线拍卖 除了在线商品目录，有些供应商和买方建立了在线拍卖网站。运作经理们发现，在线拍卖网站是企业处理多余原材料和无用或多余库存的好地方。在线拍卖在降低进入壁垒、吸引卖方加入的同时，也增加了潜在买方的数量。该媒介的关键在于找到并建立一个庞大的潜在投标人基础，改进客户购买程序，并对新供应商进行资格认证。

在传统拍卖中，卖方提供产品或服务，并在两个投标者之间产生竞争——竞标价格提高。相反，买方经常利用在线反向拍卖（或荷兰式拍卖）。在反向拍卖中，买方通过陈述目标产品或服务来发起拍卖流程。然后，潜在的供应商呈交标书，标书包含价格和其他交付信息。因此，价格竞争出现在交易的卖方——竞标价格降低。注意，在传统的供应商选择决策中，价格非常重要，但并不是唯一制胜的因素。

9.7 物流管理

采购活动与运输、仓储管理、库存活动一起组成了企业的物流系统。**物流管理**（logistics management）的目的是通过整合所有的原材料采购、运输和储存活动来实现高效的运作。如果在生产流程中，材料输入和输出的运输和库存成本都很高，就应该适当地加强物流管理。许多企业选择把物流工作外包，因为专业物流商通常可以带来企业内部不具备的专业技能。例如，物流企业通常具有货物跟踪技术，以减少运输损失，并保证严格按符合交付时间范围的交货日程进行交付。通过降低成本和提高顾客服务水平，企业可以获得潜在的竞争优势。

9.7.1 运输系统

企业认识到产品输入和输出的成本可能高达产品成本的 25%。如此高的物流成本促使企业不断改进运输方式。货车运输、铁路运输、空运、水运、管道运输和多模式运输是六种主要的运输方式。

货车运输 绝大部分制造品都是通过货车运输的。货车运输的优点之一就是柔性。近年实施准时生产的企业不断对货运公司施压，要求它们准时拣货、准时交付，实现零损坏和快速订单处理，同时还要做到低成本。货运公司利用计算机监测天气，寻找最佳运输路径，降低燃料成本，分析最高效的卸货方法。为了提高物流效率，货车运输行业正积极建设自己的网站（如施耐德国家联络中心网站（www. schneider. com）），保证托运人和承运人之间的相互沟通以利用闲置的产能。

铁路运输 在美国，铁路业雇用了 23.5 万名员工，占所有商品 40% 的运输里程，包括 93% 的煤、57% 的谷物和 52% 的基础化学品。集装箱的发展使得联合运输成为普遍的运输手段。美国每年有 4 700 万辆拖车货物是由铁路运输的。

空运 空运的货物只占美国运输总吨位的 1%。但是，随着美国联邦快递、联合包裹服务公司、敦豪国际快递公司（DHL）等物流企业的快速发展，空运正成为发展最快的运输方式。显然，对于重量轻的物品如药品、紧急物资、鲜花、水果和电子零部件等的国内和国际运输来说，空运更加快捷、可靠。

水运 水运是运输中最古老的方式之一，可以追溯到 1817 年伊利运河的建设。在美国，水运覆盖了美国国内的河流、五大湖、海岸线和通往其他国家的海洋。通常水运的货物是大体积、低价值的物品，如铁矿石、水泥、煤矿、化学品、石灰石和石油产品。在国际运输中，每年数百万的集装箱正是通过大型远洋船只实现低成本运输的。当运输成本比速度更重要时主要采用该运输方式。

管道运输 管道运输是原油、天然气和其他石油产品和化学产品的主要运输方式。

多模式运输 多模式运输将运输方式结合起来，它是将货物运往最终目的地尤其是国际运输中常见的一种运输方式。标准集装箱的使用方便了从卡车到铁路再到船舶的运输，而不需要在到达最终目的地之前卸载货物。

虽然运输费率依赖于非常复杂的价格系统，但大体而言，速度决定价格。越快速的方式，如空运，就会越昂贵，而慢一点的运输方式，如水运，就会提供更便宜的单位运输费率。运输量的多少与此类似。越快的方式趋于运输越少的货物，而越慢的方式则运输越多的货物。

9.7.2 仓储

仓储通常会使一个产品的成本增加 8%～10%，这使得仓储成为很多企业一笔巨大的花费。仓库是各种各样的，从商店后面一个小小的房间，到有好几个足球场那么大的设施。虽然仓库运营可能花费很多，但有些替代方式（如根本不储存或者储存在当地运作设施中，还有相关的物流问题）可能花费得更多。

仓库的基本目的是存储货物。然而，有些仓库也发挥其他的重要作用。例如，仓库可以作为一个整合点，将多个来源的货物聚集起来，然后用一辆更便宜的满载卡车运到海外。或者，仓库可以提供分装功能，接受更便宜的满载入站货物，然后将其分配到各个站点。进一步讲，与主要的机场枢纽类似，仓库可以简单地作为一个交叉对接设施，接受来自各种来源的货物，并将它们重新组合，以发送到各个目的地，通常在转换期间不需要实际储存任何货物。最后，仓库可以作为流程中的一个延迟点，在最终装运前为产品提供最终客户特定的增值处理。

渠道装配是实现延迟的一种方式。**渠道装配**（channel assembly）发送给分销商的是单独的组件或模块，而不是成品。然后，分销商进行组装、测试和发货。渠道装配更多的是将分销商视为制造合作者而不是分销商。这项技术在产品更新很快的行业，比如电脑行业，被证明是成功的。有了这项技术，成品目录就会减少，因为每台机器的预测时间更短、更准确。结果是，市场反应更快，投资更少——这是一个很好的组合。

9.7.3　第三方物流

第三方物流作为最专业的物流，往往会给物流系统带来更多的创新和专业知识。因此，供应链经理外包物流主要为了实现三个目标：（1）降低库存投资；（2）降低交付成本；（3）提高交付的可靠性和速度。专业的物流企业是通过协调供应商库存系统与运输企业的服务能力来实现这些目标的。例如，联邦快递成功利用互联网对货物进行在线跟踪。在联邦快递的网站 fedex.com，顾客可以计算运输成本、打印标签、修改发票、跟踪包裹状态。联邦快递、联合包裹服务公司、DHL 在其他企业的物流过程中扮演着重要角色。例如，联合包裹服务公司与耐克（Nike）在肯塔基州路易斯维尔的一个航运中心合作，以储存快速发运的货物。运作管理实践专栏中的"DHL 在供应链中的角色"为我们提供了一个实例，说明外包物流是如何在降低成本的同时，减少库存和交付时间的。

运作管理实践

DHL 在供应链中的角色

现在已经是深夜，但是在位于布鲁塞尔的 DHL 国际空运包裹网络中心的巨大厂房里，叉车和分拣工人仍在忙碌地工作。各种箱子持续不断地进出 DHL 的货运飞机，其中装载的物品有戴尔的计算机、思科的路由器、卡特彼勒的消声器、小松公司（Komatsu）的液压泵等。加利福尼亚生产的太阳微系统（Sun Microsystems）计算机要运往芬兰，马来西亚的日本第一音响公司（Teac）生产的 DVD 要运往保加利亚。

为时间紧迫的货物提供上门服务是全球供应链的关键。准时生产、短生命周期的商品的运输、大量定制和库存降低的实现都有赖于联邦快递、联合包裹服务公司、DHL 这些物流企业。这些强大的物流企业都在连续运转之中。

DHL 是真正的跨国企业，它的物流网络覆盖 220 个国家和地区（比联合国成员都多）。布鲁塞尔总部只有不到 2 000 人，但 DHL 共雇用了 26 个国家的 32.5 万名员工。

DHL 构建了遍布全球的快递物流中心网络用于战略物资的运输。例如，在布鲁塞尔物流中心，DHL 为富士通（Fijitsu）计算机、富可视（InFocus）放映机、强生医疗设备提供升级、维修和配置服务。它为易安信（EMC）和惠普提供零部件，为诺基亚和飞利浦手机更换零部件。DHL 的国际事务首席执行官说："如果在周四 4：00 有什么零件发生故障，4：05 相关仓库就会获得信息，当晚 7：00 或 8：00 所需零件就会运至 DHL 的飞机上。"

资料来源：www. dhl. com（2015）；*The Wall Street Journal*（July 19, 2012）；*Materials Handling World*（December 14, 2011）；and www.dhlsupplychainmatters.com.

9.8　分销管理

供应链管理的重点是来料，但同样重要的是，对产品出口进行分销管理。对分销网络进行设计以满足顾客需求一般有三个准则：（1）快速响应；（2）产品选择；（3）服务。

例如，欧迪办公（Office Depot）在一个镇有好几家店面，以便利和快速响应来解决顾客的担忧。它也为需要更多产品选择的消费者提供在线购物服务（www.officedepot.com）。它甚至可能直接向大客户提供送货上门服务。这些不同的客户需求适用于不同的分销渠道和多个销售网点。

那么，欧迪办公在一个城镇应该开几家店呢？如图 9-3（a）所示，设施数量的增加通常意味着更快的响应和更高的客户满意度。在成本方面，有三种与物流相关的成本（见图 9-3（b））：库存成本、运输成本和设施成本。综上所述，物流总成本趋于跟随顶部曲线，先降再增。在该例中，物流总成本在设施数量为 3 时最小。然而，当考虑到收入时（见图 9-3（c）），我们注意到利润在设施数量为 4 时最大。

无论是创建仓库网络还是零售商店，关键是找到最优的设施数量，而且此决策通常是一个动态的过程。例如，在增加 300 万平方英尺的仓储容量仅一年之后，市场动态就导致亚马逊关闭了其在美国的三个分销中心。

正如企业需要一个有效的供应商管理程序，一个有效的分销管理程序可能决定供应链的成败。例如，除了设施，包装和物流对网络良好运行是必要的。包装和物流也是重要的分销决策，因为制造商通常要对破损和适用性负责。此外，经销商或零售商的选择和发展是必要的，以确保它们对公司产品的道德责任和热情。一流的供应链业绩需要良好的下游（分销商和零售商）管理，正如它需要良好的上游（供应商）管理一样。

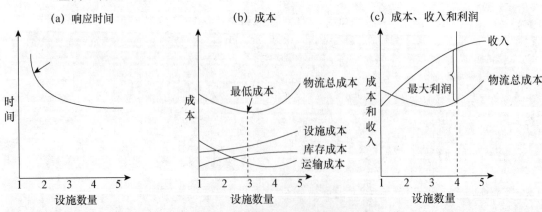

图 9-3　分销网络中的设施数量

说明：重点应放在利润最大化（c）而不是成本最小化（b）。

9.9 伦理和可持续供应链管理

让我们看看运作管理人员每天在处理供应链时必须解决的两个问题：伦理问题和可持续性问题。

9.9.1 供应链管理伦理

我们考虑供应链涉及的三个伦理问题：个人伦理、供应链中的伦理、关于环境的伦理行为。随着供应链日益国际化，任何问题都变得更加重要。

个人伦理　伦理决策对于一个组织的长期成功是非常关键的。但供应链极易受到伦理缺失问题的影响。当销售人员渴望销售，而采购人员握有很大的采购权力时，巨大的诱惑出现了。许多销售人员和顾客交上朋友，给顾客帮忙，请顾客吃饭或者赠送大大小小的礼品。那么判断何时是友谊的表示、何时是贿赂，是非常微妙的。许多企业都有严格的条例和行为准则来明确限制哪些是可以接受的行为。

认识到这个问题，美国供应管理协会（Institute for Supply Management，ISM）制定了以下一些原则和标准作为指南以规范伦理行为。

（1）促进和坚持以下方面：对雇主的责任；积极的供应商和消费者关系；可持续性和社会责任；保密和财务信息的保护；适用的法律、法规和贸易协定；发展专业能力。

（2）避免以下方面：被认为不适当；利益冲突；会消极影响供应链决策的行为；不当的互惠协议。

供应链中的伦理　在高度专业化的时代，由于企业的大多数资源需要采购获得，从而供应链中存在巨大的伦理压力。管理者可能被供应商诱惑而忽视伦理或把污染问题转嫁给供应商。就像为自己建立标准一样，企业还必须为其供应商建立标准。社会期待着整个供应链的伦理表现。例如，据美国最大服装零售商 GAP 公司的报告，在其遍布全球的 3 000 多家工厂中，大约有 90% 在初步评估中不合格。GAP 发现，其位于非洲撒哈拉沙漠以南地区的工厂有 50% 以上没有设置应有的安全设施。实施伦理标准的挑战是巨大的，但是像 GAP 这样负责任的企业正在努力寻找解决这个难题的方案。

关于环境的伦理行为　与个人伦理和供应链中的伦理行为一样，有关环境的伦理行为也非常重要。具有良好伦理道德的企业在经营的同时也非常关注资源的保护和再生。这需要企业全面评估其对环境的影响，从原材料到生产再到使用，直至产品废弃。例如，达登和沃尔玛都要求东南亚的鱼虾供应商遵守全球水产养殖联盟（Global Aquaculture Alliance，GAA）的标准。如果供应商希望维持交易关系，就必须遵守标准。运作经理同样需要确保二级和三级供应商符合这种可持续发展的要求。这些可以通过内部检查部门、第三方审计、政府机构或非政府监督组织来实施。

9.9.2 建立供应链管理的可持续性

正向供应链引起了广泛的重视，但这只是可持续性伦理挑战的一部分而已。逆向供应链也同样重要。**逆向物流**（reverse logistics）包括将回收的产品返回到供应链，来重新销售、修复、再利用、再制造、回收利用和清理。运作管理人员的目标不应该是焚烧或掩埋回收的产品，而是尽力再利用。逆向物流有一系列的挑战，如表 9 - 4 所示。

表 9 - 4　逆向物流的管理挑战

问题	正向物流	逆向物流
预测	相对直接	更加不确定
产品质量	统一	不统一
产品包装	统一	通常被损坏
价格	相对统一	依赖于许多因素
速度	通常非常重要	通常不优先
分销成本	易于可视	比较不直接可视
库存管理	一致	不一致

资料来源：Adapted from the Reverse Logistics Executive Council (www. rlec. org).

闭环供应链（closed-loop supply chain）更多地依赖于供应链的主动设计，它试图优化供应链所有的正向和逆向流动，虽然它有时作为逆向物流的同义词。闭环供应链在产品引入之前就为退货做准备。例如，IBM 已经认识到，组件的生命周期通常比原产品长得多。因此，该公司建立了一个拆解退货和二手设备的系统来提取仍有价值的零部件，如电路板、卡片和硬盘组件。IBM 利用其废旧零部件的"拆解渠道"，节省了数百万美元的采购成本。

9.10　衡量供应链绩效

与其他管理者一样，供应链经理同样需要用一些标准（通常称为指标）来评价其工作绩效。例如，大型连锁杂货铺 HEB 跟踪的指标，比如每 100 万美元销售的总运费、配送中的错误和退货，以及提前期的遵从性。Lancers 是自动饮料贩卖机制造商，它跟踪诸如按时交付百分比、每百万缺陷数和提前期等指标。我们现在介绍几种财务方面的库存指标。

9.10.1　库存的资产比例

供应链经理负责制定进度安排，进行数量决策，从而决定库存占资产的百分比，即库存的资产比例。这里有三个特殊指标。第一个是投资于库存的资金总额，通常用库存的资产比例来表示，见式（9 - 1）和例 2。

$$库存的资产比例 = \frac{总库存投资}{总资产} \times 100\% \qquad (9-1)$$

例2

跟踪家得宝公司的库存投资

家得宝公司希望把库存投资作为其供应链绩效衡量指标之一。家得宝的总资产是444亿美元，其中114亿美元投资于库存。

方法

确定库存投资和总资产，然后利用式（9-1）进行计算。

解答

$$库存的资产比例=114/444\times100\%$$
$$=25.7\%$$

启示

家得宝超过25%的资产是库存。

练习

如果家得宝能够使库存的资产比例降至20%，可以省出多少资金用于其他用途？［答案：114—444×0.2＝25.2亿美元。］

相关课后练习题

9.5b，9.6b

与竞争对手进行具体的比较有助于我们对自身供应链的评价。由于商业模式、商业周期和管理方式不同，各个行业的库存资产比例有很大差异。制造业比例接近15%，批发商接近34%，零售商接近27%（如表9-5所示）。

表9-5 库存的资产比例（卓越企业的例子）

制造业（丰田5%）	15%
批发商（可口可乐2.9%）	34%
餐饮（麦当劳0.05%）	2.9%
零售商（家得宝25.7%）	27%

第二个通常使用的供应链绩效指标是库存周转率（如表9-6所示）。库存周转率的倒数，也就是库存可供应周数，是第三个指标。**库存周转率**（inventory turnover）的计算通常以年为基础，使用式（9-2）进行计算。

$$库存周转率=\frac{已售货物的成本}{库存投资} \tag{9-2}$$

表9-6 企业年库存周转率举例

食品、饮料、零售业	
安海斯-布希公司	15
可口可乐	14
家得宝	5
麦当劳	112
制造业	
戴尔	90
约翰逊控制公司	22
丰田（全部）	13
日产（总装）	150

已售货物的成本是一定时期内已售货物或服务的生产成本。库存投资是同一时期平均库存的价值。它既可以是对多个时期库存求均值，也可以通过计算这一时期

起始点库存和终止点库存的平均值获得。通常，平均库存投资仅仅基于这一时期终止点（通常是年末）的库存投资求得。[1]

在例 3 中，让我们看看百事公司的库存周转率。

例 3

百事公司的库存周转率

百事公司是百事饮料、菲多利、桂格食品（Quaker Foods）的制造商和分销商。下表是百事公司最近年度报告中的数据（均以 10 亿美元为单位）。请计算百事公司的库存周转率。

净收入		32.5
已售货物成本		14.2
库存：		
原材料库存	0.74	
在制品库存	0.11	
成品库存	0.84	
总库存成本		1.69

方法

利用式（9-2）计算库存周转率以衡量库存绩效。已售货物成本是 142 亿美元。总库存投资为 16.9 亿美元，其中包括原材料库存（7.4 亿美元）、在制品库存（1.1 亿美元）、成品库存（8.4 亿美元），总平均库存投资为 16.9 亿美元。

解答

$$库存周转率 = \frac{已售货物的成本}{库存投资}$$

$$= \frac{142}{16.9} = 8.4$$

启示

现在我们就有了一个标准、通用的基准用以评价供应链工作绩效。

练习

如果百事公司的已售货物成本为 108 亿美元，库存投资是 7.6 亿美元，那么其库存周转率为多少？［答案：14.2。］

相关课后练习题

9.5a，9.6c，9.7

如例 4 所示，和制造业相比，库存可供应周数指标在服务部门的批发业和零售业更有意义。作为库存周转率的倒数，其计算公式如下：

$$可供应周数 = \frac{平均库存投资}{年已售货物成本/52 周} \tag{9-3}$$

例 4

确定百事公司的可供应周数

利用例 3 中百事公司的数据，管理者希望了解可供应周数。

方法

我们知道库存投资为 16.9 亿美元，每周的销售额等于已售货物的年度成本（142 亿美元）除以 52，即 142/52＝2.73。

解答

利用式（9-3），百事公司的可供应周数计算如下：

$$可供应周数 = \frac{平均库存投资}{已售货物的周平均成本}$$

$$= \frac{16.9}{2.73} = 6.19（周）$$

启示

现在我们就有了一个评价企业持续绩效或与其他企业进行比较的标准指标。

练习

如果百事公司的平均库存投资是 7.6 亿美元，已售货物的平均周成本是 2.07 亿美元，那么企业的可供应周数为多少？〔答案：

3.67 周。〕

相关课后练习题

9.6a，9.8

供应链管理是减少库存投资的关键。货物的快速流动至关重要。例如，沃尔玛通过其世界闻名的供应链管理实践奠定了在零售业的领先地位，建立起了自己的竞争优势。沃尔玛利用自己的运输车队、分销中心、顶级的通信系统，在其供应商的帮助下，平均每周对货架进行两次补货，而其竞争对手隔一周才补货一次。经济、快速的补货不仅意味着对产品变化和顾客偏好的快速响应，也意味着更低的库存投资。同样，虽然许多制造商正努力提高库存周转率使之达到每年 10 次，但戴尔的库存周转率超过 90 次，供货是以天来衡量的，而不是按周来进行的。供应链管理为企业有效响应全球市场、进行全球采购提供了竞争优势。

9.10.2　供应链标杆

虽然指标值表达了它们自己的含义，并且在与过去的数据比对时非常有用，但另一个重要的用途是将这些值与标杆公司的值进行比较。一些组织和网站允许公司提交它们自己的数据，并接收关于它们如何与其所在行业的其他公司或来自任何行业的世界级公司竞争的报告。表 9-7 提供了消费品包装行业一些典型公司和标杆公司的供应链指标值。世界级的标杆是管理良好的供应链的结果，这些供应链在提高服务水平的同时减少了成本、交货时间、延迟交货和短缺。

表 9-7　消费品包装行业的供应链指标

	典型公司	标杆公司
订货完成率	71%	98%
订单完成提前期（天）	7	3
现金到现金周期时间（天）	100	30
库存供货天数（天）	50	20

资料来源：Institute for Industrial Engineers.

9.10.3　供应链运作参考模型

也许最为人知的标杆系统就是五流程**供应链运作参考模型**（supply chain operations reference (SCOR) model）。如图 9-4 所示，五个基本流程如下：计划（计划供应和需求活动）、采购（采购活动）、生产（生产活动）、交付（配送活动）和回收（闭环供应链活动）。该系统由 APICS 供应链委员会（www.apics.org/sites/apics-supply-chain-council）维护。公司利用 SCOR 模型来识别、衡量、认识和改进供应链流程。

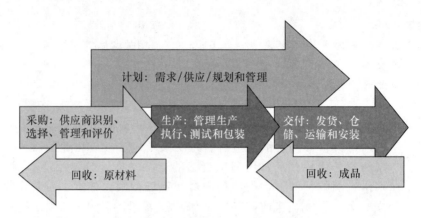

图 9 - 4　供应链运作参考（SCOR）模型

　　SCOR 模型定义了 200 多个流程单元、550 个衡量指标和 500 个最佳实践。最佳实践描述了标杆公司使用的技术，这些公司的指标得分很高。SCOR 将这些指标与"性能属性"（见表 9 - 8）相结合，通过使用不同的竞争战略来帮助公司进行比较（例如，低成本与响应性）。

表 9 - 8　SCOR 模型指标帮助公司根据行业业绩进行标杆测试

性能属性	样本指标	计算
供应链可靠性	完美的订单完成数	总完美订单数/总订单数
供应链响应性	平均订单完成周期	所有订单交付实际周期之和/所有订单交付总数
供应链灵敏度	上行供应链灵活性	在交付数量上实现计划外 20% 的增长所需时间
供应链成本	供应链管理成本	计划成本＋采购成本＋交付成本＋回收成本
供应链资产管理	现金对现金周期	库存供货天数＋应收账款未付天数－未付账款天数

　　标杆非常有用，但对于卓越的供应链而言是远远不够的。基于连续的沟通、理解、信任、绩效和合作战略的审计是必要的。这种关系应该体现在共同的信念中，即"我们在一起"，并应该执行而不只是被当作书面协议。

小　结

　　如今的竞争已不是企业与企业之间的竞争，而是供应链与供应链之间的竞争。成功的关键是供应链中供应方和分销方相互合作来作决策，这对整个渠道有利。对许多企业来说，供应链运作对产品成本、质量、市场响应的时机和差异化起着决定性作用。建立一个一流的供应链的挑战是很明显的，但如果有好的采购策略、深思熟虑的物流计划以及主动的分销网络管理，那么供应链中的每个环节能紧密相连。有大量指标帮助管理人员评估他们的供应链性能和行业标杆。巧妙的供应链管理将为企业提供赢得竞争优势的战略机会。

伦理问题

　　作为一个折扣零售连锁店的买家，你发现自己陷入了一个大麻烦。就在上个月，你的连锁店开始销售由一位著名电影明星代言的平价服装系列。为了获得价格优势，你跟随行业其他公司的脚步，将服装外包给亚洲的一个低工资地区制造。最初销售火爆；然而，最近这位电影明星打电话跟你哭诉，因为有一家新闻调查机构报道她代言的服装是由童工制造的。

愤怒之下，你飞到外包制造工厂，却发现情况并不像新闻报道的那么泾渭与明。你在街上的时候感到了不舒服，贫穷无处不在，孩子们追着外国人乞讨。当你走进工厂时，你看到了非常干净的设施。所有的女工看起来都非常勤奋，但她们中许多人看起来很小。你见到了工厂经理，并解释了你们公司严格的国际外包政策。你要求了解这些女孩为什么不上学。经理作出如下回应："事实是她们中有些还未成年。我们查看了她们的身份证，但在这个国家使用伪造的证件是司空见惯的。另外，你不了解其他的选择。如果你关闭了这家工厂，就等于切断了这些家庭的生活来源。这座小城没有其他的机会，我们国家也没有完善的福利制度。对于女孩而言，上学不在选项之内。在这里，只有男孩才能接受小学以上的教育。如果你关闭工厂，这些女孩就会流落街头，乞讨、偷窃或卖淫。你的企业为她们提供了更好的生存环境，请不要关闭它！"

你对你的公司、电影明星、媒体以及在你商店里示威的人有什么想法？最好的选择是不是关闭工厂然后去别的地方试试？

讨论题 ——■

1. 供应链管理的定义。
2. 供应链管理的目标是什么？
3. 物流管理的目标是什么？
4. 如何区分供应链中不同类型的风险？
5. 什么是纵向一体化？给出前向一体化和后向一体化的实例。
6. 谈判的三种基本策略是什么？
7. 当企业决定只与少数供应商合作时，它与供应商之间的传统对抗关系将如何变化？
8. 延迟和渠道装配有何区别？
9. 什么是 CPFR？
10. 电子商务中在线拍卖的价值是什么？
11. 解释联邦快递如何利用互联网满足快速和准时交付的要求。
12. 沃尔玛是如何实施直达货运的？
13. 什么是总括式订单？它与无票据采购的区别是什么？
14. 为了实施准时交付，采购职能能做什么？
15. 什么是电子采购？
16. 在本章开篇的跨国公司介绍中，达登饭店是如何在供应链中寻求竞争优势的？
17. 什么是 SCOR？它服务于什么目的？

例题解答 ——■

————■■■ ▨▨▨ ▨ **例题解答 9.1** ▨ ▨▨▨ ■■■————

Jack's Pottery 折扣店的年终总资产为 500 万美元。年初库存价值为 37.5 万美元，年终库存价值为 32.5 万美元。已售商品的年度成本为 700 万美元。其老板埃里克·杰克（Eric Jack）希望用库存的资产比例、库存周转率和可供应周数来评价其供应链绩效。下面，我们利用式（9-1）、式（9-2）和式（9-3）进行计算。

解答

第一步，确定平均库存：

$$\frac{375\,000 + 325\,000}{2} = 350\,000（美元）$$

第二步，利用式（9-1）确定库存的资

产比例：

$$库存的资产比例 = \frac{总库存投资}{总资产} \times 100\%$$

$$= \frac{350\,000}{5\,000\,000} \times 100\%$$

$$= 7\%$$

第三步，利用式（9-2），确定库存周转率：

$$库存周转率 = \frac{已售货物的成本}{库存投资}$$

$$= \frac{7\,000\,000}{350\,000}$$

$$= 20$$

第四步，利用式（9-3）计算库存可供应周数，其中已售货物成本调整为周数据。

$$可供应周数 = \frac{平均库存投资}{已售货物的周成本}$$

$$= \frac{350\,000}{7\,000\,000/52}$$

$$= \frac{350\,000}{134\,615}$$

$$= 2.6$$

Jack's Pottery 折扣店投资于库存的资产比例为7%，库存周转率为20，库存可供应周数为2.6。

练习题 ■

9.1 选择当地相对大型的连锁企业中的一个机构，采访其员工并从互联网收集信息，确定供应链的各组成部分。分析该供应链采用成本领先战略、快速响应战略还是差异化战略（参见第2章）。是否产品不同其供应链特征也会有很大不同？

9.2 本章例1中描述的豪利家具公司发现其当前利润不足10 000美元。银行坚持改善利润状况才能批准新设备的贷款。豪利希望将利润提高到25 000美元，这样就可以获得银行的贷款批准。

a. 供应链战略需要提高多少百分比才能将利润提高到25 000美元？25 000美元利润下的物料成本是多少？

b. 销售战略需要提高多少百分比才能将利润提高至25 000美元？什么样的销售才能把利润提高至25 000美元？

9.3 Kennesaw制造公司的生产经理卡迈勒·法塔赫（Kamal Fatehl）发现公司利润为15 000美元（如下表所示），不足以扩展业务。在批准某些新设备的贷款之前，银行坚持要求公司改善盈利状况。卡迈勒·法塔赫希望将利润提高到25 000美元，这样他就可以获得银行贷款。

		占销售额的百分比
销售额	250 000	100%
供应链采购成本	175 000	70%
其他生产成本	30 000	12%
固定成本	30 000	12%
利润	15 000	6%

a. 供应链战略需要提高多少百分比才能将利润提高到25 000美元？25 000美元利润下的物料成本是多少？

b. 销售战略中需要提高多少百分比才能将利润提高到25 000美元？什么样的销售才能把利润提高至25 000美元？（提示：见例1。）

9.4 使用互联网资源确定你选择的一家公司在向虚拟组织转变过程中面临的问题。该企业转变为虚拟组织后老问题更加恶化，还是出现了新问题？

9.5 Baker制造公司（见表9-9）希望在库存周转率指标上，与行业领先企业进行比较。行业领先企业的年库存周转率为13次，库存的资产比例为8%。

表 9-9 用于练习题 9.5 和 9.6

单位：美元

Arrow 分销公司	
净收入	16 500
销售成本	13 500
库存	1 000
总资产	8 600
Baker 制造公司	
净收入	27 500
销售成本	21 500
库存	1 250
总资产	16 600

a. Baker 公司的库存周转率为多少？

b. Baker 公司库存的资产比例为多少？

c. 和行业领先企业相比，Baker 公司的供应链运作绩效如何？

9.6 Arrow 分销公司（见表 9-9）希望利用库存可供应周数和库存周转率指标来跟踪企业的库存情况。

a. 可供应周数为多少？

b. Arrow 公司库存的资产比例为多少？

c. Arrow 公司的库存周转率为多少？

d. 根据这些库存指标，Arrow 分销公司的库存表现比练习题 9.5 中的 Baker 公司好吗？

9.7 杂货行业的年库存周转率大约为 14 次。有机杂货公司（Organic Grocers, Inc.）去年已售货物的成本为 1 050 万美元，平均库存投资为 100 万美元。有机杂货公司的库存周转率为多少？和行业总体情况相比，其绩效如何？

9.8 Mattress 批发公司正在不断努力降低其供应链库存。去年，已售货物的成本是 750 万美元，库存投资为 150 万美元。今年，已售货物的成本为 860 万美元，库存投资为 160 万美元。

a. 去年的库存可供应周数为多少？

b. 今年的库存可供应周数为多少？

c. Mattress 批发公司降低库存的努力是否取得了成效？

注 释

[1] 库存数量通常波动较大，且库存类型繁多（如原材料、在制品、产成品、维护/维修/日常运行补给等），因此利用库存时必需格外谨慎，它可能不仅仅反映供应链的表现。

快速复习

主要标题	复习内容
供应链的战略重要性	大部分企业都会把大量销售收入用于采购。 ■ 供应链管理：对从材料和服务的采购，到制成半成品和最终产品，直至最终把产品送到顾客手中的所有活动进行整合的过程。 供应链管理的目标在于构建能使最终顾客的价值最大化的供应商链条。 竞争已不再是企业与企业之间的竞争，而是供应链与供应链之间的竞争。
采购问题：自制或外购决策与外包	■ 自制或外购决策：决定零部件或服务是自己生产还是从外部购买。 ■ 外包：企业将一些传统的内部活动和资源交由外部供应商完成。 在线商品目录使公司将众多的个人电话、传真和电子邮件集中到一个在线系统，并能节约供应链中数十亿美元的浪费。

续表

主要标题	复习内容
六种采购策略	对于从外部购买的产品和服务，存在六种供应链策略： 1. 与众多供应商谈判，从中选择一家最合适的供应商。 2. 与少数供应商发展长期的伙伴关系，以满足最终顾客的需求。 3. 纵向一体化。 4. 合资。 5. 构建关联企业的系列网络。 6. 建立虚拟企业。 ■ 纵向一体化：企业开发能力以自己生产原来需要外购的产品和服务，或兼并供应商成分销商。 ■ 系列：源于日语，是指一些参与到企业联盟中的供应商。 ■ 虚拟企业：依靠各种供应商关系以按需求提供服务的企业，也称为空心企业或网络企业。
供应链风险	供应链计划的制定需要对涉及的风险进行全面评估。 交叉采购——两个供应商提供不同的组件，其中每个供应商都能充当后备来源。
整合供应链管理	供应链整合的成功取决于供应链参与各方对目标的彼此认同、互相的信任以及和谐、兼容的组织文化。 有三个问题使得高效的集成供应整合得复杂化：局部优化、激励和大批量。 ■ 牛鞭效应：当沿着供应链下达订单时通常会引起订单数量的逐级放大。 ■ 拉动数据：引起交易并"拉动"产品在供应链上移动的准确销售数据。 ■ 单级补货控制：承担为零售商控制和管理库存的责任。 ■ 供应商管理库存：供应商为买方管理货物，并且通常把货物直接交付给买方的使用部门。 ■ 协同计划、预测与补货：为了减少供应链成本，供应链的成员共同努力分享信息。 ■ 总括式订单：对供应商的一种长期购买承诺，而不是短期的采购送货。 采购部门必须努力提高标准化水平。 ■ 延迟：在生产过程中尽可能推迟对产品的修改和定制。 延迟的目的在于在最大化外部多样性的同时使内部多样性最少。 ■ 直达货运：供应商直接把产品送达最终顾客，而不是销售商，从而节省时间和运输费用。 在线商品目录使公司将众多的个人电话、传真和电子邮件集中到一个在线系统，并能节约供应链中数十亿美元的浪费。
建造供应基地	供应商的选择分为四个步骤：（1）供应商评价；（2）供应商开发；（3）谈判；（4）缔约。 供应商评价涉及寻找潜在供应商并确定它们成为优秀供应商的可能性。 供应商开发可能包括从培训、设计和生产支持到信息传递过程的所有内容。 谈判涉及供应链人员设置价格的方法。 三种经典的谈判策略：（1）基于成本的价格模型；（2）基于市场的价格模型；（3）竞争性招标。 缔约包括共担风险、利益，并且创造激励机制来鼓励供应链成员，从而优化整个供应链。 ■ 电子采购——从网上采购设备。
物流管理	■ 物流管理是一种通过整合所有的原材料采购、运输和储存活动来实现高效运作的方法。 货车运输、铁路运输、空运、水运、管道运输和多模式运输是六种主要的运输方式。 第三方物流涉及物流功能的外包。 ■ 渠道装配：推迟产品最终组装，以便在分销渠道组装产品的系统。

续表

主要标题	复习内容
分销管理	分销管理侧重于最终产品的流出。物流总成本是设施成本、库存成本和运输成本的总和（如图 9-3 所示）。分销网络中的设施数量重点应放在利润最大化。
伦理和可持续供应链管理	供应链涉及的三个伦理问题：个人伦理、供应链中的伦理、关于环境的伦理行为。美国供应管理协会制定了一些原则和标准作为指南以规范伦理行为。 ■ 逆向物流：将回收的产品返回到供应链以进行价值回收或清理的过程。 ■ 闭环供应链：旨在优化所有正向和逆向流动的供应链。
衡量供应链绩效	代表性的供应链标杆指标包括提前期、下订单所用时间、延期交付的比例、拒收货物的比例、年缺货次数。 $$库存的资产比例 = \frac{总库存投资}{总资产} \times 100\% \qquad (9-1)$$ ■ 库存周转率：已销售货物成本除以平均库存。 $$库存周转率 = \frac{已售货物的成本}{库存投资} \qquad (9-2)$$ $$可供应周数 = \frac{平均库存投资}{年已售货物成本/52 周} \qquad (9-3)$$ ■ 供应链运作参考（SCOR）模型：由供应链管理协会开发的一套流程、测量指标和作为管理标杆的最佳实践。 五个基本流程包括计划、采购、生产、交付和回收。

自测题

在自我测试前，请参考本章开头的学习目标和本章的关键术语。

1. 供应链管理的目标是_____。

2. 纵向一体化的含义是（　　）。

a. 开发能力以生产原有产品的互补产品

b. 自己生产以往需要外购的产品或服务

c. 开发能力以更有效地生产特定产品

d. 以上全部

3. 在（　　）情况下，牛鞭效应会加剧。

a. 局部优化

b. 销售激励

c. 价格折扣

d. 促销

e. 以上全部

4. 供应商选择包括（　　）。

a. 供应商评价和有效的第三方物流

b. 供应商开发和物流

c. 谈判、供应商评价和供应商开发

d. 集成供应链

e. 库存和供应链管理

5. 物流中存在的主要问题有（　　）。

a. 采购成本

b. 供应商评价

c. 产品定制

d. 各种运输方式的成本

e. 杰出的供应商

6. 库存周转率等于（　　）。

a. 已售货物的成本/供货周数

b. 供货周数/年已售货物成本

c. 年已售货物成本/52 周

d. 库存投资/已售货物的成本

e. 已售货物的成本/库存投资

自测题答案：1. 构建能使最终顾客的价值最大化的供应商链条；2. b；3. e；4. c；5. d；6. e。

第 9 章补充材料
供应链管理分析

 学习目标

1. 使用决策树确定管理灾难风险的最优供应商数量。
2. 解释并测量牛鞭效应。
3. 描述因素比重法对供应商的评估。
4. 评估运输成本的替代方案。
5. 指定物品在仓库的储存位置。

S9.1　评估供应链的技术

现有的许多供应链指标可用于评估公司内部及其供应链合作方的绩效。本章介绍了五种技术，旨在建立和评估供应链绩效。

S9.2　评估供应链中的灾难风险

中断供应链的灾难有多种形式，包括龙卷风、火灾、飓风、台风、海啸、地震和恐怖主义。当你决定是否为自己的汽车购买保险时，必须权衡保险金额与发生小事故的可能性以及事故发生时最坏的财务损失情况（汽车的"总计"）。同样，对于重要组件的供货，公司通常采用多个供应商以减轻总供应中断的风险。

如例 S1 所示，决策树可用于帮助运作经理作出有关供应商数量的重要决策。对于给定的供应周期，我们会用到以下几种符号：

S＝发生同时中断所有供应商的"超级事件"的概率

U＝发生只中断一个供应商的"单一事件"的概率

L＝所有供应商都中断时，此供应周期中的财务损失

C＝供应商管理的边际成本

无论是发生超级事件，还是每个供应商都发生单一事件，所有的供应商都将同时中断。假设所有概率相互独立，那么，n 个供应商同时中断的概率 P 为：

$$P(n) = S + (1-S)U^n \tag{S9-1}$$

例 S1

管理风险的最佳供应商数量是多少?

上海制造公司（Shanghai Manufacturing Corp.）总裁耿女士希望为公司产品中使用的电动机打造一个供应商组合，以在成本和风险之间取得合理的平衡。尽管她知道单一供应商在质量管理和准时生产方面具有许多潜在的好处，但她还是担心供应商工厂会因为火灾、自然灾害或其他灾难，损害公司的业绩。根据历史数据以及气候和地质预报，小田估计在供应周期中，发生一次同时对所有供应商产生负面影响的"超级事件"的概率为 0.5%（概率 $p=0.005$）。她进一步估计，每个供应商发生潜在"单一事件"的风险为 4%（概率 $p=0.04$）。假设管理一家额外供应商的边际成本为 10 000 美元，并且如果一场灾难导致所有供应商同时倒闭所造成的财务损失为 10 000 000 美元，那么耿女士应该使用多少家供应商? 假定有多达三个几乎完全相同的供应商。

方法

可以使用决策树，因为上海制造公司有以下基本数据：决策选择、概率和收益（成本）。

解答

我们绘制一个决策树（如图 S9-1 所示），为三个决策（选择一个、两个或三个供应商）分别创建一个分支，为每个分支分配各自的概率（利用式（S9-1））和收益，然后计算相应的期望货币价值（EMV）。已在决策树的每个步骤中标识了 EMV。

利用式（S9-1）计算总中断概率：

一个供应商：0.005＋（1－0.005）×0.04＝0.005＋0.039 8＝0.044 8(4.48%)

两个供应商：0.005＋（1－0.005）×0.042＝0.005＋0.001 592＝0.006 592(0.659 2%)

三个供应商：0.005＋（1－0.005）×0.043＝0.005＋0.000 064＝0.005 064(0.506 4%)

启示

虽然有巨大的供应商管理成本且发生灾难的可能性较低，在供应商完全中断期间所发生的足够大的财务损失表明还是需要多个供应商。

练习

假设发生超级事件的概率增加到 50%。现在需要多少个供应商? ［答案：2。］假设发生超级事件的概率为 50%，且供应商完全中断时财务损失降至 500 000 美元，现在需要多少个供应商? ［答案：1。］

相关课后练习题

S9.1，S9.2，S9.3，S9.4，S9.5

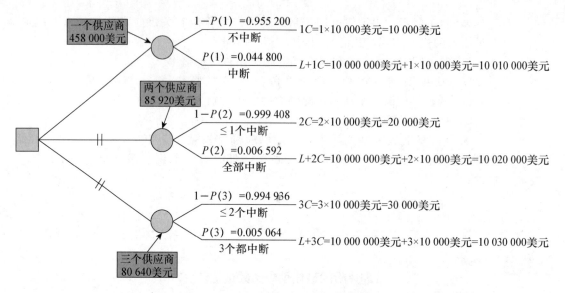

图 S9 - 1　风险下供应商选择的决策树

式（S9-1）的一个有趣启示是，一方面，随着发生超级事件（S）概率的增加，利用多个供应商的优势将减少（最后将被淘汰）。另一方面，发生单一事件（U）的较大概率增加了需要更多供应商的可能性。这两种现象加在一起表明，当使用多个供应商时，管理者可以考虑使用地理位置分散的供应商，以减少所有供应商同时中断的可能性。

S9.3　管理牛鞭效应

图 S9-2 提供了牛鞭效应的一个示例，该示例描述了当订单从零售商传递到供应链时订单量较大波动的趋势。牛鞭效应会导致不稳定的生产进度，从而导致成本高昂的产能变更调整，例如加班、分包合同、额外库存、延期交货、雇用和解雇工人、设备增加、利用率不足、交货时间较长或生产的产品过时。

宝洁公司发现，尽管帮宝适（Pampers）纸尿裤的使用量稳定且零售商订单的波动很小，但放到整个供应链中，波动幅度加大了。到开始订购原材料时，这种波动就会很大。包括金宝汤、惠普、巴里勒（Barilla SpA）和应用材料（Applied Materials）在内的许多公司都观察到并记录了类似的现象。

当订单发生变化时，就会发生牛鞭效应。表 S9-1 列出了发生牛鞭效应的一些主要原因和补救措施。通常，人类会对刺激过度反应，这种趋势下管理者作出的决策加剧了牛鞭效应。牛鞭效应的总体解决方案只是让供应链成员共享信息并协同工作，参见下页运作管理实践专栏"RFID 有助于控制牛鞭效应"。

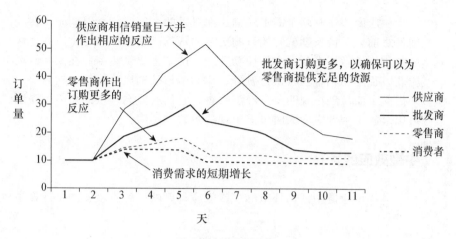

图 S9-2　牛鞭效应

说明：牛鞭效应导致供应链成员对零售一级的需求变化反应过度。消费者级别的微小需求变化可能会导致供应商级别的巨大需求变化。

表 S9-1　牛鞭效应

原因	补救方法
需求预测错误（供应链中的累积不确定性）	在整个供应链中共享需求信息
订单分批处理（大批量不规律的订单导致供应商作出更大订购量的决策）	渠道协同：将整个供应链视作一家公司来确定批量
价格波动（提前购买以利用低价、折扣或销量优势）	稳定价格（天天平价）
缺货博弈（由于担心供应短缺而造成货物积压）	根据过去的需求分配订单

运作管理实践

RFID 有助于控制牛鞭效应

当销售稳定时，供应链能平稳运行，但是当需求激增或迅速下降时，供应链通常会崩溃。无线射频识别（Radio Frequency Idenfication，RFID）标签可以通过有关货架上实时状况的信息来改变标签状态。这是宝洁帮宝适系统的工作方式。

1．一项特定的促销活动使沃尔玛的消费者抢购好几箱帮宝适婴儿干爽纸尿裤。

2．每箱纸尿裤都有一个 RFID 标签，安装在架子上的扫描仪会提醒仓库急需补货。

3．沃尔玛的库存管理系统会跟踪并链接店内库存和仓库库存系统，从而促进更快的补货并提供准确的实时数据。

4．沃尔玛的系统与宝洁的供应链管理系统相连。由 RFID 标签报告的需求高峰信息在整个供应链中即时可见。

5．宝洁的物流软件使用 GPS 定位器跟踪货车，并使用 RFID 标签读取器跟踪车内的货物。区域经理可以让货车改变路线以满足紧急需求。

6．宝洁供应商还在其原材料上使用 RFID 标签和读取器，从而使宝洁对供应链中的可见性提高了几级，并使供应商能够准确地预测需求和产量。

资料来源：*Supply Chain Digest*（July 21, 2012）；*Arkansas Business*（July 2, 2012）；and *Business* 2.0（May 2002）。

供应商协作有助于需求转移。在最近的全球经济衰退期间，在经济复苏和销售增长之前，卡特彼勒就开始订购更多的货物。它还积极与供应商合作，为它们产量的急剧增长做好准备。卡特彼勒逐个拜访了主要供应商。在某些情况下，它帮助供应商以优惠的利率获得银行融资。作为卡特彼勒风险评估活动的一部分，供应商必须提交书面计划，说明一旦经济改善，它们有提高产量的能力。谨慎、协调的计划可以缓解牛鞭效应增大时可能出现的短缺和延误。

牛鞭效应的计算

分析供应链中任何环节的牛鞭效应程度的一种直接方法是计算牛鞭测量值：

$$牛鞭测量值 = \frac{订单方差}{需求方差} = \frac{\sigma^2_{订单}}{\sigma^2_{需求}} \qquad (S9-2)$$

如果牛鞭测量值大于 1，则会出现方差放大（牛鞭效应）。这意味着公司订单的波动幅度大于需求的波动幅度。如果测量值等于 1，则不存在放大效应。如果测量值小于 1，表示随着订单在供应链中向上移动至供应商情况下需求的平滑或衰减情况。示例 S2 说明了如何使用式（S9-2）分析供应链中每个阶段的牛鞭效应程度。

例 S2

计算牛鞭效应

李建业金属公司（Chieh Lee Metals，Inc.）订购金属并将其制成 50 个成型的桌面，出售给家具制造商。下表显示了该供应链中每家主要公司的需求和订单的每周变化表。每家公司都有一个供应商和一个客户，因此一家公司的订单方差等于其供应商的需求方差。分析该供应链中牛鞭效应的相对分布。

公司	需求方差	订单波动方差	牛鞭测量值
家具百货公司（Furniture Mart，Inc.）	100	110	110/100=1.10
家具经销商公司（Furniture Distributors，Inc.）	110	180	180/110=1.64
美国家具制造商（Furniture Makers of America.）	180	300	300/180=1.67
李建业金属公司（Chieh Lee Metals，Inc.）	300	750	750/300=2.50
金属供应商（Metal Suppliers Ltd.）	750	2 000	2 000/750=2.67

方法

利用式（S9-2）计算供应链中每家公司的牛鞭测量值。

解答

表格的最后一列展示了每家公司的牛鞭测量值。

启示

该供应链展现出经典的牛鞭效应。尽管零售方面的需求模式可能非常稳定，但供应商的订单量却大不相同。李建业应该尝试找出导致自己公司订单扩大的原因，并且应该尝试与其他供应链伙伴合作，以减少供应链各个层面的放大效应。

练习

假设李建业能够将牛鞭测量值从 2.50 减少到 1.20。如果其他所有公司的牛鞭测量值

保持不变，那么金属供应商新减少的订单方差将是多少？〔答案：961。〕

相关课后练习题

S9.6，S9.7，S9.8，S9.9

S9.4　供应商选择分析

从众多备选方案中选择供应商可能是一项艰巨的任务。仅根据出价最低选择供应商已成为一种不常用的方法。各种因素（甚至是竞争因素）都会在决策中发挥作用。买方可以将供应商的特征考虑进去，如产品质量、交货速度、交货可靠性、客户服务和财务绩效。

这里介绍的因素比重法就是同时考虑多个供应商的标准。每个因素都必须分配一个权重，然后根据每个因素对每个潜在的供应商进行评分。权重通常总计为100%，使用相同的量表（如 1～10）对因素进行评分。有时会为供应商评级人员提供一种将定性评分转换为数字分数的方法（如"非常好"＝8）。例 S3 阐释了两个竞争供应商间加权标准的比较。

例 S3

因素比重法对供应商的评估

加利福尼亚州帕洛阿尔托市创意玩具公司（Creative Toys）的总裁埃里克·戴维斯（Erick Davis）想要评估为其公司的儿童玩具提供无毒、环保的油漆和染料的供应商。这是公司供应链中至关重要的战略要素，他希望有一家能够为其产品做出贡献的公司。

方法

埃里克已将选择范围缩小到两个供应商：辉柏嘉油漆（Faber Paint）和史密斯染料（Smith Dye）。他将使用因素比重法来评估供应商，以比较两者。

解答

埃里克开发了下表所示的选择标准。然后，他分配好如表所示的权重，以此帮助他对潜在供应商进行客观评估。他的员工分配好分数并计算总加权分数。

标准	权重	辉柏嘉油漆 分数 (1～5，5 为最高分)	权重×分数	史密斯染料 分数 (1～5，5 为最高分)	权重×分数
工程/创新技能	0.20	5	1.0	5	1.0
生产工艺能力	0.15	4	0.6	5	0.75
配送能力	0.05	4	0.2	3	0.15
质量	0.10	2	0.2	3	0.3
设备/位置	0.05	2	0.1	3	0.15
财务实力	0.15	4	0.6	5	0.75
信息系统	0.10	2	0.2	5	0.5
诚信	0.20	5	1.0	3	0.6
总计	1.00		3.9		4.2

史密斯染料的得分更高，为 4.2，根据该分析，它将是首选的供应商。

启示

因素比重法可以帮助公司系统地确定对它们来说很重要的标准，并以客观的方式评估潜在的供应商。在此过程中，仍有一定程度的主观性，包括选择的标准、标准的权重以及每个标准下供应商的评分。

练习

如果埃里克认为诚信的重要性是表中的两倍，而生产工艺能力和财务实力都应该只有表中重要性的 1/3，那么分析结果将如何改变？［答案：辉柏嘉油漆的分数变成 4.1，而史密斯染料的分数变成 3.8，所以辉柏嘉油漆现在是首选的供应商。］

相关课后练习题

S9.10，S9.11，S9.12

S9.5 运输方式分析

产品运输的时间越长，公司投入资金的时间就越长。但是较快的运输方式通常比较慢的运输方式更昂贵。一种简单的折中方案是根据运输方案评估持有成本。我们在例 S4 中加以说明。

例 S4

确定每日的持有成本

有一批新的半导体连接器需要从圣荷西运到新加坡进行组装。连接器的价值为 1 750 美元，每年的持有成本为 40%。有一家空运承运商可以比其竞争对手快 1 天交付连接器，但要多付 20 美元。应该选择哪个承运商？

方法

首先确定每日的持有成本，然后将每日的持有成本与更快方案下的运输成本进行比较。

解答

$$\text{产品的每日持有成本} = \left(\text{年持有成本} \times \text{产品价值}\right)/365$$
$$= (0.4 \times 1\ 750)/365$$
$$= 1.92（美元）$$

由于节省一天时间的成本多 20 美元，远高于每日持有费用 1.92 美元，因此应选择价格较低的承运商，多花一天的时间进行装运。节省的费用为 18.08 美元（20−1.92）。

启示

如果将连接器运到新加坡，延迟一天交付（使客户不满意）或需要支付延迟费用 15 万美元的最终产品，解决方案将大为不同。（不管是 150 000 美元 1 天的利息还是不满意的客户，都使节省的 18.08 美元微不足道。）

练习

如果持有成本为每年 100%，又该如何选择？［答案：即使每天的持有成本为 4.79 美元，也选择成本较低的承运商。］

相关课后练习题

S9.13，S9.14，S9.15，S9.16

例 S4 仅关注持有成本与运输成本。对于运作经理或物流经理来说，还应该考虑许多其他因素，包括确保准时交货、按计划协调装运、将新产品推向市场以及让客户满意。可以将这些因素的成本估算值加到每日持有成本的估算值中。考虑这些因素的影响和成本使得评估运输替代成为一项具有挑战性的运作管理任务。

S9.6 仓库储存

对许多物品而言，当它们在各自的供应链中流动时，储存是重要的一部分。仅在美国，就有超过 13 000 座专门用于仓储的建筑。有些比好几个相连的足球场还要大。实际上，超过 35% 的建筑的面积超过了 100 000 平方英尺。

在确定仓库中的各个位置储存哪些物品时，应格外小心。特别是在大型仓库中，每天都要沿着非常长的通道进行数百或数千次的穿梭。合理放置物品可以节省大量的工作时间，从而提高效率。在例 S5 中，我们考察了一种确定物品在仓库中的储存位置的简单方法。

例 S5

确定物品在仓库中的储存位置

埃丽卡·马尔西亚克（Erika Marsillac）管理着一家本地专业五金商店的仓库。如图 S9-3 所示，单通道矩形仓库有一个用于装卸的平台，以及 16 个相同大小的库存物品储存区。

装卸台	1	3	5	7	9	11	13	15
	通道							
	2	4	6	8	10	12	14	16

图 S9-3　仓库中的储存位置

下表包括：（1）仓库中储存的每个物品的类别；（2）工人每月储存或检索这些物品所需的估计次数（行程）；（3）区域（储存所需专用区块的数量）。埃丽卡希望将物品分配到储存块，以最大限度地减少平均行驶距离。

物品	月行程数	所需储存区域块
木材	600	5
油漆	260	2
工具	150	3
小五金	400	2
化工袋	90	3
灯泡	220	1

方法

对于每样物品，计算行程数与所需储存区域块的比率。根据此比率对物品进行排名，然后将排名最前的物品放置在离装卸台最近的位置。

解答

下表计算每个物品的比率并将物品排名。根据排名，将物品分配给尽可能靠近装卸台的区域。（在适用的情况下，如果在两个等距的区域之间进行选择，则应将物品放置在相同类型的物品旁边，而不是跨过它们的通道。）

物品	行程/储存区块	排名	分配的区域块
木材	600/5=120	4	6、7、8、9、10
油漆	260/2=130	3	3、5
工具	150/3=50	5	11、12、13
小五金	400/2=200	2	2、4
化工袋	90/3=30	6	14、15、16
灯泡	220/1=220	1	1

启示

此过程首先分配"物有所值"得分最高的物品。这里的"性能"（价值）是指行程数。因为想最大限度地减少行程，所以我们希望将频繁访问的物品放在前面。储存空间代表"成本"。我们希望将占用大量空间的物品向后移动，因为如果将它们放置在靠近前端的位置，那么每次我们需要储存或检索不同类别的物品时，都必须经过它们的多个区块。通过使用行程/储存区域块（解决方案表的第 2 列），可以很好地适应这种高低不平衡的权衡。在此例中，即使木材具有最高的行程数，木材也占用了太多的储存空间，以至于被放置在更远的位置，朝向仓库的中间。

练习

油漆的订购频率预计将增加到每月 410 次。那将如何改变储存计划？［答案：油漆和小五金将互换储存位置。］

相关课后练习题

S9.17，S9.18

小 结

现在已经开发了多种工具来帮助供应链经理作出明智的决策。我们在此补充材料中提供了一个小例子。决策树可以帮助确定最佳供应商数量，以防止潜在灾难导致供应中断的风险。牛鞭测量可以识别每个供应链成员在加剧整体供应链订单波动中的作用。因素比重法有助于基于多个评判标准来选择供应商。可以计算各种运输方式的库存持有成本，以更好地比较其总体成本影响。最后，可以根据行程/储存区域块的比率对物品进行排序，以确定它们在仓库中的最佳放置位置。

讨论题

1. 单一事件和超级事件的区别有哪些？

2. 如果发生超级事件的概率提高，则单一事件的风险重要性会增加还是减少？为什么？

3. 如果发生超级事件的概率降低，则需要多个供应商的概率怎么变化？

4. 牛鞭效应会产生什么后果？

5. 产生牛鞭效应的原因有哪些？怎么补救？

6. 供应链中如何分析牛鞭测量值？

7. 在用因素比重法选择供应商时，有哪些评判标准？

8. 仅依靠因素比重法的结果来选择供应商有哪些潜在的风险？

9. 使用慢速运输方式的缺点是什么？

10. 除了仓库布置决策外，根据"性能/储存空间"的排名还可以应用于哪些决策中？

例题解答

例题解答 S9.1

乔恩·杰克逊制造公司（Jon Jackson Manufacturing）正在为新的设备生产线寻找供应商，乔恩（Jon）已将选择范围缩小到两套供应商方案。乔恩认为风险是多样化的，因此会挑选每个方案中的两个供应商。但是，他仍然担心两个供应商同时中断的风险。"旧金山方案"是指选择旧金山的两家供应商。两家公司都是稳定、可靠和盈利的公司，因此乔恩估计两家公司发生单一事件的风险均为 0.5%。但是，由于旧金山位于地震区，因此他估计发生两家供应商同时中断的事件的概率为 2%。"北美方案"是指选择一个加拿大供应商和一个墨西哥供应商，这两个是新贵公司。乔恩计算出它们中任何一个发生单一事件的概率均为 10%。但他估计，发生这两个供应商同时中断的超级事件的概率仅为 0.1%。旧金山方案的购买成本为每年 500 000 美元，北美方案的购买成本为每年 510 000 美元。完全中断会造成每年 80 万美元的损失。哪种方案更好？

解答

利用式（S9-1），全部中断的概率（遭受 80 万美元损失的可能性）等于：

旧金山方案：$0.02+(1-0.02)0.005^2=0.02+0.000\,024\,5=0.020\,024\,5$ 或 $2.002\,45\%$

北美方案：$0.001+(1-0.001)0.1^2=0.001+0.009\,9=0.010\,99$ 或 1.099%

由于总年期望成本＝年采购成本＋年期望中断成本，因此，两种方案的成本如下：

旧金山方案：$500\,000+800\,000\times0.020\,024\,5=500\,000+16\,020=516\,020$（美元）

北美方案：$510\,000+800\,000\times0.010\,99=510\,000+8\,792=518\,792$（美元）

在这种情况下，旧金山方案更好一些。

━━━━ ■ ■ ■ ■ ■ **例题解答 S9.2** ■ ■ ■ ■ ━━━━

过去 8 周，迈克尔金属公司（Michael's Metals）对齿轮的需求（单位：个）分别为 140、230、100、175、165、220、200 和 178。公司每周的订单量（单位：个）为 140、250、90、190、140、240、190 和 168。

可以通过 Excel 中的 VAR.S 函数或将数据集的每个 x 值代入公式中来计算数据集的样本方差：方差＝$\dfrac{\sum(x-\bar{x})^2}{n-1}$，其中，$\bar{x}$ 是数据集的平均数，n 是数据个数。利用式（S9-2）计算迈克尔金属公司过去 8 周的牛鞭测量值。

解答

$$平均需求=\frac{140+230+100+175+165+220+200+178}{8}=\frac{1\,408}{8}=176$$

$$需求方差=\frac{\begin{matrix}(140-176)^2+(230-176)^2+(100-176)^2+(175-176)^2\\+(165-176)^2+(220-176)^2+(200-176)^2+(178-176)^2\end{matrix}}{8-1}$$

$$=\frac{36^2+54^2+76^2+1^2+11^2+44^2+24^2+2^2}{7}$$

$$=1\,804$$

$$平均订单=\frac{140+250+90+190+140+240+190+168}{8}=176$$

$$订单方差=\frac{\begin{matrix}(140-176)^2+(250-176)^2+(90-176)^2+(190-176)^2\\+(140-176)^2+(240-176)^2+(190-176)^2+(168-176)^2\end{matrix}}{8-1}$$

$$=\frac{36^2+74^2+86^2+14^2+36^2+64^2+14^2+8^2}{7}$$

$$=2\,859$$

由式（S9-2）可知，牛鞭测量值＝$2\,859/1\,804=1.58$。

因为 $1.58>1$，所以迈克尔金属公司会对其所在的供应链造成牛鞭效应。

━━━━ ■ ■ ■ ■ ■ **例题解答 S9.3** ■ ■ ■ ■ ━━━━

墨西哥办公用品供应中心（Office Supply Center of Mexico）采购经理维克托·皮门特尔（Victor Pimentel）正在为纸张寻找新的供应商。维克托评价供应商最重要的标准包括纸张质量、交付可靠性、客户服务和财务状况，并且，他认为纸张质量的权重是其他三个标准中每一个的两倍。维克托已将选择范围缩小到两个供应商，并且他的员工已按照标准对每个供应商进行了评分（使用 $1\sim100$ 的评分，最高分为 100），如下表所示：

	纸张质量	交付可靠性	客户服务	财务状况
蒙特里纸业（Monterrey Paper）	85	70	65	80
帕佩尔·格兰德纸业（Papel Grande）	80	90	95	75

利用因素比重法确定最佳供应商。

解答

为了确定每个标准的适当权重，创建一个简单的代数关系：

令 $x=$ 标准 2、3 和 4 的权重，则 $2x+$

$x+x+x=100\%$，即 $5x=100\%$，$x=20\%$，或 $x=0.2$。

因此，纸张质量的权重为 $2\times20\%=40\%$，其他三个标准的权重为 20%。下表展示了因子权重法的分析过程：

		蒙特里纸业		帕佩尔·格兰德纸业	
标准	权重	分数 （1~100，100 为最高分）	权重×分数	分数 （1~100，100 为最高分）	权重×分数
纸张质量	0.4	85	34	80	32
交付可靠性	0.2	70	14	90	18
客户服务	0.2	65	13	95	19
财务状况	0.2	80	16	75	15
总计	1.00		77		84

因为 $84>77$，所以根据因素比重法的分析，应该选择帕佩尔·格兰德纸业作为供应商。

———— ■■■■ **例题解答 S9.4** ■■■■ ————

一家法国汽车公司每年向英国运送 12 万辆汽车。当前的运输方式是使用渡轮穿越英吉利海峡，平均需要 10 天。该公司正在考虑通过铁路（通过英吉利海峡的隧道）进行铁路运输。铁路运输方法平均大约需要 2 天，且通过海底隧道运送的费用为每辆车 80 美元。该公司的持有成本为每年 25%，每辆汽车平均价值 20 000 美元。应该选择哪种运输方式？

解答

日持有成本 $=(0.25\times20\,000)/365$

$=13.70$（美元）

通过使用
隧道节省的 $=(10-2)\times13.7$
总持有成本

$=110$（美元/次）

由于节省下来的 110 美元持有成本超过了 80 美元的运输成本，采用海底隧道的方案更好。这种转换将为公司每年节省 120 000 $\times$ $(110-80)=3\,600\,000$ 美元。

练习题*

S9.1 怎样得出发生超级事件和单一事件的概率？你会考虑哪些因素？

S9.2 威特输入设备公司（Witt Input Devices）总裁菲利普·威特（Phillip Witt）希望为公司新的键盘生产线建立本地供应商组合。由于供应商都位于容易遭遇飓风、龙卷风、洪水和地震的地方，因此菲利普认为，在任一年发生超级事件，使得同时中断所有供

———————————

* **P✗** 表示可以用 POM for Windows 和（或）Excel OM 软件解答该题。

应商至少 2 周的概率是 3%。这样的彻底中断将使公司损失约 40 万美元。他估计任一供应商发生单一事件的风险为 5%。假设管理一个额外供应商的边际成本为每年 15 000 美元，威特输入设备公司应使用几个供应商？（假设有多达三个几乎完全相同的本地供应商。）

S9.3　菲利普仍然对练习题 S9.2 中的风险感到担忧，假设他愿意使用一个本地供应商，并愿意在该国其他地区使用最多两个供应商。这样可以将发生超级事件的概率降到 0.5%，但是由于距离的增加，管理每个远程供应商的年度成本将为 25 000 美元（本地供应商仍为 15 000 美元）。假设本地供应商是第一选择，威特输入设备公司现在应该使用多少供应商？

S9.4　约翰逊化工厂（Johnson Chemicals）正在考虑两种供应商组合。第一种是使用两个本地供应商，每个供应商发生单一事件的概率为 5%，发生使两个供应商同时中断的超级事件的概率为 1.5%。第二种是使用位于不同国家/地区的两个供应商。每个供应商发生单一事件的概率为 13%，发生使两个供应商同时中断的超级事件的概率为 0.2%。

a.　方案一中两个供应商同时中断的概率是多少？

b.　方案二中两个供应商同时中断的概率是多少？

c.　哪种方案造成的总体中断的风险较低？

S9.5　布卢姆牛仔公司（Bloom's Jeans）正在寻找新的供应商，公司所有者黛比·布卢姆（Debbie Bloom）将选择范围缩小到了两组。黛比非常担心供应中断，因此无论如何她都选择使用三个供应商。对于方案一，供应商早已经建立并位于同一国家/地区。黛比计算出，每个供应商发生单一事件的概率为 4%。她估计，一次全国性事件使三个供应商同时中断的概率为 2.5%。对于方案二，供应商是新建公司，且位于三个不同的国家/地区。黛比计算出每个供应商发生单一事件的风险为 20%。她估计，发生使三个供应商同时中断的超级事件的概率为 0.4%。方案一的采购和运输成本为每年 1 000 000 美元，方案二的采购和运输成本为每年 1 010 000 美元。完全

中断会造成每年 500 000 美元的损失。

a.　方案一中三个供应商同时中断的概率是多少？

b.　方案二中三个供应商同时中断的概率是多少？

c.　方案一的年度总采购和运输成本加上预期的年度中断成本是多少？

d.　方案二的年度总采购和运输成本加上预期的年度中断成本是多少？

e.　哪个方案更好？

S9.6　考虑以下供应链：

制造商 → 分销商 → 批发商 → 零售商

去年，零售商的每周需求方差为 200 单位。零售商、批发商、分销商和制造商的订单方差分别为 500、600、750 和 1 350 单位。（请注意，订单方差等于该公司供应商的需求方差。）

a.　计算零售商的牛鞭测量值。

b.　计算批发商的牛鞭测量值。

c.　计算分销商的牛鞭测量值。

d.　计算制造商的牛鞭测量值。

e.　在该供应链中，哪家公司对牛鞭效应的影响最大？

S9.7　在过去 5 周中，温斯顿酒庄（Winston's Winery）的葡萄酒需求量（单位：瓶）分别为 1 000、2 300、3 200、1 750 和 1 200。温斯顿每周下 1 100、2 500、4 000、1 000 和 900 瓶的玻璃瓶订单。（回想一下，可以通过使用 Excel 中的 VAR.S 函数或通过将数据集的每个 x 值代入公式来计算数据集的样本方差：方差 $= \dfrac{\sum (x - \bar{x})^2}{n-1}$，$\bar{x}$ 是数据集的平均数，n 是数据个数。）

a.　温斯顿酒庄的需求方差是多少？

b.　温斯顿酒庄对玻璃瓶的订单方差是多少？

c.　温斯顿酒庄玻璃瓶的牛鞭测量值是多少？

d.　温斯顿酒庄是放大还是平滑效应？

S9.8　在过去 12 个月中，超级玩具市场（Super Toy Mart）的需求方差为 10 000 个单位，订单方差为 12 000 个单位。

a.　超级玩具市场的牛鞭测量值是多少？

b.　如果超级玩具市场在过去 12 个月中对

需求作出了完美的预测，并决定每月订购该年度需求的1/12，那么其牛鞭测量值是多少？

S9.9 考虑一个由零售商、制造商和供应商组成的三企业供应链。零售商8周内的需求为：第1和第2周每周100单位，第3和第4周每周200单位，第5和第6周每周300单位，以及第7和第8周每周400单位。下表列出了供应链中每个公司下的订单。注意，由于规模经济的原因，在供应链中经常出现这种情况。每种情况下的总单位都是相同的，但是在供应链上更远的公司（远离零售商）下的订单更大，频率更低。

周	零售商	制造商	供应商
1	100	200	600
2	100		
3	200	400	
4	200		
5	300	600	1 400
6	300		
7	400	800	
8	400		

回想一下，可以通过使用 Excel 中的 VAR.S 函数或将数据集的每个 x 值代入公式来计算数据集的样本方差：方差 $= \dfrac{\sum (x - \bar{x})^2}{n-1}$，$\bar{x}$ 是数据集的平均数，n 是数据个数。

a. 零售商的牛鞭测量值是多少？

b. 制造商的牛鞭测量值是多少？

c. 供应商的牛鞭测量值是多少？

d. 关于规模经济可能对牛鞭效应产生的影响，你可以得出什么结论？

S9.10 作为弗吉尼亚州里士满市艾南游乐园的采购代理，你要求采购人员将两个潜在供应商的各种特征进行"优秀""良好""一般""差"的评级。你建议将"产品"的总计权重设为40%，将其他三个类别的总计权重均设为20%。采购人员已提交如表 S9-2 显示的评级。你会选择哪个供应商？ **Px**

表 S9-2 练习题 S9.10 的供应商评级

公司	优秀 (4)	良好 (3)	一般 (2)	差 (1)	产品	优秀 (4)	良好 (3)	一般 (2)	差 (1)
财务实力			K	D	质量	KD			
制造范围			KD		价格			KD	
研究设备	K		D		包装			KD	
		K	D		**销售**				
管理		K	D		产品知识			D	K
劳动关系			K	D	销售电话			K	D
贸易关系			KD		销售服务		K	D	
服务									
按时交货		KD							
问题处理		KD			唐娜公司（DONNA INC.）=D				
技术支持		K	D		凯公司（KAY CORP.）=K				

S9.11 使用练习题 S9.10 中的数据，假定唐娜公司和凯公司都能将其所有"差"的评级提高到"一般"。你将如何对这两家公司进行排名？ **Px**

S9.12 从巴尔的摩向马来西亚吉隆坡运送100 000美元的机器零件的方案如下：（1）船运，需要30天，费用为3 800美元；（2）先用货车将零件运输到洛杉矶，然后转船运，总成本 4 800 美元，共需 20 天。零件抵达当天即根据信用凭证付款。每年的持有成本估计为货物价值的 30%。

a. 哪种方案更经济？

b. 展示的数据中不包括哪些客户问题？

S9.13　如果练习题 S9.12 中的数据有第三种方案，仅花费 4 000 美元且只需 20 天，那么最经济的计划是什么？

S9.14　制定供应商评级表，该表代表你曾经考虑过（或正在考虑）就读的大学所提供教育的比较。填写必要的数据，并确定"最佳"选择。你是否正在你的"最佳"选择中上学？如果没有，为什么？

S9.15　最近，阿贝克隆比 & 费奇公司（A&F）开始将其大部分从亚洲发往美国的货物，由空运转向速度较慢但便宜的远洋运输。运输成本大大降低，但运输时间从几天增加到了几周。除了对库存的控制较少和对时尚变化的反应较慢之外，运输中的商品的持有成本也有所增加。同时，中美洲可能会提供一种廉价的制造替代方案，这可以将从亚洲运输过来的 27 天，缩短至从巴拿马运河运输的 6 天。假设 A&F 使用 30% 的年持有率，并假设该产品在亚洲生产的成本为 20 美元。假设无论从亚洲还是中美洲出发，通过远洋班轮运输的成本都将大致相同，那么与亚洲生产商相比，中美洲要想成为具有竞争力的对手，最高生产成本将是多少？

S9.16　蒙茨卡-川特物流（Monczka-Trent Shipping）是俄亥俄州汉菲尔德制造公司（Handfield Manufacturing Co.）的物流供应商。汉菲尔德每天都会从其俄亥俄州的工厂向位于亚拉巴马州的汽车装配线运送动力转向泵。标准货品的价值为 250 000 美元。蒙茨卡-川特有两种方案：（1）标准的 2 天交货；（2）分包商将与司机通宵达旦运送，一天交付，额外的司机费用为 175 美元。汉菲尔德这类库存的持有成本每年为 35%。

a. 哪种方案更经济？

b. 展示的数据中不包括哪些产品问题？

S9.17　曾餐厅分销商（Zeng's Restaurant Distributions）的所有者艾米·曾（Amy Zeng）向都会区附近的餐厅供应不易腐烂的商品。她将所有货物储存在仓库中。根据下表，商品分为五类。该表指示每月储存或检索每类货物的行程数，以及每类货物的储存区块数。

货物种类	月行程数	所需储存区域（区块数）
纸制品	50	2
餐具、杯子和银器	16	4
清洁剂	6	2
食用油和调味料	30	2
炊具	12	6

下图的仓库提供了 16 个储存块，每个储存块都有标识号。对于每个物品种类，应将其储存在哪些区块中？

装卸台	1	3	5	7	9	11	13	15
	通道							
	2	4	6	8	10	12	14	16

S9.18　下表中列出的物品储存在仓库中。

物品	周行程数	所需储存区域（区块数）
A	300	60
B	219	3
C	72	1
D	90	10
E	24	3

a. 哪样物品应该放在最前面（最靠近装卸台的地方）？

b. 哪样物品应该放在最里面（离装卸台最远的地方）？

快速复习 ──■

主要标题	复习内容
评估供应链的技术	现有许多供应链指标可用于评估公司内部及其供应链合作方的绩效。
评估供应链中的灾难风险	中断供应链的灾难有多种形式，包括龙卷风、火灾、飓风、台风、海啸、地震和恐怖主义。 公司通常为重要的零件使用多个供应商，以减轻总供应中断的风险。n 个供应商同时中断的概率为： $$P(n) = S + (1-S)U^n \qquad (S9-1)$$ 式中：S＝发生同时中断所有供应商的超级事件的概率。 　　　U＝发生只中断一个供应商的单一事件的概率。 　　　L＝所有供应商都被中断时，此供应周期中的财务损失。 　　　C＝供应商管理的边际成本。 无论是发生了超级事件，还是每个供应商都发生了单一事件，所有的供应商都将同时中断。 一方面，随着发生超级事件（S）概率的增加，利用多个供应商的优势将减少（最后将被淘汰）。另一方面，单一事件（U）的较大概率增加了需要更多供应商的可能性。这两种现象加在一起表明，当使用多个供应商时，管理者可以考虑使用地理位置分散的供应商，以减少所有供应商同时中断的可能性。 决策树可用于帮助运作经理作出有关供应商数量的重要决策。 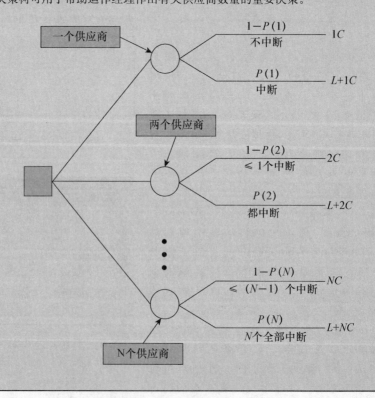

续表

主要标题	复习内容
管理牛鞭效应	需求预测更新、订单分批处理、价格波动和短缺博弈都会产生不准确的信息，从而导致供应链的扭曲和波动，并产生牛鞭效应。 ■ 牛鞭效应：随着订单在供应链中移动而引起订单波动幅度的增加。 "牛鞭"波动会导致生产计划不稳定，从而造成成本高昂的产能变更调整，例如加班、分包合同、额外库存、延期交货、雇用和解雇工人、设备增加、利用率不足、交货时间较长或生产的产品过时。当订单量发生变化时，就会发生牛鞭效应。通常，人类对刺激过度反应的倾向使管理者作出使这种现象加剧的决策。 牛鞭效应的总体解决方案是让供应链成员共享信息并共同努力。 产生牛鞭效应的四个主要原因和特定补救措施包括： (1) 需求预测错误——在整个供应链中共享需求信息。 (2) 订单分批处理——渠道协同：将整个供应链视作一家公司来确定批量。 (3) 价格波动——稳定价格（天天平价）。 (4) 缺货博弈——根据过去的需求分配订单。 分析供应链中任何环节的牛鞭效应程度的一种直接方法是计算牛鞭测量值： $$\text{牛鞭测量值} = \frac{\text{订单方差}}{\text{需求方差}} = \frac{\sigma^2_{\text{订单}}}{\sigma^2_{\text{需求}}} \qquad (S9-2)$$ 如果牛鞭测量值大于1，则会出现方差放大（牛鞭效应），这意味着公司订单的波动幅度大于需求的波动幅度。如果测量值等于1，则不存在放大效应。如果测量值小于1，表示随着订单在供应链中向上移动至供应商情况下需求的平滑或衰减情况。
供应商选择分析	仅根据出价最低选择供应商已成为一种不常用的方法。各种因素（甚至是竞争因素）都会在决策中发挥作用。买方可以将供应商的特征考虑进去，如产品质量、交货速度、交货可靠性、客户服务和财务绩效。 因素比重法就是同时考虑多个供应商标准。每个因素都必须分配一个权重，然后根据每个因素对每个潜在的供应商进行评分。权重通常总计为100%，使用相同的量表（如1~10）对因素进行评分。有时会为供应商评级人员提供一种将定性评分转换为数字分数的方法（如"非常好"=8）。
运输方式分析	产品运输的时间越长，公司投入资金的时间就越长。但是较快的运输方式通常比较慢的运输方式更昂贵。一种简单的折中方案是根据运输方案评估持有成本。 $$\text{产品的每日持有成本} = (\text{年持有成本} \times \text{产品价值})/365$$ 选择合适的运输方式和承运工具时，除了持有成本与运输成本外，还应考虑许多其他因素，包括确保准时交货（快还是慢）、按计划协调装运、将新产品推向市场以及保持产品的质量和让客户满意。可以将这些因素的成本估算值加到每日持有成本的估算值中。
仓库储存	在确定仓库中物品的储存位置时，请根据下面的比率对物品进行排名： $$(\text{行程}/\text{储存区域块})$$ 将比率最高的物品放在离装卸台最近的地方。

自测题

在自我测试前，请参考本章开头的学习目标。

1. 组合（   ）需要利用最多的供应商。

a. S 和 U 的值都高

b. S 值高，U 值低

c. S 值低，U 值高

d. S 和 U 的值都低

2. 通常，牛鞭效应在供应链的（　　）阶段最明显。

　　a. 消费者

　　b. 供应商

　　c. 批发商

　　d. 零售商

3. 以下（　　）不是评估供应商的因素比重法的特征。

　　a. 将定量分数应用于定性标准

　　b. 权重总计通常为 100%

　　c. 可以同时考虑多个标准

　　d. 经常涉及主观判断

　　e. 将定性评估应用于定量标准

4. 更贵的运输方式通常（　　）。

　　a. 发货速度更快，持有成本更低

　　b. 发货速度更快，持有成本更高

　　c. 发货速度较慢，持有成本较低

　　d. 发货速度较慢，持有成本较高

5. 下列（　　）的物品最有可能存放在距离装卸台最远的仓库后面。

　　a. 行程次数少，储存区域块数量少

　　b. 行程次数少，储存区域块数量多

　　c. 行程次数多，储存区域块数量少

　　d. 行程次数多，储存区域块数量多

自测题答案：1. c；2. b；3. e；4. a；5. b。

第 10 章
库存管理

 学习目标

1. 进行 ABC 分析。
2. 解释和使用周期盘点。
3. 解释和使用独立需求库存的经济订货批量（EOQ）模型。
4. 计算订货点，解释安全库存。
5. 应用经济生产批量模型。
6. 解释和使用价格折扣模型。
7. 理解服务水平和概率模型。

跨国公司介绍：亚马逊

库存管理为亚马逊赢得竞争优势

1995 年，杰夫·贝佐斯（Jeff Bezos）开始了他的革命性事业——亚马逊。亚马逊当初被设想为一个"虚拟"零售商——没有存货，没有仓储，也没有管理费用——只有一排排接受订单的计算机，授权其他公司来履行订单。然而事实并非如此。现在在亚马逊储存了百万种货物，这些货物被置于全球150 多个仓库金属货架的几十万个货箱内。另外，亚马逊的软件很出色，因此它也将订单获取、处理和计费技术出售给别的公司。据估计，现在通过亚马逊网站可以购买到 2 亿件商品。

贝佐斯希望顾客在亚马逊的购物体验是一种最低价格、最快交付和零失误的订单履行过程，不需要和亚马逊进行其他联系。因为退换货物的成本太高。

管理如此大量的库存是亚马逊在库存管理和自动化方面成为世界一流公司的关键因

素。接收、处理和定位仓储的时间，以及准确的"拉取"和打包订单的时间要求付出不少于 3 分钟的劳动。其中 70% 的订单都是多产品订单。这凸显了亚马逊的高水准，是世界级的表现。

当你在亚马逊下单的时候，你是在和一家有优秀库存管理能力的公司交易。

10.1 库存的重要性

正如亚马逊为人熟知的那样，库存是许多公司最昂贵的资产之一，占到了公司总资产的 50%。长久以来，全球的运作经理都认识到优秀的库存管理至关重要。一方面，企业通过减少库存来降低成本；另一方面，生产可能会因库存短缺而中断，顾客需求可能因库存短缺而得不到满足。所以，企业必须在库存和服务水平之间取得平衡。没有好的库存管理的企业将无法实现低成本战略。

所有企业都拥有某种类型的库存计划和控制系统。银行有一套方法来控制它的现金库存；医院有一套方法来控制血浆和药品供应；还有政府部门、学校等。事实上，每个生产、制造企业和组织都有库存计划和控制。

对于实物产品，组织必须决定是自己生产还是从外部采购。一旦作出决策，下一步就是预测需求，这在第 3 章中讲过了。接着运作经理就要确定所需库存以服务需求。在本章，我们将讨论库存的功能、类型以及管理。我们将讨论库存管理的两个基本问题：何时订购和订购多少。

10.1.1 库存的功能

库存可以增加企业运作的柔性。库存的四大功能如下：

1. 为顾客提供可供选择的商品以满足顾客的需求，并且将需求波动与企业分离。这种库存在零售企业中较常见。

2. 分离生产流程的不同部分。例如，如果企业供应出现波动，额外的库存可以将供应与生产分离，保证生产不中断。

3. 利用价格折扣，因为一次性采购大量产品可以降低货物成本和运输成本。

4. 防止通货膨胀和价格上涨。

10.1.2 库存的类型

根据库存的功能不同，可以将库存分为四种类型：（1）原材料库存；（2）在制品库存；（3）维护/维修/日常运行补给库存；（4）成品库存。

原材料库存（raw material inventory）是已采购但还没有投入生产的原材料。这种库存可以将供应商与生产过程分离。但是，企业一般都要求供应商在质量、数量和交付时间上保持一致，所以这种分离往往没有必要。**在制品库存**（work-in-process（WIP）inventory）是已经进行加工但还没有成为产成品的产品或零部件。在制品库存的存在是由于产品生产需要一定的时间，即制造周期，缩短制造周期可以降低库存。缩短产品制造周期通常并不难，因为产品在制造过程中的大部分时间其实都处于闲置和等待状态。如图 10-1 所示，实际的加工时间或运行时间只占物料流动时间的很少一部分，或许只有 5%。

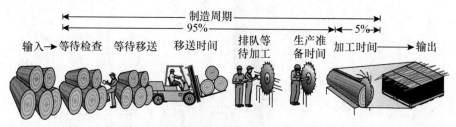

图 10-1　物料流动周期

说明：加工过程中绝大部分时间（制造周期的 95%）是非生产时间。

维护/维修/日常运行补给库存（maintenance/repair/operating（MRO）inventory）是为了确保机器和流程生产力而必须的维护/维修/日常运行所需物资的库存。它的存在是因为设备的维护、维修时间和需求不定。虽然 MRO 库存一般是基于维修计划而产生的，但是我们也必须预料到一些非计划维修的 MRO 需求。**成品库存**（finished-goods inventory）是已完成的等待运送的产品。成品库存的存在是因为未来顾客需求的不确定性。

10.2　库存管理

运作经理会建立各种系统来管理库存。在本节，我们将简要分析其中的两种：（1）如何对库存进行分类（称为 ABC 分析）；（2）如何保持准确的库存记录。随后，我们将介绍服务业的库存控制。

10.2.1　ABC 分析

ABC 分析（ABC analysis）基于物资的年费用将现有库存分为三类。ABC 分析是帕累托法则（以 19 世纪意大利经济学家维尔弗雷多·帕累托的名字命名）在库存领域的应用。帕累托法则的主要观点是"关键的少数和次要的多数"，强调将精力集中在少数关键的事情上，而不是很多琐碎的事情上。基于此思想，在库存管理中需要主要管理少量关键物资的库存，而不是那些大量而又不重要的物资的库存。对于高价值和低价值的物资进行同样强度的管理是不合适的。

在 ABC 分析中，我们用每种库存物资的年需求量乘以单位成本来衡量每种库存物资的年费用。A 类物资是那些年费用很高的关键物资，尽管这些物资仅占总库存物资种类的 15%，但费用占库存物资总费用的 70%～80%。B 类物资是年费用中等的一般物资，这些物资占总库存物资种类的 30%，但费用占库存物资总成本的 15%～25%。C 类是年费用较低的多数次要物资，这类物资只占库存物资总费用的 15%，但却占总库存物资种类的 55%。

图 10-2 向我们直观展示了多数企业库存物资的 ABC 分类情况。例 1 中我们将介绍如何运用 ABC 分析。

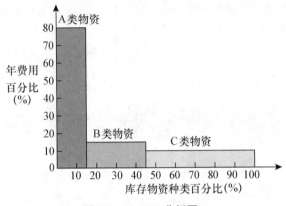

图 10 - 2　ABC 分析图

例1

芯片制造公司的 ABC 分析

硅芯片公司（Silicon Chips）是超快速动态随机存储芯片的生产企业，该公司想要利用 ABC 分析对 10 种主要库存物资进行分类。

方法

ABC 分析是根据年费用对物资进行分类。

下表第 1～4 栏列出了这 10 种物资（用编号表示）的年需求量和单位成本。

解答

每种物资的年费用计算结果见第 5 栏，每种物资年费用占年度总费用的百分比见第 6 栏。第 7 栏对这 10 种物资进行了 ABC 分类。

ABC 计算

(1) 物资库存编号	(2) 占库存物品数的百分比	(3) 年需求量（件）	(4) 单位成本（美元）	(5) 年费用（美元）	(6) 年费用百分比	(7) 类别
#10286	20%	1 000	90.00	90 000	38.8%　72%	A
#11526		500	154.00	77 000	33.2%	A
#12760	30%	1 550	17.00	26 350	11.3%　23.1%	B
#10867		350	42.86	15 001	6.4%	B
#10500		1 000	12.50	12 500	5.4%	B
#12572	50%	600	14.17	8 502	3.7%	C
#14075		2 000	0.60	1 200	0.5%	C
#01036		100	8.50	850	0.4%　4.9%	C
#01307		1 200	0.42	504	0.2%	C
#10572		250	0.60	150	0.1%	C
		8 550		232 057	100.0%	

启示

可以快速、简单地对物资进行 ABC 分类。目标主要是把重要物资与不重要物资区分开来。

练习

如果编号 #10286 物资的单位成本从 90.00 美元上升到 120.00 美元，对 ABC 分析有何影响？［答案：库存物资总的年费用上升了 30 000 美元，达到 262 057 美元。两种 A 类物资的年费用约占总物资年费用的 75%。］

相关课后练习题

10.1，10.2，10.3

除了年费用，还可以依据其他标准对物资进行分类。例如，高昂的短缺或持有成本、预计的工程变化、运输问题或质量问题等因素都可能促使物资升入高一级的物资类别。对库存进行分类有利于对每类物资建立不同的管理政策和控制方法。

基于 ABC 分析，可以对不同物资采取不同的管理政策：

1. 发展 A 类物资供应商所花费的采购资源应该高于 C 类物资。

2. 较 B 类和 C 类物资而言，A 类物资的库存控制要更严格，或者放在更安全的地方，或者要更频繁地检查库存记录的准确性。

3. 对 A 类物资的预测需要比其他物资更仔细。

良好的预测、实物控制、供应商可靠性和安全库存水平最大限度的降低都有赖于分类系统，比如 ABC 分析。

10.2.2　记录的准确性

准确记录对库存管理、生产调度和最终销售而言是一个先决条件。精确度可以通过周期系统或永续系统来保持。周期系统要求定期地检查库存以确定库存数量。一部分小型零售商和由供应商管理库存的工厂（供应商检查库存数量并根据需要重新供应）使用这些系统。其缺点是在审查和实施额外的库存来防止短缺这两者之间缺乏控制。

周期系统的一个变体是双箱系统。在实践中，商店经理会设置两个容器（每个都有足够的库存，满足在接受另一个订单期间的需求），当第一个容器空了的时候下单。

永续系统持续追踪库存的增加和减少。库存增加通常以半自动的方式记录在收货部，比如通过条码读取器，而库存减少在离开仓库时记录，或对零售商而言，在销售点的现金出纳部记录。

除了库存管理，精确记录要求做好收支记录的保存和安全措施。仓库应该有进入权限、优秀的管理员和维持固定数量库存的储存区域。在制造业和零售商店中，箱子、货架空间和个别物品必须准确储存和标记。只有当公司知道手头有什么时，才能对订购、调度和发货作出合适的决定。（参见运作管理实践专栏"妙极百利公司的精确库存"。）

运作管理实践

妙极百利公司的精确库存

妙极百利（Milton Bradley）是孩之宝集团（Hasbro）旗下的子公司，它从事玩具制造已有 150 年了。妙极百利公司 1860 年由米尔顿·布拉德利（Milton Bradley）创办，由制造亚伯拉罕·林肯（Abraham Lincoln）的石版画起家。利用其印刷技术，布拉德利开发了游戏玩具，包括 Game of Life、Chutes and Ladders、Candy Land、Scrabble 和 Lite Brite。如今，该公司生产成百上千种游戏，需要数十亿塑料零件。

一旦妙极百利公司确定了每一生产周期的最佳数量，它就必须制造零件并将它们组装成玩具的合适部分。有些玩具需要大量的塑料零件，包括纺织机、酒店、人、动物和汽车等。根据生产主管加里·布伦南（Gary Brennan）所述，将正确数量的零件放在正确的玩具和生产线上对公司的信誉来说是最为重要的问题。有些订单可能需要在几天内将 20 000 个或者更多完美组装的玩具送到对方的仓库。

那些组装错误的玩具会导致顾客不满。对妙极百利公司而言，提供额外的零件或者退回玩具是一件耗时耗钱的事。当在组装阶段发现短缺时，整个生产运营就得停止，直到问题解决。

无论是手动还是机器计算零件，都不总是正确的。因此，妙极百利对零件和已完成的玩具进行称重，以确定是否包含了正确数量的零件。如果重量不对，则说明在发货之前还有问题亟待解决。利用高精度的数字标尺，妙极百利现在可以在适当的时间内将正确的零件组装到正确的玩具中。要是没有这个小小的创新，这家公司大多数复杂的生产计划都没有意义。

资料来源：*Forbes*（February 7, 2011）；and *The Wall Street Journal*（April 15, 1999）.

10.2.3 周期盘点

虽然组织做出了许多努力来准确记录库存，但是这些记录必须不断被稽核。这种核对就叫做**周期盘点**（cycle counting）。历史上，许多公司每年进行一次实物盘点，这意味着需要关闭设施、让毫无经验的员工参与清点零部件和原材料。但是，库存记录必须不断通过周期盘点进行核查。周期盘点使用基于 ABC 分析的物资分类对库存进行管理。在周期盘点过程中，物资被盘点，物资记录得到更新，错误的记录被定期查明，然后追查错误的原因，采取合理的补救措施以确保库存系统的正确性。A 类物资要经常盘点，大概 1 个月一次；B 类物资的盘点频率低些，大概 1 个季度一次；C 类物资大概 6 个月盘点一次。例 2 讲解了如何计算各类物资每天需盘点的种类数量。

例 2

科尔卡车公司的周期盘点

科尔卡车公司（Cole's Trucks, Inc.）是高质量垃圾车制造商，仓库里现储有 5 000 种物资。该公司希望确定每天需对多少种物资进行盘点。

方法

公司在夏季聘用了马特·克拉克（Matt Clark）（一位年轻有为的运作管理专业的学生）后，对物资进行了分类，有 500 种 A 类物资，1 750 种 B 类物资，2 750 种 C 类物资。公司的政策是 A 类物资每个月盘点一次（每 20 个工作日），B 类物资每季度盘点一次（每 60 个工作日），C 类物资每 6 个月盘点一次（每 120 个工作日）。那么每天将盘点多少种物资？

解答

每天盘点 77 种物资。

物资类别	数量	周期盘点政策	每天盘点物资数
A	500	每个月（20 工作日）	500/20＝25
B	1 750	每季度（60 个工作日）	1 750/60＝29
C	2 750	每 6 个月（120 个工作日）	2 750/120＝23
			77

在例 2 中，企业可以按顺序或随机选择每一天需要盘点的物资。当然，也可以在再次订购物资时进行周期盘点。

周期盘点的优势如下：

1. 消除因年度实际库存而造成的生产停止和中断。

2. 消除年度库存调整。

3. 可以由经过培训的员工准确地审查库存。

4. 可以找出误差原因，并及时采取措施。

5. 维持准确的库存记录。

10.2.4　服务业的库存控制

我们可能会认为服务业没有库存，但实际情况并不是这样。批发和零售行业拥有大量的库存，这使得库存管理十分重要。例如，在餐饮服务业，库存控制可能决定成功和失败。还有，在运输中或仓库中闲置的库存将造成价值的损失。同样，库存物资在销售之前被盗或损坏也是损失。在零售环节，在收货和销售之间出现的不明去向的库存，叫做**存货缩水**（shrinkage）。存货缩水的产生可能是由于损坏和偷盗，也可能是由于马虎的文书工作。库存物品被偷就是**失窃**（pilferage）。零售环节的库存损失仅占销售额的 1% 就可认为是很好了，许多商店的数字都超过了 3%。由于库存对收益有着极大影响，精确的库存控制是至关重要的。可从以下几个方面做到对库存的精确控制：

1. 做好人员挑选、培训，制定完善的规章制度。在餐饮、批发和零售行业，这些虽然不容易做到，但却是必需的，因为这些行业提供的是直接消费品。

2. 严格的入库控制。许多公司都通过通用产品代码（或条形码）和射频识别系统来读取入库物资并自动根据订单核对标签。如果设计合理，这种系统——每种物资对应唯一的存货单位（SKU）——对库存的精确控制非常有效。

3. 对出库物资进行有效的控制。可以通过贴在运出物资上的条形码、射频识别标签、产品上的磁条或直接观察来实现对出库物资的控制。可以像开市客（Costco）和山姆会员店（Sam's Club）那样通过在出口处或潜在的高损失区域安排人员，或通过单面镜、摄像头进行监控来对物资进行直接观察。

成功的零售运作需要非常高水平的库存控制，以确保物资以正确的数量存放于正确的区域。大部分零售商由于不完善或不准确的库存记录而造成的损失占到总利润的 10%～25%。[1]（参见运作管理实践专栏"零售的最后 10 码"）。

运作管理实践

零售的最后 10 码

零售业管理人员为库存及其管理提供了巨大的资源。尽管零售库存占总资产的36%，但对一家零售商店而言，有 1/6 商品不是提供给顾客的。令人惊讶的是，差不多2/3 的库存记录是错的。次序混乱、库存不佳、标签错误、商品交换误差以及商品位置错误，导致不能获得正确的商品。尽管对条形码、射频识别和信息技术进行了大量投资，但零售库存管理的最后 10 码依然是一场灾难。

零售业的存货单位数量巨大且种类繁多，这为库存管理增加了复杂度。消费者真的需要 32 种不同的佳洁士牙膏或者 26 种不同的高露洁牙膏吗？扩展的存货单位不仅会增加混同、店面、采购、存货和库存成本，

还增加了之后的降价成本。在有大量存货的条件下，商店几乎没有空间来储存和展示许多产品，这造成了店后库房的标签和"破损事例"多的问题。超价商店（Supervalu）是美国第四大食品零售商店，它削减了25% 的存货单位来降低成本，并且将重点放在自己的商店品牌上。

减少交货提前期的变化、改进预测准确度以及削减大量的存货单位都能有所帮助，但是减少存货单位也许不能改善顾客服务。培训和教育员工了解库存管理的重要性也许是改进最后 10 码的更好方式。

资料来源：*The Wall Street Journal*（January 13, 2010）；*Management Science*（February 2005）；and *California Management Review*（Spring 2001）.

10.3 库存模型

现在我们来讨论各种库存模型以及涉及的相关费用。

10.3.1 独立需求与相关需求

库存控制模型往往假设一种物资与其他物资的需求是相互独立的或相关的。比如，电冰箱的需求与烤面包机的需求不相关，这是独立需求；但烤面包机所需零部件的需求与烤面包机的需求是相关的，这是相关需求。

本章将主要介绍独立需求的库存管理。第 12 章将介绍相关需求的管理。

10.3.2 维持库存费用、订货费用和调整准备费用

维持库存费用（holding cost）就是维持库存所必需的储存费用。维持库存费用包括与储存相关的废弃损失和其他费用，如保险、额外人员和利息。表 10-1 列出了确定维持库存费用时需要评价的各种成本。由于许多企业在确定维持库存费用时没有包含所有相关费用，造成维持库存费用被低估。

表 10-1 确定维持库存费用

种类	费用占库存价值的百分比
房屋费用（房屋租金或折旧、运作成本、税收、保险）	6%（3%～10%）

续表

种类	费用占库存价值的百分比
物料管理费用（设备租金或折旧、能源、运作成本）	3%（1%～3.5%）
人员费用（接收、仓库、安保人员）	3%（3%～5%）
投资费用（借款费用、税、仓库保险）	11%（6%～24%）
偷盗、损坏、陈旧（在个人计算机和手机等快速变化的行业，该费用很高）	3%（2%～5%）
总储存费用	26%

说明：以上所有数据都是近似值。由于企业的经营类型、地理位置以及当前利率的不同，数据会有很大变化。

订货费用（ordering cost）包括物资、表单、订单处理、采购、文书支持等费用。即使订单货物正在生产，订货费用依然存在，这时的费用属于调整准备费用的一部分。**调整准备费用**（setup cost）是调整设备或准备生产一个订单时所发生的费用，包括清洁、更换工具或支架所花费的时间和人工费用。运作经理可以通过减少调整准备费用和使用电子订单和电子支付等高效率的方式来降低订货费用。

在制造业中，调整准备费用和**调整准备时间**（setup time）高度相关。在工作中心实际进行设备调整前，就需要大量准备工作。通过合理的计划，许多设备调整工作可以在机器关停或生产线停止前完成，这样调整准备时间可以大大缩短。过去需要几个小时调整的机器和生产线，现在在世界一流水平的制造厂中只需要不到一分钟就可完成。缩短调整准备时间是降低库存投资和改进生产力的有效途径。

10.4 独立需求库存模型

在本节，我们将介绍三种库存模型，它们都围绕着两个重要问题展开：何时订购和订购多少。这些独立需求库存模型如下：

1. 经济订货批量（EOQ）模型。
2. 经济生产批量模型。
3. 价格折扣模型。

10.4.1 经济订货批量（EOQ）模型

经济订货批量模型（economic order quantity（EOQ）model）是最常用的库存控制技术。该模型相对容易使用，但该模型的使用基于以下假设条件：

1. 需求已知且为常量，需求独立。
2. 订货提前期——也就是从发出订单到收到货物的时间——是已知的，且为常量。
3. 全部订货一次性交付。
4. 没有价格折扣。
5. 唯一的变动成本是调整准备费用或订货费用，以及货物维持或储存一定时间所发生的费用（维持库存费用或储存费用）。
6. 如果在合适的时间下订单，缺货是完全可以避免的。

在以上假设条件下，库存量的变化呈锯齿形，如图 10 - 3 所示。在图 10 - 3 中，Q 代表订货量。如果订货量 Q 为 500 件，那么所有 500 件将在同一时间到达（当订购的货物送达时）。所以，库存水平从 0 增至 500 件。总之，当订购的货物到达时，库存量从 0 增至 Q 单位。

因为需求为常量，所以库存下降的速率是一定的。（也就是图 10 - 3 中的斜线。）当库存量降为 0，下达并收到新订单①，库存量又回升至 Q 单位（图中的垂线）。然后该过程无限循环下去。

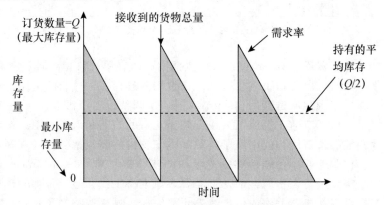

图 10 - 3 经济订货批量模型下的库存量变化

10.4.2 费用最小化

大部分库存模型的目标是使总费用最小。在刚刚给出的假设前提下，两笔最大的费用是订货费用（或调整准备费用）和维持库存费用（储存费用）。其他费用，如库存本身的成本，都是常量。这样，如果我们要使订货费用和维持库存费用之和最低，就可以使总费用最低。为了更清楚地分析这个问题，在图 10 - 4 中我们画出了总费用，它是每次订货量 Q 的函数。Q^* 表示最佳订货批量，也就是使总费用最小的订货量。随着订货量的增加，每年的订货次数将减少。所以，随着订货量的增加，年订货费用或调整准备费用将减少（见图 10 - 4（a））。但是随着订货量的增加，维持库存费用将增加，因为需要维持高于平均水平的库存（见图 10 - 4（b））。

正如我们在图 10 - 4（c）中看到的，维持库存费用与订货费用中的任何一个降低都会使总费用曲线下降。订货费用曲线下降也会使最佳订货量（批量）减小。此外，小的订货批量对质量和生产柔性都有好处。在东芝这个资产 770 亿美元的日本集团公司，工人们可以调整一次模具仅生产 10 台笔记本电脑。这种批量柔性使得东芝可以推行"按订单制造"的大量定制系统，在产品生命周期是由月而不是由年来衡量的行业，这种能力是非常重要的。

在图 10 - 4 中，最佳订货批量点出现在订货费用曲线和维持库存费用曲线的交点处。这并不是巧合。在经济订货批量模型中，总订货费用与总维持库存费用相等时的订货批量为最佳订货批量。[2]我们利用这个规律来推导出计算 Q^* 的公式。步骤如下：

---

① 此处为简单库存模型假设。一般应为当库存量降到订货点时，发出订单。——译者

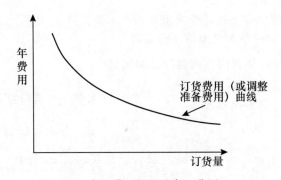

（a）年订货（调整准备）费用

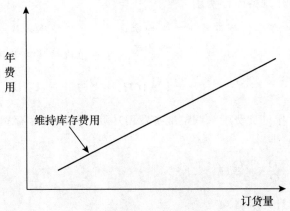

（b）年维持库存费用

（c）总费用

图 10 - 4　费用为订货量的函数

1. 列出订货费用或调整准备费用的表达式。
2. 列出维持库存费用的表达式。
3. 令订货费用和维持库存费用相等。
4. 解方程得到最佳订货批量。

使用以下变量，我们可以计算出最佳订货批量 Q^* ：

　　Q＝每次的订货量

　　Q^*＝最佳订货批量（EOQ）

　　D＝年需求量

S＝每次的订货费用或调整准备费用

H＝年单位维持库存费用

1. 年订货费用（调整准备费用）。

$$\begin{array}{c}年订货费用\\（调整准备费用）\end{array}＝每年的订货次数×每次的订货费用或调整准备费用$$

$$＝\frac{年需求量}{每次的订货量}×每次的订货费用或调整准备费用$$

$$＝\left(\frac{D}{Q}\right)(S)＝\frac{D}{Q}S$$

2. 年维持库存费用。

$$年维持库存费用＝平均库存量×年单位维持库存费用$$

$$＝\frac{订货量}{2}×年单位维持库存费用$$

$$＝\left(\frac{Q}{2}\right)(H)＝\frac{Q}{2}H$$

3. 年订货费用（调整准备费用）等于年维持库存费用时的订货量就是最佳订货批量，即

$$\frac{D}{Q}S＝\frac{Q}{2}H$$

4. 计算求得 Q^*。

$$2DS＝Q^2H$$

$$Q^2＝\frac{2DS}{H}$$

$$Q^*＝\sqrt{\frac{2DS}{H}} \tag{10－1}$$

现在就推导出了 Q^* 的表达式，然后就可以像例3中那样直接解决库存问题了。

例3

计算夏普公司的最佳订货批量

夏普公司（Sharp, Inc.）是一家向医院销售无痛皮下注射器针头的企业，该公司希望通过计算无痛皮下注射器针头的最佳订货批量来降低库存费用。

方法

年需求量为1 000个；每次订货费用或调整准备费用为10美元；年每个针头维持库存费用为0.50美元。

解答

利用这些数据，我们可以计算出最佳订货批量：

$$Q^*＝\sqrt{\frac{2DS}{H}}$$

$$Q^*＝\sqrt{\frac{2×1\,000×10}{0.50}}＝200（个）$$

启示

现在夏普公司知道了每次订货需要订购多少个针头，企业也有了确定订货费用和维持库存费用、货物接收和仓库部门需要处理的订货数量的标准。

练习

如果年需求量 D 上升至1 200个，那么

新的最佳订货批量 Q^* 应为多少？〔答案：$Q^* = 219$ 个。〕

相关课后练习题

10.5~10.9，10.12，10.13，10.15，10.27

我们还可以计算出每年的预计订货次数（N）和预计订货时间间隔（T）。如下所示：

$$年预计订货次数\ N = \frac{需求量}{订货量} = \frac{D}{Q^*} \tag{10-2}$$

$$预计订货时间间隔\ T = \frac{年工作日}{N} \tag{10-3}$$

例 4 将讲解年预计订货次数 N 和预计订货时间间隔 T 的计算。

例 4

计算夏普公司的年预计订货次数和预计订货时间间隔

假设一年有 250 个工作日，例 3 中的夏普公司希望计算出年预计订货次数（N）和预计订货时间间隔（T）。

方法

利用式（10-2）式（10-3），使用例 3 中给出的数据，计算出每年的订货次数（N）和订货时间间隔（T）。

解答

$$N = \frac{需求量}{订货量} = \frac{1\,000}{200} = 5（次）$$

$$T = \frac{年工作日}{N} = \frac{250}{5} = 50（天）$$

启示

如今该公司不仅知道每次订货需要订购的针头数量，而且知道了订货时间间隔为 50 天，每年需要订货 5 次。

练习

如果订货量为 1 200 个，而不是 1 000 个，请计算 N 和 T。〔答案：$N = 5.48$，$T = 45.62$。〕

相关课后练习题

10.12，10.13，10.15

正如前文提到的，每年的总费用（年库存费用）是年订货费用和年维持库存费用之和：

$$年总费用 = 年调整准备（订货）费用 + 年维持库存费用 \tag{10-4}$$

这样，年总费用 TC 的算术表达式可表示如下：

$$TC = \frac{D}{Q}S + \frac{Q}{2}H \tag{10-5}$$

例 5 说明了该式的应用。

例 5

计算年库存费用，也就是年订货费用和年维持库存费用之和

例 3 和例 4 提到的夏普公司想要计算年库存费用（年总费用），也就是年订货费用和年维持库存费用之和。

方法

使用例 3 中夏普公司的数据，利用式（10-5）计算总费用。

解答

$$TC = \frac{D}{Q}S + \frac{Q}{2}H$$

$$= \frac{1\,000}{200} \times 10 + \frac{200}{2} \times 0.50$$

$$= 50 + 50 = 100(\text{美元})$$

启示

这里年库存费用的计算仅包括年订货费

用和年维持库存费用，也就是说 100 美元中不包括货物的实际成本。注意在经济订货批量模型中，订货费用总是等于维持库存费用。

练习

如果在例 3 中需求量 D 为 1 200 个，计算年库存费用。［答案：109.54 美元。］

相关课后练习题

10.9，10.12，10.13，10.14

库存费用的表达式也可以包含所购材料的实际成本。如果我们假设无痛皮下注射器针头的年需求和单价都已知（例如，每年 1 000 个注射器针头，单价 P＝10 美元），那么年总费用就应该包含购买费用，式（10－5）就变成：

$$TC = \frac{D}{Q}S + \frac{Q}{2}H + PD$$

由于材料的购买费用与企业的特定订货政策无关，因此我们计算得到年材料购买费用 PD＝1 000×10＝10 000 美元（在本章后面，我们将看到存在价格折扣时，情况将有所不同）。[3]

稳健模型 经济订货批量（EOQ）模型的好处就是很**稳健**（robust），即使参数出现变动也能得出令人满意的答案。正如我们所看到的，精确地确定订货费用和维持库存费用通常很困难，因此，稳健模型更具优势。就算最佳订货批量产生一点偏移，EOQ 模型的总费用也只变动一点儿。因为曲线变化很平缓。这意味着，订货费用、维持库存费用和需求甚至最佳订货批量在适当的范围内变动都不会对总费用产生太大的影响。例 6 说明了 EOQ 模型的稳健性。

例 6

经济订货批量（EOQ）模型的稳健性

如果夏普公司的管理者低估了 50% 的年需求量（也就是说实际需求是 1 500 个而不是 1 000 个针头），但每次订货量仍为 Q。这时，年库存费用将受到什么影响？

方法

我们将计算两次年库存费用。首先，应用错误的 EOQ 模型进行计算。然后用正确的 EOQ 模型重新计算。

解答

如果例 5 中的真实需求为 1 500 个针头而不是 1 000 个，但管理者仍使用 Q＝200 的订货批量（虽然当 D＝1 500 时 Q＝244.9），这时，年维持库存费用和年订货费用的总和上升到 125 美元。

$$TC = \frac{D}{Q}S + \frac{Q}{2}H$$

$$= \frac{1\,500}{200} \times 10 + \frac{200}{2} \times 0.50$$

$$= 125(\text{美元})$$

但是，我们知道在需求为 1 500 个时，最佳订货批量为 244.9 个，此时的年库存费用为 122.47 美元，计算公式如下：

$$TC = \frac{1\,500}{244.9} \times 10 + \frac{244.9}{2} \times 0.50$$

$$= 122.47(\text{美元})$$

启示

可以注意到，当预测需求出现大的偏差时年库存费用为 125 美元，仅比我们根据实际需求进行订货的总费用高 2% （2.52/122.47）。我们还可以观察到，如果不是因为计算中凑整，年维持库存费用和年订货费用将完全相等。

练习

如果夏普公司的需求量仍为 1 000 个，每年的单位维持库存费用 H 仍为 0.5 美元，且一次订货 200 个（和例 5 一样），但如果真正的订货费用 $S=15$ 美元，而不是 10 美元，这时，年库存费用为多少？［答案：年订货费用上升至 75 美元，年维持库存费用仍为 50 美元，因此年库存费用为 125 美元。］

相关课后练习题

10.8b，10.14

通过以上例子，我们看到经济订货批量（EOQ）模型有较好的稳健性，即使出现大的误差也不会使费用变动太多。EOQ 模型的稳健性使其应用起来十分方便，因为我们往往无法精确预测需求、确定维持库存费用和订货费用。

10.4.3　订货点

既然我们已经确定了订货量，那么接下来要解决的问题就是何时订货。简单库存模型假设订货的接收是瞬时完成的。也就是说，假设：（1）当某物资的库存水平为零时，公司发出订单；（2）在发出订单后立即收到所购货物。但实际上，在发出订单到收到所订购货物之间有一段时间，叫做**提前期**（lead time）或交货期。提前期可以短至几小时或长达几个月。因此，何时进行订货的决策通常被表述为**订货点**（reorder point，ROP）决策——库存量下降到该水平时应当开始订货（见图 10 - 5）。

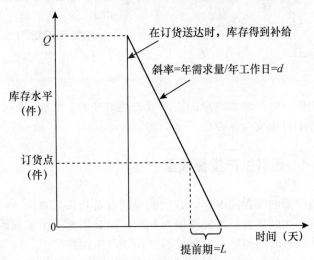

图 10 - 5　订货点曲线

说明：Q^* 为最佳订货量，提前期表示下订单和收到货物之间的时间。

订货点（ROP）的计算公式如下：

$$\text{ROP} = 日需求量 \times 订货的提前期$$
$$= dL \tag{10-6}$$

运用订货点计算公式的前提假设是：提前期内的需求和提前期本身是常量。如果不是，那么通常需要考虑额外的库存，即**安全库存**（safety stock，ss）。有安全库存的订货点变为：

ROP＝提前期的期望需求＋安全库存

而日需求量 d，由年需求量 D 除以一年的工作日得到：

$$d = \frac{D}{\text{年工作日}}$$

订货点的计算见例 7。

例7

计算 iPhone 有安全库存和没有安全库存时的订货点（ROP）

苹果公司的某分销商每年需要 8 000 台 iPhone。该公司每年的工作日有 250 天，订货的提前期平均为 3 个工作日，但是据了解已经长达 4 天了。该分销商希望计算没有安全存货时的订货点和只有一天安全库存的订货点。

方法

首先计算每天的需求量，然后利用式（10-6）计算订货点，最后计算有安全库存时的订货点。

解答

$$d = \frac{D}{\text{年工作日}} = \frac{8\,000}{250} = 32（台）$$

$$\text{ROP} = dL = 32 \times 3 = 96（台）$$

有安全库存的订货点为没有安全存库存的订货点加上一天的需求量（32 台），所以是 128 台。

启示

因此，当 iPhone 库存水平降到 96 台时，应该开始订货。如果因为交货延迟一天而要加上安全库存，则订货点是 128 台（96＋32）。

练习

如果每年仅 200 个工作日，那么 ROP 在没有安全库存和有安全库存时各为多少？〔答案：没有安全库存是 120 台，有安全库存是 160 台。〕

相关课后练习题

10.9d，10.10，10.11，10.13f

当供应链中需求不是固定的或者是可变的，需要讨论安全库存。我们将在后面的章节中讨论安全库存的更多内容。

10.4.4　经济生产批量模型

在前面的库存模型中，我们假设所有订货都是在同一时点同时到达的，但实际上，企业接收货物是需要一段时间的。这就需要一个不同的模型，其中假设所有货物不在同一时间到达。这种模型适用于以下两种情况：（1）发出订单后库存是在一段时间内连续逐渐增加时；（2）生产和销售同时进行。在这两种情况下，我们需要分析每天的生产率（或库存流转率）和每天的需求率。图 10-6 显示了库存水平随时间变化的趋势（在两次订货之间库存水平降为零）。

由于该模型主要适用于生产环境，因此一般称为**经济生产批量模型**（economic production quantity model）①。它适用于库存在一段时间内持续增加，并且存在传

---

① 原书此处为生产订货量模型（production order quantity model）。考虑到以往多数英文教材是用"economic production quantity model"，多数中文书用"经济生产批量模型"，本译著仍沿用经济生产批量模型（economic production quantity model）。——译者

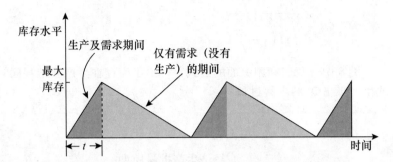

图 10 - 6 经济生产批量模型下库存水平随时间的变化

统的经济生产批量的情况。我们通过令订货费用（或调整准备费用）和维持库存费用相等，导出求最佳订货批量 Q^* 的公式。使用下列符号，我们可以得到经济生产批量模型中年维持库存费用的表达式：

Q＝订货量

H＝年单位维持库存费用

p＝日生产量

d＝日需求量或使用量

t＝生产时间

1. 年维持库存费用＝平均库存水平×年单位维持库存费用

2. 平均库存水平＝$\dfrac{最大库存水平}{2}$

3. 最大库存水平＝生产运行期间总生产量－生产运行期间的总使用量

$$＝pt-dt$$

因为 Q＝总生产量＝pt，所以 $t=Q/p$。因此

$$最大库存水平＝p\frac{Q}{p}-d\frac{Q}{p}$$

$$＝Q-\frac{d}{p}Q$$

$$＝Q\left(1-\frac{d}{p}\right)$$

4. 年维持库存费用＝$\dfrac{最大库存水平}{2}H=\dfrac{Q}{2}\left(1-\dfrac{d}{p}\right)H$

使用上面推导的年维持库存费用表达式和经济订货批量模型中年订货（调整准备）费用的计算表达式，令二者相等，可以计算出每次订货的最佳订货批量。

$$年订货费用＝\frac{D}{Q}S$$

$$年维持库存费用＝\frac{1}{2}HQ\left(1-\frac{d}{p}\right)$$

令年订货费用和年维持库存费用相等，可以得出Q_p^*：

$$\frac{D}{Q}S＝\frac{1}{2}HQ\left(1-\frac{d}{p}\right)$$

$$Q^2＝\frac{2DS}{H\left(1-\dfrac{d}{p}\right)}$$

$$Q_p^* = \sqrt{\frac{2DS}{H\left(1-\dfrac{d}{p}\right)}} \qquad (10-7)$$

例 8 中，我们利用上面的公式，得出了库存在生产和消耗同时进行时最佳订货或生产批量 Q_p^* 的求解过程。

例 8

经济生产批量模型

内森制造公司（Nathan Manufacturing, Inc.）面向汽车修理零件市场制造和销售轮毂罩。内森公司预测下一年圆盘钢丝轮毂罩的需求是 1 000 件，平均日需求为 4 件。但是生产线的经济生产批量为每天 8 件。所以，该公司每天生产 8 件却只使用 4 件。该公司希望求解最佳生产批量。（注意：在一年的 250 个工作日中，工厂仅按需求来安排生产。）

方法

收集成本数据，应用式（10-7）进行计算：

年需求量 $D = 1\,000$ 件
年订货费用 $S = 10$ 美元
年维持库存费用 $H = 0.50$ 美元/（件·年）
日生产量 $p = 8$ 件/天
日需求量 $d = 4$ 件/天

解答

$$Q_p^* = \sqrt{\frac{2DS}{H\left(1-\dfrac{d}{p}\right)}}$$

$$Q_p^* = \sqrt{\frac{2 \times 1\,000 \times 10}{0.50 \times \left(1-\dfrac{4}{8}\right)}}$$

$$= \sqrt{\frac{20\,000}{0.50 \times \dfrac{1}{2}}}$$

$$= \sqrt{80\,000}$$

$$= 282.8 \text{ 或 } 283 \text{（件）}$$

启示

经济生产批量模型和经济订货批量模型的不同之处在于，整个订单不是立即接收到的，所以年维持库存费用在经济生产批量模型中降低。

练习

如果内森制造公司能够把日生产量从 8 件提高到 10 件，Q_p^* 将如何变化？［答案：$Q_p^* = 258$。］

相关课后练习题

10.16～10.18，10.28

你可以将结果与例 3 中的结果相比较，这两个例子中的年需求量 D、年订货费用 S、年单位维持库存费用 H 都是一样的。不考虑瞬间到货的假设，当 $p = 8$ 和 $d = 4$ 时，Q^* 从例 3 的 200 上升到例 8 的 283。Q^* 的增长是由于年单位维持库存费用从 0.50 美元降到 $(0.50 \times (1 - d/p))$ 美元，并使得最佳订货批量增大。同时，我们可以注意到：

$$d = 4 = \frac{D}{\text{年工作日}} = \frac{1\,000}{250}$$

当年度各数据已知时，我们也可以计算 Q_p^*，公式如下：

$$Q_p^* = \sqrt{\frac{2DS}{H\left(1-\dfrac{\text{年需求量}}{\text{年生产量}}\right)}} \qquad (10-8)$$

10.4.5　价格折扣模型

价格折扣模型随处可见——当你走进一家百货商店，几乎能在每个货架上看到。事实上，研究人员发现大多数公司至少会为它们销售或采购的部分商品提供或者接受价格折扣。当顾客大批量采购某物资时，企业就会为顾客提供价格折扣，简单地讲，**价格折扣**（quantity discount）就是降低了的物资单价（P）。表 10-2 是一个典型的价格折扣表。该物资的正常价格是 100 美元。当一次性购买数量在 120～1 499 件时，每件的价格降为 98 美元；当一次性购买数量在 1 500 件以上时，每件价格为 96 美元。第 120 件和第 1 500 件被称作折价数量，因为它们表示能取得新的更低价格的起始数量。通常，运作经理必须确定何时订购和订购多少。但是，购买批量越大就可以享受越多的价格折扣，那么，运作经理该如何进行决策呢？

表 10-2　价格折扣表

价格范围	订单数量（件）	单价（美元）
初始价格	1～119	100
折扣价格 1	120～1 499	98
折扣价格 2	1 500 以上	96

和其他库存模型一样，价格折扣模型总的目标是使总费用最低。因为在表 10-2 中折扣价格的单位成本是最低的，你可能会倾向于订购 1 500 件来得到这个价格折扣。尽管按该批量订购可以获得最大的价格折扣，但是或许无法使总库存费用最小，这是因为维持库存费用会增加。因此，在考虑价格折扣时，需要在减少的产品费用和增加的维持库存费用之间进行权衡。当我们需要同时考虑产品费用时，年库存费用的公式变化如下：

年库存费用＝年订货（调整准备）费用＋年维持库存费用＋年产品费用

或

$$TC = \frac{D}{Q}S + \frac{Q}{2}IP + PD \tag{10-9}$$

式中：Q——订货量；

　　　D——年需求量；

　　　S——每次的调整准备费用或订货费用；

　　　P——单价；

　　　I——以价格 P 的百分比表示的年单位维持库存费用。

注意，这里用的是 IP 而不是普通经济订货批量模型中的 H。因为物资价格是影响年维持库存费用的一个因素，在不同价格折扣下物资的单价不同，所以我们无法假设维持库存费用为常量。所以，在评估价格折扣表中的成本时，通常用物资单价（P）的百分比（I）来表示维持库存费用。

经济订货批量模型中的式（10-1）应用到价格折扣问题中时修正为如下形式：

$$Q^* = \sqrt{\frac{2DS}{IP}} \tag{10-10}$$

解答步骤应用了可行性经济订货批量的概念。经济订货批量是否可行，取决于利用式（10-10）计算出来的价格与所在的订货数量范围是否一致。例如，假设 D=5 200 件，S=200 美元，I=28%。利用表 10-2 和式（10-10），经济订货批量中，单价为 96 美元时，相当于购买 $\sqrt{2\times5\,200\times200/(0.28\times96)}$=278 件。因为 278<1 500（得到单价 96 美元需要达到的折价数量），所以单价 96 美元的经济订货批量是不可行的。另外，经济订货批量中，单价为 98 美元时，相当于购买 275 件。这个数量是可行的，因为如果预订 275 件，那么公司的确能取得 98 美元的购买价格。

现在我们来确定使年库存成本最小的购买数量。因为会有一些折扣，所以这个过程包含两个步骤。第一步，识别所有可能为最佳订货量的预订数量。第二步，计算所有可能的最佳订货量的总成本，然后选择成本最低的订货量。

解答步骤

第一步：从折扣表的最低价格出发，计算式（10-10）中的 Q^*，直至找到第一个可行的经济订货批量。第一个可行的经济订货批量以及所有能取得更低价格的折价数量是可能的最佳订货量。

第二步：利用式（10-9），计算第一步中每一个可能的最佳订货量的年总成本 TC，选择总成本最低的那个数量。

注意，第一步中不需要考虑比第一个可行经济订货批量所对应的价格更高的订货量。这是因为如果一个经济订货批量所对应的价格是可行的，那么任何更高价格的经济订货批量都不能导致更低的成本（总成本 TC 保证会更高）。

图 10-7 用图形的方式解释了表 10-2 的三个价格范围。在之前的例子中，最低价格的经济订货批量是不可行的，但是次低价格的经济订货批量可行。所以次低价格的经济订货批量和最低价格对应的折价数量就是可能的最佳订货量。最后，最高价格（没有折扣的价格）可以忽略，因为已经找到了更低价格的可行经济订货量。

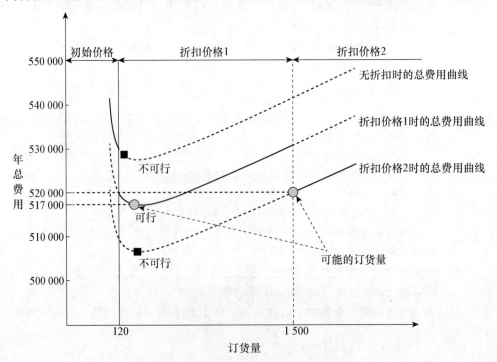

图 10-7 价格折扣模型下的总费用曲线

例 9 说明了如何应用该解答步骤。

例 9

价格折扣模型

克里斯·比纳电子公司（Chris Beehner Electronics）库存了玩具遥控无人机。最近，商店得到了该商品的价格折扣表。价格折扣见表 10-3。此外，调整准备费用为每架 200 美元，年需求量是 5 200 架，维持库存费用占商品成本的百分比 I 为 28%。使总费用最小的订货量是多少？

方法

利用价格折扣模型的两个步骤进行计算。

解答

首先计算最低可能价格 96 美元的 Q^*，正如之前做的那样：

$$Q^*_{96美元}=\sqrt{\frac{2\times 5\,200\times 200}{0.28\times 96}}=278（架）$$

因为 278<1 500，所以 96 美元对应的经济订货批量是可行的。现在计算下一价格 98 美元的 Q^*：

$$Q^*_{98美元}=\sqrt{\frac{2\times 5\,200\times 200}{0.28\times 98}}=275（架）$$

因为 275 介于 120~1 499 之间，98 美元对应的经济订货批量是可行的。因此，可能的最佳订货量是 275 架（第一个可行的经济订货批量）和 1 500 架（较低价格 96 美元的订购量）。我们不需要计算初始价格 100 美元的 Q^*，因为我们已经找到一个更低价格的可行经济订货批量。

第二步利用式（10-9）计算每个可能的最佳订货量的总成本。这一步需要借助表 10-3 对每一级的价格折扣情况进行计算。

表 10-3　克里斯·比纳电子公司总费用的计算

订购量（架）	单价（美元）	年订购费用（美元）	年维持库存费用（美元）	年产品费用（美元）	年度总费用（美元）
275	98	3 782	3 773	509 600	517 155
1 500	96	693	20 160	499 200	520 053

因为 275 架订货量的年总费用更低，所以应该预订 275 架。该例的费用曲线与图 10-7 类似。

启示

一方面，虽然克里斯·比纳电子公司每年能节约超过 10 000 美元的产品费用，但每次预订 1 500 架（年需求量的 28.8%）会产生更多的维持库存费用。所以，在这个例子中，为了获得最低的购买价格而预订太多不是最划算的。另一方面，如果 96 美元的折价数量是 1 000 架而不是 1 500 架，那么年总费用变为 513 680 美元，这比以 98 美元预订 275 架更便宜。

练习

假设 $D=2\,000$ 架，$S=5$ 美元，$I=50\%$，折扣价格 1=99 美元，折扣价格 2=98 美元，最佳订货量是多少？〔答案：每次只订购 20 架，此时为 100 美元价格下的经济订货批量。〕

相关课后练习题

10.19~10.26

在这一节我们学习了最常用的单次购买数量折扣模型，它称作总量折扣。事实上，数量折扣以不同形式呈现。例如，只有当购买的数量比折价数量多而不是比所有数量多的时候，才应用增量折扣；固定费用促使购买者每次订购更多的量，比如订单的固定运输和处理成本，或者任一向制造商订购的 5 000 美元订单的工具安装成本。有些折扣是按货物或时间累计的。货物累计基于总量的批发价或购买的总价，时间累计应用于某一特定时间段，比如一年的总货物数或总价格。整车折扣、买一送一、一次性销售也表示不同类型的折扣，它们都为顾客一次性购买更多货物提供了价格激励。大多数采购管理人员经常要处理不同类型的数量折扣模型。

10.5　概率模型和安全库存

目前我们所讨论的模型都假设产品的需求是确定的常量。现在放宽这个假设。下面这个模型可用于需求未知但可以用概率分布来确定需求分布的情况。这类模型称为**概率模型**（probabilistic model）。概率模型是根据实际情况调整的，因为需求和提前期是不断变化的。

管理者关心的一个重要问题就是在需求不确定的情况下仍能保持足够的服务水平。**服务水平**（service level）是与缺货概率密切相关的概念。如果缺货概率是 0.05，那么服务水平就是 0.95。需求的不确定性会使缺货概率增加。减少缺货的方法之一是维持额外的库存。正如我们提到的，这就是所谓的安全库存。它是一种额外持有的库存，作为对订货点的缓冲。根据前面提到的公式：

$$订货点（ROP）=dL$$

式中：d——日需求量；

L——订货提前期，或完成交付所需要的工作日。

加上安全库存（ss）后的表达式变为：

$$ROP=dL+ss \tag{10-11}$$

应该持有的安全库存的数量取决于缺货费用和维持额外库存的费用。年缺货费用的计算公式如下：

$$年缺货费用＝各种需求水平下的缺货量×该需求水平的概率$$
$$×单位缺货费用×年订货次数 \tag{10-12}$$

例 10 讲解了缺货费用的计算。

例 10

确定随机需求和订货提前期为常量情况下的安全库存

大卫·里韦拉眼镜店（David Rivera Optical）确定镜架的订货点为 50（dL）副。每副镜架每年的维持库存费用为 5 美元，缺货（或脱销）费用是每副 40 美元。该店在订货提前期内的库存需求概率分布如下表所示。每年的最佳订货次数为 6 次。

数量（副）	概率
30	0.2
40	0.2
50	0.3
60	0.2
70	0.1
	1.0

ROP → 50

大卫·里韦拉眼镜店的安全库存应该是多少?

方法

目标是找出使持有额外库存的维持库存费用和缺货费用之和最小的安全库存数量。年维持库存费用就是单位维持库存费用乘以在订货点上补充的安全库存数量。例如,如果安全库存为 20 副,也就意味着加上安全库存后的新的订货点为 70 副(=50+20)。这时年维持库存费用增加了 5×20=100 美元。

但是,年缺货费用的计算更有趣些。对于任何水平的安全库存来说,缺货费用都是货物短缺时的预期费用。我们可以用式(10-12)进行计算,把缺货的镜架数量乘以该需求水平的概率,然后再乘以单位缺货费用,最后乘以年缺货次数(在本例中就是年订货次数)。然后,我们将各种可能的安全库存水平下的缺货费用加起来,就是给定订货点 ROP 下的缺货费用。[4]

解答

首先看看安全库存为零时的情况。如果需求为 60 副,则缺货量为 10 副。如果需求为 70 副,则缺货量为 20 副。所以安全库存为零时的缺货费用为:

$$10×0.2×40×6+20×0.1×40×6 \\ =960(美元)$$

下表显示了设置不同安全库存所产生的总费用:

安全库存	额外的维持库存费用(美元)	缺货费用(美元)	总费用(美元)
20	20×5=100	0	100
10	10×5=50	10×0.1×40×6=240	290
0	0	10×0.2×40×6+20×0.1×40×6=960	960

安全库存为 20 副镜架时总费用最低,所以,加上安全库存后的订货点为 50+20=70 副。

启示

现在该眼镜店知道持有 20 副镜架库存是最经济的决策。

练习

如果现在大卫·里韦拉眼镜店每副镜架的维持库存费用预计为 20 美元,而缺货费用为每副 30 美元。那么订货点会发生变化吗?[答案:安全库存为 10 副时总费用最低(380美元)。此时加上安全库存后的订货点为60 副。]

相关课后练习题

10.31,10.32,10.33

当缺货费用难以确定或根本无法确定时,管理者可能会保持足够的安全库存,以满足规定的顾客服务水平。例如,图 10-8 说明了随机需求情况下,医院急救包的安全库存。如图 10-8 所示,安全库存是 16.5 套,订货点也就增加了 16.5 套。

管理者可能希望使服务水平达到 95%(或缺货只有 5%)。假设提前期内(订货期间)的需求符合正态分布曲线,那么只需要知道均值和标准差就可以确定任何给定服务水平下的库存需求。通常根据销售数据足以计算出均值和标准差。例 11 中我们将使用均值(μ)和标准差(σ)已知的正态分布曲线来确定 95%服务水平下的订货点和安全库存。我们使用下列公式:

$$ROP = 提前期内的预期需求量 + Z_{\sigma_{dLT}} \tag{10-13}$$

式中:Z——标准差的个数;

σ_{dLT}——提前期内需求的标准差。

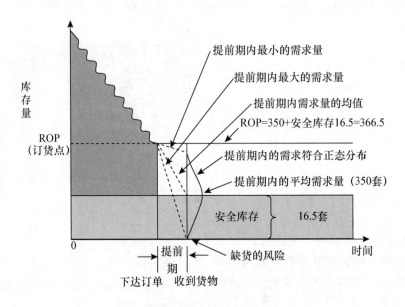

图 10 - 8　医院急救包的随机需求

说明：提前期内的预期需求量为 350 套，但是为了达到 95％的服务水平，订货点应该升为 366.5 套。

例 11

随机需求情况下安全库存的确定

孟菲斯地方医院（Memphis Regional Hospital）储存的急救包在提前期内的需求满足正态分布。提前期内的需求量均值（平均值）是 350 套，标准差是 10 套。医院的管理者希望制定库存政策使缺货发生率只有 5％。

　　a. Z 值是多少？

　　b. 医院应该维持多少安全库存？

　　c. 订货点应该是多少？

方法

医院需要确定的是：为了满足 95％的服务水平需要设置多少安全库存。下图将有助于做出解答。相关数据如下：

$$\mu = 平均需求量 = 350 套$$

$$\sigma_{dLT} = 提前期内需求的标准差$$
$$= 10 套$$

$$Z = 标准差的个数$$

解答

a. 我们利用标准正态分布曲线的特性得

到覆盖正态曲线 95％（或 1－5％）面积所对应的 Z 值。使用正态分布概率表（见附录 I）或者 Excel 中的公式"＝NORMSINV(0.95)"，我们查到 Z 值为 1.645。

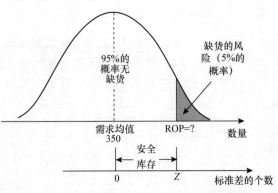

b. 因为安全库存＝$x - \mu$，并且

$$Z = \frac{x - \mu}{\sigma_{dLT}}$$

所以，安全库存＝$Z\sigma_{dLT}$　　　　（10 - 14）

根据式（10 - 14）得到安全库存：

安全库存＝$1.65 \times 10 = 16.5$（套）

c. 订货点：

$$ROP = 提前期内的预期需求量$$
$$+ 安全库存$$
$$= 350 + 16.5$$
$$= 366.5 \text{ 或 } 367（套）$$

启示

随着要求的服务水平的提高，相应的库

存费用也会成指数地显著上升。

练习

什么库存政策可能导致 10% 的缺货损失？［答案：$Z = 1.28$，安全库存 = 12.8，ROP = 363 套。］

相关课后练习题

10.29，10.30，10.37

其他概率模型

式（10 - 13）和式（10 - 14）假设提前期内的预期需求量和标准差是已知的。当没有提前期内的需求数据时，这些公式就不能使用了。但是还有其他三种模型可以使用。我们需要确定在以下三种情况下分别使用什么模型：

（1）需求是变量，提前期是常量。

（2）提前期是变量，需求是常量。

（3）需求和提前期都是变量。

这三种模型都假设需求和提前期是独立变量。注意，在例题中我们使用的单位是天，但也可以使用周。让我们分别讨论这三种情况，因为每种情况下运用的 ROP 公式有所不同。

需求是变量，提前期是常量　（参见例 12）当只有需求为变量时，有[5]

$$ROP = 平均日需求量 \times 提前期 + Z\sigma_{dLT} \tag{10 - 15}$$

式中：σ_{dLT}——提前期内需求量的标准差，为 $\sigma_d \sqrt{提前期}$；

σ_d——日需求量的标准差。

例 12

需求是变量、提前期是常量时的 ROP 计算

环城商场（Circuit Town）联想笔记本电脑的平均日需求量为 15 台，标准差为 5 台，提前期为常量 2 天。假如管理者希望服务水平是 90%（也就是说有 10% 的可能性缺货），安全库存是多少？

方法

把以下数据代入式（10 - 15）中：

平均日需求量（服从正态分布）= 15
提前期（常量、以天为单位）= 2
日需求量的标准差 $\sigma_d = 5$
服务水平 = 90%

解答

使用正态分布概率表（见附录 I）或者 Excel 中的公式 "= NORMSINV（0.90）"，我们查到与 90% 对应的 Z 值为 1.28。那么

$$ROP = 15 \times 2 + Z\sigma_d \sqrt{提前期}$$
$$= 30 + 1.28 \times 5 \times \sqrt{2}$$
$$\approx 39$$

安全库存是 9 台联想笔记本电脑。

启示

Z 值的大小取决于管理者设定的缺货风险水平。缺货风险越小，Z 值越高。

练习

如果环城商场的管理者希望服务水平达到 95%，那么新的 ROP 是多少？［答案：

ROP=41.63 或 42。］

相关课后练习题

10.34

提前期是变量，需求是常量 当需求为常量，并且仅提前期为变量时，有

$$ROP = 日需求量 \times 平均提前期 + Z \times 日需求量 \times \sigma_{LT} \tag{10-16}$$

式中，σ_{LT} 为提前期的标准差。

例13

需求是常量、提前期是变量时的 ROP 计算

例 12 中的环城商场每天大约销售 10 台数码相机（近于常量）。相机的交付提前期服从正态分布，其中均值为 6 天，标准差为 1 天。服务水平设定为 98%。请计算出 ROP。

方法

把以下数据代入式（10-16）中：

日需求量=10

平均提前期=6 天

提前期的标准差=σ_{LT}=1 天

由于服务水平=98%，因此 $Z=2.055$（查阅附录 I 或者利用 Excel 中的公式 "=NORMSINV(0.98)"）。

解答

由式（10-16）可得

$$ROP = 10 \times 6 + 2.055 \times 10 \times 1$$
$$= 80.55（台）$$

订货点大约为 81 台相机。

启示

注意 98% 的高服务水平是如何导致 ROP 上升的。

练习

如果选择 90% 的服务水平，ROP 将降为多少？［答案：由于 Z 值仅为 1.28，ROP=60+1.28×10×1=72.8。］

相关课后练习题

10.35

需求和提前期都是变量 当需求和提前期都是变量时，订货点公式就比较复杂了。[6]

$$ROP = 平均日需求量 \times 平均提前期 + Z\sigma_{dLT} \tag{10-17}$$

式中：σ_d——日需求量的标准差；

σ_{LT}——提前期的标准差；

σ_{dLT}——$\sqrt{平均提前期 \times \sigma_d^2 + （平均日需求量）^2 \sigma_{LT}^2}$。

例14

需求和提前期都是变量时的 ROP 计算

环城商场最畅销的商品是 6 节装的 9 伏电池。每天大约卖出 150 包，销售量服从正态分布，标准差为 16 包。供应商在其他州，提前期服从正态分布，均值为 5 天，标准差是 1 天。为了维持 95% 的服务水平，ROP 大约为多少？

方法

把以下数据代入式（10-17），可以求出订货点。

平均日需求量＝150 包
日需求量的标准差＝σ_d＝16 包
平均提前期＝5 天
提前期的标准差＝σ_{LT}＝1 天

由于服务水平＝95%，因此 Z＝1.645（查阅附录Ⅰ或者利用 Excel 中的公式"＝NORMSINV(0.95)"）。

解答

由公式可得

$$ROP=150\times5+1.645\sigma_{dLT}$$

式中：
$$\sigma_{dLT}=\sqrt{5\times16^2+150^2\times1^2}$$
$$\approx154$$

因此，$ROP=150\times5+1.645\times154\approx$ 1 003 包。

启示

当需求和提前期均为变量时，公式看上去相当复杂，但实际上就是分别对式（10-15）和式（10-16）中的标准差求平方，得到方差，然后将方差相加后再开平方。

练习

对于 80% 的服务水平，ROP 为多少？
［答案：Z＝0.84，ROP＝879 包。］

相关课后练习题
10.36

10.6 单周期库存模型

　　单周期库存模型（single-period inventory model）主要描述的是对某一物品只发出一次订货的情况。在该物品的销售末期，该物品就没有或只有少量原有的使用价值。这是圣诞树、季节性货品、烘焙食品、报纸、杂志等通常面临的典型问题。（事实上，这类库存问题通常也称为"报童问题"。）换句话说，尽管报摊的物品可以按周或天销售，但是这些物品不能保留并作为库存在下个销售周期销售。因此我们需要作的决策就是确定在周期开始时需要订购多少物品。

　　因为这些季节性物品的真实需求是未知的，我们往往认为需求是随机分布的。假设需求服从正态分布，每季储存和销售的平均水平是 100 棵（均值）圣诞树，那么有 50% 缺货的可能性和 50% 超储的可能性。为了确定每季开始时圣诞树的最优储存政策，我们还需要知道标准差并考虑以下边际成本。

C_s＝短缺成本（我们的需求预测过低）＝单位销售价格－单位成本
C_o＝超储成本（我们的需求预测过高）＝单位成本－单位处理费用

服务水平，也就是不出现缺货的概率，可以计算如下：

$$服务水平=\frac{C_s}{C_s+C_o} \tag{10-18}$$

　　因此，我们应当考虑提高订货数量直到服务水平小于或者等于 $C_s/(C_s+C_o)$ 的值。

　　该模型广泛应用于服务行业，如旅馆业、航空业、服装零售业、面包烘焙业等。例 15 是该模型的一个例子。

例 15

单周期库存决策

克里斯·埃利斯（Chris Ellis）的报亭位于华盛顿特区的史密森尼地铁站旁，每天销售 120 多份《华盛顿邮报》（*Washington Post*）。埃利斯认为《华盛顿邮报》的销售服从正态分布，标准差为 15 份。他以每份报纸 70 美分的价格进货，1.25 美元售出，并且《华盛顿邮报》为每份未售出的报纸提供 30 美分补贴。埃利斯想要确定他每天应当订购多少报纸及其相应的缺货风险。

方法

埃利斯的数据如下：

$$C_s = 短缺成本 = 1.25 - 0.70$$
$$= 0.55（美元）$$
$$C_o = 超储成本$$
$$= 0.70 - 0.30（处理费用）$$
$$= 0.4（美元）$$

利用式（10 - 18）和正态分布概率表，其中 $\mu = 120$，$\sigma = 15$。

解答

a. 服务水平 $= \dfrac{C_s}{C_s + C_o}$

$$= \dfrac{0.55}{0.55 + 0.40}$$
$$= 0.579$$

b. 埃利斯需要找到概率 0.579 对应的 Z 值。

因此，最优库存水平左边的正态曲线面积应为整个正态曲线面积的 57.9%。

c. 利用附录 I 或者 Excel 中的公式"＝ NORMSINV（0.579）"，57.9% 面积所对应的 Z 值约等于 0.195，那么

$$最优库存水平 = 120 + 0.195\sigma$$
$$= 120 + 0.195 \times 15$$
$$= 123（份）$$

如果每天订购 123 份《华盛顿邮报》，那么缺货风险为：

$$1 - 服务水平 = 1 - 0.578$$
$$= 42.2\%$$

启示

如果服务水平始终维持在 0.5 以下，那么埃利斯应当每天订购不超过 120 份报纸。

练习

如果《华盛顿邮报》和其他许多出版商一样，改变政策不再对未售出的报纸提供补贴，那么埃利斯的决策将如何变化？〔答案：服务水平 ＝ 0.44，$Z = -0.15$，因此，库存为 $120 + (-0.15) \times 15 = 117.15$ 或 118 份报纸。〕

相关课后练习题

10.38，10.39

10.7 定期订货系统

目前我们所讨论的都是**定量订货系统**（fixed-quantity）或 **Q 系统**（Q system），是每次订货量相同的订货批量模型。也就是说每次订单下达后，库存增加固定的数量。这种订货是事件驱动的。当库存减少到订货点（ROP）时，就会下

达订货量为 Q 的订单。

使用定量订货模型，库存必须时时受到监控。[7] 这就叫做**永续盘存制度**（perpetual inventory system）。每次库存增加或减少后，都要更新记录，以确定是否到达订货点。在**定期订货系统**（fixed-period system）或 **P 系统**（P system）中，是在固定时间段段末订货。而且，也只在这个时候，才对现有库存进行盘点。订货量为将现有库存补充到预定目标值（T）时所需的货物量。图 10 - 9 说明了这个概念。

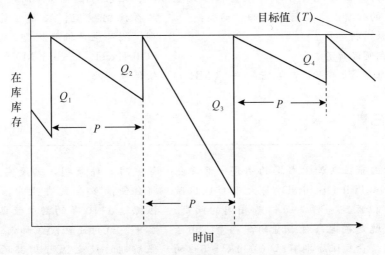

图 10 - 9　定期订货系统的库存水平

在每个固定的时间间隔，为使库存达到预定目标值（T）所需的订货数量都有所不同（Q_1、Q_2、Q_3 等）。

定期订货系统与经济订货批量定量订货系统有三个相同的假设：

- 相关费用只有订货费用和维持库存费用。
- 提前期是已知常量。
- 各物资需求相互独立。

图 10 - 9 中向下倾斜的直线代表在库库存。现在，每经过一段时间（P），我们就订购货物使库存上升到目标值（T）。在第一个时间段的订货量是 Q_1，第二个时间段是 Q_2，第三个时间段是 Q_3，等等。订货量 Q_2 是现有在库库存量与目标库存量之间的差值。

定期订货系统的优点是不用在物品出库后进行实物盘点，而只需在下一周期订货前对库存进行盘点，因此管理起来很方便。

定期订货（P）系统适用于如下情况：供应商定期地（按规定的时间间隔）拜访顾客并得到新订单，或采购商合并多个订单来采购以节约订货费用和运输费用（所以，它们对类似的库存物资采用固定时间间隔进行订货管理）。例如，一家自动售货机公司每周二为自动售货机补充商品。而美国安海斯-布希公司的销售代表每隔 5 天拜访一次零售商店。

定期订货（P）系统的缺点是在两次间隔的订货期间对库存没有记录，因此，在此期间可能会出现缺货。如果在一次大订单后，立即出现大量的需求而使库存量迅速降为零，就很可能出现缺货现象。所以，需要维持高安全库存水平来防止在两次订货期间和提前期内出现缺货。

小 结

库存通常占用了许多公司大部分的投资。由于企业通常为了"以防万一"维持过多库存，而不是遵循"及时"的思想仅保持最小限度的库存，因此这部分库存投资往往大于本该给予的投资。库存可分为四种类型：

1. 原材料库存。
2. 在制品库存。
3. 维护/维修/日常运行补给（MRO）库存。
4. 成品库存。

在本章，我们讨论了独立库存、ABC分析、记录的准确性、周期盘点、独立需求的库存控制模型。经济订货批量（EOQ）模型、经济生产批量模型、价格折扣模型都可以用Excel、Excel OM和POM for Windows软件来解决。

伦理问题

位于内布拉斯加州韦恩的韦恩·希尔医院（Wayne Hill Hospital）与大型市区医院和小型乡镇医院一样，面临着相同的问题。这个问题就是确定每种血型的库存量。由于血浆非常昂贵且保质期有限（在1℃～6℃的环境中最多储存5周），该医院希望尽量维持低的库存。但过去经历的龙卷风、火车事故等灾难事件表明，若没有足够的血浆供应，将会使很多人失去生命。医院管理者希望根据过去10年的需求数据设定85%的服务水平。试讨论医院该如何进行决策？对于短保质期的救生医疗用品的储存，医院负有什么责任？医疗用品如血浆该如何设定库存水平？

讨论题

1. 描述库存的四种类型。
2. 随着计算成本的不断降低，可能有ABC分类的替代方法吗？
3. ABC分类的目的是什么？
4. 识别和解释库存系统中涉及的费用类型。
5. 解释经济订货批量（EOQ）模型的主要假设条件。
6. 经济订货批量与需求之间有何关系？与维持库存费用有何关系？与调整准备费用有何关系？
7. 解释为什么在经济订货批量模型中没有必要考虑产品费用（价格或价格乘数量），但在价格折扣模型中需要考虑这项费用？
8. 周期盘点的优势有哪些？
9. 减少调整准备费用对经济订货批量有何影响？

10. 在价格折扣模型中，为什么没有必要验证经济订货批量以下的折扣点或经济订货批量以上的但不是折扣点的部分？
11. 服务水平意味着什么？
12. 解释为什么在其他条件相同的情况下，经济生产批量比经济订货批量大。
13. 解释定量订货系统与定期订货系统的不同。
14. 解释何为"稳健模型"。如果一个经理抱怨说"我们有大麻烦了！计算的最佳订货批量是错的，实际需求比估计值高10%"，你该如何解释？
15. 什么是安全库存？安全库存有何作用？
16. 需求不是常量时，订货点是哪四个参数的函数？
17. 在零售店中如何进行库存水平监控？

18. 说明定期订货（P）系统的主要优　点和缺点。

利用软件解决库存问题

本部分为大家展示了三种用计算机软件解决库存问题的方法。第一，你可以创建自己的 Excel 工作表。第二，你可以使用 Excel OM 软件。第三，使用 POM for Windows 来解决本书中所有带有记号 P 的问题。

创建你自己的 Excel 工作表

程序 10-1 讲解了如何使用一个 Excel 模型解决例 8 的问题。例 8 是一个经济生产批量模型。

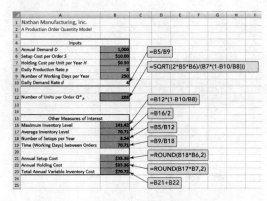

程序 10-1　使用 Excel 解决例 8 中的经济生产批量模型问题

程序 10-2 讲解了如何使用一个 Excel 模型解决例 15 的问题，例 15 是一个单周期库存模型。

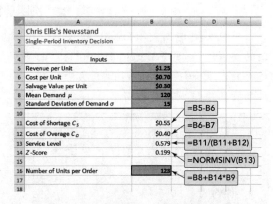

程序 10-2　使用 Excel 解决例 15 中的单周期库存模型问题

使用 Excel OM

Excel OM 可以帮助我们简单解决从 ABC 分析、经济订货批量模型到价格折扣等多种库存问题。

程序 10-3 使用例 1 的数据，为我们展示了输入数据、选用的公式及 ABC 分析的结果。输入数据后，我们使用数据和排序这两个 Excel 命令将物资依据年费用从大到小进行排序。

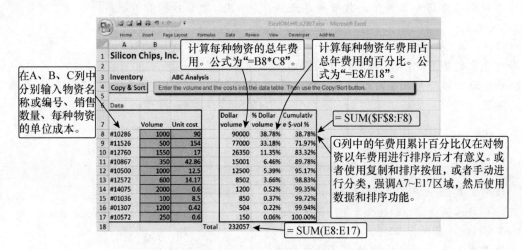

程序 10-3　使用 Excel OM 解决例 1 中的 ABC 分类问题

使用 POM for Windows

POM for Windows 库存模型也能够解决所有的经济订货批量问题。要进一步了解 POM for Windows，请参阅附录Ⅳ。

例题解答

■■■ ■■ ■ **例题解答 10.1** ■■■ ■■ ■

大卫·亚历山大（David Alexandar）编制的安吉洛产品（Angelo Products）的 6 种库存物资表如下，表中列出了物资代码、每种物资的单位成本和年需求量。

物资代码	单位成本（美元）	年需求量
XX1	5.84	1 200
B66	5.40	1 110
3CPO	1.12	896
33CP	74.54	1 104
R2D2	2.00	1 110
RMS	2.08	961

利用 ABC 分析确定哪些物资需要使用定量库存技术进行严密控制，而哪些物资没有必要严密控制。

解答

需要严密控制的 A 类物资是 33CP。而 3CPO、R2D2、RMS 这三类物资是无须严密控制的 C 类物资。B 类物资有 XX1 和 B66。

物资代码	年费用＝单位成本×年需求量（美元）
XX1	7 008.00
B66	5 994.00
3CPO	1 003.52
33CP	82 292.16
R2D2	2 220.00
RMS	1 998.88

总成本＝100 516.56 美元

总成本的 70%＝70 361.592 美元

■■■ ■■ ■ **例题解答 10.2** ■■ ■■ ■

沃伦·费希尔计算机公司（Warren W. Fisher Computer Corporation）每年订购 8 000 个晶体管作为微型计算机的部件。每个晶体管的单位成本是 10 美元，单位晶体管的年维持库存费用为 3 美元。订货费用是每次 30 美元。

试问：a. 最佳订货批量是多少？b. 预计年订货次数是多少？c. 预计订货间隔时间是多少？假定该公司每年的工作日为 200 天。

解答

a. $Q^* = \sqrt{\dfrac{2DS}{H}}$

$= \sqrt{\dfrac{2 \times 8\,000 \times 30}{3}} = 400$（个）

b. $N = \dfrac{D}{Q^*} = \dfrac{8\,000}{400} = 20$（次）

c. 两次订购的时间间隔 $T = \dfrac{\text{年工作日}}{N}$

$= \dfrac{200}{20}$

$= 10$（天）

所以，每 10 个工作日订购 400 个晶体管。每年订购 20 次。

■■ ■■ ■ **例题解答 10.3** ■■■ ■ ■

迈耶文具店（Meyer's Stationery Shop）书夹的年需求量是 10 000 个。布拉德·迈耶（Brad Meyer）每年有 300 个工作日，商店的供应商需要 5 天才能交付货物。请计算书夹的订货点。

解答

$L = 5$（天）

$d = \dfrac{10\,000}{300} = 33.3$（个）

$\text{ROP} = dL = 33.3 \times 5 = 166.7$（个）

所以，当库存为 167 个时，布拉德·迈耶应当开始订货。

━━━━ ■■ ■■ ■ **例题解答 10.4** ■ ■■ ■■ ━━━━

莱昂纳多·普雷斯比公司（Leonard Presby，Inc.）某产品的年需求量为 1 000 个，但是年平均生产量为 2 000 个。调整准备费用为 10 美元，维持库存费用为 1 美元。该公司的最佳生产批量是多少？

解答

该公司的最佳生产批量为：

$$Q_p^* = \sqrt{\frac{2DS}{H(1-\text{年需求量}/\text{年生产量})}}$$

$$= \sqrt{\frac{2 \times 1\,000 \times 10}{1 \times (1-1\,000/2\,000)}}$$

$$= 200（个）$$

━━━━ ■■ ■■ ■ **例题解答 10.5** ■ ■■ ■■ ━━━━

纯天然食品公司（Whole Nature Foods）销售一种无麸质食品。该食品的年需求量为 5 000 盒。现在该公司购买该食品每盒需要支付 6.4 美元，单位维持库存费用为单位成本的 25%。订货费用为 25 美元。如果纯天然食品公司每次订货超过 3 000 盒的话，另一家新供应货商愿意以每盒 6 美元的价格为其提供完全相同的产品。那么纯天然食品公司应该与原供应货商合作，还是应当充分利用价格折扣的优势呢？

解答

第一步：在现有每盒 6 美元的价格下，利用式（10-10），求得经济订货批量为：

$$Q^* = \sqrt{\frac{2DS}{IP}}$$

$$= \sqrt{\frac{2 \times 5\,000 \times 25}{0.25 \times 6}}$$

$$= 408.25 \text{ 或 } 408（盒）$$

因为 408<3 000，这个最佳订货批量对于 6 美元是不可行的。所以现在我们计算 Q^* 为下一个更高的 6.4 美元的价格，相当于 395 盒（并且是可行的）。因此，最佳订货批量是 395 盒（第一个可行的最佳订货批量）

和 3 000 盒（6 美元的折价数量）。

第二步：使用式（10-9）计算两种可能的最佳订货批量的总费用：

$$TC_{395} = \frac{5\,000 \times 25}{395}$$

$$+ \frac{395 \times 0.25 \times 6.4}{2}$$

$$+ 6.4 \times 5\,000$$

$$\approx 32\,632（美元）$$

在每盒 6 美元的折扣价格下：

$$TC_{3\,000} = \frac{5\,000 \times 25}{3\,000}$$

$$+ \frac{3\,000 \times 0.25 \times 6}{2}$$

$$+ 6 \times 5\,000$$

$$\approx 32\,292（美元）$$

因此，选择新的供应商可能更合适。因为如果接受新供应商的价格折扣，纯天然食品公司的总费用为 32 292 美元，略低于原供应商情况下的总费用。但是如果一次购买 3 000 盒会带来储存问题或食品新鲜度问题，可能选用原供应商更好些。

━━━━ ■■ ■■ ■ **例题解答 10.6** ■ ■■ ■■ ━━━━

阿肖克·库马公司（Ashok Kumar，Inc.）每年订购一次儿童艺术用品，订货点为 100 件，不设置安全库存。维持库存费用为每年每件 10 美元，缺货费用为每年每件 50 美元。提前期内的需求概率如下表所示，该公司应该维持多少安全库存？

	提前期内的需求	概率
	0	0.1
	50	0.2
ROP ⟶	100	0.4
	150	0.2
	200	0.1
		1.0

解答

安全库存	新增成本（美元）		
	维持库存费用	缺货费用	总费用
0	0	$50 \times (50 \times 0.2 + 100 \times 0.1) = 1\,000$	1 000
50	$50 \times 10 = 500$	$50 \times (0.1 \times 50) = 250$	750
100	$100 \times 10 = 1\,000$	0	1 000

由以上计算可以看出，安全库存为 50 件时总新增成本最少。因此订货点为 $100 + 50$，也就是 150 件。

------- ■■■■ **例题解答 10.7** ■■■■ -------

假设订货期间的平均销售量为 80 个，标准差是 7，并且罗恩·萨特菲尔德公司（Ron Satterfield Corporation）可以接受 10% 的缺货率，那么该公司的安全库存应该设置为多少？

从附录Ⅰ中查到，90%（或 $1-0.1$）的面积所对应的 Z 值为 1.28，根据式（10-14）：

$$安全库存 = Z\sigma_{dLT}$$
$$= 1.28 \times 7$$
$$= 8.96 \ 或 \ 9(个)$$

解答

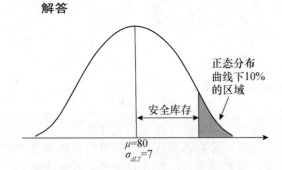

正态分布曲线下 10% 的区域

安全库存

$\mu = 80$
$\sigma_{dLT} = 7$

------- ■■■■ **例题解答 10.8** ■■■■ -------

萨拉折扣商场（Sarah's Discount Emporium）某款等离子电视的日需求量服从正态分布，平均日需求量为 5 台，标准差为 2 台。新电视的交付提前期近于常量，为 10 天。为达到 95% 的服务水平，订货点应为多少，应维持多少安全库存？

解答

需求是变量、提前期是常量条件下订货点的计算可利用式（10-15）：

$$ROP = 平均日需求量 \times 提前期 + Z\sigma_{dLT}$$

式中，$\sigma_{dLT} = \sigma_d \sqrt{提前期}$

因此，当 $Z = 1.645$ 时，有

$$ROP = 5 \times 10 + 1.645 \times 2 \times \sqrt{10}$$
$$= 60.4$$

≈60（台）或 61（台）

所以，安全库存为 10.4，大约是 11 台。

━━━━■■■■■■ 例题解答 10.9 ■■■■━━━━━

阿诺德·帕尔默医院的专用外科手术包的需求量为每周 60 套，从主要供应商 McKesson 公司订货的提前期服从均值为 6 周、标准差为 2 周的正态分布。医院希望每周的服务水平达到 90%。请算出订货点 ROP。

解答

这里需求为常量，而提前期为变量。给定的数据都是以周为单位，而不是以天为单位。应用式（10-16）：

$$ROP＝周需求量×提前期＋Z\sigma_{dLT}$$

式中，σ_{LT} 为提前期的标准差，这里为 2。

因此，当服务水平为 90% 时，$Z＝1.28$：

$$ROP＝60×6＋1.28×60×2$$
$$＝513.6≈514（套）$$

练习题*　━■

10.1　位于北卡罗来纳州的 L. Houts 塑料制品公司是一家大型注塑塑料制品制造商。通过调查我们收集了其位于夏洛特的制造工厂的相关信息，如下表所示。根据 ABC 分类法，工厂将如何对这些物资进行分类？**Px**

L. Houts 塑料制品公司夏洛特工厂的库存水平

物资编码	平均库存（件）	价格（美元）
1289	400	3.75
2347	300	4.00
2349	120	2.50
2363	75	1.50
2394	60	1.75
2395	30	2.00
6782	20	1.15
7844	12	2.05
8210	8	1.80
8310	7	2.00
9111	6	3.00

10.2　Boreki 公司有以下 10 种物资的库存。公司让你这个刚毕业的运作管理专业学生按 ABC 分析对这些物资进行分类。

物资	年需求量	单位成本（美元）
A2	3 000	50
B8	4 000	12
C7	1 500	45
D1	6 000	10
E9	1 000	20
F3	500	500
G2	300	1 500
H2	600	20
I5	1 750	10
J8	2 500	5

a.　请对这 10 种物资进行 ABC 分类。

b.　公司该如何利用这一信息？

c.　公司主管审查了分类表后，把物资 A2 纳入 A 类物资。为什么这么做？**Px**

10.3　琼-玛丽·布杰利（Jean-Marie Bourjolly）的饭店有以下按周订货的库存物资：

库存物资	价格（美元）	每周订货数量
肋眼牛排	135	3
龙虾	245	3
意大利面	23	12

───────────

＊ **Px** 表示可以用 POM for Windows 和（或）Excel OM 软件解答该题。

续表

库存物资	价格（美元）	每周订货数量
盐	3	2
餐巾	12	2
番茄酱	23	11
炸薯条	43	32
胡椒	3	3
蒜末	11	3
垃圾袋	12	3
桌布	32	5
鱼片	143	10
烤牛排	166	6
油	28	2
生菜（箱）	35	24
鸡肉	75	14
订单簿	12	2
鸡蛋（箱）	22	7
熏猪肉	56	5
糖	4	2

a. 利用年总费用判断哪种物资最贵？

b. 哪些物资属于 C 类物资？

c. 所有20种物资的年总费用为多少？ **P⨉**

10.4 林赛电子公司（Lindsay Electronics）是一家小型的电子研究设备制造商，库存近7 000件物资。该公司聘用琼·布拉斯科-保罗（Joan Blasco-Paul）管理库存。琼确定10%的物资为A类物资，35%为B类物资，55%为C类。她想建立一套管理方法，对A类物资每个月（每20个工作日）盘点一次，B类物资每个季度（每60个工作日）盘点一次，C类物资每半年（每120个工作日）盘点一次。那么每天应盘点多少物资？

10.5 威廉·比维尔（William Beville）位于里士满的计算机培训学校库存有练习册，相关信息如下：

$$需求量 D=19\ 500\ 本/年$$
$$订货费用 S=25\ 美元/每次$$

$$维持库存费用 H=4\ 美元/（本·年）$$

a. 计算练习册的最佳订货批量。

b. 练习册的年维持库存费用是多少？

c. 年订货费用是多少？ **P⨉**

10.6 如果 $D=8\ 000$ 件/月，$S=45$ 美元/次，$H=2$ 美元/（件·月），那么：

a. 经济订货批量是多少？

b. 如果维持库存费用 H 提高一倍，你的计算结果将发生什么变化？

c. 如果维持库存费用减少到原来的1/2，结果又如何？ **P⨉**

10.7 亨利·克劳奇（Henry Crouch）的律师事务所通常每次订购60瓶墨水。公司估计维持库存费用是单位成本10美元的40%，年需求量是240瓶。假设应用基本的经济订货批量模型进行计算，那么：

a. 最优的订货费用为多少？

b. 如果真正的订货费用远大于a中计算的结果，那么对公司的订货政策将有何影响？

10.8 马修·廖蒂内（Matthew Liotine）的商店销售水床和配套用品。公司销量最高的水床的年需求量是400张。订货费用是40美元，维持库存费用是每张每年5美元。

a. 为使总费用最低，每次的订货量应该是多少？

b. 如果单位维持库存费用是6美元而不是5美元，那么最佳订货批量是多少？ **P⨉**

10.9 东南贝尔公司（Southeaster Bell）在其中央仓库储存了某种开关接头。这些接头的年需求量是15 000个。东南贝尔公司估计年维持库存费用是每个25美元。发出订单和从供应商处采购的过程的费用是75美元。公司每年有300个工作日，从供应商那里收到货物的提前期是2个工作日。

a. 计算经济订货批量。

b. 计算年维持库存费用。

c. 计算年订货费用。

d. 订货点为多少？ **P⨉**

10.10 某种产品的提前期是21天，提前期内平均需求量为每天100单位。那么：

a. 订货点应该是多少？

b. 如果提前期内的需求增加了一倍，你的结果将如何变化？

c. 如果提前期内的需求减少了一半，结果又将如何变化？

10.11 达娜·邓肯（Dana Duncan）的文具店的笔记本年需求量是 10 000 个，其年工作日是 300 天，供应商到货需要 5 个工作日。

a. 计算她所储存的笔记本的订货点。

b. 为什么这个数字对邓肯来说非常重要？

10.12 托马斯·克拉策（Thomas Kratzer）是一家大型证券公司总部的采购经理，该公司对库存进行统一的集中管理。克拉策负责的快速消费类库存物资的年需求量为 6 000 件。每件库存成本为 100 美元，每件库存一年的维持库存费用为 10 美元。每次订货费用平均为 30 美元。订货通常在 5 天后到达，一周的需求为 120 件。（这是对一家公司的管理，该公司的年工作日为 250 天。）

a. 经济订货批量为多少？

b. 如果使用经济订货批量订货，平均库存为多少？

c. 每年的最佳订货次数为多少？

d. 在任意两次订货之间，最佳的订货间隔期为多少？

e. 订货和维持库存的年平均费用为多少？

f. 如果包括 6 000 件物资的成本，那么总的年库存费用为多少？ **P**

10.13 乔·亨利（Joe Henry）的机械店每年销售 2 500 个支架，这些支架是从 90 英里外的供应商处采购来的。以下是相关信息：

年需求量	2 500 个
年单位维持库存费用	1.50 美元
每次订货费用	18.75 美元
提前期	2 天
年工作日	250 天

a. 根据以上信息，计算经济订货批量（EOQ）。

b. 确定经济订货批量之后，平均库存是多少？年维持库存费用是多少？

c. 确定经济订货批量之后，每年的订货次数是多少？年订货费用是多少？

d. 确定经济订货批量之后，总年库存费用是多少？

e. 订货的时间间隔是多少？

f. 订货点（ROP）是多少？ **P**

10.14 L. A. Plumbing 公司每年要使用 1 200 个某种备件，该备件每次的订货费用为 25 美元，年维持库存费用为 24 美元。

a. 计算订货量分别为 25、40、50、60 和 100 时的总费用。

b. 确定经济订货批量，分析计算经济订货批量出错的影响。 **P**

10.15 M. Cotteleer 电子公司向那些在冰箱和其他家用电器中使用微处理器的公司供应电路板。其中一种部件的年需求量为常量 250 个，维持库存费用估计是每年每个 1 美元，订货费用是每次 20 美元。

a. 为使费用最小，每次应该订货多少？

b. 最佳订货政策确定后，每年订货次数是多少？

c. 在费用最小的情况下，平均库存是多少？

d. 假定订货费用不是 20 美元，并且 M. Cotteleer 电子公司每次订购 150 个，而这个订货量（$Q=150$）就是最佳订货批量，那么订货费用应是多少？ **P**

10.16 Race One Motors 公司是印度尼西亚的一家汽车制造商。在位于雅加达的该公司生产能力最大的一家生产工厂内，零部件的日生产量为 300 件，年需求量为 12 500 件（年工作日为 250 天）。每年每件的维持库存费用为 2 美元，每次订货费用为 30 美元。

a. 经济生产批量为多少？

b. 每年将有几次生产期？

c. 最大库存水平将为多少？

d. 求该工厂生产该零部件的时间占总生产时间的百分比。

e. 年订货费用和年维持库存费用为多少？ **P**

10.17 位于加利福尼亚州海沃德的 Radovilsky 制造公司生产玩具上的闪光灯。公司年工作日为 300 天。产品的年需求量是

12 000个，公司的生产能力为每天100个。调整准备费用为50美元，每个灯的成本为1美元，每个灯每年的维持库存费用为0.10美元。

    a. 生产期间的最佳生产批量是多少？

    b. 平均年维持库存费用为多少？

    c. 平均年调整准备费用为多少？

    d. 年总费用为多少？包括灯的成本。**Px**

10.18 阿瑟·迈纳斯（Arthur Meiners）是Wheel-Rite公司的生产经理，该公司是一家小型金属部件制造商，是大型装配公司Cal-Tex的供应商。该公司每年向Cal-Tex公司提供10 000个车轮轴承。这个订单较稳定。Wheel-Rite公司的调整准备费用是40美元，维持库存费用是每个轴承每年60美元。该公司每天可以生产500个轴承。Cal-Tex是一个实行准时生产制的公司，每个生产日需要50个轴承。

    a. 最佳生产批量是多少？

    b. Wheel-Rite公司车轮轴承库存最大时数量为多少？

    c. Wheel-Rite公司每年有几个车轮轴承生产期？

    d. Wheel-Rite公司的总费用（调整准备费用＋订货费用）为多少？**Px**

10.19 Cesar Rego计算机公司是密西西比州一家出售计算机硬件和软件的零售折扣连锁店。它向教育和商业用户提供内存和存储设备。现在该公司在采购高密度磁盘时面临下面的订货决策：

    $D=36\,000$盘

    $S=25$美元

    $H=0.45$美元

    采购价格＝0.85美元

    折扣价格＝0.82美元

    享受折扣价格所必须达到的数量 ＝6 000盘

该公司是否应该获取这个折扣？Px

10.20 贝尔计算机公司（Bell Computers）以每个350美元的价格购买集成芯片。每个集成芯片一年的维持库存费用为35美元，每次订货费用为120美元。该公司每月销售400个集成芯片，且需求稳定。为了吸引更大的订单，该公司的供应商深蓝芯片制造公司（Rich Blue Chip Manufacturing, Inc.）决定提供价格折扣。具体价格构成如下：

深蓝芯片制造公司的价格构成

购买数量（个）	价格（美元）
1～99	350
100～199	325
200及以上	300

    a. 请问贝尔计算机公司的最佳订货批量为多少？贝尔计算机公司每年订购和维持这些集成芯片的最低成本为多少？

    b. 如果贝尔计算机公司的维持库存费用不是常量35美元，而是产品单价的10%，那么此时最佳订货批量和最低成本各为多少？**Px**

10.21 Wang分销公司每年对机场金属探测器的需求量是1 400部，每部标准探测器的价格是400美元。维持库存费用估计为单价的20%，订货费用为每次25美元。如果公司的老板订货300部或以上，则可以获得5%的价格折扣。他是否应该利用这个折扣？**Px**

10.22 La Vista酒店的餐饮经理莉萨·弗格森（Lisa Ferguson）非常苦恼，因为每周酒店都会丢失一些银餐具。上周五晚上，当餐厅工作人员为一个500人的宴会做准备时，发现没有足够的餐刀。莉萨决定另外订购一些银餐具，并且她希望能够利用供应商提供的价格折扣。

    对于小批量的订货（小于等于2 000件），供应商报价为1.8美元/件。

    如果订货量在2 001～5 000件，价格降为1.6美元/件；订货量在5 001～10 000件，价格为1.4美元/件；订货10 001件及以上，价格为1.25美元/件。

    莉萨的订货费用为每次200美元，年维持库存费用为5%，年需求量为45 000件。

    那么：

    a. 最佳订货批量为多少？

b. 年维持库存费用为多少？

c. 年订货费用为多少？

d. 在最佳订货批量下，订购银餐具本身的年费用为多少？

e. 包含所有的订货费用、维持库存费用和银餐具本身的购买费用后，总的年费用为多少？ **Px**

10.23　落基山轮胎中心（Rocky Mountain Tire Center）每年销售 20 000 个卡丁车轮胎。每次订货费用是 40 美元，每年的维持库存费用是采购价格的 20%。订货量在 500 个之下的采购价格是 20 美元；订货量大于等于 500 个但小于 1 000 个，则价格为 18 美元；如果订货量大于等于 1 000 个，价格为 17 美元。

a. 落基山轮胎中心每次应该订购多少轮胎？

b. 采取该订购策略的话，落基山轮胎中心的总费用为多少？ **Px**

10.24　M. P. VanOyen 制造公司进行了调节器部件的招标工作。该部件的预期需求为每月 700 件。公司可以从 Allen 制造厂或 Baker 制造厂购买，它们的价格表如下：

Allen 制造厂		Baker 制造厂	
数量（件）	单价（美元）	数量（件）	单价（美元）
1～499	16.00	1～399	16.10
500～999	15.50	400～799	15.60
1 000 及以上	15.00	800 及以上	15.10

订货费用为 50 美元，年单位维持库存费用是 5 美元。

a. 经济订货批量为多少？

b. 应选择哪家供应商？为什么？

c. 最佳订货批量为多少？包含了订货费用、采购部件本身的费用和维持库存费用的年总费用是多少？ **Px**

10.25　Chris Sandvig 灌溉公司对地下控制阀的四个供应商提供的价格表进行了汇总。公司的年需求量是 2 400 个阀门，订货费用为每次 10 美元，年单位维持库存费用是 3.33 美元。

供应商 A		供应商 B	
数量（个）	单价（美元）	数量（个）	单价（美元）
1～49	35.00	1～74	34.75
50～74	34.75	75～149	34.00
75～149	33.55	150～299	32.80
150～299	32.35	300～499	31.60
300～499	31.15	500 及以上	30.50
500 及以上	30.75		

供应商 C		供应商 D	
数量（个）	单价（美元）	数量（个）	单价（美元）
1～99	34.50	1～199	34.25
100～199	33.75	200～399	33.00
200～399	32.50	400 及以上	31.00
400 及以上	31.10		

请问，该公司应该选择哪个供应商？如果 Chris Sandvig 灌溉公司希望总费用最低，那么最佳订货批量为多少？ **Px**

10.26　Emery 制药公司使用的一种不稳定的化合物要在一定的温度和湿度条件下存放。Emery 制药公司每月使用 800 磅的该化合物，估计维持库存费用是购买价格的 50%（由于存在变质），预计订货费用是每次 50 美元。下面是两家供应商的价格表。

供应商 1		供应商 2	
数量(磅)	单价(美元)	数量(磅)	单价(美元)
1～499	17.00	1～399	17.10
500～999	16.75	400～799	16.85
1 000 及以上	16.50	800～1 199	16.60
		1 200 及以上	16.25

a. 就两家供应商而言，经济订货批量各是多少？

b. 应该选择哪家供应商，订货量是多少？

c. 在经济订货批量下，总费用是多少？

d. 除总费用外还应该考虑什么因素？ **Px**

10.27　金·克拉克（Kim Clark）让你帮助制定新产品的订货策略。新产品预计年需求量为 1 000 件。为了帮助计算维持库存费用和订货费用，克拉克给了你去年的费用表。他认为这些费用或许对新产品也适用。

费用名称	费用（美元）
仓库租金	2 000
接收和入库检查	1 500
新产品开发	2 500
接收部门支付发票的相关费用	500
库存保险	600
产品广告	800
损坏	750
发送订单	800
仓库消耗品	280
研究和开发	2 750
采购人员薪资	30 000
仓库管理人员薪资	12 800
库存偷盗损失	800
采购订单用品	500
库存陈旧	300
采购部门的管理费用	1 000

他告诉你这些数据是根据去年的 10 000 件库存物资得到的，而且去年的订货次数是 200 次。你是新来的运作管理专业的毕业生，你的工作是帮助他作出新产品的经济订货批量的决策。

10.28 Emarpy 家用电器公司是一家生产各式家电的公司。公司总裁巴德·巴尼斯（Bud Banis）正在考虑公司最畅销的冰箱的生产策略。已知该冰箱的年需求量约为 8 000 台，而且在一年内需求稳定。公司的生产能力是每天 200 台。每次开始生产需要花费 120 美元将材料运到指定位置，重新设置装配线并清洁设备。每台冰箱的年维持库存费用是 50 美元。现在的生产计划要求每次生产运行期间生产 400 台冰箱。假设一年有 250 个工作日。

a. 产品的日需求量是多少？

b. 假如公司的生产批量是 400 台，那么每批的生产将持续多少天？

c. 按现行策略，每年生产运行的次数是多少？年调整准备费用是多少？

d. 按现行策略，每次生产运行结束时库存的冰箱有多少台？平均库存量是多少？

e. 如果公司每次生产 400 台冰箱，那么年调整准备总费用和维持库存总费用是多少？

f. 如果总裁希望总库存费用最低，那么每次生产运行的生产批量应是多少？与 400 台的生产批量相比较，该批量下能够为公司节省多少库存费用？ **Px**

10.29 芭芭拉·弗林（Barbara Flynn）负责综合医院的物资供应。去年，绷带 BX-5 订货提前期内的需求均值是 60（服从正态分布），标准差是 7。弗林希望维持 90% 的服务水平。

a. 你建议绷带 BX-5 的安全库存为多少？

b. 合适的订货点为多少？ **Px**

10.30 根据已有信息，提前期内光盘驱动器的需求均值是 50 件（服从正态分布），标准差为 5。管理者希望达到 97% 的服务水平。

a. 对应的 Z 值应该是多少？

b. 应维持多少安全库存？

c. 合适的订货点应为多少？ **Px**

10.31 Authentic Thai 藤椅每年被送往加里·施瓦茨（Gary Schwartz）的 Kathmandu 连锁店一次。不考虑安全库存的订货点是 200 把。单位维持库存费用是每年 30 美元，缺货费用是每把每年 70 美元。提前期内的需求概率如下表所示。安全库存应该设置为多少？

提前期内的需求量（把）	概率
0	0.2
100	0.2
200	0.2
300	0.2
400	0.2

10.32 烟草每年从北卡罗来纳运往柬埔寨的卷烟制造厂一次。不考虑安全库存时的订货点为 200 千克。每年的单位维持库存费用为每千克 15 美元，每年的缺货费用为每千克 70 美元。提前期内的需求概率如下表所示。安全库存应该设置为多少？

提前期内的需求量（千克）	概率
0	0.1
100	0.1
200	0.2
300	0.4
400	0.2

Px

10.33　英俊先生公司（Mr. Beautiful）销售举重训练器材，BB-1 型号器材的订货费用是 40 美元，维持库存费用是每套每年 5 美元。为了满足需求，公司每年 7 次大量定购 BB-1。BB-1 的缺货费用是每套 50 美元。公司收集了过去几年提前期内的需求资料：

提前期内的需求量（套）	概率
40	0.1
50	0.2
60	0.2
70	0.2
80	0.2
90	0.1
	1.0

BB-1 的订货点是 60 件，请问应维持多少安全库存？**Px**

10.34　根据入住率，可以预计芝加哥硬石酒店（Hard Rock Hotel）每天的客房和泳池的浴巾需求服从正态分布，其中均值为 1 000 条，标准差为 100 条。与该酒店签有合约的洗衣店的交货提前期为 2 天。该酒店希望达到 98% 的服务水平。

a.　请问 ROP 应为多少？

b.　应设置多少安全库存？**Px**

10.35　第一印刷公司（First Printing）与旧金山的一些律师事务所签有复印法律文书的合同。文书的日需求量为 12 500 页且近于常量。文书交付的提前期服从正态分布，均值为 4 天，标准差为 1 天。该公司希望达到 97% 的服务水平。计算第一印刷公司的 ROP。**Px**

10.36　盖恩斯维尔雪茄店（Gainesville Cigar）储存有古巴雪茄。由于进口困难，古巴雪茄的订货提前期总是变化的。该提前期服从正态分布，均值为 6 周，标准差为 2 周。同样，古巴雪茄的需求也是一个变量，服从均值为每周 200、标准差为 25 的正态分布。

a.　为达到 90% 的服务水平，ROP 应为多少？

b.　服务水平为 95% 时，ROP 应为多少？

c.　解释这两种服务水平的意义。哪一种更可取？**Px**

10.37　位于旧金山市区的一家美食咖啡店每年营业 200 天，每天销售 75 磅 Kona 咖啡豆。该咖啡豆的需求服从正态分布，标准差为每天 15 磅。订货后，Kona 咖啡豆将在 4 天内从夏威夷运来，其中每次订货费用为 16 美元。每磅 Kona 咖啡豆的维持库存费用为 3 美元。

a.　Kona 咖啡豆的经济订货批量为多少？

b.　Kona 咖啡豆的年维持库存费用为多少？

c.　Kona 咖啡豆的年订货费用为多少？

d.　假设管理者规定可接受的缺货概率不得高于 1%，那么订货点 ROP 为多少？

e.　在提前期内维持 1% 的缺货概率需要设置多少安全库存？

f.　使缺货概率为 1% 所需的安全库存的年维持库存费用为多少？

g.　假如规定提前期内可接受的缺货概率为 2%，那么维持安全库存费用减少了还是增加了？

10.38　恩里克·科雷亚（Henrique Correa）的面包店每天上午 4 点到下午 6 点制作糕点，这样顾客可以购买到新鲜的糕点。为保证糕点当天全部售完，剩余糕点通常最后以正常价格 10 美元的 50% 售出。烘烤一块糕点的费用为 6 美元。糕点的需求服从均值为 25、标准差为 4 的正态分布。请问最佳库存水平为多少？

10.39　佛罗里达大学橄榄球比赛赛程表通常在每次主场比赛前一周开始印制。观看比赛的球迷人数平均为 90 000 人，且服从正态分布。其中 2/3 的球迷会购买赛程表，赛程表每份 4 美元。未卖完的赛程表以每份 10 美分的价格送至回收中心。赛程表的标准差为 5 000 份，印制一份赛程表的费用为 1 美元。

a. 如果低估了赛程表需求，那么每份赛程表的缺货费用为多少？

b. 如果高估了赛程表需求，那么每份赛程表的超储费用为多少？

c. 每场比赛应该订购多少份赛程表？

d. 该订货数量下的缺货风险为多少？

案例分析 ■

■ ■ ■ 周氏自行车公司 ■ ■ ■

位于西雅图的周氏自行车公司（Zhou Bicycle Company，ZBC）是一家自行车与自行车零件批发商。自 1981 年华盛顿大学教授周永平（Yong-Pin Zhou）创建该公司以来，其主要零售商店都在分销中心周围半径 400 英里的区域内。如果库存有货的话，在通知分销中心后两天内，零售商店可以接收到 ZBC 的货物。但是，如果公司没有按时满足订单，零售商不会接受延迟交货，它们会从别的批发商那里得到货物，这样 ZBC 会失去大量业务。

ZBC 分销各种自行车。最畅销的车型，即最主要的收入来源，是 AirWing。ZBC 从中国的一家生产商处订购所有型号的自行车。通常在下订单 4 周后才能收到货物。ZBC 估算每次订货成本是 65 美元，包括通信、文书和清关费用。对于所有型号，ZBC 的采购价格大约是建议零售价格的 60%，月维持库存费用是 ZBC 采购价格的 1%（年维持库存费用是 12%）。顾客支付的 AirWing 车型的零售价格为每辆 170 美元。

ZBC 准备制定 2016 年库存计划。公司希望将服务水平维持在 95%，以使缺货损失最小。下表是收集的过去两年的数据，并对 2016 年 AirWing 车型进行销售预测，便于 ZBC 制定库存计划。

AirWing 车型的需求

月份	2014 年	2015 年	2016 年预测
1	6	7	8
2	12	14	15
3	24	27	31
4	46	53	59
5	75	86	97
6	47	54	60
7	30	34	39
8	18	21	24
9	13	15	16
10	12	13	15
11	22	25	28
12	38	42	47
总计	343	391	439

【讨论题】

1. 帮助 ZBC 制定库存计划。

2. 讨论 ROP 和总费用。

3. 如果需求不在计划范围内，你该如何应对？

资料来源：Professor Kala Chand Seal, Loyola Marymount University.

■ ■ ■ 帕克高保真系统公司 ■ ■ ■

帕克高保真系统公司（Parker Hi-Fi Systems）位于马萨诸塞州韦尔斯利镇的一个波士顿郊区，销售最精美的家庭影院系统。

该系统由来自全球最佳制造商的组件组装而成。虽然大多数组件都是从东海岸的批发商处采购的，但一些关键产品，如液晶显示屏，直接来自其制造商。例如，液晶显示屏由中国的富士康公司空运到波士顿的洛根国际机场，而顶级的扬声器则从美国制造商 Boss 公司购买。

帕克的采购代理商 Raktim Pal 每 4 周提交一次液晶显示屏订单。该公司的年度需求总计 500 个单位（每个工作日 2 个），而帕克的单位成本为 1 500 美元。（由于帕克的销量相对较低，而且帕克的许多供应商都把重点放在了质量上而不是产量，帕克很少能够获得数量折扣。）因为 Foxy 公司承诺在收到订单的一周内交货，帕克从未出现过液晶显示屏短缺。（订单发出日期和到货日期之间的总时间为 1 周或 5 个工作日。）

帕克基于活动的成本核算系统产生了以下与库存相关的成本。采购成本为每份订单 500 美元，包括订购、海关检查、安排机场取货、交付工厂、维护库存记录以及安排银行签发支票所涉及的实际人工成本。派克的维持库存成本以平方英尺为基础涵盖储存、损坏、保险、税收等。这些成本相当于每台液晶显示屏每年 150 美元。

随着供应链效率的进一步提高，帕克总裁已要求 Raktim Pal 认真评估购买液晶显示屏的情况。为了可能节省的成本需要仔细审查库存采购。

【讨论题】

1. 每个订单中液晶显示屏的最佳订货量是多少？

2. 液晶显示屏的最佳订货点（ROP）是多少？

3. 如果帕克实施基于经济订货批量的订单计划，将节省多少成本？

注　释

[1] E. Malykhina. "Retailers Take Stock," Information Week (February 7, 2005): 20-22, and A. Raman, N. De-Horatius, and Z. Ton. "Execution: The Missing Link in Retail Operations," California Management Review 43, no. 3 (Spring 2001): 136-141.

[2] 这种情况发生于维持库存费用是线性的并在期初产生，即库存费用不随着库存数量的增加而下降（或库存费用在增加），且所有的维持库存费用都在小幅增加。此外，每次执行调整准备（或订货）时可能都需要学习一些知识，这降低了随后的调整准备费用。因此，EOQ 模型可能是一个特例。然而，我们仍坚持认为这个模型是一个合理的近似值。

[3] 经济订货批量（O^*）的公式也可以通过找出总成本曲线的最小值（总成本曲线的斜率为零）来确定。根据演算，我们将 Q^* 的总成本的导数设置为 0。计算 $TC=\dfrac{D}{Q}S+\dfrac{Q}{2}H+PD$ 的最小值的方法是，令 $\dfrac{d(TC)}{d(q)}=\left(\dfrac{-DS}{Q^2}\right)+\dfrac{H}{2}+0=0$。

因此：$Q^*=\sqrt{\dfrac{2DS}{H}}$

[4] 仅当需求 ROP 为非负数时，短缺的需求 ROP 数才是正确的。

[5] 式（10-15）、式（10-16）和式（10-17）都是以天为单位，但是，它们可以等效地用周、月甚至是年来运算。只要使等式中的每一项的时间单位保持一致就可以。

[6] 注意，式（10-17）也可以表示为：

ROP＝平均日需求量×平均提前期＋$Z\sqrt{（平均提前期×\sigma_d^2）+\overline{d}^2\sigma_{LT}^2}$

[7] 运作经理也称它们为可持续监控系统。

快速复习 ■

主要标题	复习内容
库存的重要性	库存是许多公司最昂贵的资产之一。 库存管理的目标是达到库存投资和顾客服务的平衡。 库存管理的两个基本问题是：何时订购和订购多少。 ■ 原材料库存：已采购但还没有投入生产的原材料。 ■ 在制品库存：已经进行加工但还没有成为产成品的产品或零部件。 ■ 维护/维修/日常运行补给库存：维护/维修/日常运行所需要的库存。 ■ 成品库存：生产完成待售的产品，并且仍然是企业账面资产的一部分。
库存管理	■ ABC 分析：根据物资的年费用将现有库存分为三类的方法。 ■ 周期盘点：盘点货物以使库存和库存记录一致。 ■ 存货缩水：在收货和销售之间出现的不明去向的零售库存。 ■ 失窃：库存物品被偷。
库存模型	■ 维持库存费用：维持库存所必需的储存费用。 ■ 订货费用：订货过程中发生的费用。 ■ 调整准备费用：调整设备或准备生产中消耗的费用。 ■ 调整准备时间：调整设备或准备生产中消耗的时间。
独立需求库存模型	■ 经济订货批量（EOQ）模型：一种使订货费用和维持库存费用之和最小的库存控制技术。 $$Q^* = \sqrt{\frac{2DS}{H}} \qquad (10-1)$$ 预计年订货次数 $N = \dfrac{需求量}{订货量} = \dfrac{D}{Q^*} \qquad (10-2)$ 预计订货时间间隔 $T = \dfrac{年工作日}{N} \qquad (10-3)$ 年总费用＝年订货费用＋年维持库存费用 $\qquad (10-4)$ $$TC = \frac{D}{Q}S + \frac{Q}{2}H \qquad (10-5)$$ ■ 稳健：模型在参数出现变动的情况下也能得出令人满意的答案。 ■ 提前期：在采购中，提前期是指从下达订单到收到货物之间的时间；在生产中，是指每个制造的零部件在生产中等待、移动、排队、调整准备和操作的总时间。 ■ 订货点（ROP）：应该对库存物资进行补充时的库存水平。 需求已知的 ROP 计算： 订货点＝日需求量×订货的提前期 $= dL \qquad (10-6)$ ■ 安全库存：应对不稳定需求时的额外库存；起缓冲作用。 ■ 经济生产批量模型：确定经济生产批量的技术。 $$Q_p^* = \sqrt{\frac{2DS}{H(1-d/p)}} \qquad (10-7)$$ $$Q_p^* = \sqrt{\frac{2DS}{H\left(1 - \dfrac{年需求量}{年生产量}\right)}} \qquad (10-8)$$ ■ 价格折扣模型：在大量采购时物品价格降低。 $$TC = \frac{D}{Q}S + \frac{Q}{2}H + PD \qquad (10-9)$$ $$Q^* = \sqrt{\frac{2DS}{IP}} \qquad (10-10)$$

续表

主要标题	复习内容
概率模型和 安全库存	■ 概率模型：当需求或其他变量未知但是可以用概率分布来确定时可应用的统计模型。 ■ 服务水平：与缺货概率密切相关的概念。 需求未知情况下 ROP 的计算： $$ROP = dL + ss \qquad (10\text{-}11)$$ $$年缺货\atop 费用 = \sum \left({各种需求水平\atop 下的缺货量} \times {该需求水\atop 平的概率} \times {单位缺货\atop 费用} \times {年订货\atop 次数} \right) \qquad (10\text{-}12)$$ 需求未知、服务水平给定情况下 ROP 的计算： $$ROP = 提前期内的预期需求量 + Z\sigma_{dLT} \qquad (10\text{-}13)$$ $$安全库存 = Z\sigma_{dLT} \qquad (10\text{-}14)$$ 需求是变量、提前期是常量时 ROP 的计算： $$ROP = 平均日需求量 \times 提前期 + Z\sigma_{dLT} \qquad (10\text{-}15)$$ 需求是常量、提前期是变量时 ROP 的计算： $$ROP = 日需求量 \times 平均提前期 + Z \times 日需求量 \times \sigma_{LT} \qquad (10\text{-}16)$$ 需求与提前期都是变量时 ROP 的计算： $$ROP = 平均日需求量 \times 平均提前期 + Z\sigma_{dLT}$$ 式中： $$\sigma_{dLT} = \sqrt{平均提前期 \times \sigma_d^2 + 平均日需求量^2 \sigma_{LT}^2} \qquad (10\text{-}17)$$ 当需求为常量时，$\sigma_d^2 = 0$；当提前期为常量时，$\sigma_{LT}^2 = 0$。
单周期库存模型	■ 单周期库存模型：主要适用于那些在销售周期末就没有原有使用价值或只存在较少价值的物品。 $$服务水平 = \frac{C_s}{C_s + C_o} \qquad (10\text{-}18)$$
定期订货系统	■ 定量订货（Q）系统：每次订货量相同的经济订货批量模型。 ■ 永续盘存制度：持续地跟踪每次库存增加或减少，以保持记录最新。 ■ 定期订货（P）系统：按固定时间间隔订购货物。

■— 自测题 ——■

在自我测试前，请参考本章开头的学习目标和本章的关键术语。

1. ABC 分析把企业现有库存分为三类，其分类主要基于（　　）。

a. 单价

b. 现有数量

c. 年度需求

d. 年费用

2. 周期盘点（　　）。

a. 主要是测定存货周转

b. 保证以相同的频率对所有的库存记录进行审核

c. 是周期性审核库存记录的过程

d. 以上观点都对

3. 典型的库存模型可以解答的两个最重要的库存问题是（　　）。

a. 何时订购和订货费用

b. 何时订购和订购多少

c. 订购多少和订货费用

d. 订购多少和向谁订货

4. 为了防止缺货的发生而额外设置的库存称为（　　）。

a. 订货点

b. 安全库存

c. 准时库存

d. 以上全部

5. 基本经济订货批量（EOQ）模型和经济生产批量模型之间的差别在于（　　）。

a. 经济生产批量模型不要求需求已知和需求为常量的假设

b. 经济订货批量模型不要求可忽略提前期的假设

c. 经济生产批量模型不要求瞬时交付的假设

d. 以上三种观点都对

6. 价格折扣的经济订货批量模型主要用于确定（　　）。

a. 为满足某服务水平而必须设置的最低库存量

b. 最低采购价格

c. 是采用定量订货策略还是定期订货策略

d. 应当订购多少货物

e. 最短的提前期

7. 最合适的安全库存水平关键取决于（　　）。

a. 使预期的缺货费用最小

b. 选择可以保证给定服务水平的库存水平

c. 维持充足的安全库存以避免缺货的发生

d. 年需求

自测题答案：1. d；2. c；3. b；4. b；5. c；6. d；7. b。

第11章
综合计划与销售和运作计划

 学习目标

1. 定义销售和运作计划。
2. 定义综合计划流程。
3. 识别制定综合计划的备选策略。
4. 绘制综合计划图表。
5. 利用线性规划的运输方法来解决综合计划问题。
6. 理解并解决收益管理问题。

跨国公司介绍：菲多利

综合计划为菲多利带来竞争优势

像世界上其他公司一样，菲多利公司依靠有效的综合计划，使其旗下36家北美工厂的产能与波动幅度达数十亿美元的市场需求保持平衡。中期计划（3~18个月）是综合计划的核心。有效的综合计划加上紧凑的生产流程、有效的设备维护、高效率的员工及设备运转计划是提高工厂利用率的关键，而这也是像菲多利这样的资金密集型企业的一个重要特点。

菲多利拥有30多个品牌的休闲食品和薯类制品，其中15个品牌年销售额超过1亿美元，7个品牌年销售额超过10亿美元。广为人知的一些品牌包括：Fritos、乐事（Lay's）、多力多滋（Doritos）、Sun Chips、奇多（Cheetos）、Tostitos、Flat Earth和Ruffles。生产这些产品需要专门的流程和专用设备。这些专业化设备形成很高的固定成本，所以往往采用大批量生产方式。这种以产品为中心的生产得益于较低的变动成本。要想保持较高的设备利用率并有所盈利，关键在于使产能和市场需求相匹配。设备闲置会造成巨大浪费。

在美国达拉斯附近的菲多利公司总部，计划人员先生成一个总需求。他们利用产品的历史销售数据、新产品和产品创新的预测数据、促销数据以及大客户经理对当地需求波动的预测数据来预测市场需求。然后，计划人员将现有产能、产能扩张计划及成本与总需求相匹配，这就是综合计划。菲多利分布于 17 个地区的 36 家工厂均有综合计划。

每个季度，总部会与各工厂一起根据市场情况和工厂生产来调整每个工厂的计划。

工厂根据季度计划编制 4 周计划，使特定产品在特定生产线上进行批量生产。最后，原材料和劳动力按周分配到相应的生产流程中。综合计划是提高设备利用率、降低成本的主要因素。菲多利 60% 的市场占有率表明，卓越的综合计划为其带来了竞争优势。

11.1 计划过程

在第 3 章，我们介绍了长期、中期和短期需求预测问题。图 11-1 说明了管理者如何将这些预测转换为长期、中期和短期计划。长期预测有助于管理人员规划企业的生产能力和发展战略，这些工作由高层管理人员负责。长期计划涵盖诸如产能和资本投资、工厂选址、新产品和流程还有供应链发展这些与政策和策略相关的问题。

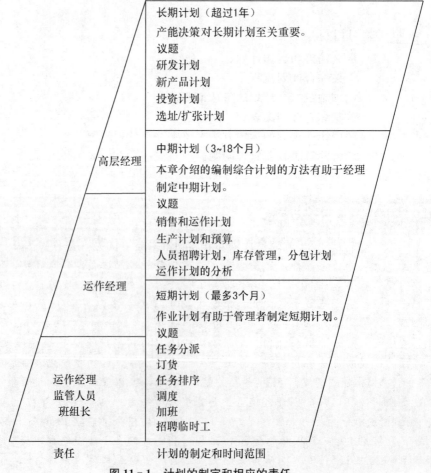

图 11-1 计划的制定和相应的责任

中期计划的设计与高层管理者的长期计划和策略相一致，并满足战略决策的资源约束。所面临的挑战是将产能和波动的市场需求相匹配。中期计划多半由运作经理负责，并且与其他部门合作。在本章我们学习中期计划问题，以月来衡量。

短期计划通常少于 3 个月。这些计划的编制也是由运作经理负责，他们和监管人员以及班组长一起将中期计划"分解"为周计划、日计划和小时计划。制定短期计划的方法见第 13 章相关内容。

中期计划是从一个叫销售和运作计划的流程开始的。

11.2 销售和运作计划

良好的中期计划需要协调企业的需求预测功能及其供应链。因为公司的每个功能部分和供应链有其自身的局限和约束，协调可能很困难。这种协调的规划工作已演变成为**销售和运作计划**（sales and operations planning，S&OP）的流程。如图 11-2 所示，S&OP 接收来自各种资源包括内部和外部对企业的输入。由于输入的多样性，S&OP 通常由跨职能团队协调竞争约束。

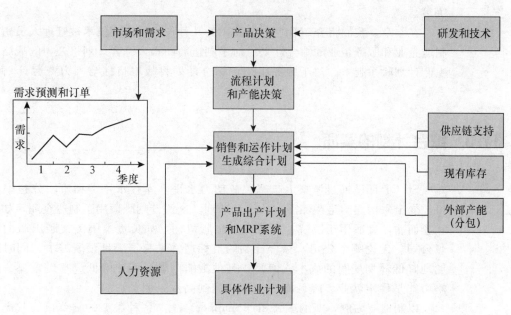

图 11-2 销售和运作计划与综合计划的关系

S&OP 的任务之一是确定未来几个月哪些计划可行哪些不可行。公司内部和供应链中的任何约束都必须反映在一个将日常销售和运作结合在一起的中期计划中。当资源与市场预期不一致时，S&OP 对高层管理人员提出警告。如果计划在短期内无法实施，那么计划工作毫无用处。如果计划从长远来看不能得到支持，就需要作出策略性的改变。为了保持综合计划的最新状态并支持中期计划，S&OP 使用经常更新的滚动预测——每周或每月更新一次。

S&OP 的输出称为综合计划。**综合计划**（aggregate plan）涉及中期生产数量和时间的决策，通常提前 3～18 个月。综合计划使用有关产品系列或产品线的信息而不是个别产品的。这些计划涉及个别产品系列的总数或总量。

Rubbermaid、Office Max 和 Rackspace 等公司已经为 S&OP 开发了通用系统，每一个都有自己的规划重点。Rubbermaid 一般使用 S&OP 专注于生产决策；Office Max 可能会将 S&OP 的重点放在供应链和库存决策上；而 Rackspace 作为一家数据存储公司，倾向于将 S&OP 专注于其关键和成本高昂的产能投资。但是，在所有情况下，决策都必须与战略规划相关联并在所有计划水平上整合企业的所有部门。具体而言，S&OP 的目标是：（1）协调并整合成功的综合计划所需的内部和外部资源；（2）将计划传达给负责执行的人。S&OP 和综合计划的附加优势是，它们可以成为吸引供应链成员以实现公司目标的有效工具。

有效的 S&OP 流程除了要具有代表性、及时性和全面性之外，还需要以下四项内容来制定综合计划：

● 销量和产量的数量单位须统一，例如菲多利公司的多力多滋以磅为单位，通用电气公司的空调以台为单位，安海斯–布希公司的啤酒以箱为单位。

● 对合理的中期计划的需求总量进行预测。

● 计算相关费用的方法。

● 建立包含预测变量和成本变量在内的模型，以便在计划期间制定计划决策。

在本章，我们将介绍管理人员使用的几种技术，这些技术被管理人员用于制定制造企业和服务企业的综合计划。对于制造商而言，综合计划将公司的战略目标与生产计划联系起来。对于服务组织，综合计划将战略目标与人力资源计划结合在一起。

11.3　综合计划的实质

S&OP 团队通过调整生产率、劳动力水平、库存水平、加班、分包率和其他可控变量来构建满足预测需求的综合计划。这些计划既适用于制造企业，如菲多利和惠而浦，又适用于医院、高校或者出版机构，如负责本书英文版出版的培生出版公司。无论哪个公司，综合计划的目标通常是为了满足预测需求，同时最大限度地降低计划期间的成本。但是，其他战略问题可能比降低成本更重要。这些战略可能是稳定就业、降低库存水平或达到高水平服务。

以制造业为例，斯纳珀公司（Snapper）生产各种类型的割草机。其产品共有145 种，如手推割草机、后置引擎割草机及园艺拖拉机等。在未来 3 个季度的每个月中，斯纳珀公司系列产品的综合计划产量（单位：台）如下表所示：

1 季度			2 季度			3 季度		
1 月	2 月	3 月	4 月	5 月	6 月	7 月	8 月	9 月
150 000	120 000	110 000	100 000	130 000	150 000	180 000	150 000	140 000

请注意，综合计划体现的是产品总量（如割草机产品系列），而不是每种产品的具体数量。同样，宝马的综合计划反映的是该公司总的汽车产量，而不是生

产多少辆两门或四门轿车，或者多少辆红色轿车和多少辆绿色轿车。纽柯钢铁公司的综合计划反映的是钢铁的总产量，而不是各种型号钢铁的具体产量。（斯纳珀公司综合计划的进一步讨论请参见运作管理实践专栏"斯纳珀公司的综合计划"。）

运作管理实践

斯纳珀公司的综合计划

销往世界各地的每一台闪亮的红色斯纳珀割草机都产自佐治亚州麦克多诺的工厂。10 年前，斯纳珀公司的割草机、吹叶机及吹雪机大约只有 40 种。今天，为满足大量定制的需求，斯纳珀公司的产品线复杂得多。该公司设计、生产和销售 145 种产品。这意味着综合计划及与之相关的短期计划变得更加复杂。

以前，斯纳珀公司依靠大量的库存来满足 52 个区域配送中心及数千个独立经销商的需求。该公司生产和发运成千上万的割草机，价值上千万美元，却不知何时才能售完这些割草机。这种满足需求的方式代价高昂，因此有必要进行变革。新计划的目标是向每个配送中心提供满足最低需求水平的库存。现在，斯纳珀的运作经理会随时关注产能，并将现场数据输入复杂的软件系统中预测需求。该系统会跟踪顾客需求，并对每个地区的每个模型进行需求总量预测，该系统甚至会根据节假日及天气情况做出相应的调整。此外，配送中心由原来的 52 个减至 4 个。

综合计划和产能匹配说明计划可行，斯纳珀公司的计划人员随即会根据生产需要将计划分解到每种产品，建立滚动的月计划和周计划。这些计划能够追踪各种产品的销售情况。最后，还需对各工作中心的人员班次进行安排，如 8 小时一班生产 265 台割草机，即每 109 秒生产一台新的割草机。

资料来源：*Fair Disclosure Wire*（January 17, 2008）；*The Wall Street Journal*（July 14, 2006）；*Fast Company*（January/February 2006）；and www. snapper. com.

制造环境中，将综合计划进行细分的过程称为**计划分解**（disaggregation）。计划分解后得出**产品出产计划**（master production schedule），然后可以据此生成物料需求计划（MRP）。产品出产计划也反映生产最终产成品所需采购或生产的零件（参见第 12 章）。生产计划的最后一个阶段是编制作业计划，包括人员班次和产品生产的作业排序（参见第 13 章）。

11.4 综合计划策略

制定综合计划时，管理人员首先需要回答下面的问题：

1. 是否需要在计划期内利用库存来缓冲需求变化？
2. 是否能通过调整员工数量来应对需求变化？
3. 是招聘临时工还是让现有员工加班和利用空闲时间来应对需求波动？
4. 订单波动时，是否需要分包商以便保持员工队伍的相对稳定？
5. 是否需要改变价格或其他因素来影响需求？

对这些问题的回答便是编制综合计划的策略，其内容包括：库存管理、生产效率、人员安排、产能计划和其他可控变量。我们接下来会分成八个方面详细阐述。前五个属于产能方面的备选策略，因为这些策略并未改变需求，而只是试图通过产能吸收需求的波动。后三个方面是影响需求的策略，是指企业在计划期内采取这些策略来减少需求的变化。

11.4.1　产能选择

企业改变产能的备选策略可从以下几个方面考虑：

1. 改变库存水平。企业可在需求低迷时增加库存，用以满足未来的旺盛需求。如果选择这种策略，相关成本会随之上升，如储存费用、保险费用、搬运费用、陈旧损失、偷盗损失以及资金投入等。另外，当需求旺盛而库存较少时会缺货，从而使交货提前期延长、顾客服务水平下降。

2. 通过招聘和解聘来调节员工数量。满足需求的另一种方法是根据生产效率来招聘、解聘员工。然而，新员工往往需要培训，他们刚进公司时平均生产效率会比较低。解雇或者让员工下岗会降低所有员工的士气，可能导致更低的生产效率。

3. 利用加班或空闲时间来调整生产效率。通过调整工作时间可保持员工数量的稳定。当需求大幅增加时，延长加班时间会有局限性。加班需向员工支付更多报酬，过多加班反而会使员工效率降低，从而降低整体生产效率。加班也意味着需要增加维持工厂运行的各项管理费用。另外，当需求下降时，企业将不得不消化工人的空闲时间——艰难且代价高昂。

4. 分包。企业在需求旺盛时可分包部分工作，以暂时扩大产能。然而分包也有一些缺点：第一，分包的成本可能比较高；第二，可能会将客户信息暴露给竞争对手；第三，企业常常很难找到能一贯准时提供高品质产品的分包服务商。

5. 招聘临时工。尤其在服务行业，招聘临时工可以满足用工需求。这种做法在餐饮业、零售业和超市中很普遍。

11.4.2　需求选择

基本的需求策略如下：

1. 积极影响需求。当需求比较低迷时，企业可以通过广告、促销、人员推销和降价等措施来刺激需求。航空公司和酒店长期以来都在周末和淡季提供折扣；电话公司则会降低夜间的通话费率；有些大学会向 65 岁以上的老人提供各种入学折扣；而冬季促销的空调一般是最便宜的。然而，即使是进行了广告和专门促销活动、安排了专门的销售人员并采取了降价等措施，可能仍然不能使生产能力和需求水平一直保持一致。

2. 需求旺盛时期采用暂缓交货的策略。暂缓交货是指企业已经承接的产品或服务订单由于种种原因（无论是有意还是无意）需要延迟交货。如果顾客愿意等待，而且企业的信誉和订单不会受到任何损失，那么暂缓交货不失为一种可行的策略。很多公司采用暂缓交货的策略，但结果却常常是失去订单。

3. 反季产品和服务的销售组合。在制造业中，一种广泛使用的方法是反季产品的销售组合。例如，既销售火炉又销售空调的公司，或者既销售割草机又销售吹雪机的公司。然而采用这种策略的公司，可能会发现它们销售的产品或服务超出了自己的专业领域，或者不在自己的目标市场范围之内。

表 11-1 总结了这八种策略及其优缺点。

表 11-1　制定综合计划的八种策略的优点和缺点

策略	优点	缺点	说明
改变库存水平	员工数量的变化较小，或根本没有变化；生产没有大幅变化	可能增加维持库存费用，缺货会造成销售损失	主要适用于生产企业，不适用于服务企业
通过招聘和解聘来调节员工数量	避免了采用其他策略所产生的费用	招聘、解聘和培训费可能较高	适用于劳动力供给充足的情况
通过加班或空闲时间来调整生产速率	满足季节变化，没有招聘或者培训成本	加班费；工人易疲倦；可能无法满足需求	在综合计划中保持一定柔性
分包	具有柔性，并保持产出稳定	失去质量控制；降低利润；可能丧失未来的业务	主要用于制造业
招聘临时工	成本较低，比全职员工更具灵活性	员工流动率和培训成本较高；质量会有波动；编制计划较困难	适用于非技术性工作岗位且临时劳动力充足的情况
积极影响需求	利用过剩产能；折扣带来新的顾客	需求不确定；需求与供应很难准确地匹配	创新营销思路；有些公司采用超售的方式
需求旺盛时期采用暂缓交货的策略	可能无须加班；保持产能稳定	前提是顾客愿意等待，但是公司声誉会受到影响	很多公司采用暂缓交货的策略
反季产品和服务的销售组合	充分利用各种资源；保持员工数量稳定	所需技能或设备可能超出企业的专业领域	寻找产品和服务的反季需求存在风险

11.4.3　编制计划的组合方法

五种改变产能的策略和三种影响需求的策略都能有效地编制综合计划，但将这些策略组合起来使用会更好。

很多制造企业认为营销部门已采用了需求策略，并将这些需求策略体现在预测结果之中，于是运作经理只基于预测来编制综合计划。然而利用五种改变产能的策略，运作经理仍有很多途径来编制计划。这些计划可以体现两个极端——一个是跟随策略，另一个是均衡策略。当然，运作经理也可以选择两者之间的任何策略。

跟随策略　跟随策略（chase strategy）是指每个计划期内的产量都根据预测来调整。这种策略可以通过多种方法来实施。例如，管理人员可以通过招聘或解聘员工来调整员工数量，还可以通过加班、轮休、招聘临时工或分包来调节产量。很多服务型企业倾向于采用跟随策略，因为它们很难或根本不可能改变库存水平。采用跟随策略的行业还有教育、医疗和建筑。

均衡策略　均衡策略（level strategy），或者说**均衡作业计划**（level scheduling），是指每个计划期内的产量保持一致的综合计划。像丰田和日产这类公司要保持生产的均衡水平，可能利用产成品库存来缓冲需求和生产之间的差异，或安排员工从事其他工作。它们的理念是稳定的员工队伍有助于提升产品质量，降低员工流失率和缺勤率，并使员工更愿意致力于实现企业目标。其他好处还包括：员工变得更有经验，更易于编制计划、进行监管，并减少设备异常开关的频率。当需求比较稳定时，采用均衡策略会取得良好的效果。

对很多公司来说，跟随策略和均衡策略都不见得很理想，因此需要考虑上述八种策略的各种组合（也称为**混合策略**（mixed strategy）），以使成本最低。然而这八种策略可以形成数量众多的组合方案，管理人员通常会发现编制综合计划的工作并不容易，且不一定总能获得"最优"计划。接下来我们介绍几种编制综合计划的方法。

11.5　编制综合计划的方法

在这里我们将介绍几种运作经理常用的编制综合计划的方法。这些方法包括广泛使用的图表技术以及一系列更为正规的数学方法，如线性规划的运输方法等。

11.5.1　图表方法

图表技术（graphical techniques）非常流行，因为这种方法理解和应用起来非常简单。这种方法的基本原理是一次考虑多个因素，以便计划人员能够直观地预测需求和对现有产能进行比较。这是一种反复试验的方法，并不保证能够获得最优生产计划。但使用这种方法只需进行有限的计算，基层员工也容易掌握。应用图表技术的五个步骤如下：

1. 确定每个计划期的需求。
2. 在每个计划期内，分别确定正常工作时间、加班和分包时的生产能力。
3. 计算工时费用、招聘和解雇费用以及维持库存费用。
4. 分析涉及员工和库存水平的企业相关规章制度。
5. 制定各种备选计划方案，比较各方案的总费用。

我们通过例 1～例 4 来说明这些步骤。

例 1

用图表法编制屋顶材料制造商的综合计划

Juarez 是墨西哥的一家屋顶材料制造商，该公司对一种重要产品进行了月度销售预测，并将 1—6 月份的各种预测数据列在表 11 - 2 中。该公司需编制综合计划。

表 11 - 2　月度预测

月份	需求预测	工作天数	每天需求数（计算结果）
1	900	22	41

续表

月份	需求预测	工作天数	每天需求数（计算结果）
2	700	18	39
3	800	21	38
4	1 200	21	57
5	1 500	22	68
6	1 100	20	55
合计	6 200	124	

方法

绘制日需求量和平均需求量图，用以描述综合计划的实质。

解答

第一，用每月的需求预测数量除以每月的生产天数（工作天数），计算每天的需求量，如图 11-3 所示。第二，在图中绘制一条虚线，虚线代表满足 6 个月平均需求所需的生产效率，其计算方法如下：

$$平均需求量 = \frac{总需求预测数量}{总工作天数}$$

$$= \frac{6\,200}{124} = 50（件/天）$$

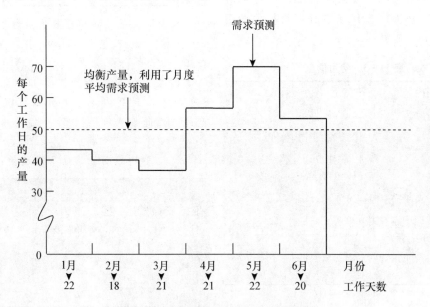

图 11-3 需求预测和平均需求数量图

启示

把数据绘成图之后，产量变化情况一目了然。请注意，前 3 个月的需求预测数量质于均值，而 4、5、6 三个月高于均值。

练习

如果 6 月份的需求量从 1 100 增加到 1 200，那么图 11-3 会发生什么变化？［答案：6 月份每个工作日的产量增加到 60，平均需求数量增加到 50.8（6 300/124）。］

相关课后练习题

11.1

图 11-3 描绘了预测数量和平均需求数量之间的差异。本章前面列举了一些满足需求的策略，如通过调整员工数量使产量能够满足平均需求（图 11-3 中虚线所代表的数量）。或者，企业也可以保持一个恒定的产出率，如每天 30 件，然后将剩余的需求分包给其他屋顶材料制造商。其他计划可能将加班和分包结合起来考虑或者通过招聘和解聘使劳动力发生变化来消化需求。我们通过例 2～例 4 对这三种策略进行进一步解释。

例 2

计划 1：保持员工数量不变

对于例 1 中的制造商而言，第一种可能的策略（计划 1）是在 6 个月内一直保持员工人数不变。第二种策略（计划 2）是一直保持满足最低需求数量（3 月份）的员工数，而将其余需求分包出去。计划 1 和计划 2 都具有稳定的产出数量，因此称为均衡策略。计划 3 是根据每个月的需求量来决定所需人员数量，并据此招聘或解聘员工，这是一种跟随策略。分析这三种策略所需的相关费用信息如表 11-3 所示。

表 11-3 费用信息

维持库存费用	5 美元/（件·月）
每件产品的分包费用	20 美元/件
平均工时费用	10 美元/小时（80 美元/天）
加班费用	17 美元/小时（每天 8 小时以外的时间）
生产每件产品所需工时	1.6 工时/件
增加每天产量所需费用（招聘和培训）	300 美元/件
减少每天产量所需费用（解聘）	600 美元/件

方法

分析计划 1 这种策略时，我们假设平均需求量是 50 件/天，假设保持员工数量不变，不加班，也没有空闲时间，没有安全库存，也不进行分包。企业可以在需求较少的时期（1—3 月）囤积产品库存，在需求旺盛时消耗库存来满足额外需求。我们假设计划期的期初库存为零，期末库存也为零。

解答

相关产量及费用信息如下表所示。

月份	工作天数	按每天 50 件计算产量	需求预测	每月库存变化量	期末库存
1	22	1 100	900	+200	200
2	18	900	700	+200	400
3	21	1 050	800	+250	650
4	21	1 050	1 200	−150	500
5	22	1 100	1 500	−400	100
6	20	1 000	1 100	−100	0
合计					1 850

每月之间的维持库存数量累计为 1 850 件。

产能按每天生产 50 件计算，需要 10 个员工。

因为完成每件产品需要 1.6 个工时，在 8 小时工作时间内，每个员工可以完成 5 件产品，因此如果每天生产 50 件产品，就需要 10 个员工。

计划 1 的费用计算如下表所示：

费用		计算过程
维持库存费用	9 250 美元	（1 850×5）
正常工作时间的工时费用	99 200 美元	（10×80×124）
其他费用（加班、招聘、解聘、分包）	0	
总费用	108 450 美元	

启示

注意，维持库存费用很高。

练习

如果 6 月份的预测需求从 1 100 件减少为 1 000 件，费用会如何变化？〔答案：总库存数量将增加到 1 950 件，库存费用增加到 9 750 美元，计划 1 的总费用增加到 108 950 美元。〕

相关习题

11.2~11.12，11.19

例 2 的图形如图 11-3 所示。有些计划人员喜欢用累计图形来直观地显示预测数量和平均需求数量之间的差异。这种图形如图 11-4 所示。请注意，平均产量曲线和需求预测曲线生产的总数量应该是一样的。

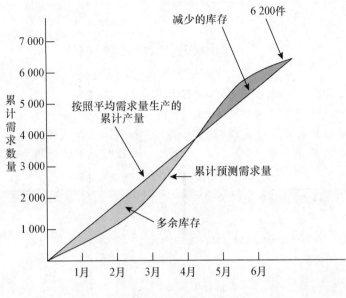

图 11-4 计划 1 的图形表达形式

例3

计划2：保持员工数量不变，并进行分包

方法

尽管计划 2 也保持员工数量不变，但这个数量很少，仅为满足最低需求，即按照满足 3 月份每日的生产需要来确定员工数量。因此，如果每天生产 38 件产品，那么就需要 7.6 个员工（这可以认为是 7 个全日制员工加 1 个临时工）。所有超出部分的需求都通过分包来解决。因此，3 月份以外的每个月都需要分包。计划 2 中没有维持库存费用。

解答

由于在综合计划期内需要 6 200 件产品，我们必须计算该公司自己可以生产多少件产品，另有多少件需要分包出去。

自己生产的数量 = 38 × 124
＝ 4 712（件）

分包数量 = 6 200 − 4 712
＝ 1 488（件）

计划 2 的费用计算如下表所示：

费用		计算过程
正常工作时间的工时费用	75 392 美元	（7.6×80×124）
分包	29 760 美元	（1 488×20）
总费用	105 152 美元	

启示

虽然正常的工时费用降低，但分包费用增加。

练习

如果 6 月份的预测需求从 1 100 件增加到 1 200 件，费用会如何变化？〔答案：分包量将增加到 1 588 件，分包总费用增加到 31 760 美元，计划 2 的总费用增加到 107 152 美元。〕

相关课后练习题

11.2～11.12，11.19

例4

计划3：招聘和解聘员工

方法

我们在前面提到的最后一种策略是计划3，这种策略根据生产需要不断采用招聘和解聘的方法来调整员工数量。该策略假定产量等于需求量，产量从去年12月份以来没有变化。

解答

计划3的成本以及计算过程如表 11-4 所示。已知解聘员工的费用是 600 美元/件，而招聘员工的费用是 300 美元/件。

表 11-4　计划3的成本计算　　　　　　　　　　　单位：美元

月份	预测需求（件）	每日产量（件）	基本生产成本（需求量×1.6 小时/件×10 美元/小时）	提高产量的额外成本（招聘成本）	降低产量的额外成本（解聘成本）	总成本
1	900	41	14 400	—	—	14 400
2	700	39	11 200	—	1 200（=2×600）	12 400
3	800	38	12 800	—	600（=1×600）	13 400
4	1 200	57	19 200	5 700（=19×300）	—	24 900
5	1 500	68	24 000	3 300（=11×300）	—	27 300
6	1 100	55	17 600	—	7 800（=13×600）	25 400
总计			99 200	9 000	9 600	117 800

因此计划3的总费用（包括生产费用、招聘和解聘费用）一共是 117 800 美元。

启示

有相当一部分费用与产量的变化（增加及减少）有关。

练习

如果6月份的预测需求从 1 100 件增加到 1 200 件，费用会如何变化？〔答案：6月份每天的产量将比5月份每天的产量减少8件，变为 60 件，所以6月份的解聘成本变为 4 800 美元（8×600），计划3的总费用变为 116 400 美元。〕

相关课后练习题

11.2～11.12，11.19

图表方法的最后一个步骤是比较每种策略的费用，并选择费用最低的方案。上述例题计算结果总结在表 11-5 中。我们可以看到，计划2的费用最低，因此，这种策略是三种策略中的最佳方案。

表 11-5　三种计划方案的比较　　　　　　　　　　　单位：美元

成本	计划1（保持 10 个员工不变）	计划2（7.6 人加外包）	计划3（根据需求来招聘和解聘）
维持库存费用	9 250	0	0
正常工作时间的费用	99 200	75 392	99 200

续表

成本	计划 1 (保持 10 个员工不变)	计划 2 (7.6 人加外包)	计划 3 (根据需求来招聘和解聘)
加班费	0	0	0
招聘费用	0	0	9 000
解聘费用	0	0	9 600
分包费用	0	29 760	0
总费用	108 450	105 152	117 800

当然，这些问题还可以通过其他策略来解决，如包含加班的计划等。尽管图表技术是一种非常流行的管理工具，但只能用来评估策略的好坏，而不能用来制定策略和计划。为了制定各种计划，还需要一种系统方法来计算所有相关费用，并产生所需的解决方案。

11.5.2　制定计划的数学方法

我们在这里简要介绍一下制定综合计划的一些数学方法。

线性规划的运输方法　如果将综合计划看作满足需求预测的产能分配问题，则可以根据线性规划的运输方法求解。**线性规划的运输方法**（transportation method of linear programming）和图表技术不同，它不是反复试验法，而是在成本最低的条件下制定出最优生产计划。这种方法具有灵活性，它可以在每个计划期内计算出正常产量、加班产量、分包数量、加班时间以及每个计划期的库存数量。

在例 5 中，我们已知现有库存数量以及正常工作时间的产量、加班和分包的产品数量。单位成本位于表 11-7 中每个单元格的右上角，它们是和一定时期内的产量或者库存数量相联系的。

例 5

用运输方法来制定综合计划

范斯沃斯轮胎公司（Farnsworth Tire Company）想利用运输方法来编制综合计划，并从位于弗吉尼亚州西部的工厂得到了关于生产、需求、产能和费用方面的数据，如表 11-6 所示。

表 11-6　生产、需求、产能和费用数据

	销售期间		
	3 月	4 月	5 月
需求（个）	800	1 000	750
产能（个）			
正常工作时间	700	700	700
加班	50	50	50
分包	150	150	130
期初库存（个）	100		

费用	
正常工作时间的费用	40 美元/个
加班费用	50 美元/个
分包费用	70 美元/个
维持库存费用	2 美元/（个·月）

方法

以最低的费用使各期产量与预测需求相匹配来解决综合计划问题。

解答

运输表的结构和初始可行解如表 11-7 所示。

表 11-7 范斯沃斯轮胎公司的运输表

供给	期间1（3月）	期间2（4月）	期间3（5月）	未用产能（虚拟变量）	总计可用产能（供给）
期初库存	0 100	2	4	0	100
期间1 正常工作时间	40 700	42	44	0	700
期间1 加班	50	52 50	54	0	50
期间1 分包	70	72 150	74	0	150
期间2 正常工作时间	×	40 700	42	0	700
期间2 加班	×	50 50	52	0	50
期间2 分包	×	70 50	72	0 100	150
期间3 正常工作时间	×	×	40 700	0	700
期间3 加班	×	×	50 50	0	50
期间3 分包	×	×	70	0 130	130
总需求	800	1 000	750	230	2 780

注：有×的单元格表示该公司没有使用暂缓交货策略。当使用 Excel OM 或 POM for Windows 求解时，对每个没有产量的单元格，其费用的初始值必须设为较大的数（如 9 999）。

在制作和分析这种表格时，应该注意下列问题：

1. 维持库存费用是每个轮胎每月 2 美元。在期间 1 生产的轮胎库存一个月将增加 2 美元的费用。由于维持库存费用是线性上升的，因此库存两个月就会增加 4 美元。在表 11-7 中，当期生产的产品被当期消耗，各行从左到右的正常工作时间、加班和分包费用是最低的。如果当期生产的产品进入下一期库存，就会形成库存费用。期初库存用来满足期间 1 的需求，并设期初库存费用为 0。

2. 运输问题要求需求等于供给，因此，我们添加一栏虚拟变量，称"未用产能"。未用产能的费用为零。

3. 由于暂缓交货对该公司而言并非一个可行的办法，因此，在这些单元格中就不可能用当期生产的产品来补充以前的需求（这些单元格用×表示）。如果允许暂缓交货，那么就需将赶工费用、信誉损失和年销售损失之和作为暂缓交货的费用。

4. 表 11-7 中底部一栏表示用库存数量来满足需求。例如，3 月份需要 800 个轮胎，于是用期初库存的 100 个轮胎和当期生产的 700 个轮胎来满足这个需求。

5. 一般来说，为了完成表格的计算，可以在费用最低的条件下，向单元格中分配尽可能多的产量，但不要超过同一行中的未用产能或者同一列中的需求数量。如果仍有需求没有满足，便向下一个费用最低的单元格分配尽可能多的产量。然后对 4 月份和 5 月份重复同样的步骤（如有必要，也可以应用更多的期间）。完成以上步骤后，必须保证每一行的产量总和等于总产能，每一列的数字之和必须等于同一期间的总需求量。（这一步可以用运输方法或者 Excel OM 以及 POM for Windows 来求解。）

可以验证初始可行解是 105 900 美元。然而初始可行解并非最优解。读者可以自己用软件或者手工编制生产计划，使得费用最低（计算得到的最优费用是 105 700 美元）。

启示

当费用是线性变化时，用运输方法来求解会很灵活，但是当费用不是线性变化时，就不能运用运输方法来求解。

练习

如果期初库存为零，对求解有何影响？［答案：总的可用产能减少 100，所以需要分包的数量是 100。］

相关课后练习题

11.13，11.14，11.15，11.16，11.17，11.18

例 5 介绍的线性规划的运输方法在分析库存费用、加班费用和分包费用方面比较有效，但并不适用于非线性条件或者有负变量的情况。因此，当需要考虑其他因素，如招聘和解聘，便需要用到更为一般的线性规划求解方法。同样，计算机仿真模型寻求最低成本与价值的结合。

许多商业 S&OP 软件包都采用了这种技术，可用于简化综合计划机制。如 Arkieva 用于行业流程的 S&OP 工作台，Demand Solution 的 S&OP 软件和 Steelwedge 的 S&OP 套件。

11.6 服务业中的综合计划

有些服务公司编制综合计划的方法和本章例 1～例 5 中介绍的方法一样，但更强调需求管理的作用。由于绝大多数服务公司需要综合运用本章前面介绍的八种产能和需求管理策略，因而它们通常采用混合策略编制综合计划。在实际工作中，编制银行、卡车货运企业以及快餐店的综合计划可能要比编制制造企业的综合计划容易一些。

在服务业中控制劳动力成本是关键。这包括以下几个方面：

1. 精确地安排工作时间，以便对顾客需求作出快速响应。
2. 利用临时劳动力资源，以便通过增减人员数量来应对意外需求波动。
3. 提高员工服务技能的柔性，以便让员工在不同岗位进行工作。
4. 让产出数量或者工作时间保持一定的柔性，以便应对需求变动。

这些要求看似比较高，其实在服务业中很常见，服务业综合计划的主要考虑对象就是人员安排。例如：

- 房地产和汽车销售人员利用过剩产能来获得学习和计划的时间。
- 警察局和消防队有明文规定，可以要求下班人员在紧急情况下返回工作岗位。当紧急情况持续时，警察或消防队员可能得延长工作时间，安排更多的工作班次。
- 当生意出乎意料地冷清时，餐厅和零售店会让员工提前下班。
- 当消费者排起长队等候结账时，超市的售货员会充当收银员来加快结算过程。
- 当餐厅出现拥挤时，富有经验的招待人员会加快步子，提高工作效率。

编制综合计划的方法根据服务内容的不同而有所不同。我们在这里介绍五种不同的情况。

11.6.1 餐饮业

在需求急剧变化的行业，如餐饮业，编制综合计划是为了：（1）均衡产出效率；（2）确定最优员工数量。通常的做法是在销售淡季囤积少许库存，然后在需求旺季消耗这些库存，而其他情况下的需求变动则通过改变员工数量来调节。由于这种情形和制造业非常相似，因此，传统制造业编制综合计划的方法也适用于服务业。但有一点区别值得注意，餐饮业的库存容易腐烂变质，哪怕只有少量库存。另外，相应的时间跨度也可能大大小于制造业，例如，快餐厅需求淡旺的区别可能只能用小时来衡量，而"产品"也只能储存 10 分钟左右。

11.6.2 医院

医院在资金分配、人员安排和满足患者就医需求等方面也需要制定综合计划。例如，密歇根州的亨利·福特医院（Henry Ford Hospital）利用移动平均法来预测患者就医数量，并据此估算病床需要量和护理人员需要量。人员安排是该院综合计划的核心，医院为此专门建立了护士轮休服务系统以灵活调配护理人员。

11.6.3 小型服务公司的国内连锁店

随着小型服务公司国内连锁店的不断出现，如殡仪馆、加油站、照片冲洗/打印中心等，如何协调综合计划和每个连锁店自己的计划成为一个值得考虑的问题。如果需求可以通过某些促销手段来影响，那么产品生产和原材料采购便可集中计划。这种制定综合计划的方法比较好，因为它有助于减少费用，并能管理每个独立连锁店的资金流。

11.6.4 其他服务企业

大多数其他服务公司，如财务公司、运输公司以及很多通信公司和娱乐公司，提供的都是无形产品。这些公司的综合计划主要是安排人力资源和进行需求管理。其双重目标是既要平衡需求高峰，又要在需求低谷时充分发挥人力资源的作用。我们通过一家律师事务所来说明如何编制这些计划，见例 6。

例6

律师事务所的综合计划

克拉松和阿瓦隆律师事务所（Klasson and Avalon）是坦帕的一家中型律师事务所，拥有 32 名律师。该事务所编制了一份下季度的综合计划，主要包括 5 大类法律业务（如表 11-8 中第（1）栏所示）及 3 种小时薪酬（最忙、最可能、最清闲）的预测方案（如表 11-8 中的第（2）栏、第（3）栏、第（4）栏所示）。

表 11 - 8　克拉松和阿瓦隆律师事务所的律师分配：
对下个季度的预测（每名律师工作 500 小时）

(1) 业务类别	所需工作小时			能力约束	
	(2) 最忙的情况 （小时）	(3) 最可能的情况 （小时）	(4) 最清闲的情况 （小时）	(5) 最多时所需 要的人数	(6) 现有具备 资格的人数
审判辩护工作	1 800	1 500	1 200	3.6	4
法律研究	4 500	4 000	3 500	9.0	32
公司法	8 000	7 000	6 500	16.0	15
房地产法	1 700	1 500	1 300	3.4	6
刑法	3 500	3 000	2 500	7.0	12
工作小时总计	19 500	17 000	15 000		
所需律师人数累计	39	34	30		

方法

为该律师事务所编制综合计划之前需进行一些假设。假设每人每周工作 40 小时，每小时均支付 100% 的薪水，那么这个财务季度每名律师大约有 500 小时需支付薪酬。

解答

用总的付酬小时（代表需求）除以 500 便得到处理各类业务所需的律师数量（代表产能）。该事务所在最忙的情况、最可能的情况、最清闲的情况下，分别需要 39 名、34 名、30 名律师。例如，最忙的情况下共计需要工作 19 500 小时，除以每名律师的 500 工作小时，便可以算出需要 39 名律师。由于克拉松和阿瓦隆律师事务所的所有 32 名律师均精通基本法律，因此，在这类业务的安排中具有最大的灵活性（第 (6) 栏）。最需要技能（也是能力约束）的业务是审判辩护工作和公司法案件。在这两类业务中，该事务所最忙的时候需要 3.6 名律师从事审判辩护工作（第 (5) 栏），而刚好 4 人具备从事这些工作的资格（第 (6) 栏），同时，公司法方面却缺少 1 人。

这个季度会用加班的方式来完成过多的工作，但随着业务的发展，该事务所也可能招聘或培养这两类业务方面的人才。如果其他业务不需要人手，那么房地产法和刑法方面的律师会较多。根据现有的 32 名律师（假设不招聘新员工）来测算，该事务所最忙的时候工作量增加 21.8%（（39－32）/32）。这相当于每名律师每周增加一天的工作时间。而最清闲的时候则有 6% 的人没有得到充分利用。因此，该事务所认为，在这两种情形下现有工作人员能提供足够的服务。

启示

尽管对服务业的需求及产能的界定不同于制造业，但服务业和制造业一样，都需要恰当的、有用的综合计划，且必不可少。

练习

如果预计刑法方面案件的工作时间需增加到 4 500 小时，那么该公司所需律师的数量会如何变化？［答案：律师的需求量将增加到 41 名。］

相关课后练习题

11.20，11.21

资料来源：Based on Glenn Bassett. *Operations Management for Service Industries*（Westport, CT: Quorum Books, 1992）: 110.

11.6.5　航空业

航空公司和汽车租赁公司有着独特的综合计划。例如，一家总部位于美国纽约的航空公司，在亚特兰大和达拉斯有两个调度中心，在全国各地的机场有 150 个办事处。这种计划要比单一服务地点的综合计划复杂得多，也比包括一系列独立服务地点的计划复杂。

该公司的综合计划包括：（1）每个调度中心的航班进出港数量；（2）所有航线的航班数量；（3）所有航班的乘客数量；（4）每个调度中心和每个机场所需的空勤人员与地勤人员的数量；（5）确定不同级别的座位。进行这种分配的方法或技术称为收益管理或收入管理，这是我们下节将要介绍的内容。

11.7　收益管理

很多运作模型，如定价模型，都假设企业对同一产品按同一价格销售。实际上，许多公司是按不同价格进行销售，其原理是根据顾客的不同支付意愿来满足需求。需求管理的挑战在于，如何识别顾客的不同支付意愿并确定不同的销售价格。这种多级定价方法称为收益管理。

收益管理（yield management）或**收入管理**（revenue management）是指将各种稀有资源按照不同价格分配给顾客，以产生最大收益或收入的综合计划编制过程。收益管理的历史可以上溯到 20 世纪 80 年代，当时研制的美国航空机票预售系统（SABRE）使得航空公司能根据需求情况实时更改票价、变更飞行航线。如果高价舱位的需求很少，便可增加机票折扣；如果普通舱位需求旺盛，则可以减少折扣。

美洲航空公司（American Airlines）成功的收益管理吸引了众多行业争相效仿。酒店业的收益管理始于 20 世纪 80 年代末，万豪国际酒店集团首先采用这种方法，现在这家酒店集团每年通过收益管理多获得 4 亿美元。Omni 连锁酒店的软件系统每天晚上要进行 10 万多次运算。例如，Omni 达拉斯分店从周一到周五会收取较高的房价，但在周末给予较大折扣。而该连锁酒店的圣安东尼奥分店位于旅游胜地，其客房定价正好相反，工作日的房价很低。类似地，迪士尼也采取了多级定价：对成人年票的最近报价是 779 美元，对佛罗里达州的居民是 691 美元，AAA 会员和现役军人分别享有不同的折扣。在运作管理实践专栏中，"收益管理使迪士尼成为百老汇丛林的'国王'"描述了影院行业的做法。

运作管理实践

收益管理使迪士尼成为百老汇丛林的"国王"

迪士尼完成了百老汇音乐剧长期以来无法想象的事情：《狮子王》（The Lion King）从收入下降的节目转变为百老汇最受欢迎的节目。怎么做到的？注意，这不是因为节目在 16 年后增加了表演。

该节目的制作人正使用以前并未公开的计算机算法，为观众推荐 1 700 个座位中每个座位可能支付的最高票价。其他节目也采用这种动态的定价模型来提高旅游旺季的座位价格，但只有迪士尼达到了航空和酒店业

所达到的成熟水平。通过不断使用计算机算法，根据票务需求和购买方式来校准价格，迪士尼得以实现 2013 年的销售结果。

《狮子王》通过在这里多收 10 美元，在那里多收 20 美元，在年底时惊呆了百老汇，成为自 2003 年以来的首次收入第一，击败了冠军《魔法坏女巫》（Wicked）。迪士尼甚至设法收取一些竞争对手最高票价的一半。《纽约时报》写道："请迪士尼办公室的管理科学专家（这是百老汇生产商无法匹敌

的数据大军）来帮助制定制胜法则。"迪士尼的算法是一种软件工具，可利用 1 150 万名顾客以往观看《狮子王》的数据，为多种类型的演出推荐价格，包括高峰日期（如圣诞节）、非高峰日期（如 2 月的一个工作日）以及之间的各个时段。人们普遍认为，《狮

子王》以 227 美元的价格售出的座位要比大多数百老汇节目以最高价售出的座位多得多，这种做法增加了其票房。

资料来源：*NY Daily News*（September 22，2014）；and *The New York Times*（March 17，2014）.

一些公司经营的产品或原料属于非耐用品，容易发生损耗，如航空公司、酒店、汽车租赁公司、邮轮公司乃至电子设备商，它们在收益管理方面具有下列相同的特点[1]：

1. 产品或服务可以在消费前进行销售。
2. 需求变化大。
3. 企业生产或服务能力相对稳定。
4. 市场可以进行细分。
5. 变动成本低而固定成本高。

我们通过例 7 来说明酒店如何应用收益管理。

例7

收益管理

克利夫兰城市酒店（Cleveland Down-town Inn）有 100 间客房。该酒店原来对每间客房收取一样的费用：每晚 150 美元。每间客房的变动成本很低，该酒店估计每间客房每晚的变动成本只需要 15 美元，包括打扫清洁、使用空调及肥皂、洗发水等的消耗。每晚平均售出 50 间客房。目前客房收费情况如图 11-5 所示。采用单一价格策略的净销售额是每晚 6 750 美元。

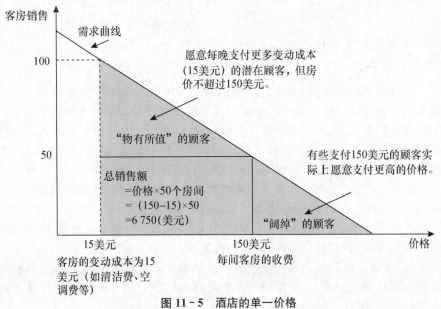

图 11-5　酒店的单一价格

方法

从收益管理的角度分析价格。在图 11-5 中，我们注意到有些客人原本愿意每晚支付高于 150 美元的价格——"阔绰"。而其他客人则愿意支付比 15 美元更多的变动成本，但希望房价低于 150 美元——"物有所值"。

解答

图 11-6 显示该酒店设置了两种房价。据估计，100 美元一间的客房每晚可以销售约 30 间，而 200 美元一间的客房每晚也可以销售 30 间，该酒店使用普通的收益管理软件。

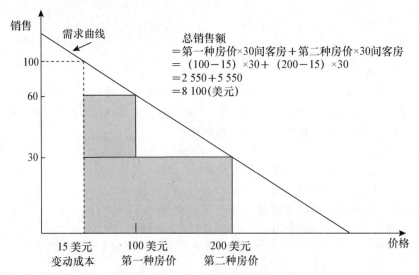

总销售额
= 第一种房价×30间客房 + 第二种房价×30间客房
= $(100-15) \times 30 + (200-15) \times 30$
= 2 550 + 5 550
= 8 100（美元）

图 11-6 酒店的两种价格

启示

现在总收益是 8 100 美元（其中，100 美元的客房带来 2 550 美元收入，200 美元的客房带来 5 550 美元收入）。看来克利夫兰城市酒店还可以设置更多的价格档次。

练习

如果该酒店制定三种价格，分别是 100 美元、150 美元、200 美元，预期的客房销售量分别是 15 间、15 间、30 间，那么该酒店的总收益会如何变化？[答案：总收益为 8 850 美元（15×85 + 15×135 + 30×185）。]

相关课后练习题

11.22

传统上与收益管理相关的行业包括酒店业、航空业和汽车租赁业。它们能够为产品制定可变的价格并控制产品使用或可获性（以经济价格出售的航空公司座位或酒店房间数量）。其他如电影院、竞技场或表演艺术中心的定价灵活性较低，但仍然需要时间（夜场或日场）和位置（乐队区、侧面或包厢）来管理收入。在这种情况下，管理层可以控制所使用资源的数量和资源的持续时间。

管理人员所面临的工作就会更困难些，因为资源的持续时间和资源的使用更难控制。但是管理人员如果能发挥想象力，那么也能充分利用企业的各种资源。例如，高尔夫球场打折销售销路不畅的球托，餐厅推出"提前就餐"的优惠服务以错开就餐高峰。

要用好收益管理，企业需要做到以下三点：

1. 多级定价结构。不同级别的价格结构必须可行，从顾客角度来看必须符合逻辑（并且最好公平）。这可以有不同的体现形式，例如航空公司的头等舱，高尔夫球场预约的专门开放时间等。（参见本章末的伦理问题。）

2. 资源的使用预测及其所需时间。例如，经济舱需要安排多少座位？顾客会为海景房支付多高的价格？

3. 应对需求变化。这意味着在销售更多产能的同时增加管理内容。这也意味着需要调整价格结构，因为在顾客看来，现有的价格结构可能不符合逻辑也不公平。这可能还意味着需要应对新问题，如超售，因为预测并不完美。

通过收益管理来精准定价可给公司带来很多好处。因此，现在有多家公司提供收益管理软件，包括 NCR 公司的 Teradata、SPS、DemandTec 及甲骨文公司的 Profit Logic。

小　结

销售和运作计划（S&OP）是协调公司职能领域以及与供应链合作伙伴沟通的强大工具。S&OP 的输出是一种综合计划。综合计划为制造企业和服务企业提供了快速响应市场需求的能力，同时使企业能够保持低成本和高质量。

综合计划是一种中期计划，计划期通常为 3~18 个月，包括对库存水平、生产数量、分包和员工数量的安排。本章介绍了两种编制综合计划的方法：广泛使用的图表技术和线性规划的运输方法。

编制综合计划是运作经理的一项重要职责，并且是有效利用现有资本投入的关键。基于综合计划可以进一步编制更为详细的产品出产计划，而产品出产计划还可进一步分解，成为作业排序和物料需求计划（MRP）的基础。

餐厅、航空和酒店都属于服务业，这些企业都编制综合计划，并实施收益管理。但无论是哪个行业，无论用什么方法来编制计划，S&OP 流程均构建了公司可以实施和供应商能够认可的综合计划。

伦理问题

现在，搭乘飞机的乘客要不断排队，坐在几乎满载的飞机中拥挤而狭小的座位上，而且由于航空调度问题经常在跑道上消耗时间。同样令人恼火的是，你发现坐在旁边座位上的人所支付的票价比正常价格低很多。

收益管理（或者收入管理）使乘坐同一航班的乘客的机票价格相差巨大，从免费赠票到数千美元不等。图 11-7 列举了最近乘坐空中客车 A320 某次航班上午 11：35 从明尼阿波利斯到加利福尼亚州阿纳海姆的各种票价。

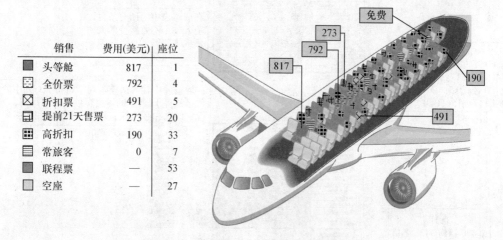

销售		费用(美元)	座位
■	头等舱	817	1
⊟	全价票	792	4
⊠	折扣票	491	5
⊟	提前21天售票	273	20
⊞	高折扣	190	33
☰	常旅客	0	7
▤	联程票	—	53
□	空座	—	27

图 11-7　典型航班上的收益管理座位成本

基于这一案例，讨论是否赞成或反对这种定价体系。公众能够接受收益管理吗？如果偶尔得知那个排在你前面的人能够享受希尔顿酒店的优惠房价，你会作何感想？乘客又是如何利用这套系统的不足来谋取更好的票价？

讨论题

1. 给出销售和运作计划的定义。
2. 为什么 S&OP 团队通常能够跨职能？
3. 给出综合计划的定义。
4. 解释综合计划中"综合"两字的含义。
5. 列出综合计划的策略目标。哪一种策略经常用到定量分析方法？哪种策略最为重要？
6. 解释跟随策略。
7. 什么是均衡作业计划？均衡作业计划的基本原理是什么？
8. 解释混合策略。为什么企业需要运用混合策略而不是单一策略？
9. 在每个计划期通过改变员工数量来满足需求的方法有何优劣？
10. 编制综合计划时，为何数学模型没有得到广泛应用？
11. 服务业的综合计划和制造业的综合计划有何区别？
12. 为什么图表方法对编制综合计划有用？
13. 用运输方法编制综合计划有何局限性？
14. 收益管理如何对综合计划产生影响？

利用软件编制综合计划

接下来阐述如何用 Excel、Excel OM 和 POM for Windows 编制综合计划。

创建你自己的 Excel 工作表

程序 11-1 说明了如何制作一个 Excel 模型来解决例 5 的问题，该例使用运输方法来制定综合计划。

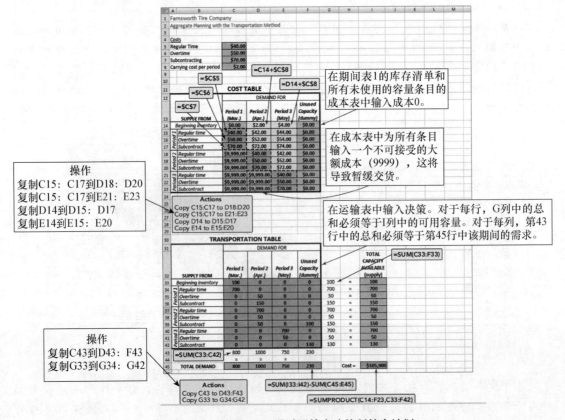

程序 11-1　使用 Excel 通过运输方法编制综合计划

Excel 带有一个称为求解器（Solver）的加载项，它能够分析线性程序，如运输问题。为确保求解器总是在加载 Excel 时加载，请转到：文件→选项→加载项。确保在底部的"管理："旁边选中 Excel 加载项，然后单击"转到"按钮。检查求解器加载项，然后单击"确定"。进入 Excel 后，将通过以下方式显示"求解器"对话框：单击数据→分析：求解器。下面的屏幕截图显示了如何使用求解器查找例 4 的最佳（非常好）解决方案。单击"解决"，解决方案将自动出现在运输表中，产生的费用为 105 700 美元。

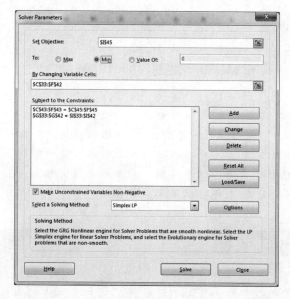

使用 Excel OM

使用 Excel OM 编制综合计划，如程序 11-2 所示。根据本章例 2 的相关信息，程序 11-2 基于相关公式计算正常工作时间的

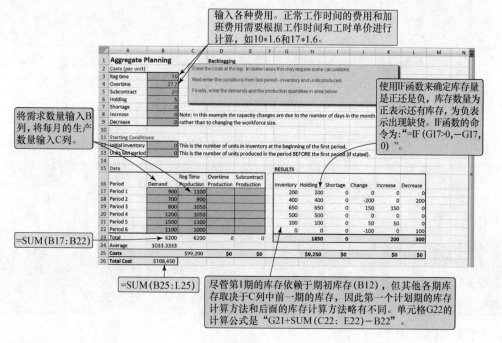

程序 11-2

费用、加班费用、分包费用、维持库存费用、缺货费用、产量增加或减少所产生的费用。使用者需提供生产计划以便使用 Excel OM 进行分析。

使用 POM for Windows

用 POM for Windows 编制的综合计划可以有 90 个时段。给定未来一定时期的需求量，就可以基于库存费用、缺货费用、生产费用、调整准备费用来编制使成本最小的综合计划。有四种方法可以用来编制计划。每种方法对编制计划都有很大的帮助。更多详细信息请参见附录Ⅳ。

例题解答

例题解答 11.1

本章例 1～例 4 中提及的屋顶材料制造商 Juarez 公司希望考虑第 4 种策略（计划 4）。第 4 种策略需要保持 8 个员工数量不变，如果有必要，可以利用加班来满足更多的需求。请根据表 11-3 中的有关费用信息编制该项计划。假设期初库存和期末库存数量都为零。

解答

根据题意，已知可以雇用 8 个员工，并且公司在必要的情况下可以安排加班。请注意在第 4 种策略（计划 4）中会出现维持库存费用。

单位：件

月份	工作天数	产量（40 件/天）	每月期初库存	当月需求预测	预计加班产量	期末库存
1	22	880	—	900	20	0
2	18	720	0	700	0	20
3	21	840	20	800	0	60
4	21	840	60	1 200	300	0
5	22	880	0	1 500	620	0
6	20	800	0	1 100	300	0
总计					1 240	80

维持库存费用＝80×5
＝400（美元）

正常工作时间的费用＝8×80×124
＝79 360（美元）

加班费用：1 240 件产品需要加班生产，总计需要 1 984 小时（1 240×1.6），则

加班费用＝17×1 984
＝33 728（美元）

计划 4

费用（8 个工人，有加班的情况）（美元）		
维持库存费用	400	(80×5)
正常工作时间的费用	79 360	(8×80×124)
加班费用	33 728	(1 984×17)
招聘或解聘费用	0	
分包费用	0	
总费用	113 488	

可见，仍然是计划 2 更好，其费用是 105 152 美元。

例题解答 11.2

特拉华州多佛有家工厂收集了需求、供给、费用和库存方面的数据。该厂员工人数一直保持不变，并能满足所有需求。请编制一份综合计划，使生产能力满足需求水平，并使费用最低。这份计划的总费用是多少？

可供生产能 单位：件

计划期	正常工作时间	加班	分包
1	300	50	200
2	400	50	200
3	450	50	200

需求预测

计划期	需求数量（件）
1	450
2	550
3	750

其他数据

期初库存	50 件
每件产品的正常工作时间费用	50 美元
每件产品的加班费用	65 美元
每件产品的分包费用	80 美元
每件产品每个计划期的库存费用	1 美元
每件产品每个计划期的暂缓交货费用	4 美元

解答

供给		需求				总计可用生产能力（供给）
		期间 1	期间 2	期间 3	未用能力（虚拟变量）	
期初库存		0 / 50	1	2	0	50
期间 1	正常工作时间	50 / 300	51	52	0	300
	加班	65 / 50	66	67	0	50
	分包	80 / 50	81	82	0 / 150	200
期间 2	正常工作时间	54	50 / 400	51	0	400
	加班	69	65 / 50	66	0	50
	分包	84	80 / 100	81 / 50	0 / 50	200
期间 3	正常工作时间	58	54	50 / 450	0	450
	加班	73	69	65 / 50	0	50
	分包	88	84	80 / 200	0	200
总需求		450	550	750	200	1 950

该计划的费用计算如下：

期间 1 的费用：

$$50 \times 0 + 300 \times 50 + 50 \times 65 + 50 \times 80$$
$$= 22\ 250（美元）$$

期间 2 的费用：

$$400 \times 50 + 50 \times 65 + 100 \times 80$$

$$= 31\ 250（美元）$$

期间 3 的费用：

$$50 \times 81 + 450 \times 50 + 50 \times 65 + 200 \times 80$$
$$= 45\ 800（美元）$$

（包含 50 件分包费用和库存费用。）

总费用：99 300 美元。

练习题[*]

11.1 芝加哥涂料公司（Chicago Paint Corp.）为艺术家生产特殊用途的涂料，请为该公司绘制月度需求预测图和平均需求预测图。

月份	工作天数	需求预测
1	22	1 000
2	18	1 100
3	22	1 200
4	21	1 300
5	22	1 350
6	21	1 350
7	21	1 300
8	22	1 200
9	21	1 100
10	22	1 100
11	20	1 050
12	20	900

11.2 根据本章例 1～例 4 以及例题解答 11.1 提及的墨西哥屋顶材料制造商解答下列问题：

a. 请为该公司编制第 5 种策略（计划 5）。这一次该公司希望员工队伍保持 6 人的稳定数量，在需求高峰时期可以采用分包工作量的方法。这种计划是否具有优势？

b. 这家屋顶材料制造商还有计划 6。这一次需要保持 7 个员工的稳定队伍，多余的工作通过分包来解决。

c. 计划 6 是否比前五种计划更好？ **P𝗫**

11.3 希尔公司（Hill Enterprises）的总裁泰里·希尔（Terri Hill）女士对未来 8 个月的总需求进行了预测，结果如下表所示：

月份	需求预测（件）	月份	需求预测（件）
1	1 400	5	2 200
2	1 600	6	2 200
3	1 800	7	1 800
4	1 800	8	1 800

她的生产经理正在考虑编制一份新的计划，已知 1 月份的期初库存是 200 件，缺货费用是每件 100 美元，维持库存费用是 20 美元/（件·月）。空闲时间的费用忽略不计，这项计划称为计划 A。

计划 A：根据前一个月的需求数量来安排生产，不断改变员工数量以实施跟随策略。去年 12 月份的需求和产量都是 1 600 件，招聘费用是每 100 件产品 5 000 美元，解聘费用是每 100 件产品 7 500 美元。请评价这项计划的优劣。 **P𝗫**

注：招聘费用和解聘费用都是在变更月份产生的。例如，从 1 月份 1 600 件的产量降到 2 月份 1 400 件的产量将导致 2 月份产生 200 件产品的解聘成本。

11.4 根据练习题 11.3 的有关信息，请编制计划 B。计划 B 要求保持每月 1 400 件的产量不变，这样可以满足最低需求数量。多余需求数量可以采用分包的方法，每件产品需要支付 75 美元。请计算 1～8 月份的总费用并评价该计划。 **P𝗫**

11.5 希尔正在考虑计划 C：在产量一

直等于平均需求数量的条件下保持员工数量不变，库存数量可以改变。该计划的期初库存、缺货费用和维持库存费用的有关信息见练习题 11.3。

请画出需求曲线，并标明平均需求，在图中对 1—8 月的情况作出分析。**Px**

11.6　希尔的生产经理（见练习题 11.3～11.5）也在考虑两种 1—8 月的混合策略。

计划 D：保持现有员工队伍稳定不变，每月产量为 1 600 件。正常工作时间以外最多允许 20% 的加班时间，每件费用为 50 美元。仓库的存放数量最多不超过 400 件。

计划 E：保持现有员工队伍稳定不变，每月产量为 1 600 件。多余的需求数量通过分包来解决。

请评价计划 D 和计划 E。**Px**

注：如果生产或库存不满足需求，不要加班生产。

11.7　孔苏埃洛·赤公司（Consuelo Chua，Inc.）生产 DVD，需要编制 7—12 月的综合计划。这家工厂收集了下列数据：

费用	
维持库存费用	8 美元/（盘·月）
分包费用	80 美元/盘
正常工作时间费用	12 美元/小时
加班费用	每天正常工作时间 8 小时以外的工作时间为 18 美元/小时
招聘费用	40 美元/人
解聘费用	80 美元/人

需求*	
7 月	400
8 月	500
9 月	550
10 月	700
11 月	800
12 月	700

*未满足的需求没有费用发生，但须在下一期处理这些未满足的需求（缺货）。如果需要一半或更多的工人，就把他们组织起来。

其他数据	
目前的员工数量（6 月份）	8 人
生产每盘 DVD 所需工时	4 小时
每月的工作天数	20 天
期初库存	150 盘*
期末库存	0

*6 月没有库存费用。

请计算下列两种计划的总费用各是多少？

a. 不断改变员工数量以准确满足需求数量。该公司 6 月份有 8 名员工。

b. 只改变加班时间，保持 8 名员工数量不变。**Px**

11.8　沿着孔苏埃洛·赤公司所在的街道往前走，便可以来到你负责的管理咨询公司。为了拓展业务，你亲自登门拜访，告诉赤女士（见练习题 11.7）你可以帮她编制综合计划，而且比她的员工编制得更好。她答复道："很好！我和你签一年合同，由你来编制综合计划。"于是你现在需要仔细琢磨练习题 11.7 中的有关数据。你决定在 8 月份招聘 5 个员工，在 10 月份再招聘 5 个员工。额外总费用是多少？

11.9　堪萨斯家具公司（Kansas Furniture）的销售和运作计划（S&OP）团队得到了下列需求预测数据：

7 月	8 月	9 月	10 月	11 月	12 月
1 000	1 200	1 400	1 800	1 800	1 800

a. 假设缺货费用是 100 美元/件，维持库存费用是 25 美元/（件·月），期初库存和期末库存均为零，请根据增加的费用来评价下列两种计划：

● 计划 A：每月产量保持在 1 000 件的水平上（能够满足最低需求数量），多余的订单采用分包的形式解决，分包费用为每件 60 美元。

● 计划 B：每月产量保持在 1 300 件的水平上，但可以改变员工数量。招聘费用为 3 000 美元/100 件产品，解聘费用为每减少 100 件产品需要付出 6 000 美元。

b. 哪种计划好？为什么？

注：招聘费用和解聘费用都是在变更月份产生的。（例如，从7月份1300件的产量减到8月份1000件的产量需要8月份付出300件产品的解聘成本（及相关成本），就像从8月份1000件的产量增到9月份1200件的产量需要付出200件产品的招聘成本（及相关成本）一样。）**PX**

11.10　S&OP团队（见练习题11.9）正考虑编制两种混合策略的计划。请根据练习题11.9中的有关信息，将计划C和计划D与计划A和计划B进行比较，你推荐哪种方案？

● 计划C：每月产量保持1300件不变，员工数量也不变。将多余订单采用分包的方法解决。假设6月份有300件库存转移到7月份。

● 计划D：每月产量保持1300件不变，员工数量也不变。正常工作时间以外最多允许20%的加班时间，加班费用为40美元/件。假设仓库的仓储能力最多为180件。这意味着一旦库存达到180件，便需要暂停生产。这种空闲时间的费用是60美元/件。其他多余订单采用分包的形式解决，分包费用为60美元/件。

11.11　Deb Bishop Health & Beauty Products公司研制出一种新的洗发水。你需要为这种产品制定一份综合计划。财务部门交给你一些相关费用数据，营销部门给了你下4个季度的销售预测。所有这些资料如下表所示：

季度	需求预测（件）
1	1400
2	1200
3	1500
4	1300

费用	
上季度产量	1500件
期初库存	0
暂缓交货的缺货费用	50美元/件

续表

费用	
维持库存费用	每季度末的每件库存费用为10美元
招聘费用	40美元/件
解聘费用	80美元/件
单位费用	30美元/件
加班费用	15美元/件
分包费用	未知

你的工作是为下4个季度编制一份综合计划。

a. 首先，你通过招聘和解聘的方法来尝试使用跟随策略，看费用是否比较低。

b. 然后，你尝试保持员工数量不变的方法。

c. 哪种计划对于Deb Bishop Health & Beauty Products公司而言更经济？**PX**

11.12　密苏里州的Soda Pop饮料公司新推出了一种水果饮料，公司对此寄予厚望。约翰·米腾塔尔（John Mittenthal）是生产计划员，他收集了下列费用和预测资料：

季度	需求预测（箱）
1	1800
2	1100
3	1600
4	900

费用及其他信息	
上季度产量	1300箱
期初库存	0
缺货费用	150美元/箱
维持库存费用	每季度末40美元/箱
招聘费用	40美元/箱
解聘费用	80美元/箱
分包费用	60美元/箱
正常时间费用	30美元/箱
加班费用	每箱额外增加15美元
正常生产能力	每季度1800箱

米腾塔尔的工作是编制综合计划。他需要评价的三种计划方案是：

● 计划A：采用通过招聘或解聘员工来满足需求数量的跟随策略来编制计划。

● 计划 B：采用均衡策略。

● 计划 C：采用均衡策略，每季度生产 1 200 箱，其余需求采用库存和分包的方法解决。

a. 采用哪种策略编制的计划费用最低？

b. 如果你是该公司的副总经理，并且是米腾塔尔的领导，你会实施哪种计划？为什么？ **Px**

11.13 拉姆·罗伊（Ram Roy）的公司收集了下列有关生产能力、需求数量、费用和库存的资料。请根据运输方法来分配生产能力，以便在满足需求的同时使费用最低，并计算最低费用是多少。假设第 1 期没有期初库存和库存费用，并且不允许暂缓交货。

生产能力　　　　　　　　单位：件

期间	正常工作时间	加班	分包	需求预测
1	30	10	5	40
2	35	12	5	50
3	30	10	5	40

期初库存	20 件
正常工作时间费用	100 美元/件
加班费用	150 美元/件
分包费用	200 美元/件
每月维持库存费用	4 美元/件

Px

11.14 以色列的耶路撒冷医疗有限公司（Jerusalem Medical Ltd.）是生产便携式肾脏透析装置和其他医疗用品的公司，该公司要编制一份未来 4 个月的综合计划。需求预测和生产能力如下表所示：

单位：件

生产能力	第 1 个月	第 2 个月	第 3 个月	第 4 个月
员工				
正常工作时间	235	255	290	300
加班	20	24	26	24
分包	12	15	15	17
需求数量	255	294	321	301

在正常工作时间生产一件透析装置的费用是 985 美元，在加班时间则是 1 310 美元，分包时的费用是 1 500 美元/件。维持库存费用是 100 美元/（件·月）。该公司没有期初

库存和期末库存，并且不允许暂缓交货。请编制一份综合计划，并利用运输方法使总费用最少。 **Px**

11.15 路易斯安那州的罗亚电子公司（Roa Electronics，Inc.）生产平板显示器，计划期是 4 个月。该公司的费用数据如下表所示：

单位显示器的正常工作时间费用	70 美元
单位显示器的加班费用	110 美元
单位显示器的分包费用	120 美元
维持库存费用	4 美元/（台·月）

已知该公司平板显示器每 4 个月的生产能力和需求数量如下表所示：

单位：台

	计划期			
	第 1 个月	第 2 个月	第 3 个月*	第 4 个月
需求	2 000	2 500	1 500	2 100
生产能力				
正常工作时间	1 500	1 600	750	1 600
加班	400	400	200	400
分包	600	600	600	600

＊该公司当月放假 2 周。

首席执行官莫汉·罗亚（Mohan Roa）预计进入计划期时会有 500 台期初库存。不允许暂缓交货（这意味着第 2 个月生产的显示器不能用于补充第 1 个月的需求）。请利用运输方法来编制一份综合计划，并使费用最低。 **Px**

11.16 Robert Orwig Processing 是圣路易斯的一家大型饲料加工厂，正在编制为期 6 个月的综合计划，其中 50 磅一袋的牛饲料的需求预测为：1 月份 1 000 袋，2 月份 1 200 袋，3 月份 1 250 袋，4 月份 1 450 袋，5 月份 1 400 袋，6 月份 1 400 袋。该饲料加工厂希望新的一年没有往年的任何库存并且不允许暂缓交货。工厂希望生产能力（正常生产）直到 4 月底能够一直保持在 800 袋水平上，然后在完成产能扩大工程后，从 5 月 1 日开始每月生产 1 100 袋。该厂通过加班可以每月增加 300 袋产量，在产能扩大后，通过加班每月可以增加 400 袋产量。艾奥瓦州苏城的一家工厂可以作为满足更多需求的备选方

案，并且 6 个月一共只能提供 500 袋。请利用运输方法为该饲料加工厂编制一份为期 6 个月的综合计划。该饲料加工厂的费用数据如下表所示：

正常工作时间费用（到 4 月 30 日为止）	12 美元/袋
正常工作时间费用（5 月 1 日以后）	11 美元/袋
加班费用（整个计划期）	16 美元/袋
外购费用	18.5 美元/袋
维持库存费用	1 美元/（袋·月）

11.17 余·埃米·夏（Yu Amy Xia）开发了一种特殊的真空包装袋，这种包装袋可以使海鲜在运输途中延长保鲜期。她已经得到了下列有关需求和费用的数据：

单位：件

季度	需求预测	正常工作时间	加班	分包
1	500	400	80	100
2	750	400	80	100
3	900	800	160	100
4	450	400	80	100

期初库存	250 件
正常工作时间费用	1.00 美元/件
加班费用	1.50 美元/件
分包费用	2.00 美元/件
维持库存费用	0.20 美元/（件·季度）
暂缓交货费用	0.50 美元/（件·季度）

250 件期初库存将产生每件 20 美分的库存费用（此处和其他题不同，单位期初库存费用不为 0）。

a. 请利用运输方法编制最优生产计划。

b. 该计划的费用是多少？

c. 是否有正常产能没有得到充分利用？如果有，发生在哪个计划期？数量是多少？

d. 有多少产品可以暂缓交货，相当于多少费用？ **PX**

11.18 乔斯·马丁内斯（José Martinez）开发出一种抛光的不锈钢零件，可以用在制作墨西哥面食的机器上。在墨西哥风味餐厅，这会使整个制作过程更具有表现力。他需要编制一份 5 个月的综合计划。他预测的生产能力和需求数量如下表所示：

单位：件

	月份				
	1	2	3	4	5
需求	150	160	130	200	210
产能					
正常工作时间	150	150	150	150	150
加班	20	20	10	10	10

分包：5 个月的计划期中可以提供 100 件
期初库存：0
期末库存：20 件

费用	
正常工作时间费用	100 美元/件
加班费用	125 美元/件
分包费用	135 美元/件
维持库存费用	3 美元/（件·月）

假设不允许暂缓交货，运用运输方法来编制最优计划，并使总费用最低。 **PX**

11.19 德韦恩·科尔（Dwayne Cole）是佛罗里达州一家生产展柜工厂的厂长，他需要编制一份为期 8 个月的综合计划。生产能力和需求预测如下表所示：

产能（件）	1 月	2 月	3 月	4 月
正常工作时间	235	255	290	300
加班	20	24	26	24
分包	12	16	15	17
需求数量	255	294	321	301
	5 月	6 月	7 月	8 月
正常工作时间	300	290	300	290
加班	30	28	30	30
分包	17	19	19	20
需求数量	330	320	345	340

该厂的正常工作时间费用是 1000 美元/件，加班费用是 1300 美元/件，分包费用是 1800 美元/件，维持库存费用是 200 美元/（件·月）。该厂没有期初库存和期末库存，也不允许暂缓交货。

在调整生产能力（员工数量）时首先使用正常工作时间，然后根据情况安排加班，如果还有多余订单，则通过分包来解决。

a. 请根据每月需求数量准确地组织生产，并编制生产计划，使费用最少。该计划不允许暂缓交货，也不能出现库存。这种计划的费用是多少？

b. 正常工作时间的产量如果固定为每月 275 件，此时若有需求未被满足，也不会投入更多资源，这对计划的费用有何影响？

c. 如果加班费用从 1 300 美元/件上涨到 1 400 美元/件，问题 a 中的费用会发生变化吗？如果加班费用下降到 1 200 美元，又会出现什么情况？

11.20　福里斯特和科恩（Forrester and Cohen）是一家小型会计师事务所，自 2002 年事务所的合伙人布拉德·福里斯特（Brad Forrester）退休后，约瑟夫·科恩（Joseph Cohen）就成为负责人。科恩和其他 3 名注册会计师每个月共需要工作 640 小时。如果科恩和其他任何一名会计师的每月工作时间超过 160 小时，那么便会得到加班报酬，每小时 62.50 美元，这些加班费是每月 5 000 美元工资之外的支出。（科恩的基本工资和员工一样。）当然，科恩不希望任何一名员工的当月工作时间超过 240 小时。未来 6 个月预期的工作时间如下表所示：

月份	预期工作时间（小时）
1	600
2	500
3	1 000
4	1 200
5	650
6	590

科恩和其合伙人福里斯特曾经有个约定，即如果事务所在纳税核算时比较忙，那么合伙人有责任回到事务所帮忙，事务所每小时为此支付的费用是 125 美元。如果生意比较冷清，科恩也不会解聘任何一名会计师。他会以同样的工资任命一名会计师为业务主管。

a. 请编制未来 6 个月的综合计划。

b. 如果该事务所组织加班并返聘合伙人福里斯特，请计算相关费用。

c. 该事务所是否有必要一直保持 4 名注册会计师？

11.21　参见练习题 11.20 中会计师事务所的有关信息，科恩估计下一年上半年和下半年业务量均会增加 10%，因此他需要招聘第 5 名注册会计师。该事务所正常工作时间、加班时间、返聘等方面的单位费用均保持不变。

a. 请编制综合计划，并计算相应的费用。

b. 请评价该事务所聘用 5 名会计师的策略。招聘第 5 名会计师是否明智？

11.22　东南航空公司（Southeastern Airlines）每天从亚特兰大飞往夏洛特的航班使用的是波音 737 飞机，该飞机可以乘坐 120 人。以前，该航空公司实行统一票价，所有舱位的机票均售价 140 美元，平均每班飞机大约有 80 名乘客。每个座位的变动成本是 25 美元。新来的运作经理艾萨简·阿齐兹（Aysajan Eziz）决定尝试进行收益管理，提前购买的机票优惠到 80 美元一张，距起飞时间一周以内购买的机票 190 美元一张。他估计每个航班的低价票会销售 65 张，高价票会销售 35 张。变动成本不变。哪种方法更好呢？

案例分析

━━━ ■■■■■ 安德鲁-卡特公司 ■■■■■ ━━━

安德鲁-卡特公司（Andrew-Carter, Inc.）是加拿大室外照明紧固用品的大型制造和分销公司。该公司的产品在全美销售，并持续几年畅销。公司下属三家工厂，这三家工厂生产的产品需送到五个分销中心（仓库）。

在全球经济不景气的大背景下，该公司的产品销售大打折扣，这主要是房地产市场萎缩所致。基于对银行利率的预测，公司的运作经理认为在可预见的未来，房地产市场还会持续低迷，因而对室外照明的附件需求也不会旺盛。安德鲁-卡特公司于是考虑关闭一家工厂，这些工厂的产能过剩，预计每周剩余超过 34 000 件。第二年的每周需求预测（单位：件）如下：

分销中心 1	9 000
分销中心 2	13 000
分销中心 3	11 000
分销中心 4	15 000
分销中心 5	8 000

工厂每周产量（单位：件）预测如下：

工厂 1 正常工作时间	27 000
工厂 1 加班	7 000
工厂 2 正常工作时间	20 000
工厂 2 加班	5 000
工厂 3 正常工作时间	25 000
工厂 3 加班	6 000

如果该公司关闭其中任何一家工厂，每周费用都会发生改变，这是因为固定成本更低了。每家工厂的生产费用如表 11-9 所示，包括正常时间和加班时间的变动成本，以及开工和停工的固定成本。表 11-10 所列是从每家工厂到每个分销中心的分销费用。

表 11-9 安德鲁-卡特公司每周的变动成本和固定成本 单位：美元

	变动成本（每件）	每周固定成本 开工	每周固定成本 停工
工厂 1 正常工作时间	2.80	14 000	6 000
工厂 1 加班	3.52	—	—

续表

	变动成本（每件）	每周固定成本 开工	每周固定成本 关闭
工厂 2 正常工作时间	2.78	12 000	5 000
工厂 2 加班	3.48	—	—
工厂 3 正常工作时间	2.72	15 000	7 500
工厂 3 加班	3.42	—	—

表 11-10 安德鲁-卡特公司每件产品的分销费用 单位：美元

从工厂	到分销中心				
	W1	W2	W3	W4	W5
1	0.50	0.44	0.49	0.46	0.56
2	0.40	0.52	0.50	0.56	0.57
3	0.56	0.53	0.51	0.54	0.35

【讨论题】

1. 请根据每周需求情况评估该公司下属工厂各种开工或停工方案的优劣。哪种方案的费用最低？

2. 请讨论关闭一家工厂所带来的影响。

资料来源：Reprinted by permission of Professor Michael Ballot, University of the Pacific, Stockton, CA. Copyright © by Michael Ballot.

注 释

[1] R. Oberwetter. "Revenue Management," *OR/MS Today* (June 2011)：41—44.

快速复习

主要标题	复习内容
计划过程	■ 长期计划政策和战略的制定与选址、产能、产品和流程、供应链、研发和资本投资有关。 ■ 中期计划制定符合生产需求的计划。 ■ 短期计划将中期计划转换为每周、每日和每小时的作业计划。
销售和运作计划	■ 销售和运作计划（S&OP）：平衡资源和预测需求，并协调从供应链到最终客户的竞争性需求，同时将战略规划与所有规划的运作水准联系起来。 ■ 综合计划（也叫总进度计划）：确定企业中期（通常提前 3～18 个月）生产数量和生产时间的一种方法。 一般来说，综合计划的目标是满足需求预测并使计划期内的成本最小。 编制综合计划需要考虑下列四项内容：

续表

主要标题	复习内容
销售和运作计划	1. 销量和产量的数量单位须统一。 2. 在合理的中期计划期内对产品总量需求进行预测。 3. 计算成本的方法。 4. 建立包含预测变量和成本变量在内的模型，用于计划期决策。
综合计划的实质	通常，综合计划的目标是满足预测需求，同时在计划期内使成本最小。 综合计划体现的是产品总量（产品系列），而不是每种具体产品。 ■ 计划分解：对综合计划细分的过程。 ■ 产品出产计划：说明生产什么和何时生产的时间表。
综合计划策略	改变产能的备选策略如下： ● 改变库存水平。 ● 通过招聘和解聘来调节员工数量。 ● 通过利用加班或空闲时间来调整生产速率。 ● 分包。 ● 招聘临时工。 影响需求的策略如下： ● 积极影响需求。 ● 需求旺盛时期采用暂缓交货的策略。 ● 反季产品和服务的销售组合。 ■ 跟随策略：设法使产量与需求预测相等的计划策略。 很多服务型企业倾向于采用跟随策略，因为它们很难或根本不可能改变库存水平。 ■ 均衡策略：在计划期内保持稳定的产量、生产速率或员工数量。 当需求比较稳定时采用均衡策略会取得良好的效果。 ■ 混合策略：一种编制综合计划的策略，是利用两种或多种可控变量来编制可行的生产计划。
编制综合计划的方法	■ 图表技术：一种编制综合计划的方法，该方法一次考虑多个因素，以便计划人员能够直观地预测需求和对现有产能进行比较。 这是一种反复试验方法，并不保证能够获得最优生产计划。使用这种方法只需进行有限的计算。 有些计划人员喜欢用累计图形来直观地显示预测数量与平均需求数量之间的差异。 ■ 线性规划的运输方法：一种为综合计划问题提供最优方案的方法。 这种方法具有灵活性，它可以在每个计划期内计算出正常产量、加班产量、分包数量、加班的时间以及每个计划期的库存数量。 运输方法要求需求等于供给，因此当供给不等于需求时，需添加一栏虚拟变量，称为"未用产能"。未用产能的费用为零。 运输表的最下面一行是需求量；运输表的最右面一列是总计可用产能（供给）。 一般来说，为了完成运输表格的计算，可以在费用最低的条件下向单元格中分配尽可能多的产量，但不要超过同一行中的未用产能或者同一列中的需求数量。如果仍然有需求没有满足，那么可向下一个费用最低的单元格分配尽可能多的产量。然后对其他期间重复同样的步骤（如有必要，可以应用更多期间）。完成以上步骤后，必须保证每一行的产量总和等于总产能，每一列的总和等于同一期间的总需求量。 当引入非线性或负变量时，运输方法无效。
服务业中的综合计划	在服务业中，控制劳动力成本的有效方法包括： 1. 精确地安排工作时间，以便对顾客需求作出快速响应。 2. 利用临时劳动力资源，以便通过增减人员数量来应对意外需求波动。 3. 提高员工服务技能的柔性，以便让员工在不同岗位进行工作。 4. 让产出数量或者工作时间保持一定的柔性，以便应对需求变动。

续表

主要标题	复习内容
收益管理	■ 收益（或收入）管理：通过资源配置实现利润或收入最大化的决策。 一些公司经营的产品或原料属于非耐用品，容易发生损耗，如航空公司、酒店、汽车租赁公司、邮轮公司乃至电子设备商，它们在收益管理方面具有下列相同的特点： 1. 产品或服务可以在消费前进行销售。 2. 需求变化大。 3. 企业生产或服务能力相对固定。 4. 市场可以进行细分。 5. 变动成本低而固定成本高。 要用好收益管理，企业需要做到下列三点： 1. 多级定价结构。 2. 资源的使用预测及其所需时间。 3. 应对需求变化。

自测题

在自我测试前，请参考本章开头的学习目标和本章的关键术语。

1. S&OP 流程的输出为（　　）。

a. 长期计划

b. 详细时间表

c. 综合计划

d. 收入管理计划

e. 短期计划

2. 综合计划关注的是决定（　　）生产的数量和时间。

a. 短期

b. 中期

c. 长期

d. 以上都对

3. 编制综合计划有一些约束条件，主要包括（　　）。

a. 任务分派、任务排序、调度、加班

b. 招聘临时工、周作业计划、战略制造单元的生产计划

c. 分包、员工计划、库存水平、产能

d. 投资、扩张或削减产能、研发

e. 选址、生产预算、加班、研发

4. 下面（　　）不是图表技术的实施步骤。

a. 确定每个计划期的需求

b. 在每个计划期内，分别确定正常工作时间、加班状态和分包时的生产能力

c. 计算工时费用、招聘和解聘费用，以及维持库存费用

d. 绘制运输表

e. 分析涉及员工和库存水平的企业相关规章制度

f. 制定各种备选方案，比较各方案的总费用

5. 在（　　）情况下，需要在运输表中添加虚拟变量一栏。

a. 当供给与需求不相等时

b. 当加班时间超过正常工作时间时

c. 当分包产量超过正常工作时间的产量时

d. 当分包产量超过正常工作时间和加班时间的产量时

e. 当生产需要进入新时期时

6. 收益管理主要涉及（　　）方面。

a. 多级定价结构

b. 应对需求变化

c. 预测资源使用

d. 预测资源使用的时间

e. 以上都对

自测题答案：1. c；2. b；；3c；4. d；5. a；6. e。

第12章
物料需求计划
和企业资源计划

 学习目标

1. 定义产品结构。

2. 编制总需要量计划。

3. 编制净需要量计划。

4. 根据按需订货方法、经济订货批量方法和周期订货方法确定批量。

5. 描述制造资源计划（MRP Ⅱ）。

6. 描述闭环 MRP。

7. 描述企业资源计划（ERP）。

跨国公司介绍：维尔德救护车工业公司

物料需求计划为维尔德救护车工业公司带来竞争优势

总部位于佛罗里达州温特帕克市的维尔德救护车工业公司（Wheeled Coach）是全球最大的救护车制造商。这家资产达 2 亿美元的公司在全球市场上竞争，公司 25% 以上的救护车销往国外，救护车的生产采用流水线方式（一种重复式生产流程）。佛罗里达工厂主要生产 12 种车型，要用到 18 000 种不同零部件，其中自制件 6 000 种，采购件 12 000 种。为满足特定的甚至独特的顾客需求，绝大部分产品需要定制设计和组装。

具有这种产品多样化和流程特点的运作就有赖于良好的物料需求计划（MRP）。而要有效地运行 MRP 系统就需要准确的物料清单和库存记录。维尔德救护车工业公司每天进行系统数据更新，2 年内使库存降低了 30% 以上。

维尔德救护车工业公司认为必须合理安排四项关键工作。第一，物料需求计划必须既能满足产品出产计划的要求，又能满足生产设施的能力；第二，计划必须按照设计执行；第三，实行有效的"分时段"材料交付和委托存货清单方式，不断进行采购评审，以降低库存水平；第四，完整保存各种记录。成功实施 MRP 系统的一个关键因素是保持准确的记录。维尔德救护车工业公司负责物料安排的部门不仅需要更正系统中的各种错误，还需要追查问题发生的原因，并采取措施解决问题。

维尔德救护车工业公司将 MRP 作为催化剂，用来降低库存、提高产量、缩短时间、提高各种记录的准确性。通过实施 MRP，维尔德公司获得了竞争优势。

12.1 相关需求

维尔德救护车工业公司和其他许多公司一样，认为物料需求计划（MRP）非常重要。它们相信 MRP 系统：（1）能够提高计划完成率，从而能对顾客订单作出更好响应；（2）能对市场变化作出更快反应；（3）提高设备和员工的生产效率；（4）降低库存水平。企业如果能够更好地响应顾客需求和市场变化，便能够获得更多订单和市场份额。提高设备利用率和员工效率，可以获得更高的生产率和投资回报率。降低库存则可以减少资金占用和场地占用，使这些资源可以投入其他方面并发挥作用。这些都是采用相关需求库存系统所带来的好处。救护车的零部件需求就是相关需求。

当物料之间的关系确定时，需求是相关的。由于所有零部件之间相互关联，企业一旦接到产品订单，或者预测出产品的需求情况，便可以计算出所有所需零部件的数量。在波音公司，生产经理每周都要编制飞机的生产计划，他对直到最后一颗铆钉的使用情况都非常清楚。对于任何产品，构成该产品的零部件之间的关系就是相关需求关系。从更一般的意义上讲，任何可以编制计划的产品，都可以使用相关需求的方法。

在满足相关需求的条件下，相关需求模型要优于第 11 章介绍的经济订货批量模型（EOQ 模型）。[1] 相关需求模型不仅能很好地用于制造商和分销商，也能广泛地用于其他企业，包括餐厅和医院。在生产环境中，这种确定相关需求的方法称为**物料需求计划**（material requirements planning，MRP）。

MRP 提供了一个非常清晰的相关需求结构，并成为企业资源计划（ERP）的基础。ERP 是企业中的一种信息集成系统，用来识别和配置企业的各种资源，以便获得顾客订单，进而组织生产和发运产品，满足顾客需求。我们将在本章的后面部分介绍 ERP。

12.2 应用相关需求库存模型的条件

应用相关需求库存模型需要明确下列条件：

1. 产品出产计划（生产什么以及何时生产）。
2. 技术说明书或物料清单（生产产品所需的原材料和零部件）。
3. 库存情况（有什么库存）。
4. 已发出订货情况（已签订哪些采购订单）。
5. 提前期（需要多长时间才能得到各种零部件）。

下面我们围绕物料需求计划（MRP）逐一介绍这些条件。

12.2.1　产品出产计划

产品出产计划（master production schedule，MPS）规定了生产内容（产品或零部件的数量）以及何时生产。产品出产计划必须符合综合计划。综合计划反映了企业的整个输出能力（例如，产品系列、工时标准、销售额等）。综合计划通常由销售和运作计划团队研发，包括各种输入，如财务计划、顾客需求、生产能力、员工数量、库存波动情况、供应商绩效以及其他一些考虑等。这些输入对综合计划有不同的作用，如图 12-1 所示。

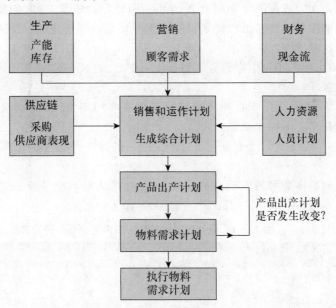

图 12-1　编制计划的过程

随着生产过程从综合计划到具体的生产活动，每个具体的作业计划都必须切实可行。如果不可行，便需要向更上一层的计划进行反馈，以进行必要的调整。MRP 的一个主要好处就是能够在一定的约束条件下非常准确地确定一项计划是否可行。因此这种编制计划的过程就能产生很好的结果。综合计划设定了产品出产计划的上下限。

产品出产计划反映如何满足需求和完成综合计划所需，即说明生产什么，何时生产，产品出产计划是对综合计划的进一步分解。综合计划（参见第 11 章）考虑的是总量，如产品系列或者钢材使用总量，而产品出产计划则需要明确具体产品。图 12-2 是三种立体声音响的产品出产计划，是根据综合计划的产品系列来制定的。

综合计划 （反映音响的总产量）	月份		1 月				2 月			
			1 500				1 200			
产品出产计划 （反映音响的具体型号 和生产数量）	周	1	2	3	4	5	6	7	8
	240 瓦扬声器	100		100		100		100	
	150 瓦扬声器		500		500		450		450
	75 瓦扬声器			300				100	

图 12 - 2　综合计划为编制产品出产计划提供基础

管理人员必须使计划在一段合理时间内保持不变（通常占制造周期的一大部分，制造周期就是生产一件产品的时间）。很多公司在制定产品出产计划之后，还规定计划在一段时间内不能改动（"固定"）。这段固定期通常和计划期相近。因此，这段时间称为"固定期"、"稳定期"或者"冻结期"。本章跨国公司介绍中维尔德救护车工业公司便将其生产计划的最后 14 天固定下来。只有在固定期以外才能对计划进行调整。这样一来，生产计划就成为一个"滚动"计划。例如固定期为 7 周的计划在完成每周计划时会新增加一周计划，于是 7 周的计划固定期仍然保持不变。请注意，产品出产计划说明要生产什么，但不是进行预测。产品出产计划还可以通过以下方式表达：

1. 单件小批生产企业（订货型生产）的顾客订单（如印刷店、机械加工厂、高级餐厅）。

2. 重复式生产企业（按订单装配或者预测生产）的产品模块（如哈雷－戴维森摩托车、电视、快餐店）。

3. 连续式生产企业（备货型生产）的最终产品（如钢铁、啤酒、面包、灯泡、纸张）。

奥兰多魔术队安利中心厨师约翰的布法罗鸡肉芝士通心粉（Buffalo Chicken Mac & Cheese）的产品出产计划如表 12 - 1 所示。

表 12 - 1　厨师约翰的布法罗鸡肉芝士通心粉的产品出产计划

对厨师约翰的布法罗鸡肉芝士通心粉的总需求									
日期	6	7	8	9	10	11	12	13	14	···
数量	450		200	350	525		235	375	

12.2.2　物料清单

定义产品结构的工作看起来简单，实际上并不容易。从第 4 章我们知道，企业在生产过程中是通过物料清单来定义产品结构的。**物料清单**（bill of material，BOM）是指构成产品的零部件、成分和原材料的数量清单。每张产品的图纸不仅反映了产品实物大小，还反映出任何特殊的加工过程，以及制造该产品各部分所需的材料。厨师约翰有一份布法罗鸡肉芝士通心粉的食谱，食谱中规定了各种食品的成分以及各成分的含量，正如同维尔德救护车工业公司拥有全套救护车生产图纸一样。这些都是物料清单（尽管其中之一叫食谱，且所含范围也不同）。

利用物料清单来定义产品的方法之一是产品结构。我们通过例 1 来说明如何定义产品结构，并通过产品结构来进一步了解对每个工件的需求。例 1 中的产品 A 包括 B 和 C 两个工件。上层工件称为父元件，下层工件称为元件或者子零件。按照惯例，第 0 层是物料清单的顶层。

例 1

确定产品结构和总需要量

Speaker Kits 公司生产高保真零部件并通过邮购方式销售。最好的奥森（Awesome）扬声器组合套装（A）包括 2 个 B 工件和 3 个 C 工件。

每个 B 工件包括 2 个 D 工件和 2 个 E 工件。每个 C 工件包括 2 个 F 工件和 2 个 E 工件。每个 F 工件包括 2 个 D 工件和 1 个 G 工件。这是一个很棒的音响系统。从上面的描述中我们知道，对工件 B、C、D、E、F 和 G 的需求都依赖于产品 A——奥森扬声器组合套装的产品出产计划。

方法

根据以上信息，我们定义产品结构并分解需要量。

解答

这个结构有四层：0、1、2 和 3。有四个父元件层：A、B、C 和 F。每个处于父元件层上的工件下面至少还有一层。B、C、D、

E、F 和 G 都是子零件层，因为这些工件的上面至少有一层。在这件产品的结构中，B、C 和 F 既处在父元件层上又处在子零件层上。括号中的数字表示紧邻的上层工件对该工件所需要的数量。例如 $B_{(2)}$ 表示每个 A 需要 2 个 B，同样 $F_{(2)}$ 表示每个 C 需要 2 个 F。

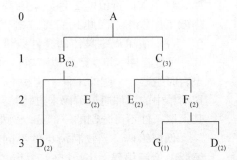

在定义产品结构之后，我们便可以确定如果生产 50 个奥森扬声器组合套装所需要的每种工件的数量。需要量分解如下：

工件 B：	2×产品 A 的数量	＝2×50	＝100
工件 C：	3×产品 A 的数量	＝3×50	＝150
工件 D：	2×工件 B 的数量＋2×工件 F 的数量	＝2×100＋2×300	＝800
工件 E：	2×工件 B 的数量＋2×工件 C 的数量	＝2×100＋2×150	＝500
工件 F：	2×工件 C 的数量	＝2×150	＝300
工件 G：	1×工件 F 的数量	＝1×300	＝300

启示

现在我们得到了奥森扬声器组合套装的工件需求直观图和所需的数量信息。因此，生产 50 个产品 A，我们需要 100 个 B 工件、150 个 C 工件、800 个 D 工件、500 个 E 工件、300 个 F 工件、300 个 G 工件。

练习

如果库存有 100 个 F 工件，你需要多少个 D 工件？［答案：600 个。］

相关课后练习题

12.1～12.4，12.5a，b，12.13a，b，12.17a，b

物料清单不仅说明了数量要求，而且对成本分解也有帮助，这些清单可以作为一线生产或组装人员的派工单。当物料清单这样使用时，通常称为分拣清单。

模块清单　物料清单也可以按照产品模块（见第 4 章）来组织。产品模块并不

是最后对外销售的产品，而是可以进行生产和组装的零部件。这些模块通常都是最终产品的主要构成部分。模块的物料清单称为**模块清单**（modular bills）。模块清单很方便，这是因为以相对较少的产品模块来编制生产计划和组织生产要比按多种零部件进行生产组织方便得多。例如，一家公司的最终产品可能有 138 000 种，但产品模块只有 40 种，公司通过将这些模块进行组合和调配来形成 138 000 种最终产品。于是公司编制综合计划并进一步生成这 40 种产品模块的产品出产计划，而不是 138 000 种最终产品的各种零件配置。这种方法使产品出产计划只需准备合理数量的生产任务。这样一来，40 种产品模块便可根据不同的订单要求来进行最后的组装。

　　计划清单和虚拟清单　物料清单还有两种特殊的形式：计划清单和虚拟清单。**计划清单**（planning bills）（有时也叫假定计划清单）是人为地在物料清单的一些工件之上再设置一个父元件层。这种清单适用于：（1）当我们想将各种工件分组，从而减少总工件数量时；（2）当我们想"成套"地将工件分配给生产部门时。例如，将一些低价值的工件如垫圈和开口销的每一个具体用量制成详细的计划可能会降低工作效率，因此我们将这些工件放在一起，称为一套工件，然后生成计划清单。计划清单规定具体的套件数量，因此计划清单也称为**成套工件**（kitted material）或者**套件**（kit）。**虚拟清单**（phantom bills）也是一种工件的物料清单，通常用于暂时组装在一起的工件。这些工件直接进入其他组装形式，从来不会储存起来。虚拟清单中的工件通过编码来进行特殊处理，这些工件的生产提前期为零，并一直作为其上层工件不可分割的一部分。例如，传动轴、齿轮和轴承会直接放到传送带上。

　　低层编码　当物料清单的不同层次出现相同工件时，很有必要对每个工件进行编码。**低层编码**（low-level coding）是指将工件按照其所处的最低层次进行编码的一种方法。例如，例 1 中的工件 D 就是按照其所处的最低层次来编码的。工件 D 还作为工件 B 的一部分处于第 2 层中，但是工件 D 也是工件 F 的构成部分，而工件 F 处于第 2 层，因此工件 D 被放到第 3 层。低层编码是一种习惯做法，便于计算每种工件的数量。

12.2.3　准确的库存记录

　　从第 10 章的介绍中我们知道，良好库存管理的结果是充分了解库存状况。良好库存管理是成功实施物料需求计划（MRP）系统的必要条件。只有企业的库存记录准确率达到 99% 及以上，才能使 MRP 系统顺利运行。[2]

12.2.4　已发出订货

　　已发出订货的相关信息应该是采购和库存控制部门管理良好的必然产物。采购订单下达后，应该将这些订单以及预计到货日期等信息通知相关管理人员。只有基于准确的采购信息，运作经理才能制定出良好的生产计划，才能顺利地运行 MRP 系统。

12.2.5　零部件提前期

　　运作经理在确定何时交货之后，还需确定何时提供相关零部件。为获取（采购、生产或组装）一个零部件所需的时间称为**提前期**（lead time）。对于零部件生产而言，提前期包括每个零部件的移动、调整准备、组装或生产时间。对于零部件采购而言，提前期是从确认订货到收到所需零部件为止的这段时间。

我们对例 1 中奥森扬声器组合套装的物料清单进行一些改变，给每个零部件标出提前期（见表 12-2），便可以得到基于时段的产品结构。在这种产品结构中，横轴表示时间，产品 A 计划在第 8 周完成，如图 12-3 所示。每个零部件都标出了提前期。

表 12-2 奥森扬声器产品的提前期

零部件	提前期
A	1 周
B	2 周
C	1 周
D	1 周
E	2 周
F	3 周
G	2 周

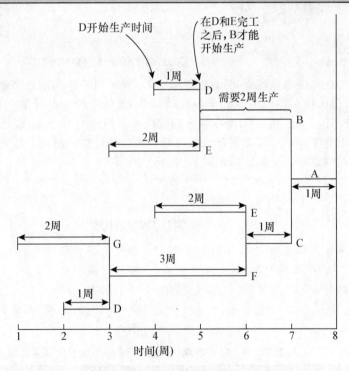

图 12-3 分时段的产品结构

12.3 MRP 结构

尽管大多数 MRP 系统都是通过计算机系统进行处理，但 MRP 的处理过程比较直观，可以通过手工完成。MRP 系统的组成包括产品出产计划、物料清单、库存和采购记录以及每个零部件的提前期（见图 12 - 4）。

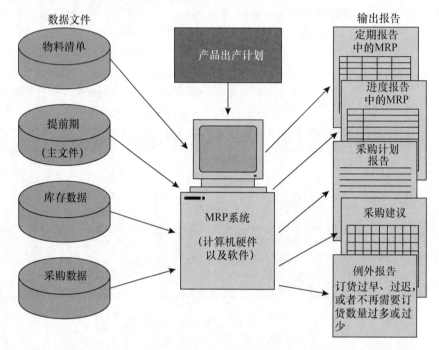

图 12 - 4　MRP 系统结构

在完整准确地获得这些数据之后，便可以开始编制总需要量计划。**总需要量计划**（gross material requirements plan）也是一种作业计划（见例 2），它包括产品出产计划（产品 A 需要在第 8 周完成）和时段计划（见图 12 - 3）。如果某种零部件没有库存，总需要量计划就需要标明对外订货的时间，或者开始生产的时间，以便在规定时间交货，满足顾客需求。

例 2

编制总需要量计划

每个奥森扬声器套装产品（例 1 中的产品 A）由所有该产品结构中的零部件构成。零部件提前期如表 12 - 2 所示。

方法

利用例 1 和表 12 - 2 中的信息，我们来编制总需要量计划和生产作业计划，以便在第 8 周能够组装 50 个产品 A。

解答

编制的总需要量计划具体如表 12 - 3 所示。

表 12 - 3　50 个奥森扬声器（产品 A）的总需要量计划

		周								提前期
		1	2	3	4	5	6	7	8	
A	应该完工时间								50	
	订单下达时间							50		1 周
B	应该完工时间							100		
	订单下达时间				100					2 周

续表

		1	2	3	4	5	6	7	8	提前期
							周			
C	应该完工时间							150		
	订单下达时间						150			1 周
E	应该完工时间					200	300			
	订单下达时间			200	300					2 周
F	应该完工时间						300			
	订单下达时间			300						3 周
D	应该完工时间			600		200				
	订单下达时间		600		200					1 周
G	应该完工时间			300						
	订单下达时间	300								2 周

表 12 - 3 所显示的总需要量计划可以这样理解：如果在第 8 周要完成 50 个产品 A，那么产品 A 的组装工作必须从第 7 周开始。这样，在第 7 周就需要 100 个工件 B 和 150 个工件 C。这两种工件分别需要 2 周和 1 周来完成，因此工件 B 必须从第 5 周开始生产，工件 C 必须从第 6 周开始生产（提前期减去需要这些工件的时间）。再继续向前推，我们可以计算出所有其他工件的必须开始时间。由于 D 和 E 分别用在奥森扬声器的两个不同位置，因此这两个工件标有两个开始生产的时间。

启示

物料需求计划反映每个工件应该何时开始生产以及何时完工，以确保在第 8 周完成 50 个产品 A。现在管理人员有了初始计划。

练习

如果工件 G 的提前期从 2 周减至 1 周，那么工件 G 的订单下达时间会如何变化？［答案：第 2 周订 300 个。］

相关课后练习题

12.6，12.8，12.10a，12.11a

目前为止，我们都是假设在没有期初库存的情况下来制定总需要量计划。**净需要量计划**（net requirements plan）针对现有库存进行调整。在有库存的情况下，我们必须注意，很多库存产成品或零部件都包含各种更低层的工件。例如，如果需要 100 个奥森产品 A，并且有 20 个产成品库存，那么产品 A 的净需要量就是 80 个（100－20）。由于每个 A 有两个工件 B，因此对工件 B 的需求数量就要减掉 40 个（20×2）。这说明如果库存中含有上层产品或工件，就需从总需要量中分别减去上层产品数量及其所含有的各下层工件的数量。在奥森扬声器的例子中，每个奥森扬声器产品都包含下层工件。通过例 3 我们来说明如何编制净需要量计划。

例3

确定净需要量

在例 1 中，我们根据物料清单定义了产品结构，在例 2 中，我们编制了总需要量计划。根据下面所给的库存数据，我们来编制净需要量计划。第 8 周总需要量仍为 50 个产品 A，工件需求如例 1 中的产品结构所示。

单位：个

工件	现有库存	工件	现有库存
A	10	E	10
B	15	F	5
C	20	G	0
D	10		

方法

一份净需要量计划包括每个零部件的总需要量、现有库存、净需要量、计划到货数量和计划发出订货数量。我们从产品 A 开始，然后依次倒推每个工件。

解答

MRP 表显示的就是产品 A 的净需要量计划。

编制净需要量计划的方法和编制总需要量计划的方法相似。从产品 A 开始，我们倒推每个工件的净需要量计划。在计算过程中，我们要用到产品结构、现有库存和提前期等信息。产品 A 在第 8 周的总需要量是 50 个，现有库存 10 个，那么在第 8 周的净需要量和**计划收到订货量**（planned order receipt）都是 40 个。由于产品 A 有 1 周的生产提前期，因此在第 7 周，**计划发出订货量**（planned order release）应该是 40 个（见计划收到订货量和计划发出订货量之间的箭头）。在第 7 周，根据例 1 中的产品结构，我们知道只有完成 80 个（2×40）B 和 120 个（3×40）C，才有可能在第 8 周完成 50 个产品 A。工件 B 和 C 总需要量右上角的字母 A，分别表示上层产品 A 对这些工件的需要量。同样，对 B 和 C 进行分析，可以得到对 D、E、F 和 G 的净需要量。请注意 E 在第 6 周的库存数量为零。之所以为零，是因为 E 的库存（10 个）在第 5 周已经用于生产 B 了。同样，D 的库存在第 3 周用于生产 F。

产品 A 的净需要量计划（数字上标的字母表示需求的来源）

批量	提前期（周）	现有库存	安全库存	已分配数	低层编码	工件号		周 1	2	3	4	5	6	7	8
按需订货	1	10	–	–	0	A	总需要量								50
							计划到货量								
							现有库存 10	10	10	10	10	10	10	10	10
							净需要量								40
							计划收到订货量								40
							计划发出订货量							40	
按需订货	2	15	–	–	1	B	总需要量								80^A
							计划到货量								
			(2×工件A的数量=80)				现有库存 15	15	15	15	15	15	15	15	15
							净需要量								65
							计划收到订货量								65
							计划发出订货量						65		
按需订货	1	20	–	–	1	C	总需要量								120^A
							计划到货量								
			(3×工件A的数量=120)				现有库存 20	20	20	20	20	20	20	20	20
							净需要量								100
							计划收到订货量								100
							计划发出订货量							100	
按需订货	2	10	–	–	2	E	总需要量							130^B	200^C
							计划到货量								
			(2×工件B的数量=130, 2×工件C的数量=200)				现有库存 10	10	10	10	10	10			
							净需要量							120	200
							计划收到订货量							120	200
							计划发出订货量					120	200		

续表

批量	提前期（周）	现有库存	安全库存	已分配数	低层编码	工件号		周							
								1	2	3	4	5	6	7	8
按需订货	3	5	–		2	F	总需要量						200[c]		
							计划到货量								
2×工件C的数量=200							现有库存	5	5	5	5	5	5	5	
							净需要量						195		
							计划收到订货量						195		
							计划发出订货量			195					
按需订货	1	10	–	–	3	D	总需要量			390[F]	130[B]				
							计划到货量								
2×工件B的数量=130　2×工件F的数量=390							现有库存	10	10	10	10				
							净需要量			380	130				
							计划收到订货量			380	130				
							计划发出订货量		380	130					
按需订货	2	0	–	–	3	G	总需要量			195[F]					
							计划到货量								
1×工件F的数量=195							现有库存			0					
							净需要量			195					
							计划收到订货量			195					
							计划发出订货量	195							

启示

净需要量计划编制完成后，管理人员就能了解每个工件的需要量、订货计划和生产计划。

练习

如果工件 F 的期初库存从 5 个变为 95 个，则第 1 周工件 G 的计划发出订货量是多少？［答案：105 个。］

相关课后练习题

12.9，12.10b，12.11b，12.12，12.13c，12.14b，12.15a，b，c，12.16a，b，12.17c

例 2 和例 3 仅仅考虑了奥森扬声器公司产品 A 在第 8 周完成的情况，第 8 周得到 50 个产品 A。但在一般情况下，每时每刻都会产生很多产品需求。对每个产品，管理人员都需编制产品出产计划（见表 12-1）。每个产品的出产计划汇总成产品计划，并最终计算出净需要量。图 12-5 反映了如何将多种产品计划汇总成总需要量计划，包括直接销售的工件。

大多数库存系统也会记录这样一些库存数量，即有时候某些库存的零部件已经分配给了某项专门的生产，但还没有使用或还没有从仓库中发放出去。这些零部件称为已分配物料。已分配物料增加了需要量，如图 12-6 所示，总需要量从 80 增加到 90，反映为 10 个已分配物料。

安全库存　运作经理的一项常规任务就是减少波动，对 MRP 系统同样也需如此。然而，在实际运作中，管理人员有必要认识到，物料清单和库存记录如采购数量、生产数量和提前期一样并不精确。这意味着考虑一定的安全库存是明智之举。而需求量的任何变动都会导致明显的多米诺骨牌效应，因此应尽量保持最低的安全库存，直至最终消除安全库存。当安全库存必不可少时，通常的做法是将其置于（增加）MRP 的库存需求。对产成品以及采购的零部件或原材料设置安全库存，可将不利影响降至最低。

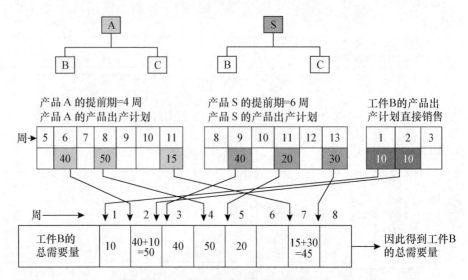

图 12 - 5　多个计划汇总为 B 的总需要量计划

说明：每个产品 A 和产品 S 都含有 1 个工件 B。另外，第 1 周计划直接销售 10 个工件 B，第 2 周计划再直接销售 10 个工件 B。

批量	提前期	现有库存	安全库存	已分配数	低层编码	工件号		周							
								1	2	3	4	5	6	7	8
按需订货	1	0	0	10	0	Z	总需要量								~~80~~ 90
							计划到货量								0
							现有库存	0	0	0	0	0	0	0	0
							净需要量								90
							计划收到订货量								90
							计划发出订货量							90	

图 12 - 6　工件 Z 的 MRP 计划清单

12.4　MRP 管理

现在让我们来看看物料需求计划（MRP）的动态性和局限性。

12.4.1　MRP 的动态性

MRP 的输入（产品出产计划、物料清单（BOM）、提前期、采购和库存）会经常变动。不过，MRP 系统的一大优势是便捷、准确地重排计划。然而，很多企业认为对于较小的计划变动或者数量变动可不必调整 MRP 系统，尽管它们知道发生了一些变化。因为频繁的调整会产生所谓的**系统紧张**（system nervousness）现象，如果频繁调整，将导致采购和生产部门产生极大混乱。运作管理人员在向其他部门下发各种要求之前，可以先评估变化的必要性及其可能造成的影响，以减少系统紧张现象。减少系统紧张现象有两种非常有效的方法。

第一种方法是**时间护栏**（time fences）。时间护栏使产品出产计划的一部分不必重新更新，因而这部分产品出产计划在定期更新中不做改变。第二种方法是**反查**（pegging）。反查的意思是从 BOM 的元件层开始向父元件层进行追溯。通过向 BOM 的父元件层追溯，生产计划人员可以确定真正的需要量，从而判断是否有必要在计划中做出改变。

凭借 MRP 系统，运作经理能快速地应对不断变化的现实环境。如果合理的计划修改仍导致系统紧张现象，那就需要重新对各种生产环境进行调查，而不是调整 MRP 系统。

12.4.2　MRP 的局限性

MRP 并不进行具体详细的排程，只编制计划。MRP 对于以产品为中心和重复式生产的工厂来说是一个极好的工具，但在流程（按订单生产）环境中存在局限性。MRP 会告诉你一项任务需要在某一周或某一天完成，但不会告诉你工件 X 将于上午 10：30 在机器 A 上加工至 11：30 完工，然后由机器 B 加工。MRP 也是一种固定提前期的计划方法，它将工作加到无限规模"时段"中。**时段**（buckets）是时间单位，通常是一周。用传统方法在给定一周内编排某项任务时，MRP 不考虑产能限制。因此，MRP 被认为是一种无限能力排程方法。替代的有限能力排程技术将在第 13 章中讨论。

12.5　确定批量的方法

MRP 是制定生产计划和确定净需要量的一种好方法。但是计算净需要量时，我们还必须确定每次订购的数量，这就是**批量决策**（lot-sizing decision）。MRP 系统的批量决策有多种方法。MRP 系统的商业软件包中通常有多种确定批量的方法可供选择。我们现在介绍其中的一些常用方法。

按需订货方法　在例 3 中，我们已经使用了一种批量方法，称为**按需订货**（lot-for-lot），即生产的就是所需的。这种方法符合 MRP 系统的目标，即满足相关需求的需要。这种 MRP 系统仅仅是按照需要的数量进行生产，没有安全库存，也不考虑未来的订单。在频繁订货很经济（如安装成本低）和 JIT 库存管理的情况下，按需订货方法非常有效。然而如果设备的调整准备费用很高，按需订货方法就不太合适。例 4 采用按需订货方法来计算满足 10 周需求的相关费用。

例 4

按需订货方法

Speaker kits 公司希望根据按需订货方法来计算订货费用和维持库存费用。

方法

根据按需订货方法，我们只在需要物料时才订购。一旦知道订货费用（或调整准备费用）、单位维持库存费用以及生产计划，我们就能根据净需要量组织订单生产。

解答

Speaker kits 公司已知工件 B 的订货费用是 100 美元，单位维持库存费用是 1 美元。

反映产品组装净需要量的生产计划如下表 所示：

MRP 的批量问题：按需订货方法[*]

周		1	2	3	4	5	6	7	8	9	10
总需要量		35	30	40	0	10	40	30	0	30	55
计划到货量											
现有库存	35	35	0	0	0	0	0	0	0	0	0
净需要量		0	30	40	0	10	40	30	0	30	55
计划收到订货量			30	40		10	40	30		30	55
计划发出订货量		30	40		10	40	30		30	55	

[*] 单位维持库存费用＝1 美元/(件·周)，订货费用＝100 美元，平均每周总需要量＝27 个，提前期＝1 周。

上表显示了根据按需订货方法计算的结果。维持库存费用为零，因为没有产生期末库存（第一阶段的库存立即被消耗，因此没有维持库存费用）。但有 7 次订货费用（每批订单均发生一次订货费用），费用累计为 700 美元。（维持库存费用＝0×1＝0；订货费用＝7×100＝700。）

启示

当供货可靠、频繁订货费用低但维持库存费用或缺货费用较高时，按需订货方法非常有效。

练习

如果单位维持库存费用从 1 美元变为 2 美元，对总费用有何影响？〔答案：总维持库存费用仍然是零，因为按需订货没有造成任何跨期库存。〕

相关课后练习题

12.18，12.21，12.22a，12.23a

经济订货批量方法　我们现在拓展第 10 章经济订货批量（EOQ）的讨论。经济订货批量可以作为 MRP 系统确定批量的一种方法。需要指出的是，经济订货批量方法适用于相对稳定的需求环境。然而，MRP 系统中每个时期的需求都可能改变。因此，经济订货批量不太适用于 MRP。运作经理应该利用各种已知的需求信息，而不应总是假设稳定的需求。作为比较，我们在例 5 中运用经济订货批量方法。

例5

经济订货批量方法

Speaker kits 公司的订货费用是 100 美元，单位维持库存费用是每周 1 美元，该公司按照经济订货批量方法来计算工件 B 的成本。

方法

根据例 4 提供的信息，我们来确定净需要量和经济订货批量。

解答

10 周的总需要量是 270 个，因此，平均每周的需要量是 27 个，52 周（年需要量）的需要量是 1 404 个。从第 10 章的介绍中，我们知道经济订货批量模型是：

$$Q^* = \sqrt{\frac{2DS}{H}}$$

式中：年需要量 $D = 1\,404$（个）

订货费用 $S = 100$（美元）

每年每件的维持库存费用 $H = 1 \times 52$

$= 52$（美元）

计算得到：$Q^* = 73$ 个。

MRP 的批量问题：经济订货批量方法 *

		周									
		1	**2**	**3**	**4**	**5**	**6**	**7**	**8**	**9**	**10**
总需要量		35	30	40	0	10	40	30	0	30	55
计划到货量											
现有库存	35	35	0	43	3	3	66	26	69	69	39
净需要量		0	30	0	0	7	0	4	0	0	16
计划收到订货量			73			73		73			73
计划发出订货量		73			73		73		73		

*维持库存费用＝1 美元/(件·周)，订货费用＝100 美元，平均每周总需要量＝27 件，提前期＝1 周。

对于 10 周的计划周期来说：

$$维持库存费用＝375×1＝375(美元)$$

（包括第 10 周末剩下的 57 件）

$$订货费用＝4×100＝400(美元)$$

$$总费用＝375＋400＝775(美元)$$

启示

当需求相对稳定时，经济订货批量是有效确定批量的方法。但要注意的是，实际的维持库存费用可能会不同，这取决于实际消耗情况。如果发生缺货，那么缺货费用也应该加到经济订货批量费用 775 美元之中。

练习

如果维持库存费用从 1 美元变为 2 美元，对总费用有何影响？［答案：经济订货批量变为 52，理论上年总费用变为 5 404 美元，10 周的费用就是 1 039 美元（5 404 美元×(10/52)）。］

相关课后练习题

12.19，12.21，12.22b，12.23c

周期订货数量方法　周期订货数量（periodic order quantity，POQ）是一种确定批量的技术，用于在订单之间的间隔时间内订购所需的数量，比如说每 3 周。我们将 POQ 间隔定义为 EOQ 除以每个周期的平均需求（比如说 1 周）。[3] POQ 是该区间具体需求的订单数量。每个订单数量在订单发出时重新计算，从不留额外的库存。例 6 展示了 POQ 的应用。

例 6

周期订货数量方法

Speaker kits 公司再一次计算和批量相关的费用，该公司的订货费用是 100 美元，维持库存费用是每周 1 美元。然而这一次，该公司按照周期订货数量方法来计算。

方法

根据例 5 提供的信息，我们决定净需求量和 POQ 的批量规模。

解答

10 周使用量相当于 270 个单位的总需求量；因此，平均每周使用量等于 27，而从例

5 中，我们知道 EOQ 是 73 个单位。

我们将 POQ 间隔设置为与 EOQ 除以平均每周使用量相同。因此：

$$POQ 间隔＝EOQ/平均每周使用量$$
$$＝73/27＝2.7 或 3(周)$$

POQ 订单规模将根据相应周内所需的数量而变化，如下表所示，第一个计划订单在第 1 周发布。

注意：如果没有需求，订单会被推迟，这就是第 7 周的订单被推迟到第 8 周的原因。

MRP 的批量问题：周期订货数量方法*

		周									
		1	2	3	4	5	6	7	8	9	10
总需要量		35	30	40	0	10	40	30	0	30	55
计划到货量											
现有库存	35	35	0	40	0	0	70	30	0	0	55
净需要量		0	30	0	0	10	0	0	0	55	0
计划收到订货量			70			80			0		85	0
计划发出订货量		70			80			85			

*单位维持库存费用＝1 美元/（件·周），订货费用＝100 美元，平均每周总需要量＝27 件，提前期＝1 周。

调整准备费用＝3×100＝300（美元）
维持库存费用＝(40＋70＋30＋55)×1
　　　　　　＝195（美元）

用 POQ 方法计算出 10 周的总费用为：
300＋195＝495（美元）

启示

由于 POQ 倾向于在维持库存费用和订货费用之间产生平衡而没有多余的库存，因此 POQ 通常比 EOQ 表现更好。请注意，即使频繁地重新计算，实际维持库存费用也会有很大差异，具体取决于需求波动。在这个例子和类似的例子中，我们假设没有缺货，也没有安全库存；如果有，这些费用需要加到我们的实际费用中。

练习

如果维持库存费用从 1 美元变为 2 美元，对总费用有何影响？〔答案：EOQ＝52；POQ 间隔＝52/27＝1.93≈2 周；维持库存费用＝270 美元；调整准备费用＝400 美元。POQ 总费用为 670 美元。〕

相关课后练习题

12.20，12.21，12.22c，12.23b

其他确定批量的方法称为动态确定批量，与周期订货数量方法类似，因为它们尝试平衡批量大小与调整准备费用。它们是零件周期平衡（也称为最小总成本）、最小单位成本和最小周期成本（也称为 Silver-Meal）。还有一种技术瓦格纳-怀汀（Wagner-Whitin）采用一种不同的方法，通过使用动态编程来优化有限的排序时间范围。

批量方法小结　在 Speaker kits 公司的三个有关批量的例子中，我们得到如下费用：

	费用		
	调整准备费用	维持库存费用	总费用
按需订货方法	700 美元	0 美元	700 美元
经济订货批量方法	400 美元	375 美元	775 美元
周期订货数量方法	300 美元	195 美元	495 美元

但是各种批量方法的优劣并不能根据这些计算结果草率地下结论。理论上，只要 MRP 系统中任何一层的计划或批量发生改变，就应该重新计算批量。实际上，这种频繁的变动会造成系统不稳定，这种现象在本章前面有所介绍，因此一般不进行频繁变动。这就意味着所有的批量可能都是错误的，因为生产系统并没能或不应该对各种变化作出及时响应。注意，这些确定批量的方法中没有"短缺"（缺货）费用，这种局限性增加了对准确预测和"时间护栏"的需求。

一般来说，按需订货方法比较经济。按需订货是一种奋斗的目标。批量大小应根据报废处理能力、工艺流程的约束条件（例如，热处理过程需要在批量中明确零件的尺寸），以及原材料采购批量（例如，化学品只能一车一装）来进行相应调整。

但是在进行任何修改之前都必须非常谨慎,因为修改可能导致 MRP 系统中的低层零件的实际需要量出现很大偏差。当调整准备费用较高、需求比较稳定时,利用周期订货数量方法或经济订货批量方法可以得到比较满意的结果。过于关注批量大小可能会得到错误的结果,因为 MRP 系统是动态的。正确的批量只能根据实际情况和实际需要量来确定。

12.6 MRP 的扩展

在这里我们介绍三种 MRP 的扩展。

12.6.1 制造资源计划 (MRP Ⅱ)

制造资源计划(material requirements planning Ⅱ,MRP Ⅱ)是一种功能很强的方法。企业如果建立了 MRP 系统,那么可以在系统数据库中增加工时、物料成本(而不仅仅是所需的数量)、资金成本或者任何其他资源。具有这些功能的 MRP 系统通常称为 MRP Ⅱ,在 MRP Ⅱ系统中一般用资源来代替需要量,于是 MRP 便转变为资源计划。

到目前为止,我们利用 MRP 编制产品及其零部件的计划。然而,制造产品除需要零部件外,还涉及众多资源,如能源和资金。除了投入资源外,生产过程还会产生副产品,包括废弃物、包装废料、污水以及二氧化碳排放等。运作管理日益关注环境和可持续发展问题,因此辨别和管理这些副产品日益重要。MRP Ⅱ为此提供了工具。在表 12-4 中,我们演示了如何计算总需要量计划中每个时段所需的工时、机时、温室气体排放量、废料重量和资金。管理人员可用 MRP Ⅱ了解相应的投入、产出及生产计划。MRP Ⅱ为可持续运作提供了另一种工具。

表 12-4 制造资源计划(MRP Ⅱ)

	提前期	周			
		5	6	7	8
计算机	1				100
工时:每台 0.2 小时					20
机时:每台 0.2 小时					20
温室气体排放量:每单位 0.25 克					25 克
废料:每台 1 盎司玻璃纤维					6.25 磅
应付账款:0 美元					0 美元
PC 板(每次 1 件)	2			100	
工时:每件 0.15 小时				15	
机时:每件 0.1 小时				10	
温室气体排放量:每件 2.5 克				250 克	
废料:每件 0.5 盎司铜				3.125 磅	
应付账款:每件的原材料成本 5 美元				500 美元	
处理器(每次 5 件)	4	500			
工时:每件 0.2 小时		100			
机时:每件 0.2 小时		100			
温室气体排放量:每单位 0.5 克		25 000 克			
废料:每件 0.01 盎司酸性废物		0.312 5 磅			
应付账款:每件的零件成本 10 美元		5 000 美元			

　　MRPⅡ系统并非孤立的程序，大多数都与其他计算机软件绑定。采购、生产计划、产能计划、库存及仓库管理等是数据集成的例子。

12.6.2　闭环 MRP

　　闭环 MRP 意味着 MRP 系统要根据库存控制情况对各种计划作出反馈。具体讲，就是**闭环 MRP 系统**（closed-loop MRP system）需要向产能计划、产品出产计划最终到生产计划进行反馈（见图 12-7）。实际上所有商业 MRP 软件都是闭环的。

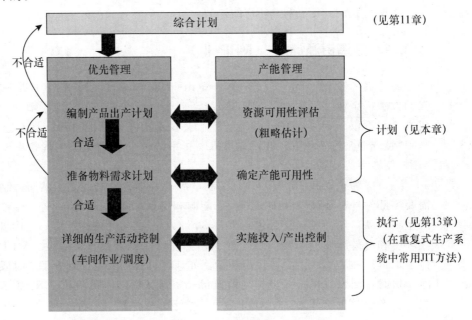

图 12-7　闭环 MRP

12.6.3　产能计划

　　根据闭环 MRP 的定义，我们需要从各个工作中心得到工作量的反馈。**负荷报告**（load report）可以反映工作中心各种工作的资源需求情况，包括已分配的工作、已计划的工作任务以及预期的订货。在图 12-8（a）中，磨床加工中心在第 2 天、第 3 天和第 5 天安排的工作量超出了该工作中心的加工能力。闭环 MRP 系统可以允许计划人员在不同期间调整工作量，使各个时期的工作量大致均匀，或者至少在生产能力范围之内。（见图 12-7 中的产能管理。）然后闭环 MRP 系统再重新编制所有工件的净需要量计划（见图 12-8（b））。

　　有一些措施可以对负荷进行平衡，并将提前期变化的影响降到最低限度，这些措施包括：

　　1. 重叠，即在整批工件完工前将其中的一部分先送到下道工序进行加工，缩短提前期。

　　2. 工序分解，即将一批工件同时送到两台不同的机床上进行同样的加工。这

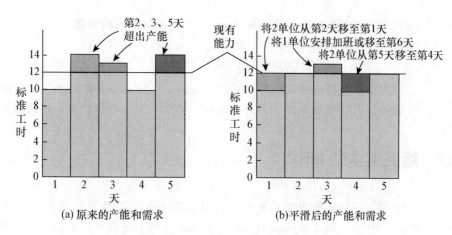

图 12-8　磨床加工中心的产能和需求

样做需要额外的调整准备，但可以缩短整个产出时间，因为每台机床只加工了该批工件的一部分。

3. 批量分解或订单分解，即将订单进行分解，并对一部分工件提前（或推迟）加工。

已知详细的产能计划，可以用订单分解方法提高设备利用率，如例 7 所示。

例 7

订单分解

凯文·沃森（Kevin Watson）是 Wiz 产品公司的计划员，他要为工作中心编制一份产能计划。他有未来 5 天的订单数量，如下表所示。工作中心每天的可用时间是 12 小时。生产一个工件平均需要 1 小时。

天	1	2	3	4	5
订单数量	10	14	13	10	14

方法

计算可用时间和完成生产计划所需的时间。

解答

天	订单数	所需时间（小时）	可用时间（小时）	利用情况超出/（不足）（小时）	生产计划员举措	新生产计划
1	10	10	12	(2)		12
2	14	14	12	2	分解订单：将 2 单位移至第 1 天	12
3	13	13	12	1	分解订单：将 1 单位移至第 6 天或安排加班	13
4	10	10	12	(2)		12
5	14	14	12	2	分解订单：将 2 单位移至第 4 天	12
总计	61					

启示

通过移动订单，计划员能够在满足订单要求的前提下更有效地利用生产能力，仅第 3 天需要加班 1 单位时间。

练习

如果第 5 天的订单增加到 16，计划员该如何做？[答案：除了将 2 单位移至第 4 天，还要将 2 单位移至第 6 天或安排加班。]

相关课后练习题
12.24，12.27

当工作量持续超出工作中心的产能时，上述措施便不够用了。这时需要增加生产能力。可以增加生产能力的措施有：增加人手、增加设备、加班或者分包。

12.7 服务业中的 MRP

当一种服务或服务用品直接与其他服务相关，或者是从其他服务中派生出来时，这种服务需求就被认为是相关需求。这些服务通常需要制定产品结构树、物料清单、人员计划以及排程。MRP 系统的变化形式能在这些服务中提高运作效率。下面分别列举餐厅、医院以及酒店的例子。

餐厅 餐厅提供的主食和副食（面包、蔬菜和调味品）是典型的饭菜"部件"。这些"部件"取决于饭菜需求。饭菜就是产品出产计划的最终产品。图 12 - 9 列出了新奥尔良一家餐厅最畅销的布法罗鸡肉芝士通心粉的产品结构树和用于 6 份布法罗鸡肉芝士通心粉的物料清单（此处称为产品规格），这是由主厨约翰为安利中心的奥兰多魔术队粉丝准备的一道备受欢迎的菜肴。

医院 MRP 也适用于医院，尤其是外科手术，因为外科手术需要各种仪器设备、材料和补给品。例如，休斯敦的公园广场医院（Park Plaza Hospital）和其他很多医疗用品供应商一样，利用 MRP 系统来提高计划水平，并加强对昂贵手术用品的管理。

酒店 万豪国际酒店集团在重新安排酒店房间时制定了物料清单和用工清单。万豪的经理们利用 BOM 来计算物料、家具和装饰材料的需求，然后通过 MRP 算出净需要量以及用于采购和分包的计划。

配送资源计划 （DRP）

在供应链中应用各种相关需求方法时，称为**配送资源计划**（distribution resource planning，DRP）。配送资源计划是指供应链中各级库存的时段补货计划。

配送资源计划的过程和逻辑与 MRP 类似。在配送资源计划中，预期需要量就是总需要量。在总需要量中对库存进行调整以后得到净需要量。配送资源计划从预测零售量开始（或者从分销网络最远的一点开始），然后分别计算各层级的需要量。如同 MRP 系统一样，库存的目的是满足需求。因此库存只有在需要时才配送，净需要量中要考虑必要的提前期。计划发出订货量就是下一级分销商的总需要量。

配送资源计划在生产系统中拉动库存移动。这种拉动是从增加零售库存的订货开始的。通过对处于上层的企业或部门的现有库存和生产进行调整，可以让产品运输更加经济。有效地使用配送资源计划需要利用信息系统迅速地将计划发出订货量从一级分销商传到另一级分销商。配送资源计划的目标就是在经济订货和经济运输的前提下，以小批量高频率的方式补货。

(a) 产品结构树

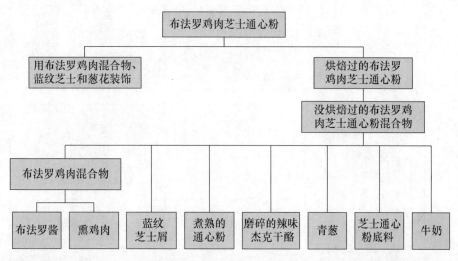

(b) 物料清单

产品规格	布法罗鸡肉芝士通心粉				
物料	数量	单位	单价（美元）	总价（美元）	工时
通心粉（大的，未煮熟的）	20.00	盎司	0.09	1.80	
辣味杰克干酪（磨碎的）	10.00	盎司	0.17	1.70	
芝士通心粉底料（取自冰箱）	32.00	盎司	0.80	25.60	
牛奶	4.00	盎司	0.03	0.12	
熏鸡肉	2.00	磅	2.90	5.80	
布法罗酱	8.00	盎司	0.09	0.72	
蓝纹芝士屑	4.00	盎司	0.19	0.76	
青葱	2.00	盎司	0.18	0.36	
总工时					0.2 小时

图 12-9　布法罗鸡肉芝士通心粉的产品结构树和物料清单

12.8　企业资源计划

进一步地，如果将顾客和供应商的信息都加入 MRP Ⅱ 系统，便产生了企业资源计划。**企业资源计划**（enterprise resource planning，ERP）是一种软件，让企业：（1）自动地将多个业务流程整合起来；（2）在整个公司范围内分享通用数据库和常用业务操作方法；（3）不断提供最新信息。在制造业，企业资源计划和其他有关方面的关系示意图如图 12-10 所示。

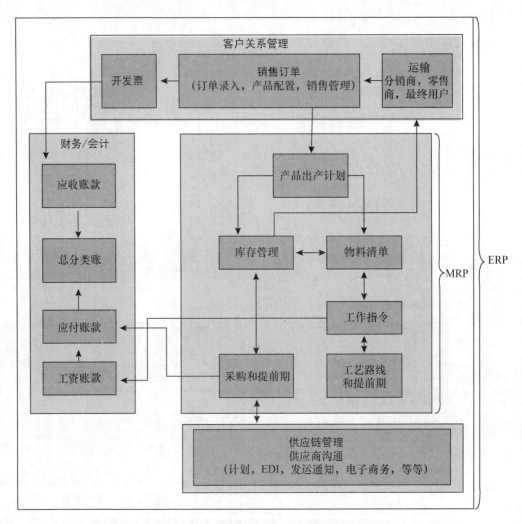

图 12 - 10　MRP 和 ERP 的信息流

说明：MRP 和 ERP 的信息流包括客户关系管理（CRM）模块、供应链管理（SCM）模块和财务/会计模块。ERP 系统还常常包含其他功能模块，如人力资源模块等。

ERP 系统的目标是协调公司的整个资源，从供应商评价到为顾客开发票。当然，这个目标很少能够完全实现，但是 ERP 系统就像一个网络，将企业内部各个业务职能部门紧密联系起来。各个业务职能部门通过中央数据库来使数据流保持畅通。整个 ERP 系统由哪些部分组成以及如何组成系统架构，这些问题会因企业不同而不同。除了具有传统的 MRP 功能模块，ERP 通常还提供财务管理和人力资源管理的功能。ERP 系统还包括：

● 供应链管理（SCM）软件，这个功能模块可以针对供应商进行及时交流，支持电子商务，而这些活动对提高仓库管理和物流的工作效率很有必要。这种软件的思路是将生产运作和采购、物料管理以及供应商联系起来，为这四个方面运作情况的评估提供一种工具。

● 客户关系管理（CRM）软件，这个功能模块主要针对业务输入方面。客户关系管理模块可用于协助进行销售分析，找出最有价值的目标群体，并管理销售队伍。

● 可持续性软件将可持续劳动力问题联系在一起，为供应链可持续性问题提供透明度，并监控健康和安全活动、能源使用和效率、排放（碳足迹、温室气体）和环境合规性。

除了数据集成，ERP 软件还具有降低交易成本、提高信息传递速度和准确性的作用。企业对准时生产以及更紧密地联系供应商和分销商的战略重视，使企业范围内的资源集成成为迫切需要。在运作管理实践专栏中，我们举了"用 ERP 系统来管理贝纳通公司"这个例子，目的是说明如何用 ERP 软件来综合管理企业的各种业务。

运作管理实践

用 ERP 系统来管理贝纳通公司

在 ERP 系统的强大作用下，意大利的运动服装公司贝纳通可能是世界上生产节奏最快的公司，并且该公司的分销也可能是服装行业中最有效率的。贝纳通公司位于意大利庞萨诺，每年生产和发运 5 000 万件服装，平均每天发运 30 000 箱，每箱服装都须完全符合订单要求，且要准确无误地运往 60 多个国家的 5 000 家贝纳通公司的销售网点。这套高度自动化的分销系统只有 19 名员工。如果没有 ERP 系统，这些分销工作可能需要数百人。

该公司的 ERP 系统运作如下：

1. 订单处理。波士顿南部的销售人员发现最畅销的一款蓝色毛衣快要脱销了，于是通过贝纳通公司在当地的代理商利用笔记本电脑将相关信息输入 ERP 的销售系统。

2. 供货。通过 ERP 库存管理系统，缺货信息可以同时传送到意大利的主机。相关人员检查库存状态后发现，半数的需求数量可以由公司在意大利的库存来满足。其余部分则需要在 4 周内生产并发运。

3. 生产。这款蓝色毛衣的设计和生产工艺是通过计算机辅助设计（CAD）来完成的，因此 ERP 生产系统调用相关技术信息并发送给针织机，然后针织机开始生产这些毛衣。

4. 仓储。生产出来的蓝色毛衣用纸箱包装好，贴上以波士顿为目的地的条码标识，放在位于意大利的拥有 30 万个库位的仓库中。机器人通过读取条码迅速地分拣发往波士顿的所有纸箱，做好发运准备。

5. 订单反查。波士顿的销售人员可以通过互联网登录公司的 ERP 系统，查阅这款蓝色毛衣（以及其他订单）的完成和发运情况。

6. 计划。基于 ERP 的销售预测和财务数据，贝纳通公司的大客户认为蓝色毛衣市场前景很好，具有很高的利润率，于是决定再追加三种新的蓝色毛衣。

资料来源：*Forbes*（December 2, 2011）；*The Wall Street Journal*（April 10, 2007）；*Information Week*（June 13, 2005）；and *MIT Sloan Management Review*（Fall 2001）.

在 ERP 系统中，数据只需要输入一次，通用数据库中的数据就可以在所有系统应用中共享。例如，当耐克公司的销售人员从 Foot Locker 公司获得一笔 20 000 双运动鞋的订单时，他会将这笔订单的相关信息输入公司的 ERP 系统，ERP 系统立即将这一信息传送到生产车间。如果没有现成的库存，生产人员会着手进行生产安排，财务部门会打印好 Foot Locker 公司的发票，而运输部门或运输机构会向顾客发出交货通知。公司的销售人员，甚至是顾客，可以在任何环节检查订单的进展情况。所有这些都是利用同一个数据库和信息系统来完成的。为了实现这种统一，必须使整个企业的数据形式完全相同。在耐克公司，这意味着需要将越南、中国和墨西哥的不同工厂的生产运作作为一个整体来考虑，综合全球各个业务单元、各种货币以及用各种语言书写的各种报告。

每家 ERP 供应商的产品都是独一无二的。一些主要供应商，包括 SAP 公司（德国）、BEA 公司（加拿大）、SSAGlobal、American Software、甲骨文公司和CMS Software（后几家均是美国公司），专门销售行业软件和功能模块（图 12-11提供了 SAP 公司 ERP 模块的例子）。然而企业需要确定其业务模式是否适合标准ERP 模块。如果确实不适合标准 ERP 模块，那么企业就需要改变业务模式以适应ERP 软件。可是这种变革会对业务流程产生负面影响并可能降低竞争优势。或者可以根据特定业务流程来定制 ERP 软件。尽管软件供应商尽量使定制过程变得简单，但大部分公司还是用了最多五倍于购买成本的代价来定制软件。除了这些费用，定制的一个主要问题是当软件供应商推出软件的升级版或加强版时，定制部分的代码就必须重写以和新版本兼容。一家非常小的公司至少需要花费 30 万美元，而像福特和可口可乐这样的大型跨国公司则会花费上亿美元。很明显，ERP 系统价格高昂，带来很多潜在问题，并需要消耗大量时间来安装调试。

现金流循环		
涵盖所有和财务相关的活动：		
应收账款	总分类账	现金管理
应付账款	国库券	资产管理

从促销到交货	从设计到制造		从采购到付款
涵盖过程中所有以顾客为导向的活动：	涵盖内部生产活动：		涵盖采购活动：
营销	工程设计	车间报告	选择供应商
报价和订单处理	生产	合同/项目管理	采购请求
运输	工厂维护	分包商管理	采购订货
存档和标记			采购合同
售后服务	从招聘到退休		入厂物流
质量担保	涵盖人力资源和与薪酬相关的活动：		供应商发票复核
	时间和出勤率	薪酬	供应商付款/结算
	差旅和其他费用		供应商绩效评价

从仓储到发运		
涵盖内部库存管理活动：		
仓储	预测	实物库存
分销计划	补货计划	物料处理

图 12-11　SAP 公司的 ERP 模块

资料来源：www.sap.com.

服务业中的 ERP

ERP 软件供应商开发了一系列服务行业的应用模块，用于一些特定的目标市场，如医疗保健、政府部门、零售商场和金融服务公司。例如，Springer-Miller 系统公司开发的 ERP 软件适用于酒店行业，这款软件将酒店前台和后勤部门的各项业务职能综合在一套系统之中，包括保存客人住店的历史记录、预订房间和订餐、预约打高尔夫球的时间，并可以管理多个连锁酒店。甲骨文公司将 ERP 和供应链管理系统结合起来，用来协调航空公司的饮食准备工作。食品杂货行业的供应链管理系统称为**有效顾客响应**（efficient consumer response，ECR）系统。有效顾客响应系统将销售和顾客购买行为、库存管理、物流以及生产系统联系起来。

小　结

在相关需求条件下，物料需求计划（MRP）是制定生产和库存计划的较好方法。要使 MRP 系统能够顺利运行，就需要编制产品出产计划，准确提供所有零件的需要量，保持准确的库存和采购记录，以及了解准确的提前期。

MRP 如果实施合理，能在降低库存和提高顾客服务水平方面发挥重要作用。这些方法使运作经理能够基于按需订货方法来编排生产计划和进行补货，而不是根据"按时订货"方法。许多使用 MRP 系统的公司发现按需订货方法可能是确定批量的低成本选择。

随着 MRP 系统的不断发展，它与精细生产技术的结合也越来越紧密。另外，MRP 将生产数据和其他一系列活动集成在一起，包括供应链和销售。这样便产生了以数据库为中心的企业资源计划（ERP）系统。这种成本高昂且安装困难的软件系统如果实施成功，将有助于企业实现差异化、快速响应和成本领先战略。

伦理问题

数月以来，购买价值 90 万美元的 ERP 软件的潜在顾客一直在分析你所推销的软件中所包含的上百种设想。而你自己也全力以赴以促成交易。如果达成交易，你将达到年度销售目标并获得丰厚奖励。而失去这一订单则可能意味着你得另谋高就。

顾客公司的会计、人力资源、供应链和营销人员阅读了技术规格书，最终认为可以购买该软件。然而，在帮助他们评估软件的过程中，你意识到他们的大多数物料是由数百家分散在各地的商店直接自行采购，这种采购流程并不适用于该软件的标准版。而定制该软件还需要 25 万美元的额外实施和培训费用。顾客的评估团队并不知道这个问题，而你知道这 25 万美元并不在他们的预算之内。

你怎么办？

讨论题

1. 总需要量计划和净需要量计划之间的区别是什么？

2. 企业一旦开始实施物料需求计划（MRP），还有哪些其他管理方法可以结合起来运用？

3. 物料需求计划（MRP）和配送资源计划（DRP）的相同点有哪些？

4. 制造资源计划（MRP Ⅱ）和物料需求计划（MRP）的区别是什么？

5. 在制造企业中，最好的批量方法是什么？

6. 在配送资源计划系统中，如果分配库存时维持库存费用被忽略了，会对批量产生什么影响？

7. MRP 不仅仅是一种库存管理系统，

它还有什么功能？

8. 如果工作中心下周的工作量超出了生产能力，同时该工作中心一直缺乏生产能力，那么生产计划人员应该怎么做？

9. 根据三种工艺流程，即连续式生产、单件小批生产和重复式生产，可以编制三种相应的产品出产计划。请问是哪三种产品出产计划？

10. 企业的哪些职能会对 MRP 系统产生影响？如何影响？

11. 下列各项的基本原理是什么？（1）虚拟物料清单；（2）计划物料清单。

12. 请指出有效实施 MRP 系统的五个具体要求。

13. 实施企业资源计划（ERP）会带来哪些有利因素？

14. MRP、DRP 和 ERP 的区别是什么？

15. 作为库存管理的一种方法，MRP 和第 12 章介绍的经济订货批量（EOQ）方法有何区别？

16. 实施 ERP 会遇到哪些不利因素？

17. 利用互联网或其他途径：（1）寻找实施 ERP 给企业带来优势的案例；（2）寻找购买、安装或实施 ERP 系统出现困难或失败的案例。

18. 利用互联网或其他途径来识别某个 ERP 供应商（如 SAP、甲骨文、American Software 等）在下列软件模块中所包含的内容：

a. 客户关系管理。

b. 供应链管理。

c. 产品生命周期管理。

19. MRP 系统的结构隐含着"时段"和无限负荷。这两个术语是什么意思？

利用软件解决MRP问题 ■

针对各种规模的公司，有许多商业 MRP 软件包。针对中小型企业的 MRP 软件公司包括 User Solutions 公司（可从 www.user-solutions.com 获取演示版）和北美易科软件公司（Exact Software North America）等。针对大型系统的软件来自 SAP、CMS、BEA、甲骨文公司和 i2 Technologies 等公司。本书使用的 Excel OM 和 POM for Windows 软件都包含 MRP 模块。以下介绍这两款软件的使用方法。

使用 Excel OM

使用 Excel OM 编制 MRP 时，需要仔细地输入几组数据。在第一页工作簿，我们需要输入：（1）BOM 中所有物料的数量（包括顶层物料）；（2）BOM 中每个物料的名称（如物料号、工件号等）；（3）计划期长度；（4）计划期的时间单位（如天、周等）。

Excel OM 的第二页工作簿是物料清单的数据输入部分。在这里我们输入：（1）物料清单中每个物料的名称；（2）每个物料装配所需的数量；（3）每个物料正确的层级编号（上下层之间的关系）。缩进式的层级编号很关键，这些编号提供了 BOM 分解的逻辑顺序。BOM 层级编号应该根据产品结构树的逻辑顺序，将每个物料编进相应的装配工序。

Excel OM 第三页工作簿中重复输入物料清单，并提供标准 MRP 的数据输入，如程序 12－1 所示，其中的数据来源于例 1、例 2 和例 3。

使用 POM for Windows

用 POM for Windows 的 MRP 模块同样能够求解例 1～例 3。它能分析 18 个周期。使用 POM for Windows 时需要输入以下几项：

1. 物料名称：物料名称从左侧栏内输入。如果物料同时被两个父层元件使用，则同一物料名称会出现在不止一列中。每个物料必须写在其父层元件之后。

2. 物料层级：这里必须指定物料清单的层级。相邻元件的级数相差不能超过 1。

3. 提前期：物料的提前期在这里输入。默认值是 1 周。

图中A、B、C、D各列的数据（一直到第15行）是在第二页的工作簿中输入的，可以自动粘贴到此处。

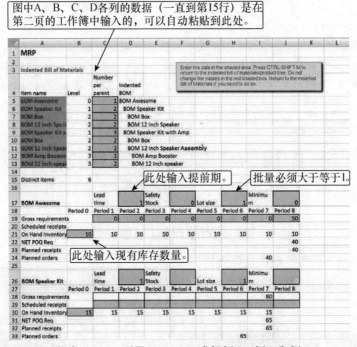

此处输入提前期。

批量必须大于等于1。

此处输入现有库存数量。

程序 12-1　利用 Excel OM 求解例 1、例 2 和例 3

4. 子层物料数：每个父层元件需要的子层物料数从这里输入。默认值是 1。

5. 库存：即使子层物料被列出两次，当前库存量也只列一次。

6. 批量：这里指定批量。输入 0 或 1 代表按需订货。如果此处填入其他数值，则所有用到该物料的订单都将取整后乘以该数值。

7. 需要量：在物料最后一列输入相应时段的物料需要量。

8. 计划到货量：如果物料计划在将来到货，则计划到货量将被列在相应的时段（栏）和物料（列）中。

有关 POM for Windows 的详细讨论见附录Ⅳ。

例题解答

■■■■■■ **例题解答 12.1** ■■■■■■

为装配 10 件阿尔法（Alpha）产品，请确定低层编码和所需的工件数量。该产品结构如下图所示，括号中的数字表示所需工件数量。

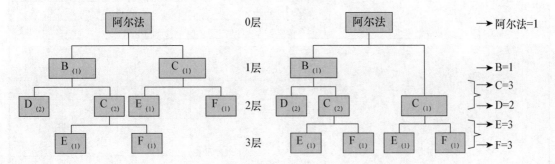

解答

重新画出产品结构图，标明低层编码。然后从上往下依次计算每个工件的需要量。最后将不同层级的工件数量汇总起来。

左边产品结构分支中所需要的工件 E 的数量为：

$$1_{阿尔法} \times 1_B \times 2_C \times 1_E = 2$$

右边产品结构分支中所需要的工件 E 的数量为：

$$1_{阿尔法} \times 1_C \times 1_E = 1$$

工件 E 所需数量累计为 3。

然后将计算所得累计数量乘以 10 件产品，结果如下表所示：

层级	工件	所需数量	10 件产品所需数量累计
0	阿尔法	1	10
1	B	1	10
2	C	3	30
2	D	2	20
3	E	3	30
3	F	3	30

────── 例题解答 12.2 ──────

根据例题解答 12.1 中阿尔法的产品结构图，编制该产品的净物料需求计划，已知各工件的提前期、现有库存数量以及产品出产计划，如下表所示：

工件	提前期	现有库存数量
阿尔法	1	10
B	2	20
C	3	0
D	1	100

续表

工件	提前期	现有库存数量
E	1	10
F	1	50

阿尔法的产品出产计划

期间	6	7	8	9	10	11	12	13
总需要量			50			50		100

解答

见下面阿尔法产品的净物料需求计划清单。

阿尔法产品的净物料需求计划清单

批量	提前期（期间）	现有库存	安全库存	已分配数	低层编码	工件号		1	2	3	4	5	6	7	8	9	10	11	12	13
按需订货	1	10	—	—	0	阿尔法(A)	总需要量								50			50		100
							计划到货量													
							现有库存 10								10					
							净需要量								40			50		100
							计划收到订货量								40			50		
							计划发出订货量							40			50		100	100
按需订货	2	20	—	—	1	B	总需要量							40(A)			50(A)		100(A)	
							计划到货量													
							现有库存 20							20						
							净需要量							20			50		100	
							计划收到订货量							20			50		100	
							计划发出订货量					20		50		100				

续表

批量	提前期(期间)	现有库存	安全库存	已分配数	低层编码	工件号		1	2	3	4	5	6	7	8	9	10	11	12	13
按需订货	3	0	—	—	2	C	总需要量					40(B)		40(A)	100(B)	200(B)+50(A)		100(A)		
							计划到货量													
							现有库存	0												
							净需要量					40		40	100	250		100		
							计划收到订货量					40		40	100	250		100		
							计划发出订货量		40		40	100	250		100					
按需订货	1	100	—	—	2	D	总需要量					40(B)			100(B)		200(B)			
							计划到货量													
							现有库存	100				100			60					
							净需要量					0			40		200			
							计划收到订货量								40		200			
							计划发出订货量				0			40		200				
按需订货	1	10	—	—	3	E	总需要量				40(C)		40(C)	100(C)		250(C)		100(C)		
							计划到货量													
							现有库存	10			10									
							净需要量				30		40	100		250		100		
							计划收到订货量				30		40	100		250		100		
							计划发出订货量			30		40	100		250		100			
按需订货	1	50	—	—	3	F	总需要量				40(C)		40(C)	100(C)		250(C)		100(C)		
							计划到货量													
							现有库存	50			50		10			—				
							净需要量				0		30	100		250		100		
							计划收到订货量						30	100		250		100		
							计划发出订货量					30	100		250		100			

说明：括号中的字母 A、B、C 代表需求来源。

━━━ ▰▰▰ ▰▰▰ 例题解答 12.3 ▰▰▰ ▰▰▰ ━━━

髋关节置换公司（Hip Replacements, Inc.）最新模型的主生产计划如下页上方表格所示，调整准备费用为 50 美元，每周维持库存费用为 2 美元，初始库存为 0，提前期为 1 周。在 10 周的时间内，使用按需订货方法的费用是多少？

解答

维持库存费用＝0（美元）

（因为没有期末库存）

订货费用＝4×50

＝200（美元）

总费用＝0＋200＝200（美元）

		周								
	1	2	3	4	5	6	7	8	9	10
总需要量	0	0	50	0	0	35	15	0	100	0
预计入库量										
预计库存	0	0	0	0	0	0	0	0	0	0	0
净需要量	0	0	50	0	0	35	15	0	100	
计划收到订货量			50			35	15		100	
计划发出订货量		50			35	15		100		

------- ■ ■■ ■■ ■■ 例题解答 12.4 ■■ ■■ ■ ------

髋关节置换公司有一份最新模型的主生产计划，调整准备费用为 50 美元，每周维持库存费用为 2 美元，初始库存为 0，提前期为 1 周。在 10 周内使用 a. EOQ 方法和 b. POQ 方法的费用是多少？

解答

a. 对于 EOQ 批量大小，首先确定 EOQ。年用量＝200 单位，使用 10 周；每周使用＝200/10＝20 单位。因此，20×52（年需求）＝1 040 单位。

从第 10 章可知，EOQ 模型为：

$$Q^* = \sqrt{\frac{2DS}{H}}$$

年需求 $D = 1\,040$ 单位

调整准备费用 $S = 50$ 美元

维持库存费用 $H = 2 \times 52$
$\qquad\qquad = 104$（美元）

$Q^* = 31.62 \approx 32$（单位）

（EOQ 或 EOQ 的倍数）

		周								
	1	2	3	4	5	6	7	8	9	10
总需要量	0	0	50	0	0	35	15	0	100	0
预计入库量										
预计库存	0	0	0	0	14	14	14	11	28	28	24	24
净需要量	0	0	50	0	0	21	0	0	72	0
计划收到订货量			64			32	32		96	
计划发出订货量		64			32	32		96		

维持库存费用＝157×2＝314（美元）

（请注意第 11 周的 24 单位，因为第 10 周结束时的库存中有库存费用）

订货费用＝4×50＝200（美元）

EOQ 批量大小的总费用＝314＋200
$\qquad\qquad\qquad = 514$（美元）

b. 对于 POQ 批量大小，我们使用上面计算的 EOQ 来计算订单之间的时间周期：

周期间隔＝EOQ/平均每周使用量
$\qquad\quad = 32/20 = 1.6 \approx 2$（周）

POQ 订单大小＝2 个时间周期的需求，无需求时推迟订单

		周								
	1	2	3	4	5	6	7	8	9	10
总需要量	0	0	50	0	0	35	15	0	100	0
预计入库量										
预计库存	0	0	0	0	0	0	0	15	0	0	0
净需要量	0	0	50	0	0	50	0	0	100	0
计划收到订货量			50			50			100	
计划发出订货量		50			50			100		

维持库存费用＝15×2＝30（美元）　　POQ 批量大小的总费用＝30＋150
订货费用＝3×50＝150（美元）　　　　　　　　　　　　　　＝180（美元）

练习题[*]

12.1　为了在即将举行的一个晚会中为每位客人赠送一份你公司的礼品包，你画出了一份简单的产品结构图，如下图所示。估计有 200 位客人参加晚会。假设目前没有任何该产品的零件库存。请分解物料清单。（下标数字表示所需的数量。）

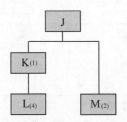

12.2　根据练习题 12.1，你计划在下午 5 点前完成全部工作。但是这些礼品（钢笔、记事本、打印的文件资料等）需要进行个性化处理。如果其他物品都准备好，拼装 200 件礼品 J 的提前期是 1 小时。拼装其他物品也需要一些时间。根据自愿前来帮忙人员的情况，你估计所有的物品 K 需要 2 小时才能拼装完成，物品 L 需要 1 小时，物品 M 需要 4 小时。请编制该礼品的时段拼装计划。

12.3　作为某公司的生产计划员，你收到了一份支架的物料清单，该支架由 1 个底座、2 个弹簧和 4 个夹具组成。底座由 1 个夹具和 2 个壳体组装而成。每个夹具有 1 个手柄和 2 个铸件。每个壳体有 2 个轴承和 1 个轴。目前没有库存。

a.　设计一个产品结构图，标出每个工件的数量，并显示底层代码。

b.　如果要装配 50 个支架，请确定每个工件的总需要量。

c.　如果仓库有 25 个底座和 100 个夹具，请计算每个工件的净需要量。

12.4　练习题 12.3 中公司的老板刚刚向你提供了 12.3 题中支架的生产进度表和交货时间。该产品需要在第 10 周准备好。零件的提前期为支架（1 周）、底座（1 周）、弹簧（1 周）、夹具（1 周）、壳体（2 周）、手柄（1 周）、铸件（3 周）、轴承（1 周）、轴（1 周）。

a.　画出支架分时段的产品结构图。

b.　你需要在第几周开始生产铸件？

12.5　某工厂第 7 周需要组装 100 件产品 S，每件 S 需要 1 件 T 和 2 件 U。每件 T 需要 1 件 V、2 件 W 和 1 件 X。每件 U 需要 2 件 Y 和 3 件 Z。一家工厂可以生产所有这些工件，生产提前期分别是：S 需要 2 周，T 是 1 周，U 是 2 周，V 是 2 周，W 是 3 周，X 是 1 周，Y 是 2 周，Z 是 1 周。

a.　请画出产品结构图，并标明所有层次。

b.　请画出分时段的产品结构图。

12.6　根据练习题 12.5 的有关信息，编制总需要量计划。

12.7　根据练习题 12.5 的有关信息，结合下表所提供的现有库存数据，编制净需要量计划。

工件	现有库存	工件	现有库存
S	20	W	30
T	20	X	25
U	40	Y	240
V	30	Z	40

12.8　根据练习题 12.5 和练习题 12.6 的有关信息，该厂除了需要组装 100 件 S，还要组装 20 件 U。U 是 S 的零件，维修 S 的时候需要这 20 件 U。这些工件需要在第 6 周完成。请根据这一变化修改总需要量计划。

────────────

＊　表示可以用 POM for Windows 和（或）Excel OM 软件解答该题。

12.9 根据练习题 12.5 和练习题 12.7 的有关信息，该厂除了需要组装 100 件 S，还要组装 20 件 U。工件 U 是 S 的零件，维修的时候需要这 20 件工件 U。这些工件需要在第 6 周完成。请根据这一变化修改净需要量计划。**Px**

12.10 a. 已知产品结构和产品出产计划如图 12-12 所示，请计算所有工件的总需要量。

b. 已知产品结构、产品出产计划和库存状况如图 12-12 所示，请计算所有工件的净需要量（计划发出订货量）。**Px**

产品 X1 的产品出产计划						
期间	7	8	9	10	11	12
总需要量		50		20		100

工件	提前期	库存	工件	提前期	库存
X1	1	50	C	1	0
B1	2	20	D	1	0
B2	2	20	E	3	10
A1	1	5			

图 12-12 练习题 12.10 的有关信息

12.11 已知产品结构、产品出产计划和库存状况如图 12-13 所示，假定物料清单上每个工件需要 1 个。

a. 编制工件 C 的总需要量计划。

b. 编制工件 C 的净需要量计划。**Px**

期间	8	9	10	11	12
工件 A 的总需要量	100		50		150
工件 H 的总需要量		100		50	

工件	库存	提前期	工件	库存	提前期
A	0	1	F	75	2
B	100	2	G	75	1
C	50	2	H	0	1
D	50	1	J	100	2
E	75	2	K	100	2

图 12-13 练习题 12.11 和练习题 12.12 的有关信息

12.12 根据图 12-13 所提供的信息，请编制下列情况下所有工件的净需要量计划（一共 10 个工件）：

a. 如果物料清单上每个工件需要 1 个。

b. 10 个工件中，工件 B、C 和 F 需要 2 个，其余工件都需要 1 个。**Px**

12.13 电扇公司（Electro Fans）刚刚接到一笔订单，顾客要求在第 7 周交付 1 000 台 20 英寸的电扇。每台电扇的组成包括 1 个罩壳、2 个隔栅，1 个风扇组件、1 台电机。罩壳由 1 个外框、2 个支架和 1 个把手构成。风扇组件包括 1 个轮毂和 5 片扇叶，电机由 1 台马达、1 个开关和 1 个旋钮组成。每个零件的提前期、库存情况和预计到货情况如下表所示：

工件	提前期	库存	批量*	预期到货
20 英寸电扇	1	100	—	
罩壳	1	100	—	
外框	2			
支架 (2)	1	50	100	
把手	1	400	500	
隔栅 (2)	2	200	500	
风扇组件	3	150	—	
轮毂	1			
叶片 (5)	2		100	
电机	1			
马达	1			
开关	1	20	12	
旋钮	1	—	25	第二周到货 200

* 如未标明，则表示按需订货。

a. 画出该产品的产品结构图。

b. 画出分时段的产品结构图。

c. 编制零件的净需要量计划。 **PX**

12.14　产品 A 的产品结构、提前期（周）、现有库存情况如图 12 - 14 所示。请根据相关信息解答下列各题：

a. 编制产品 A 的物料清单（参见第 4 章图 4 - 9 物料清单的例子）。

b. 使用按需订货方法，计算第 8 周产品 A 每个零件的净需要量。 **PX**

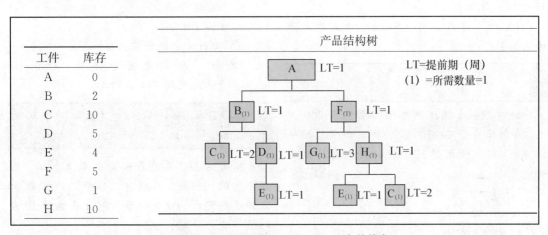

图 12 - 14　练习题 12.14～12.16 有关信息

12.15　假设你是产品 A 的计划员（见练习题 12.14 和图 12 - 14），现场服务经理阿尔·特罗斯特尔（Al Trostel）打来电话说现场维修需要增加工件 B 和 F 各 10 个。

a. 请计算每种工件所需各种零件的数量，然后计算这两种工件各为 10 个时每种零件的总需要量。

b. 假设现场服务经理在第 6 周需要工件 B 和 F 各 10 个，第 8 周需要 10 个产品 A，请按时段编制净需要量计划（包括生产和服务所需）。 **PX**

12.16　你刚刚收到一份传真，产品 A 的工件 G（参见练习题 12.15 和图 12 - 14）的提前期增加到 4 周。

a. 哪些内容发生了改变？为什么会改变？

b. 这对生产计划意味着什么？

c. 作为计划员，你能做些什么？ **PX**

12.17　希瑟·亚当斯（Heather Adams）是科罗拉多州某运动器材制造商的生产经理，他需要为生产 50 个极限登山器的订单安排生产计划，订单将在第 8 周交货。假设采用按需订货方法。下表是关于登山器的信息，括号内下标表示所需工件的数量。

a. 画出该产品的产品结构图。

b. 画出分时段的产品结构图。

c. 编制工件 F 的净需要量计划。 **PX**

工件	提前期	库存	所需零件
登山器	2	20	$A_{(1)}$，$B_{(3)}$，$C_{(2)}$
A	1	10	$D_{(1)}$，$F_{(2)}$
B	2	30	$E_{(1)}$，$F_{(3)}$
C	3	10	$D_{(2)}$，$E_{(3)}$
D	1	15	
E	2	5	
F	2	20	

12.18 请根据按需订货方法计算下表的 相应总费用。**Px**

练习题 12.18～12.20 的有关信息*

周	1	2	3	4	5	6	7	8	9	10	11	12
需求量	30		40		30	70	20			10	80		50

*维持库存费用＝2.5美元/（件·周），调整准备费用＝150美元，提前期＝1周，期初库存＝40件。

12.19 请根据 EOQ 方法计算上表的相应总费用。**Px**

12.20 请根据 POQ 方法计算上表的相应总费用。**Px**

12.21 使用在练习题 12.18、12.19 和 12.20 中计算出的批量答案，分析哪个是最好的方法。为什么？

12.22 雷内公司（Rene）的主要生产计划如下：

周	1	2	3	4	5	6	7	8	9
需求量		15		20		10			25

提前期＝1周；调整准备费用＝200美元；维持库存费用＝10美元/周；缺货费用＝10美元/周。使用下列方法制定订货计划并确定费用：

a. 按需订货方法。

b. EOQ 方法。

c. POQ 方法。

d. 哪种方法的费用最低？ **Px**

12.23 格雷丝·格林伯格（Grace Greenberg）是新泽西州科技实验室的生产计划员，她的总体生产计划如下：

周	1	2	3	4	5	6	7	8	9	10	11	12
需求量		35		40		10			25	10		45

提前期＝1周；调整准备费用＝200美元；维持库存费用＝10美元/周；缺货费用＝10美元/周。

使用下列方法为格雷丝·格林伯格制定订货计划并确定费用：

a. 按需订货方法。

b. EOQ 方法。

c. POQ 方法。

d. 哪种方法的费用最低？

12.24 科尔曼里奇公司（Coleman Rich，Ltd.）收到了下列订单：

周	1	2	3	4	5	6	7	8	9	10
需求量	60	30	10	40	70	10	40	30	40	0

所有这些产品将在一台机床上加工。每周工作时间为 2 250 分钟，每个工件需要 65 分钟才能完成。请用批量分解方法编制 10 周的生产能力计划。

12.25 考特妮·卡莫夫（Courtney Kamauf）计划在卡莫夫有限公司（Kamauf Enterprises）生产一款畅销的质朴咖啡桌（Rustic Coffee Table）。桌子需要 1 张桌面、4 条桌腿、1/8 加仑染料、1/16 加仑胶水、2 个短支架、2 个长支架以及每条桌腿下的 1 个黄铜罩。库存中有 100 加仑胶水，除此以

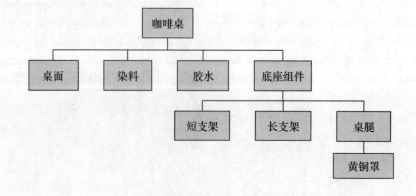

外没有其他工件。除了黄铜罩、染料和胶水外，其余工件均采用按需订货方法。每 1 000 个黄铜罩采购一批，染料和胶水按加仑采购。每个工件的提前期都是 1 天。在第 5 天和第 6 天生产 640 张，第 7 天和第 8 天生产 128 张咖啡桌的计划发出订货量分别是多少？ **Px**

12.26 用练习题 12.25 中咖啡桌的数据建立一份用工计划。其中每个桌面的标准工时

是 2 小时，安装 1 个黄铜罩的桌腿需要 1/4 小时，安装 2 个短支架需要 1/4 小时，安装 2 个长支架需要 1/4 小时，组装底座需要 1 小时，最后的总装需要 2 小时。每天需要的总工时是多少？按 8 小时工作日计算，每天需要多少名员工？

12.27 卡尔卡纳普斯公司（Karl Knapps, Inc.）收到了下列订单：

周	1	2	3	4	5	6	7	8	9	10
需求量	0	40	30	40	10	70	40	10	30	60

所有这些产品将在一台机床上进行加工。每周工作时间为 2 250 分钟，每个工件需要

65 分钟才能完成。请按照 10 周的时间来制定产能计划。

注 释

[1] 第 10 章讨论的库存模型假定一种商品的需求独立于另一种商品的需求。例如，EOQ 假设冰箱配件的需求独立于冰箱的需求，而且配件的需求是不变的。MRP 则没有这些假设。

[2] 99% 的记录准确率可能听起来很好，但要注意的是即使当每一个工件的可用性都有 99%，而一个产品只有 7 个工件，那么这个产品完成的可能性只有 0.932（因为 $0.99^7 = 0.932$）。

[3] 使用 EOQ 来确定订单之间的间隔时间是一种很方便的方法，但也可以用其他方法。

快速复习

主要标题	复习内容
相关需求	当物料之间的关系确定时，需求是相关的。对于产品而言，其所有零部件都是相关需求的物品。 ■ 物料需求计划（MRP）：一种确定相关需求的方法，这种方法利用物料清单、库存记录、预期到货数量以及产品出产计划来确定物料的需求。
应用相关需求库存模型的条件	管理人员应用相关需求库存模型需要了解下列信息：（1）产品出产计划；（2）技术说明书或物料清单；（3）库存情况；（4）已发出订货情况；（5）提前期。 ■ 产品出产计划：规定生产什么以及何时生产的计划。 产品出产计划列明生产什么，但不是需求预测。 ■ 物料清单（BOM）：包含生产一件产成品所需的零部件、数量及其相关说明等信息的清单。 上层工件称为父元件，下层工件称为元件或子零件。第 0 层是物料清单的顶层。 ■ 模块清单：由主要零部件或者产品组件组成的一种物料清单。 ■ 计划清单（或称套件）：将工件组合人为地放在一起，并在这些工件的上层再编制一个父元件层，也称为假定计划清单。 ■ 虚拟清单：也是一种工件的物料清单，通常用于暂时组装在一起的工件，这些工件从来不进入库存。 ■ 低层编码：根据某种工件在 BOM 中所处的最低层次，为便于识别而分配的一个数字。 ■ 提前期：对于零部件采购而言，提前期是从确认订货到收到所需零部件为止的

续表

主要标题	复习内容
应用相关需求库存模型的条件	这段时间；对于零部件生产而言，提前期包括每个零部件的移动、调整准备、组装或生产时间，包括过程中的等待、移动、排队、调整准备以及生产或加工等各阶段的时间。 当把物料清单画成结构视图并为每个零部件加上提前期，就称为分时段的产品结构。
MRP 结构	■ 总需要量计划：也是一种计划，（在减掉期初库存和计划到货量之前）反映对某种零部件的总体需求情况，以及该零部件何时必须开始订货，或者该零部件何时必须开始生产，以满足在特定的时间对该零部件的需要。 ■ 净需要量：对总需要量中现有库存和计划到货量进行调整的结果。 ■ 计划收到订货量：在未来某个时间预计收到的产品或工件数量。 ■ 计划发出订货量：未来准备订货的数量。 净需要量＝总需要量＋已分配数一（现有库存＋计划到货量）
MRP 管理	■ 系统紧张：MRP 系统频繁改变。 ■ 时间护栏：允许产品出产计划的一部分不必重新更新的一种方法。 ■ 反查：在物料需求计划系统中从物料清单（BOM）的元件层开始，向上追溯父元件层，以确定实际需要量。 ■ 时段：物料需求计划（MRP）系统中的一种时间单位。 有限能力排程考虑部门和设备的产能，为物料的快速移动提供了精确计划。
确定批量的方法	■ 批量决策：决定批量大小的过程或方法。 ■ 按需订货：一种确定批量的方法，即完全按需求组织生产。 ■ 周期订货数量（POQ）：批量调整技术，在预定的时间间隔内发出订单，订单数量等于所有间隔时间内的需要量。 一般来说，如果交货费用低廉，则应使用按需订货方法。
MRP 的扩展	■ 制造资源计划（MRP II）：在 MRP 基础上以各种资源数据替代原来的库存数据，此时 MRP 变为制造资源计划。 ■ 闭环 MRP 系统：MRP 系统需要向产能计划、产品出产计划和生产计划提供反馈以便计划随时都能保持有效。 ■ 负荷报告：反映工作中心各种工作的资源需求情况，包括已分配的工作、已计划的工作任务以及预期的订货。 均衡负荷将提前期变化的影响降到最低的措施包括：重叠、工序分解和订单（批量）分解。
服务业中的 MRP	■ 配送资源计划（DRP）：分销网络中各级库存的时段补货计划。
企业资源计划	■ 企业资源计划（ERP）：一种信息系统，用来在整个企业范围内识别和计划各种资源，以便承接顾客订单，并根据顾客需要制造和运输所需产品，为顾客负责。 ■ 有效顾客响应（ECR）系统：食品杂货行业中的供应链管理系统，该系统将销售和顾客购买行为、库存管理、物流以及生产系统联系起来。

自测题

在自我测试前，请参考本章开头的学习目标和本章的关键术语。

1. 在产品结构图中，下列说法正确的是（　　）。

a. 父元件只在图中最顶层出现

b. 父元件在图中每一层都出现

c. 子层零件在图中除顶层外的每一层都出现

d. 图中所有工件都既是父元件又是子零件

e. 以上均正确

2. 总需要量计划（总 MRP）和净需要量计划（净 MRP）之间的区别是（ ）。

a. 总 MRP 可以不用计算机处理，但净 MRP 必须用计算机处理

b. 总 MRP 考虑库存，但净 MRP 不考虑库存

c. 净 MRP 考虑库存，但总 MRP 不考虑库存

d. 总 MRP 不考虑税款，但净 MRP 考虑税款

e. 净 MRP 只是估计值，总 MRP 才用于实际生产计划

3. 净需要量等于（ ）。

a. 总需要量＋已分配数－现有库存＋计划到货量

b. 总需要量－已分配数－现有库存－计划到货量

c. 总需要量－已分配数－现有库存＋计划到货量

d. 总需要量＋已分配数－现有库存－计划到货量

4. （ ）在预定的时间间隔内订货，且订货数量等于所需时间间隔的总数。

a. 周期订货数量法

b. 零件周期平衡法

c. 经济订货批量法

d. 以上都是

5. MRP Ⅱ 是指（ ）。

a. material requirements planning Ⅱ

b. management requirements planning

c. management resource planning

d. material revenue planning

e. material risk planning

6. （ ） MRP 系统为产能计划、产品出产计划，以及最终的生产计划提供信息。

a. 动态

b. 闭环

c. 连续

d. 回顾

e. 内省

7. 下列（ ）系统将 MRP Ⅱ 扩展到包含顾客和供应商。

a. MRP Ⅲ

b. JIT

c. IRP

d. ERP

e. MRP Ⅱ 加强版

自测题答案：1. c；2. c；3. d；4. a；5. a；6. b；7. d。

第13章 短期作业计划

学习目标

1. 解释短期作业计划、产能计划、综合计划和产品出产计划之间的关系。
2. 绘制甘特负荷图和甘特计划图。
3. 将分派方法应用于工作负荷的分配。
4. 说出和描述每个优先派工法则。
5. 应用约翰逊算法。
6. 定义有限能力排程。
7. 应用循环排序法。

跨国公司介绍：阿拉斯加航空公司

在不利天气条件下制定飞行计划

西雅图-塔科马国际机场（SEA）是拥有美国第 15 大客运量的交通枢纽。它由 24 家航空公司提供服务，不间断飞往 76 个美国国内目的地和 19 个国际目的地。美国冬季每月有 5 英寸的降雨，这是天气预报员的噩梦。但西雅图-塔科马国际机场是美国的顶级机场，准点率达到 85.8%。这大部分归功于阿拉斯加航空公司，该航空公司掌控了 SEA 国内航班 50% 以上的交通量。阿拉斯加航空公司的时间安排对效率和乘客服务至关重要。

阿拉斯加航空公司的管理人员学习预测意外。快速重新安排事件是生活的常规部分。在飓风、龙卷风、冰雹、暴风雪等的考验中，世界各地的航空公司都在努力应对延误、订单取消和愤怒的乘客。不可避免的时刻表变化经常产生连锁反应，影响数十个机场的乘客。

阿拉斯加航空公司为阿拉斯加州提供客运和货运服务的任务使其调度比其他航空公司更加复杂。这里有三个例子：（1）朱诺的机场四面环山，所以飞机进场时往往会遇到危险气流；（2）锡特卡的一条小跑道位于被水环绕的狭长地带；（3）在科迪亚克，着陆带在山腰突然中断。机场不允许副驾驶在那里降落——只有机长可以这样做。

阿拉斯加航空公司利用其飞机上的最新技术以及西雅图机场附近的飞行运营部门，解决了与天气有关的问题所带来的日程安排噩梦。从计算机到电信系统再到除冰器，飞行运营部门重新安排航线，并迅速通知乘客时刻表的变化。该部门的工作是保证航班正常飞行。阿拉斯加航空公司估计，通过使用其技术减少航班的取消和延误，每年可挽回 1 800 万美元的营业额。

通过数据调度模型（如本章中描述的模型），阿拉斯加航空公司可以快速开发备用时刻表和进行路线变更。这可能意味着协调飞机进出，确保机组人员就位，并尽快向乘客提供信息。天气可能不确定，但阿拉斯加航空公司已经学会了如何应对。

13.1 短期作业计划的战略重要性

阿拉斯加航空公司每天不仅要制定 150 架航班的飞行计划，而且要制定 4 500 多名驾驶员和空乘人员的工作计划，以帮助乘客按时抵达目的地。这种借助大型计算机程序编制的计划，在满足顾客需求方面发挥了重要作用。阿拉斯加航空公司可以在最后一分钟，根据需求波动和天气情况调整飞行计划，这种能力使公司获得了竞争优势。

表 13 - 1 展示了五个组织——航空公司、医院、大学、体育场和制造商的作业计划决策。这些决策都涉及时间运作。

表 13 - 1 作业计划决策

组织	管理者需要确定的活动
阿拉斯加航空公司	飞机的维护 起飞时刻表 乘务员、餐饮服务人员、登机和检票人员的工作安排
阿诺德·帕尔默医院	手术室的使用 患者探视 护理人员、安保人员和设备维护人员的工作安排 门诊患者的接诊
亚拉巴马大学	教室和音响设备的布置 学生和教师的安排 研究生和本科生的课程安排
安利中心	接待员，售票员，餐饮服务员，安保人员 提供新鲜食品和备餐 奥兰多魔术队的比赛，音乐会，室内橄榄球
洛克希德·马丁公司	产品生产 材料采购 员工的工作安排

制造公司通过制定作业计划来组织生产以满足顾客需求，而制定作业计划的能力侧重于使零部件生产达到准时生产的效果，调整准备时间很少，几乎没有在制品，设备利用率较高。高效地制定和完成各种作业计划就应该像制造公司那样降低成本，按照顾客的要求准时交货。

因此制定作业计划的战略重要性非常明确：

● 通过制定有效的内部作业计划，企业可以更加高效地利用各种资源，使每一分钱都能发挥更大的作用，从而使成本更低。

● 通过良好的外部作业计划，企业可提供更快的吞吐、更高的灵活性和更可靠的交付，从而改善客户服务。

13.2 制定作业计划的内容

图 13-1 展示了一系列影响作业计划的决策。从图 13-1 中可以看出，制定作业计划首先从规划生产运作能力开始，定义可用设备和设施（参见第 6 章）。**产能计划**（capacity plan）通常是对新设备和设施的设计、建造、购买或停用一段时间的计划。综合计划（参见第 11 章）是销售和运作计划团队的决策结果，该团队对设备与库存的使用情况、员工安排以及是否使用外部承包商进行决策。综合计划通常为 3~18 个月，资源按总量划分，如总数量、总吨数或总工时。

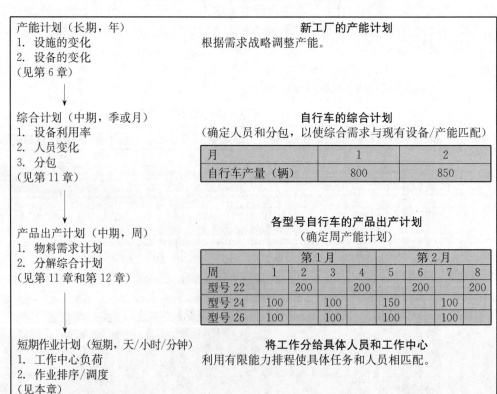

图 13-1　产能计划、综合计划、产品出产计划和短期作业计划之间的关系

综合计划进一步分解则成为产品出产计划，产品出产计划编制的是具体产品或产品线的每周生产计划。**短期作业计划**（short-term schedule）则是对产能决策、综合（中期）计划和产品出产计划进一步分解，进行作业排序，并就人员、材料和设备的使用作出具体安排。本章我们关注最后一步，在短期内安排货物和服务（将每天或每小时的需求与特定人员和设备产能相匹配）。请参阅运作管理实践专栏"为奥兰多魔术队的篮球比赛做准备"。

运作管理实践

为奥兰多魔术队的篮球比赛做准备

星期二

现在是约翰·奈斯利（John Nicely）制定购物清单的时候了。他星期日要准备晚餐，所以需要一些东西。200 磅鸡肉和牛排，800 份通心粉的原料，500 份春卷和 75 磅虾，再加上几百个比萨饼和几千只热狗，这足以满足奥兰多魔术队的篮球运动员和 18 500 名观众的需求了。如你所见，奈斯利是奥兰多安利中心的行政主厨，星期日魔术队将坐镇主场迎战波士顿凯尔特人队。

如何在短时间内为大量观众提供美食呢？它需要良好的安排，结合创造力和即兴创作。奈斯利说，届时将会有 42 台设备供应食品和饮料，"这是安利中心最大的问题"。

星期三

购物日。

星期四—星期六

工作人员尽其所能做好准备。切蔬菜，腌制肉类，调制沙拉酱……除了烹饪食物之外的一切。奈斯利也开始准备下星期二对迈阿密热火队的比赛以及 3 天后的 Lady Gaga 音乐会的购物清单。

星期日

下午 4 点。关键时刻。这时候的厨房是没人嬉闹的。20 分钟后，奈斯利的第一批客人——120 名丽思卡尔顿俱乐部的贵宾票持有者，就要用餐了，他们享受的是为每场比赛准备的独特菜单中的食物。

下午 5 点。当魔术队和凯尔特人队开始热身的时候，厨师们用热箱和冷食架将准备好的东西送到厨房。

下午 6：12。三个具有特许经营权的摊位很遗憾地遇到了意外：收银员短缺和收银台故障。

中场休息。高档的 Jernigan 餐厅提供手抓饭。奈斯利已经提前考虑并且预料到了这一点。备用餐具在客户注意到之前已经送达。

对奈斯利来说，成功的安排意味着客人的满意，因为他已经提前考虑、计划并完成了所有的细节。仅仅是在晚上的几个小时之内，为体育馆中的众多观众提供了餐厅品质的餐点和高档的快餐。

资料来源：Interview with Chef John Nicely and Orlando Magic executives.

作业计划的目标是根据需求（预测或客户订单）对现有设备进行分配和优先安排。这种作业安排有三个因素需要考虑：（1）向前或向后排序；（2）有限负荷和无限负荷；（3）用于作业排序的准则（优先级）。我们接下来将讨论这些主题。

13.2.1 顺排和倒排

排序可以向前或向后启动。**顺排**（forward scheduling）是指一旦知道需求便开始编制计划。顺排广泛应用于各种组织，如医院、诊所、餐厅和机床制造商。在这些组织中，各项工作围绕顾客需求进行，并需尽快交付产品或服务。

倒排（backward scheduling）是指从计划完工期限开始，首先确定最后一道工序，然后将其他工序依次逆向编排到计划中。通过减去每个项目的提前期来确定该项目的开始时间。倒排适用于制造业以及服务业的很多情况，如承办宴会或者安排手术。实际上，顺排和倒排通常结合起来使用，以便在产能限制和顾客期望之间取得平衡。

13.2.2 有限负荷和无限负荷

负荷（loading）是将作业分配给工作站或工作流程的过程。仅在工序能力下加载（分配）工作的调度技术称为**有限负荷**（finite loading）。理论上，有限负荷的优点在于，所有分配的工作都可以完成。但是，因为只有可以完成的工作被分配到工作站中——实际上可能有更多超过工序能力的工作——截止日期可能推迟到一个不可接受的未来时间。

在不考虑工序能力的情况下加载工作的技术是**无限负荷**（infinite loading）。无限负荷分配在给定时间段内需要完成的所有工作。这种情况没有考虑工序能力。大多数物料需求计划（MRP）系统（在第12章中讨论）是无限负荷系统。无限负荷的优点是满足截止日期的初始计划。当然，当工作量超过工序能力时，必须调整工序能力或时间表。

13.2.3 制定作业计划的准则

正确制定作业计划的方法取决于订货数量、运作性质、整个工作的复杂程度以及对下列四项准则的重视程度。

1. 完工时间最短。这项准则可以通过计算平均完工时间来反映。
2. 设备利用率最高。这项准则可以通过设备利用率来反映。
3. 在制品库存最少。这可以通过系统中的平均工件数来体现。系统中的工件数和在制品数量之间的相关性很高，因此，系统中的工件数越少，在制品库存越少。
4. 顾客等待时间最短。这可以通过平均延迟时间来反映。

本章介绍的这四项准则适用于各行各业，也可用来评估作业计划的好坏。此外，一个好的作业计划方法应该具有如下特点：简单、清晰、易于理解、易于执行、具有柔性，并符合实际。

由于机器故障、缺勤、质量问题、短缺和其他因素，调度进一步复杂化。因此，日期安排并不能确保工作按照时间表执行。目前已经开发了许多专门技术来辅助制定可靠的时间表。表13-2介绍了不同工序的不同作业计划方法。

表13-2 不同工序的不同作业计划方法

工艺专业化设施（单件小批作业）
- 调度工作/客户/患者的数量和种类变化频繁的客户订单。
- 时间表主要关注截止日期，通过有限负荷技术进行加载。
- 示例：铸造厂、机械加工厂、橱柜加工厂、印刷厂、大多数餐馆以及时装行业。

重复式设施（装配线）
- 基于频率预测安排模块生产和产品组装。

续表

- 有限负荷关键是制定具有前瞻性的作业计划。
- 准时生产技术用于调度装配线所需的组件。
- 示例：惠而浦的洗衣机装配线和福特的汽车装配线。

产品专业化设施（连续式）

- 安排某些品种的大批量成品以满足现阶段固有产能内的合理稳定需求。
- 有限负荷的关键是制定有前瞻性的作业计划，可以满足某些产品已知的调整准备和运行时间。
- 示例：国际纸业公司（International Paper）的大型造纸机、安海斯-布希啤酒厂的啤酒和菲多利的薯片。

在本章，我们将介绍工艺专业化（间歇式的）设施的作业计划和服务行业员工安排的挑战。

13.3 工艺专业化设施

工艺专业化设施（也叫间歇式或者单件小批作业）在品种多、数量少的制造和服务组织中很常见。这些设施根据订单提供产品或服务，包括汽车修理库、医院和美容院等。生产项目的各个环节差别很大，生产过程所需的人才、物料和设备差别也很大。制定作业计划要求知道工作顺序（它的路径），每个项目所需的时间以及每个工作中心的产能和可用性。产品多样性和独特性的要求意味着制定作业计划通常是很复杂的。下面，我们将介绍管理者用来对设施安排负荷和排序的一些工具。

13.4 工作负荷

运作人员将作业任务分配到工作中心，使成本、空闲时间或者完工时间最少。给工作中心分配任务有两种形式，一种是生产能力导向，另一种则与工作中心分配的特定任务相关。

首先我们从生产能力的角度，通过输入输出控制技术来介绍负荷。然后介绍两种分配负荷的方法：甘特图和线性规划分派法。

13.4.1 输入输出控制

很多公司在编制作业计划时感觉很困难（不能实现高产出率），因为它们的生产流程已经超负荷了。由于它们不知道工作中心的实际情况，这种现象经常发生。要制定有效的作业计划，就要让作业计划符合实际情况。缺乏对产能和实际情况的了解就会降低企业产出。

输入输出控制（input-output control）就是让设备操作人员来管理工作流的一种方法。如果工作任务的到达快于其加工速度，那么我们说设备处于超负荷状态，会产生积压。超负荷运转引起工件加工拥挤，导致低效率和质量问题。如果任务到达的速度慢于加工的速度，那么我们说设备负荷不足，工作中心可能会发生停工现象。负荷不足会导致产能闲置和资源浪费。例 1 介绍了如何进行输入输出控制。

例 1

输入输出控制

布朗森机械公司（Bronson Machining Inc.）是生产车道安全围栏和大门的加工企业。该公司想要为它的焊接加工中心制作一份连续 5 周（从 6 月 6 日到 7 月 4 日）的输入输出控制报告。每周的计划输入是 280 标准工时，实际输入比较接近这个数字，通常在 250～285 之间波动。计划输出是 320 标准工时，也就是假定的生产能力。工作中心存在积压。

方法

布朗森机械公司利用作业计划设计出图 13-2，用来监测工作中心的工作负荷和产能之间的关系。

解答

计划输入与实际输出的偏差如图 13-2

所示。实际输出（270 小时）远远低于计划水平。因此，输入计划和输出计划都未能完成。

启示

实际上，在 6 月 27 日那一周，工作中心的工作积压了 5 小时，这使在制品库存增加，并使计划工作变得更复杂，需要管理人员采取措施进行必要的改进。

练习

如果 6 月 27 日那一周的实际输出是 275 小时（而不是 270 小时），会有什么变化？〔答案：输出累计偏差是－195，工作积压的累计变化是 0。〕

相关课后练习题

13.10

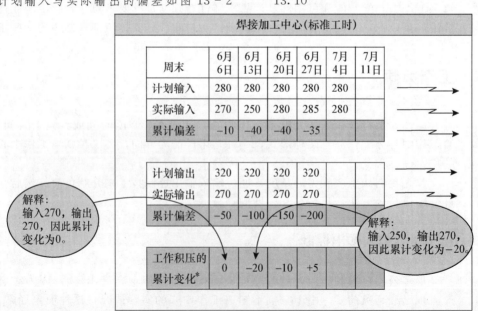

焊接加工中心(标准工时)						
周末	6月6日	6月13日	6月20日	6月27日	7月4日	7月11日
计划输入	280	280	280	280	280	
实际输入	270	250	280	285	280	
累计偏差	−10	−40	−40	−35		
计划输出	320	320	320	320		
实际输出	270	270	270	270		
累计偏差	−50	−100	−150	−200		
工作积压的累计变化*	0	−20	−10	+5		

解释：输入270，输出270，因此累计变化为0。

解释：输入250，输出270，因此累计变化为−20。

图 13-2　输入输出控制

*实际输入的和－实际输出的和=工作积压的累计变化。

通过**恒定在制品卡片**（ConWIP cards）系统控制工作中心的任务总量可以控

制输入输出。恒定在制品（ConWIP）是 constant work-in-process 的英文首字母缩写。恒定在制品卡片随任务（或批次）一起通过工作中心传送。当任务结束时，卡片退还到起始工作站，提示下一批次的任务进入工作中心。恒定在制品卡片有效地限制了工作中心的任务总量，控制了提前期并监督任务积压。

13.4.2　甘特图

甘特图（Gantt charts）对于负荷和编制作业计划非常有用。亨利·甘特在 19 世纪末发明了这种图表技术，因此叫甘特图。甘特图能够反映资源的使用情况，如工作中心和劳动力。

在负荷分配计划中，甘特图能够反映各部门、设备或设施的工作负荷和空闲时间。通过图表可以显示系统中相应的工作量，从而使管理人员知道如何进行恰当的调整。例如，当某个工作中心超负荷运行时，管理人员可以将其他员工从负荷不足的工作中心暂时调配过来，以增加人手。如果处于等待状态的一些任务可以在其他工作中心进行处理，那么某些在超负荷运转的工作中心进行处理的任务，可以转到负荷不足的工作中心。多功能的设备也可以在工作中心之间进行调配。例 2 介绍了一种甘特图。

例 2

甘特图

新奥尔良一家洗衣机制造商专门生产一些用于特定环境的特殊产品，如为潜艇、医院和大型工业洗涤行业生产洗衣设备。该公司生产每台洗衣机的要求和时间都不相同。该公司想要为 3 月 8 日那一周绘制负荷图。

方法

选择甘特图作为图表工具。

解答

图 13-3 显示的是完成后的甘特图。

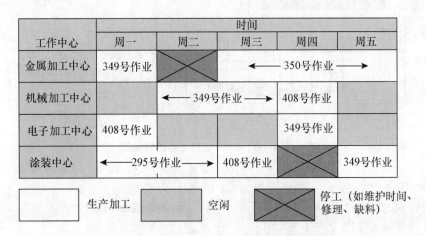

图 13-3　3 月 8 日那一周工作的甘特负荷图

启示

四个工作中心每周要处理多件任务。这张图说明金属加工中心和涂装中心在整个一周内都处于满负荷状态，而机械与电子加工中心则有一定的空闲时间。我们注意到金属加工中心在周二休息，涂装中心则在周四不工作，这可能是出于设备维护的考虑。

练习

如果电子加工中心出于设备维护原因在

周二关闭会产生什么影响？ [答案：没有影响。]

相关课后练习题

13.1b

不过，用甘特图来确定工作负荷有局限性：它没有考虑生产偏差造成的返工，如意外的设备故障或者人为错误。因此，这种图需要定期更新来反映新增的任务情况，并相应调整时间估计。

甘特计划图是用来反映工作进度的（也用于制定项目计划）。这种图可以体现哪些工作按计划进行，哪些工作提前或落后于计划。实际上这种图有多种版本。在例3的甘特计划图中，横轴表示时间，纵轴表示处于生产过程的任务。

例3

甘特计划图

位于佛罗里达州冬季公园的第一打印和复印中心（First Printing and Copy Center）想要利用甘特图编制三项任务 A、B、C 的作业计划。

方法

在图 13-4 中，时间横轴上的每一对括

号代表它里面每一项任务开始和结束的时间。实心横条反映的是实际状态或进度，现在刚刚完成第 5 天的工作。

解答

甘特图具体见图 13-4。

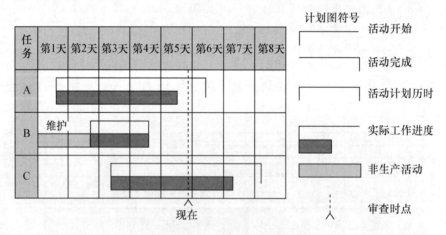

图 13-4 A、B、C 三项任务的甘特图

启示

图 13-4 显示任务 A 在第 5 天大约落后于计划半天时间，任务 B 在设备维护完成后已经完工，而任务 C 则提前于计划。

练习

重新绘制甘特图以表示任务 A 提前于计

划半天时间。[答案：现在横条会一直延伸到任务结束。]

相关课后练习题

13.1a，13.2

13.4.3 分派方法

分派方法（assignment method）是将任务或工作分派给资源。例如，将工件分派给设备，将合同分派给投标人，将项目分派给员工，以及按不同的销售区域分派销售人员。其目标常常是使完成任务的总费用或时间最少。分派问题的一个重要特点是，一次只将一项作业（或工人）分派给一台机器（或一个项目）。

分派问题可以使用表格来求解。表中数据可以是完成每项任务所需的成本或时间。例如，假设第一打印和复印中心有 3 名打字工人（A、B 和 C），有 3 项任务等待处理，表格可以设计如下。表中的美元数字代表该公司估计的每人完成每项任务所需的成本。

单位：美元

任务	打字工人		
	A	B	C
R-34	11	14	6
S-66	8	10	11
T-50	9	12	7

分派方法需要对表中的数据进行恰当的增减，以找出完成每项任务的最低机会成本。[1]这个过程可以分为四个步骤：

1. 每一行的每个数分别减去该行中最小的数，然后在剩下的矩阵中，每一列的每个数分别减去该列中最小的数。这一步具有不断减小表中数值的作用，直到表中出现一系列的零值，表示机会成本为零。虽然数值在变化，但简化后的问题和原问题是等价的，具有相同的最优解。

2. 用竖线和横线划掉表中所有数值为零的数。如果所画的直线数等于表中的行数或列数，那么我们就可以进行最优分配（见第 4 步）。如果所画的直线数少于表中行或者列的数量，那么转到第 3 步。

3. 从每个没有被划掉的数中减去最小的没有被划掉的数。将这个最小数和位于竖线与横线交叉处的数相加，对只划了一条线的数不要改变其数值，然后回到第 2 步，直到得到最优分配。

4. 最优分配总是位于表中的零数值处。一个进行有效分派的系统方法是，首先选择只包含一个零的一行或一列，对零所在的单元格分派一项任务，然后在表格中划掉原来零所在的行和列。在没有被划掉的行和列中，再选择另外的只有一个零的行或列，然后继续重复前面的步骤，直到每个人或每台设备都有任务。

我们在例 4 中介绍如何使用这种方法。

例 4

分派方法

第一打印和复印中心想找出将 3 种任务分派给 3 个打字工人使总成本最小的分派方法。

方法

我们将本章前面的成本表格放在下面。

通过上面介绍的1~4步，我们来求解成本最小的分派方法。

单位：美元

任务	打字工人		
	A	B	C
R-34	11	14	6
S-66	8	10	11
T-50	9	12	7

解答

第1步（a）：根据上表数据，每一行的每个数分别减去该行中最小的数，结果见下表。

单位：美元

任务	打字工人		
	A	B	C
R-34	5	8	0
S-66	0	2	3
T-50	2	5	0

第1步（b）：根据上表结果，在剩下的矩阵中，每一列的每个数分别减去该列中最小的数，结果见下表。

单位：美元

任务	打字工人		
	A	B	C
R-34	5	6	0
S-66	0	0	3
T-50	2	3	0

第2步：用竖线和横线划掉表中所有值为零的数。由于只能画两条线，因此结果还不是最优。

单位：美元

任务	打字工人		
	A	B	C
R-34	5	6	0
S-66	0	0	3
T-50	②	3	0

↖ 没被划掉的数中最小的数

第3步：从每个没有被划掉的数中减去最小的没有被划掉的数（本例中是2），将这个最小数和两线交叉处的数相加（本例中两线交叉处是3）。

单位：美元

任务	打字工人		
	A	B	C
R-34	3	4	0
S-66	0	0	5
T-50	0	1	0

返回第2步，用竖线和横线划掉表中剩下的值为零的数。

单位：美元

任务	打字工人		
	A	B	C
R-34	3	4	0
S-66	0	0	5
T-50	0	1	0

现在画的三条直线满足条件，因此可以进行最优分配（见第4步）。将任务R-34分派给工人C，将任务S-66分派给工人B，将任务T-50分派给工人A。参照原来表中的成本，我们可以计算总成本：

$$最低总成本＝6＋10＋9＝25（美元）$$

启示

如果将任务S-66分派给工人A，那么就不可能将任务T-50再分派到表中的零数值处。

练习

如果令工人C用10美元完成任务R-34（而不是6美元），这样会发生什么改变？〔答案：R-34分派给工人A，S-66分派给工人B，T-50分派给工人C。最低总成本为28美元。〕

相关课后练习题

13.3~13.9

有些分派问题是求解最大化结果，如利润、效果、完成每项任务的劳务收入或者完成每项任务的设备加工收入。对表中代表机会损失的各个数值进行转化，就很容易得到一个对等的求解最小化的问题。为了将求解最大化问题转化为对等的最小化问题，我们只需要在原来的表中让每个数减去表中最大的数，然后按照上面介绍的第 1 步到第 4 步来求解分派问题。求解结果得到最小的机会损失，但分派方案和原来最大化问题是一样的。

13.5 作业排序

正如我们所讨论的那样，一旦在工作中心增加了作业负荷，管理者就要决定它们的完成顺序。**排序**（sequencing）（通常也被称为调度）是通过指定用于向每个工作中心发布（调度）作业的优先级规则来实现的。

13.5.1 优先派工法则

优先派工法则（priority rules）尤其适用于工艺专业化的作业环境，例如诊所、油漆车间和单件生产方式。最常用的优先派工法则有：

● **先到先服务**（first come，first served，FCFS）：作业按到达工作中心的先后顺序进行加工。

● **最短加工时间**（shortest processing time，SPT）：具有最短加工时间的作业先加工。

● **最早完工期限**（earliest due date，EDD）：具有最早完工期限的作业先加工。

● **最长加工时间**（longest processing time，LPT）：具有最长加工时间的作业先加工。

绩效准则 选择哪个优先级法则部分取决于每个法则在四个准则上的表现：优先级法则试图最小化完成时间，最大化设备利用率，最小化系统中的作业数量，并最小化作业延迟。这些性能标准包含**流动时间**（flow time）的概念，它衡量每项作业等待加工的时间及加工的时间。例如，如果作业 B 等待作业 A 加工的时间为 6 天，然后自己再耗费 2 天的加工时间，则其流动时间为 $6+2=8$ 天。绩效准则的衡量标准为：

$$平均完工时间 = \frac{累计流动时间}{作业数} \tag{13-1}$$

$$利用率 = \frac{累计加工时间}{累计流动时间} \times 100\% \tag{13-2}$$

$$系统中平均作业数量 = \frac{累计流动时间}{累计加工时间} \tag{13-3}$$

$$作业平均延迟时间 = \frac{延迟时间总和}{作业数} \tag{13-4}$$

计算某特定作业的延迟涉及关于一天内的开始时间和完成工作的时间的假设。式（13-5）假设今天是工作日，今天的工作尚未开始，并且工作在一天结束时完成是可以在同一天交付给客户的。

$$作业延迟 = \max\{0, 昨天+流动时间-完工期限\} \tag{13-5}$$

例如，假设今天是第 20 天（因此昨天是第 19 天）。作业 A 明天到期（第 21 天），流动时间为 1 天。该作业将被视为按时完成，即无延迟：

$$\max\{0,19+1-21\}=\text{Max}\{0,-1\}=0 \text{ 天延迟}$$

与此同时，作业 B 在第 32 天到期，流动时间为 15 天。作业 B 的延迟是：

$$\max\{0,19+15-32\}=\text{Max}\{0,2\}=2 \text{ 天延迟}$$

我们在例 5 中对以上各种优先派工法则进行比较。

例5

优先派工法则

有 5 套建筑图准备交给 Avanti Sethi 建筑设计公司来完成。完成工作所需的时间和规定的交图日期如下表所示。请分别根据先到先服务（FCFS）、最短加工时间（SPT）、最早完工期限（EDD）和最长加工时间（LPT）来确定完成工作的先后次序。例题根据每套图纸交给设计人员的先后次序，分别给每项作业分配一个不同的字母。今天是第 1 天并且今天开始作业。

作业	加工所需时间（天）	规定交图时间（天）
A	6	8
B	2	6
C	8	18
D	3	15
E	9	23

方法

用四种优先派工法则依次进行计算，得出每种排序方法的结果，然后进行比较，判断哪种方法对公司最有利。

解答

1. FCFS 的次序就是发出图纸的次序，因此处理任务的先后顺序就是 A—B—C—D—E。

单位：天

作业次序	加工时间	流动时间	规定交图时间	延迟时间
A	6	6	8	0
B	2	8	6	2
C	8	16	18	0
D	3	19	15	4
E	9	28	23	5
总计	28	77		11

按照 FCFS，可以得到下列结果：

a. 平均完工时间 $=\dfrac{\text{累计流动时间}}{\text{作业数}}$

$$=\frac{77}{5}=15.4 \text{（天）}$$

b. 利用率 $=\dfrac{\text{累计加工时间}}{\text{累计流动时间}}\times100\%$

$$=\frac{28}{77}\times100\%=36.4\%$$

c. 系统中平均作业数量 $=\dfrac{\text{累计流动时间}}{\text{累计加工时间}}$

$$=\frac{77}{28}$$

$$=2.75 \text{（件）}$$

d. 作业平均延迟时间 $=\dfrac{\text{延迟时间总和}}{\text{作业数}}$

$$=\frac{11}{5}=2.2 \text{（天）}$$

2. 根据 SPT，处理作业的先后次序是 B—D—A—C—E，如下表所示。处理作业的次序是根据加工时间来确定的，加工时间最短的作业最先处理。

单位：天

作业次序	加工时间	流动时间	规定交图时间	延迟时间
B	2	2	6	0
D	3	5	15	0
A	6	11	8	3
C	8	19	18	1
E	9	28	23	5
总计	28	65		9

按照 SPT，可以得到下列结果：

a. 平均完工时间 $=\dfrac{65}{5}=13 \text{（天）}$

b. 利用率 $=\dfrac{28}{65}\times100\%=43.1\%$

c. 系统中平均作业数量 $=\dfrac{65}{28}$

$$=2.32 \text{（件）}$$

d. 作业平均延迟时间 $=\dfrac{9}{5}=1.8 \text{（天）}$

3. 根据 EDD，处理作业的先后次序是 B—A—D—C—E，如下表所示。处理作业的次序是根据最早交图时间来确定的，交图时间最早的作业最先处理。

单位：天

作业次序	加工时间	流动时间	规定交图时间	延迟时间
B	2	2	6	0
A	6	8	8	0
D	3	11	15	0
C	8	19	18	1
E	9	28	23	5
总计	28	68		6

按照 EDD，可以得到下列结果：

a. 平均完工时间 $=\dfrac{68}{5}=13.6$（天）

b. 利用率 $=\dfrac{28}{68}\times100\%=41.2\%$

c. 系统中平均作业数量 $=\dfrac{68}{28}$
$$=2.43（件）$$

d. 作业平均延迟时间 $=\dfrac{6}{5}=1.2$（天）

4. 根据 LPT，处理作业的先后次序是 E—C—A—D—B，如下表所示。

单位：天

作业次序	加工时间	流动时间	规定交图时间	延迟时间
E	9	9	23	0
C	8	17	18	0
A	6	23	8	15
D	3	26	15	11
B	2	28	6	22
总计	28	103		48

按照 LPT，可以得到下列结果：

a. 平均完工时间 $=\dfrac{103}{5}=20.6$（天）

b. 利用率 $=\dfrac{28}{103}\times100\%=27.2\%$

c. 系统中平均作业数量 $=\dfrac{103}{28}$
$$=3.68（件）$$

d. 作业平均延迟时间 $=\dfrac{48}{5}=9.6$（天）

对以上四种方法的小结如下表所示：

方法	平均完工时间（天）	利用率（%）	平均作业数量（件）	平均延迟时间（天）
FCFS	15.4	36.4	2.75	2.2
SPT	13.0	43.1	2.32	1.8
EDD	13.6	41.2	2.43	1.2
LPT	20.6	27.2	3.68	9.6

启示

LPT 是优先派工方法中效率最低的。SPT 有 3 项测量指标（平均完工时间、利用率、平均作业数量）最好，EDD 对于第 4 种测量指标（平均延迟时间）最好。

练习

如果 A 花费 7 天（而不是 6 天），4 种测量指标在先到先服务法则下将如何变化？[答案：平均完工时间为 16.4 天，利用率为 35.4%，平均作业数量为 2.83 件，平均延迟时间为 2.8 天。]

相关课后练习题

13.11，13.13，13.14，13.15

现实情况也确如例 5 的结果所示，没有哪种排序方法能够在所有方面同时具有优势。一般有下列经验可以借鉴：

1. 一般来说，最短加工时间法则使作业流动时间最短，或者使系统中平均作业数量最少。其主要缺点是加工时间较长的作业可能总被排到加工时间较短的作业后面，顾客对这种安排可能会产生不满，因此需要定期调整加工时间较长的作业。

2. 先到先服务法则在大多数情况下都不具有优势（但也不是特别差）。然而这种方法的好处是让顾客感觉到公平，这一点在顾客服务中尤其重要。

3. 最早完工期限法则使作业的平均延迟时间最少，这在延期交货可能损失大量罚金的情况下非常必要。总之，如果交货延迟是主要问题，那么最早完工期限法则比较好。

13.5.2 关键比

对于有完工期限的组织（如制造商和印刷厂）来说，作业排序的关键比是有益的。**关键比**（critical ratio，CR）是指剩余交货时间除以剩余工作时间的比值。和其他优先法则相反，关键比是动态的，很容易更新。这种方法在处理作业平均延迟时间最少的排序方面，往往比 FCFS、SPT、EDD 或者 LPT 更好。

关键比优先考虑必须按时交货的作业。关键比较低的作业（比值低于 1.0）表明该作业已经落后于计划。如果比值正好是 1.0，那么说明作业正好按计划进行。比值大于 1.0，说明作业超前于计划，因此具有一定的浮动时间。

关键比的计算公式是：

$$CR = \frac{剩余交货时间}{剩余工作时间} = \frac{交货日期-当前日期}{剩余工作时间（提前期）} \tag{13-6}$$

我们用例 6 来说明如何使用关键比。

例6

关键比

在载蔻药品实验室（Zyco Medical Testing Laboratories），今天是生产计划的第 25 天。有 3 项作业正在按部就班地进行，如下表所示。

作业	交货日期（天）	剩余工作时间（天）
A	30	4
B	28	5
C	27	2

方法

载蔻想利用关键比公式计算关键比。

解答

作业	关键比	优先派工顺序
A	(30—25)/4=1.25	3
B	(28—25)/5=0.60	1
C	(27—25)/2=1.00	2

启示

作业 B 的关键比小于 1，说明该作业落后于计划，除非加快速度，否则有可能延迟交货。因此该作业需要优先考虑。作业 C 恰好符合计划进度，作业 A 则有一定的浮动时间。在完成作业 B 之后，我们需要重新计算作业 A 和作业 C 的关键比，以确定是否需要改变作业 A 和作业 C 的先后次序。

练习

假如今天是生产计划的第 24 天（早了一天），重新计算关键比并确定先后次序。〔答案：作业 A、B、C 的关键比分别是 1.5、0.8、1.5；作业 B 仍然是第一位，但现在作业 A 和作业 C 并列第二。〕

相关课后练习题

13.12，13.13e，13.17

在大多数的生产排序中，关键比的作用如下：

1. 指出某项具体作业的进展情况。
2. 将各项作业在一个共同的基础上进行排序。
3. 根据需求和作业进展的变化情况，自动调整先后次序（并调整相应的计划）。
4. 动态地跟踪作业进展情况。

13.5.3　*N* 个工件两台机器的排序：约翰逊算法

下面我们介绍另一种情况，即 *N* 个工件（*N* 大于等于 2）必须以相同的顺序分别经过两台不同机床或工作中心进行加工。（每个工作中心每次只能处理一个工件。）这被称为 *N*/2 问题。

约翰逊算法（Johnson's rule）适用于计算一批工件经过两个工作中心的最短时间。这种方法同时也使总的设备闲置时间最少。约翰逊算法包括四个步骤：

1. 列出所有工件以及在每台机床上完成每项工件所需的加工时间。
2. 选择所需加工时间最短的工件。如果加工时间最短的工件在第一台机床上加工，就首先对它进行加工。如果加工时间最短的工件在第二台机床上加工，就把它放在最后加工。如果两个工件加工时间相同，那么可以任意排序。
3. 一个工件排好序之后，便可以从等待排序的工件中去掉它。
4. 在剩余的工件中重复第 2 步和第 3 步，直到向序列的中心靠拢。

我们通过例 7 来说明如何应用约翰逊算法。

例7

约翰逊算法

威斯康星州某工具和冲模车间有 5 个特殊的工件需要加工，加工过程需要经过两个工作中心（钻床和车床）。每个工件的加工时间如下表所示：

加工时间　　　　　　　单位：小时

工件	工作中心 1（钻床）	工作中心 2（车床）
A	5	2
B	3	6
C	8	4
D	10	7
E	7	12

车间所有者尼兰詹·帕蒂（Niranjan Pati）想要找到一个优化加工次序以减少这 5 个工件总加工时间。

方法

运用约翰逊算法的四个步骤。

解答

1. 我们希望按照 5 个工件总加工时间最少的要求来进行作业排序。加工时间最短的是工作中心 2 中的 A（加工时间是 2 小时）。由于 A 最短的加工时间是在工作中心 2，因此放在最后加工。然后将 A 从等待排序的作业中去掉。

				A

2. B 的加工时间次短（3 小时）。由于 B 的最短加工时间出现在工作中心 1，因此首先加工 B。然后将 B 从等待排序的作业中去掉。

B				A

3. 下一个具有最短加工时间的是工作中心 2 的 C（4 小时）。因此 C 的加工尽可能地靠后。

B			C	A

4. 加工剩下的工件所需时间相同（都是 7 小时）。我们可以将工作中心 1 的 E 先加工，然后将 D 排在后面加工。

B	E	D	C	A

因此经过排序的时间依次是：

工作中心 1	3	7	10	8	5
工作中心 2	6	12	7	4	2

用图形可以更好地表示作业排序的时间顺序：

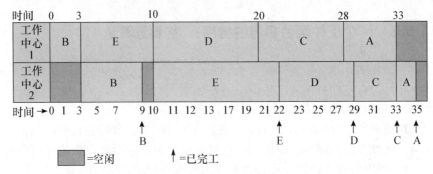

因此，可以用 35 小时完成这 5 个工件的加工任务。

启示

工作中心 2 将花费 3 小时等待第一项任务，而且在它加工完 B 后将等待 1 小时。

练习

如果 C 花 8 小时在工作中心 2（而不是 4 小时），怎样排序是最好的？［答案：B—E—C—D—A。］

相关课后练习题

13.16，13.18，13.19

13.5.4 基于法则的排序 （调度） 系统的局限性

前面介绍的各种排序方法都基于某种法则，但是基于法则的排序方法有一定的局限性。这些局限性主要包括：

1. 排序应是动态的，因此各种法则也应该随着订单、工艺流程、设备以及产品组合等的变化而相应调整。

2. 这些法则没有兼顾上下游，因此也就没有考虑到其他部门或工序的闲置资源或瓶颈资源。

3. 这些法则没有考虑在交货期限以后可能出现的情况。例如，两批订单可能具有相同的交货日期，但其中一批是给分销中心补充库存，另一批则是顾客的直接订单，如果直接订单不能按时交货，将造成顾客的工厂停产。因此虽然两批订单具有相同的交货期限，但很明显顾客的订单要重要得多。

尽管有这些局限性，人们还是经常使用其中的一些方法，如 SPT、EDD 或者关键比。人们在工作中心定期应用这些方法，并由调度员根据实际情况对排序进行调整，以处理好现实环境中众多的变量。这些工作可能靠手工完成，也可能利用有限能力排程的计算机程序来完成。

13.6 有限能力排程

短期作业计划也称为有限能力排程。[2] **有限能力排程** （finite capacity scheduling，FCS）通过给调度员提供交互式计算和图形输出，克服了仅基于法则的排序方法的一些不利方面。在编制单件小批（多品种、小批量并且资源共享）的动态作业计划时可能会遇到变数，这些变数会干扰计划。因此运作经理倾向于运用有限能力排程系统，以便操作人员能够立即适应变化。改善车间层面的通信条件也提高了信息传递的精度和速度，使作业控制更为有效。数控车床能够监测加工任务并及时收集信息。这意味着有限能力排程能够根据最近一分钟的信息对计划进行调整。这些计划通常通过甘特图的形式来表示。除了包含优先法则以外，目前很多有限能力排程软件也结合了专家系统或仿真技术，可根据不同目的对成本进行分解。调度员具有较大的柔性，可以处理任何情况，包括订单、劳动力或者设备的变化。

计划、有限能力排程、优先法则、辅助分析模型以及甘特图的结合见图 13 - 5。

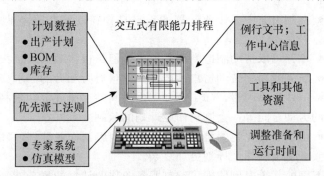

图 13 - 5　有限能力排程系统使用生产数据生成甘特负荷图和可由用户操作的用来评估排程方案的在制品数据

基于目前的条件和订单情况，有限能力排程可以根据生产效率来平衡需求，而不是根据预先设定的某种法则。排序员可以确定"好"的作业计划的构成。目前 Lekin（如图 13 - 6 所示）、ProPlanner、Preactor、Asprova、Schedlyzer 和 Jobplan 等有限能力排程软件品牌在美国的市场占有率超过 60％。

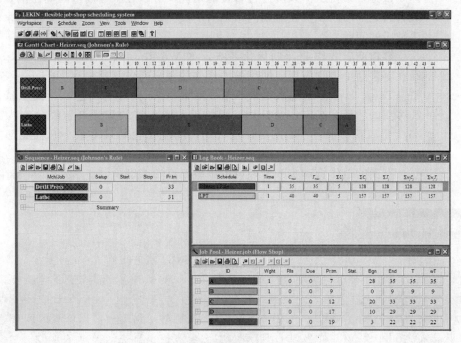

图 13 - 6　有限能力排程（FCS）系统

说明：该 Lekin® 有限能力排程软件以甘特图形式显示了例 7 中五个工件和两个工作中心的时间表。该软件能够使用各种优先派工法则并且能在许多工作中使用。Lekin 软件可以在网站 http://community.stern.nyu.edu/om/software/lekin/download.html 免费获得，它可以解决本章章末的许多问题。

13.7 服务业的作业计划

制定服务业的作业计划和制定制造业的作业计划有所不同，表现在以下几个方面：

- 在制造业中，作业计划的重点是物料；而在服务业中，作业计划的重点是员工。
- 库存可以帮助制造商调整需求，但是很多服务系统很少有库存。
- 服务业属于劳动密集型产业，并且对劳动力的需求变化非常大。
- 一些法律因素，如工资和工作时间的法律规定，限制每班、每周或每月工作时间的劳动合同等，会制约作业计划的编制。
- 由于服务业主要是对人员而非物料编制作业计划，社会、疲劳、资历、地位等因素会使编制作业计划更加复杂。

下面的几个案例体现了编制服务业作业计划的复杂性。

医院　服务业中医院所使用的作业计划系统，可能和制造企业中单件小批生产的作业计划系统一样复杂。医院很少使用制造企业的优先派工法则，例如不可能用先到先服务（FCFS）的办法来治疗急诊患者，但它们经常在优先级内使用 FCFS 方法。并且医院和企业一样需要编制作业计划（如手术安排）并需要具备充足的产能来应对各种不同的情况。

银行　银行工作人员经过多技能培训，可以在服务高峰时期让信贷部门的职员或者其他部门的职员在短期内帮助出纳员。银行也通过招聘临时雇员来解决短期人手缺乏的问题。

零售商店　作业计划优化系统，如 Workbrain、Cybershift 和 Kronos 等，已经在零售商中得到应用，使用该类软件的零售商包括沃尔玛、Payless Shoes、塔吉特（Target）等。这些系统跟踪单个店铺每 15 分钟的营业额、交易量、销售单位和客流的增量并制定作业计划。沃尔玛和塔吉特的管理者曾经分别为其 220 万和 35 万员工花费上万小时制定作业计划；而现在它们只需数小时就能编制好全美的员工计划，并使顾客的结账体验显著提升。

下面的运作管理实践专栏讨论了星巴克的调度软件。

运作管理实践

星巴克的争议性调度软件

星巴克最近宣布修订其调度 130 000 名咖啡师的方式，声称希望逐周提高工作时间的"稳定性和一致性"。该公司打算遏制备受厌恶的"clopening"的做法，即工人在深夜打烊然后在几小时后返回店里重新营业。所有工作时间必须至少提前一周公布，这一制度过去只是很宽松地执行。计划修订后，出勤超过一小时的咖啡师可以选择到更便利的店铺工作，而修订的调度软件允许管理者提供更多选择。

这一修订是为了回应报纸上一篇关于单身母亲努力跟上自动化软件设定的不稳定时

间的文章。过度依赖复杂的软件对日程进行安排，已经给员工的生活造成了严重的影响：仅仅提前几天通知工作时间；当销售缓慢时，让员工回家；每周都会大幅改动工作时数。这些做法在星巴克很常见。许多其他连锁店甚至使用更为严格的方法，例如要求员工"开放可用性"，能够在需要时随时工作，保持"随叫随到"，这意味着他们如果只需要早晨工作也要随叫随到。

星巴克以先进的劳动实践为荣，如提供健康福利、亚利桑那州立大学的免费在线学习以及股票。但美国各地的咖啡师说，他们的实际工作条件差异很大，而且公司经常无法实现其自称的理想，拒绝为兼职员工提供任何保证时间，并且一直给许多员工开最低的工资。多年来，调度一直是个问题。一位公司前高管表示："劳动力是一线运营商最大的可控成本，它们面临着达到财务目标的巨大压力。"

资料来源：*New York Times*（September 24，2015 and August 15，2014）and *Bloomberg Businessweek*（August 15，2014）.

航空公司 航空公司在制定空乘人员的计划方面面临着两种限制：（1）美国联邦航空管理局（FAA）规定了法定工作时间；（2）工会要求对空乘人员每天或每个航班的额外工作时间支付额外报酬。此外它们还必须充分利用另一种昂贵的资源：飞机。这些问题通常用线性规划模型来解决。

全天候运作 急救热线、警察局、消防队、总机接线员以及邮购公司（如 L. L. Bean）都是一天 24 小时、一周 7 天全天候工作。为了在人员调配上取得相应的柔性，有时候企业会雇用兼职人员。雇用兼职人员既有好处（增加临时排班次数或者满足预期的用人要求），又有困难（利用休息日、午餐时间、休息时间、开工时间等产生了大量可能的替代方案）。在这些更为复杂的情况下，大多数公司采用计算机系统来制定作业计划。

用循环排序法制定服务人员的工作班次

编制服务行业人员需求变化时的员工服务计划有很多方法和算法。典型的例子如护士、餐厅招待、出纳和零售人员的工作计划。管理人员为了制定及时有效的作业计划并使员工满意，他们每个月会花费大量时间制定员工班次计划，这些计划的周期通常比较长（如 6 周）。处理这些问题有很多方法，一个既实用又简单的方法是循环排序法。

循环排序法 循环排序法（cyclical scheduling）侧重于编制对员工需求不均衡时所需员工数最少的作业计划。这需要为每名员工指派一个班次，并安排相应的工休时间。下面来看例 8。

例8

循环排序法

医院管理者多丽丝·劳克林（Doris Laughlin）希望对肿瘤科病房的工作人员进行安排，每人每周工作 5 天，连休 2 天，同时希望安排的员工人数最少。然而，同其他大多数医院一样，她面临的是不均衡需求。周末利用率低，而医生从周一开始工作，病人数量在周三达到峰值后会逐渐减少。

方法

多丽丝必须首先确定所需的员工数量，可采用下面五个步骤。

解答

1. 确定每天所需的员工数量。多丽丝制定了下列安排：

	星期一	星期二	星期三	星期四	星期五	星期六	星期日
需要的员工数	5	5	6	5	4	3	3

2. 找出所需员工数最少的相邻两天，并圈出来。将这两天分配给第一个员工作为休息日。该案例中，第一名员工在星期六和星期日休息，因为 3＋3 比任何其他两天的所需人数之和都小。如果出现了相等的情况，则选择所需人数最少的相邻两天，或者首先指定星期六和星期日为休息日。如果所需员工最少的情况有多处相等，则可任选其中相邻的两天作为休息日。

3. 现在在这名员工的工作时间用不带圈的数字标明。接下来在新的一行中对上一行的数字减 1（因为这一天已经安排了一个人在工作）——带圈的时间（代表当天没有安排人员）和任何数字为 0 的时间除外。

4. 在新的一行中找出所需员工最少的连续两天，并再次循环。将下一名员工分配到剩余天数中。

5. 重复上述过程（步骤 3 和步骤 4），直到满足所有人员的休息需求。

	星期一	星期二	星期三	星期四	星期五	星期六	星期日
员工 1	5	5	6	5	4	③	③
员工 2	4	4	5	4	3	③	③
员工 3	3	3	4	3	②	②	②
员工 4	2	2	3	②	②	3	2
员工 5	①	①	2	2	2	2	1
员工 6	1	1	1	1	1	①	⓪
员工 7							1
服务能力（按员工数计算）	5	5	6	5	4	3	3
多余服务能力	0	0	0	0	0	1	0

多丽丝需要 6 名全职员工以满足员工数量需求，同时在星期六需要增加一名员工。

现在只需在星期六安排一名员工加班或招聘临时员工，服务能力（员工数）和员工需求就能达到平衡。

启示

多丽丝有效地应用了循环排序法，保证了每名员工每周有两天连续的休息时间。

练习

如果多丽丝星期六需要一名全职员工，那么她应该如何安排那名员工？[答案：那名员工可以选择除星期六的任意两天休息，并且除星期六外，每天病房的服务能力都会超过需求员工 1 人。]

相关课后练习题

13.20，13.21

科罗拉多总医院（Colorado General Hospital）使用循环排序法后，护士长每个月制定作业计划的时间平均节省了 10～15 小时，并且带来了以下好处：（1）不再需要计算机；（2）护士们对工作计划感到满意；（3）工作节拍可以随着季节的不同而不同（可以考虑滑雪爱好者的需要）；（4）由于计划的可预见性和柔性，招聘工作也变得更容易。通过这种方法得到的结果是最优的，尽管最优解可能不唯一。

服务业的作业计划还有其他一些循环排序方法。有些方法需要用到线性规划，如硬石餐厅的人员安排。对不同方法的理解和对结果的不同要求产生了对各种方法的需求。

小 结 ◼

作业计划涉及为企业运作的各环节作出 时间安排，以便实现整个系统的运作效率。

本章主要介绍了适用于工艺专业化和服务行业的短期作业计划的内容。我们注意到，工艺专业化企业采用的是按订单组织生产的方式，制定作业计划的工作很复杂。本章介绍了一些作业计划、负荷和排序的具体方法与内容，包括甘特图、优先派工法则、关键比、约翰逊算法和有限能力排程。

服务系统从总体上说有别于制造系统。为了使产能与需求匹配，服务系统形成了先到先服务法则、预约系统以及线性规划等方法。

伦理问题

对于每个实行三班倒的公司而言，编排夜班计划是个问题。医疗数据和人类工效学的研究表明，人体并不能很好地适应睡眠等重大生活规律的改变。工作和睡眠规律的频繁改变会带来严重的长期健康问题。

假设你是一家没有工会的钢铁厂的经理，工厂需要 24 小时连续运转，并且通常需要每天工作 10～12 小时才能满足市场需求。授权以后的员工决定按周来轮班，即他们希望第一周从早上 7 点到下午 3 点，第二周从下午 3 点到晚上 11 点，第三周从晚上 11 点到第二天早上 7 点。你可以肯定这种方法既对生产率不利，也对员工的长期身体健康不利。可是如果不接受他们的决定，就意味着你破坏了员工授权计划，会影响士气，并很可能使更多的人想成立工会。从伦理上如何解决这个问题？你又打算如何做？

讨论题

1. 作业计划的目标是什么？
2. 请列举衡量作业计划效果的四个准则。这些准则和四个排序法则之间有何联系？
3. 请说明工作中心"负荷"的含义。工作中心负荷有哪两种形式？分配负荷的两种方法是什么？
4. 简述五种优先派工法则，并解释每种法则是如何进行作业排序的。
5. 最短加工时间（SPT）法则有何优劣？
6. 什么是完工期限？
7. 请解释流动时间和延迟。
8. 一座大楼中分布着数枚定时炸弹，正由仅有的一个专家小组负责拆除，你是该小组的组长，你会选用哪种排序法则？你可以看得见炸弹，虽然每种炸弹的类型各不相同，但你知道拆除每个炸弹所需的时间。讨论可能的结果。
9. 在编制单件小批生产计划时，何时使用约翰逊算法最合适？
10. 简述优先派工法则中的四种效果测量方法。
11. 简述线性规划中分派方法的求解步骤。
12. 简述有限能力排程的优点。
13. 什么是输入输出控制？

利用软件制定短期作业计划

除了本章提到的商业软件，Excel OM 软件也可以解决短期作业计划问题。同时，Pom for Windows 也包含作业计划模块。

使用 Excel OM

Excel OM 中有两个模块可以帮助我们求解作业计划中的分派问题和单件小批生产计划问题。分派问题如程序 13－1 和 13－2 所示。首先输入数据，程序 13－1 中使用的是本章例 4 的数据。完成数据输入后，点击工具栏中的数据选项下拉菜单，执行规划求解命令。Excel 的规划求解程序采用线性规划方法来求解分派问题的最优解。（所以选择 Simplex LP。）约束条件如程序 13 - 1 所示。

在设置完成后点击求解选项，便可以得到求解结果，如程序 13 - 2 所示。

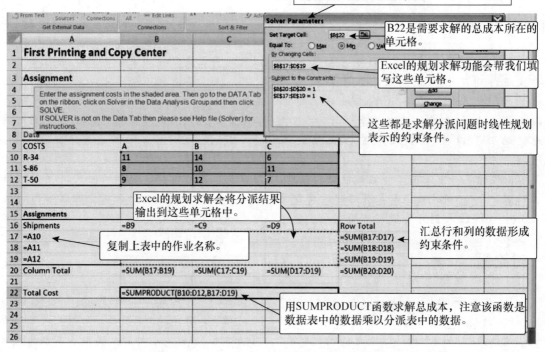

在电脑版Excel 2007和更高版本以及Mac的 Excel 2016中，求解选项位于数据选项的数据分析部分。在Mac的Excel 2011中，求解选项位于工具下拉菜单里。

B22是需要求解的总成本所在的单元格。

Excel的规划求解功能会帮我们填写这些单元格。

这些都是求解分派问题时线性规划表示的约束条件。

Excel的规划求解会将分派结果输出到这些单元格中。

汇总行和列的数据形成约束条件。

复制上表中的作业名称。

用SUMPRODUCT函数求解总成本，注意该函数是数据表中的数据乘以分派表中的数据。

程序 13 - 1　用 Excel OM 求解例 4 中的分派问题

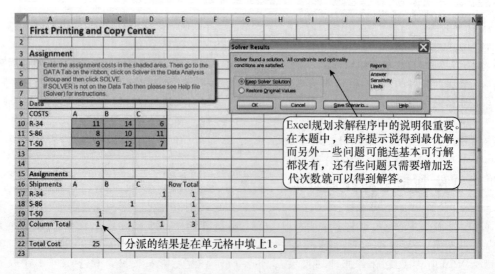

Excel规划求解程序中的说明很重要。在本题中，程序提示说得到最优解，而另外一些问题可能连基本可行解都没有，还有些问题只需要增加选代次数就可以得到解答。

分派的结果是在单元格中填上1。

程序 13 - 2　Excel OM 对分派问题进行规划求解的结果

用 Excel OM 求解单件小批作业计划问题的过程如程序 13-3 所示。程序 13-3 使用的是本章例 5 的数据。由于作业是按照下达的先后顺序排列的（见 A 列），输出的结果便是按照先到先服务（FCFS）法则计算的。程序 13-3 中还说明了一些计算中使用的公式（F、G、H、I、J 列）。

为应用最短加工时间法则，我们需要用到四个中间步骤：（1）为所有作业在 A、B、C 列中选择数据；（2）点开工具栏的数据下拉菜单；（3）点击"排序"命令；（4）选择按照时间升序排列（C 列）。在根据最早完工期限（EDD）法则求解时，第 4 步改为根据交货时间升序排列（D 列）。最后，在根据最长加工时间（LPT）法则求解时，第 4 步改为根据交货时间降序排列（D 列）。

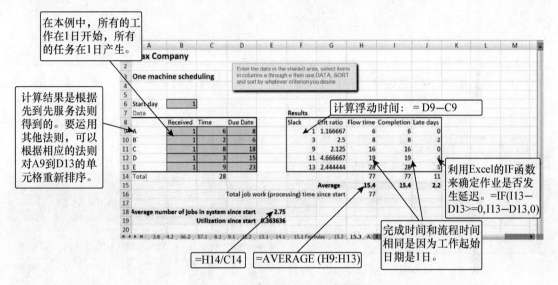

程序 13-3　应用 Excel OM 求解例 5

使用 POM for Windows

POM for Windows 软件可以求解本章涉及的两类排序问题。它的分派模块可用来解决传统的人与机器、机器与工件等一对一分派问题。其作业车间排程模块可以求解一台机器或两台机器的作业排序问题。可用的优先法则包括 SPT、FCFS、EDD 以及 LPT。一旦输入数据，每个优先法则可以依次检验。详情参见附录Ⅳ。

例题解答

例题解答 13.1

总部位于纽约的金财务公司（King Finance Corporation）希望将新招的三名研究生朱莉·琼斯（Julie Jones）、阿尔·史密斯（Al Smith）和帕特·威尔逊（Pat Wilson）分配到各区域办公室。公司在纽约也有一个分公司，如果调动费用比派到奥马哈、达拉斯或迈阿密更少的话，公司将把三人中的一人派到纽约去。调动琼斯到纽约需要花 1 000 美元，而将史密斯和威尔逊调到纽约则分别需要花费 800 美元和 1 500 美元。请问人员分派的最优方案是什么？

单位：美元

人员	办公地点		
	奥马哈	迈阿密	达拉斯
琼斯	800	1 100	1 200
史密斯	500	1 600	1 300
威尔逊	500	1 000	2 300

解答

1. 下面列出成本表，包括纽约一共有四栏数据。为了取得平衡，我们增加一个虚拟人物，其每个城市的调动费用为零。

单位：美元

人员	办公地点			
	奥马哈	迈阿密	达拉斯	纽约
琼斯	800	1 100	1 200	1 000
史密斯	500	1 600	1 300	800
威尔逊	500	1 000	2 300	1 500
虚拟人物	0	0	0	0

2. 在每行用每个数减去该行最小的数，划掉所有数字零所在的单元格（从每列开始减掉最小的数会得到相同的结果）。

单位：美元

人员	办公地点			
	奥马哈	迈阿密	达拉斯	纽约
琼斯	0	300	400	200
史密斯	0	1 100	800	300
威尔逊	0	500	1 800	1 000
虚拟人物	0	0	0	0

3. 由于只画了两条线，所以在剩下的数字中，让每个数都减去最小的数（200），并将最小的数分别加到前面所画直线两两相交的单元格上。然后再划掉所有的零。

单位：美元

人员	办公地点			
	奥马哈	迈阿密	达拉斯	纽约
琼斯	0	100	200	0
史密斯	0	900	600	100
威尔逊	0	300	1 600	800
虚拟人物	200	0	0	0

4. 在剩下的数字中，再让每个数都减去最小的数（100），并将最小的数分别加到前面所画直线两两相交的单元格上。然后再划掉所有的零。

单位：美元

人员	办公地点			
	奥马哈	迈阿密	达拉斯	纽约
琼斯	0	0	100	0
史密斯	0	800	500	100
威尔逊	0	200	1 500	800
虚拟人物	300	0	0	100

5. 在剩下的数字中，继续让每个数减去最小的数（100），并将最小的数分别加到前面所画直线两两相交的单元格上。然后再划掉所有的零。

单位：美元

人员	办公地点			
	奥马哈	迈阿密	达拉斯	纽约
琼斯	100	0	100	0
史密斯	0	700	400	0
威尔逊	0	100	1 400	700
虚拟人物	400	0	0	100

6. 因为用了四条线来划掉所有的零，因此可以从数值为零的单元格中得到分派问题的最优解。分配方案是：

威尔逊分到奥哈马；

琼斯分到迈阿密；

虚拟人物（没有人）分到达拉斯；

史密斯分到纽约。

$$总成本 = 500 + 1\ 100 + 0 + 800$$
$$= 2\ 400（美元）$$

例题解答 13.2

达拉斯的一家工厂有6项作业等待加工。每项作业的加工时间和应该完工时间见下表。假设作业按照表中顺序到达，请根据先到先服务法则对其进行排序，并进行说明。

作业	加工时间（天）	完工时间（天）
A	6	22

续表

作业	加工时间（天）	完工时间（天）
B	12	14
C	14	30
D	2	18
E	10	25
F	4	34

解答

根据先到先服务法则得到的作业排序是：
A—B—C—D—E—F。

单位：天

作业排序	加工时间	流动时间	完工时间	延迟时间
A	6	6	22	0
B	12	18	14	4
C	14	32	30	2
D	2	34	18	16
E	10	44	25	19

续表

作业排序	加工时间	流程时间	完工时间	延迟时间
F	4	48	34	14
总计	48	182		55

1. 平均完工时间＝182/6＝30.33（天）
2. 系统中平均作业数量＝182/48
　　＝3.79（件）
3. 平均延迟时间＝55/6＝9.16（天）
4. 设备利用率＝48/182×100%
　　＝26.4%

■■■■ **例题解答 13.3** ■■■

例题解答 13.2 中的达拉斯工厂还希望考虑按最短加工时间法则进行作业排序。请利用相同的数据，按照最短加工时间法则给出作业排序结果。

解答

根据最短加工时间法则得到的作业排序是：D—F—A—E—B—C。

单位：天

作业排序	加工时间	流动时间	完工时间	延迟时间
D	2	2	18	0
F	4	6	34	0
A	6	12	22	0
E	10	22	25	0
B	12	34	14	20
C	14	48	30	18
总计	48	124		38

1. 平均完工时间＝124/6＝20.67（天）
2. 系统中平均作业数量＝124/48
　　＝2.58（件）
3. 平均延迟时间＝38/6＝6.33（天）
4. 设备利用率＝48/124×100%
　　＝38.7%

在本例中，最短加工时间法则（SPT）在所有四个方面（加工时间、流动时间、完工时间、延迟时间）都比先到先服务法则（FCFS）得到的结果要好。如果我们继续根据最早完工期限法则（EDD）进行分析，那么根据最早完工期限法则排序所得到的平均延迟时间最少，只有 5.5 天。最短加工时间法则是一个比较好的选择，但该法则的一个主要问题是，让加工时间较长的作业排在后面，有时候需要等待很长时间。

■■■ **例题解答 13.4** ■■■

一批作业需要经过两个工作中心进行加工。请根据下表数据，采用约翰逊算法求解作业排序的最优解。

单位：小时

作业	工作中心 1	工作中心 2
A	6	12
B	3	7
C	18	9
D	15	14
E	16	8
F	10	15

解答

排序结果如下：

B	A	F	D	C	E

相应的时间是：

工作中心 1	3	6	10	15	18	16
工作中心 2	7	12	15	14	9	8

━━━ ▰▰▰▰▰ **例题解答 13.5** ▰▰▰▰ ━━━

请用图形表示例题解答 13.4 中两个工作
中心的加工时间和空闲时间。

解答

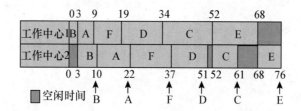

练习题* ─■

13.1 罗恩·萨特菲尔德（Ron Satter-
field）的挖掘公司同时使用甘特计划图和甘
特负荷图。

a. 现在是第 7 天晚上，罗恩正在看甘特
图反映的计划执行情况。

● #151 作业应该从第 3 天开始，需要 6
天完成。目前该作业提前计划 1 天。

● #177 作业应该从第 1 天开始，需要 4
天完成。目前该作业符合计划进度。

● #179 作业应该从第 7 天开始，需要 2
天完成。实际上该作业从第 6 天就开始了，
目前的进展符合计划进度。

● #211 作业应该从第 5 天开始，但由
于设备到货延迟，该作业推迟到第 6 天才开
始。该作业目前保持正常进度，需要 4 天
完成。

● #215 作业应该从第 4 天开始，需要 5
天完成。尽管该作业按时开工，但目前落后
计划 2 天。

请根据以上信息绘制甘特计划图。

b. 罗恩现在想用甘特负荷图的形式看
看 3 个小组的工作量，即埃布尔（Able）组、
贝克（Baker）组和查利（Charlie）组。这
三个小组目前的工作负荷有 5 项作业：对于
埃布尔工作组来说，#250 作业耗时 48 小
时，#275 作业耗时 32 小时；对于贝克工作

组来说，#210、#280 作业分别耗时 16 小
时和 24 小时；对于查利工作组来说，#225
作业耗时 40 小时。请根据以上信息画出甘特
负荷图。

13.2 本章例 3 中提到的第一打印和复
印中心还有 4 项任务需要完成。在第 4 天晚
上，计划编制人员正在看甘特图反映的计划
执行情况。

● 任务 D 应该从第 2 天开始，并在第 9
天中午完成。目前（时间点从第 4 天以后开
始）该任务提前计划 2 天。

● 任务 E 应该从第 1 天开始，并在第 3
天完成。目前该任务符合计划进度。

● 任务 F 应该从第 3 天开始，但由于设
备维护推了 1.5 天。该任务现在需要用 5
天来完成。目前的进度符合计划。

● 任务 G 落后计划 1 天。该任务从第 2
天开始，原计划 6 天完成。

请根据以上信息，为第一打印和复印中
心绘制甘特计划图。

13.3 格林出租车公司（The Green Cab
Company）的 4 辆出租车停在伊利诺伊州伊
云斯顿的 4 个停车点，4 名顾客打电话要租
车。从每个停车点到每名顾客的距离见下表。
请为每名顾客安排一辆出租车，并使总行驶
里程最少。

---

* Ｐｘ 表示可以用 POM for Windows 和（或）Excel OM 软件解答该题。

单位：英里

停车点	顾客			
	A	B	C	D
#1停车点	7	3	4	8
#2停车点	5	4	6	5
#3停车点	6	7	9	6
#4停车点	8	6	7	4

13.4 J. C. 霍华德（J. C. Howard）的药品检测公司需要几台设备来处理一批作业。每台设备完成每项作业所需的时间如下表所示：

作业	设备			
	A	B	C	D
1	7	9	8	10
2	10	7	7	6
3	11	5	9	6
4	9	11	5	8

a. 试对每台设备进行作业分派，使总生产能力最大。

b. 根据作业分派结果，计算总生产能力是多少。

13.5 俄亥俄州哥伦布市的约翰尼·霍制造公司（Johnny Ho Manufacturing Company）研制出 4 种新的电子元件。该公司有 4 家工厂，正好可以安排每家工厂生产一种新电子元件。每家工厂生产每个元件的单位成本见下表。该公司应该如何在 4 家工厂中分派这些新产品，才能使生产成本最低？

单位：美元

电子元件	工厂			
	1	2	3	4
C53	0.10	0.12	0.13	0.11
C81	0.05	0.06	0.04	0.08
D5	0.32	0.40	0.31	0.30
D44	0.17	0.14	0.19	0.15

13.6 贾米森·戴咨询公司（Jamison Day Consultants）受委托对一份商业计划进行评估。这份商业计划分为四部分：营销、融资、运营和人力资源。评估小组由克里斯（Chris）、史蒂夫（Steve）、胡安娜（Juana）和丽贝卡（Rebecca）组成。他们每个人都对一个领域非常在行，并且能很快地完成那个部分。每个人完成每部分所需的时间如下表所示。进一步的信息表明，他们每人每小时得到 60 美元报酬。

每人完成每部分工作所需的时间

单位：分钟

	营销	融资	运营	人力资源
克里斯	80	120	125	140
史蒂夫	20	115	145	160
胡安娜	40	100	85	45
丽贝卡	65	35	25	75

a. 将每个人分派到不同的部分使该公司的总成本最低。

b. 这种分派方式的总成本是多少？

13.7 巴吞鲁日警察局有 5 类案件需要 5 个刑侦小组来侦破。何塞·诺格拉（Jose Noguera）警长正在分配任务，他希望让总的破案时间最少。根据以前的记录，每个小组对各类案件的平均破案时间如下表所示：

刑侦小组	案件				
	A	B	C	D	E
1	14	7	3	7	27
2	20	7	12	6	30
3	10	3	4	5	21
4	8	12	7	12	21
5	13	25	24	26	8

每个刑侦小组都有各种专家，不同的小组可能对某一类案件非常有经验，但可能对其他案件束手无策。

a. 请根据分派方法来求解这个问题。

b. 由于条件限制，刑侦小组 5 无法完成案件 E。请在这一约束条件下，给每个小组分派任务。

13.8 泰格斯体育俱乐部（Tigers Sports Club）需要选择 4 个独立的男女双打队伍参加跨俱乐部乒乓球锦标赛。预赛选出了 4 名男运动员——劳尔（Raul）、杰克

（Jack）、格雷（Gray）和阿杰伊（Ajay），以及 4 名女运动员——芭芭拉（Barbara）、多纳（Dona）、斯特拉（Stella）和杰基（Jackie）。现在的任务是如何以最佳方式对这些男女运动员进行配对。为此，该俱乐部建立了如下表所示的矩阵。该矩阵显示了每名男选手与女选手的配合程度。分数越高表明在项目中，两个人的配合程度越好。请确定最佳组合。

运动员匹配程度矩阵

	芭芭拉	多纳	斯特拉	杰基
劳尔	30	20	10	40
杰克	70	10	60	70
格雷	40	20	50	40
阿杰伊	60	70	30	90

Px

13.9 圣安东尼奥学院（College of San Antonio）的管理系主任丹尼尔·格拉泽（Daniel Glaser）教授需要为系里的 4 名教授安排下学期的课程。为了安排好各门课程，格拉泽教授查看了过去两年的教学评估情况（由学生打分）。他发现每名教授在过去两年中都教过同样的 4 门课，因此可以对 4 个人进行比较。这 4 名教授的评估得分情况见下表。

教授	课程			
	统计学	管理学	财务	经济学
费希尔（W. W. Fisher）	90	65	95	40
戈尔哈（D. Golhar）	70	60	80	75
胡克（Z. Hug）	85	40	80	60
鲁斯塔基（N. K. Rustagi）	55	80	65	55

a. 请为这 4 名教授安排课程，并使教学评估总体情况最好。

b. 请在费希尔教授无法教授统计学这一条件下，为这 4 名教授安排课程。**Px**

13.10 吴立方（Lifang Wu）有一个制作精密汽车零部件的自动化机械车间。他编制了一份打磨中心的输入输出报告。完成这份报告并分析结果。

输入输出报告

	期间				总计
	1	2	3	4	
计划输入	80	80	100	100	
实际输入	85	85	85	85	
偏差					
计划输出	90	90	90	90	
实际输出	85	85	80	80	
偏差					
最初积压：30					

13.11 下列作业需要在同一个机械加工中心进行处理。作业按照下达的顺序排列。

作业	交货日期（天）	加工时间（天）
A	313	8
B	312	16
C	325	40
D	314	5
E	314	3

请根据下列排序法则求解作业排序结果：

a. 先到先服务（FCFS）。

b. 最早完工期限（EDD）。

c. 最短加工时间（SPT）。

d. 最长加工时间（LPT）。

所有日期都是生产计划中的计划日期。假设所有任务都在第 275 天下达。请问哪种作业排序的结果最好？为什么？**Px**

13.12 阿维安尼克发动机维修公司（Avianic's Engine Repair, Inc.）有以下 5 项检修作业需要处理。作业按照下达的顺序排列。所有日期都是计划日期。假设所有作业都在第 180 天下达，今天是第 200 天。

作业	交货日期（天）	所剩时间（天）
103	214	10
205	223	7
309	217	11
412	219	5
517	217	15

请根据关键比法则求解作业排序结果。

13.13 亚拉巴马州一家木材场有 4 项作业等待处理。今天是计划中的第 205 天。

作业	交货日期（天）	所剩时间（天）
A	212	6
B	209	3
C	208	3
D	210	8

请根据下列排序法则来确定上述 4 项作业的排序。

a. 先到先服务（FCFS）。

b. 最短加工时间（SPT）。

c. 最长加工时间（LPT）。

d. 最早完工期限（EDD）。

e. 关键比（CR）。

哪种作业排序的结果最好？为什么？哪种作业排序的平均延迟时间最少？

13.14 下列任务需要在里克·索拉诺（Rick Solano）的机械加工中心进行加工。该机械加工中心的积压订单较多，每两周更新一次计划，但这种更新并不会打乱原来的安排。下表列出了前两周的作业计划。今天正好是计划调整日，也是计划中的第 241 天。表中各任务的编号表示顾客名称和合同号。

任务编号	任务下达日期（天）	加工时间（天）	交货日期（天）
BR-02	228	15	300
CX-01	225	25	270
DE-06	230	35	320
RG-05	235	40	360
SY-11	231	30	310

a. 请完成下表（并说明计算过程）。

b. 哪种排序法则的流动时间最少？

c. 哪种排序法则的设备利用率最高？

d. 哪种排序法则的平均延迟时间最少？

e. 你会选择哪种排序法则？为什么？

调度法则	作业排序	流动时间	设备利用率	平均作业数量	平均延迟时间
EDD					
SPT					
LPT					
FCFS					

13.15 下列作业需要在朱莉·莫雷尔（Julie Morel）的机械加工中心完成。

单位：天

作业	作业下达日期	加工时间	交货日期
A	110	20	180
B	120	30	200
C	122	10	175
D	125	16	230
E	130	18	210

请根据下列排序法则来确定各相关作业的排序。

a. 先到先服务（FCFS）。

b. 最早完工期限（EDD）。

c. 最短加工时间（SPT）。

d. 最长加工时间（LPT）。

以上所有日期均按车间计划表示。今天是第 130 天，但目前还没有开始加工任何作业。请问哪种作业排序的结果最好？

13.16 裁缝桑尼·帕克（Sunny Park）要给客户做三套不同的结婚礼服。下表列出了剪裁缝制和交货所需的时间。用哪种方法能最快完成礼服：先到先服务法还是约翰逊算法？

单位：小时

礼服	剪裁缝制	交货
1	4	2
2	7	7
3	6	5

13.17 下列作业需要在赫雷米·蒙塔涅（Jeremy LaMontagne）的机械加工中心进行加工。今天是第 250 天。

单位：天

作业	作业下达日期	加工时间	交货日期
1	215	30	260
2	220	20	290
3	225	40	300
4	240	50	320
5	250	20	340

请用关键比方法对上述各项作业进行排序。**P**x

13.18 乔治·海因里希（George Heinrich）的印刷公司有7项作业需要经过两个工作中心（打印中心和装订中心）进行处理。工序顺序是首先打印出来，然后进行装订。每项作业在每个工作中心的加工时间如下表所示：

作业	打印时间（小时）	装订时间（小时）
T	15	3
U	7	9
V	4	10
W	7	6
X	10	9
Y	4	5
Z	7	8

a. 这些作业的最优排序方案是什么？

b. 请画出这些作业经过两个工作中心的加工时间图。

c. 最优作业排序方案的总加工时间是多少？

d. 装订中心的空闲时间是多少？给出最优解决方案。

e. 装订中心的空闲时间被作业Z分掉一半后是多少？**P**x

13.19 6项作业需要经过两个步骤完成，第一步是打磨，第二步是喷漆。各作业的相关加工时间如下表所示：

作业	打磨（小时）	喷漆（小时）
A	10	5
B	7	4
C	5	7
D	3	8
E	2	6
F	4	3

请进行作业排序，使总完工时间最少并用图说明。**P**x

13.20 丹尼尔·贝尔（Daniel Bell）在纽瓦克机场（Newark Airport）的理发店基本每天都会营业但有时也会根据需要调整。丹尼尔想尽可能给理发师们稳定的工作，最好是工作5天再连续休息2天。下表列出了他觉得每天需要的理发师数量。请对丹尼尔的理发师进行工作安排以使所需理发师总数最少。

	时间						
	星期一	星期二	星期三	星期四	星期五	星期六	星期日
所需理发师的数量	6	5	5	5	6	4	3

13.21 下表列出了高希酒吧烧烤店（S. Ghosh Bar and Grill）需要的服务员数量。在保证每个服务员有两天连续休息的情况下，计算所需的最少服务员数量。

	时间						
	星期一	星期二	星期三	星期四	星期五	星期六	星期日
所需服务员的数量	3	4	4	5	6	7	4

案例分析 ■

■■■■ **老俄勒冈木材店** ■■■■

2015年，乔治·赖特（George Wright）创建了老俄勒冈木材店（Old Oregon Wood Store），开始生产老俄勒冈式桌子。每一张桌子都用最好的橡木纯手工制作，它能承受

500 多磅的重量。自老俄勒冈木材店开业以来，从没因工艺问题或是结构问题出现退货。除了坚固耐用，每张桌子都由木质材料制成并用乔治花了 20 多年时间研制出的清漆喷涂而成。

制作过程包括四步：准备、装配、精加工和包装。每一步都由一个人完成。除了要兼顾整个过程外，乔治还要负责所有的收尾工作。汤姆·苏罗斯基（Tom Surowski）负责准备阶段，包括切割和制成桌子的基本组件。利昂·戴维斯（Leon Davis）负责装配，而卡西·斯塔克（Cathy Stark）负责包装。

尽管制作过程中每个人只负责一步，但是可以做任何一步。乔治规定每个人有时可以独自制作几张桌子，会有一个小的比赛看谁做一张完整桌子所花的时间最少。乔治保持着平均总用时和单步用时的最佳纪录。数据如图 13-7 所示。

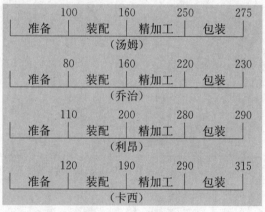

图 13-7　制作时间

卡西制作一张桌子的时间比其他人都要长。除了比其他人慢，卡西对她目前负责的包装环节很不满，因为这个环节使她白天大部分的时间是空闲的。她最喜欢的是精加工，其次是准备。

除了要保证质量外，乔治还要兼顾成本和工作效率。当一个人一天没来时，就会引起重大的流程问题。有时候，乔治安排其他员工加班完成必需的工作。而有时候，乔治只能等到某个员工来工作去完成其负责的那部分工作。加班的成本很高，但是等待又导致延误，有时候还会影响整个生产过程。

为了解决这些问题，兰迪·莱恩（Randy Lane）受雇来到木材店。兰迪的主要任务就是，在员工没来的时候，处理繁杂的工作。乔治已经对兰迪就整个制作流程进行了培训，乔治很高兴兰迪很快就学会了怎样制作一张老俄勒冈式桌子。兰迪的平均总用时和单步用时如图 13-8 所示。

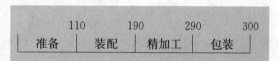

图 13-8　兰迪的完成时间

【讨论题】

1. 如果用原班人员的话，什么作业排序方法能最快制成一张桌子？一天能制作多少张桌子？

2. 如果乔治让兰迪代替原有的工作人员之一，而让替换下来的员工去当替补工作人员，生产率和产量会不会有明显的变化？

3. 在用原班人员时，如果卡西改去做准备或精加工，制成一张桌子最快需用时多长？

4. 假设无论谁从事包装都将被认为是人力资源的严重浪费，你能否设计出一种更好的方法以充分发挥这 4~5 个人的效率，而不是各做各的或是一个人包干到底？用这种方式一天最多能制作多少张桌子？

注　释

[1] 机会成本是指已放弃或未获得的利润。

[2] 有限能力排程（FCS）系统有许多名称，包括有限调度和预先计划系统（APS）。有时也用制造执行系统（MES）这个名称，但是 MES 倾向于强调从车间操作到作业计划活动的报告系统。

快速复习 ▪

主要标题	复习内容
短期作业计划的战略重要性	作业计划的战略重要性非常明确。 ■ 有效的作业计划意味着产品和服务在组织中更快地传递。这意味着对资产的利用率更高，每一分钱都能发挥更大的作用，从而使成本更低。 ■ 生产能力以及生产柔性的提高使得交货更加迅速，因此提供给顾客的服务更好。 ■ 好的作业计划也是一种竞争优势，因为它保证了可靠的交货期。
制定作业计划的内容	作业计划的目标是根据需求（预测或客户订单）对现有设备进行分配和优先安排。 ■ 顺排：一旦知道需求便开始编制计划。 ■ 倒排：从计划完工期限开始，首先确定最后一道工序，然后将其他工序依次逆向编排到计划中。 ■ 负荷：对工作中心或加工中心分配作业任务。 四项制定作业计划的准则是：（1）完工时间最短；（2）设备利用率最高；（3）在制品库存最少；（4）顾客等待时间最短。
工艺专业化设施	工艺专业化设施（也叫间歇式或者单件小批作业），其特点是品种多、数量少，广泛存在于制造业和服务业中。
工作负荷	■ 输入输出控制：通过跟踪工作中心新增任务和已完成任务，让工作人员来管理工作流的一个系统。 ■ 恒定在制品卡片：控制工作中心的总任务量，以帮助完成输入输出控制。 恒定在制品（ConWIP）是 constant work-in-process 的英文首字母缩写。恒定在制品卡片随任务（或批次）一起通过工作中心传送。当任务结束时，卡片退还到起始工作站，提示下一批次的任务进入工作中心。 ■ 甘特图：用于配置资源和分配时间的一种计划图表。 甘特负荷图能够反映各部门、设备或设施的工作负荷和空闲时间。通过图表可以显示系统中相应的工作量，从而使管理人员知道如何进行恰当的调整。 甘特计划图是用来反映工作进度的（也用于制定项目计划）。这种图可以体现哪些工作按计划进行，哪些工作提前或落后于计划。 ■ 分派方法：线性规划中的一类特殊模型，是指将任务或工作分派给资源。 在分派问题中，一次只将一项作业（或工人）分派给一台机器（或一个项目）。分派方法需要对表中的数据进行恰当的增减，以找出完成每项任务最低的机会成本。
作业排序	■ 排序：规定每个工作中心完成各项作业的先后次序。 ■ 优先派工法则：在工艺专业化组织中用于确定完成各项作业先后次序的法则。 ■ 先到先服务（FCFS）：完成作业的次序是根据作业到达的先后次序来确定的。 ■ 最短加工时间（SPT）：具有最短加工时间的作业先加工。 ■ 最早完工期限（EDD）：具有最早完工期限的作业先加工。 ■ 最长加工时间（LPT）：具有最长加工时间的作业先加工。

$$平均完工时间 = \frac{累计流动时间}{任务数} \qquad (13-1)$$

$$利用率 = \frac{累计加工时间}{累计流动时间} \qquad (13-2)$$

$$系统中平均作业数量 = \frac{累计流动时间}{累计加工时间} \qquad (13-3)$$

$$作业平均延迟时间 = \frac{延迟时间总和}{作业数} \qquad (13-4)$$

$$工作延迟 = \max\{0, \ 昨天 + 流动时间 - 完工期限\} \qquad (13-5)$$

一般来说，最短加工时间法则使作业的流动时间最短或者使系统中平均工件数量最少。

续表

主要标题	复习内容
作业排序	先到先服务法则在大多数情况下不具有优势（但也不是特别差），然而这种方法的好处是让顾客感觉到公平。 最早完工期限法则使作业的平均延迟时间最少。 ■ 流动时间：每个作业等待加工的时间加上加工的时间。 ■ 关键比：剩余交货时间除以剩余工作时间的比值 $$CR = \frac{剩余交货时间}{剩余工作时间} = \frac{交货日期-当前日期}{剩余工作时间（提前期）} \qquad (13-6)$$ 和其他优先法则相反，关键比是动态的，并很容易更新，这种方法在处理平均延迟时间最少的排序方面往往比 FCFS、SPT、EDD 或者 LPT 更好。 ■ 约翰逊算法：计算一批作业经过两个工作中心的最短流程时间。这种方法同时也使总的设备空闲时间最少。 基于法则的排序系统有以下局限性：（1）排序应是动态的；（2）法则没有顾及上下游；（3）法则没有考虑在交货期限以后可能出现的情况。
有限能力排程	■ 有限能力排程：利用计算机编制的短期作业计划，通过提供交互式计算和图形输出，克服了基于法则的排序方法的不利方面。
服务业的作业计划	循环排序法经常用于对人员需求不均衡的服务情况中，目标是编制所需员工数最少的作业计划。这需要为每名员工分派一个班次，并安排相应的工休时间。

自测题

在自我测试前，请参考本章开头的学习目标和本章的关键术语。

1. （　　）决策覆盖的时间周期最长。

a. 短期作业计划

b. 产能计划

c. 综合计划

d. 产品出产计划

2. 确定工作负荷和作业排序时使用的直观工具是（　　）。

a. 甘特图

b. 计划文档

c. 瓶颈

d. 负荷计划矩阵

e. 物料计划平准化

3. 分派方法包括在表格中添加或减去适当的数字以计算最低的（　　）。

a. 利润

b. 步骤数

c. 分派数

d. 每行范围

e. 机会成本

4. 最常用的优先排序法则包括（　　）。

a. FCFS

b. EDD

c. SPT

d. 以上所有

5. 约翰逊算法中应被安排在最后完成的作业是指作业在（　　）。

a. 两台机器上总的加工时间最长

b. 两台机器上总的加工时间最短

c. 第一台机器上的加工时间最长

d. 第二台机器上的加工时间最长

e. 第二台机器上的加工时间最短

6. （　　）作业计划的计算方法克服了基于法则的排序系统的局限性，能够为使用者提供交互式的图表。

a. LPT

b. FCS

c. CSS

d. FCFS

e. GIC

7. 循环排序法是针对（　　　）的作业计划。

　　a. 单件作业

　　b. 设备

c. 装运

d. 员工

自测题答案：1. b；2. a；3. e；4. d；5. e；6. b；7. d。

第 14 章
精细运作

 学习目标

1. 定义精细运作。
2. 定义七种浪费和 5S。
3. 确定供应商在转向供应商伙伴关系时的顾虑。
4. 确定最佳调整准备时间。
5. 定义看板。
6. 计算所需看板数量。
7. 识别精细组织的六个特点。
8. 解释精细如何应用于服务业。

跨国公司介绍：丰田汽车公司

精细运作为丰田汽车公司带来竞争优势

作为世界上最大的汽车制造商，丰田汽车公司每年销售各种轿车和卡车 900 多万辆，营业额达 2 500 亿美元。准时生产和丰田生产系统成就了丰田公司第二次世界大战以后的高速发展。拥有各种汽车产品的丰田公司在与老牌欧美汽车巨头展开激烈角逐时，曾任丰田汽车公司副总裁的大野耐一（Taiichi Ohno）建立了准时生产和丰田生产系统的基本框架，这是两种有史以来受到最多关注的提高生产率的方法。这两种方法为精细运作奠定了基础。

准时生产的核心理念是持续解决问题。实际上，准时生产是指仅在所需的时间生产所需的产品。这为发现和消除问题提供了一个很好的途径，因为在一个高效系统中上述问题很容易被发现。当消除过多的库存后，质量问题、设备布置问题、作业计划问题和供应商问题立刻显现出来，犹如消除过量生产后的情况一样。

丰田生产系统的核心是员工学习和持续不懈地追求在理想状态下创造和生产产品。只有当工厂、设施和人员均在创造价值，不发生浪费时才是理想状态。过多库存、过量生产及质量低劣都是浪费，会降低生产率。通过员工授权、尊重员工、强化培训、交叉培训、工作标准化等来消除浪费是丰田生产系统的重要方法。

丰田生产系统和准时生产的应用是在丰田占地 2 000 英亩的圣安东尼奥工厂，这是

丰田在美国最大的汽车装配厂。很吸引人的是，尽管该厂场地很大，每年生产 20 万辆，吞吐时间为 20.5 小时并且每 63 秒产出一辆卡车，却是行业中工厂面积最小的装配厂之一。汽车有约 3 万个零部件，丰田的供应商已将这些零部件组装成许多总成件。圣安东尼奥工厂的 21 家驻厂供应商以准时生产方式将总成件直送装配线。

圣安东尼奥工厂这样的运作方式，使丰田在行业中得以持续保持顶尖的质量和较少的装配时间。准时生产、丰田生产方式和精细运作的有效实施，为丰田汽车公司带来了竞争优势。

14.1 精细运作

正如跨国公司介绍所述，丰田生产系统使丰田汽车公司达到世界级运作水平。在本章，我们把精细运作，包括准时生产、丰田生产系统，作为消除浪费、使公司成长为世界级公司的持续改进方法。

精细运作（lean operations）是在顾客需要的时候准确提供所需产品，并消除浪费、持续改进。精细运作依靠顾客订单拉动。**准时生产**（just-in-time，JIT）是一种通过加快产出和降低库存来持续、有力解决问题的方法。**丰田生产系统**（Toyota Production System，TPS）强调持续改进、尊重员工和标准化实践，尤其适合装配线。

在本章，我们用精细运作一词来概括所有相关方法和技术，包括准时生产和丰田生产系统。作为一种综合制造战略，精细运作能产生持续的竞争优势，并提升公司利润。

对于精细运作，运作管理人员关注三个最基础、最根本的问题：消除浪费、消除偏差、加快产出。我们首先简要介绍这三个概念，然后讨论精细运作的主要好处，最后探讨精细运作在服务行业的应用情况。

14.1.1 消除浪费

精细企业设定的是完美目标：没有不良零件，没有库存，没有浪费，只有增值活动。如果生产活动在顾客看来没有增加价值，那就是浪费。顾客决定产品价值，如果生产顾客不想或不愿购买的产品，那也是浪费。大野耐一在其丰田生产系统工作中提出七种浪费。这种分类得到实行精细运作企业的广泛认可，并具有多种表现形式。大野耐一的**七种浪费**（seven wastes）是指：

● 过量生产：生产超过顾客所需，或早于顾客所需（在顾客提出需求之前），就是浪费。

● 排队：空闲时间、储存以及等待时间都是浪费（不增加价值）。

● 运输：在工厂之间、加工中心之间移动物料超过一次就是浪费。

● 库存：不必要的原材料、在制品、产成品和过多的供应品不增加价值，它们都是浪费。

● 不必要的动作：设备或人员的移动如果不增加价值就是浪费。

● 过度加工：产品生产活动如果不能增加价值就是浪费。

● 产品缺陷：退货、质量索赔、返工和报废都是浪费。

从更一般的意义来说，凡是超过直接生产所需，即本不应该被浪费的其他资源，如能源、水和空气等，都是浪费。高效、可持续的生产以最少投入获取最大产出，毫无浪费。

20 世纪以来运作经理热衷于"持家"，以便有一个整洁、有序和高效的工作环境。近年来运作经理为更好地"持家"制作了一份清单——5S。[1] 日本人提出了最初的 5S。5S 不仅是精细运作的一份良好检查清单，而且提供了一种轻松的方法，有助于创造实施精细运作所需的新企业文化。5S 内容如下：

● 分类/分离（sort/segregate）：在工作场所只留下必要物品，而将所有其他东西移开。如果不能确定，则一律移开。识别无价值的东西并清除掉。清除这些东西使空间更大，使工作更顺畅。

● 简化/直接（simplify/straighten）：安排和运用多种分析方法，使工作顺畅并减少无用的活动。兼顾长期和短期的人类工效学因素。在工作场所标出简易操作说明。

● 光洁/清扫（shine/sweep）：每天清洁，去除工作场所所有污秽、不洁以及混乱的东西。

● 标准化（standardize）：通过制定标准操作过程和检查清单来消除过程偏差。良好的标准使异常现象一目了然。设备和工具标准化能减少交叉培训的时间和费用。反复培训工作团队以便偏差为大家所知。

● 保持/自律（sustain/self-discipline）：定期回顾所付出的努力并不断坚持。尽可能在沟通和保持过程中运用可视化方法。

美国的经理常常还增加两个 S，以创造并保持精细工作环境。

● 安全（safety）：在上述五点中建立良好的安全操作规程。

● 支持/维护（support/maintenance）：减少可变性、意外停机故障和费用。将日常清洁和预防维护相结合。

这些 S 支持持续改进并给所有员工提供了一种可辨别的方法。运作经理可以考虑将一家卓越的急诊室或者一个功勋消防部门作为标杆。一些办公场所、零售商店以及工厂已经成功运用 5S 方法消除浪费并转向精细运作。每件物品摆放有序的确会在办公室的良好运转方面与众不同。零售商店采用这些 S 成功地减少了错放商品并提高了顾客服务水平。整洁的工作场所能减少浪费，使资产利用效率更高。

14.1.2　消除偏差

管理者需要减少由内外部因素引起的偏差。**偏差**（variability）是指任何对最优流程的偏离，只有最优流程才能不断准时生产完美的产品。偏差是问题的委婉说法。系统中的偏差越少，浪费就越少。绝大多数偏差是容忍浪费或管理不善造成的。产生偏差的原因有：

- 生产过程管理不善，员工生产的产品或供应商的供货出现产量不符或者质量缺陷。
- 设备和流程维护不足。
- 不了解及改变顾客需求。
- 图纸、技术说明书和物料清单不完整或不精确。

通过准时生产来减少库存是识别偏差的有效工具。准时生产对时间的精确要求使得偏差显而易见。消除偏差可以让优质物料准时移动，在生产的每个环节都能增加价值、降低成本并赢得订单。

14.1.3 加快产出

产出周期（throughput）是单位物料通过流程的速率。产品在此期间停留的每一分钟都会导致成本上升、竞争优势下降。时间就是金钱。订单在车间生产的时间称为**制造周期**（manufacturing cycle time），它是指从原材料送达到产成品发运为止的这段时间。例如，北方电信公司（Nortel）是一家通信设备制造商，原材料以拉动方式由供应商直送生产线。这一举措使该公司制造周期中收货环节的时间从 3 周减少到 4 小时，到货检验人员从 47 人减少到 24 人，并且由材料缺陷引起的车间问题减少了 97%。缩短制造周期能够显著加快产出。

加快产出的一项技术是**拉式系统**（pull system）。拉式系统仅在需要时才拉动一单位物料进行生产。它是精细生产的一个标准工具。拉式系统采用信号传递，使上游工序的生产组织被下游工序的产能和需要所拉动。拉动的概念既存在于生产流程中，也存在于和供应商的合作中。仅在需要时以极小的批量拉动物料沿着生产线移动，能消除浪费和库存。随着库存消失、杂乱减少，问题变得显而易见，持续改进得到强化。消除缓冲库存既能降低资金占用，又能缩短制造周期。推式系统是指上游工序完成后将物料推到下游工序，而不考虑下游工序是否需要或者能否有足够资源来进行生产。推式系统是精细生产的对立面。在生产过程中实施按需拉动物料的模式，而不是"推动"物料，能降低成本，提高计划完成率，增加顾客满意度。

14.2 精细与准时生产

准时生产（JIT）重点关注加快产出和降低库存，是精细的有效组成部分。在精细的 JIT 模式下，物料仅在需要的时间和地点出现。当没有得到所需物料时，问题就出现了。这就是精细如此强有力的原因——它将注意力集中在问题上。通过消除浪费和延误，JIT 能降低库存，消除偏差和浪费，提高产出能力。在持有物料时需实施增加价值的活动。因此，如图 14-1 所示，JIT 能形成竞争优势。高效执行的精细项目要求买卖双方建立良好的伙伴关系。

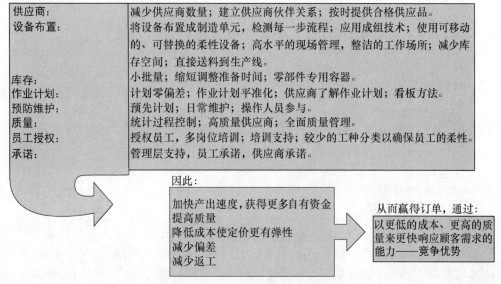

因为JIT需要：

供应商：	减少供应商数量；建立供应商伙伴关系；按时提供合格供应品。
设备布置：	将设备布置成制造单元，检测每一步流程；应用成组技术；使用可移动的、可替换的柔性设备；高水平的现场管理，整洁的工作场所；减少库存空间；直接送料到生产线。
库存：	小批量；缩短调整准备时间；零部件专用容器。
作业计划：	计划零偏差；作业计划平准化；供应商了解作业计划；看板方法。
预防维护：	预先计划；日常维护；操作人员参与。
质量：	统计过程控制；高质量供应商；全面质量管理。
员工授权：	授权员工，多岗位培训；培训支持；较少的工种分类以确保员工的柔性。
承诺：	管理层支持，员工承诺，供应商承诺。

因此：

加快产出速度，获得更多自有资金
提高质量
降低成本使定价更有弹性
减少偏差
减少返工

从而赢得订单，通过：
以更低的成本、更高的质量来更快响应顾客需求的能力——竞争优势

图 14-1 JIT 形成竞争优势

14.2.1 供应商伙伴关系

供应商伙伴关系（supplier partnerships）是指和供应商以及分销商或顾客建立伙伴关系，以消除浪费、降低成本、实现共赢。相互信任和密切的关系是精细成功的关键。图 14-2 体现了供应商伙伴关系的特点。一些具体目标包括：

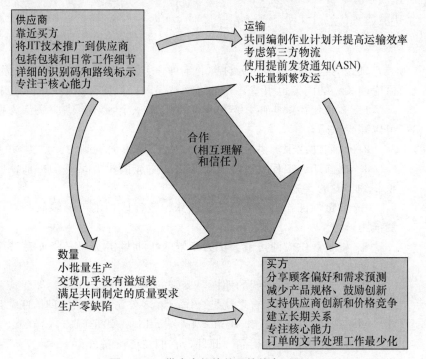

供应商
靠近买方
将JIT技术推广到供应商
包括包装和日常工作细节
详细的识别码和路线标示
专注于核心能力

运输
共同编制作业计划并提高运输效率
考虑第三方物流
使用提前发货通知(ASN)
小批量频繁发运

合作
（相互理解
和信任）

数量
小批量生产
交货几乎没有溢短装
满足共同制定的质量要求
生产零缺陷

买方
分享顾客偏好和需求预测
减少产品规格、鼓励创新
支持供应商创新和价格竞争
建立长期关系
专注核心能力
订单的文书处理工作最少化

图 14-2 供应商伙伴关系的特点

- 消除不必要的活动。例如，收货和到货检验活动，与投标、开发票、付款相关的往来文书。
- 消除内部库存。零部件以小批量直接送到生产线上。
- 消除在途库存。鼓励供应商在工厂附近设点，并以小批量高频率的方式供货。物料传递的距离越短，库存越少。减少库存还可以通过委托方式。**寄售库存**（consignment inventory）（见运作管理实践专栏"塞斯纳飞机公司的精细生产"）是供应商管理库存（见第 9 章）的一种变化形式，指制造商开始使用物料之前的库存为供应商库存。
- 通过长期承诺、沟通和合作提高质量和可靠性。

运作管理实践

塞斯纳飞机公司的精细生产

当塞斯纳飞机公司（Cessna Aircraft Company）在堪萨斯州独立城开设新工厂时，它发现了从工艺转向精细制造系统的机会。其最初的想法是关注三个精细概念：(1) 供应商管理的库存；(2) 员工的交叉培训；(3) 运用技术和制造单元来摆脱批量处理。

几年后，随着这些目标的实现，塞斯纳开始研究下一阶段的精细生产。这一阶段的重点是团队建设和区域团队发展。

塞斯纳的团队建设使员工能够拓展他们的技能，安排他们的工作，然后签字就可以了。这减少了等待时间、库存、零件短缺、返工和废料，这些都有助于提高生产率。

当工厂员工无法在计划时间内完成标准工作时，区域团队开发（ATD）会提供专家。在 ATD 过程中受过训练的团队成员称为技能教练。技能教练为每个区域提供支持，以缩短问题响应时间。安灯板和性能指标用于评估日常绩效。

这些精细制造的承诺是塞斯纳成为世界上最大的单引擎飞机制造商的主要原因。

资料来源：Interviews with Cessna executives, 2013.

领先的组织视供应商为自身的延伸，并期望供应商全力以赴做出改进。但是，供应商关心的内容也很重要并且必须被强调。供应商关心的内容包括：

1. 多元化：供应商并不想长期只依靠一个顾客。供应商认为拥有不同的顾客可以减少风险。

2. 计划性：很多供应商几乎不相信采购方能编制均衡、协调的作业计划。

3. 提前期：工程或者规格的变更使供应商没有足够的提前期应对变化，会严重制约 JIT 的实施。

4. 质量保证：供应商的资金预算、流程或技术可能限制其对产品和质量的应变能力。

5. 批量：供应商可能会认为频繁的小批量供货只是将库存费用从买方转移到供应商一方而已。

正如上述问题所表明的那样，良好的供应商伙伴关系需要供应商和购买者的高度信任和尊重——总而言之就是合作。许多公司建立了这种信任并且合作得非常成功。McKesson-General 和 Baxter International 就是两家这样的公司，它们以 JIT 为基础为医院提供手术用品。此外，它们自己准备外科手术包，以便按照它们在手术期间被使用的顺序进行供应。

14.2.2　精细布置

精细布置能减少另一种浪费——移动。在工厂地面上移动物料（或办公室桌面上的纸张）并不增加价值，因此管理者需要柔性布置，以减少人员和物料的移动。精细布置是将物料直接移动到所需的地方。例如，在装配线旁边设计一个物料堆放点，这样物料便不用先送到工厂其他位置的仓库中，然后再继续移动。丰田更进一步，将五金件和零部件放在每辆车的底盘里，随生产线移动。这不仅方便，而且为丰田节约了空间，在生产线旁边腾出了原来放置货架的大片区域。设备布置可以减少距离，有助于企业减少用工需求并节省空间，也许还有助于消除潜在的库存积压。精细布置策略如表 14－1 所示。

表 14－1　精细布置策略

根据产品族建立工作单元
在较小的区域内进行大量操作
使移动距离最小
尽量不考虑库存所需的空间
改进与员工的沟通
使用防错设备
使用柔性或可移动设备
对员工进行多技能培训以增加柔性

缩短距离　工作单元、工作中心和集中式工厂（见第 8 章）的主要作用是缩短距离。长长的生产线，巨大的生产批量，产品通过功能极其单一的设备进行生产，这种情况已经成为历史。现在企业常常使用布置成 U 形的工作单元，每个工作单元由数台不同的设备组成，可以进行不同的作业。这些工作单元通常使用成组技术的编码方法（见第 4 章）。成组技术的编码方法帮助我们识别零件的相似性，从而可以将各种零件划分成不同的零件族。确定零件族后，工作单元按不同零件族来布置。这也被认为是小规模的以产品为导向的设备布置，这里的产品实际上就是一组相似的产品，即产品族。每个工作单元每次生产一个产品单位，理论上说应该是仅在接到顾客订单以后才开始生产。

增加柔性　现代的工作区域设计巧妙，很容易适应产品数量等的变化。几乎没有什么是一成不变的。布置的柔性概念也适用于工厂和办公室环境。不仅家具和设备可以移动，连墙壁、计算机接头和通信线路也可以移动。设备变得模块化。布置的柔性有助于适应产品和流程改进所产生的变化，而这些变化是持续改进不可避免的。

对员工的影响　操作时员工可以立即得到反馈，包括质量问题，这使得员工可以一起工作，因此他们可以交流各种问题，并得到各种改进的机会。当员工每次生产一件产品时，每件产品或零件在下道工序得到检验。在具有自我防错功能的工作过程中，设备能检测出缺陷，并自动发现缺陷。在没有实行精细布置以前，通常是用库存产品来替代缺陷产品。在精细工厂中，由于没有多余库存，因此也就没有这种库存可作为缓冲。员工们知道关键是第一次就做好。事实上，精细布置允许受过交叉培训的员工为工作区域带来灵活性和效率，减少缺陷。缺陷就是浪费。

减少空间和库存 精细布置缩短了移动距离，也减少了库存。在空间极其有限的情况下，物料只能小批量移动，甚至只能单件移动。物料和在制品总是处于移动状态，因为没有可以存放之处。例如，美国银行（Bank of America）每个月要处理 700 万张支票、500 万张其他票据，要向顾客寄送 19 万张票据。采用精细布置以后，票据的处理时间缩短了 33%，人工费用每年节省数十万美元，办公面积节省 50%，加工等待时间减少了 75%～90%。搁架和抽屉之类的文档存放用品都移走了。

14.2.3 精细库存

应对生产和销售环节中万一出现的意外情况是库存存在的理由，即在原定计划出现某种偏差时使用库存作为缓冲。而多余的库存则会掩盖各种偏差或问题。精细库存策略要求准时，而不是以防万一。**精细库存**（lean inventory）是指维持系统正常运行的最小库存。在精细库存策略中，物料在需要的时候按照精确的数量来提供，不提前一分钟，也不延迟一分钟。这里归纳了一些实施精细库存的策略，如表14-2 所示，并围绕这些内容进一步展开讨论。

表 14-2 精细库存策略

以拉式系统来移动库存
减少批量
与供应商合作实行 JIT 供货
直接将物料送到所需工位
严格按计划执行
减少调整准备时间
利用成组技术

减少库存和偏差 运作经理迈向精细化的第一步是减少库存。精细理念实际上是要消除生产系统中隐含的各种偏差。减少库存就可以发现图 14-3（a）中的礁石，这些礁石代表隐藏的各种偏差和问题。通过减少库存，管理层可以逐步解决所暴露的问题。水面降低后，管理者再次减少库存，继续暴露下一层问题，然后解决问题（见图 14-3（b））。最后库存减少了，隐含的问题（偏差）也减少了（见图 14-3（c））。

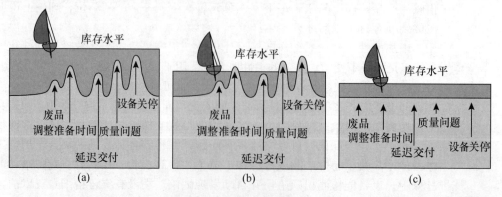

图 14-3 减少库存和偏差

说明：（a）高库存隐藏着问题；（b）当减少库存时问题就暴露了；（c）当降低库存并解决问题后，库存水平更低了，从而成本降低，并且一帆风顺。

技术敏感型公司估计，产品创新使其库存价值每周贬值 0.5%～2%。作为丰田 JIT 系统的共同创始人之一，新乡重夫（Shigeo Shingo）说："库存就是魔鬼。"这句话不错。即便库存本身不是魔鬼，库存也的确隐含了大量不良成本。

减少批量　精细也通过减少库存投资来消除浪费。降低库存的关键是小批量生产优质产品。减少批量是降低库存和库存费用的主要途径。在第 10 章中我们看到，当库存消耗恒定时，平均库存等于最大库存水平和最小库存水平的均值。图 14－4 说明减少批量可以增加订单数量、降低库存水平。

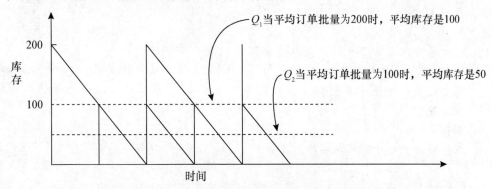

Q_1 当平均订单批量为200时，平均库存是100

Q_2 当平均订单批量为100时，平均库存是50

图 14-4　频繁的订单降低平均库存

说明：减少订单批量虽然会增加订货频率和总的订货费用，但能减少平均库存和总的维持库存费用。

在理想状态的精细中，订单批量就是单件产品，一件件产品或在制品的加工依靠相邻工序拉动。在实践中，人们计算批量大小通常是通过对流程、运输时间和物理属性（如运输所用集装箱的大小）进行分析后来决定。分析的结果通常能得到较小的批量，但批量仍可能比单件要大。得到批量数据后，便可以根据经济订货批量公式来计算调整准备时间。根据第 10 章，经济订货批量公式如下：

$$Q^* = \sqrt{\frac{2DS}{H(1-d/p)}} \tag{14-1}$$

式中：D——年需求量；

　　　S——调整准备费用；

　　　H——维持库存费用；

　　　d——日需求量；

　　　p——日生产量。

例 1 说明了如何确定调整准备时间。

例 1

确定最佳调整准备时间

板条家具公司（Crate Furniture，Inc.）是一家家具生产厂，它希望减少生产批量。板条家具公司的分析人员阿丽达·罗思（Aleda Roth）发现，两个部门之间的生产节拍可以设定为 2 小时。她认为可以优化调整准备时间以满足 2 小时的生产节拍。

方法

罗思运用下面的数据和公式，以求得最

佳调整准备时间：

D＝年需求量＝400 000 件

d＝日需求量

＝年需求量/250 天

＝1 600 件/天

p＝日生产量＝4 000 件/天

Q_p＝预期的 EOQ＝400 件（2 小时的需求，也即 1 600 件/天，按照每天 4 个 2 小时计算）

H＝维持库存费用＝20 美元/（件·年）

S＝调整准备费用（有待确定）

每小时设备调整准备所需劳动力成本是 30 美元。

解答

罗思计算的每次调整准备费用是：

$$Q_p=\sqrt{\frac{2DS}{H\ (1-d/p)}}$$

$$Q_p{}^2=\frac{2DS}{H\ (1-d/p)}$$

$$S=\frac{Qp^2H\ (1-d/p)}{2D}$$

$$=\frac{400^2\times20\times\ (1-1\ 600/4\ 000)}{2\times400\ 000}$$

$$=2.40（美元） \tag{14-2}$$

$$\text{调整准备}\atop\text{时间}=\frac{2.40\ 美元}{单位工时单价}$$

$$=\frac{2.40\ 美元}{30\ 美元/小时}$$

$$=0.08\ 小时（或者 4.8 分钟）$$

启示

现在，板条家具公司组织小批量生产，设定生产节拍为 2 小时，并使库存周转率达到每天 4 次。

练习

如果劳动力成本是每小时 40 美元，调整准备时间应该是多少？〔答案：0.06 小时或 3.6 分钟。〕

相关课后练习题

14.1，14.2，14.3

组织小批量物料流动只需要进行两方面的改变。第一，提高物料处理效率，改进工作流程。生产节拍缩短后，几乎就没有了等待时间。提高物料搬运效率通常比较容易，也比较直观。第二个方面的改变则更具挑战性，即大幅减少调整准备时间。我们接下来讨论这些内容。

降低调整准备费用　当再订货数量和最大库存水平下降时，库存费用和维持库存费用也会下降。然而库存的订货费用或者调整准备费用需要分摊到所生产的产品中，因此管理者倾向于加大采购（或生产）批量。订单越大，每件产品分摊的费用越低。因此，减少批量和降低平均库存水平的方法就是降低调整准备费用，这反过来又可以减少批量。

通过减少调整准备费用来降低总费用和批量的效果如图 14-5 所示。批量越小，隐含的问题越少。在很多情况下，调整准备费用和调整准备时间高度相关。在制造工厂中，通常需要一定数量的工人提前进行调整准备，而很多调整准备工作可以在设备或生产过程停止前就提前做好。减少调整准备时间的例子如图 14-6 所示。例如，在柯达公司墨西哥的工厂中，一个小组将一种轴承的更换时间从 12 小时缩短到 6 分钟。这种改进在世界级制造商中非常典型。

就像在工厂的机器上可以减少调整准备费用一样，在订单准备过程中也能减少调整准备时间。如果在准备订单过程中进行调整准备需要几周时间，那么在工厂将调整准备时间从数小时减少到数分钟并不能带来实质性的好处。出现这种现象的原因恰恰是忘了精细概念既适用于工厂环境，也适用于办公室环境。减少调整准备时间（和费用）是降低库存、提高生产率及加快产出的良好途径。

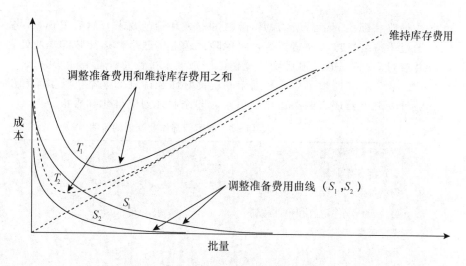

图 14-5 降低调整准备费用会降低总费用

说明：频繁的订单处理需要降低调整准备费用，否则库存费用会上升。当调整准备费用降低时（从 S_1 到 S_2），总库存费用也降低了（从 T_1 到 T_2）。

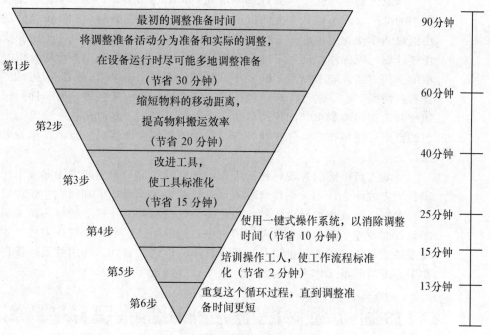

图 14-6 减少调整准备时间的步骤

说明：减少调整准备时间是精细作业的一个主要内容。

14.2.4 精细作业计划

经过企业与供应商充分沟通形成的有效作业计划有助于支持精细。良好的作业计划也能提高满足顾客需求的能力，并通过减少批量和在制品数量来降低库存。例如，福特汽车公司将供应商和总装作业计划结合起来，通过福特的生产控制系统，将总装作业计划通知保险杠的制造商 Polycon 公司。作业计划系统描述了每辆汽车在最终装配线上运行所需的保险杠的样式和颜色要求。然后 Polycon 公司相关人员通过手持终端接收要货指令，将保险杠送上传送带，运往装卸作业处，在装上卡车并经过 50 英里的运输后到达福特工厂。整个过程总计需要 4 小时。

表 14-3 列举了一些有助于制定良好作业计划的策略，除了需和供应商沟通作业计划之外，还有两条也相当重要，即作业计划平准化和看板。

表 14-3 制定精细作业计划的策略

作业计划平准化
固定部分作业计划
严格按照作业计划执行
努力实行单件生产和单件移动
消除浪费
小批量生产
使用看板
让每道工序都能生产出完美的零件

作业计划平准化 作业计划平准化（level schedules）是将生产过程分解为很多小的批量，而不是几个大的批量。图 14-7 将传统编制大批量作业计划的方法和小批量的作业计划平准化进行了对比。运作管理人员的任务就是制定和实施小批量作业计划，确保作业计划平准化经济可行。这需要成功运用本章所介绍的实现小批量的一些方法。随着批量不断变小，各种约束条件会发生变化，也会更具挑战性。在有些情况下，一两件生产也许不可行。这可能是由于各种约束条件的原因，例如销售和运输包装要求每四件产品装一个纸箱，又如（在汽车生产线上）更换油漆颜色的费用可能很高，另外在食品行业（罐装食品生产线）进行消毒作业时每批必须保持一定数量。

计划人员可能会发现，将最近作业计划的一部分固定起来能保证生产系统平稳运行并完成作业计划。运作管理人员总是希望无偏差地顺利完成作业计划。

看板 实现小批量生产的途径之一是仅在需要时才移动物料，而非不管下道工序是否准备完毕就将物料推到下道工序。如前所述，当库存仅在需要时才提供，这就是拉式系统，其理想批量是一件。日本人称之为看板。使用看板可使物料到达工作中心的时间与工作中心的加工时间一致（或近乎一致）。

JIT物料使用平准化方法
AA BBB C AA BBB C AA BBB C AA BBB C AA BBB C AA BBB C AA BBB C AA BBB C

大批量方法
AAAAAABBBBBBBBB CCC AAAAAABBBBBBBBB CCC AAAAAABBBBBBBBB CCC

时间

图 14-7 小批量生产产品 A、B 和 C 能增加满足顾客需求的柔性，降低库存

说明：用精细作业方法在每个时间段内生产的产品数量与大批量方法一样多，前提是缩短调整准备时间。

看板（kanban）在日语中是卡片的意思。在努力减少库存的过程中，日本人在不同工作中心间拉动库存。他们通常使用一种卡片来传递物料需求信息，这就是看板的起源。看板是批准生产下一容器物料的指令。通常每个容器都有一张看板。

对每个容器物料的需求通过看板传递，并采用拉动方式传递至不同部门和供应商。企业通过一系列看板拉动物料在工厂中移动。

这种系统在不同的工厂环境中会发生很大变化，尽管还叫看板系统，但不一定还有卡片。有时候，空出的堆放空间本身就清楚地显示了对下一箱物料的需要。在另外一些情况下，小旗子也可以成为传递信号的东西（见图 14－8），提示人们该提供下一批物料了。

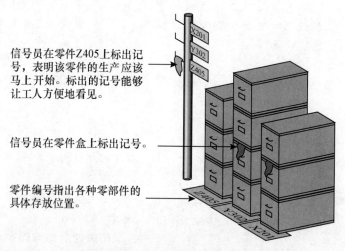

信号员在零件Z405上标出记号，表明该零件的生产应该马上开始。标出的记号能够让工人方便地看见。

信号员在零件盒上标出记号。

零件编号指出各种零部件的具体存放位置。

图 14－8　发料和信号传递图

上下道工序之间的看板传递过程是这样的：

1. 下道工序的作业者从堆放场地拿走一标准容器的零部件，如图 14－8 所示。

2. 堆放场地中标准容器的减少被上道工序看作补充物料消耗的生产指令。由于存在最佳批量，生产部门可能会一次生产多个标准容器的产品。

看板系统类似于超市的补货过程：顾客不断购买商品，超市员工则不断从货架或当天的销售量中观察销售情况。如果货架上的商品快销售完了，这种信息便成为拉动信号，传递给仓库、分销商或制造商来补充商品，这种信息通常在当天晚上就传递出去了。制造业中则需要在实际制造（生产）时传递物料需求信息。

关于看板还有一些值得注意的地方：

● 如果生产人员和送料人员之间无法直接联系，可以使用卡片代替，或者灯光、小旗子和空地也可以。

● 尽管工作单元可能由于所需零部件不同或生产批量不同，而需要使用多张卡片，但一张卡片通常只表示一种数量的零部件。

● 看板直接控制（限制）了工作单元之间的在制品数量。

决定看板或容器的数量　看板或容器的数量决定了库存水平。要计算在供料地点和生产工位之间来回移动所需的看板容器数量，首先要确定每一个看板容器的大小。这可以通过计算批量大小，利用经济订货批量模型等方法求解（见第 10 章和式（14－1））。要计算容器数量，就需要知道：（1）生产一容器零部件所需的提前期；（2）为减少系统偏差或者缓冲不确定性所需的安全库存水平。看板数量计算公式如下：

$$看板（容器）数量 = \frac{提前期的需求量 + 安全库存}{容器的容量大小} \qquad (14-3)$$

让我们通过例 2 来看看如何计算所需看板（容器）数量。

例2

计算所需看板（容器）数量

霍布斯蛋糕店（Hobbs Bakery）为食品杂货店制作新鲜蛋糕。店主是肯·霍布斯（Ken Hobbs），他想通过看板系统来减少库存。他收集了下列数据，并邀请你帮助计算所需的看板（容器）数量。

每日需求量＝500 个蛋糕

生产提前期＝等待时间＋物料搬运时间
＋加工时间＝2 天

安全库存＝0.5 天

容器大小＝250 个蛋糕（通过计算经济订货批量得到）

方法

已经计算出经济订货批量（EOQ）是250 个，我们来计算看板（容器）的数量。

解答

提前期的需求＝提前期×每日需求量

＝2×500

＝1 000（个）

安全库存＝0.5×500＝250（个）

看板（容器）数量

$$=\frac{提前期的需求量＋安全库存}{容器的容量大小}$$

$$=\frac{1\,000＋250}{250}=5（个）$$

启示

库存一旦达到订货点，就需发出 5 个看板（容器）的生产指令。

练习

如果提前期减少为 1 天，需要多少容器？
〔答案：3 个。〕

相关课后练习题

14.4，14.5，14.6，14.8，14.9，14.10

看板的优点　容器一般都很小，通常只够数小时的生产物料消耗。这就要求紧凑的作业计划。每天要多次进行小批量生产，生产过程必须保持稳定，避免提前期的任何偏差，因为任何问题都会影响整个系统。看板更强调严格按计划生产、减少调整准备时间和费用以及经济合理地运送物料。

工厂内部的看板系统通常使用标准的可重复使用的容器，以便按照固定数量运送零部件。在供应链中也需要这种容器。标准容器减少重量和处置费用，能高效利用空间，并使装卸与准备物料所需的劳动力更少。

14.2.5　精细质量

没有质量就没有精细。而精细的拉动式生产、小批量和低库存都会通过暴露质量不佳来提高质量。这是因为节省了原来报废、返工、库存资金占用等不良成本并且残次品不再隐藏在库存中。这就意味着生产的不良产品更少。总之，对于库存所隐藏的不良质量，精细能马上暴露出来。

精细缩短了等待时间和提前期，能及时发现问题，并有效控制各种问题的来源。实际上，精细为质量问题建立了一种预警系统，使生产的不良产品更少，并能立即得到反馈。这既有利于公司内部，又有利于公司供应商提供的产品。

除此之外，更好的质量意味着需要更少的缓冲，因此可以开发更好更容易操作的库存系统。保持一定库存通常都为应对质量不可靠问题，如果能保持稳定的质量，精细可以让公司降低所有和库存相关的费用。表 14 - 4 给出了精细环境中的一些质量策略。

表 14-4　精细质量策略

利用统计过程控制
授权员工
建立防错措施（如防错系统、检查表等）
小批量暴露不良质量
马上进行反馈

14.3　精细与丰田生产系统

丰田汽车公司的丰田英二（Eiji Toyoda）和大野耐一为创立丰田生产系统做出了贡献。丰田生产系统（TPS）的三个核心部分是：持续改进、尊重员工和标准化工作实践，这些现在被认为是精细的组成部分。

14.3.1　持续改进

丰田生产系统的持续改进意味着，通过建立一种组织文化来向员工灌输流程改进的价值理念。的确，改进是每位员工日常工作不可分割的一部分。这个过程在丰田生产系统中称为**持续改善**（kaizen），在日语中该词是向好的方面改变的意思，或更一般的理解是持续改进。持续改善通常由改善活动实施。工作小组的成员聚在一起来开发创新方法以立即对工作领域或流程进行改进，这就是一个**改善活动**（kaizen event）。在实际应用方面，持续改善意指小的、渐进的改进，就如同人们追求尽善尽美一般。（参见运作管理实践专栏"丰田的新挑战"。）持续改进的理念从招聘员工时就开始灌输，并通过频繁的培训不断巩固。持续改进在丰田得以发挥作用的另一个值得注意的原因是丰田的另一个核心理念：尊重员工。

运作管理实践

丰田的新挑战

日元总体上具有较高的价值，所以通过在日本制造但在日本以外的市场销售汽车来获利是一项挑战。因此，本田和日产正在将工厂搬往海外，离客户更近。尽管出口汽车的边际利润微不足道，但丰田仍保持其目前的日本产能。以 JIT 和 TPS 为主导的丰田汽车，正在加倍削减其制造能力并进行持续改进。对于传统上变化缓慢而循序渐进的组织而言，这些变化是激进的。丰田认为它可以凭借 18 年来在日本的第一家新工厂再次设定新的生产基准。它以多种方式彻底改革其生产过程：

- 装配线上的汽车并排放置，而不是前后相接，使生产线缩短 35%，工人的操作更少。
- 不是将汽车底盘悬挂在高架传送机上，而是将它们置于升高的平台上，这降低了 40% 的加热和冷却成本。
- 重新连接允许更快的转换和更短的产品零件运行时间，支持作业计划平准化。
- 装配线采用运动部件更少的静摩擦辊，这比传统生产线需要的维护更少，减少了工人的疲劳。

这些 TPS 创新、小批量高效生产、快速转换、作业计划平准化、工人减半，以及面积减半，在丰田位于密西西比州布鲁斯普林斯的新工厂中实施。

资料来源：*Forbes*（July 29，2012）；*Automotive News*（February，2011）；and *The Wall Street Journal*（November 29，2011）.

14.3.2 尊重员工

和其他精细组织一样，丰田公司将工人作为知识型员工进行招聘、培训和对待，辅以积极的交叉培训和很少的岗位分类。精细公司考验的是员工应对持续改进的心理和生理能力。被授权后，员工不仅有权实施改进，而且有权在存在质量问题时关停机器和终止生产流程。的确，员工授权是精细的组成部分。这意味着传统上分配给管理人员的任务下放给了员工。丰田认为，员工比任何人都更了解自己的工作。采用精细生产的公司通过为员工提供丰富的工作和生活机会来尊重员工。

14.3.3 流程及标准化工作实践

建立有效且高效的流程需要确定丰田的标准化工作实践。基本原则如下：
- 工作应具体说明内容、顺序、时间和结果。这是实现良好流程的基础。
- 与顾客和供应商之间的每项衔接，包括内部和外部，都必须直接规定人员、方法、时间和所提供产品与服务的数量。
- 产品和服务的移动必须简单直接——产品和服务直接移动到具体人员或设备处。
- 任何系统改进必须经过严密分析，并应用于企业中尽可能低的层级。

丰田生产系统要求各项活动、衔接和移动路径能自动揭示存在的问题，立即发现预期结果和实际要求之间的差距。丰田公司的员工教育和培训以及整个系统对问题的响应能力，使看起来刚性的系统具有较高的柔性，能适应变化的环境。这将使可靠性、柔性、安全性和效率得到持续改进。

14.4 精细组织

精细组织了解客户和客户的预期。此外，精细组织还有沟通和协作的功能区域，以验证客户预期不仅被理解而且被高效地满足。这意味着通过在整个组织中运用精细工具来识别和交付客户的价值预期。

14.4.1 建立精细组织

建立精细组织存在不少困难，需要有卓越的领导力。领导者不仅为组织灌输精细工具，而且引进持续改进的文化。建立这样一种文化需要开放的沟通并摧毁功能相互隔离的学科间的障碍，这些障碍导致这些学科像一个个孤岛。没有什么可以替代开放的双向沟通，因为它可以促进流程有效且高效地推进。这样的组织文化将对员工和管理者表现出充分的尊重，它充分了解工作的方式和地点。采用精细方式的公司有时会用日语 Gemba 或 Gemba walk 指代去实际工作的地点。

建立推进持续改进、接受不断变化和改善并使改善成为惯例的组织文化是一项挑战。这样的组织是存在的。它们了解客户并去除在客户眼中不增值的活动。它们包括联合包裹服务公司、阿拉斯加航空公司，当然还有丰田公司这样的行业领导者。即使是医院这样传统的特殊组织（参见运作管理实践专栏"医疗领域的精细"）也可以通过精细运作提高生产率。精细运作的理念是通过不断学习、创造力和团队合作来追求完美，从而最大限度地减少浪费。精细组织具有下列特点：

- 通过改进工作设计、提供持续培训、灌输承诺和建立团队合作来表达对员工的尊重并使员工得到提升。
- 将责任分配到可能的最低层级，为员工提供具有挑战性的工作。
- 通过交叉培训和减少工作分类来培养员工的灵活性。
- 构建通过帮助员工每次生产出完美的产品来消除可变性的过程。
- 与供应商建立合作伙伴关系，不仅帮助它们了解最终客户的需求，还帮助它们承担满足这些需求的责任。
- 通过仅执行增值活动消除浪费。物料搬运、检验、库存、运输、浪费的空间和返工是目标，因为它们不增加价值。

运作管理实践

医疗领域的精细

旧金山综合医院的一组员工使用精细的持续改善技术选定并分析了医院的特定区域以进行改进。如今，医院一直专注于产品周期和质量，认为这些措施的优势将降低成本并提高患者满意度。医生和护士现在在团队中一起工作，进行为期一周的改善活动。这些活动制定出可以在流动、质量、成本或患者体验方面做出具体改进的计划。

最近一次改善活动的重点是患者从被推入手术室到第一个切口所需的时间。一个团队用了一星期的时间思考将准备时间减少10 分钟的方法，节省的每一分钟都可以降低人工成本并用来打开关键设备。另一项改善活动针对紧急护理中心，将平均等待时间从 5 小时降至 2.5 小时，主要是通过增加一台现场 X 光机而不是要求患者步行 15 分钟到放射科。同样，外科诊所的等待时间也有所下降，从 2.5 小时降至 70 分钟。手术室现在使用 5S 规定，并已经在预操作过程中实施了标准化工作。

由于医院专注于提高医疗质量和患者满意度，因此它们接触到与精细运作相关的一些日语术语，其中许多术语没有直接的英语翻译：Gemba，实际工作的地方；Hansei，一个批判性自我反思的时期；Heijunka，一个层级生产安排，提供平衡和流畅的日常变化；Jidoka，利用人工智能和技术，一发现问题迹象就停止进程；Kaizen，持续改善；Muda，任何消耗资源但没有价值的东西。

精细系统越来越多地被医院采用，因为它们试图在提高质量和提高患者满意度的同时降低成本——正如旧金山综合医院所证明的那样，精细技术正在发挥作用。

资料来源：*San Francisco Chronicle*（Oct. 14，2013）and *San Francisco General Hospital & Trauma Center Annual Report*，2012—2013.

成功需要领导力以及管理者、员工和供应商的共同努力和参与。实施精细运作的企业会取得惊人收获。精细运作企业经常成为绩效标杆。

14.4.2　精细与可持续性

精细和可持续性是一枚硬币的两面。两者都力求资源利用和经济效率的最大化。但是，如果精细只关注直接流程和系统，那么管理者可能会忽略公司层面以上的可持续性问题。正如我们在第 4 章补充材料中所讨论的那样，可持续性需要检查公司及其利益相关者运作的系统。这些工作完成后，精细和可持续性都会达到更高的性能水平。

精细消除浪费，因为浪费不会给客户带来任何价值。可持续性消除浪费，因为浪费既成本高昂又对环境产生不利影响。消除浪费是精细与可持续性共同的基础。

14.5　服务业的精细运作

精细的特征适用于从医院到游乐园再到航空公司的服务业——直接影响客户的收益价值。精细尊重人、严格消除浪费的标准实践以及关注持续改善的特点，是为所有利益相关者持续创造价值的普遍手段。如果制造业和服务业之间的精细的关注点有所不同的话，那可能是与客户的高水平互动强调通过培训、激励和授权来让人充分发挥作用。但是，除了与客户的互动方面，这里还有精细应用于服务业的供应商、设备布置、库存和作业计划的一些具体例子。

供应商　我们注意到，实际上几乎每个餐厅和其供应商之间都是在 JIT 的基础上进行交易。而没有实施 JIT 的餐厅通常会失败。浪费是显而易见的：食品不得不处理掉，顾客会抱怨、生病甚至可能死亡。类似地，JIT 是金融部门在 JIT 基础上处理存款、取款和经纪活动的基础。这是行业标准。

设备布置　餐厅的厨房应进行精细布置。例如，麦当劳投入大量资金对厨房进行了重新布置，以在烹制过程中节省几秒钟，加快向顾客提供服务的速度。在新的流程中，麦当劳可以按照顾客订单在 45 秒钟内制作出汉堡包。改变布置也使阿拉斯加航空公司的行李索赔发生了很大变化，顾客可以在 20 分钟甚至更短的时间内找到行李。

库存　股票经纪人每天把库存降到几乎为零。大多数卖出和买入订单需要立即执行，因为未执行的订单对客户来说是不可接受的。如果有未执行的交易，股票经纪人可能会遇到严重的麻烦。与此类似，麦当劳制作的食品只保留几分钟，超过时间就扔掉。医院，如阿诺德·帕尔默，也对很多物品实施 JIT 库存管理，保持较低的安全库存。例如，关键供应品如药品也可以通过开发社区网络作为备用系统来降低库存。这样一来，如果一家药店有一种药品缺货，通过社区网络很快就可以满足紧急需要，直到第二天采购的药品到达。

作业计划　航空公司必须适应客户需求的波动。但这种需求是通过可用人员来满足，而不是通过库存的变化来满足。通过周密的计划，航空售票柜台的员工能够根据高峰时的排队情况及时上岗。换句话说，就是制定人员班次计划，而不是储存什么"东西"。对于美容院而言则有细微差别：班次计划包括顾客和员工，以确保快速提供服务。麦当劳和沃尔玛根据精准的需求预测，使人员班次计划精确到以 15 分钟为时间单位。请注意，在这些组织中，作业计划都是关键因素。这些作业计划依赖于准确的预测。这些预测非常详细，对于航空售票柜台而言包括了每季度、每日甚至每小时的预测内容（如假日促销、航班时间等），美容院有每季度和每周预测内容（如节假日和周五会有些特殊情况），而麦当劳则将预测缩短到几分钟（响应每天的就餐需求周期）。

为了满足不断变化的顾客需求，企业必须有可靠的供应商、较少的库存、较短的生产节拍和灵活的作业计划。精细运作更关注授权员工和让员工参与创造和交付顾客价值，消除任何与此目标无关的浪费。精细运作技术广泛应用于生产产品和提供服务的活动，只不过它们的形式看起来有些不同。

小 结

精细运作，包括 JIT 和 TPS，专注于持续改进以消除浪费。不增加价值的任何活动都是浪费，实施这些方法的公司在增加价值方面比其他公司更有效率。可以预见，实施这些方法将使员工得到授权，使管理人员全力以赴，使满足顾客需求的生产系统成本更低、质量更高。

伦理问题

在精细运作环境中，为了降低搬运费用、加快交货速度并减少库存，零售商常常迫使供应商承担越来越多的商品准备工作，以方便零售商仓库间的调运、商店间的运输或者货架陈列。假设你的公司是一家小型鱼缸用品企业，目前正处于艰难处境。大型零售超市每家玛（Mega-Mart）首先要求你贴条形码，然后要求专门的包装，最后为每个商店提供单件配送的条形码（这样商品到仓库时便可直接发到各个商店，并直接上货架）。现在每家玛又要求你立即使用无线射频识别（RFID）技术。每家玛说得很清楚，任何不能跟上新技术的供应商都将被淘汰。

最初当你的公司没掌握条形码技术时，你不得不贷款，还得聘请专业公司来进行开发，并购买这项技术，培训相关员工。然后为了满足专门的包装要求，你的公司连续数月入不敷出，并最终导致去年亏损。而现在很明显使用 RFID 技术是不可能的。你的公司在一切顺利的情况下也只是略有盈利，而且银行也不会再次为你冒险。多年来，每家玛逐渐成为你的主要客户，如果失去这个客户，你的公司很可能破产。这里的伦理问题是什么？你会怎么做？

讨论题

1. 什么是 JIT？
2. 什么是精细运作？
3. 什么是 TPS？
4. 什么是作业计划平准化？
5. JIT 消除延迟，因为延迟几乎不增加价值。那么当天气对农作物收割和运输产生影响时，JIT 如何发挥作用？
6. 精细和质量相互关联的三个方面是什么？
7. 什么是持续改善？什么是改善活动？
8. 对供应商表示尊重的供应商伙伴关系有哪些特点？
9. 请讨论日语"卡片"一词如何出现在 JIT 的研究中？
10. 标准化可重复使用的容器在运输中具有非常明显的好处。工厂使用这些容器的目的是什么？

11. 精细生产也适用于服务业吗？请举一个例子。

12. 精细运作的哪些方法既可以用于制造业也可以用于服务业？

例题解答

例题解答 14.1

克鲁伯制冷公司（Krupp Refrigeration, Inc.）正在试图减少库存，并希望你帮助它在其中的一条装配线上建立压缩机的看板系统。请计算所需看板（容器）的大小和数量。

已知：

调整准备费用＝10 美元

每台压缩机年维持库存费用＝100 美元

每天生产数量＝200 台压缩机

每年使用数量＝25 000 台（＝50×5×100）

提前期＝3 天

安全库存＝0.5 天的压缩机生产量

解答

首先必须计算出看板（容器）的大小。我们用经济生产批量公式（见第 10 章或式

（14-1））来确定看板（容器）的大小。

$$Q_p^* = \sqrt{\frac{2DS}{H\left(1-\dfrac{d}{p}\right)}} = \sqrt{\frac{2\times25\,000\times10}{H\left(1-\dfrac{d}{p}\right)}}$$

$$= \sqrt{\frac{500\,000}{100\left(1-\dfrac{100}{200}\right)}}$$

$$= 100（台）$$

所以生产数量和看板（容器）的大小＝100。

然后计算看板（容器）的数量：

提前期的需求量＝3×100＝300（台）

安全库存＝0.5×200＝100（台）

$$\frac{看板}{数量} = \frac{提前期的需求量+安全库存}{容器的容量大小}$$

$$= \frac{300+100}{100} = 4（个）$$

练习题[*]

14.1　卡萝尔·卡格尔（Carol Cagle）在得克萨斯州阿林顿的工厂专门生产拖车栓钩。该厂每年的库存周转率只有 12 次。因此她决定减少生产批量来降低库存。她针对其中一个零部件——安全链夹收集并得到了下列数据：

每年需求量＝31 200 件

每日需求量＝120 件

每日生产量（8 个小时）＝960 件

预期的批量（1 小时的生产量）＝120 件

每年单位维持库存费用＝12 美元

每小时人工调整费用＝20 美元

关于这种零部件的调整准备时间，她应该让车间管理人员设定多少分钟作为努力的目标？

14.2　根据下列迈克尔·吉布森（Michael Gibson）的公司关于某种产品的数据，请计算最佳调整准备时间是多少？

每年需求量＝39 000 件

每日需求量＝150 件

每日生产量＝1 000 件

预期的批量＝150 件

每年单位维持库存费用＝10 美元

每小时人工调整费用＝40 美元

14.3　里克·温（Rick Wing）的工厂生产汽车方向盘。请利用下列数据来减少生产批量。该公司每年工作日共计 305 天。

每年需求量	30 500 套
每日需求量	100 套
每日生产量（8 个小时）	800 套
预期的批量（2 小时的生产量）	200 套
每年单位维持库存费用	10 美元

a. 根据预期批量，调整准备费用是多少？

b. 如果每小时人工调整费用是 40 美元，调整准备时间是多少？

14.4 位于田纳西州纳什维尔的哈特利电子公司（Hartley Electronics，Inc.）专门为国防工业定制生产无线射频扫描仪。公司老板珍妮特·哈特利（Janet Hartley）请你帮助设计看板系统以减少库存。通过几小时的分析之后，你得到了一个工作单元生产扫描仪接头的数据，如下表所示。这种接头需要多少看板？

每天使用量	1 000 个接头
提前期	2 天
安全库存	0.5 天
看板的大小	500 个接头

14.5 泰吉·达卡尔（Tej Dhakar）的公司希望为新建的工作单元设计看板生产系统。已知下列数据，请计算需要多少看板。

每天需求数量	250 个
提前期	0.5 天
安全库存	0.25 天
看板的大小	50 个零件

14.6 保利娜·方德制造公司（Pauline Found Manufacturing，Inc.）正在为电话交换机装配线设计看板系统。请计算看板的容量大小和所需看板数量。

调整准备费用＝30 美元

每年单位维持库存费用＝120 美元

每天生产量＝20 个部件

每年使用量＝50 周×每周 5 天

×每天使用 10 个

＝2 500 个

提前期＝16 天

安全库存＝4 天的生产量 **PX**

14.7 玛吉·莫伊伦摩托车公司（Maggie Moylan Motorcycle Corp.）的传动系统装配线使用看板系统。请计算主轴装配线的看板大小和所需数量。

调整准备费用＝20 美元

每年主轴装配线的
单位维持库存费用 ＝250 美元

每天生产量＝300 根主轴

每年使用量＝50 周×每周 5 天×每天使用 80 根

＝20 000 根

提前期＝3 天

安全库存＝0.5 天的生产量 **PX**

14.8 美国东海岸的主要零售超市折扣连锁店（Discount-Mart）希望为其销售的卤素灯计算经济订货批量（见第 10 章 EOQ 公式）。该公司目前所有的卤素灯均从亚特兰大的专业照明公司采购。每年需求 2 000 只灯，每次的订货费用是 30 美元，每只灯的维持库存费用是 12 美元。

a. 经济订货批量是多少？

b. 全年的订货费用和维持（管理）库存费用是多少？

c. 每年折扣连锁店应该向专业照明公司订货几次？ **PX**

14.9 作为新精细运作项目的一部分，折扣连锁店（见练习题 14.8）与专业照明公司签订了长期供货合同并通过电子化来订购卤素灯。订货费用降低到每次 0.50 美元，但是当重新评估维持库存费用后，折扣连锁店发现每只灯的维持库存费用将提高到 20 美元。

a. 新的经济订货批量是多少？

b. 现在应该订货多少次？

c. 这种策略的每年总费用是多少？ **PX**

14.10 通过练习题 14.8 和练习题 14.9，你从协同采购策略中领悟到了什么？

注　释

[1] 最初的 5S 一词来自日语单词 seiri（整理和清除）、seiton（整理和配置）、seiso（擦洗和清理）、seiketsu（保持个人和工作场所的卫生和清洁）和 shitsuke（自律和这些实践的标准化）。

快速复习

主要标题	复习内容
精细运作	■ 精细运作：在顾客需要的时候准确提供所需产品，并消除浪费、持续改进。 ■ 准时生产（JIT）：通过加快产出和降低库存来持续、有力解决问题的方法。 ■ 丰田生产系统（TPS）：强调持续改进、尊重员工和标准化工作实践。 作为一种综合制造战略，精细运作、准时生产和丰田生产系统能产生持续的竞争优势，并提升公司利润。 ■ 七种浪费：过量生产、排队、运输、库存、不必要的动作、过度加工和产品缺陷。 ■ 5S：一种精细生产的检查清单，包括分类/分离、简化/直接、光洁/清扫、标准化和保持/自律。 美国的经理们常常还增加两个 S 到 5S 中，即安全和支持/维护。 ■ 偏差：任何对最优流程的偏离，只有最优流程才能不断准时生产完美的产品。 准时生产和减少库存都是识别偏差的有效工具。 ■ 产出周期：单位物料通过流程的速率。 ■ 制造周期：从原材料送达到产成品发运为止的这段时间。 ■ 拉式系统：仅在需要的时间和地点才拉动物料进行生产。 拉式系统采用信号传递，使上游工序的生产组织被下游工序的产能和需要所拉动。
精细与准时生产	■ 供应商伙伴关系：与供应商以及分销商或顾客一起工作，以消除浪费、降低成本、实现共赢。 供应商伙伴关系的具体的目标是：消除不必要的活动，消除内部库存，消除在途库存，通过长期承诺、沟通和合作提高质量和可靠性。 ■ 寄售库存：制造商开始使用物料之前的库存为供应商库存。 供应商伙伴关系中供应商所关心的内容包括：（1）多元化；（2）计划性；（3）提前期；（4）质量保证；（5）批量。 精细布置策略包括：根据产品族建立工作单元；在较小的区域内进行大量操作；使移动距离最小；尽量不考虑库存所需的空间；改进与员工的沟通；使用防错设备；使用柔性或可移动设备；对员工进行多技能培训以增加柔性。 ■ 精细库存：维持系统正常运行的最小库存。 精细理念实际上是要消除生产系统中隐含的各种偏差。精细库存策略包括：以拉式系统来移动库存；减少批量；与供应商合作实行 JIT 供货；直接将物料送到所需工位；严格按计划执行；减少调整准备时间；利用成组技术。 $$Q^* = \sqrt{\frac{2DS}{H\,(1-d/p)}} \qquad (14-1)$$ 用式（14-1）可以得到理想的订货批量 Q^*，从而可以得到最优调整准备费用 S： $$S = \frac{Q^2 H\,(1-d/p)}{2D} \qquad (14-2)$$ 精细作业计划策略包括：作业计划平准化；固定部分作业计划；严格按照作业计划执行；努力实行单件生产和单件移动；消除浪费；小批量生产；使用看板；让每道工序都能生产出完美的零件。 ■ 作业计划平准化：将生产过程分解为很多小的批量，而不是几个大的批量。

续表

主要标题	复习内容
精细与准时生产	■ 看板：在日语中是卡片的意思，这说明它是一种信号，看板系统拉动物料在工厂中移动。 $$看板（容器）数量 = \frac{提前期的需求量 + 安全库存}{容器的容量大小} \tag{14-3}$$ 精细质量：对于库存所隐藏的不良质量，精细能马上暴露出来。 精细质量策略包括：利用统计过程控制；授权员工；建立防错措施（如防错系统、检查表等）；小批量暴露不良质量；马上进行反馈。
精细与丰田生产系统	■ 持续改善：注重持续改进。 ■ 持续改善活动：工作单元或团队小组的成员聚在一起来开发创新方法以对流程进行改进。 丰田公司将工人作为知识型员工进行招聘、培训和对待，辅以积极的交叉培训和很少的岗位分类。
精细组织	精细组织具有以下特点：通过改进工作设计，提供持续培训，灌输承诺和建立团队合作来表达对员工的尊重并使员工得到提升；通过将责任分配到可能的最低层级来进行员工授权；通过交叉培训和减少工作分类来培养员工的灵活性；建立消除可变性的流程；与供应商建立合作伙伴关系来帮助它们承担满足最终客户需求的责任；通过只执行增值活动来消除浪费。 ■ Gemba 或 Gemba walk：去实际工作的地方。
服务业的精细运作	精细运作在服务业的应用就如同其应用于其他行业，服务业的预测需要非常详细，可能以季度、每天、每小时甚至更短的时间为预测期间。

自测题 ■

　　在自我测试前，请参考本章开头的学习目标和本章的关键术语。

　　1. 精细运作、JIT 和 TPS 分别与以下（　　）概念相匹配。

　　a. 持续改进并专注于客户想要什么，何时需要

　　b. 通过持续改进，在客户需要的时候准确提供所需产品，而没有浪费

　　c. 强调持续改进、尊重员工和标准化工作实践

　　2. 定义 7 个浪费和 5S。7 个浪费是_____、_____、_____、_____、_____、_____ 和 _____。5S 是 _____、_____、_____、_____ 和_____。

　　3. 实施供应商伙伴关系时，供应商所关心的内容包括（　　）。

　　a. 小批量有时是不经济的

　　b. 现实的质量需求

　　c. 没有足够提前期做出改变

　　d. 不稳定的作业计划

　　e. 以上都是

　　4. 最佳调整准备费用的公式是（　　）。

　　a. $\sqrt{2DQ/(H(1-d/p))}$

　　b. $\sqrt{Q^2 H(1-d/p)/(2D)}$

　　c. $QH(1-d/p)/(2D)$

　　d. $Q^2 H(1-d/p)/(2D)$

　　e. $H(1-d/p)$

　　5. 看板在日语中的意思是（　　）。

　　a. 小汽车

　　b. 拉动式

　　c. 卡片

　　d. 持续改进

　　e. 作业计划平准化

　　6. 所需看板的数量等于（　　）。

a. 1

b. 提前期需求量/Q

c. 容器的容量大小

d. 提前期需求量

e. （提前期的需求量＋安全库存)/容器的容量大小

7. 精细组织的六个特点是：＿＿＿＿、＿＿＿＿、＿＿＿＿、＿＿＿＿、＿＿＿＿和＿＿＿＿。

8. 精细在什么情况下可以应用于服务业？（　　　）

a. 仅在极少数情况下

b. 除供应链外

c. 除员工问题外

d. 除供应链问题和员工问题外

e. 就像它应用于制造业

自测题答案：1. 精细运作＝a，JIT＝b，TPS＝c；2. 过量生产，排队，运输，库存，不必要的动作，过度加工和产品缺陷；分类/分离，简化/直接，光洁/清扫，标准化和保持/自律；3. e；4. d；5. c；6. e；7. 尊重和发展人才，赋予员工权力，培养员工灵活性，建立好的流程，与供应商建立合作伙伴关系，消除浪费；8. e。

第 **15** 章
设备维护和可靠性

 学习目标

1. 描述如何提高系统可靠性。
2. 确定系统可靠性。
3. 确定平均故障间隔期。
4. 区分预防维护和事后维修。
4. 描述如何改进设备维护。
5. 比较预防维护费用和事后维修费用。
6. 定义自主维护。

跨国公司介绍：奥兰多公用事业服务公司

设备维护为奥兰多公用事业服务公司带来竞争优势

奥兰多公用事业服务公司（Orlando Utilities Commission，OUC）拥有和管理着数家发电厂，为佛罗里达州中部的两座城市输送电力。这家公司每年都要将其中的一家电厂关闭 1～3 周以完成维护工作。

另外，每家电厂每隔 3 年要对发电机进行一次彻底检查和维护。设备检查安排在春秋两季，因为那时天气良好，用电负荷较低。检查一般历时 6～8 周。

公司下属的斯坦顿能源中心（Stanton Energy Center）的电厂维护人员，每人每年需要完成大约 12 000 项修理和预防维护任务。为了高效完成这些任务，需要通过计算机来编排每天的维护管理计划。计算机生成预防维护工作指令，并列出所需物料。

如果电厂停工检修，奥兰多公用事业服务公司则需要每天额外支付 11 万美元用于购买其他电厂的电力。然而这笔开支和意外故障费用相比却相形见绌。这家公司为意外故障还需每天支付 35 万～60 万美元的费用。

安排设备检查计划并非易事，每天有 1 800 件不同的任务，需要 72 000 工时。但是预防维护的价值在对新涡轮机的第一次检查中就得以体现。工人们发现了一只开裂的叶片，若非发现及时，这将毁坏价值 2 700 万美元的设备。为了发现这些肉眼无法识别的裂纹，这家公司使用的方法包括金属染色检测、X 射线检查以及超声波检测。

在奥兰多公用事业服务公司，预防维护被奉为圭臬。这使得这家公司被行业领先的 PA 咨询公司列为美国东南部电力分配系统的榜首。有效的预防维护为奥兰多公用事业服务公司带来了竞争优势。

15.1 设备维护和可靠性的战略重要性

本章跨国公司介绍中的奥兰多公用事业服务公司的管理人员为了避免意外的设备失效而致力于提高设备可靠性。无论是对公司还是对消费者而言，奥兰多公用事业服务公司的发电机故障都代价高昂。瞬间的电力中断可能会带来灾难性的后果。同样，无论是菲多利公司，还是迪士尼公司和美国联合包裹服务公司，都无法忍受失效或者设备停机。为了提高设备利用率、保持良好的卫生状况，设备维护对于菲多利而言至关重要。在迪士尼，让游客安全乘坐各种光亮而干净的设施，是保持迪士尼乐园作为世界最热门的度假地形象的必要条件。联合包裹服务公司也以其设备维护战略著称，该公司使用了 20 年甚至更长时间的车辆，在外观上和驾驶时让人仍感觉像新车一样。

和其他很多公司一样，这些公司明白如果设备维护得不好，会造成破坏、不便、浪费、高昂的金钱损失，甚至生命代价。如图 15－1 所示，相互联系的操作者、设备和维护人员是成功进行设备维护、提高设备可靠性的一大特征。良好的设备维护和可靠性既确保了公司业绩，又确保了公司的投资物有所值。

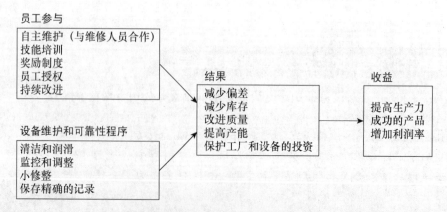

图 15－1　良好的设备维护和可靠性管理需要员工参与和过程保证

设备维护和可靠性的目标是维持系统产能，同时控制成本。良好的系统维护能减少系统偏差。系统设计和设备维护保证系统能达到预期的产能，满足预期的质量标准。**设备维护**（maintenance）是指所有保持系统设备处于正常工作状态的活动。

可靠性（reliability）是指在一定条件下、在规定时间内设备或产品正常运行的概率。

本章介绍提高设备可靠性和设备维护能力的四种重要策略，这些策略不仅适用于产品和设备，而且适用于生产这些产品和设备的系统。这四种策略围绕设备可靠性和设备维护展开。

有关可靠性的策略：

1. 提高每个元件的可靠性。

2. 提供冗余。

有关设备维护的策略：

1. 实施和改进预防维护。

2. 提高修理能力或速度。

接下来我们讨论这些策略。

15.2 可靠性

生产系统由一系列既相互独立又相互关联的元件组成，每个元件都发挥着独特的作用。如果其中任何一个元件失效，无论是什么原因，那么整个系统（如一架飞机或一台设备）将出现故障。首先，我们讨论系统可靠性，然后讨论通过冗余来改进可靠性。

15.2.1 系统可靠性

现实环境中确实存在着设备故障，对故障的理解是一个重要的可靠性概念。现在我们来看看串联元件故障的影响。随着系统中串联的元件数量增加，整个系统的可靠性快速下降，如图 15-2 所示。例如，如果一个系统由 $n=50$ 个相互串联的元件组成，每个元件的可靠性都是 99.5%，那么整个系统的可靠性是 78%。如果一

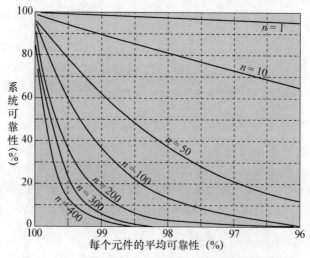

图 15-2 系统可靠性是元件数量和元件可靠性的函数

个系统由 100 个相互串联的元件组成，每个元件的可靠性仍然是 99.5%，那么现在整个系统的可靠性就只有 60% 了！

如果系统的每个元件都有其自身的可靠性，那么测量整个系统的可靠性则不能根据图 15-2 中的曲线。此时测量系统可靠性（R_s）的方法比较简单，只要知道每个元件的可靠性就可以了，计算公式如下：

$$R_s = R_1 \times R_2 \times R_3 \times \cdots \times R_n \tag{15-1}$$

式中：R_1＝元件 1 的可靠性

R_2＝元件 2 的可靠性

其余以此类推。

式（15-1）假设单个元件的可靠性和其他元件的可靠性无关（每个元件是相互独立的）。另外，在该式中，如果没有特别注明，大多数讨论的情况下设备可靠性以概率形式表示。例如，0.90 的可靠性表示该系统将在 90% 的时间里正常运行，这也表示系统有 $1-0.9=0.1=10\%$ 的可能性失效。我们可以使用这种方法来测量产品或服务的可靠性，如例 1 所示。

例 1

串联系统的可靠性

科罗拉多州的格里利国民银行（National Bank of Greeley）的贷款审批程序需要依次经过三名员工，他们的可靠性分别是 0.90，0.80 和 0.99，贷款审批程序的可靠性是多少？

方法

运用式（15-1）求解系统可靠性 R_s。

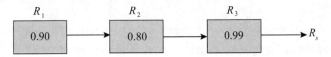

解答

贷款审批程序的可靠性是：

$$R_s = R_1 \times R_2 \times R_3$$
$$= 0.90 \times 0.80 \times 0.99$$
$$= 0.713 = 71.3\%$$

启示

因为审批程序中的每个员工都不完美，出错以累计概率表示，所以该审批程序最终的可靠性是 0.713，比任何一名员工的可靠性都低。

练习

如果用可靠性为 0.95 的员工替换可靠性最低的员工（可靠性为 0.80），那么新审批程序的可靠性是多少？〔答案：0.846。〕

相关课后练习题

15.1，15.2，15.3，15.9

可靠性测量的基本单位是**产品失效率**（product failure rate，FR）。那些生产具有高技术含量的设备的公司经常会提供产品失效率的数据。如式（15-2）和式（15-3）所示，失效率是指在所有测试的产品中出现故障的产品比率，记为 FR（%），或者说在一定时间内出现故障的次数，记为 FR（N）：

$$\text{FR}(\%) = \frac{\text{失效次数}}{\text{检测的产品总数}} \times 100\% \tag{15-2}$$

$$\text{FR}(N) = \frac{\text{失效次数}}{\text{运行时间的累计小时数}} \times 100\% \tag{15-3}$$

也许测量设备可靠性最常用的方法是计算**平均故障间隔期**（mean time between failures，MTBF），它是 FR(N) 的倒数：

$$MTBF = \frac{1}{FR(N)}$$

(15-4)

在例 2 中我们分别计算失效率 FR(%)、失效次数 FR(N) 和平均故障间隔期 MTBF。

例 2

确定平均故障间隔期

20 套用于俄罗斯联盟号航天飞机上的空调系统已经在俄罗斯的一家测试基地进行了 1 000 小时的测试。其中的两套系统出现故障，一套是在系统运行 200 小时后，另一套是在系统运行 600 小时后。

方法

为了计算失效率 FR(%)、单位时间失效次数 FR(N) 和平均故障间隔期（MTBF），我们分别运用式（15-2）、式（15-3）、式（15-4）计算如下：

解答

失效率：

$$FR(\%) = \frac{失效次数}{检测的产品总数} \times 100\%$$
$$= \frac{2}{20} \times 100\% = 10\%$$

然后计算单位时间的失效次数：

$$FR(N) = \frac{失效次数}{运行时间的累计小时数}$$

其中：总时间＝1 000×20
　　　　＝20 000（小时）

系统非运行时间＝第一套的失效时间 800 小时＋第二套的失效时间 400 小时

＝1 200（小时）

系统运行时间＝总时间－非运行时间

$$FR(N) = \frac{2}{20\,000 - 1\,200} = \frac{2}{18\,800}$$
$$= 0.000\,106（次）$$

又因为 $MTBF = \frac{1}{FR(N)}$，有

$$MTBF = \frac{1}{0.000\,106} = 9.434（小时）$$

如果航天飞机一个航次飞行 6 天，那么俄罗斯可能还对每个航次的失效率感兴趣：

失效率＝每小时失效次数×24×6
　　　　＝0.000 106×24×6
　　　　＝0.153（次）

启示

平均故障间隔期（MTBF）是状态可靠性的标准平均值。

练习

如果系统非运行时间下降到 800 小时，系统的平均故障间隔期是多少？〔答案：9 606 小时。〕

相关课后练习题

15.4，15.5

由于例 2 显示的失效率太高，俄罗斯要么需要增加每个元件的可靠性，从而增加系统可靠性，要么提供冗余。

15.2.2　提供冗余

为了提高系统可靠性，通常以备用元件或并联的形式来增加**冗余**（redundancy）。

冗余能确保在一个元件或一条路径失效时系统可依靠另一个元件。

备用冗余 假如一个元件的可靠性是 0.80，我们储备另一个元件，可靠性是 0.75，那么系统可靠性就是第一个元件正常工作的概率，加上第一个元件失效后第二个元件正常工作的概率乘以需要第二个元件的概率（$1-0.8=0.2$），因此：

$$R_s = \begin{matrix}\text{第一个元件正常}\\ \text{工作的概率}\end{matrix} + \begin{matrix}\text{第二个元件正常}\\ \text{工作的概率}\end{matrix} \times \begin{matrix}\text{需要第二个}\\ \text{元件的概率}\end{matrix}$$

$$= 0.8 + 0.75 \times (1-0.8)$$

$$= 0.95 \tag{15-5}$$

我们通过例3来看看系统冗余如何提高例1中贷款审批过程的可靠性。

例3

备用可靠性

格里利国民银行发现贷款审批程序的可靠性只有 0.713（见例1），想改善这种状况。

方法

银行决定为可靠性最低的两名员工提供冗余。

解答

这个过程形成下列系统：

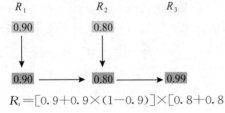

$$R_s = [0.9 + 0.9 \times (1-0.9)] \times [0.8 + 0.8 \times (1-0.8)] \times 0.99$$

$$= (0.9 + 0.9 \times 0.1) \times (0.8 + 0.8 \times 0.2) \times 0.99$$

$$= 0.94$$

启示

通过为两名员工提供冗余，该银行的贷款审批过程的可靠性从 0.713 提高到 0.94。

练习

当银行用一名可靠性为 0.90 的新员工替换那两名可靠性为 R_2（0.80）的员工时，会是什么结果？［答案：$R_s = 0.88$。］

相关课后练习题

15.7，15.10，15.12，15.13，15.14，15.15

并联冗余 另一种提高可靠性的方法是提供并联路径。在一个并联系统中，各路径被认为是独立的；因此，只要有一条路径正常，系统就能工作。在例4中，我们确定一个有三条并行路径的流程的可靠性。

例4

并联冗余的可靠性

新款的 iPad 更可靠，因为它采用了如下图所示的并联电路。它的可靠性是多少？

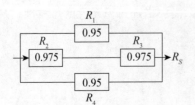

方法

识别每条路径的可靠性，然后计算需要另一条路径的可能性（失效的可能性），最后用 1 减去这些失效率。

解答

$$\text{中间路径的可靠性} = R_2 \times R_3$$

$$= 0.975 \times 0.975$$

$$= 0.950\ 6$$

然后确定三条路径 $=(1-0.95)$
都失效的概率

$\times(1-0.950\,6)$

$\times(1-0.95)$

$=0.000\,12$

这款新设计可靠 $=1-0.000\,12$
性为 1 减去失效率

$=0.999\,88$。

启示

即使在一个没有一个元件的可靠性超过

0.975 的系统中，并联设计也能将可靠性提高到 0.999。并联路径大幅提升可靠性。

练习

如果所有元件的可靠性只有 0.90，那么新的可靠性等于多少？〔答案：0.998 1〕

相关课后练习题

15.6，15.8，15.11

15.3 设备维护

有两种类型的设备维护：预防维护和事后维修。**预防维护**（preventive maintenance）是指通过监控设备和设施、实行例行检查、保养，使设备处于良好的维护状态。这些活动是为了构建一个系统，该系统能减少偏差、发现潜在故障并作出改变或维护以保持有效的流程。目前这一代精密传感器可以使管理人员构建那些能检测最轻微的异常震动、温度或压力的微小变化以及石油黏度或化学成分的细微改变的系统。预防维护并不仅仅是维持机器设备的正常运行，还包括设计技术和人员系统，它使系统像被设计的那样正常工作。**事后维修**（breakdown maintenance）是指补救性的设备维修，是在设备出现故障时必须进行紧急维修或优先维修的情况。

15.3.1 实施预防维护

预防维护意味着我们可以知道系统何时需要维护，或者何时需要修理。因此我们要实施预防维护，就需要知道系统何时需要维护，或者何时可能出现故障。在产品生命周期中，不同阶段的失效率是不同的。产品投入使用的初期失效率比较高，通常称为**初期故障期**（infant mortality），很多产品都有这种现象。这也是为什么很多电子设备公司在交货前对产品进行"疲劳测试"的原因：它们在发货前通过运用各种测试方法（例如，惠而浦洗衣机需要检测整个洗涤过程），来检验产品在开始使用阶段可能出现的问题。有些公司还提供 90 天的质量保证期。需要指出的是，很多早期故障并不是产品本身的缺陷导致的，而是由于使用不当造成的。这一事实说明，很多行业需要在运作管理环节增加售后服务以包含产品安装和顾客培训的内容。

一旦产品、设备和生产流程"到位"以后，便可以着手对平均故障间隔期（两次故障之间的间隔时间）的分布情况进行研究。这种分布通常服从正态分布。当这些分布出现较小的标准差时，就说明有必要进行一次预防维护，即使维护费用比较高昂也要实施。

在确定有必要进行一次预防维护后，我们还需要确定何时维护比较经济。通常，维护费用越高，平均故障间隔期的曲线分布区间就越窄（比较小的标准差）。另外，如果事后维修的费用不比预防维护更高的话，也许我们可以将生产线停下来，然后进行检修，但是必须考虑清楚停工的全部后果。有时即使是一些小范围的停工，也会导致灾难性的后果。在另一种极端情况下，如果预防维护费用很少，即使平均故障间隔期曲线相当平滑（比较大的标准差），也应进行预防维护。

通过保持良好的记录，企业可以知道每个流程、每台设备或机器的运行状况。通过这些记录既可以分析出所需的维护形式，又可以分析出设备维护的时间。设备维护的历史记录是预防维护的重要组成部分，它记录了维护所需的时间和费用。这些记录同样有助于了解同类设备以及供应商的信息。

可靠性和系统维护相当重要，现在很多设备维护都通过计算机系统来管理。图 15-3 描绘了这种系统的主要内容，左边是一些相关记录，右边是生成的相应报告。

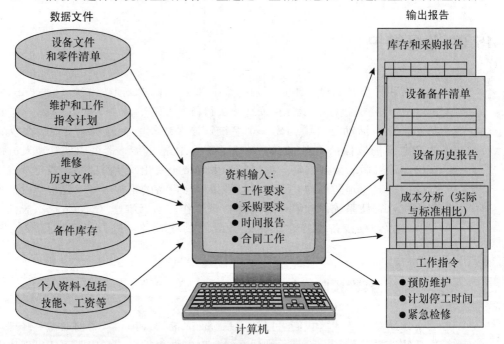

图 15-3 计算机管理的设备维护系统

波音和通用汽车通过可靠性和设备维护信息系统来获得竞争优势。波音现在可以监控航班的飞行状态并及时将相关信息实时传递到地面，在可靠性和设备维护方面先声夺人。类似地，凭借无线卫星服务，大量的汽车公司向汽车车主提供成千上万种失效报警，包括安全气囊的传感器故障，或油位传感器故障等。这种实时系统能够及时提供数据，以便公司工程师在顾客发现问题之前就能处理质量问题。这项技术提高了可靠性和顾客满意度。提前发现问题这种方式能为公司在保修方面节省数百万美元。

传统的预防维护和事后维修之间的相互关系如图 15-4 （a） 所示。根据这种观点，管理人员需要在两种费用之间进行权衡。若分配更多的资源给预防维护，则设备停工的次数会减少。但有些情况下，事后维修费用下降的速度可能低于预防维护费用上升的速度，因此总费用曲线会开始上升。在超过最优点后，企业最好是等待设备出现故障，然后进行事后维修。

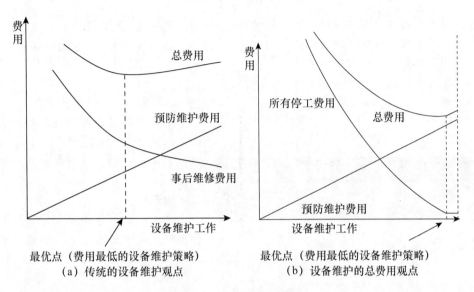

图 15 - 4　设备维护费用

然而图 15 - 4（a）中的费用曲线没有考虑停工的所有费用。很多费用被忽略了，因为这些费用和停工没有直接关系。例如，一般企业都没有考虑为停工期间准备的各种库存所产生的费用。停工对员工的士气会产生多种影响：员工可能会认为按标准进行操作和维护不重要。停工时间也会影响交货期，损害和顾客的关系，影响未来的销售。在考虑所有的停工费用后，设备维护费用曲线可以通过图15 - 4(b)来表示。系统没有出现停工时，系统维护费用处于最低水平。

假设所有和停工相关的潜在费用都已知，那么可以从理论上计算出设备维护的最优情况。这种分析当然也需要非常精确的历史数据，如维护费用、停工的概率和维修时间等。例 5 说明如何比较预防维护和事后维修的费用，以便编制费用最低的设备维护方案。

例5

比较预防维护费用和事后维修费用

Farlen & Halikman 会计师事务所专门负责为企业编制工资账册。这家事务所成功地使很多业务实现了自动化处理，并利用高速打印机来处理和准备各种报告。但是这种计算机系统也带来一些问题。在过去的 20 个月中，打印机出现停工故障的统计数据如下表所示：

停工次数	停工次数对应的月份数量
0	2
1	8
2	6
3	4
总计	20

这家会计师事务所估计，每次打印机出现故障停工时，会平均造成时间和业务损失300 美元。有一种解决方案是签订打印机的预防维护服务合同。但即使签订了预防维护服务合同，打印机仍会出现停工故障，平均每月一次。这项服务的费用是每月 150 美元。

方法

为确定会计师事务所到底是采用"一直使用直到故障"的策略，还是采取预防维护策略，我们可以通过四个步骤来计算：

第 1 步：根据历史数据，在没有签订服务合同的情况下，计算平均故障次数。

第 2 步：在没有签订服务合同的情况下，计算每月平均事后维修费用。

第 3 步：计算预防维护费用。

第 4 步：比较两种方案，选择费用较低的一种。

解答

第 1 步：

故障次数	频率	故障次数	频率
0	2/20＝0.1	2	6/20＝0.3
1	8/20＝0.4	3	4/20＝0.2

$$\frac{平均故}{障次数} = \sum \left(\frac{故障}{次数} \times \frac{相应的}{频率} \right)$$

$$= 0 \times 0.1 + 1 \times 0.4 + 2 \times 0.3 + 3 \times 0.2$$

$$= 1.6（次/月）$$

第 2 步：

$$\frac{平均故障}{维修费用} = \frac{平均故}{障次数} \times \frac{每次故障}{平均费用}$$

$$= 1.6 \times 300$$

$$= 480（美元/月）$$

第 3 步：

$$\frac{预防维护}{费用} = \frac{平均故障}{维护费用} + \frac{服务合同}{费用}$$

$$= 1 \times 300 + 150$$

$$= 450（美元）$$

第 4 步：因为签订预防维护服务合同的预期总费用（450 美元）比不签（480 美元）要低，因此这家会计师事务所应该签订服务合同。

启示

确定每一个可选方案的平均故障次数对作出好的决策至关重要。这需要完好的维护记录。

练习

如果预防维护费用增加到 195 美元，哪个方案是最好的？〔答案：每个月 495 美元（300＋195），"一直使用直到故障"方案下的费用变得没有那么高（假设每次故障产生的所有费用都包含在 300 美元中）。〕

相关课后练习题

15.16～15.19

通过类似例 4 中的方法，管理人员可以比较不同的设备维护策略。

15.3.2 提高修理能力

由于设备可靠性和预防维护很少是十全十美的，大多数公司会选择某一水平的设备修理能力。扩大或提高设备修理能力，能使系统更快地恢复到运行状态。

任何公司都无法完成全部的维修工作，因此管理人员需要确定在哪里进行修理。图 15-5 中列出了几种设备维护的选择策略，以及如何在速度、成本和竞争力之间进行权衡。在图 15-5 中，当向右边移动时，修理能力提高了，但维护成本也随之提高。

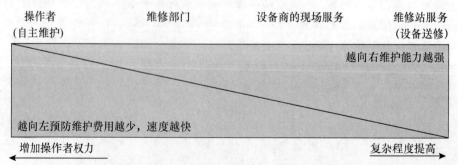

图 15-5 运作经理有必要确定如何进行设备维护

15.3.3　自主维护

预防维护策略和方法还必须强调员工参与，让员工对所操作的设备承担力所能及的"观察、检查、校正、清洁和报告"等维护责任。这项政策与员工授权相一致。这种方法称为**自主维护**（autonomous maintenance）。员工可以预测失效，预防停机，延长设备使用寿命。通过自主维护，管理人员在员工授权和提高系统绩效两方面都前进了一步。

15.4　全面生产维护

很多公司将全面质量管理的理念引入设备维护实践中，这种方法称为**全面生产维护**（total productive maintenance，TPM）。这种方法是以员工自主维护和良好的维护措施来减少偏差。全面生产维护包括：

- 设计高可靠性、易于操作、易于维护的设备。
- 购买设备时考虑整个使用成本，因此维护成本和服务费用已经包含在成本之中。
- 按照操作人员、维护部门和维修站最好的方法来对设备进行预防维护。
- 培训员工掌握操作和维护自己设备的技能。

追求设备的高效利用、紧凑的作业计划、低库存、稳定的质量都需要可靠性。全面生产维护能不断改进在仿真、专家系统和传感器方面取得的进展，它是减小偏差、提高可靠性的关键。

┃ 小　结 ━━■

运作管理人员致力于不断改进设计，使用备用元件和并联路径来提高可靠性。提高可靠性还可以通过实施预防维护和采用优良的维修设施来实现。

很多公司让员工对其所操作的设备具有某种"拥有"感。当员工承担起对所操作的设备进行修理或预防维护的责任时，设备故障就会少得多。经过良好培训和授权的员工通过预防维护来保证系统的可靠性。反过来，可靠和保养良好的设备不仅能提高设备利用率，而且能提高质量和计划完成率。优秀的企业生产并且维护它们的产品，因而顾客信赖它们的产品和服务，相信它们的产品满足技术要求，并能按时交货。

┃ 伦理问题 ━━■

2003 年，哥伦比亚号航天飞机返回地面时在得克萨斯州上空爆炸。1986 年，挑战者号航天飞机在升空不久后爆炸。1967 年，阿波罗 1 号飞船在发射台上爆炸。这些事故都导致当时执行飞行任务的宇航员死亡。巨大而复杂的航天飞机看起来很像一架普通飞机，但它们有很大区别。实际上，航天飞机的整体统计可靠性为大约每 50 次飞行会出现 1 次事故。当然，正如一名美国国家航空航天局官员所说："只要不离开地面，你就可以万无一失。"

面对如此严重的可靠性和设备维护问题（如接缝开裂，防护材料脱落，工具被落在太空舱里），美国国家航空航天局是否还应该让宇航员继续飞行？（早期的 Atlas 火箭上之所以有宇航员，不是因为有必要，而是因为试飞员和政治家们认为宇航员应该在上面。）从伦理角度看，载人航天的利弊各是什么？美国是否应该花数十亿美元将宇航员送到月球或是火星？

讨论题

1. 设备维护和可靠性的目标是什么？

2. 如何识别是否需要进行预防维护？

3. 请解释设备维护中的"初期故障期"概念。

4. 为什么说仿真是处理设备维护问题的一个较好的方法？

5. 在由操作者进行设备维护和由供应商进行设备维护之间，管理者如何权衡？

6. 管理者如何评价设备维护的效果？

7. 机械设计如何影响设备的维护工作？

8. 设备维护工作中计算机设备维护管理系统有什么作用？

9. 在一场关于预防维护优点的辩论中，公司老板问："为什么设备还没有坏就进行维护呢？"你作为设备维护部门的负责人，如何回答？

10. 预防维护是否能消除所有的设备故障？

利用软件解决可靠性问题

利用 Excel OM 和 POM for Windows 可解决可靠性问题。可靠性模块使我们可以进行以下计算：（1）串联系统（或元件）（数量从 1～10）的可靠性；（2）备份或者并联元件（数量从 1～12）的系统可靠性；（3）串并联系统的可靠性。

例题解答

例题解答 15.1

沙利文腕式计算器（Sullivan Wrist Calculator）使用的半导体有 5 个元件，每个元件都有自己的可靠性。元件 1 的可靠性是 0.90，元件 2 是 0.95，元件 3 是 0.98，元件 4 是 0.90，元件 5 是 0.99。整个半导体的可靠性 R_s 是多少？

解答

$$R_s = R_1 \times R_2 \times R_3 \times R_4 \times R_5$$
$$= 0.90 \times 0.95 \times 0.98 \times 0.90 \times 0.99$$
$$= 0.746\ 6$$

例题解答 15.2

沙利文腕式计算器公司最近对半导体可靠性进行了改进，对可靠性最低的两个元件各增加了一个备用件。新的电路示意图如下。新的整个半导体的可靠性是多少？

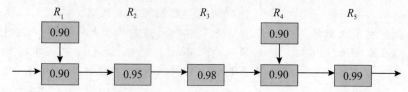

解答

可靠性＝[0.9＋(1－0.9)×0.9]×0.95×0.98×[0.9＋(1－0.9)×0.9]×0.99
　　　＝0.903

练习题*

15.1　Beta Ⅱ型计算机的电子处理单元包括 50 个系列元件。每个元件的平均可靠性是 99.0％。参考图 15－2，计算该处理单元的整体可靠性。

15.2　波音公司的某项测试过程需要检测 400 个元件。平均每个元件的可靠性是 99.5％。参考图 15－2，计算测试过程的整体可靠性是多少。

15.3　一种新的飞机控制系统正处于设计阶段，系统可靠性必须达到 98％。该系统包括三个串联元件。如果三个元件的可靠性必须一样，那么这些元件的可靠性必须是多少？ **Px**

15.4　罗伯特·克拉森制造公司（Robert Klassan Manufacturing）是一家医疗设备制造商。该公司对 100 个心脏起搏器进行 5 000 小时的测试，测试进行到一半时，有 5 个起搏器发生了故障。根据下列要求分别计算相应的故障数据：

a. 平均故障率是多少？

b. 平均每小时每个起搏器的故障次数是多少？

c. 平均每年每个起搏器的故障次数是多少？

d. 如果有 1 100 人接受该公司的心脏起搏器，我们可以预测一年以后有多少起搏器会发生故障？

15.5　笔记本电脑的光盘生产商希望平均故障间隔期至少达到 50 000 小时。近期对 10 个光盘进行了测试，结果是一个在 10 000 小时故障，一个在 25 000 小时故障，还有两个在 45 000 小时故障，剩下的光盘一直运行到 60 000 小时，计算下列故障数据：

a. 故障率。

b. 单位时间的失效次数。

c. 该测试过程的平均故障间隔期。

15.6　下列生产流程的可靠性是多少？$R_1＝0.95$，$R_2＝0.90$，$R_3＝0.98$。 **Px**

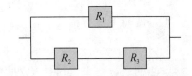

15.7　参考下列 5 名银行职员的工作可靠性数据，试计算整个银行贷款流程的可靠性。 **Px**

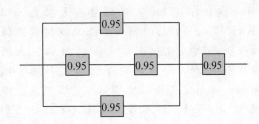

提示：三条路径并行完成，然后还有一个独立步骤。

15.8　梅里尔·金·夏普公司（Merrill Kim Sharp）的一种系统由 3 个元件并联构成。各元件的可靠性如下：

$$R_1＝0.90, R_2＝0.95, R_3＝0.85$$

该系统的可靠性是多少？（提示：参见例 4。） **Px**

15.9　一种医疗控制系统由 3 个独立元件构成，每个元件（R_1、R_2、R_3）的可靠性如下：

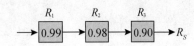

该系统的可靠性是多少？ **PX**

15.10 下图所示的系统可靠性是多少？

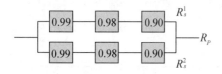

15.11 如果练习题15.9中的医疗控制系统改为练习题15.10中所示的并行冗余，系统可靠性提高了多少？

15.12 伊丽莎白·欧文（Elizabeth Irwin）的设计团队建议采用下列系统，系统各元件的可靠性如下图所示：

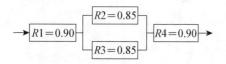

该系统的可靠性是多少？ **PX**

15.13 波峰焊接系统公司（Wave Soldering Systems，Inc.）的销售人员里克·温（Rick Wing）对你目前设备上的温控装置提出了一些改进建议。该设备利用热空气消除印刷电路板上多余的焊剂，这个想法很不错，但热空气的温度控制可靠性不高。温说他们公司的设计人员已经提高了温控器的可靠性。新的系统仍然是4条控制温度的敏感集成电路，但每条电路都有一条备用电路。4条集成电路的可靠性分别是0.90、0.92、0.94和0.96，4条备用集成电路的可靠性都是0.90。

a. 新温控器的可靠性是多少？

b. 温告诉你，如果再多支付一些钱，他们可以将每条备用集成电路的可靠性都提高到0.93。现在的系统可靠性是多少？ **PX**

15.14 作为门德斯·皮内罗工程公司（Mendez Pinero Engineering）的运作管理副总裁，你必须对两种产品设计方案A和B作出选择，确定哪种方案可靠性更高。在B方案中，R_3和R_4都设计有备用元件。每种方案的可靠性各是多少？ **PX**

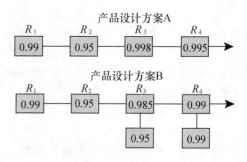

15.15 一种典型的超市零售交易由数个小的环节构成，它们可以看作可能发生故障的元件。这几个环节的内容如下：

环节	描述	故障定义
1	寻找合适尺寸、颜色的产品	无法找到
2	排队交款	没有其他收银台；队伍太长；排队有困难
3	扫描产品条形码，读取品名、价格等信息	没有扫描；没有扫描项目的资料；扫描了错误的产品信息
4	计算采购总额	重量出错；优惠期出错；资料输错；计税错误
5	付款	顾客缺少现金；支票拒付；信用卡拒付
6	找零	找零不正确
7	商品包装	包装时损坏商品；包装袋滑落
8	结束交易并离开	没有打印发票；态度不友好、粗鲁或冷淡

假设这8个环节的可靠性分别是0.92、 0.94、0.99、0.99、0.98、0.97、0.95 和

0.96。那么系统的可靠性是多少，即顾客满意的概率是多少？如果你是商场经理，你认为可以接受的概率值应该是多少？哪些环节可以通过提供冗余来改进，哪些环节最好进行重新安排？

15.16 下表列出了奥兰多公用事业公司生产的发电机在过去 20 年中的故障情况。计算每年平均故障次数。**P𝗫**

故障次数	0	1	2	3	4	5	6
故障次数的对应年数统计	2	2	5	4	5	2	0

15.17 空中客车公司的绘图仪每次故障的维护费用是 50 美元。根据下列数据，计算平均每天的故障费用。**P𝗫**

故障次数	0	1	2	3	4
每天发生故障的概率	0.1	0.2	0.4	0.2	0.1

15.18 动力机械公司（Mechanical Dynamics）的设备维护部门主管大卫·霍尔（David Hall）交给你一张故障曲线图，如右上图所示，它表达了什么含义？

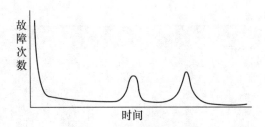

15.19 消防队的氧气面罩有一定的故障率，他们正在评估将预防维护外包给制造商的概率。由于故障带来的风险，每次故障大概要损失 2 000 美元。目前的维护策略（由消防队队员进行维护）的历史数据如下：

故障次数	0	1	2	3	4	5
故障次数的对应年数统计	4	3	1	5	5	0

作为合同内容的一部分，制造商将维修所有的氧气面罩，消除故障。每年该项费用为 5 000 美元。

a. 消防队队员每年进行维护的预期停工次数是多少？

b. 目前维护策略的费用是多少？

c. 更经济的策略是什么？

快速复习

主要标题	复习内容
设备维护和可靠性的战略重要性	如果设备维护得不好，会造成破坏、不便、浪费、高昂的金钱损失，甚至生命代价。相互联系的操作者、设备和维护人员是成功进行设备维护、提高设备可靠性的一大特征。 良好的设备维护和可靠性管理需要员工参与和良好的过程；良好的设备维护和可靠性既确保了公司业绩，又确保了公司的投资物有所值。 设备维护和可靠性的目标是维持系统产能，同时控制成本。 ■ 设备维护：所有保持系统设备处于正常工作状态的活动。 ■ 可靠性：在一定条件下、在给定时间内设备或产品正常运行的概率。 有关可靠性的策略： 1. 提高每个元件的可靠性。 2. 提供冗余。 有关设备维护的策略： 1. 实施和改进预防维护。 2. 提高修理能力或速度。

续表

主要标题	复习内容
可靠性	生产系统由一系列既相互独立又相互关联的元件组成，每个元件都发挥着独特的作用。如果其中任何一个元件失效，无论是什么原因，整个系统将出现故障。 随着系统中串联的元件数量增加，整个系统的可靠性快速下降： $$R_s = R_1 \times R_2 \times R_3 \times \cdots \times R_n \qquad (15-1)$$ 式中，R_1 为元件 1 的可靠性；R_2 为元件 2 的可靠性；其余以此类推。式（15-1）假设单个元件的可靠性和其他元件的可靠性无关。 0.90 的可靠性，表示该系统将在 90% 的时间里正常运行，也表示系统有 10% 的可能性失效。 可靠性测量的基本单位是产品失效率（FR）。 FR(N) 是一定时间内出现故障的次数： $$FR(\%) = \frac{失效次数}{检测的产品总数} \times 100\% \qquad (15-2)$$ $$FR(N) = \frac{失效次数}{运行时间的累计小时数} \times 100\% \qquad (15-3)$$ ■ 平均故障间隔期（MTBF）：元件、设备、流程或者产品从维护到下次失效的期望间隔时间。 $$MTBF = \frac{1}{FR(N)} \qquad (15-4)$$ ■ 冗余：使用并联元件来提高系统可靠性。 使用并联元件的系统可靠性是： $$\frac{第一个元件正常}{工作的概率} + \frac{第二个元件正常}{工作的概率} \times \frac{需要第二个元件的}{概率} \qquad (15-5)$$
设备维护	■ 预防维护：通过监控设备和设施、实行例行检查、保养，使设备处于良好的维护状态。 ■ 事后维修：在设备出现故障时必须进行紧急维修或优先维修的补救性设备维修。 ■ 初期故障期：产品或生产流程投入使用初期的失效率。 按照丰富工作内容的做法，设备操作人员对自己操作的设备和工具的预防维护负责。 可靠性和系统维护相当重要，现在很多设备维护都通过计算机系统来管理。 可能会被忽略的停机费用包括：为停工期间准备的各种库存所产生的费用、会对安全和员工士气造成不良影响、影响交货期、损害和顾客的关系、影响未来的销售。 ■ 自主维护：管理人员和维护员工一起进行观察、检查、校正、清洁和报告。 员工可以预测失效，预防停机，延长设备使用寿命。通过自主维护，管理人员在员工授权和提高系统绩效两方面都前进了一步。
全面生产维护	■ 全面生产维护（TPM）：将全面质量管理的思想与设备维护观点相结合，贯穿从流程和设计到预防维护的整个过程。 全面生产维护包括： 1. 设计高可靠性、便于操作、便于维护的设备。 2. 购买设备时考虑整个使用成本，因此维护成本和服务费用已经包含在成本之中。 3. 按照操作人员、维护部门和维修站最好的方法来对设备进行预防维护。 4. 培训员工掌握操作和维护自己设备的技能。

自测题

在自我测试前，请参考本章开头的学习　目标和本章的关键术语。

1. 提高可靠性的两种策略是 _____ 和_____。

2. 由 *n* 个独立元件组成的系统的可靠性是（　　）。

a. 每个元件可靠性之和

b. 所有元件可靠性的最小值

c. 所有元件可靠性的最大值

d. 每个元件可靠性之积

e. 单个元件可靠性的平均值

3. 平均故障间隔期的公式是（　　）。

a. 失效次数÷运行时间的累计小时数

b. 运行时间的累计小时数÷失效次数

c. （失效次数÷检测的产品总数）×100%

d. （检测的产品总数÷失效次数）×100%

e. 1÷FR(%)

4. 能发现潜在故障并能改变或修理的活动是（　　）。

a. 事后维修

b. 故障维修

c. 预防维护

d. 以上全部

5. 提高设备维护的两种策略是_____ 和_____。

6. 合适的维护策略是对预防维护费用和事后维修费用进行权衡。问题是（　　）。

a. 预防维护费用很难确定

b. 很少考虑总的停工费用

c. 必须实施预防维护而不计成本

d. 必须实施事后维修而不计成本

7. 管理人员和维护员工一起进行观察、检查、校正、清洁和报告称为（　　）维护。

a. 合作

b. 管理者

c. 事后

d. 六西格玛

e. 自主

自测题答案：1. 提高每个元件的可靠性，提供冗余；2. d；3. b；4. c；5. 实施和改进预防维护，提高修理能力或速度；6. b；7. e。

附 录

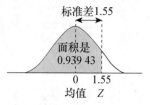

附录Ⅰ 正态分布概率表

为计算正态分布曲线下方阴影部分的面积，既可以使用表Ⅰ-1，也可以使用表Ⅰ-2。如果使用表Ⅰ-1，在知道标准差以后，可以通过查表中的数值直接得出曲线下方阴影部分的面积。例如，当标准差为1.55时，阴影部分面积是0.939 43。

表Ⅰ-1

Z	0.00	0.01	0.02	0.03	0.04	0.05	0.06	0.07	0.08	0.09
0.0	0.50000	0.50399	0.50798	0.51197	0.51595	0.51994	0.52392	0.52790	0.53188	0.53586
0.1	0.53983	0.54380	0.54776	0.55172	0.55567	0.55962	0.56356	0.56749	0.57142	0.57535
0.2	0.57926	0.58317	0.58706	0.59095	0.59483	0.59871	0.60257	0.60642	0.61026	0.61409
0.3	0.61791	0.62172	0.62552	0.62930	0.63307	0.63683	0.64058	0.64431	0.64803	0.65173
0.4	0.65542	0.65910	0.66276	0.66640	0.67003	0.67364	0.67724	0.68082	0.68439	0.68793
0.5	0.69146	0.69497	0.69847	0.70194	0.70540	0.70884	0.71226	0.71566	0.71904	0.72240
0.6	0.72575	0.72907	0.73237	0.73536	0.73891	0.74215	0.74537	0.74857	0.75175	0.75490
0.7	0.75804	0.76115	0.76424	0.76730	0.77035	0.77337	0.77637	0.77935	0.78230	0.78524

续表

Z	0.00	0.01	0.02	0.03	0.04	0.05	0.06	0.07	0.08	0.09
0.8	0.78814	0.79103	0.79389	0.79673	0.79955	0.80234	0.80511	0.80785	0.81057	0.81327
0.9	0.81594	0.81859	0.82121	0.82381	0.82639	0.82894	0.83147	0.83398	0.83646	0.83891
1.0	0.84134	0.84375	0.84614	0.84849	0.85083	0.85314	0.85543	0.85769	0.85993	0.86214
1.1	0.86433	0.86650	0.86864	0.87076	0.87286	0.87493	0.87698	0.87900	0.88100	0.88298
1.2	0.88493	0.88686	0.88877	0.89065	0.89251	0.89435	0.89617	0.89796	0.89973	0.90147
1.3	0.90320	0.90490	0.90658	0.90824	0.90988	0.91149	0.91309	0.91466	0.91621	0.91774
1.4	0.91924	0.92073	0.92220	0.92364	0.92507	0.92647	0.92785	0.92922	0.93056	0.93189
1.5	0.93319	0.93448	0.93574	0.93699	0.93822	0.93943	0.94062	0.94179	0.94295	0.94408
1.6	0.94520	0.94630	0.94738	0.94845	0.94950	0.95053	0.95154	0.95254	0.95352	0.95449
1.7	0.95543	0.95637	0.95728	0.95818	0.95907	0.95994	0.96080	0.96164	0.96246	0.96327
1.8	0.96407	0.96485	0.96562	0.96638	0.96712	0.96784	0.96856	0.96926	0.96995	0.97062
1.9	0.97128	0.97193	0.97257	0.97320	0.97381	0.97441	0.97500	0.97558	0.97615	0.97670
2.0	0.97725	0.97784	0.97831	0.97882	0.97932	0.97982	0.98030	0.98077	0.98124	0.98169
2.1	0.98214	0.98257	0.98300	0.98341	0.98382	0.98422	0.98461	0.98500	0.98537	0.98574
2.2	0.98610	0.98645	0.98679	0.98713	0.98745	0.98778	0.98809	0.98840	0.98870	0.98899
2.3	0.98928	0.98956	0.98983	0.99010	0.99036	0.99061	0.99086	0.99111	0.99134	0.99158
2.4	0.99180	0.99202	0.99224	0.99245	0.99266	0.99286	0.99305	0.99324	0.99343	0.99361
2.5	0.99379	0.99396	0.99413	0.99430	0.99446	0.99461	0.99477	0.99492	0.99506	0.99520
2.6	0.99534	0.99547	0.99560	0.99573	0.99585	0.99598	0.99609	0.99621	0.99632	0.99643
2.7	0.99653	0.99664	0.99674	0.99683	0.99693	0.99702	0.99711	0.99720	0.99728	0.99736
2.8	0.99744	0.99752	0.99760	0.99767	0.99774	0.99781	0.99788	0.99795	0.99801	0.99807
2.9	0.99813	0.99819	0.99825	0.99831	0.99836	0.99841	0.99846	0.99851	0.99856	0.99861
3.0	0.99865	0.99869	0.99874	0.99878	0.99882	0.99886	0.99899	0.99893	0.99896	0.99900
3.1	0.99903	0.99906	0.99910	0.99913	0.99916	0.99918	0.99921	0.99924	0.99926	0.99929
3.2	0.99931	0.99934	0.99936	0.99938	0.99940	0.99942	0.99944	0.99946	0.99948	0.99950
3.3	0.99952	0.99953	0.99955	0.99957	0.99958	0.99960	0.99961	0.99962	0.99964	0.99965
3.4	0.99966	0.99968	0.99969	0.99970	0.99971	0.99972	0.99973	0.99974	0.99975	0.99976
3.5	0.99977	0.99978	0.99978	0.99979	0.99980	0.99981	0.99981	0.99982	0.99983	0.99983
3.6	0.99984	0.99985	0.99985	0.99986	0.99986	0.99987	0.99987	0.99988	0.99988	0.99989
3.7	0.99989	0.99990	0.99990	0.99990	0.99991	0.99991	0.99992	0.99992	0.99992	0.99992
3.8	0.99993	0.99993	0.99993	0.99994	0.99994	0.99994	0.99994	0.99995	0.99995	0.99995
3.9	0.99995	0.99995	0.99996	0.99996	0.99996	0.99996	0.99996	0.99996	0.99997	0.99997

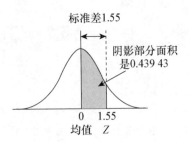

除了表 I-1 外, 还有另一种方法。表 I-2 表示单尾分布概率。例如, 标准差为 1.55 时, 单尾分布的阴影部分面积为 0.439 43。

表 I-2

Z	0.00	0.01	0.02	0.03	0.04	0.05	0.06	0.07	0.08	0.09
0.0	0.00000	0.00399	0.00798	0.01197	0.01595	0.01994	0.02392	0.02790	0.03188	0.03586
0.1	0.03983	0.04380	0.04776	0.05172	0.05567	0.05962	0.06356	0.06749	0.07142	0.07535
0.2	0.07926	0.08317	0.08706	0.09095	0.09483	0.09871	0.10257	0.10642	0.11026	0.11409
0.3	0.11791	0.12172	0.12552	0.12930	0.13307	0.13683	0.14058	0.14431	0.14803	0.15173
0.4	0.15542	0.15910	0.16276	0.16640	0.17003	0.17364	0.17724	0.18082	0.18439	0.18793
0.5	0.19146	0.19497	0.19847	0.20194	0.20540	0.20884	0.21226	0.21566	0.21904	0.22240
0.6	0.22575	0.22907	0.23237	0.23565	0.23891	0.24215	0.24537	0.24857	0.25175	0.25490
0.7	0.25804	0.26115	0.26424	0.26730	0.27035	0.27337	0.27637	0.27935	0.28230	0.28524
0.8	0.28814	0.29103	0.29389	0.29673	0.29955	0.30234	0.30511	0.30785	0.31057	0.31327
0.9	0.31594	0.31859	0.32121	0.32381	0.32639	0.32894	0.33147	0.33398	0.33646	0.33891
1.0	0.34134	0.34375	0.34614	0.34850	0.35083	0.35314	0.35543	0.35769	0.35993	0.36214
1.1	0.36433	0.36650	0.36864	0.37076	0.37286	0.37493	0.37698	0.37900	0.38100	0.38298
1.2	0.38493	0.38686	0.38877	0.39065	0.39251	0.39435	0.39617	0.39796	0.39973	0.40147
1.3	0.40320	0.40490	0.40658	0.40824	0.40988	0.41149	0.41309	0.41466	0.41621	0.41174
1.4	0.41924	0.42073	0.42220	0.42364	0.42507	0.42647	0.42786	0.42922	0.43056	0.43189
1.5	0.43319	0.43448	0.43574	0.43699	0.43822	0.43943	0.44062	0.44179	0.44295	0.44408
1.6	0.44520	0.44630	0.44738	0.44845	0.44950	0.45053	0.45154	0.45254	0.45352	0.45449
1.7	0.45543	0.45637	0.45728	0.45818	0.45907	0.45994	0.46080	0.46164	0.46246	0.46327
1.8	0.46407	0.46485	0.46562	0.46638	0.46712	0.46784	0.46856	0.46926	0.46995	0.47062
1.9	0.47128	0.47193	0.47257	0.47320	0.47381	0.47441	0.47500	0.47558	0.47615	0.47670
2.0	0.47725	0.47778	0.47831	0.47882	0.47932	0.47982	0.48030	0.48077	0.48124	0.48169
2.1	0.48214	0.48257	0.48300	0.48341	0.48382	0.48422	0.48461	0.48500	0.48537	0.48574
2.2	0.48610	0.48645	0.48679	0.48713	0.48745	0.48778	0.48809	0.48840	0.48870	0.48899
2.3	0.48928	0.48956	0.48983	0.49010	0.49036	0.49061	0.49086	0.49111	0.49134	0.49158
2.4	0.49180	0.49202	0.49224	0.49245	0.49266	0.49286	0.49305	0.49324	0.49343	0.49361
2.5	0.49379	0.49396	0.49413	0.49430	0.49446	0.49461	0.49477	0.49492	0.49506	0.49520
2.6	0.49534	0.49547	0.49560	0.49573	0.49585	0.49598	0.49609	0.49621	0.49632	0.49643
2.7	0.49653	0.49664	0.49674	0.49683	0.49693	0.49702	0.49711	0.49720	0.49728	0.49736
2.8	0.49744	0.49752	0.49760	0.49767	0.49774	0.49781	0.49788	0.49795	0.49801	0.49807
2.9	0.49813	0.49819	0.49825	0.49831	0.49836	0.49841	0.49846	0.49851	0.49856	0.49861
3.0	0.49865	0.49869	0.49874	0.49878	0.49882	0.49886	0.49889	0.49893	0.49897	0.49900
3.1	0.49903	0.49906	0.49910	0.49913	0.49916	0.49918	0.49921	0.49924	0.49926	0.49929

附录 II 泊松分布的 $e^{-\lambda}$ 值

λ	$e^{-\lambda}$	λ	$e^{-\lambda}$	λ	$e^{-\lambda}$	λ	$e^{-\lambda}$
0.0	1.0000	1.6	0.2019	3.1	0.0450	4.6	0.0101
0.1	0.9048	1.7	0.1827	3.2	0.0408	4.7	0.0091
0.2	0.8187	1.8	0.1653	3.3	0.0369	4.8	0.0082
0.3	0.7408	1.9	0.1496	3.4	0.0334	4.9	0.0074
0.4	0.6703	2.0	0.1353	3.5	0.0302	5.0	0.0067
0.5	0.6065	2.1	0.1225	3.6	0.0273	5.1	0.0061
0.6	0.5488	2.2	0.1108	3.7	0.0247	5.2	0.0055
0.7	0.4966	2.3	0.1003	3.8	0.0224	5.3	0.0050
0.8	0.4493	2.4	0.0907	3.9	0.0202	5.4	0.0045
0.9	0.4066	2.5	0.0821	4.0	0.0183	5.5	0.0041
1.0	0.3679	2.6	0.0743	4.1	0.0166	5.6	0.0037
1.1	0.3329	2.7	0.0672	4.2	0.0150	5.7	0.0033
1.2	0.3012	2.8	0.0608	4.3	0.0136	5.8	0.0030
1.3	0.2725	2.9	0.0550	4.4	0.0123	5.9	0.0027
1.4	0.2466	3.0	0.0498	4.5	0.0111	6.0	0.0025
1.5	0.2231						

附录 Ⅲ 随机数表

52	06	50	88	53	30	10	47	99	37	66	91	35	32	00	84	57	07
37	63	28	02	74	35	24	03	29	60	74	85	90	73	59	55	17	60
82	57	68	28	05	94	03	11	27	79	90	87	92	41	09	25	36	77
69	02	36	49	71	99	32	10	75	21	95	90	94	38	97	71	72	49
98	94	90	36	06	78	23	67	89	85	29	21	25	73	69	34	85	76
96	52	62	87	49	56	59	23	78	71	72	90	57	01	98	57	31	95
33	69	27	21	11	60	95	89	68	48	17	89	34	09	93	50	44	51
50	33	50	95	13	44	34	62	64	39	55	29	30	64	49	44	30	16
88	32	18	50	62	57	34	56	62	31	15	40	90	34	51	95	26	14
90	30	36	24	69	82	51	74	30	35	36	85	01	55	92	64	09	85
50	48	61	18	85	23	08	54	17	12	80	69	24	84	92	16	49	59
27	88	21	62	69	64	48	31	12	73	02	68	00	16	16	46	13	85
45	14	46	32	13	49	66	62	74	41	86	98	92	98	84	54	33	40
81	02	01	78	82	74	97	37	45	31	94	99	42	49	27	64	89	42
66	83	14	74	27	76	03	33	11	97	59	81	72	00	64	61	13	52
74	05	81	82	93	09	96	33	52	78	13	06	28	30	94	23	37	39
30	34	87	01	74	11	46	82	59	94	25	34	32	23	17	01	58	73
59	55	72	33	62	13	74	68	22	44	42	09	32	46	71	79	45	89
67	09	80	98	99	25	77	50	03	32	36	63	65	75	94	19	95	88
60	77	46	63	71	69	44	22	03	85	14	48	69	13	30	50	33	24
60	08	19	29	36	72	30	27	50	64	85	72	75	29	87	05	75	01
80	45	86	99	02	34	87	08	86	84	49	76	24	08	01	86	29	11
53	84	49	63	26	65	72	84	85	63	26	02	75	26	92	62	40	67
69	84	12	94	51	36	17	02	15	29	16	52	56	43	26	22	08	62
37	77	13	10	02	18	31	19	32	85	31	94	81	43	31	58	33	51

资料来源：Excerpted from *A Million Random Digits with 100,000 Normal Deviates*，The Free Press（1955）：7，with permission of the RAND Corporation.

附录Ⅳ　使用 Excel OM 和 POM for Windows

本书使用了两种辅助决策的方法：Excel OM 和 POM for Windows（生产和运作管理）。这是两种界面友好的软件包，有助于学习和理解运作管理知识。这两种软件包既可用于求解本书中标示了可用计算机求解的课后练习题，也可用于核对手工计算的答案。两种软件包都采用标准 Windows 交互界面，可在任何与 IBM 兼容的 Windows XP 或更高版本的操作系统上运行。苹果系统也可以使用 Excel OM。

Excel OM

Excel OM 旨在帮助读者更好地学习和理解运作管理和 Excel。尽管该软件包包含 24 个模块以及 60 多个子模块，但每个模块的界面都保持一致，便于使用。每个模块可通过两种 Excel 附加菜单方式进入。Excel OM 菜单按字母顺序列出各模块，如程序Ⅳ-1 所示。读者也可在 www.pearsonhighered. com/heizer 购买此软件。Windows 系统需安装 Excel 2007 或更高版本，苹果系统则需安装 Excel 2011 或更高版本。

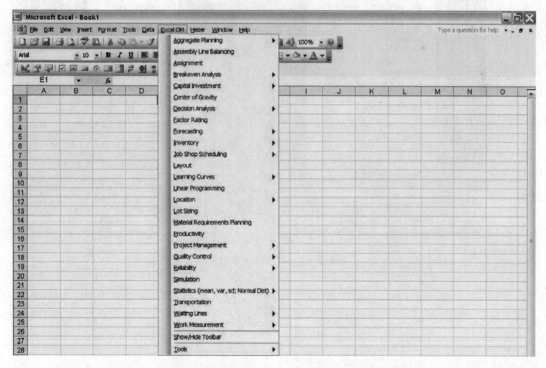

程序Ⅳ-1　苹果系统 2011 版本的主菜单中的 Excel OM 模块菜单

启动程序　要启动 Excel OM，可双击桌面上的 Excel OM V4 快捷方式。Excel OM 菜单出现在 Excel OM 选项卡中，该选项卡被添加在 Excel 功能区中。

如果您使用的是 Excel 2007 或更高版本，并且在功能区没有看见 Excel OM 选项卡，则需修改 Excel 的安全设置，以使 Excel OM V4 能够运行。

在学习过程中 Excel OM 有助于达到两个目的。第一，能便捷地求解课后练习题。输入相应数据后，程序即可提供数值解答。POM for Windows 同样如此。不过，Excel OM 还有第二个目的，即发展并改进求解过程中的 Excel 公式，以处理更广泛的问题。这种开放式方法使你能够观察、理解甚至修改 Excel 公式，以发挥 Excel 作为运作管理一种分析工具的优势。

POM for Windows

POM for Windows 也是本书使用的一种决策支持软件。它也可以在 www. pearsonhighered. com/heizer 网站购买。程序Ⅳ-2 展示了可以从左侧的菜单中访问的运作管理模块。用户按照标准提示安装完成后，桌面和开始菜单中会添加 POM for Windows 程序图标。双击图标可启动程序。

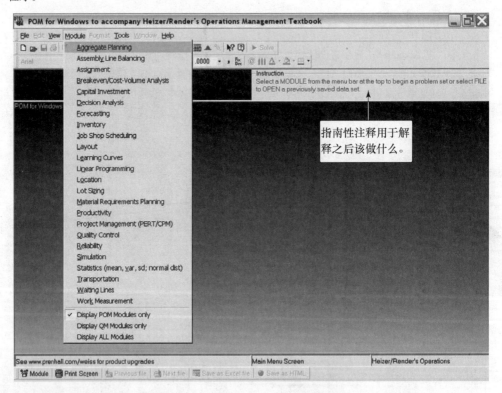

程序Ⅳ-2　POM for Windows 模块清单

附录Ⅴ　课后偶数练习题答案

第1章

1.2　a. 2 只/小时

　　　b. 2.25 只/小时

　　　c. 12.5%

1.4　a. 20 个/小时

　　　b. 26.6 个/小时

　　　c. 33.0%

1.6　节约了 0.078 的资源（改善 7.8%）

1.8　a. 2.5 个轮胎/小时

　　　b. 0.025 个轮胎/美元

　　　c. 提高了 2.56%

1.10　每投入 1 美元可改装 0.000 375 辆汽车

1.12　4 名工人

1.14　1.6%

1.16　每小时 57.00 美元

第2章

2.2　比较大多数饭店或连锁饭店时，差异很明显

2.4　本题给出以下提示：

　　　a. 更有可能实现标准化，减少产品更改，找到最佳产能并稳定制造过程

　　　b. 新的人力资源技能，增加了对新设备/工艺的资本投资

　　　c. 与 b 相同

2.6　a. 加拿大，1.7

　　　b. 不变

2.8　a. 全球，加权平均数为 81.5，总加权数为 815

　　　b. 不变

　　　c. 首选次日达，总加权数为 880

2.10　公司 C，$1.0 \leqslant w \leqslant 25.0$

第3章

3.2　a. 没有观察到明显的需求变化趋势

　　　b. 7，7.67，9，10，11，11，11.33，11，9

　　　c. 6.4，7.8，11，9.6，10.9，12.2，10.5，10.6，8.4

　　　d. 3 年移动平均法

3.4　a. 41.6

　　　b. 42.3

　　　c. 银行业存在季节性因素的影响

3.6　b. 简单预测法＝23；3 个月移动平均法＝21.33；6 个月加权移动平均法＝20.6；趋势
外推法＝20.67

　　　c. 趋势外推法

3.8　a. 91.3

　　　b. 89

　　　c. MAD＝2.7

　　　d. MSE＝13.35

　　　e. MAPE＝2.99%

3.10　a. 4.67，5.00，6.33，7.67，8.33，8.00，9.33，11.67，13.7

　　　b. 4.50，5.00，7.25，7.75，8.00，8.25，10.00，12.25，14.0

　　　c. 预测结果差不多

3.12　72

3.14　方法 1：MAD＝0.125；MSE＝0.021

　　　方法 2：MAD＝0.127 5；MSE＝0.018

3.16　a. $y＝421＋33.6x$。当 $x＝6$ 时，$y＝622.8$

　　　b. MAD＝5.6

　　　c. MSE＝32.88

3.18　$\alpha＝0.25$　预测值为 49

3.20　$\alpha＝0.1$，$\beta＝0.8$，8 月份的预测值＝71 303 美元；$\beta＝0.8$ 时 MSE＝12.7，在练习题
3.19 中 $\beta＝0.2$ 时 MSE＝18.87

3.22　通过确认，你可以看到求出的值与表 3-1 相符

3.24　$y＝5＋20x$，$y＝105$

3.26　1 680 个帆板

3.28　96.344，132.946，169.806，85.204

3.30　$y＝29.76＋3.28x$

　　　第 11 年＝65.8，第 12 年＝69.1（患者）

　　　$r^2＝0.853$

3.32　基于 MAD，趋势调整似乎并未带来任何重大改善

3.34　（a）趋势分析：$y＝-18.968＋1.638×$年

　　　$r＝0.846$，MAD＝10.587

3.36　a. 337　b. 380　c. 423

3.38　a. $y＝50＋18x$

　　　b. 410 美元

3.40　a. 83 502

　　　d. 0.397

3.42　a. $y＝-0.158＋0.130 8x$

　　　b. 2.719

　　　c. $r＝0.966$；$r^2＝0.934$

3.44　b. $y＝0.511＋0.159x$

　　　c. 2 101 000 人

　　　d. 511 000 人

　　　e. 0.404（在 POM for Windows 软件中四舍五入为 0.407）

   f. $r^2 = 0.840$

3.46 a. 销售额（y）$=-9.349+0.112\,1\times$合同数量

   b. $r=0.896\,3$；$S_{xy}=1.340\,8$

3.48 MAD$=10.875$；跟踪信号值$=3.586$

第4章

4.2 可能的策略：

  平板（成长期）

    提高产能并改善生产系统平衡

    试图提高生产设施的效率

  智能手表（导入期）

    提升研发能力以更好地定义所需产品的特征

    修正并改进生产过程

    开发供应与分销系统

  手动计算器（衰退期）

    关注降低产量与分销成本

4.4 下面显示的是价格低于50美元的运动手表的质量屋：

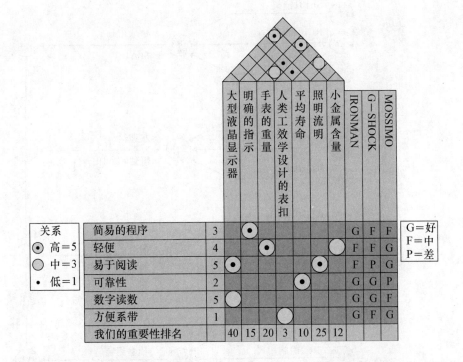

4.6 建造一个与例1中类似的质量屋

考虑客户需求，例如：有效的引诱、可靠性、快速杀死、手指安全性等

考虑制造问题，例如：引诱范围、死鼠率、杀死时间、成本等

4.8 冰淇淋的质量屋序列

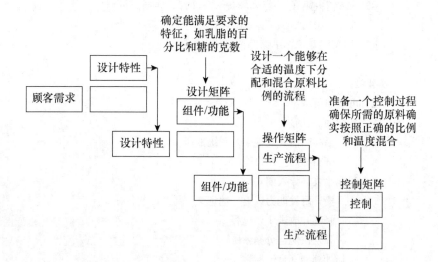

4.10 眼镜的装配程序图如下图所示：

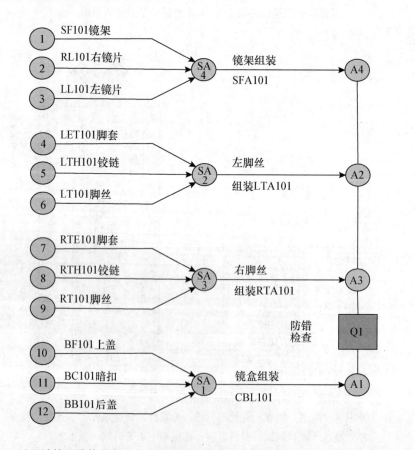

4.12 对于计算机维修服务，客户互动是一种战略选择，其过程链网络图如下：

供应商				顾客	
供应商的过程域				顾客的过程域	
独立加工	代理互动	直接互动	直接互动	代理互动	独立加工
工厂维修或者重新制造	当地计算机维修服务	在公司或家里维修		基于与顾客的交流售卖计算机部件	终端用户在线购买部件

比萨饼制备过程和购买音乐会门票过程的过程链网络图与上图类似

4.14 就使用的资源（规模经济）而言，向左移动可能是最有效的方式，但可能会造成运输成本和运输时间。而且，定制可能很复杂。

向右移动可能会更快，并且有利于进行更多的定制，但效率可能会降低。它还可能提供较少的竞争力（较少的培训、专门技能和测试）

4.16 直接投产的 EMV＝49 500 000 美元

做价值分析后投产的 EMV＝55 025 000 美元

因此，应做价值分析

4.18 a. 最佳决策是购买半导体元件。这一决定预期需要支付 1 500 000 美元

b. 期望货币价值，成本最小化

c. 如果里茨产品公司在自制失败后再次尝试又失败，最终决定购买半导体元件，则需要为此花费 3 500 000 美元

如果决定自制半导体取得成功，则最好的结果只需花费 1 000 000 美元

4.20 设计 A：

EMV（设计 A）＝0.9×500 000＋0.1×1 250 000＝450 000＋125 000＝575 000（美元）

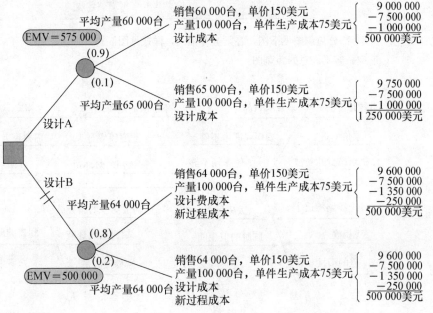

设计 B：

EMV（设计 B）＝0.8×500 000＋0.2×500 000＝400 000＋100 000＝500 000（美元）

最高的回报是设计 A，价值 575 000 美元

第 4 章补充材料

S4.2 Brew Master 的回收收入＝5.31 美元，提供了更多的机会

S4.4 66 809 美元

S4.6 3.57 年

S4.8 3.48 年

S4.10 66 667 英里

S4.12 a. 4.53 美元

　　　b. 3.23 美元

　　　c. GF Deluxe

S4.14 a. 4.53 美元，GF Deluxe

　　　b. 5.06 美元，Premium Mate

　　　c. Premium Mate 模型

S4.16 a. 45 455 英里

　　　b. 汽油动力车

S4.18 42 105 英里

第 5 章

5.2 答案会有不同，样式见图 5 - 6（b）

5.4 答案会有不同，样式见图 5 - 6（f）

5.6 举办一次聚会的部分流程图：

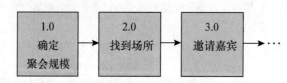

5.8 部分鱼刺图见下图，答案会有不同，样式见图 5 - 7

航空乘客不满意的鱼刺图：

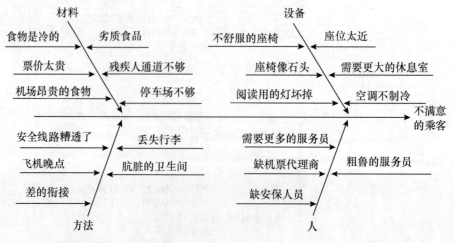

5.10 答案会有不同，样式见图 5 - 7

5.12 帕累托图，在例 1 样式中最常见的是停车/驾车，其次是游泳池，等等

5.14

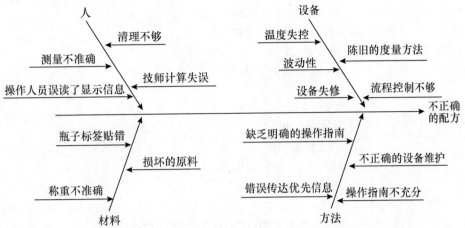

材料——4，12，14；方法——3，7，15，16；人——1，5，6，11；设备——2，8，9，10，13

5.16　a. 图 5-6 (b) 样式中的散点图，该图显示货运量与缺陷之间有强的正相关关系

b. 图 5-6 (b) 样式中的散点图，该图显示货运量与营业额之间有弱的关系

c. 图 5-6 (d) 样式中的帕累托图，该图显示每一类缺陷出现的频率

d. 图 5-6 (c) 样式中的鱼刺图，其中 4M 显示货运中造成缺陷增加的可能原因

第 5 章补充材料

S5.2　a. UCL$\bar{x}$=52.31；LCL$\bar{x}$=47.69

b. UCL$\bar{x}$=51.54；LCL$\bar{x}$=48.46

S5.4　a. UCL$\bar{x}$=440；LCL$\bar{x}$=400

b. UCL$\bar{x}$=435；LCL$\bar{x}$=405

S5.6　UCL$\bar{x}$=3.728；LCL$\bar{x}$=2.236

UCL$_R$=2.336；LCL$_R$=0.0

这个过程处于控制之中

S5.8　a. UCL$\bar{x}$=16.08；LCL$\bar{x}$=15.92

b. UCL$\bar{x}$=16.12；LCL$\bar{x}$=15.88

S5.10　a. σ_x=0.61

b. 使用 σ_x，UCL$\bar{x}$=11.83，LCL$\bar{x}$=8.17

c. 使用 A_2，UCL$\bar{x}$=11.90，LCL$\bar{x}$=8.10

UCL$_R$=6.98；LCL$_R$=0

d. 是

S5.12　UCL$_R$=6.058；LCL$_R$=0.442

平均值在增加

S5.14

UCL	LCL
0.062	0
0.099	0
0.132	0
0.161	0
0.190	0.01

S5.16　$\mathrm{UCL}_p = 0.031\,3$；$\mathrm{LCL}_p = 0$

S5.18　a. $\mathrm{UCL}_p = 0.077$；$\mathrm{LCL}_p = 0.003$

S5.20　a. $\mathrm{UCL}_p = 0.058\,1$；$\mathrm{LCL}_p = 0$

　　　 b. 在控制之中

　　　 c. $\mathrm{UCL}_p = 0.115\,4$；$\mathrm{LCL}_p = 0$

S5.22　a. c 图

　　　 b. $\mathrm{UCL}_c = 13.35$；$\mathrm{LCL}_c = 0$

　　　 c. 在控制之中

　　　 d. 不在控制之中

S5.24　a. $\mathrm{UCL}_c = 26.063$；$\mathrm{LCL}_c = 3.137$

　　　 b. 没有点是失去控制的

S5.26　a. $\mathrm{UCL}_{\overline{x}} = 61.131$；　　$\mathrm{LCL}_{\overline{x}} = 38.421$；　　$\mathrm{UCL}_R = 41.62$；　　$\mathrm{LCL}_R = 0$

　　　 b. 是，$\overline{x}$ 图和 R 图中的过程都处于控制之中

　　　 c. 它们支持韦斯特的观点，但与平均值的差值需要减少和控制

S5.28　$C_p = 1.0$，这个工序几乎没有能力

S5.30　$C_{pk} = 1.125$。工序居中，并将在公差范围内产生

S5.32　$C_{pk} = 0.166\,7$

S5.34　$\mathrm{AOQ} = 0.02$

S5.36　$\mathrm{AOQ} = 0.011\,7$

第 6 章

6.2　GPE 最好低于 100 000

　　FMS 最好在 100 000～300 000 之间

　　DM 最好大于 300 000

6.4　最优流程会在 100 000～300 000 之间变化

6.6　a.

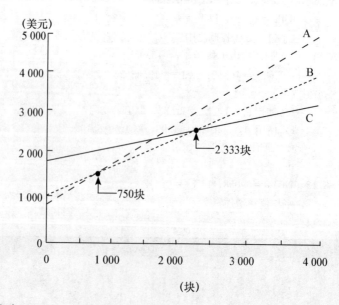

　　b. 方案（3）

　　c. 方案（2）

6.8　租高性能软件（HP），因为预计量为 80，在交叉点 75 以上

6.10　a. 82 000 袋

　　　b. 亏损 10 000 美元

　　　c. 盈利 1 000 美元

6.12　a. 7 750 件

　　　b. 建议 A

6.14

当前方法 ☒		工艺流程图	建议方法 ☐
制图对象 擦鞋			日期
			制作单位 J.C.
部门			页码 第 1 页　共 1 页

距离 （英尺）	时间 （分钟）	图表符号	流程描述
	0.67	○ ⇨ □ D ▽	清洁/洗刷皮鞋
1	0.05	○ ⇨ □ D ▽	采购上光剂
	0.5	○ ⇨ □ D ▽	展开并擦亮
	0.75	○ ⇨ □ D ▽	抛光
	0.05	○ ⇨ ■ D ▽	检测
	0.25	○ ⇨ □ D ▽	收货人付款
1	2.27	4　1　1	合计

6.16

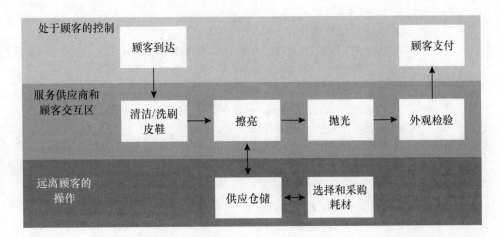

第 7 章

7.2 中国，1.44 美元

7.4 印度，比其他区域低 0.05 美元

7.6 a. 莫比尔＝53；杰克逊＝60；选择杰克逊

b. 杰克逊（现在）＝66

7.8 a. 海德公园分值为 54.5

b. 现址分值为 51

7.10 a. 地区 C，加权后分值为 1 530

b. 地区 B，加权后分值为 1 360

c. 地区 B 不会被优先选择

7.12 a. 英国得分 4.6

b. 现在英国得分 3.6

7.14 a. 意大利最高

b. 西班牙一直最低

7.16 a. 地区 1 大于 125，地区 2 在 125～233 之间，地区 3 超过 233

b. 地区 2

7.18 a. 超过 10 000 辆汽车，选择 C 成本最低

b. 地区 A 最佳产能在 0～10 000 辆之间

c. 地区 B 不会成为最优选择

7.20 a. (5.15，7.31)

b. (5.13，7.67)

7.22 a. (6.23，6.08)

b. 安全性等

7.24 a. C 最好，分值为 374

b. $W_7 \leqslant 14$ 的所有正数

第 8 章

8.2 a. 23 400 美元

b. 20 600 美元

c. 22 000 美元

d. B 计划

8.4 扭弯在工作区 1；材料在工作区 2；焊接在工作区 3；钻孔在工作区 4；研磨在工作区 5；车床加工在工作区 6；行走次数×距离＝13 000 英尺

8.6 布置＃1：固定区域距离＝600 英尺

布置＃2：固定区域距离＝602 英尺

8.8 布置＃4：距离＝609 英尺

布置＃5：距离＝478 英尺

8.10 a. 20 秒

b. 3

c. 是；工作站 1，A，C；

工作站 2，B，D；

工作站 3，E

8.12　a. 4 个工作站

b. 不可能满足；需要 5 个工作站

c. 5 个工作站的 80%

8.14　b. 工作站 1——A，G，B，闲置时间是 0.5 分钟

工作站 2——C，D，E，无闲置时间

工作站 3——F，H，I，J 站，闲置时间是 0.5 分钟

c. 如果工作站 1 和工作站 3 各有 0.5 分钟。多做些工作，会有 100% 的效率

d. 3

8.16　a. 工作站 1——A，C

工作站 2——E

工作站 3——B，D

工作站 4——F，H

工作站 5——G，I

b. 97.6%，节拍为 3.33（理论效率），运作效率为 87.6%

c. 4

d. 2 分钟/艘

8.18　b. 15 分钟

c. 144 件/天

d. 5 个工作站

e. 83.33%

f. 10 分钟/周期

8.20　b. 3.75 人/小时

c. 内科检查，16 分钟

d. 护士的闲置时间为 2 分钟，医生看每位病人是 10 分钟

e. 5 人/小时

8.22　a.

算法	工作站数量	效率（%）
最少紧后作业数	13	84.56
最长作业时间	12	84.61
最多紧后作业数	12	84.61
位置权重排序	12	84.61
最短作业时间	13	78.1

b.

算法	工作站数量	效率（%）
最少紧后作业数	13	77.56
最长作业时间	12	84.02
最多紧后作业数	12	84.02
位置权重排序	11	91.66
最短作业时间	12	84.02

第 9 章

9.2　a. 材料成本降低 25%；45 000 美元

b. 销售额增长 75%；175 000 美元

9.4　问题包括沟通、产品评估、选择虚拟合作伙伴

9.6　a.　可供应周数＝3.85

　　　b.　库存的资产比例＝11.63%

　　　c.　库存周转率＝13.5

　　　d.　不，请注意两家公司所处的行业不同

9.8　a.　去年的库存可供应周数＝10.4 周

　　　b.　今年的库存可供应周数＝9.67 周

　　　c.　是

第 9 章补充材料

S9.2　最好两名供应商，42 970 美元

S9.4　a.　$P_{(2)}$＝0.017 463

　　　b.　$P_{(2)}$＝0.018 866

　　　c.　方案一（2 个本地供应商）的风险较低

S9.6　a.　2.5

　　　b.　1.2

　　　c.　1.25

　　　d.　1.8

　　　e.　零售商

S9.8　a.　1.20

　　　b.　如果订单大小相同，牛鞭测量值＝0

S9.10　唐娜公司，8.2；凯公司，9.8

S9.12　a.　方案（1）（运输速度较慢）

　　　b.　客户满意度和前期支付的利息

S9.14　依个人情况作答。可以包括以下几个方面：学术、地理位置、财政支持、规模、设施等

S9.16　a.　方案（2）（运输速度更快）

　　　b.　生产过程中的潜在延迟

S9.18　a.　物品 B

　　　b.　物品 A

第 10 章

10.2　a.　G2 和 F3 是 A 类物资；A2、C7 和 D1 是 B 类物资；其他都是 C 类物资

10.4　108 件物资

10.6　a.　600 件

　　　b.　424.26 件

　　　c.　848.53 件

10.8　a.　80 张

　　　b.　73 张

10.10　a.　2 100 单位

　　　b.　4 200 单位

　　　c.　1 050 单位

10.12　a.　189.74 件

b. 94.87 件

c. 31.62 次

d. 7.91 天

e. 1 897.30 美元

f. 601 897 美元

10.14　a. 订货量的变化对总费用的影响很小

b. 经济订货批量 EOQ=50

10.16　a. 671 件

b. 18.63 次

c. 最大库存量=559

d. 16.7%

e. 1 117.90 美元

10.18　a. 1 217 个

b. 最大库存量=1 095

c. 8.22 个生产期

d. 657.30 美元

10.20　a. EOQ=200，总成本=1 446 380 美元

b. EOQ=200，总成本=1 445 880 美元

10.22　a. 16 971 件

b. 530.33 美元

c. 530.33 美元

d. 56 250 美元

e. 57 310.66 美元

10.24　a. EOQ=410

b. Allen 制造厂，它的费用更低些

c. 经济订货批量为 1 000，总费用为 128 920 美元

10.26　a. EOQ(1)=336；EOQ(2)=335

b. 从供货商 2 订购 1 200 磅

c. 订购 1 200 磅的总成本为 161 275 美元

d. 储存空间和易腐性

10.28　a. 32

b. 2

c. 20；2 400 美元

d. 336；168

e. 10 800 美元

f. 214；1 820 美元

10.30　a. Z=1.88

b. 安全库存 $Z\sigma$=1.88×5=9.4

c. 订货点（ROP）=59.4

10.32　安全库存为 100 千克

10.34　a. 291 条

b. 2 291 条

10.36　a.　订货点（ROP）＝1 718

　　　　b.　1 868

　　　　c.　更高的服务水平意味着较低的缺货可能性

10.38　28 块糕点

第 11 章

11.2　a.　总费用＝109 120 美元

　　　　b.　总费用＝106 640 美元

　　　　c.　不会，计划 2 更好，费用是 105 152 美元

11.4　计划 B 的费用＝244 000 美元

11.6　a.　计划 D 的费用＝128 000 美元

　　　　b.　计划 E 的费用＝140 000 美元

11.8　额外总费用＝2 960 美元

11.10　a.　计划 C 的费用＝104 000 美元

　　　　b.　计划 D 的费用＝93 800 美元，假设期初库存＝0

11.12　a.　计划 A 费用是 314 000 美元

　　　　　　计划 B 费用是 329 000 美元

　　　　　　计划 C 费用是 222 000 美元

　　　　b.　计划 C，计划 C 费用最低，员工数量稳定

11.14　1 186 810 美元

11.16　100 750 美元

11.18　90 850 美元

11.20　b.　费用为 195 625 美元

　　　　c.　都可以

11.22　目前的收益是 9 200 美元，收益管理下的收益是 9 350 美元，有小幅增加

第 12 章

12.2　时段计划如下：

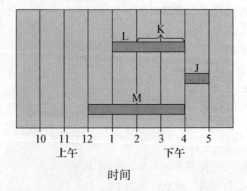

时间

　　　中午必须开始拼装 M

12.4　a.　具有开始时间的支架的分阶段产品结构图（见下页）

　　　　b.　铸件生产需要在第 4 周开始

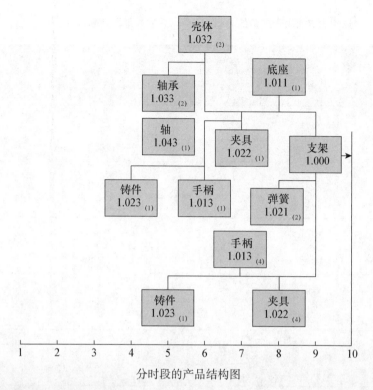

分时段的产品结构图

12.6 物料总需要量计划如下：

工件		周								提前期（周）
		1	2	3	4	5	6	7	8	
S	总需要量							100		
	订货量				100					2
T	总需要量					100				
	订货量			100						1
U	总需要量					200				
	订货量		200							2
V	总需要量					100				
	订货量	100								2
W	总需要量					200				
	订货量	200								3
X	总需要量					100				
	订货量		100							1
Y	总需要量				400					
	订货量	400								2
Z	总需要量			600						
	订货量		600							1

12.8 增加用于维护的 20 件 U 后，总需要量计划修改为：

工件		1	2	3	4	5	6	7	8	提前期（周）
S	总需要量							100		
	订货量					100				2
T	总需要量					100				
	订货量				100					1
U	总需要量					200	20			
	订货量			200	20					2
V	总需要量					100				
	订货量			100						2
W	总需要量					200				
	订货量		200							3
X	总需要量					100				
	订货量				100					1
Y	总需要量			400	40					
	订货量	400	40							2
Z	总需要量			600	60					
	订货量		600	60						1

12.10 a. 前三种工件的总需要量计划如下所示：

工件		1	2	3	4	5	6	7	8	9	10	11	12
X1	总需要量								50		20		100
	订货量							50		20		100	
B1	总需要量								50		20		100
	订货量					50		20		100			
B2	总需要量								100		40		200
	订货量					100		40		200			

b. 前两种工件的净需要量计划如下：

层级：0						父层：			数量：			
工件：X1						提前期：			批量方法：按需订货			
周	1	2	3	4	5	6	7	8	9	10	11	12
总需要量								50		20		100
计划到货量												
现有库存								50	0	0	0	0
净需要量								0		20		100
计划收到订货量										20		100
计划发出订货量									20		100	
层级：1						父层：X1			数量：1×			
工件：B1						提前期：2			批量方法：按需订货			
周	1	2	3	4	5	6	7	8	9	10	11	12
总需要量									20		100	
计划到货量												
现有库存									20		0	
净需要量									0		100	
计划收到订货量											100	
计划发出订货量									100			

12.12 a. 净需要量计划如下（仅列出工件 A 和 H）：

								周				
		1	2	3	4	5	6	7	8	9	10	11	12
A	总需要量								100		50		150
	现有库存								0		0		0
	净需要量								100		50		150
	收到订货量								100		50		150
	发出订货量							100		50		150	
H	总需要量								100		50		
	现有库存								0		0		
	净需要量								100		50		
	收到订货量								100		50		
	发出订货量							100		50			

b. 净需要量计划如下（仅列出工件 B 和 C，A 和 H 的如 a 中所示）：

		周												
		1	2	3	4	5	6	7	8	9	10	11	12	13
B	总需要量							200		100		300		
	计划到货量													
	现有库存	100						100		0		0		
	净需要量							100		100		300		
	计划收到订货量							100		100		300		
	计划发出订货量					100		100		300				
C	总需要量							200	200	100	100	300		
	计划到货量													
	现有库存	50						50	0	0	0	0		
	净需要量							150	200	100	100	300		
	计划收到订货量							150	200	100	100	300		
	计划发出订货量					150	200	100	100	300				

12.14　a.

层级	描述	数量
0	A	1
1	B	1
2	C	1
2	D	1
3	E	1
1	F	1
2	G	1
2	H	1
3	E	1
3	C	1

注意：低级编码"C"是一个三级编码。

b. A、B、F 的净需要量如下：

批量方法	提前期	现有库存	安全库存	已分配数	低层编码	工件号		周期（周）							
								1	2	3	4	5	6	7	8
	1	0	—	—	0	A	总需要量								10
							计划到货量								
按需订货							现有库存								0
							净需要量								10
							计划收到订货量								10
							计划发出订货量							10	

续表

批量方法	提前期	现有库存	安全库存	已分配数	低层编码	工件号		周期（周）							
								1	2	3	4	5	6	7	8
按需订货	1	2	—	—	1	B	总需要量							10	
							计划到货量								
							现有库存	2	2	2	2	2	2	2	0
							净需要量							8	
							计划收到订货量							8	
							计划发出订货量						8		
按需订货	1	5	—	—	1	F	总需要量							10	
							计划到货量								
							现有库存	5	5	5	5	5	5	5	0
							净需要量							5	
							计划收到订货量							5	
							计划发出订货量						5		

12.16　a. 只有 G 发生改变

b. 意味着 F 和 4 个 A 会延迟 1 周

c. 可以采取的方法包括：将 4 个 A 延迟 1 周，要求 G 的供应商加快生产

12.18　按需订货方法：总费用＝7×150＋20×2.50＝1 100（美元）

12.20　POQ 方法：调整准备费用＝5×150＝750（美元）；维持库存费用＝2.50×170＝425（美元）；总计 1 175 美元

12.22　a. 按需订货方法：调整准备费用＝800 美元；维持库存费用＝0；总费用＝800 美元

b. EOQ 方法：EOQ＝18，调整准备费用＝800 美元；维持库存费用＝370 美元；总费用＝1 170 美元

c. POQ 方法：EOQ＝18，POQ＝2，调整准备费用＝800 美元；维持库存费用＝0；总费用＝800 美元

d. 按需订货方法和 POQ 方法的费用相同

12.24　前 5 周解答如下：

时间（周）	数量	所需时间（分钟）	可用时间（分钟）	负荷过量/(不足)	可采用的方法
1	60	3 900	2 250	1 650	分解批量。将多余的 300 分钟产能（4.3 件）放在第 2 周，1 350 分钟的产能放在第 3 周。
2	30	1 950	2 250	(300)	
3	10	650	2 250	(1 600)	
4	40	2 600	2 250	350	分解批量，将多余的 250 分钟产能放在第 3 周。工作量分解，将 100 分钟的工作量放到其他机床上，也可以加班或者分包。
5	70	4 550	2 250	2 300	分解批量，将多余的 1 600 分钟产能放在第 6 周。并行工作。工作量分解，将 700 分钟的工作量放到其他机床上，也可以加班或者分包。

12.26

咖啡桌的出产计划	需求小时数	提前期	第1天	第2天	第3天	第4天	第5天	第6天	第7天	第8天
							640	640	128	128
咖啡桌组装	2	1				1 280	1 280	256	256	
桌面准备	2	1			1 280	1 280	256	256		
组装底座	1	1			640	640	128	128		
长支架（2）	0.25	1			320	64	64			
短支架（2）	0.25	1		320	320	64	64			
桌腿（4）	0.25	1		640	640	128	128			
总小时数			0	1 280	3 200	3 456	1 920	640	256	
每8小时的用工需求			0	160	400	432	240	80	32	

第13章

13.2

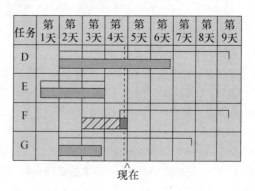

13.4 　a. 1→D，2→A，3→C，4→B

　　　b. 40

13.6 　a. 克里斯→融资，史蒂夫→营销，胡安娜→人力资源，丽贝卡→运营

　　　b. 210 美元

13.8 　阿杰伊与杰基，杰克与芭芭拉，格雷与斯特拉，劳尔与多纳

13.10

	周期			
	1	2	3	4
输入偏差	+5	+5	−15	−15
输出偏差	−5	−5	−10	−10
积压	30	30	35	40

13.12 　排序结果是 517、103、309、205、412

13.14 　b. SPT 以获得最佳流动时间

　　　c. SPT 以实现最佳设备利用率

　　　d. EDD 以获得最佳延迟

　　　e. LPT 在所有三个标准上的得分都很差

13.16 　约翰逊算法需要 21 天

　　　　先到先服务法需要 23 天

13.18　a. V—Y—U—Z—X—W—T

　　　　c. 57 小时

　　　　d. 7 小时

　　　　e. 不变

13.20　理发师 1：星期一到星期五

　　　　理发师 2：星期一到星期五

　　　　理发师 3：星期一、星期四、星期五、星期六、星期日

　　　　理发师 4：星期一到星期五

　　　　理发师 5：星期一、星期二、星期五、星期六、星期日

　　　　理发师 6：星期三、星期四、星期五、星期六、星期日

　　　　理发师 7：星期一、星期二、星期三、星期六（仅 4 天）

第 14 章

14.2　调整准备时间＝3.675 分钟

14.4　所需看板数量＝5

14.6　看板大小＝50；需要 5 个看板

14.8　a. EOQ＝100 只

　　　　b. 总费用＝1 200 美元

　　　　c. 20 次/年

14.10　EOQ 减小；订单增加；库存成本有望下降

第 15 章

15.2　从图 15-2 中分析，整体可靠性大约为 13%

15.4　a. 5.0%

　　　　b. 0.000 010 26 次

　　　　c. 0.089 85 次

　　　　d. 98.83

15.6　$R_s＝0.994\ 1$

15.8　$R_p＝0.999\ 25$

15.10　$R_p＝0.984$

15.12　$R＝0.791\ 8$

15.14　系统 B 稍高，为 0.939 7

15.16　2.7 次故障

15.18　该数字表明，可能至少有三种不同的故障模式

术语表

线性回归分析（linear-regression analysis）

估计的标准误差（standard error of the estimate）

相关系数（coefficient of correlation）

判定系数（coefficient of determination）

多元回归分析（multiple regression）

跟踪信号（tracking signal）

偏移误差（bias）

自适应平滑（adaptive smoothing）

聚焦预测（focus forecasting）

第 4 章

产品决策（product decision）

产品价值分析（product-by-value analysis）

质量功能展开（quality function deployment，QFD）

质量屋（house of quality）

产品开发团队（product development teams）

并行工程（concurrent engineering）

可制造性与价值工程（manufacturability and value engineering）

稳健设计（robust design）

模块设计（modular design）

计算机辅助设计（computer-aided design，CAD）

制造与装配设计（design for manufacture and assembly，DFMA）

3D 打印（3-D printing）

产品数据交换标准（standard for the exchange of product data，STEP）

计算机辅助制造（computer-aided manufacturing，CAM）

虚拟现实（virtual reality）

价值分析（value analysis）

基于时间的竞争（time-based competition）

合资企业（joint ventures）

联盟（alliances）

工程图（engineering drawing）

物料清单（bill of material，BOM）

自制或外购决策（make-or-buy decision）

成组技术（group technology）

装配图（assembly drawing）

装配程序图（assembly chart）

工艺路线图（route sheet）

工作指令（work order）

工程变更通知（engineering change notice，ECN）

配置管理（configuration management）

产品生命周期管理（product life-cycle management，PLM）

过程链网络（process-chain-network，PCN）

过程链（process chain）

第 4 章补充材料

企业社会责任（corporate social responsibility，CSR）

共享价值（shared value）

可持续性（sustainability）

碳足迹（carbon footprint）

经济可持续性（economic sustainability）

生命周期评估（life cycle assessment）

闭环供应链（closed-loop supply chains）

第 5 章

质量（quality）

质量成本（cost of quality）

质量管理系列标准（ISO 9000）

全面质量管理（total quality management，TQM）

计划—执行—检查—处理（PDCA）

六西格玛（Six Sigma）

员工授权（employee empowerment）

质量小组（quality circle）

标杆管理（benchmarking）

质量稳健性（quality robust）

质量损失函数（quality loss function，QLF）

目标导向质量（target-oriented quality）

因果分析图（cause-and-effect diagram）

帕累托图（Pareto charts）

流程图（flowcharts）

统计过程控制（statistical process control，SPC）

控制图（control charts）

检查（inspection）

源头检查（source inspection）

防错系统（poka-yoke）

检查清单（checklist）

计数值检查（attribute inspection）

计量值检查（variable inspection）

服务补救（service recovery）

第 5 章补充材料

统计过程控制（statistical process control，SPC）

控制图（control chart）

正常波动（natural variations）

异常波动（assignable variation）

$\bar{x}$ 图（$\bar{x}$-chart）

R 图（R-chart）

中心极限定理（central limit theorem）

p 图（p-chart）

c 图（c-chart）

趋向检验（run test）

工序能力（process capability）

工序能力比率（C_p）

工序能力指数（C_{pk}）

验收抽样（acceptance sampling）

抽检特性曲线（operating characteristic（OC）curve）

生产者风险（producer's risk）

消费者风险（consumer's risk）

可接收质量水平（acceptable quality level，AQL）

批容许不合格率（lot tolerance percentage defective，LTPD）

第 I 类错误（type I error）

第 II 类错误（type II error）

平均检出质量（average outgoing quality，AOQ）

第 6 章

流程策略（process strategy）

工艺专业化（process focus）

重复式流程（repetitive process）

模块（modules）

产品专业化（product focus）

大量定制（mass customization）

按订单生产（build-to-order，BTO）

延迟（postponement）

交叉图（crossover chart）

流程图（flowchart）

时间−功能绘图（time-function mapping）

流程绘图（process mapping）

价值流图（value-stream mapping，VSM）

工艺流程图（process charts）

服务蓝图（service blueprinting）

柔性（flexibility）

计算机数控（computer numerical control，CNC）

增材制造（additive manufacturing）

自动识别系统（automatic identification system，AIS）

无线射频识别（radio frequency identification，RFID）

流程控制（process control）

可视化系统（vision systems）

机器人（robot）

自动化仓库系统（automated storage and retrieval system，ASRS）

自动导引车（automated guided vehicle，AGV）

柔性制造系统（flexible manufacturing system，FMS）

计算机集成制造（computer-integrated manufacturing，CIM）

流程再造（process redesign）

第 7 章

有形成本（tangible costs）

无形成本（intangible costs）

集群（clustering）

因素比重法（factor-rating method）

选址盈亏平衡分析（locational cost-volume analysis）

重心法（center-of-gravity method）

运输模型（transportation model）

地理信息系统（geographic information system，GIS）

第 8 章

办公室布置（office layout）

零售布置（retail layout）

上架费（slotting fees）

服务场景（servicescape）

仓库布置（warehouse layout）

接驳运输（cross-docking）

随机储存（random stocking）

定制（customizing）

固定式布置（fixed-position layout）

工艺专业化布置（process-oriented layout）

工作批（job lots）

工作单元（work cell）

计划生产节拍（takt time）

集中式工作中心（focused work center）

集中式工厂（focused factory）

加工线（fabrication line）

装配线（assembly line）

装配线平衡（assembly-line balancing）

节拍（cycle time）

启发式方法（heuristic）

第 9 章

供应链管理（supply chain management）

自制或外购决策（make-or-buy decision）

外包（outsourcing）

纵向一体化（vertical integration）

系列（keiretsu）

虚拟企业（virtual companies）

交叉采购（cross-sourcing）

牛鞭效应（bullwhip effect）

拉动数据（pull data）

单级补货控制（single-stage control of replenishment）

供应商管理库存（vendor-managed inventory, VMI）

协同计划、预测与补货（collaborative planning, forecasting, and replenishment, CPFR）

总括式订单（blanket order）

延迟（postponement）

直达货运（drop shipping）

渠道装配（channel assembly）

电子采购（e-procurement）

电子数据交换（electronic data interchange, EDI）

物流管理（logistics management）

逆向物流（reverse logistics）

闭环供应链（closed-loop supply chain）

库存周转率（inventory turnover）

供应链运作参考模型（supply chain operations reference (SCOR) model）

第 10 章

原材料库存（raw material inventory）

在制品库存（work-in-process (WIP) inventory）

维护/维修/日常运行补给库存（maintenance/repair/operating (MRO) inventory）

成品库存（finished-goods inventory）

ABC 分析（ABC analysis）

周期盘点（cycle counting）

存货缩水（shrinkage）

失窃（pilferage）

维持库存费用（holding cost）

订货费用（ordering cost）

调整准备费用（setup cost）

调整准备时间（setup time）

经济订货批量模型（economic order quantity (EOQ) model）

稳健（robust）

提前期（lead time）

订货点（reorder point，ROP）

安全库存（safety stock，ss）

经济生产批量模型（economic production quantity model）

价格折扣（quantity discount）

概率模型（probabilistic model）

服务水平（service level）

单周期库存模型（single-period inventory model）

定量订货（Q）系统（fixed-quantity (Q) system）

永续盘存制度（perpetual inventory system）

定期订货（P）系统（fixed-period (P) system）

第 11 章

销售和运作计划（sales and operations planning, S&OP）

综合计划（aggregate plan）

计划分解（disaggregation）

产品出产计划（master production schedule）

跟随策略（chase strategy）

均衡策略（level scheduling）

混合策略（mixed strategy）

图表技术（graphical techniques）

线性规划的运输方法（transportation method of linear programming）

收入（或收益）管理（revenue (or yield) management）

第 12 章

物料需求计划（material requirements planning,

MRP）

产品出产计划（master production schedule，MPS）

物料清单（bill of material，BOM）

模块清单（modular bills）

计划清单（planning bills）

虚拟清单（phantom bills）

低层编码（low-level coding）

提前期（lead time）

总需要量计划（gross material requirements plan）

净需要量计划（net requirements plan）

计划收到订货量（planned order receipt）

计划发出订货量（planned order release）

系统紧张（system nervousness）

时间护栏（time fences）

反查（pegging）

时段（buckets）

批量决策（lot-sizing decision）

按需订货（lot-for-lot）

周期订货数量（periodic order quantity，POQ）

制造资源计划（material requirements planning Ⅱ，MRP Ⅱ）

闭环 MRP 系统（closed-loop MRP system）

负荷报告（load report）

配送资源计划（distribution resource planning，DRP）

企业资源计划（enterprise resource planning，ERP）

有效顾客响应（efficient consumer response，ECR）

第 13 章

顺排（forward scheduling）

倒排（backward scheduling）

负荷（loading）

输入输出控制（input-output control）

恒定在制品卡片（ConWIP cards）

甘特图（Gantt charts）

分派方法（assignment method）

排序（sequencing）

优先派工法则（priority rules）

先到先服务（first come，first served，FCFS）

最短加工时间（shortest processing time，SPT）

最早完工时间（earliest due date，EDD）

最长加工时间（longest processing time，LPT）

流动时间（flow time）

关键比（critical ratio，CR）

约翰逊算法（Johnson's rule）

有限能力排程（finite capacity scheduling，FCS）

第 14 章

准时生产（just-in-time，JIT）

丰田生产系统（Toyota Production System，TPS）

精细运作（lean operations）

七种浪费（seven wastes）

偏差（variability）

产出周期（throughput）

制造周期（manufacturing cycle time）

拉式系统（pull system）

供应商伙伴关系（supplier partnerships）

寄售库存（consignment inventory）

精细库存（lean inventory）

作业计划平准化（level schedules）

看板（kanban）

持续改善（kaizen）

改善活动（kaizen event）

第 15 章

设备维护（maintenance）

可靠性（reliability）

平均故障间隔期（mean time between failures，MTBF）

冗余（redundancy）

预防维护（preventive maintenance）

事后维修（breakdown maintenance）

初期故障期（infant mortality）

自主维护（autonomous maintenance）

全面生产维护（total productive maintenance，TPM）

图书在版编目(CIP)数据

运作管理:第 12 版/(美)杰伊·海泽,(美)巴里·伦德尔,(美)查克·蒙森著;李果等译. --北京:中国人民大学出版社,2020.11

(工商管理经典译丛)

ISBN 978-7-300-28609-9

Ⅰ.①运… Ⅱ.①杰… ②巴… ③查… ④李… Ⅲ.①企业管理-研究 Ⅳ.①F272

中国版本图书馆 CIP 数据核字(2020)第 195392 号

工商管理经典译丛

运作管理(第 12 版)

杰伊·海泽

[美] 巴里·伦德尔   著

查克·蒙森

李果 张祥 等 译

Yunzuo GuanLi

出版发行	中国人民大学出版社				
社　　址	北京中关村大街 31 号		**邮政编码**	100080	
电　　话	010 - 62511242(总编室)		010 - 62511770(质管部)		
	010 - 82501766(邮购部)		010 - 62514148(门市部)		
	010 - 62515195(发行公司)		010 - 62515275(盗版举报)		
网　　址	http://www.crup.com.cn				
经　　销	新华书店				
印　　刷	北京七色印务有限公司				
规　　格	185 mm×260 mm　16 开本		**版　次**	2020 年 11 月第 1 版	
印　　张	38.25 插页 1		**印　次**	2023 年 6 月第 3 次印刷	
字　　数	904 000		**定　价**	98.00 元	

Pearson

尊敬的老师：

您好！

为了确保您及时有效地申请培生整体教学资源，请您务必完整填写如下表格，加盖学院的公章后以电子扫描件等形式发我们，我们将会在 2~3 个工作日内为您处理。

请填写所需教辅的信息：

采用教材				□ 中文版　□ 英文版　□ 双语版
作　者			出版社	
版　次			ISBN	
课程时间	始于　年　月　日		学生人数	
	止于　年　月　日		学生年级	□ 专科　　　□ 本科 1/2 年级 □ 研究生　　□ 本科 3/4 年级

请填写您的个人信息：

学　校			
院系/专业			
姓　名		职　称	□ 助教 □ 讲师 □ 副教授 □ 教授
通信地址/邮编			
手　机		电　话	
传　真			
official email（必填） （eg：×××@ruc. edu. cn）		email （eg：×××@163. com）	
是否愿意接受我们定期的新书讯息通知：　□ 是　□ 否			

系/院主任：_____（签字）

（系 / 院办公室章）

___年___月___日

资源介绍：

——教材、常规教辅资源（PPT、教师手册、题库等）：请访问 www. pearsonhighered. com/educator。（免费）

——MyLabs/Mastering 系列在线平台：适合老师和学生共同使用；访问需要 Access Code。　（付费）

地址：北京市东城区北三环东路 36 号环球贸易中心 D 座 1208 室（100013）

Please send this form to：copub. hed@pearson. com

Website：www. pearson. com

中国人民大学出版社　管理分社

教师教学服务说明

中国人民大学出版社管理分社以出版工商管理和公共管理类精品图书为宗旨。为更好地服务一线教师，我们着力建设了一批数字化、立体化的网络教学资源。教师可以通过以下方式获得免费下载教学资源的权限：

★ 在中国人民大学出版社网站 www.crup.com.cn 进行注册，注册后进入"会员中心"，在左侧点击"我的教师认证"，填写相关信息，提交后等待审核。我们将在一个工作日内为您开通相关资源的下载权限。

★ 如您急需教学资源或需要其他帮助，请加入教师 QQ 群或在工作时间与我们联络。

中国人民大学出版社　管理分社

教师 QQ 群：648333426（工商管理）　114970332（财会）　648117133（公共管理）
　　　　　　教师群仅限教师加入，入群请备注（学校＋姓名）

联系电话：010-62515735，62515987，62515782，82501048，62514760

电子邮箱：glcbfs@crup.com.cn

通讯地址：北京市海淀区中关村大街甲 59 号文化大厦 1501 室（100872）

管理书社

人大社财会

公共管理与政治学悦读坊